中原学术文库 · 文集

崔大华全集

（全七卷 · 第六卷）

崔大华　著

社会科学文献出版社
SOCIAL SCIENCES ACADEMIC PRESS (CHINA)

2004年10月25日，崔大华与夫人李正平在安徽黄山

2004年12月25日，崔大华在家中工作

2005年11月，崔大华接受南京大学兼职教授聘请时，在南京中山陵留影

2007年6月，崔大华在武汉大学参加"第十五届国际中国哲学大会"

2008年11月，崔大华在上海参加华东师范大学主办的"庄子国际学术研讨会"

2011年3月，崔大华与河南省儒学文化促进会宣讲团成员合影。前排自左至右：徐惠娟（女）、阎合作、李海龙、邹越、崔大华、李若夫、宋歌、杨令、牛占波

中国传统社会思想的理路及当代价值

THE LOGIC OF CHINESE TRADITIONAL SOCIAL THOUGHT AND ITS CONTEMPORARY VALUE

祝大华 选集

祝大华 著

社会科学文献出版社
SOCIAL SCIENCES ACADEMIC PRESS (CHINA)

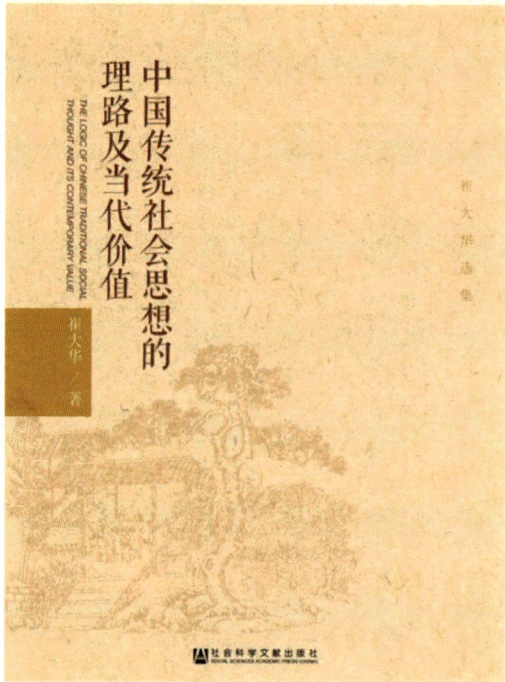

2016年10月，《中国传统社会思想的理路及当代价值》由社会科学文献出版社出版

出版说明

　　崔大华，字实之，1938 年 12 月 3 日（农历十月十二）① 出生于安徽省六安县南岳庙区分路口乡莲花庵村（今安徽省六安市裕安区分路口镇莲花庵村）。1961 年 8 月毕业于中国人民大学哲学系。1961 年 9 月至 1978 年 9 月，先后任教于河南省医学院、商丘第一高中、商丘师范学校、商丘大学、商丘师范学院。1978 年 10 月考入中国社会科学院研究生院攻读中国思想史专业硕士学位，师从我国著名马克思主义历史学家、思想家、教育家侯外庐先生（1903～1987）。1981 年 10 月分配到中国社会科学院历史研究所中国思想史研究室工作。1982 年 9 月调入河南省社会科学院哲学研究所，1983 年任副所长，1987 年晋升为副研究员，同年加入中国共产党，1992 年晋升为研究员，1993 年任所长，1998 年退休（随即返聘，2001 年 2 月正式退休）。2013 年 11 月 25 日于广州逝世，享年 75 岁。

　　崔大华先生曾被聘为河南大学中国哲学专业硕士研究生导师、南京大学中国思想家研究中心兼职教授，曾担任中国哲学史学会理事、国际儒学联合会顾问、河南省儒学文化促进会副会长兼学术顾问、《道家文化研究》编辑委员会编委、"元典文化丛书"编辑委员会编委、《中华道藏》顾问委员会学术顾问，是河南省优秀专家、河南省劳动模范、国家有突出贡献专家、享受国务院政府特殊津贴专家。

---

　① 崔大华的出生日期有两种说法：1938 年农历十月十二（生母所说）和 1938 年农历十月十一（乳母所说）。他采用后一个说法，又向后推一个月，通常写为 1938 年 11 月 11 日。经崔大华夫人李正平老师确认，他的出生日期是 1938 年 12 月 3 日（农历十月十二）。

　　崔大华先生是当代中国著名哲学史家，其学术成果受到海内外学术界的充分重视与肯定。崔先生毕生从事中国哲学思想史研究，其代表性著作主要有：专著《南宋陆学》《庄子歧解》《庄学研究——中国哲学一个观念渊源的历史考察》《儒学引论》《儒学的现代命运——儒家传统的现代阐释》，合著《宋明理学史》《道家与中国文化精神》。此外，还在《中国社会科学》《哲学研究》《文史哲》《中国哲学史》《中州学刊》等刊物上发表学术论文70余篇。其中《宋明理学史》获第一届郭沫若中国历史学奖荣誉奖，《庄子歧解》获河南省社会科学优秀成果一等奖、全国首届古籍整理图书二等奖，《南宋陆学》《庄学研究——中国哲学一个观念渊源的历史考察》《儒学引论》《儒学的现代命运——儒家传统的现代阐释》四部专著及合著《道家与中国文化精神》获河南省社会科学优秀成果一等奖。

　　崔大华先生的学术成果具有很强的创新性，其理论深度为当代中国哲学界公认。崔先生读研究生前，学术兴趣主要集中在庄子道家；读研究生后，在指导老师的建议下，他把宋明理学特别是南宋陆学作为自己研究的重点。他的硕士学位论文《南宋陆学》将南宋陆学作为一个整体进行研究，资料翔实，论断新颖，拓展了中国思想史研究领域。为此，张岱年先生曾评价该成果"超过了近年来有关宋代思想论著的水平"，"是对于宋代思想史研究的一个重要贡献"。其后，崔先生又参与了集体项目《宋明理学史》的撰写，这为他后来系统的儒学研究奠定了坚实的基础。20世纪80年代初至90年代初，崔先生回到庄子研究，先后出版《庄子歧解》和《庄学研究——中国哲学一个观念渊源的历史考察》两部大著。《庄子歧解》是他为撰写《庄学研究》所做文献准备的成果。以往注解《庄子》的方法大体有两种：集解法与孤解法。前者长于搜集，失之于冗；后者长于有见，失之于偏。崔先生兼取两者之长而避其短，在前人注释《庄子》的基础上活用歧解法，显化分歧产生的原因，从注解的分歧进入问题的研究。因此可以说，《庄子歧解》不是一般的《庄子》注释、集注性著作，而是以对中国哲学史历代思潮、学术派别的全面把握为基础进行的深入、系统解析的研究性专著。该书已成为学人读通和理解《庄子》的一部案头必备书。《庄学研究》在历史考证上系统地归纳并正确地解答了历史遗留的有关庄子其人其书及其与先秦诸子关系上的存疑问题，廓清了重重迷雾；在思想研究中视野广阔，在整个中国哲学和思想文化的发展背景下，系统地分析研究了庄学理论体系及其基本范畴，并在世界哲学背景下，彰显庄子哲学的特质与价值；具体考察了庄子思想在儒学理论更新和消化异质文化方面的突出作用。曾经被认为只有思维教训的庄子哲学，通过崔先生的研究，展现出了真实的面貌与可贵的价值。该书受到学术界的高度评价，称其为"道家思想研究方面的一流学术成果"（吴光先生语），"20世纪最有新意和理论深度的一部道家思想研究专著"（方克立先生语）。崔先生因《庄学研究》而成名，但鉴于中国传统思想文化的主流是儒学，自20世纪90年代起，他的研究重心逐步从庄学转向儒学，这反映了他终极的治学目标和学术旨趣。他先后主持两项国家社科基金项目，结项成果以《儒学引论》和《儒学的现代命运——儒家传统的现代阐释》为书名，由人民出版社列入"哲学史家文库"出版。《儒学引论》运用结构的方法，将孔子创立的儒学解析为三个理论层面，即心性的（仁）、社会的（礼）、超越的（命），表达自己对于孔子儒学的核心究竟是"仁"还是"礼"这类问题的回应，并以这个理论结构的稳定与更新，考察儒学理论形态的变化，将方法自觉与理论创新圆满结合起来；运用历史的方法呈现儒学的理论面貌，即以经学为基础的儒学形态，包括汉代天人之学、魏晋自然之学（玄学）、宋明性理之学（理学）；运用比较的方法突出儒学的伦理道德的理论特质，并在与古希腊和古印度思想的比较中彰显其特色。《儒学的现代命运——儒家传统的现代阐释》承续《儒学引论》而又高屋建瓴、视野宏阔，不仅有高度的方法自觉，还有明确的问题意识。针对儒学在现时代社会生活中究竟是已经退隐而成为一种历史记忆，还是仍在显现功能而仍然活跃的生命这一重大问题，他以翔实严密的论证，彰显了作为中国人的一种生活方式的儒学，在推进中国现代化进程和应对现代性问题中的积极作用和从容姿态，由此说明儒学具有超越具体历史情境的久远价值，古老的儒学并不是博物馆里的死物，它所蕴涵的对人类文明发展具有普适性价值的思想资源，在现代社会依然具有鲜活的生命力。这两部儒学专著，其理论创新所确立的全新视角与学术考察所拥有的开放内涵，为儒学的历史与现实的有效衔接提示了内在的逻辑理路，并为儒学未来的发扬光大和影响世界的命运进程提供了可能的范式。

崔大华先生一生淡泊名利，潜心治学，学养深厚，对于中国哲学、马克思主义哲学、西方哲学、印度哲学，皆精研有得。崔先生将学术研究与延续中华文化慧命结合起来，表现出高度的文化自觉与历史使命感。他在道家与儒学的学术研究中所取得的创新性成果，对于深化道家和儒学研究乃至中国传统文化研究，都有重要的学术价值；对于传承和弘扬中国优秀传统文化，增强中国人的文化自信，具有重要的理论价值和现实意义。

作为当代中国哲学界著名的哲学史家，崔大华先生是河南省社会科学院和河南哲学界的一面旗帜。如今先生虽已仙逝，但他高尚的学术品格和宝贵的思想遗产，永远值得后人学习、研究与传承。2019 年 3 月，河南省社会科学院启动《崔大华全集》的编纂出版工作，并成立《崔大华全集》编纂委员会。《崔大华全集》不仅收录了崔先生已出版的全部论著，包括专著、合著、论文以及早年发表的哲理短文、崔大华先生学行简谱，还收录了他未发表的随笔、短文、日记、部分书信及不同时期照片。《崔大华全集》以保证论著的完整呈现为原则，按照时间与类别相结合的方式编排，共分为七卷：第一卷收录《南宋陆学》和《宋明理学史》《道家与中国文化精神》中崔先生撰写的章节，第二卷收录《庄子歧解》，第三卷收录《庄学研究——中国哲学一个观念渊源的历史考察》，第四卷收录《儒学引论》，第五卷收录《儒学的现代命运——儒家传统的现代阐释》，第六卷收录《中国传统社会思想的理路及当代价值》①，第七卷收录崔先生已发表但未收入《中国传统社会思想的理路及当代价值》的论文，以及随笔、短文、日记、书信、崔大华先生学行简谱。《崔大华全集》计400 余万字。《庄子歧解》《庄学研究——中国哲学一个观念渊源的历史考察》经过崔先生修订后曾在中华书局和人民出版社再版和重印，《崔大华全集》根据再版和重印本校勘。其余发表过的作品根据原版原文校勘。未发表过的作品，在整理中尽量保留原貌，底稿中明显的讹误之处以"编者注"的形式予以说明。

---

① 崔大华先生仙逝后，河南省社会科学院哲学与宗教研究所曾组织科研人员搜集崔先生发表的学术论文，进行分类、校对，编成《中国传统社会思想的理路及当代价值》一书，于2016 年 10 月由社会科学文献出版社出版。

《崔大华全集》由河南省社会科学院创新工程项目资助，作为河南省社会科学院创新工程成果出版发行。

　　以"全集"的形式为专家学者出版作品集，在河南省社会科学院尚属首次。我们在编纂过程中虽然尽心竭力，但是由于学术水平和编纂经验所限，难免会有不足之处，希望得到学界同仁与读者的批评指正。

《崔大华全集》编纂委员会

2021 年 7 月

编辑凡例

一、已发表作品的版本、出处见各卷"卷前说明"。

二、以繁体字发表的论文改为简体，竖排改为横排。

三、原印刷中的错误和作者行文中明显的文字、标点错误均予校改。异体字改动而无损原意者，一般改为通用字。

四、标点符号按照最新的标准执行。

五、原有随文注一般不改动，文末注释均改为页下注；注释中有明显错误的，予以订正。

六、编者注释均注明"编者注"字样。

卷前说明

　　本卷收录《中国传统社会思想的理路及当代价值》。该书于 2016 年 10 月由社会科学文献出版社出版。本卷根据 2016 年版校勘。该书的三个附录（"附录一"收录崔大华先生写作的序言六篇，"附录二"收录崔大华先生发表的随笔 20 篇，"附录三"是崔大华先生学行简谱）中，"附录一"已分别见于《崔大华全集》第一、二、三、四、五卷，"附录二""附录三"则收录于《崔大华全集》第七卷，故而本卷不再收录。

目录 CONTENTS

中国传统社会思想的理路及当代价值

汉唐社会思想的淘洗、选择和波折

理学对儒、释、道的融合

新文化运动对传统社会思想的批判

当代社会思想的儒、道精神

《中国传统社会思想的
理路及当代价值》序

——兼谈本体与工夫

姜广辉

著名哲学史家崔大华，字实之，安徽六安人，1938 年 11 月生[①]，2013 年 11 月仙逝，享年 75 岁，著有《南宋陆学》《庄子歧解》《庄学研究》《儒学引论》《儒学的现代命运——儒家传统的现代阐释》等专著。后三部书皆列入人民出版社"哲学史家文库"。2014 年末安继民先生与我联系，称河南省社会科学院将出版《崔大华选集》，以资纪念，希望我能为此书写一篇序言。崔大华是我的师兄，我以为责无旁贷，应承下来。

大华兄年龄长我十岁，我俩于 1978 年一同考上侯外庐先生的硕士研究生，那时他已年届 40，是中国社会科学院研究生院历史系 1978 级 30 余位研究生中年龄最大的一位。他温厚持重，同学们都亲切地称他为"老大哥"。硕士毕业后，大华兄被留在了中国社会科学院历史研究所，其后为了辅导家中的两个孩子学习，申请调到河南省社会科学院工作。

大华兄朴实蕴藉，淡泊名利，不求闻达，他在河南默默地做学术耕耘，平时很少参与学术界的活动，学术界对他缺乏深入了解。坦率地说，虽为同门，因为学术研究的兴趣和方向不同，我对大华兄后来的学术造诣也不甚了解。这次粗读其学术选集，深感其思想之博大、高远和缜密。后悔平时没有好好向大华兄请益，传扬其学，深感愧对老友。

[①] 关于崔大华先生的出生时间，请参照本书"出版说明"。

大华兄又有深沉的历史使命感和责任感。他学问淹贯，于中国哲学、西方哲学、印度哲学，皆学养深厚，精思有得。他在学术研究上，兼攻庄学和儒学，所追求者唯在个人之心灵安顿与民族之文化慧命。由于本文之篇幅限制，也由于本人之学术偏好，这里着重谈有关儒学研究的问题。

《儒学引论》《儒学的现代命运——儒家传统的现代阐释》两部大书，结构严整，思想深湛，论证绵密，有许多真知灼见，我很难在这样一篇短序中一一加以介绍。因此我想借纪念大华兄这个机会，先来谈一下中国目前儒学研究的特点和问题，来解释为什么非常有分量的学术著作未能在学术界和思想界引起足够的重视。

马克思曾说："历史上常有惊人的相似之处。"我认为，今天的学术思想界很像北宋庆历时期。全祖望在《宋元学案》中说："庆历之际，学统四起。"庆历时期上距宋朝开国 80 多年，正是儒学开始复兴的时期，虽然"学统四起"，但此时北宋五子（周敦颐、邵雍、张载、程颢、程颐）等大儒尚未成名。在此之前，由五代开始，儒学经历了一个百余年的极度衰落时期。史称，王安石曾问张方平："孔子去世百年生孟子亚圣，后绝无人，何也？"张方平回答："岂无又有过于孔子者。"王安石问："是谁？"张方平回答："江南马大师、汾阳无业禅师、雪峰、岩头、丹霞、云门是也。儒门淡薄，收拾不住，皆归释氏耳。"① 五代至宋初的思想界，一度起主导作用的是佛教禅宗。而在庆历之后，儒学复兴，"学统四起"，所争者乃是儒学、佛学"谁主沉浮"的问题。

近百年来，中国大陆学术界几乎众口一词，认为尊孔的时代已经一去不复返了，但近些年许多学者已经不这样看了。他们认为，儒学复归，参与现代社会文明建设已是肯定的和必然的。自 20 世纪 90 年代以来，学者关于儒学的研究呈现出一个新的特点。邓小平对于"姓社姓资"问题提出"不争论"，在儒学研究者中间也采取了"不争论"的方针，许多学者潜心研究，著书立言，并试图建构自己的哲学体系，仁者见仁，智者见智，渐现"学统四起"的盛况。这种潜心研究、独立思考的学风，当然是值得倡导的，也是必需的。但与此同时学界也出现了另一个弊端。由于学者间缺乏必

① 丁传靖辑《宋人轶事汇编》（中册），中华书局 1981 年版，第 423 页。

要的、充分的学术沟通和思想碰撞，结果形成了如人们所说的“各说各话”“聋子间的对话”的局面，我说的你听不进，你说的我也听不进，因而许多很好的见解得不到推广和传播。因此，这一代人注定只能成为“先行者”或“过渡者”，而后起的学术大家必将是能综合诸家之长的人。

回顾儒学发展的历史，中国文化之所以以儒家思想为主导，乃是历史的选择。春秋战国时期，被称为中国文化的“轴心时代”①，这一时期产生了诸子百家之学，如以孔子、孟子、荀子所代表的儒学，以墨子所代表的墨学，以老子、庄子、杨朱所代表的道家之学，以商鞅、韩非所代表的法家之学，以张仪、公孙衍所代表的纵横家之学，等等。战国时期各国诸侯纷纷聘请张仪、公孙衍等策士主政，纵横捭阖，相互欺诈，弄得天下大乱，这可以说是一种“误国害政”的文化选择；秦国用商鞅、韩非之术治国，统一了天下，但对人民过于严苛，导致全国性的农民起义，使秦王朝迅速灭亡，这可以说是一种“始强终败”的文化选择；汉初采用黄老道家之学治国，无为而治，休养生息，但中央政府一度不作为，使得藩国坐大，发生同姓王联合“犯上”的“七国之乱”，这可以说是一种“始安终危”的文化选择。汉武帝即位，采纳董仲舒建议，倡导“大一统”，在政治统一的基础上，加强和引导思想的统一。“罢黜百家，表章六经”，以儒学教化民众，并“正君之心”，以道德约束统治阶层，形成以德治为主、以刑治为辅的政治管理模式。实践证明，这是一种“长治久安”的文化选择。此后，儒学占据思想统治地位两千余年。

东汉以后，中国的思想文化主要由儒学、佛教、道教三家所构成。其中以儒家文化为主干，以佛教、道教为补充。儒家思想将修身、齐家、治国、平天下结合起来，提供了一套包括个人修养与国家制度建设的整全体系和方法，对于建立和维护社会秩序产生了支柱和主导的作用。佛教对修心、道教对养生有一定的作用和效果，但佛教以“空”为哲学主旨，道

---

① “轴心时代”（Axial Age）的说法由德国哲学家卡尔·雅斯贝尔斯（1883~1969）提出，他把公元前800年到公元前200年称为世界历史的“轴心时代”，认为这一时期在世界历史上“充满了不平常的事件。在中国诞生了孔子和老子，中国哲学的各种派别兴起，这是墨子、庄子以及无数其他人的时代”。“轴心时代”的概括是有意义的。

教以"无"为哲学主旨，对政治制度的建设并无直接贡献，故而一直处于中国文化的辅助地位。传统社会的统治者强调处理好儒、释、道三教关系，所以南宋孝宗讲："以佛修心，以道养生，以儒治世。"这里强调"以儒治世"，而非以佛、道治世，是因为那样会给社会秩序与政治凝聚力带来极大的威胁。有鉴于此，南宋真德秀所撰《大学衍义》（后世称此书为"帝王之学"）强调确立符合国情的国家主导思想，认清异端学术思想之弊害。真德秀认为，学术思想影响世道人心，关系天下治乱。在当时的时代，只有儒学适合中国国情，能维持正常的人伦秩序，促进社会的稳定发展，所以必须将儒学确立为国家的主导思想。而对于历史上的其他思想学说，必须从理论上明辨其非，从历史上考察其失。只有这样才能扶正道、正人心。他提出认清杨朱为我、墨翟"兼爱"学术之弊害，认清法家之学、纵横家之学之弊害，认清道家老聃、庄周学术之弊害，认清神仙之说之弊害，认清谶纬之说之弊害，认清不可以佛教治中国，认清玄学清谈之误国，等等。这就凸显了儒家思想在中国文化中主流和主导的地位。

在孔子之后的两千多年中，儒学是作为中国文化的慧命延续发展的。此正如大华兄所说："儒学是中华民族生命之所在，中华民族的兴衰荣辱，都能从不同角度上显示出与儒学不同程度的犀通。"（崔大华《儒学引论·自序》）而儒学每一次大的发展都是一次"返本开新"的过程，即儒者重新回到儒学元典，汲取营养，建构适合时代需要的新的哲学体系。孟子、荀子、董仲舒、朱熹、王阳明、王夫之，便是其中的佼佼者。今天，学者们多已认同这样的前景，即在中国未来，儒学仍将作为中国文化的慧命延续发展，因而潜心研究、独立思考，积极建构现当代的儒家哲学体系。

总结学术发展的要素，我以为最重要的有这样几点。一是"思潮"，学术的发展大体依托学术思潮，当前持续的"儒学热""国学热"，是可以支撑建构现当代儒家哲学体系的。二是"论说"，就是通过某种理论或学说讲明某些道理，使人产生某种信念或信仰。这种"论说"有时可以通过建构哲学体系来完成；而有时只需要提出一种思想见解，不需要建构什么哲学体系即可完成。三是"宗旨"，论说必有宗旨，无"宗旨"则论说难以把握与践行。

这三点中，"宗旨"最为重要。学人虽多知立"宗旨"之重要，却不知立"宗旨"之要领。中国古代之各家思想体系，从来就不是一种纯粹的思辨体系，而必有践行在其中，所谓"坐而论道，起而能行"。以宋明理学而言，有本体，有工夫，所谓立"宗旨"，主要不是立"本体"，而是立"工夫"。叶模《石林过庭录》三十七卷记载谢良佐说："（程）伊川参某僧，后有得，遂反之，偷其说来做己使，是为洛学。"朱熹对此解释说："当初佛学只是说，无存养底工夫，至唐六祖始教人存养工夫；当初学者亦只是说，不曾就身上做工夫，至伊川方教人就身上做工夫。所以谓'伊川偷佛说为己使'。"（《朱子语类》卷一二六）在二程之前，唐代禅宗六祖惠能已先倡导"主敬"工夫，受其启发，二程洛学提出了一套"主敬"的心性修养工夫。二程洛学之所以于理学诸家中独领风骚，其根柢乃在于此。而《宋元学案》《明儒学案》所载各家学术宗旨，主要是就"工夫"而言，而非就"本体"而言的。因为所谓"本体"，很难由知识论证，而只能由信仰来确立，无论你建构的体系多么宏大，"论说"多么雄辩，所谓"本体"充其量也只是一种理论预设。故黄宗羲说："心无本体，工夫所至，即其本体。"然而今日之建构现代儒家哲学体系的一些学人，却仍执着于建构儒家哲学的"本体论"！在我看来，只有"本体论"，而无"工夫论"，那"本体论"便会成为一种不能"接地气"的"空论说"。

大华兄虽然撰写了《儒学引论》和《儒学的现代命运——儒家传统的现代阐释》两部大著，但他并没有企望建构自己的哲学本体论，他知道那样做是无意义的。特别值得一提的是，大华兄在《儒学的现代命运——儒家传统的现代阐释》一书中充分考虑了传统儒学如何"接地气"，即在中国现代化进程中如何发挥作用的问题。

一　儒家思想对中国现代化所能发挥的功能

（一）提供动力因素

这个动力就是"中华民族的复兴"。构成这个动力的主要因素——对国家的伦理认同、社会责任意识和勤勉的品质，都是从儒家伦理道德思想和生活中发育出来的。

（二）提供秩序因素

现代化进程是一复杂的、较长时间才能实现的社会转型过程，一个健康、稳定的社会秩序是保证这一进程顺利进行的必要条件。在中国现代化进程中，儒家传统的"大一统"政治理念，"义利之辨"的道德观念对作为社会秩序之核心的国家权力重心的形成，和社会生活中行为失范之危机的消解，具有明显的助益作用。

（三）提供适应能力

现代化理论认为，现代化的社会转型在有不同传统的国家、社会里，会带来不同程度、不同形态的冲突、震荡和破坏，而一个政治体制较复杂、文化底蕴较丰厚的传统，会有较强的适应转变能力。

二 儒家思想对"现代化"带来的"新问题"具有较强的回应能力

（一）人生意义失落的精神危机问题

西方学者研判，在现代化已完成的，且有基督宗教信仰传统的西方发达国家，比较普遍地存在人生或生活意义失落的精神危机，是由宗教信仰衰退乃至丧失，以及自我中心的个人主义扩张这两个根由产生的。这些都是现代化基本价值观念的负面呈现。而在中国，引发西方现代性的人生意义失落的那两个根由都不存在。因为这两个根由实际上可以诠释为人与超越性根源的分离和人与其社会责任的分离，而儒家思想属于"内在超越"，它依靠发掘人自身的精神源泉，来感受人生意义。此外，儒家的伦理认同，总是把个人对家庭、国家伦理共同体应尽的义务和责任放在人生的首要位置，人生意义就存在于这种实践中。所以，也不存在人与其责任的分离问题。

（二）能有效回应"现代化"引发的三大运动：保护自然生态、全球伦理、女性主义

1. 保护自然生态

20 世纪三四十年代以来，西方环境伦理学兴起。而在中国先秦儒学那里，对于自然生态的保护已作为一种道德理念、一种规范制度、一种生活中的自觉三个层次上展现出来，宋代儒学更是从"与万物同体""万物

各得其所""民胞物与"等方面做出哲学的诠释。所以,在人与自然关系间,传统儒学所做出的尊重、善待自然以及与自然和谐相处的选择,与现代生态思潮是完全一致的。

2. 全球伦理

全球伦理是指在不同文化传统和生活方式之间存在的最低限度、最基本的伦理道德共识和规范,1993 年世界宗教会议明确提出"全球伦理",内容是"一个基本要求"和"四项不可取消的原则",所根据的是基督宗教的基本教义和1948 年联合国通过的《世界人权宣言》,已经全面涉入政治、法律领域。而儒家道德思想中的"己所不欲,勿施于人"、"人禽之辨"与"义利之辨"、"民胞物与"三个基本原则,是从个人行为、个人道德行为、个人与他人及与自然间道德行为三个层次上提出的道德要求,可以视为儒家文化传统的基础,并且构成某种周延的道德界域,与其他文化传统中基本道德观念具有相互契合、融通之处。

3. 女性主义

女性主义是 19 世纪后半叶开始出现的以消除男女不平等为目标的思潮和运动。其中一种富有远见的观点认为,这一思潮和运动追求的最终目标应该是男女两性的合作、和谐。以儒学的视角观察,在三个不同的维度上,男女两性关系性质的呈现有所不同:在自然观的维度上,男女两性关系被确定在"阴阳"的自然终极结构上,是互补、和谐而不是对立的;在伦理观的维度上,作为伦理角色的男女两性,无论父女、夫妇、母子之间都是相互承担等值的义务责任的关系,是高于平等的;但在权力(男权)观的维度上,女性屈从于男性,历史上一直存在着男女不平等。儒家经典中有表现出男权的观点,儒家社会中准"礼"而制定的法律中也有维护男女不平等的条文。但儒家对奴役女性的男权行为("色荒")还是谴责的,主张以道德制约男权。所以对于女性主义争取男女平等的斗争,走向男女和谐的努力,儒学作为一个古老的,但正有新的生长点的道德思想体系,是有理论资源、道德动力表示欢迎和支持的。

(三) 能有效回应"后人类"文化思潮

面对研判人类将以人工进化代替自然进化,将有更高智力、体力和更长生命周期等主要观念为内涵的"后人类"文化理论思潮，儒学可以发掘自己的思想资源，形成坚守伦理底线、道德优先、社会公平的理论立场，做出与现代人类道德良知保持一致的回应。从一个具体的，然而也是重要的关于人类未来的方向上显示儒学所葆有的能够转化为、榫接上现代人类思想理念的文化生命力。

大华兄提出，儒家思想中的三个核心范畴"仁""礼""命"，构成了儒学之心性的、社会的和超越的三个基本的理论层面。他认为，"知天命"表现为人生的终极理性自觉。在儒家思想中，"天命"（或称"天""命"）最初在孔子那里凸显的似乎是一种外在的客观必然性，在此后的儒学思想发展中，"天命"被诠释为人的道德本性本身，"天命"的外在性、异己性逐渐被消解；儒家对"命"之必然性的深入解释，与宿命论划清了界限。人的生命过程和结局不是既定的"安排等待"之呈现，而是"命日新，性日富"（王夫之《思问录·内篇》）的创造过程。如果说儒家对"命"之内涵的阐释还有一番曲折幽奥，那么对"命"之回应态度，则一直是清晰明确的。孔子说"五十而知天命"（《论语·为政》），"天命"不是迷信或信仰的对象，而是可凭借个人阅历、知识、思想的积累来认识或体证的对象。宋儒表述得更简捷："唯义无命"（《河南程氏外书》第三），"人事尽处便是命"（《朱子语类》卷九十七），即是说，儒家思想体系里的最高超越性存在、精神生活最后皈依的"命"，只存在于、实现于践履人伦、物理中。儒家"知天命"的人生终极理性自觉有两方面意涵：一方面，在人的短暂生命中，存在着不可预知的、无法左右的最终结局，这是人之生命和生存最深奥之处，令人敬畏①；另一方面，人应充满自信，只要遵循人伦物理去生活、去创造，那就是自己的"命"。这种终极的理性自觉，使儒家生活形态貌似平凡浅薄，实际潜存着厚重高明。

大华兄这一"论说"深得我心，我以为这是对于儒学的一个新发展，我们或许可以将这一学术"宗旨"概括为"知命论"。

2013 年大华兄辞世，我曾发去唁电说："回想三十多年前情景，恍如

---

① 孔子曰："君子有三畏：畏天命，畏大人，畏圣人之言。"（《论语·季氏》）

昨日。想其为人，宽厚待人而不阿附苟合；其处世，不慕浮华而又精进不已；其治学，实事求是而又高瞻远瞩。在其毕业后的三十余年中，笔耕不辍，著述宏富，嘉惠学林，堪称楷模。我为大华兄一生有此成就而感到骄傲。梁木遽倾，哲人萎矣。典型既邈，后进何望！"我今再引此言，要说的是：这不是谀墓之词。读其书而想见其一生之为人，大华兄就是现代贤哲。

我认为大华兄有一段话可称为至理名言，今录之以为本文的结尾：

> 在迄今人类文明已经创造出的观念体系或文化类型中，儒学无疑应是属于最悠久的一种；在人类未来可能的生活方式中，儒学也会是有生命力的一种。儒学有伟大的明智，从不企望超越人性，超越生命；但一直努力于完善人性，完美人生。（崔大华《儒学引论·自序》）

中国社会思想的儒、道源头

中国古代历史变迁思想的构成

一

中国是一个历史悠久的国家，很早就开始了有文字的历史记载。浩瀚的历史文献，记录了大量的国家政权、社会制度、道德风貌的更替、演变。在这种文化环境中成长起来的中国古代思想家，都自然地形成了一种历史变迁或发展的观念。这种观念在不同的思想家那里，具有不同的理论形态，但也有共同的基本内容，即认为历史是变化的，这种变化是有某种内在秩序的，它是某种人以外的力量决定的。这些思想表现或内涵在古代思想家描述历史现象时所经常使用的三个概念或范畴"变""数""势"中，这些观念也就是中国古代历史变迁思想的主要构成。

二

中国古代历史变迁思想的构成，概括起来就是以"变""数""势"三个主要概念或范畴为基础形成的变革论、气数论、时势论。

（一）变革论

在有历史记载的文献中，像"高岸为谷、深谷为陵"（《诗经·小雅·十月之交》）、"三后之姓，于今为庶"（《左传·昭公三十二年》）这样的自然和社会的历史变迁事实，当然是很触目的。所以，在中国古代

"变革"的观念很早就形成了。这在《周易》中得到了明确的、集中的表述。《周易》认为，"变化者，进退之象也"（《易传·系辞上》），"革，去故也"（《易传·杂卦》），"在天成象，在地成形，变化见矣"（《易传·系辞上》），"天地革而四时成，汤武革命顺乎天而应乎人，革之时大矣哉"（《易经·革》）。可见，中国古代思想中的变革论，最早是以四时运转的自然现象和夏商、商周鼎革的历史事实为经验基础的。

依据这种"变革"的观念，进一步形成了关于历史变迁进程的观点。在中国古代思想家那里，由于阶级立场或政治立场的不同，这个观点也是不同的。以先秦为例，儒家学派的人物，大都崇古卑今，认为历史的变迁是倒退，一代不如一代。孔子说，"齐一变而至于鲁，鲁一变而至于道"（《论语·雍也》），尧舜文武周公才是最好的时代，其后则是"觚不觚"（同上），变得不像样子了。后世的儒者，也总是和孟子一样，发"世衰道微，邪说暴行有作"（《孟子·滕文公下》）之叹。儒家学说的核心是它的伦理思想，所以它也是主要从社会伦理道德风貌的角度来观察历史变迁的。儒家伦理思想的实质，是要把个人融化在对君父的绝对服从之中。按照这种伦理思想，社会的进步或道德的进化过程，应是个性的泯灭过程。然而从历史发展的某一角度看，社会的进步正是个性的发现、成长的过程。马克思说："任何一种解放，都是把人的世界和人的关系还给人自己。"① 所以儒家学者的观察眼光，总是向着历史发展的相反方向，他们对历史变迁的那种悲观结论也是很自然的了。

在先秦，道家比儒家从更广阔的角度得出历史变迁是社会退化的结论。《老子》认为，"失道而后德，失德而后仁，失仁而后义，失义而后礼"（《老子·三十八章》）。其后稷下学派注解说："虚而无形谓之道，化育万物谓之德，君臣父子人间之事谓之义，登降揖让、贵贱有等、亲疏有体谓之礼。"（《管子·心术上》）根据这种解释可见，《老子》这里所说的是一个人类精神文明的丰富过程。但《老子》却认为这是一个倒退的过程："大道废有仁义，智慧出有大伪，六亲不和有孝慈，国家昏乱有忠臣。"（《老子·十八章》）不仅如此，《老子》还认为人类的物质文明的

---

① 《马克思恩格斯全集》第 1 卷，人民出版社 1956 年版，第 443 页。

提高过程也是一个倒退过程："民多利器，国家滋昏；人多伎巧，奇物滋起。"（《老子·五十七章》）所以它主张"夫物芸芸，各复归其根"（《老子·十六章》）。就社会状态来说，就是回归到"使人复结绳而用之"（《老子·八十章》）的原始状态，这才是最好的社会。庄子说得更加明确彻底："有虞氏不及泰氏。有虞氏其犹藏仁以要人，亦得人矣，而未始出于非人。泰氏其卧徐徐，其觉于于，一以己为马，一以己为牛，其知情信，其德甚真，而未始入于非人。"（《庄子·应帝王》）这是对人类社会历史的最彻底的否定，因为他不仅把人类社会的物质文明、精神文明的进化看作倒退，甚至把人类从动物状态摆脱出来也看作倒退，只有保持着纯粹动物自然性的状态（非人）才是最理想的。人类从动物状态摆脱出来，并继续自我创造、自我更新着自己的本性，这正是人类社会历史发展的一种表现，正如马克思所说："整个历史也无非是人类本性的不断改变而已。"[①] 道家的历史观正是对这种历史发展方向的否定。这种对人的本性丰富过程的否定和儒家对人的个性实现过程的否定是有所区别的，但都是没落中的阶级或集团对新兴的社会力量、生产关系和生活方式的反对态度。

在先秦，只有法家清醒地观察到历史的变迁是社会进化的过程。韩非说："今有构木钻燧于夏后氏之世者，必为鲧禹笑矣；有决渎于殷周之世者，必为汤武笑矣。然则今有美尧、舜、汤、武、禹之道于当今之世者，必为新圣笑。"（《韩非子·五蠹》）法家提出著名的"三世说"："上世亲亲而爱私，中世上贤而说仁，下世贵贵而尊官。"（《商君书·开塞》）"上古竞于道德，中世逐于智谋，当今争于气力。"（《韩非子·五蠹》）这表明法家认为社会制度和道德风貌总是处于演变之中，因而主张变法，"圣人不期修古，不法常可，论世之事，因为之备"（《韩非子·五蠹》）。法家这种历史政治观点，虽是中国封建制度确立那个历史变革时代形成的理论，但在以后每当中国封建社会遭受危机，需要改弦更张时，这种观点也还是活跃的。那些主张变法革新的政治家或学者，论证其政治主张的理论前提和法家都是相同的。如王安石说："吾以为识治乱者，当言所以化之

---

① 《马克思恩格斯全集》第 4 卷，人民出版社 1956 年版，第 174 页。

之术，曰归之太古，非愚则诬。"（《临川文集》卷六十九《太古》）"圣人贵乎权时之变。"（《临川文集》卷六十七《非礼之礼》）龚自珍说："自古及今，法无不改，势无不积，事例无不变迁，风俗无不移易。"（《定庵文集补编》卷三《上大学士书》）

在中国古代，除了法家历史进化的"三世说"外，还有公羊学家历史进化的"三世说"。《春秋公羊传》说《春秋》记事，"所见异辞，所闻异辞，所传闻异辞"（《春秋公羊传》隐公元年、桓公二年、哀公十四年），意谓世代不同，记述的详略、修辞有所不同。以后董仲舒在《春秋繁露》里，从孔子算起（因为他认为《春秋》是孔子所作）由近及远划定了"三世"的年代。《春秋》记述的是从鲁隐公到鲁哀公共12公242年的历史，董仲舒把它划分为"所见世"3公、"所闻世"4公、"所传闻世"5公。后汉何休撰《春秋公羊传解诂》，进一步把这"三世"分别命名为"太平世""升平世""衰乱世"。所传闻的"衰乱世"是"内其国而外诸夏"，所闻的"升平世"是"内诸夏而外夷狄"，所见的"太平世"是"天下远近大小若一"（《春秋公羊传解诂·隐公元年》等）。这样，"三世"的区别，不仅是指《春秋》笔法的不同，而且有社会政治状况、道德面貌不同的意思。何休"三世说"虽有附会穿凿，然其历史进化思想也是明显的。公羊学家的"三世说"没有很深的理论内容，但戊戌变法的领袖人物却将其援引为经典依据，在历史上起过积极作用。

中国古代思想中的"变革论"和据此而形成的对历史变迁进程的看法，大致就是这样。

（二）气数论

在先秦，有两个试图给世界以统一描述的思想体系：一个是五行学说，一个是《周易》。这两个体系的差别在于它们最初选择用来构筑世界图式的基本单元有所不同。五行学说选取的是"五材"（即"五行"，《左传·襄公二十七年》）、"三辰"（即日、月、星，《左传·昭公三十二年》）、"六气"（即阴、阳、风、雨、晦、明，《左传·昭公元年》）等基本的生活资料和自然现象。《周易》则把世界现象抽象为"⚊""⚋"两类（《易传》称之为"阳""阴"），以三个符号为组合，共有八种，并选取天、地、雷、山、火、水、泽、风八种自然物质为象征。这两个体系在描述世界格局的方法上也有所不同。五行学说采用五行、三辰、六气相互作用和配合的方法所筑起的世界图式，结构明晰而相对稳定，这在《尚书·洪范》《礼记·月令》中表述是很清楚的。而《周易》的世界图式却没有具体、稳定的形态，因为"神无方而易无体"（《易传·系辞上》），它是用象、数、理三者结合的方法，表述一个比五行学说体系还要丰富变动的世界。然而这两个体系不仅在以后相互吸收、相互渗透，而且一开始它们有一点就相同：都认为世界的统一性建立和表现在"数"的基础上的。《周易》认为，万事万物的变化因素皆隐藏在"数"之中，"天数二十有五，地数三十，凡天地之数五十五，此所以成变化而行鬼神也"（同上）。通过八卦的占演，"解出"这个"数"，就能认识事物变化的秩序或规律，"四营而成易，十有八变而成卦。八卦而小成，引而伸之，触类而长之，天下之能事毕矣"（同上）。五行学说中，"数"也有很重要的地位，《礼记·月令》说："凡举大事，毋逆大数，必顺其时，慎因其类。"郑玄解释说："数者，五行佐天地生成万物之次也。"

　　《周易》和五行学说的世界统一性观点和"数"的方法，以后被进一步运用来观察历史变迁现象时，就形成了"气数论"观念，即认为巨大的社会变动，是按照某种预定的秩序（数）不断地、反复地再现。这种思想观念，在不少中国古代思想家那里都闪现过，如孟子曰："五百年必有王者兴。"（《孟子·公孙丑下》）桑弘羊说："太岁之数在阳为旱，在阴为水。六岁一饥，十二岁一荒，天道然。"（《盐铁论·水旱》）陈亮谓："天道六十年一变。"（《龙川文集·上孝宗皇帝第一书》）王夫之也有"百年而小变，千五百年而大变"（《黄书·离合》）之说。凡此皆认为国家兴衰、社会变迁由"数"决定，犹如王充所说"国之安危，在数不在教"（《论衡·治期》），江淹所吟"治乱惟冥数"（《江文通文集》卷四《刘太尉伤乱诗》）。而这种观念发展为具有比较完备理论形态的历史变迁思想，在中国古代却只有三种。一是邹衍"五德说"。这个学说司马迁概括为"称引天地剖判以来，五德转移，治各有宜"（《史记·孟子荀卿列传》）。从《吕氏春秋·应同》的记述来看，它是以五行相胜（土气—木气—金气—火气—水气）来说明从黄帝到西周的制度和风尚的变迁。二是董仲舒"三统四法说"。他认为反映政权鼎革的礼仪制度，要按着黑、白、赤"三统"的次序循环变化不已；与此同时，社会风尚也要按照商、周、质、文"四法"顺序而反复变化（《春秋繁露·三代改制质文》）。三是邵雍"元会运世说"。他认为自然界和人类社会都是按照一定的时间顺序或"数"的原则产生、生长、衰落、灭亡，周而复始。一个周期称为"一元"，一元有十二"会"，一会有三十"运"，一运有十二"世"，一世三十年。所以一周期也就是 12.96 万年。前六会是生长期，后六会是衰退期。人类最美好的黄金时代是唐尧时，按照他的推算，这是第六会三十运九世。此后则是每况愈下的衰败时日，直到将来的灭亡，然后开始新的循环（《皇极经世·观物内篇》）。这些以"气数"观念为基础的历史变迁思想，企图对人类的社会历史作统一性的解释和根本的把握，但因这个理论本身要求不能超越"数"的规定性，结果必然陷入循环论，故其理论内容也正如黑格尔评论毕达哥拉斯"数"的理论那样，"只是些枯燥的、没有过程的、非辩证的、静止的规定"①。

（三）时势论

在中国古代的历史变迁思想中，除了以自然现象变化、政权更替、道德风尚移易等为经验基础的变革论，及以世界统一性观念和数的方法为基础的气数论外，还有一种以对社会历史现象总体观察而形成的观念：时势论。它认为有一种导致某一具体社会政治事件结局和决定整个历史发展趋势的客观力量。

时势论一方面认为导致某一社会政治事件结局的是一种因历史发展形成的政治、经济、道德等多种因素构成的社会状态综合体，它是一种具有现实制约性的客观力量，古代思想家称之为"时"，"当其可之谓时"（《礼记·学记》），"因其可之曰时"（《说苑·建本》）。因此，"时"的不同，体现了历史的变迁。《庄子·秋水》说："昔者尧舜让而帝，之哙让而绝；汤武争而王，白公争而灭。由此观之，争让之礼，尧桀之行，贵

---

① 《列宁全集》第38卷，人民出版社1959年版，第273页。

贱有时，未可以为常也……帝王殊禅，三代殊继。差其时，逆其俗者，谓之篡夫；当其时，顺其俗者，谓之义徒。"同样一种社会行为，在不同形势（时）下，社会后果迥然不同，这就是历史变迁。"识时务者在乎俊杰"（《三国志·诸葛亮传》），就是中国古代从观察历史变迁中得出的一个重要的生活经验。《春秋穀梁传》评论宋襄公因"信"取败时说："人之所以为人者，言也；人而不能言，何以为人？言之所以为言者，信也；言而不信，何以为言？信之所以信者，道也；信而不道，何以为信？道之贵者时，其行势也。"（《春秋穀梁传·僖公二十二年》）《春秋穀梁传集解》引凯曰："道有时，事有势。何贵于道？贵合于时。何贵于时？贵顺于势。宋公守匹夫之狷介，徒蒙耻于夷狄，焉识大道之方、至道之术哉！"这就是讥评宋襄公没认识到社会政治、经济、道德状况的变化，不识时务，咎由自取。

时势论另一方面认为历史变迁存在着某种非人力所能左右的客观趋势。中国古代思想家称之为"势"。"凡言势者，皆顺而不逆之谓也，从高趋卑，从大包小，不容违阻之谓也。"（王夫之《读四书大全说》卷九）五代道教思想家谭峭把自然和社会从最初的简单状态到后来越来越复杂状态的历史变化过程描述为"其来也势不可遏，其去也力不可拔"（谭峭《化书》卷一《大化》）。宋代理学家张九成把社会变化中的被规定性状况称为"天下之势已成而不可变"（张九成《横浦心传》卷下）。可见，"势"是指历史变迁中的一种必然性、决定性力量。

关于中国古代历史变迁的思想，作为历史发展趋势的"势"的观念，是最后形成的，因为它需要对更长时期社会变迁的观察比较和更丰富的历史经验的积累，才能分辨、抽象得出。这个观念或思想，最早明确表述出来的当是司马迁。他在《史记·平准书》里，叙述了从唐虞至汉的社会变化后，归结其原因说："无异故云，事势之流，相激使然，曷足怪焉！"此后，这个观念或思想，在关于中国封建社会制度政体的争论中，被柳宗元、王夫之进一步发挥。

在中国封建社会里，不止一次在一个新王朝刚建立时，曾为要在"封建"或"郡县"两种不同政体间进行选择而发生争论。这种争论从汉代到初唐的一段时间内，是围绕论述这两种政体的优劣、利弊而进行的，双方各持己见，相持不下。后来，柳宗元在《封建论》里提出"封建非圣人意也，势也"，结束了争论。从柳宗元的这种观点看来，封建制的出现，并不是人根据其优劣利弊而做出的主观选择，而是历史变迁的必然趋势。这样，"封建"之争至少在理论思想上已经结束，诚如苏轼所说："宗元之论出，而诸子之论废矣。"（《志林》卷五《秦废封建》）以后，王夫之把柳宗元的观点进一步发展，论述了不仅封建制的产生是一种历史变迁的必然趋势，而且它的消亡和郡县制的出现也是一种历史变迁的必然趋势。他说，起初，"古之天下，人自为君，君自为国……至殷之末，殆穷则必变之时，而犹未可骤革于一朝，故周大封同姓，而益展其疆域，割天下之半而归之姬氏之子孙，则渐有合一之势，而后世郡县一王，亦缘此以渐统一于大同"（《读通鉴论》卷二十）。到了后来，则是"封建不可复行于后世，民力所不堪，而势在必革也"（《读通鉴论》卷三），而"郡县之制，乘二千年而弗能改矣，合古今上下皆安之，势之所趋，岂非理而能然哉！"（《读通鉴论》卷一）

　　时势论发现了由历史发展形成的一种现实制约性力量和在历史变迁中的一种客观必然性力量，和气数论相比较而言，这是一种在历史发展中真实的、无神秘色彩的因素，自宋而下更受到学者的重视，如清人钟文丞在《春秋穀梁传补注》中说："势者，时之所趋，孟子所谓'待时乘势'，《战国策》亦谓'时势者，百事之长也'……程子《易传》曰'知时识势，学《易》之大方也'。又曰，'时之盛衰，势之强弱，学《易》者所宜深识也'。"（《春秋公羊传补注·僖公二十二年》）近现代的一些进步思想家，也援用"势"的观念来论证自己的政治主张。如魏源认为"势则日变而不可复者也"，所以"变古愈尽，便民愈甚"（《默觚·治篇五》）。章炳麟说："民主之兴，实由时势迫之。"[①]

三

　　从上面的分析可以看出，"变革论"主要是观察社会面貌的演变进

　　① 朱维铮、姜义华：《章太炎选集·驳康有为论革命书》，上海人民出版社1981年版，第177页。

程，"气数论"试图认识社会兴衰的内在秩序，"时势论"着力辨明某种对历史变化具有决定性的因素。这三个观念是中国古代历史变迁思想中的不同侧面，因而在某一个具体思想家的历史观中，它们往往是结合在一起的。例如，王充既认为社会的物质状况是进化发展的，"上古饮血茹毛，无五谷之食；后世穿地为井，耕土种谷，饮井食粟，有水火之调；上世岩居穴处，衣禽兽之皮；后世易以宫室，有布帛之饰"（《论衡·齐世》）。但同时也认为社会政治状况是有定数的，"昌衰兴废，皆天时也"（《论衡·治期》）。王夫之有明确的"势"的观念，同时也有"百年小变，千五百年大变"的"数"的思想。

然而，从理论思维发展的角度来看，这三个观念又是中国古代历史变迁思想发展的不同阶段。以四时运转、政权更替、风尚移易为经验基础的"变革"观念是最早形成的，它所观察的只是历史过程中的表面的、经验的事实，对于深刻而隐微的社会变迁就不能认识，甚至否认有根本性的变革，远者如董仲舒说："王者有改制之名，无变道之实。"（《汉书·董仲舒传》）近者如魏源所谓"气化无一息不变者也，其不变者道而已"（《默觚·治篇五》）。气数论力图在社会历史变化中把握某种不变的、根本性的东西，可见它比变革论对历史过程有更深的观察和更高的理论意图。这个意图是无可指责的，正如恩格斯所说，历史"也完全像在自然领域里一样……就是要发现那些作为支配规律在人类社会的历史上为自己开辟道路的一般运动规律"①。但气数论把这种不变的、根本性的东西归结为"数"，使得丰富的、发展的历史过程变为一种贫乏的循环过程。它推演的具体结论，也总是被历史事实所否定。例如，1647 年明王朝已是覆灭在即，但方以智在上永历帝的奏章里却推算说："论元会运世，我太祖开国起元，历数正未艾也。"（《浮山文集前编》卷十《偈峒废稿》）气数论的理论失误正如《盐铁论》中对邹衍五德说所做的批评那样："将一曲而欲道九折，守一隅而欲知万方，犹无准平而欲知高下，无规矩而欲知方圆也。"（《盐铁论·论邹》）气数论所发现的世界统一性联系不是真正的、客观的内在联系，而是虚假的、人为的联系；其"数"的历史秩序也不

---

① 《马克思恩格斯选集》第 4 卷，人民出版社 1972 年版，第 242～243 页。

是真正的客观规律而是臆造的秩序。

时势论发觉了历史变迁中存在着一种具有决定性的客观力量。这是对历史过程更加深入观察的结论，这是中国古代历史变迁思想所能达到的最高理论水平。由于时代和阶级的局限，中国古代思想家未能进一步发现、认识这个历史变迁中的客观力量或决定性因素的具体内容。在这个问题上，作为封建社会地主阶级意识形态的中国古代思想家，自然要比资产阶级落后一步，比现代科学唯物主义落后两步。黑格尔说："对历史的深入考察，使我们深信人们的行动都决定于他们的需要、他们的情欲、他们的动机、他们的性格和才能；因此只有这些需要、情欲、利益才是这幕戏剧的动机，只有它们才起主要作用。"① 黑格尔发现决定历史发展的人性因素，这是"接近历史唯物主义"② 的。但马克思主义认为，"根据唯物史观，历史过程中的决定性因素，归根到底是现实生活的生产和再生产"③。这样，现代科学唯物主义在考察历史变迁中的决定性客观力量时，在人性因素后面，发现了更加深刻的经济因素。正是这种经济因素最终构成了对具体社会政治事件的制约性力量和整个历史变革的必然趋势。马克思说："物质生活的生产方式制约着整个社会生活、政治生活和精神生活的过程……社会的物质生产力发展到一定阶段，便同它们一直在其中活动的现存生产关系或财产关系（这只是生产关系的法律用语）发生矛盾。于是这些关系便由生产力的发展形式变成生产力的桎梏。那时社会革命的时代就到来了。随着经济基础的变更，全部庞大的上层建筑也或慢或快地发生变革。"④ 时势论所认识的历史变迁中的这种制约性、决定性力量，既不是人性因素，也不是经济因素，它是人以外的然而也不是物质性的力量。中国古代思想家称之为"天""理"。如说："时，天时也。"（《国语·越语》）"迨其得理，则自然成势，又只在势之必然处见理。""势字精微，理字广大，合而名之曰天。"（王夫之《读四书大全说》卷九）由于中国

① 〔德〕黑格尔：《历史哲学讲演录》，载敦尼克等编《哲学史》第2卷，齐力译，生活·读书·新知三联书店1972年版，第113页。

② 《列宁全集》第38卷，人民出版社1963年版，第477页。

③ 《马克思恩格斯选集》第4卷，人民出版社1972年版，第477页。

④ 《马克思恩格斯选集》第2卷，人民出版社1972年版，第117页。

古代思想家对"时""势"没有具体的、本质的认识，所以即使他们发现了这种历史变迁中的决定性力量后，也不能掌握它，而只能顺从它；只能提出"革之匪时，物失其基，因之匪理，物丧其纪"（扬雄《太玄·玄莹》），"顺必然之势者，理也，理之自然者，天也"（王夫之《宋论》卷七）这种因循改良的主张；除了"受命于天，故易世谓之革命"（程颐《易传·革》）这类王朝易鼎的"革命"外，他们也提不出根本变革生产关系的真正革命的主张。因而，中国古代历史变迁思想中的时势论，虽然理论认识度较高，但也没有得出十分积极的社会政治结论。

恩格斯说："每一时代的理论思维……都是一种历史的产物。"① 中国古代历史变迁思想，作为中国封建社会的历史理论形态，其局限性是很显然的。但它对历史现象的观察和结论也有某种永久性的意义：它认为历史是变迁的，这种变迁是按照某种内在秩序或规律发生的，并表现为不可遏止的客观趋势——这些观点都可为现代思想观察、探索历史运动所借鉴。

（《文史哲》1983 年第 3 期）

---

① 《马克思恩格斯选集》第 3 卷，人民出版社 1972 年版，第 465 页。

中国传统文化的中原之根

中华文明的起源，从考古学的角度上说，当然可以追溯到很早的时代①，但是就有比较固定形态的中国传统文化的成型而言，则应是春秋战国时期，因为作为中国传统文化核心部分的哲学理论思想，正是在这个时期出现的百家争鸣的学术繁荣局面中形成的。秦汉学者或典籍，从《庄子》《荀子》《韩非子》《吕氏春秋》到《史记》《汉书》，对诸子百家争鸣皆有不同的划分和评说②，但无疑其中儒、墨、道、法、名五家应是当时最活跃的，并对形成中国文化传统发挥了重要作用的思想派别。因此，当我们在为中国传统文化寻找它的自然区域意义上的中原根脉时，也就不能不特别注意这五个主要思想派别与中原地区的地望归属关系。

在历史上和现在，中原作为一个自然区域，大体上应是指以黄河中段为轴线的北界太行山麓，南至淮河沿岸的地带，这是夏、商两代的心腹之地。经过两代一千年的开发、积累，它又是远古中国的文化、经济最发达地区。诸子思想，也就是中国传统文化的思想观念核心，首先在这里孕育成型，应该说是合乎历史逻辑的。就儒、墨、道、法、名五家而论，法家、名家根系于中原地带是显然而无须申论的。因为早期法家法、术、势

---

① 我国学者根据考古发现，追溯中华文明起源，最远至旧石器初期的元谋人（距今170万年）；追溯思想观念的萌芽，最早似为旧石器晚期山顶洞人的灵魂观念（距今1.8万年）。

② 先秦著作如《庄子·天下》《荀子·天论》《非十二子》《解蔽》《韩非子·显学》《吕氏春秋·不二》等，评说了春秋战国时代20多位思想人物。《史记·太史公自序》始划定先秦诸子为六家——阴阳、儒、墨、名、法、道。《汉书·艺文志·诸子略》又增纵横、杂、农、小说四家，称为"诸子十家"。

三派代表人物商鞅是卫国人，申不害是郑人，慎到是赵国人，后期法家代表人物韩非是韩国人；名家"合同异""离坚白"二派的代表人物惠施是宋国人，公孙龙是赵国人，都是生长在或活动于中原地区。① 但是对于儒、墨、道三家来说，则需要对某些已经模糊了的历史事实做出一点辨析，才能追寻到他们的中原根源。

孔子是鲁国人，孔子曾说："周监于二代，郁郁乎文哉，吾从周。"（《论语·八佾》）所以由孔子创始的儒家思想，从地域上说属齐鲁，从观念上说属周文化系统，这应该是毫无疑义的。但是，我们还是可以更进一步追问，儒家思想的最初渊源到底是怎样的呢？20世纪30年代，当时的几位著名学者如胡适、钱穆、冯友兰曾围绕"原儒"论题讨论过。这次讨论没有得出一致的结论，但他们所提出的论据却揭示了这样的基本事实：一是儒是一种职业，儒士是通晓当时文化、礼仪知识的，多为诸侯、公卿、大夫等家臣小相的社会群体；二是殷之遗民是当时文化水平最高的部族，文化、礼仪等职业多由他们操持，并最后由他们扩散开来。这两个基本事实可以告诉我们，儒家学派在精神根源上与生活在中原地区的殷遗民有密切的关系。正如历史明确记载的，孔子本人是从宋国迁往鲁国传衍了三代的殷民后裔（《史记·孔子世家》）。在先秦诸子中，儒家思想最鲜明的特色是它的伦理道德特质。这一特色也与发生在中原地带的一个巨大的历史事件有关。因为儒家思想此种特色、特质的形成，渊源于西周贵族统治的"天命无常，唯德是辅"的观念②，而这正是殷周之际的政治变迁，即周以一个落后的小邦，居然战胜殷这样一个"有典有册"③ 文明大国历史经验的总结。总之，作为中国传统思想主体的儒家思想，虽然是一种周鲁文化，但与中原也有某种甚为密切的"亲缘"关系。

关于墨子，汉代学者给我们留下两个引起困惑和纷争的问题，一是墨

---

① 《韩非子》中《定法》《难势》等篇，明确将他以前的法家人物分为法、术、势三派。据《史记》中《商君列传》《老子韩非列传》《孟子荀卿列传》可知，商鞅为卫国人，申不害为郑国人，慎到是赵国人。据《吕氏春秋·淫辞》高诱注，惠施是宋国人；《史记·孟子荀卿列传》谓公孙龙是赵国人。

② 《周书·召诰》有谓："服天命，惟有历年；不其延，惟不敬厥德，乃早坠厥命。"《周书·蔡仲之命》有谓："皇天无亲，惟德是辅。"

③ 《周书·多士》有谓："惟殷先人，有典有册。"表现了周人对商氏族的尊崇。

子国籍问题，二是墨子思想问题。汉代学者的基本结论是，墨子是"鲁人"，此说为东汉高诱在《吕氏春秋·当染》注中所立。墨子思想的学术渊源是孔子儒学，此为《淮南子·要略》所说："墨子学儒者之业，受孔子之术。"对于墨子国籍问题，历来就有异议异说，《史记·孟子荀卿列传》称"墨翟，宋之大夫"，后人据此推测墨子似为宋国人（葛洪《神仙传》）。清代学者毕沅根据《墨子》一书记载墨子与鲁阳文君交往频繁，认为"墨子鲁人"之"鲁"，是楚国鲁阳之"鲁"。近年来，有学者从历史地理的沿革、语言风俗之遗迹等方面论证墨子为"鲁人"之"鲁"，即今之河南鲁山，并不是"鲁国"之"鲁"。这似乎是对清人毕沅观点的进一步论证。① 笔者以为，这一论证是可以成立的。这样，虽然从春秋末年诸侯之国的区划上说，墨子是楚国人，但就自然区域而论，他仍是生长于中原地带，生长于夏文化中心区域的人。至于汉代学者判定墨子学术源于孔子儒学，过去的学者对此未做深入研究，实际上也是很可疑的，这里我们也可以提出一个足以使这一判断动摇的论据。《礼记》在对夏商周三代各自的文化进行区分时，曾列举出夏文化的若干特征，如："夏后氏尚黑"（《檀弓上》），"夏道尊命事鬼"（《表记》），"朴而不文"（《表记》），等等。墨子主张"明鬼"，墨子尚俭，墨子尚黑，按照《礼记》的差别标准，墨子的学说思想继承的是夏的文化传统而迥异于周鲁文化。② 这样，我们在消除汉代学者给我们留下的两个困惑后，可以比较有根据地说，墨家思想的根系是扎在中原的土壤上的。

根据《庄子·天下篇》的划分，先秦道家有慎到、老子、庄子三派。此三派也与中原有着密切关系。在先秦文献中，慎到主要是在齐国稷下活动，并且主要是以主势的法家和"不治而议之士"的面目出现的，但他是中原地域的赵国人，他与中原的渊源关系自不待言。老子和庄子是道家的主要人物，在追溯老庄思想的文化渊源时，存在着不同看法。这在很大程度上是《史记》记载欠精确而遗留的后果。老子为陈国苦县人，但在

---

① 郭成智：《墨子鲁山人十二证》，《学习论坛》1993 年第 9 期。

② 《礼记》曾从不同角度对夏商周三代文化特色的差别加以区分，如"夏后氏尚黑，殷人尚白，周人尚赤"（《檀弓上》），"夏道尊命事鬼，其民之敝，朴而无文；殷道尊神，其民之敝，荡而不静；周人尊礼尚施，其民之敝，利而巧"（《表记》）。

司马迁修史的汉武帝天汉年间，此地属楚国，是楚节王刘纯的藩地，故司马迁在"苦县"前加上国属，记称"老子者，楚苦县厉乡曲仁里人也"。历来学者皆据此地望将老子思想划入楚文化的范围内。但实际上，陈国地处淮河以北，应属中原范围。《老子》一书认为儒家之"礼"是"乱之首"（第38章），主张"知白""守辱"（第28章），"治人事天，莫若啬"（第59章），其激烈非儒的态度及尚黑、尚俭等的主张，与墨子一样表现出认同夏文化而排斥周鲁文化的理论倾向。换言之，老子思想显示的完全是中原文化的特质与色彩。将庄子思想归为楚文化范围更是历史上一个从来未被质疑过的公论，造成这一判断失误并未被觉察的原因有两个。一是《史记》对庄子的记载十分简略，特别是记述其里籍时，称庄子为"蒙人"，而没有交代清楚蒙地的国属。虽然后来许多汉唐学者如高诱、班固、张衡、陆德明等都进一步确认庄子为宋之蒙人，但到了宋代，由于当时一些最著名的学者如王安石、苏轼、朱熹等，完全没有注意到行政区划建置的历史变迁，误将唐代天宝以后才出现的、汉时原名为山桑而地处淮南的蒙城，认为即是"庄子蒙人也"之"蒙"[1]，如此庄子为楚人似成定论。显然，这一定论在考察了汉唐历史地理沿革后，是不难推倒的。二是更多的学者根据庄子思想的文学特质，根据《庄子》富有想象力的特色，因而当归属于"南人"的楚文化，而与"北人"的中原文化对立。如王国维说："南人想象力之伟大丰富，胜于北人远甚。彼等巧于此类而善于滑稽。故言大则有若北冥之鱼，语小则有若蜗角之国。语久则大椿冥灵，语短则蟪蛄朝菌。至于襄城之野，七圣皆迷，汾水之阳，四子独往。此种想象力决不能于北人文学中见之。"（《静安文集续编·屈子文学之精神》）此为近代学者判定庄子应归属楚文化最重要的立论根据。但是包括王国维在内的学者以想象力丰富来证明《庄子》与屈原作品或《楚辞》同属于"南人文学"，同属楚文化，是不妥的。他们没有分辨《庄子》中的想象描写是真实的事物，内蕴着的某种理性观念，《楚辞》如屈原作品

---

① 王安石诗《蒙城清燕堂》（《临川集》卷二十五）、苏轼《庄子祠堂记》（《东坡集》卷三十三）中，皆以今之安徽蒙城为庄子故里。朱熹说"庄子自是楚人……大抵楚地便多有此样差异底人物学问"（《朱子语卷》卷一百二十五），亦是据此地望立论。

的想象描写多为虚幻冥想，映现出某种心境感情，此间是迥然有别的。庄子个人身世或家世中可能有某种楚国背景，这种背景似乎能从《庄子》中的某些楚方言中得到印证。① 但总的来说，庄子生平活动是以宋国为中心而展开的，《庄子》一书中展示的人文景观和自然景观，都是一派中原风貌，最具特征意义的是庄子描写了汛期到来时的黄河。② 《庄子》中理性、思辨等的特质内容，和《老子》一样，都是在中原文化的丰富积淀中孕育而成。

以上所论，意在说明春秋战国时发生在中原地区的思想文化创造，在我国传统文化形成过程中，是一个基本的起点。其实，这一论断正确与否并不重要，因为正像中华民族的形成是一个多民族逐渐融合的过程一样，中国传统文化的形成也是先秦以来产生在不同区域和背景下的思想、文化不断融合的过程，区域文化的独特性和社会功能在这个过程中也不断地削弱乃至消失。但是，文化寻根仍是很有意义的，很有魅力的，它不仅具有科学的价值，能推动传统文化研究的深入，而且还有某种在科学追求之外触发认同感、归宿感的人生情趣。当我们在这里陈说先秦诸子五大家与中原关系时，就油然而生一种对中原先民深深的崇敬和遥远的缅怀之情，感到这里就是我们的根。

（《许昌师专学报》2001 年第 6 期）

---

① 例如，《庄子·逍遥游》"蟪蛄不知春秋"，《方言》曰："蛥蚗……，楚谓之蟪蛄"（《方言》卷十一）。《庄子·人间世》"迷阳迷阳，吾伤吾足"，王应麟说："荆楚有草，丛生修条……野人呼为迷阳，其肤多刺，故曰'吾伤吾足'。"（《困学纪闻》卷十）

② 《庄子·秋水》："秋水时至，百川灌河，泾流之大，两涘渚崖之间，不辨牛马……"此即为描写汛期到来时的黄河景象。

儒家道德观念系统的内在结构

小　引

　　伦理道德思想是儒家思想的核心内容，是个较复杂的观念系统。这种复杂性的一个重要表现，是在儒家经典中出现的德目，或者说道德范畴十分众多，其分类归纳也颇有差异，如"三德""四德""五德""六德""九德""十德"等。儒家经典中的"三德"，有《尚书·洪范》"乂用三德：一曰正直，二曰刚克，三曰柔克"；《周礼·地官·师氏》"以三德教国子，一曰至德以为道本，二曰敏德以为行本，三曰孝德以知逆恶"；《礼记·中庸》"知仁勇三者，天下之达德也"。儒家"四德"源于孟子"君子所性，仁义礼智根于心"（《孟子·尽心上》），据此，宋代儒家说"四端犹四德""仁义礼智四德"①。而《易·乾·文言》"君子行此四德"则是指"体仁"（长人）、"嘉会"（合礼）、"利物"（合义）、"贞固"（干事）。儒家"五德"，汉代经学家或称"五常""五性"，如董仲舒说："仁、谊、礼、智、信五常之道，王者所当修饬也。"（《汉书·董仲舒传》）《白虎通》说："五性者何谓？仁义礼智信也。"（卷八《情性》）《诗经·秦风·小戎》郑玄笺："玉有五德。"② 孔颖达疏引《礼记·聘义》而后曰："凡十德，唯言五德者，以仁义礼智信五者人之常，故举五常之德言之耳。"③ 此外，儒家"六德"之说，见之于《周礼·地官·大

---

① （宋）黎靖德：《朱子语类》卷六，中华书局1994年版，第108页。
② 《十三经注疏》影印本，中华书局1980年版，第370页。
③ 《十三经注疏》影印本，中华书局1980年版，第370页。

司徒》"以乡三物教万民……一曰六德：知、仁、圣、义、忠、和"。"九德"之说见之于《尚书·皋陶谟》"行有九德……宽而栗，柔而立，愿而恭，乱而敬，扰而毅，直而温，简而廉，刚而塞，强而义"《礼记·聘义》，"君子比德于玉"，以玉的美质映现君子的十一种德行（仁、知、义、礼、乐、忠、信、天、地、德、道），孔颖达称为"玉有十德"，此即"君子十德"。

因为观察、界定的角度不同，这些归纳分类中的德目及其内涵，往往并不相同。例如，就"三德"言，《中庸》所指的知、仁、勇"三达德"，显然是源自孔子"君子道者三，仁者不忧，知者不惑，勇者不惧"（《论语·宪问》），是"君子"的行为标准；《洪范》"乂用三德"，是以刚、柔、直为君王治理驾驭民众臣下的方法、方式；《周礼·师氏》的"以三德教国子"是指对公卿士大夫弟子的道德教育有"至德""敏德""孝德"三个方面的内容。① 应该说，儒学对众多德目缺乏明确的界说，相互间存在一定程度的混乱或歧义。辨析起来可以发现，儒家众多的道德范畴，实际上是定位在或归属于德性与德行两个观念性质有所区别的不同层面上。德性是内蕴于儒家众多道德观念、范畴中的基本精神特质、价值意蕴，德行是在现实的社会生活环境中德性外化出的特定伦理规范或一般行为规范。此外，完整的儒家观念系统中，还有道德行为基本原则和最高准则的观念。

20世纪80年代以来，随着中国传统文化研究热潮的涌起，儒家伦理道德思想研究也成为一个十分活跃的学术领域，有甚多论著问世。其中，也不乏有用现代观念系统地、细致地诠释儒家道德观念、范畴的作品。但从方法论角度来看，这些论述尽管可能很详尽，但似乎仍没有摆脱简单枚举的缺陷，因为缺乏某种内在结构的分析，所以不能构成周延。本文试图用简易的逻辑框架，将儒学中显得有点混乱的道德观念系统，即诸多的道德范畴或德目，根据其原初含义，和历史上主要儒学思想家的训释，做一

① 《周礼·师氏》："师氏以三德教国子：一曰至德以为道本，二曰敏德以为行本，三曰孝德以知逆恶。"郑玄注："至德，中和之德，覆焘持载含容者也。敏德，仁义顺时者也。孝德，尊祖爱亲守其所以生者也。"（《周礼注疏》卷十四，载《十三经注疏》影印本，中华书局1980年版，第730页）

简要的、有层次结构的梳理。应该说，这个层次结构并不是笔者的臆造或预设，而是儒家道德观念系统所固有的，笔者只是努力把它解析、显化出来。

一 德性：五德

在前面已提及的儒家最早经典《周易》《尚书》《诗经》中，此外，还有在《左传》《国语》所记载的春秋时代儒家先驱人物的言论中，可以看出儒家的许多道德观念在孔子之前已经形成。例如，《左传》记述范文子（范燮，晋厉公卿士）评论人物，论中出现了四个道德概念：仁、信、忠、敏。① 《国语》记载单襄公（单朝，周定王卿士）的临终遗嘱，更集中地提出了十一个道德概念：敬、忠、信、仁、义、智、勇、教、孝、惠、让。② 孔子道德思想的重要进展，就是给这些道德行为有一个共同的德性基础"仁"的解释，如他说"仁者，居处恭，执事敬，与人忠"（《论语·子路》），就是在当时对"仁"的众多解说中③，给出一个有其心性根源的、以内心感情"爱"为特质的解释，如他回答樊迟"什么是仁"之问时说："爱人。"（《论语·颜渊》）孟子继承了孔子的这个理论方向，将儒家道德观念思想体系中的德性范畴概括为仁、义、礼、智之"四德"或仁、义、礼、智、信之"五性"。孟子说："恻隐之心，仁之端也；羞恶之心，义之端也；辞让之心，礼之端也；是非之心，智之端也。"

---

① 《春秋左传正义·成公九年》："范文子曰：君子……不背本，仁也；不忘旧，信也；无私，忠也；尊君，敏也。"（《十三经注疏》影印本，中华书局 1980 年版，第 1906 页）

② 《国语·周语下》："单襄公曰：……夫敬，文之恭也；忠，文之实也；信，文之孚也；仁，文之爱也；义，文之制也；智，文之舆也；勇，文之帅也；教，文之施也；孝，文之本也；惠，文之慈也；让，文之材也。"（《国语》，上海古籍出版社 1988 年版，第 96 页）

③ 从《左传》《国语》中可以看出，春秋时代社会生活中的许多行为，都用"仁"来加以描述或界定，如"以君成礼，弗纳于淫，仁也"（《左传·庄公二十二年》），"幸灾不仁"（《左传·僖公十四年》），"出门如宾，承事如祭，仁之则也"（《左传·僖公三十三年》），"乘人之约，非仁也"（《左传·定公四年》），"大所以保小，仁也"（《左传·哀公七年》）。再如"畜义丰功谓之仁"（《国语·周语中》），"仁者讲功"（《国语·鲁语上》），"爱亲之谓仁"（《国语·晋语一》），"仁不怨君"（《国语·晋语二》），"仁人不党"（《国语·晋语六》），等等。

（《孟子·公孙丑上》）可见孔孟儒家一开始就是从心理的、心性的层面上，以情感或心智的特征对德性作描述的，努力在人自身之中追寻道德根源。汉代经学家在此基础上进一步界定说："五性者何？仁、义、礼、智、信也。仁者，不忍也，施生爱人也；义者，宜也，断决得中也；礼者，履也，履道成文也；智者，知也，独见前闻，不惑于事，见微者也；信者，诚也，专一不移也。"（《白虎通·情性》）汉儒对儒家道德五种德性观念的界定，应该说是简明而准确的。显然，"仁"之德性是爱的情感。从孔子所说"弟子入则孝，出则悌，谨而信，泛爱众，而亲仁"（《论语·学而》），孟子所说"君子之于物也，爱之而弗仁，于民也，仁之而弗亲，亲亲而仁民，仁民而爱物"（《孟子·尽心上》）可以看出，儒家"仁"之爱的情感，涵盖爱亲人、爱众人、爱万物的广阔范围，并且有由近及远、由人及物，渐次有差等地展开的过程。应该说，在人类历史长期存在过的和现在仍然持续着的生存状态下，这更符合人性之固然，不同于经过功利思考的墨家"兼爱"和受信仰浸润的佛家"博爱"。汉儒对"义"的界说，宋儒进一步显化为"义者，心之制，事之宜也"①，先儒对"义"之界说虽然不为不确，但仍有一深切之处须要辨清。"事之宜"有实然（本然）、固然（必然）、应然（应该）三种情况，实然是事实的真实本然状态，必然是事物内蕴的可重复再现的客观性，应然蕴含的则是供主观选择的行为合理性。道德行为的本质是自律，是自觉的德性选择。所以，作为德性的"义"之内涵的"宜"，更确切地说，就是对"应该"、对全部道德原则的自觉选择、自我归属、自我担当。违弃了"应该"，就有自我谴责的羞愧情感产生。心性层面上的德性之"礼"，与社会制度层面上的"制度在礼、文为在礼"（《礼记·仲尼燕居》）之"礼"不同，是谦卑之情、感激之情，是先人后己的心态。孔子说："恭而无礼则劳，慎而无礼则葸，勇而无礼则乱，直而无礼则绞。"（《论语·泰伯》）可见，在儒家这里，德性之礼是发育出德行所内蕴的自觉、自律、自信之必需的心理环境。"智"是理性，是对"应该"本身，即全部道德规范、原则之所以然的自觉，对行为之是与非的选择、判断能力。孟子说，"智之实，知斯二

---

① （宋）朱熹：《孟子集注》卷一，载《四书章句集注》，中华书局1983年版，第201页。

者（仁义）是也"（《孟子·离娄上》），王夫之进一步解释说，"夫智，仁资以知爱之真，礼资以知敬之节，义资以知制之宜，信资以知诚之实，故行乎四德之中，而彻乎六位之终始"[①]，将"智"视为道德实践（德行）中必要的心性品质，使儒家道德观念始终保持着理性的光彩。"信"之德性是真诚。朱子说，"诚是自然底实，信是人做底实"[②]，诚是事物本来真实的样子，信是人之所为同其本来真实样子相符。作为德性的"信"，就是要求人之德行出于衷心，真实不妄，不是做作，不自欺，不欺人。朱子在回答门人"仁义礼智，性之四德，又添信字，谓之五性，如何"之问时说："信是诚实，此四者，实有是仁，实有是义，礼智皆然。如五行之有土，非土不足以载四者。"[③] 换言之，所有的道德行为都内蕴有诚实本然的品质。

在儒家道德思想中，对德性"仁"与"义"还有进一步的解说。孔子曾说"能行五者于天下为仁矣……恭、宽、信、敏、惠"（《论语·阳货》），"仁者……居处恭，执事敬，与人忠"（《论语·子路》）。他的弟子子夏也有体会地说，"博学而笃志，切问而近思，仁在其中矣"（《论语·子张》）。可见，儒家在一开始就认为每一种德行都内蕴着"仁"的精神，以"仁"是所有德行共同的基础。后来，宋代儒学对此有更明确的阐发，如二程说："仁、义、礼、智、信五者，性也。仁者，全体；四者，四支。"[④] 朱子也说："盖仁、义、礼、智四者，仁足以包之。"[⑤] 更凸显"仁"之德性或爱的精神是儒家道德观念中的核心、起点。仁之德性具备所有德行之基础或源头的品质，使宋儒感到"爱犹不足以尽仁也"[⑥]，而将仁的内涵诠释为"生"，认为"心譬如谷种，生之性便是仁也"[⑦]，"仁字恐只是生意，故其发而为恻隐，为羞恶，为辞让，为是非"[⑧]。"仁"在

---

① （清）王夫之：《周易外传》卷一，中华书局1977年版，第3~4页。
② （宋）黎靖德：《朱子语类》卷六，中华书局1944年版，第103页。
③ （宋）黎靖德：《朱子语类》卷六，中华书局1944年版，第104页。
④ （宋）朱熹：《河南程氏遗书》卷二，载《二程集》，中华书局1984年版，第14页。
⑤ （宋）黎靖德：《朱子语类》卷六，中华书局1944年版，第113页。
⑥ （宋）杨时、张栻：《河南程氏粹言》卷一，载《二程集》，中华书局1984年版，第1178页。
⑦ （宋）朱熹：《河南程氏遗书》卷十八，载《二程集》，中华书局1984年版，第184页。
⑧ （宋）黎靖德：《朱子语类》卷六，中华书局1944年版，第110页。

宋儒这里甚至获得超出精神意义之外的宇宙生命意义的品性。在儒家的德性观念中，仁是发自内心的、向外推展的爱的情感，义是发自内心的对全部道德规范原则的担当。仁与义之间的这种内涵上的差别，从某种意义上能构成一种对立或差异的周延性；这种周延性使儒家有时用"仁义"来表述、指称全部德行。孟子曾比喻说："仁，人之安宅也；义，人之正路也。"（《孟子·离娄上》）"安宅"与"正路"寓意某种完满的生活环境，使孟子可据以推言"居仁由义"就是儒家全部道德实践的完成。① 汉儒董仲舒说："仁之法在爱人，不在爱我；义之法在正我，不在正人。"（《春秋繁露·仁义法》）仁是将爱扩张，义是对"宜"的担当，"爱人"与"正己"构成了周延的德行范围，所以他撰《仁义法》，正是以论述"仁义"来审视儒家全幅的道德图景。"仁义"可以涵盖、指称儒家全部德行，全部道义，这是五种德性中的"仁义"在儒家道德思想中的特殊理论位置。

二　德行：伦理性德行和品质性德行

儒学的德行最为凸显的部分是符合、践履伦理规范的行为，是在各种特定人伦关系中的德性表现。先秦儒家经典对此有两种概括或界定：

> 教以人伦：父子有亲，君臣有义，夫妇有别，长幼有序，朋友有信。（《孟子·滕文公上》）
>
> 何谓人义？父慈子孝，兄良弟悌，夫义妇听，长惠幼顺，君仁臣忠，十者谓之人义。（《礼记·礼运》）

孟子"五伦"之论，周延地确定了儒家视野里的社会生活伦理关系范围，《礼记》"十义"之说将这种社会生活中的每个伦理角色应践履的道德义务与责任明确地表述出来，共同构成完整的儒家道德思想的德行系统。汉儒认为其中君臣、父子、夫妇三种伦理关系和规范最为重要，称之为"三纲"，"三纲者何谓？……君为臣纲，父为子纲，夫为妻纲"（《白虎通》卷七《三纲》）。汉儒之论反映了儒学由一种伦理道德思想体系向

---

① 孟子曰："居仁由义，大人之事备矣。"（《孟子·尽心上》）《孟子》中"大人"有两个含义：一指权位言，如"说大人则藐之"（《孟子·尽心下》）；一指德行言，如"从其大体为大人，从其小体为小人"（《孟子·告子上》）。此处指德行而言。

国家意识形态的蜕变，即相互承担义务、责任的伦理德行规范中，掺入了在君主制制度下的国家权力和宗法权力因素的单方面屈从的意识。现在看来，在儒家以周延的伦理关系建构的社会生活中，孝、忠、信（诚信）应是最重要的德行，分别践履个人与家庭、个人与国家、个人与其他一切人之间的伦理原则，显现了社会生活的主要方面。子夏说："事父母，能竭其力，事君，能致其身；与朋友交，言而有信。虽曰未学，吾必谓之学矣。"（《论语·学而》）也正是以这三项德行来衡定一个有道德修养的人。在儒家践履伦理规范的德行中，孝是最重要、最根本的德行，有子谓"孝悌也者，其为仁之本与"（同上），《孝经》也说"孝，德之本也，教之所由生也"（《开宗明义》），一切道德感情都是从爱的、孝的感情开始萌生，一切道德品行都是在家庭的伦理实践中开始养成。曾子说："孝有三：大孝尊亲，其次弗辱，其下能养。"（《礼记·祭义》）《孝经》也说："孝始于事亲，中于事君，终于立身。"（《开宗明义》）孝蕴有宽广的内容，孝不仅是赡养尊敬父母，而且要以自己全部的，包括服务于社会的生活实践，使父母感到欣慰和幸福。故有所谓"居处不庄非孝也，事君不忠非孝也，莅官不敬非孝也，朋友不信非孝也，战阵无勇非孝也"（《礼记·祭义》）。孝的实践温馨而庄严，儒家生活方式中的人能从中体验到生活的意义，获得生活的动力。

在儒学中，"忠"之本义比较宽泛，是尽心尽力为他人之意。曾子曰"为人谋而不忠乎"（《论语·学而》），朱熹注曰"尽己之谓忠"[1]，可谓是对"忠"的准确界定。但在进入社会生活的伦理秩序中，如孔子所说"臣事君以忠"（《论语·八佾》），《礼记》以"臣忠"为十种"人义"之一，"忠"就经常被诠解为一个人践履与国家，或作为国家之人格体现的"君"之间伦理原则的道德行为。子夏称赞道德修养好的人必定是"事君能致其身"（《论语·学而》），《左传》评价为国家而捐躯的人物时每说"将死不忘社稷，可不谓忠乎"（襄公十四年），"临患不忘国，忠也"（昭公元年），更清晰具体地将忠诠释为对高于个人和家庭的某种伦理共同体（国家、君主）尽心尽力，直至献出生命的道德行为。忠的实

---

① （宋）朱熹：《论语集注》卷一，载《四书章句集注》，中华书局1983年版，第48页。

践隆起了儒家生活中的壮烈和崇高。从孟子那里可以看出，儒家忠的实践尊崇着一种道德理性。孟子评论武王伐纣曰"闻诛一夫纣矣，未闻弑君也"（《孟子·梁惠王下》），又评论君、民与国家之次第曰"民为贵，社稷次之，君为轻"（《孟子·尽心下》），忠的伦理对象本身的道德品性和合理的伦理位置——民众高于国家，国家高于君主，是儒家忠的实践之选择的两项主要标准。正是儒家此种道德理性，铸就了中国历史上一个重要的国家政体形态特征——虽然有连绵不断的以儒家道德理念为主体的文化传统，即道统，却不会产生万世一系的皇统，而只能有断代接续的君统。在儒家的社会生活中，个人与家庭和个人与国家间的，即父子、君臣间的伦理关系，是最重要的伦理关系。因而践履此两种伦理关系的德行——孝与忠，也常被视为是最重要的道德行为，是对一个人道德评价的首要的、决定性的标准。正如北朝时的一位儒者比喻所说："忠孝者，百行之宝钦！忠孝不修，虽有他善，则犹玉屑盈匣，不可琢为圭璋，锉丝满筐，不可织为绮绶，虽多亦奚以为也。"①

在儒家德行系统中，信是在个人与家庭、国家这两个最重要的伦常关系之外设定的与一切他人之间关系的道德行为准则。信之德行是与人相交，能践履自己的诺言。孔子说"自古皆有死，民无信不立"（《论语·颜渊》），"人而无信，不知其可也，大车无輗，小车无軏，其何以行之哉！"（《论语·为政》）没有信构建的人际网络支持，人是不能立身社会的。信所要践履的诺言是对人的承诺，是一种道德责任，必然是真实无妄的，是诚；也必然是合于道义的，是义，这样才是一定能够和应该践履的。换言之，信之德行内蕴着诚与义两个当然、固然的前提。《中庸》有"诚者，天之道；诚之者，人之道也"之论，朱子注解为"诚者，真实无妄之谓，天理之本然也；诚之者，未能真实无妄，而欲其真实无妄之谓，人事之当然也"②。儒家对诚（诚者）和做到诚（诚之者）深邃的哲学诠

---

① （北齐）刘昼：《刘子·言苑》，载《丛书集成初编》第595册，商务印书馆1939年版，第66页。《刘子》有明显的道家思想痕迹，这是魏晋南北朝时期学术的共同特色；《刘子》维护忠孝仁义的道德立场也是鲜明的，刘昼还曾上书辟佛，这些又都是儒家人物的表现。所以，自《隋书·经籍志》始，《刘子》一直被史志录入子部杂家类；而在《北齐书》《北史》中，刘昼却录入《儒林传》。

② （宋）朱熹：《中庸章句》，载《四书章句集注》，中华书局1983年版，第31页。

释，将其追溯到和归依到真实世界的本身，使得信之德行在儒家道德思想中甚至具有最深刻的内在根据。孟子说"大人者，言不必信，行不必果，惟义所在"（《孟子·离娄下》），在儒家看来，践行丧失道义原则的许诺，也就不再有"信"的道德品性或价值，对"言必信，行必果"也难以给予很高的道德期许。① 儒学中的信，虽然一般来说是人与人之间的德行标准，但并不是自然的人与人之间的行为原则，孟子说"朋友有信"，郑玄训"朋友"曰"同门曰朋，同志曰友"②，仍是被诠释为要在某种伦理关系架构内实现的德行。儒学中的信或诚信，似乎还未能获得可超越伦理关系的力度，这在一定程度上妨碍了儒家生活方式中公共生活领域的健康发育。

儒家德行主要是在具有伦理性的人际关系中展现的，一种德行也就是践履一种伦理规范。在这个范围之外，儒家也提出甚多个人品质性的德行观念，如"知、仁、勇""温、良、恭、俭、让""恭、宽、信、敏、惠""刚毅、木讷""廉耻"等。儒家的这些个人品质性德目，在《论语》中就已全部出现，虽然其内涵一直没有十分明确的界定，但其处于德行的不同层面或维度上，还是可以分辨的。审视《论语》《孟子》所论，可将这些德目归属为三类。一是界分个性人格特征的德目。孔子说："君子道者三：仁者不忧，知者不惑，勇者不惧。"（《论语·宪问》）仁者性情宽厚，能包容而不被忧愁困扰，明智之人善洞察而不惑，勇者意志坚强，无所畏惧。孔子以仁、智、勇三种精神品性表征三种人格，与现代心理学所描述人的三种基本心理现象——知、情、意是吻合的，所以这种表征对人格或对德性的概括而言，都是周延的。后来的儒家称之为"知、仁、勇三者，天下之达德也"（《礼记·中庸》），是人所共通的品德。二是以具体生活情境下的、有德性内容的行为举止来界定的德目。孔子的弟子称孔子每成就一事，都是"温、良、恭、俭、让以得之"（《论语·学而》），孔子解说仁者的表现，"刚毅、木讷近仁"（《论语·子路》），"能行五者于天下

① 《论语》记载孔子答子贡"何如可谓之士"之问时曰："言必信，信必果，硁硁然小人哉，抑亦可以为次矣。"（《子路》）又说："君子贞而不谅。"（《卫灵公》）朱子注曰："贞，正而固也；谅则不择是非而必于信。"（《论语集注》卷八，第168页）
② 《周礼·大司徒》"五曰联朋友"。郑玄注："同师曰朋，同志曰友。"（《周礼注疏》卷十，载《十三经注疏》影印本，中华书局1980年版，第706页）

为仁矣……恭、宽、信、敏、惠"（《论语·阳货》）。这些德目，凸显儒家个人的温和、善良、谦逊、忍让、节俭的品性，张扬仁者的宽厚人格。当然，儒家人物性格还有另外一个方面的特征。孔子说，"君子和而不同，小人同而不和"（《论语·子路》），"三军可夺帅也，匹夫不可夺志也"（《论语·子罕》）。所以无论是君子还是匹夫，在儒家的德行观念中，都有卓尔独立的人格。儒家道德实践中还有一个悲壮的高峰，也是孔子所说："志士仁人无求生以害仁，有杀身以成仁。"（《论语·卫灵公》）儒家在这里形成了一个庄严的道德要求，为了仁的实现，在某种情况下，要坦然地献出自己的生命。历史上，通常是在国家民族灭亡这样巨大的伦理冲突、伦理灾难发生时，儒家的仁人义士要做出这样的选择。可见在儒家，宽厚中有刚毅，卑顺中有独立。《礼记》曰"礼者，自卑而尊人，虽负贩者，必有尊也，而况富贵乎"，"君子不尽人之欢，不竭人之忠"（《曲礼上》），"君子贵人而贱己，先人而后己"（《坊记》）。儒家如此尊重他人、体谅他人，展示的绝不是卑贱自己、屈膝于他人的奴隶性格，而是从古代中国独有的礼乐文化发育出来的文明自觉、道德自觉。三是以道德自律本身来界定的德目。那就是用道德的自律原则、道德行为的最低要求和最高标准来定义的廉耻、恕（絜矩）、中庸（中）三个德目。康德说："自律性是道德的唯一原则。"① 道德行为的本质是一种理性的自律、自觉选择。儒学中廉与耻两种个人品德，就是以道德自觉、自律本身为内涵来界说的。廉，就是自觉地有所不取，知其有不应取；耻，就是自觉地有所不为，知其有不当为。《论语》《孟子》中虽然无此明确的界说，但此种意涵却是有的。孔子说"齐之以刑，民免而无耻；齐之以礼，有耻且格"（《论语·为政》），意谓慑于刑罚的威严，民众虽可不犯罪，但若无道德自觉之心，仍难免有不当为的行为发生。通过"礼"的实践，培养知耻的品德、行为就能自觉地符合规范。孟子说："为机变之巧者，无所用耻焉。"（《孟子·尽心上》）意谓奸邪之人没有"不当为"的道德约束，所以也就是无耻之人。换言之，知己应有"不当为"的自觉，就是知耻。孟子说："可以取，可以不取，取伤廉。"（《孟子·离娄下》）朱熹更明确

---

① 〔德〕康德：《道德形而上学原理》，苗力田译，上海人民出版社1986年版，第94页。

解释说："廉，有分辨，不苟取也。"① 廉是知其有"不当取"，其道德自律的含义是很清晰的。道德的自律、自觉既然是道德的本质，当然也是道德人生的根本，所以儒家将知廉耻视为人立身社会的首要的节操。② 孟子说："人不可以无耻。"（《孟子·尽心上》）后来宋儒更说："廉耻，立人之大节，不廉则无所不取，不耻则无所不为。"③

三　基德与至德：絜矩与中庸

在儒家的德行系统中，还有两个重要的、可视为界定最低或最基础的道德行为界限和最高道德行为标准的德目：恕与中庸。在儒家看来，最低的具有道德性内涵的行为，应该是"己所不欲，勿施于人"，这可能是在孔子以前就已经出现的古语④，但尚无明确的内涵。《论语》记载仲弓问"仁"、子贡问"恕"，孔子都以"己所不欲，勿施于人"来解释⑤，可见，在儒学中"己所不欲，勿施于人"是具有"仁"的德性内涵，可以称之为"恕"的道德行为。朱熹训解曰"推己及人为恕"⑥，恕是指对人友善、宽容的行为表现。在儒学中，"己所不欲，勿施于人"作为一种行为原则，还被表述为"絜矩之道"，即"所恶于上，毋以使下；所恶于下，毋以事上；所恶于前，毋以先后；所恶于后，毋以从前；所恶于右，毋以交左；所恶于左，毋以交右"（《礼记·大学》），就是要以度量自己的喜好厌恶的同一把人性之尺来度量别人。儒家的这一行为原则，要求人

---

① （宋）朱熹：《孟子集注》卷六，载《四书章句集注》，中华书局1983年版，第273页。

② 《管子·牧民》有"礼义廉耻，国之四维"之论。此是早期法家纯粹从治理国家之工具的意义上对廉耻等四种德行亦有所肯定。后期法家（韩非）则明确说"使民以法禁而不以廉止"（《韩非子·六反》），斥"务行仁义"者为"五蠹"之首（《五蠹》）。

③ （宋）欧阳修等：《新五代史·杂传·传曰》，中华书局1974年版，第611页。

④ 清朝宦懋庸在《论语稽·颜渊篇》中提出三项论据，推断"己所不欲，勿施于人"一语为古之常语。

⑤ 《论语》记载："仲弓问仁。子曰：'出门如见大宾，使民如承大祭，己所不欲，勿施于人。在邦无怨，在家无怨。'"（《颜渊》）"子贡问曰：'有一言而可以终身行之者乎？'子曰：'其恕乎！己所不欲，勿施于人。'"（《卫灵公》）

⑥ 朱熹曰："尽己之心为忠，推己及人为恕。"（《中庸章句》，载《四书章句集注》，中华书局1983年版，第23页）

不要也不能把不愿别人对自己做出的行为施加他人。这是一个内容最少、范围最广的道德原则，可以衡量一切行为的道德尺度，一个道德行为初始的、基础的尺度。同时，儒家这一道德原则是以人性相同、人格平等为其内在理念的，必须首先有对他人具有与自己同样的欲望需求的尊重，和同等的存在发展权利的确认，然后才有作为道德指令、道德原则的"己所不欲，勿施于人"或"絜矩之道"的成立，所以这又是一个精神基础深厚的道德原则。《周易》有曰："履，德之基也。"（《系辞下》）相对于下面将要论及的、被儒家称为"至德"的中庸，姑且将作为道德行为之起步的絜矩或恕道称为"基德"。

儒家的德行系统中，最高的道德行为尺度或准则是"中庸"。在儒家传统中，"中庸"的最早表述是"允执其中"（《尚书·大禹谟》及《论语·尧曰》）。《尚书·大禹谟》记述是舜让位给禹时传授的最重要的政治经验：牢牢地把握住"中"（适中、中道），避免过与不及。《论语·尧曰》更追溯，尧禅位于舜时，也是这样说的。孔子时，他将这个"中"称为"中庸"，并将这一具体的治国政治经验升华为最高的道德准则："中庸之为德也，其至矣乎！民鲜久矣。"（《论语·雍也》）此后，历代儒家学者皆从"至德"的意义上加以理解、阐发。如汉儒董仲舒发挥说："夫德莫大于和，而道莫正于中。"（《春秋繁露·循天之道》）宋儒张载诠释为"大中至正之极"①。宋代理学阵营中的两位代表人物朱熹和陆九渊，其所诠解的"中庸"各具特色，最为典型。朱熹对"中庸"意涵的训解比较简明准确："中者，不偏不倚，无过不及之名；庸，平常也。"② 中庸是包括道德行为在内的一切行为之共同的、达到完满状态的尺度。陆九渊对"中庸"之情态的体认、描述比较真切到位："中之为德，言其无适而不宜也。"③ 中庸是一种与外界无差异、无冲突的生存状态。朱子对中庸的训释清晰地显示出两层含义：就行为层面，中庸是不偏不倚、不狂不狷，所以又称"中

---

① （宋）张载：《正蒙·中正》，载《张载集》，中华书局1978年版，第27页。
② （宋）朱熹：《中庸章句》，载《四书章句集注》，中华书局1983年版，第17页。
③ （宋）陆九渊：《黄裳元吉黄离元吉》，载《陆九渊集》，中华书局1980年版，第338页。

行"①；就精神层面，中庸是守依道（常），和常道同在，所以又称"反经"②。一个人在行为上和精神上达到这样的标准，会在生活中处处自如，臻于"无适而不宜"的境界。这是极高之境，也是至难之事。十分显然，即使是一个德性深厚的人，在人生实践中，于个别或某些德行践履或行为举措做到了适中、完美，但也不可能所有的德行、所有的行为都能如此实现。所以孔子曾慨叹说："天下国家可均也，爵禄可辞也，白刃可蹈也，中庸不可能也。"（《礼记·中庸》）慨叹圣王尧舜禹之后，"民鲜久矣"，人们已长久地缺失它了！究其原因，从儒家思想家的理解和诠释中可以看出，儒家之"中庸"实际上已不是单纯的不偏不颇的行为准则，而是能融化一切诸如本末、天人、义利、经权、高明平庸、狂狷之对立，而又能得其"正"的至高的道德和智慧境界，凝聚着一个人全部的人生经验和体验。

小　结

儒家的道德观念系统虽然可以解析出多方面的内容，但主体的、核心的特征则应是以"仁"和"义"，即内蕴着"爱人"的道德感情和担当"应该"的道德自觉为共同的德性基础，以具有伦理性内涵的德行孝、忠、信为主要道德规范。儒家的道德理论立场因此有十分彻底的义务论或道义论的特质，其可解析出两层内涵。其一，"善"被界定为高于、大于"好"的一种价值，只存在于伦理性、道义性的行为中，即孟子所说"何必曰利，亦有仁义而已矣"（《孟子·梁惠王上》），汉儒表述得更清楚："循三纲五纪，通四端之理，忠信而博爱，敦厚而好礼，乃可谓善。"（董仲舒《春秋繁露·深察名号》）。其二，伦理性、道义性的行为只是义务和责任，没有自身之外的目的，亦即孟子所说："由仁义行，非行仁义也。"（《孟子·离娄下》）汉儒也有更清晰的表述："正其道不谋其利，修其理不急其功。"（董仲舒《春秋繁露·对胶西王越大夫不得为仁》）在古

---

① 《论语》记载："子曰：'不得中行而与之，必也狂狷乎！狂者进取，狷者有所不为也。'"（《子路》）

② 《孟子》记载："孔子曰：恶似而非者……恶乡愿，恐其乱德也。君子反经而已矣。经正则庶民兴，庶民兴，斯无邪慝矣。"（《尽心下》）

希腊哲学中的目的论和近代欧美功利论的伦理学理论立场映衬下①，儒家道德思想的道义论色彩更是十分鲜明。

儒家的道德观念系统虽然在历史上的具体生活情境中有某种看来似乎是有歧义的混乱表述，但实际上还是存在着清晰可辨的、井然有序的德性与德行、基本原则与最高准则等由相互犀通的不同理论层面构成的内在结构。这是一个丰富、周延的观念系统，现在仍然是我们建构中华民族精神家园的最重要的思想资源，也是建设普世伦理的主要思想资源。

（收入郭齐勇主编《儒家文化研究》第四辑，生活·读书·新知三联书店 2012 年版）

---

① 亚里士多德伦理思想可以作为古希腊哲学的目的论理学理论立场的代表，其可解析为三层内涵：一是"善（"好"之义）是一切事物所求的目的"（〔古希腊〕亚里士多德：《尼各马科伦理学》，苗力田译，中国社会科学出版社 1999 年版，第 1 页）；二是"幸福是完满自足的，它是人的行为的目的"（〔古希腊〕亚里士多德：《尼各马科伦理学》，苗力田译，中国社会科学出版社 1999 年版，第 13 页）；三是获得幸福的"善因"有三类：灵魂（德性）、身体（健康）、外物（财富），灵魂（德性）是主要的、最高的善因（〔古希腊〕亚里士多德：《尼各马科伦理学》，苗力田译，中国社会科学出版社 1999 年版，第 15 页）。功利主义者密尔对道德标准的界定是："有些关于人类行为的规律训诫，遵守它就能得到在量和质两方面多多享受的生活——这些规律训诫就是道德的标准。"（〔英〕密尔：《功用主义》，唐钺译，商务印书馆 1962 年版，第 13 页）

人生终极的理性自觉

—— 儒家"命"的观念

一　引语

从《论语》中可以看出，"仁""礼""命"是孔子思想中三个最重要的范畴，由此可知，完整的儒学理论结构是由心性的、社会伦理的和超越的三个理论层面构成。长期以来，在儒学研究中，围绕"仁""礼"观念的理论阐释是比较充分的，而对"命"观念的诠释甚是薄弱，以至一直存在着将儒家简单地判认为"宿命论者"的误解。"命"的观念是儒家对人生终极的严肃思考，是儒家思想中最深刻的、能将其和其他宗教最终区别开来的那个方面、那个关键之处。的确，在我们今天的日常生活和文学作品中，还不时会出现这样的场景：一个人对自己生活进程中的某种遭际或人生最终结局感到无可奈何、无能为力时，往往黯然地表白"认命"，慨叹"命该如此"，面对此场景，也许人们多会评断：这是儒家宿命论的表现。应该说，这一评断中有一半是对的，而另一半则是错的。因为这一评断揭示了一个确切的事实，即儒家"命"的观念至今仍在影响着、模塑着儒家生活方式中的人们对人生终极之根源的信念，而其中蕴含的认为儒家是宿命论的观点，则是一个很大的理论误区。

儒家"命"的观点，在先秦以后的历代儒学思潮和许多儒家学者那里，都有所诠释。但是，时代的学术环境和个人思想境界的不同，理论的高度和角度的不同，使得他们诠释出的儒家之"命"也不尽相同。① 本文依据作为历史上儒学思想最高发展的宋明理学，从主要理学家对孔子、孟子"命"观念的理解、诠释中，做出简要的归纳分析，进而从儒家"命"的观念内涵之演进和儒家回应"命"之态度这样两个论述角度，审视儒家"命"的观念中洋溢着的人文精神的理性特质，证明它根本不同于非理性或超理性的宿命论的迷信或信仰。

二 儒家"命"观念之演进

在儒家思想中，具有超越性意蕴的"命"观念，有时也称为"天命"或"天"②；其基本的内涵，在孔子、孟子那里就确定了下来。《论语》记载，鲁人公伯寮在鲁国权臣季孙氏面前中伤孔子师生治理鲁国的努力，孔子知道后说："道之将行也与，命也；道之将废也与，命也。公伯寮其如命何！"（《宪问》）孔子还对子夏说"死生有命，富贵在天"（《颜渊》），显示孔子儒学的"命"观念，似乎认为在人的一生遭际中，潜存着某种在人之外人之上的、超越时空的、非人力所能左右的客观必然性。此后，孟子亦据孔子之言评论说："孔子进以礼，退以义，得之不得，曰有命。"（《孟子·万章上》）并以舜、禹之子贤或不肖的差别皆非人之所能为为

---

① 例如，汉至魏晋南北朝，学者论"命"之名篇有四：《王命论》（班彪）、《运命论》（李康）、《定命论》（顾觊之、顾愿）、《辩命论》（刘峻）。四篇文章论"穷达有命"之主旨略同，但具体内容则显示出有羼入儒外思想观念成分和对儒家思想理解或深或浅的不同。

② 儒家的"天"有两义：一是天地之"天"，自然义。《论语·子张》"夫子之不可及也，犹天之不可阶而升也"，《孟子·梁惠王上》"天油然作云，沛然下雨"中之"天"，皆是此义。此"天"（天地鬼神）被儒家在其自然性本质中赋予道德性品格，与社会伦理性的君亲师友，一起融入同属于"礼"的伦理性质的关系中。二是"天道""天命"之"天"，超越义。"天道""天命"义稍有别，理学有所分辨，如《论语》"夫子之言性与天道"，朱熹注曰"天道者，天理自然之本体"（《论语集注·公冶长》）；"五十而知天命"，朱熹注曰"天命，即天道之流行而赋于物者，乃事物所以当然之故也"（《论语集注·为政》）。然其作为儒学形而上层面的超越义相同。当然，"天道"在朴素原始的意义上，是指天体运行之迹，经学家多做出如此解。如郑玄说："天道，七政变动之占也。"（《后汉书》卷二十八《桓谭列传》注引郑玄《论语注》）儒之"命"与"天命"在超越层面上同义，如《论语》记载，孔子弟子冉耕病重将死，孔子去探望，痛惜曰："亡之，命矣夫！"朱熹注解曰："命，谓天命。"（《论语集注·雍也》）

例，对"命"做出一般的界定："莫之为而为者，天也；莫之致而至者，命也。"（《孟子·万章上》）特别凸显"命"之外于、高于人的那种超越性。① 宋代理学家程颐曰："君子当困穷之时，既尽其防虑之道，而不得免，则命也。"（《周易程氏传·困》）在此界说中，凸显的则是"命"之观念的必然性内涵。全幅的儒学思想史显示，"命"或"天命"是儒学所确认的唯一具有外在超越性质的客观存在（实在）。因为通常在某些宗教中出现的、被作为某种超越的存在来理解的"神""鬼"，在儒学中被解释为人的一种异化形态或自然的某种性质，并不具有真正的超验、超时空的超越性质。② 同时，儒家"命"的观念之演进，主要是围绕对"命"之异己性——外于、高于人的那种超越性和必然性的消解而展开。

我们在世界文化史中看到，古代的人们在生活中感悟的、被理解为某种客观必然的、外在超越的存在，常常被进一步实在化、实体化、人格化为某种宗教信仰的对象。但在儒学这里，在这个继承了殷周之际从原始宗教观念向道德观念蜕变的传统思想体系里，"天"或"命"这种外在的超越对象，也从周人具有人格特征的、被虔诚信仰的对象③，转变为一种可被理智体认的对象，进而通过道德实践的桥梁，内化为人的道德本性本身的那种对象。这一消解"命"之异己性的理论演进之路，在儒学中还是很清晰的。最先，孔子说自己"五十而知天命"（《论语·为政》），表明在孔子那里，"天命"已不是信仰的对象，而是通过生活经验、思想经历的积累来认识或体验的对象；孔子还说"不知命，无以为君子也"（《论语·尧曰》），表明他认为这一精神经历是每个人都可以和应该实现的。随后，《中庸》界定说"天命之谓性，率性之谓道，修道之谓教"，孟子解释说"尽其心者，知其性也。知其性，则知天矣。存其心，养其性，所

---

① 朱熹诠释此种超越性说："此皆非人力所为而自为，非人力所致而自至者。盖以理言之谓之天，自人言之谓之命，其实则一而已。"（《孟子集注·万章上》）

② 儒学一般把"鬼神"解释为人死后"气"的一种存在状态、性能。如《礼记·祭义》谓："众生必死，死必归土，此之谓鬼。骨肉毙于下，阴为野土。其气发扬于上，为昭明，焄蒿，凄怆，此百物之精也，神之着也。"宋代理学家张载曰："鬼神，（气之）往来、屈伸之义。"（《正蒙·神化》）

③ 《尚书》记载周人的话语"天乃大命文王，殪戎殷"（《康诰》），"我亦不敢宁于上帝命，弗永远念天威"（《君奭》）。其所显现的正是周人宗教色彩的"天""命"观念。

以事天也"（《孟子·尽心上》），进一步确认儒家最高的认识或精神境界——"知天命"，是在体认和践行仁义礼智的德行中实现的，或者说就是这些道德实践本身。最后，宋代理学家在诠释、界定"天命"时说，"在天为命，在义为理，在人为性，主于身为心，其实一也"（《河南程氏遗书》卷十八），"天之赋予人物者谓之命，人与物受之者谓之性"（《朱子语类》卷十四），正是沿着思孟学派"率性修道"和"尽心、知性、知天"的理路，最终将"天命"诠释为、内化为人的道德本性本身。将外在的"命"内化为人之性，消解了"命"的外在性、异己性，是儒学超越理论的最大特色与最大成功。

儒家"命"的观念在先秦以后的另一重要演进，是对"命"之必然性做出的与宿命论划清界限的诠释。"必然性"作为一个哲学范畴，黑格尔将其界定为"真实的可能性"①。换言之，必然性是一种由某种根源性因素决定的确定不移的、必将实现的趋势。宿命论认为人生历程或社会发展，其进程和结局都是注定的，显然是一种蕴含着"必然性"的理论形态。它的特点只是将这种必然性的根源，认定为由某种外在的、高于人类的实在（如神）的既定安排。儒学的超越理论，虽然以"人之命"即是对"人之性"的另外角度之表述的诠释方式，消解了"命"之异己性，但并不否定或否认"命"之"不得免"的必然性。然而儒学也没有因此陷入非理性或超理性的"宿命"信仰中，而是继续在这个"命"之内在化的理论方向上，从人性之气禀中为"命"的那种必然性找出根源，做出解释。其中，当以朱熹的三次解说最为清晰。朱熹说："命有两般：有以气言者，厚薄清浊之禀不同也，如所谓'道之将行、将废，命也''得之不得曰有命'是也；有以理言者，天道流行，付而在人，则为仁义礼智之性，如所谓'五十而知天命''天命之谓性'是也。二者皆天所付与，故皆曰命。"（《朱子语类》卷六十一）可见在朱熹看来，是人之气禀的厚薄清浊决定了人的寿夭穷通，决定了人生命过程、生存状态中的"不得免"。不难看出，在朱熹这种对"命"之必然性的解释中，"命"的异己

---

① 黑格尔说，"可能性与偶然性是现实性的两个环节"，"发展了的现实性……就是必然性"（〔德〕黑格尔：《小逻辑》，贺麟译，商务印书馆1980年版，第300、305页）。

性又一次被消解了，"命"的必然性之形成，并非来自某种外在超越的原因，而是人自身的某种固有的缘由。朱熹还认为，这种决定"命"之必然性的人自身的缘由（气禀），在其源头处却是偶然的。他在回答门人"气禀是偶然否"之问时说："是偶然相值着，非是有安排等待。"（《朱子语类》卷五十五）这样，儒学的命之必然性观念，就应更确切地解释和表述为：在生命源头处偶然相值而形成的气禀，铸定了人生的必然遭际——寿夭穷通的命运。朱熹的这一解释，在儒学"命"之必然性观念的源头处排除了宗教性或其他神秘性因素的介入，但也出现了一种需要消解的吊诡：源头处的偶然性，何以到终点观察是必然性？朱熹在诠解"死生有命，富贵在天"之论时说："命禀于有生之初，非今所能移。天莫之为而为，非我所能必。"（《论语集注·颜渊》）朱熹此论显示出，儒家"命"的必然性实际上是处在因素极为众多、关系极为复杂的生存环境中的人生命活动、存在过程的一次不可逆性；正是这种一次不可逆性，使人之生命在源头处的气禀偶然相值是不可移易的，在尽头处呈现的结局也是唯一的，是"不得免"的。这种"必然性"不是某种外在超越的既定"安排"的展现，而是由气禀偶然构成之人在各种不同的、不可重复再现的境况下，一次性的生命和生活过程的创造。这是朱熹对"命"之必然性内涵的一个完整的解释，朱熹"命"论之"吊诡"也在这一解释中被消解。朱熹在理学和儒学对"命"之必然性的此种哲学观察和结论，虽然仍是立足于经验基础之上的，但毕竟蕴含着真实的存在于人自身事实的前提和合理的逻辑思维过程，所以本质上也是具有科学理性性质的。

三　儒家对"命"的回应

儒学的超越理论认为"命"就在人自身之中，在人的性理与气禀之中，消解了"命"之外在异己性，但儒学并没有否定"命"之必然性，而只是在理学中给予一种理性的解释，判定这是个人之生命在源头处的偶然性和生存过程中的一次不可逆性的表现。这样，对于"命"——一种必然性的回应或应持的态度，也就成为儒学超越理论的一个很重要的方面；同时，由于这种必然性不是宿命，不是既定"安排"的展现，而是生命和生活的一次性创造过程，也就使这一回应本身具有蕴含一切可能的自主、自由的广阔空间。儒学的基本回应态度是：不因超越性的命运之必然、"不得免"的性质，而改变自己所应有的理性的和道德的实践原则、方向和努力。儒家的这种态度从孔子时就已形成。孔子虽然"道之不行，已知之矣"（《论语·微子》），但仍遵循"道"（礼与仁）的原则；虽遭时人"知其不可而为之者"的讥评（《论语·宪问》），亦无所怨悔。此后，孟子所谓"行法以俟命"（《孟子·尽心下》），程颐所说"知命之当然也，则穷塞祸患不以动其心，行吾义而已"（《周易程氏传·困》），朱熹所称"听天命者，循理而行，顺时而动，不敢用私心"（《朱文公文集》卷六十四《答或人》），表述的都是儒家以固有的行为准则和应有的道德实践——物理之固然和伦理之当然，来回应"命"之必然的态度。儒家这一态度可在先秦儒家典籍里找出典型例证：

> 孟子曰："莫非命也，顺受其正；是故知命者不立乎岩墙之下。"（《孟子·尽心上》）
>
> 邾文公卜迁于绎。史曰："利于民而不利于君。"邾子曰："苟利于民，孤之利也。天生民而树之君，以利之也。民既利矣，孤必与焉。"左右曰："命可长也，君何弗为？"邾子曰："命在养民，死之短长，时也。民苟利矣，迁也，吉莫如之！"遂迁于绎。五月，邾文公卒。君子曰："知命。"（《左传·文公十三年》）

生活经验、物理常识都告诉我们，高墙易倾，故应避离其下，以免遭遇危险。孟子"知命者不立于岩墙之下"之说，以一具体细小日常行为，准确地诠释出儒家回应"命"之基本态度或原则的一个主要方面——遵循物理地生活。邾文公欲迁都绎地，但不知此举后果是吉是凶，意犹未决，求诸卜筮。占卜显示，迁绎对他的百姓有利，对他的个人命运则是凶——不能长寿。邾文公认为，作为国君，自己的"命"在于护养自己的民众，既然迁绎能利民，就是吉事，决意迁都。迁绎后，邾文公就死了。邾文公的行为在术数家看来是"不知命"，但《左传》的作者从儒家立场（"君子曰"①）评断，却是"知命"，因为邾文公完全自觉地践履了

---

① 《左传》有"君子曰"四十余则，多是从儒家思想立场对历史事件做出的评断。

作为君主的伦理道德原则。①《左传》记述的此段史实，清晰地宣示儒家回应命之基本原则或态度的另一主要方面——遵循伦理道德地生活。儒家回应命（知命）的这种态度，在宋代理学中凝聚成两个命题充分展示。

一曰"唯义无命"。这一命题由程颐明确提出，他说：

> 君子有义有命。"求则得之，舍则失之，是求有益于得也，求在我者也"，此言义也；"求之有道，得之有命，是求无益于得也，求在外者也"，此言命也。至于圣人，则唯有义而无命，"行一不义，杀一不辜，而得天下，不为也"，此言义不言命也。（《河南程氏外书》第三）

程颐推演孟子之论，认为诸如寿夭贵贱属于"在外"的东西，得与不得，在"命"不在我；而行义，践履和完成道德，却是"在我"的东西，求则可得的。人应该将"命"置之度外，而把自己的努力、奋斗投入行义这个方向上来。显然，理学家的"唯义无命"并不是对"命"的否定，而是从人生价值的实现或意义的估量上，将义的实现置于"命"之上，以"求在我者"，即以对伦理原则、道德理想的自觉实践，来回应被视为一种客观必然的超越的存在。儒家生活方式中的庄严和崇高在这里被展现出来。这种能在儒家思想体系和生活方式中最高的超越存在面前，显示作为人的理性尊严和自主的人生态度，在理学家看来，就是具有最高的儒家精神觉醒——圣人境界的表现。

二曰"人事尽处便是命"。朱熹在一次回答门人疑问时，明确表述出此命题：

> 问："《遗书》论命处，注云：'圣人非不知命，然于人事不得不尽。'如何？"曰："人固有命，可是不可不'顺受其正'，如'知命者不立乎岩墙之下'是。若谓其有命，却去岩墙之下立，万一倒覆压处，

---

① 《礼记》曰，"国君死社稷，大夫死众，士死制"（《曲礼下》），"国有患，君死社稷谓之义"（《礼运》）；"宗子（诸侯、国君）……重社稷，故爱百姓"（《大传》），"君民者子以爱之，则民亲之"（《缁衣》）。可见，儒家以维护国家、爱养臣民为国君的伦理责任和道德要求。

却是专言命不得。人事尽处便是命。"（《朱子语类》卷九十七）

朱熹也曾说："圣人更不问命，只看义如何，贫富贵贱，唯义所在，谓安于所遇也。"（《朱子语类》卷三十四）可见，在"唯义无命"的命题下，朱熹也是以践行伦理道德规范为对"命"的最高自觉的回应。但在"人事尽处便是命"这个命题下，朱熹援引孟子"知命"之论，将对"命"的回应扩展为一切遵循、符合伦理、物理的行为，即使是践履了"不立岩墙之下""晴天穿鞋，雨天赤脚"① 这些最平常、卑微的事情，也可以视为对"命"的一种回应。并且，在朱熹看来，此种回应就是在具体情境下的"尽人事"，就是"命"的实现。遵循伦理、物理的生活，从不太严格的意义上说，也就是健康的人生实践的全部，就是完满的"人事尽处"。所以，作为儒学之超越存在的"命"，如果说在"唯义无命"命题中还是"悬置"在人生实践中，那么在"人事尽处便是命"的命题中，则是消解在人生实践中了，"命"体现为生活中的人伦物理，就是人生实践本身。将"命"融入人生实践中，以自觉的人生实践为"命"之实现，是儒学回应"命"之必然的一个最积极主动的态度。在这个命题下，朱熹还将儒学回应的态度（知命）与宿命（专言命）划清了界限。宿命论者以为结局既定，可以放意行为（去岩墙下立），所以从宿命中不能逻辑地导引出遵循生活的原则，不能逻辑地生长出珍惜和努力人生的情感。理学家也因此获得了一种理论立场，对作为宿命思想具体表现的术家"数"② 的观点表示反对，如程颐说："儒者只合言人事，不合言有数，直到不得已处，然后归之于命可也。"（《河南程氏外书》第五）"古者卜筮，将以决疑也。今之卜筮则

---

① 《论语·述而》记载："子谓颜渊曰：'用之则行，舍之则藏，唯我与尔有是夫！'"朱熹对他的门人阐释此"用舍行藏"曰："圣人于用舍甚轻，没些子紧要做。用则行，舍则藏，如晴干则着鞋，雨下则赤脚。尹氏云：'命不足道。'盖不消言命也。"（《朱子语类》卷三十四）

② 《汉书·艺文志》称："数术者，皆明堂、羲和、史卜之职也。"将其典籍区分为天文、历谱、五行、蓍龟、杂占、形法六类，并以春秋时梓慎、裨灶、卜偃、子韦，战国时甘公、石申夫，汉之唐都七人"庶得粗觕"。据《汉志》所述，可以认为中国古代数术（应该说，秦汉以后更为滋繁）是将天文、地理、历史等各种知识，纳入一定的逻辑框架，预测、捕捉"既定安排"的人生穷达祸福、世事兴衰更替之命运。不同的"术"有不同的逻辑框架和知识、经验内容，每种逻辑框架内的逻辑秩序和推演规则都可称为"数"。

不然，计其命之穷通，校其身之达否而已矣。噫，亦惑矣!"(《河南程氏遗书》卷二十五) 术家以为人的命运是既定之"数"的展现；儒家（理学）认为人生是"尽人事"的自主创造，最终结局是唯一的，但不是既定的，如果用清儒王夫之的话来说，直至生命的尽头，人都行进在"命日新，性日富"(《思问录·内篇》)的过程中。在这里，理学虽然还没有完全击碎宿命论的那种理论力量，但却显示了非凡的科学理性精神。当代世界著名的英国理论物理学家霍金，1990 年在一次演讲中曾探讨了"一切都是注定的吗"的问题，分析了相信宇宙间一切都是注定的会引起的三个难解或无解的问题。他的最终结论："一切都是注定的吗？答案是'是'，的确'是'。但是其答案也可以为'不是'，因为我们永远不能知道什么是被确定的。"他的建议是："因为人们不知道什么是确定的，所以不能把自己的行为基于一切都是注定的思想之上。相反的，人们必须采取有效理论，也就是人们具有自由意志以及必须为自己的行为负责。"①应该说，这是现代科学理性对"命"之难题的全部回答：不能确定性地判定"命"是否有"注定"的品质，但能确定性地告知对待"命"的应有的正确态度——合理地生活。儒家对"命"的回应，与此是犀通的。

　　"人事尽处便是命"作为一种思想，也是形成儒家生活中没有游离于世俗生活之外的终极关怀对象这一重要文化特征的主要观念因素，因为作为儒家思想体系里的最高超越性存在、精神生活的最后皈依的"命"(天命、天道)，只存在于、实现于践履人伦、物理中；儒家生活能在"尽人事"中蕴含和诠释出使心灵得到安宁、安顿的人生意义。可以认为，对人生终极的此种理性自觉，是儒家生活方式具有永远生命力的精神因素。

(《孔子研究》2008 年第 2 期)

---

① 〔英〕霍金：《霍金讲演录》，杜欣欣、吴忠超译，湖南科学技术出版社 1995 年版，第 97～100 页。

儒学的最初传授：孔子及门弟子略述

司马迁说："孔子以诗、书、礼、乐教，弟子盖三千焉，身通六艺①者七十有二人。"②（《史记》卷四十七《孔子世家》）最早传播儒学的就是孔子的及门弟子。孔子弟子三千，是秦汉时人的夸大之说③，从战国时的学者如孟子、韩非的作品中可以看出，真正是问学、师事于孔子的学生恐怕只有六七十人④，而出现在《论语》中的，据崔述考证，只有二十七人⑤。在《论语》中，按其才能特长分属于德行、言语、政事、文学四科的有十人。

> 德行：颜渊、闵子骞、冉伯牛、仲弓；言语：宰我、子贡；政事：冉有、季路；文学：子游、子夏。（《论语·先进》）

无疑，这些是孔子最著名的及门弟子。但是，就对孔子儒学的传播和发展所起作用而言，仲由（子路、季路）、端木赐（子贡）、冉求（冉

---

① 清人崔述谓："汉人所称'六艺'，即今'六经'。非《周官》'礼、乐、射、御、书、数'之六艺也。"（《洙泗考信录》卷四）

② 《史记·仲尼弟子列传》为七十七人。

③ 《吕氏春秋》说："孔子周流海内……委质为弟子者三千人，达徒七十人。"（《吕氏春秋》卷十四《遇合》）《淮南子》说："孔子弟子七十，养徒三千。"（《淮南子》卷二十《泰族训》）

④ 孟子说："以德服人者，中心悦而诚服也。如七十子之服孔子也。"（《孟子·公孙丑上》）韩非说："仲尼，天下圣人也……服役者七十人。"（《韩非子·五蠹》）

⑤ （清）崔述：《洙泗考信录》卷三，中华书局1985年版。

有）、卜商（子夏）、言偃（子游）、曾参（曾子）六人是最为重要的。子路、子贡、冉求都是孔子早年弟子，三人很有政治活动能力，孔子称他们三个"于从政乎何有"（《论语·雍也》）。根据《左传》和《史记》的记述，子路、冉求、子贡都曾仕于鲁、卫①，在当时的社会生活中是很活跃的，孔子声名的传播、儒家学派门庭的确立，正是这些弟子努力的结果，特别是子贡，《史记》写道：

> 子赣既学于仲尼，退而仕于卫，废著鬻财于曹、鲁之间，七十子之徒赐最为饶益……子贡结驷连骑，束帛之币以聘享诸侯，所至国君无不分庭与之抗礼。夫使孔子名布扬于天下者，子贡先后之也。（《货殖列传》）

如果如司马迁所说，是子贡以其成功的商业活动和广泛的政治外交活动支持了、实现了孔子儒学的最初传播，那么，子路在卫国一次内乱中，在"利其禄，必求其患"的"义"的道德原则指导下，临危赴难，并以践履"君子死，冠不免"的"礼"的规范，"结缨而死"（《左传·哀公十五年》），则是最早以生命对孔子儒家"见利思义，见危授命"（《论语·宪问》）、"约之以礼"（《论语·雍也》）、"杀身以成仁"（《论语·卫灵公》）的崇高道德精神的实践。

子夏、子游、曾子是孔子晚年的弟子，年龄都比孔子小40多岁。他们对儒学的贡献则是在于最早地继承、传递了孔子的学说思想。从秦汉典籍对孔子弟子的记述中可以看出，子夏、子游这两位孔子的"文学"之士，对孔子衣钵的承继有所不同，子夏偏重于典籍的记诵、诠解和传授，而子游对礼的仪式和内蕴均有较深刻、准确的体会和掌握。子夏与作为儒家经典的《诗》《书》《春秋》都有某种关系。

> 子夏问曰："'巧笑倩兮，美目盼兮，素以为绚兮'，何谓也？"子曰："绘事后素。"曰："礼后乎？"子曰："起予者，商也！始可与言《诗》已矣。"（《论语·八佾》）

---

① 《史记·仲尼弟子列传》："子路为季氏宰"，"子路为蒲大夫"，"子路为卫大夫孔悝之邑宰"；"子贡常相鲁、卫"；"冉求为季氏宰"。

子夏读《书》① 已毕，夫子问曰："尔亦可言于《书》矣。"子夏对曰："《书》之于事也，昭昭乎若日月之光明，燎燎乎如星辰之错行，上有尧舜之道，下有三王之义……"（《韩诗外传》卷二）

子夏曰："《春秋》之记臣杀君、子杀父者，以十数矣，皆非一日之积也，有渐而以至矣。"（《韩非子·外储说右上》）

这些记述表明子夏对儒家经典是比较熟悉的。子夏曾为鲁国莒父宰（《论语·子路》），但在孔子死后，子夏就回到故国（卫国）教授学生，以斯终老。② 所以后世的学者常把儒家经典的阐发、传授之始追溯到子夏。宋代洪迈在《容斋随笔》中总括地说：

孔子弟子，唯子夏于诸经独有书。虽传记杂言未可尽信，然要为与他人不同矣。于《易》则有《易传》③，于《诗》则有《序》④。而《毛诗》之学，一云子夏授高行子，四传而至小毛公。⑤ 一云子夏传曾申，五传而至大毛公。⑥ 于《礼》则有《礼仪·丧服》一篇。⑦ 马融、王肃诸儒多为之训说。于《春秋》所云不能赞一辞，⑧ 盖亦尝从事于斯矣。公羊高实受之于子夏⑨，穀梁赤者，《风俗通》亦云子夏门人。于《论语》，则郑康成以为仲弓、子夏等所撰定也。⑩ 后汉徐防上疏曰："诗书礼乐，定自孔子；发明章句，始于子夏"⑪。斯其

---

① 此"书"字据乾隆五十五年赵怀玉校本，他本多为"诗"字。义亦可通。

② 《礼记·檀弓上》记述子夏因丧子悲伤而失明，曾子吊之曰："……吾与汝事夫子于洙泗之间，退而老于西河之上……"《史记·仲尼弟子列传》亦记述："孔子既殁，子夏居西河教授，为魏之经师。"

③ 子夏《易传》，始见于《隋书·经籍志》，或以为此传是汉初韩婴著，非子夏。

④ 《四库全书总目提要》："以为《大序》子夏作，《小序》子夏、毛公合作者，郑玄《诗谱》也；以为子夏所序《诗》，即今《毛诗序》者，王肃《家语注》也。"（《四库全书总目提要》卷十五《经部·诗类》）

⑤ 此据唐朝陆德明《经典释文·序录》所引徐整语。

⑥ 此据三国陆玑《毛诗草木虫鱼疏》所言。

⑦ 此据唐朝贾公彦《仪礼正义·丧服》所言。

⑧ 《史记·孔子世家》："至于孔子为《春秋》，笔则笔，削则削，子夏之徒不能赞一辞。"

⑨ 此据唐朝徐彦《春秋公羊疏》所引汉朝戴宏《序》语。

⑩ 此据唐朝陆德明《经典释文·序录》所言。

⑪ 《后汉书》卷四十四《徐防列传》。

证云。(《容斋续笔》卷十四《子夏经学》)

诚然，如洪迈所言，子夏为诸经传授之首、为发明章句之始的这些传言，虽然因证据湮灭，未可尽信。但是，这些传言本身还是可以证明这样的推断：在孔子的及门弟子中，子夏较多地承担和完成了承传儒家经典的事业。

孔子说"不学礼无以立"（《论语·季氏》），无疑礼是孔子教学的重要内容。《论语》记载说："子所雅言：《诗》《书》、执礼，皆雅言也。"（《论语·述而》）可以推想，在孔子那里，礼的教学和《诗》《书》的教学方式有所不同。《诗》《书》已著成诸典册，可以诵读、记忆，作为社会制度、行为规范的礼还没形成可供记诵的典籍文字①，礼的学习只能是对各种场合下的举手投足之礼仪动作的模仿训练，正如《史记》所记"孔子去曹适宋，与弟子习礼大树下"（卷四十七《孔子世家》）。如前所论，孔子还说："礼云礼云，玉帛云乎哉？"（《论语·阳货》）十分强调对礼的内在精神实质的认识，"不知礼无以立也"（《论语·尧曰》）。一方面要熟悉各种礼仪规定直至它的细枝末节，另一方面也要理解这些礼仪的内在意蕴。从《礼记》等典籍对孔子的及门弟子的事迹记述中可以看出，子游是孔子这一学术传统最好的继承人。子游似乎比子夏、曾子对各种礼仪的规定更熟悉，履行得更准确：

> 曾子袭裘而吊，子游裼裘而吊。曾子指子游而示人曰："夫夫也，为习于礼者，如之何其裼裘而吊也？"主人既小敛，袒，括发。子游趋而出，袭裘带绖而入。曾子曰："我过矣，我过矣，夫夫是也。"（《檀弓上》）

> 卫司徒敬子死。子夏吊焉，主人未小敛，绖而往。子游吊焉，主人既小敛，子游出绖反哭。子夏曰："闻之也与？"曰："闻诸夫子，主人未改服，则不绖。"（《檀弓下》）

---

① 《礼记》记述曰："恤由之丧，哀公使孺悲之孔子学士丧礼，《士丧礼》于是乎书。"（《杂记下》）由此推测《仪礼》等三《礼》成书是孔子的弟子或更后的儒者所为。

这两则记事说明吊唁时如何着服的礼仪，子游比子夏、曾子知道得清楚，做得正确。《礼记》中还记述了子游和曾子、子夏在其他几项礼仪上发生分歧以及子游对当时已模糊不清的某些礼仪做出肯定答复的故事，当时有人说："汏哉叔氏（子游别字），专以礼许人！"（《檀弓上》）子游俨然是位礼仪权威。子游不仅熟悉礼仪的形式规定，而且对礼仪的内在意蕴也有十分独到的理解：

> 有子与子游立，见孺子慕者。有子谓子游曰："予壹不知夫丧之踊也，予欲去之久矣，情在于斯，其是也夫？"子游曰："礼，有微情者，有以故兴物者。有直情而径行者，戎狄之道也。礼道则不然，人喜则斯陶，陶斯咏，咏斯犹，犹斯舞，舞斯愠，愠斯戚，戚斯叹，叹斯辟，辟斯踊矣，品节斯，斯之谓礼……"（《檀弓下》）

子游以丧礼为例，说明礼既充盈并表现出一种人的内心感情，又节制和修饰人的这种自然的感情。子游对"礼"的这种理解，和《礼记》中记述孔子"君子礼以饰情"（《礼记·曾子问》）的观点是完全一致的；和《论语》中孔子对"礼"的人的内在根源的解释是一致的。① 总之，子夏较多、较好地承接了孔子《诗》《书》典籍的学术传统，而子游较多、较好地承继了孔子"执礼"或礼教方面的传统。

孔子不仅以熟悉古代典籍被当时誉为博学君子②，以善以雅言执礼被当世视为"能礼者"③，而且，正如孔子临终前所歌："泰山其颓乎，梁木其坏乎，哲人其萎乎。"（《礼记·檀弓上》）孔子也是一位哲人，一位思想家，他把由殷周之际宗教观念演变而来的西周道德观念，改造、发展成

---

① 《论语》记载，孔子回答宰予对"三年之丧"之疑时说："夫君子之居丧，食旨不甘，闻乐不乐，居处不安，故不为也。"（《阳货》）回答林放"礼之本"之问时说："礼，与其奢也，宁俭；丧，与其易也，宁戚。"（《八佾》）可见，孔子是以人的内心感情寓于礼的行为之中的。

② 《论语》记当时世人称赞孔子："大哉孔子，博学而无所成名。"（《子罕》）《国语·鲁语》数记当时鲁、吴、陈等国执政者为典故文物或国家时政咨询于孔子。

③ 《左传》记述，孟僖子自疚不能相礼，仍从"能礼者"讲学之，临终又嘱咐儿子跟随孔子学礼（昭公七年）。

为具有三个层面的、完整的以伦理道德哲学为核心的儒学思想体系。① 在孔子的及门弟子中，对孔子学术传统这个最重要方面有所继承的是曾子。曾子小孔子四十六岁，孔子似乎未发现这个年轻学生有何出众之处，甚至觉得他有点迟钝，说"参也鲁"（《论语·先进》）。可以说，曾子有什么独特的才能至少孔子在世时还未显露，孔门"十哲"的行列中没有他。但今天从《论语》《大戴礼记》《礼记》的记述可以看出，曾子和众同窗显得不同之处，是他比较笃实深沉，具有负重致远的品性，他曾说："士不可不弘毅，任重而道远。仁以为己任，不亦重乎？死而后已，不亦远乎？"并表示："可以托六尺之孤，可以寄百里之命，临大节而不可夺也。"（《论语·泰伯》）更重要的是，他对孔子思想有两点十分独特的认识和发挥。

第一，曾子用"忠恕"来贯串孔子的全部道德思想。

子曰："参乎，吾道一以贯之。"曾子曰："唯。"子出，门人问曰："何谓也？"曾子曰："夫子之道，忠恕而已矣。"（《论语·里仁》）

曾子认为，"忠恕"是贯穿孔子全部思想中心的、核心的观念。《论语》中记载的孔子和子贡的一次谈话也可证实这一点："子曰：'赐也，女以予为多学而识之者与？'对曰：'然，非与？'曰：'非也，予一以贯之'。"（《论语·卫灵公》）但是，这个中心的、核心的思想观念是什么，孔子没有明确地说出来。曾子的回答无疑是对孔子思想的一种阐发，它基本上还是周延地概括了孔子"为仁之方"的两个方面——"己欲立而立人"（《论语·雍也》）、"己所不欲，勿施于人"（《论语·卫灵公》）。当然，后来的儒家学者对曾子的这一解释所持态度并不相同。②

第二，用"孝"来贯穿一个人的全部道德实践。应该说，在孔子那里，涵盖人的全部道德实践的是"仁"。如孔子曾说："能行五者于天下为仁矣……恭、宽、信、敏、惠。"（《论语·阳货》）而孝，只是在具有血缘

---

① 孔子思想中的三个最重要的范畴仁、礼、天命，体现和形成了儒学之个人心性的、社会伦理和超越的三个基本的理论层面。

② 秦汉时期的儒家学者接受了曾子的这一解释，如《中庸》说"一忠恕违道不远"；宋明理学家则提出有异于曾子的诠释，如朱熹说："圣人之心浑然一理，而泛应曲当，用各不同。"（《四书集注·论语·里仁》）

性质的人伦关系父子中的一种道德原则和实践。子曰："父在，观其志；父没，观其行；三年无改于父之道，可谓孝矣。"（《论语·学而》）"孟懿子问孝……子曰：父母唯其疾之忧。"（《论语·为政》）可见，《论语》中记载的孔子对"孝"的界定或解释都是十分明确地围绕着这个特定的人伦关系的。在孔子的弟子那里，这种理论观念有所改变。有若说："孝弟也者，其为仁之本与！"（《论语·学而》）"孝"，这种特定范围内的人伦道德实践，开始被提高为全部道德实践的基础。曾子则更进一步，他说：

> 身也者，父母之遗体也，行父母之遗体，敢不敬乎？居处不庄非孝也，事君不忠非孝也，莅官不敬非孝也，朋友不信非孝也，战阵无勇非孝也。五者不遂，灾及于亲，敢不敬乎？（《礼记·祭义》）
>
> 孝有三：小孝用力，中孝用劳，大孝不匮。思慈爱忘劳，可谓用力矣；尊仁安义，可谓用劳矣；博施备物，可谓不匮矣。（《礼记·祭义》《大戴记·曾子大孝》）

显然，在曾子这里，"孝"从一种以血缘关系为基础的家庭伦理原则变成一种笼罩全部社会人伦关系的道德原则；从基本上是一种伦理性的道德标准（"小孝"）扩展为涵盖伦理之外的一切对人的生存具有价值的行为标准。曾子把"孝"的这种道德原则作用的广阔性、永恒性概括为：

> 夫孝，置之而塞乎天地，溥之而横乎四海，施诸后世而无朝夕。（《礼记·祭义》《大戴记·曾子大孝》）

可以看出，在孔子的及门弟子中，曾子主要是从思想上、从学术的理论观念上来承继孔子儒学的，并且开始显示出某种变化和发展。但是，曾子只是把孔子思想中"孝""忠恕"的观念加以强调，更显突出，并没有为这些思想观念增添新的理论内涵，所以这种发展是极为有限的。先秦儒学在孟子、荀子和秦汉之际儒家学者的《易传》和《礼记》中才得到真正的发展。

（《益阳师专学报》1998 年第 1 期）

释"国人"

在我国西周、春秋时代的历史舞台上，有一个很活跃的社会力量，叫"国人"。先秦的很多典籍中都提到它，如"文王蔑德，降于国人"（《尚书·周书·君奭》），"淑人君子，正是国人"（《诗经·鸤鸠》），"国人皆曰贤……国人皆曰可杀"（《孟子·梁惠王下》），等等。对于国人的政治活动，先秦史籍也有具体的记载，如"厉王虐，国人谤之……彘之乱，宣王在邵公之宫，国人围之"（《国语·周语上》），"郑子孔之为政也专，国人患之……甲辰，子展、子西率国人伐之，杀子孔而分其室"（《左传·襄公十九年》），"二子（范氏、中行氏）伐公（晋定公），国人助公，二子败，从而伐之"（《左传·定公十三年》），等等。可见，国人在当时不仅是活跃的而且是一股举足轻重的社会政治力量。

什么是"国人"？贾公彦疏《周礼·泉府》"国人郊人从其有司"一句时说："云国人者，谓在国城之内，即六乡之民也；云郊人者，即远郊之外六遂之民也。"从《周礼》中可以看到，原来在西周时期，把王畿划分为"国"和"野"两大地区，"郊"是分界。王城以外、郊以内属于"国"的地区，分设有六乡。郊以外属于"野"的地区，分设有六遂。六乡的居民称为"国人"，六遂的居民称为"郊人"。在当时的诸侯各国，也有这样的国、野、乡、遂的划分，如鲁国有"三郊三遂"（《尚书·周书·费誓》）。所以，"国人"就是和郊人相比而言，对住在国城之内的人的统称。因为"邦""国"同义，故也称为"邦人"，如周宣王时器皿《盟盨》铭有"粤邦人、正人、师氏人"，《论语·季氏》有"邦君之妻……邦人称之曰君夫人"。

但是，这种划分或称谓的不同，不仅是指人的居住区域的不同，更重要的是表明居民身份的不同。六遂的郊人，在先秦典籍里常被称为"野人"或"氓"（甿、萌），如"先进于礼乐，野人也；后进于礼乐，君子也"（《论语·先进》），"国中之众人，四鄙之萌人"（《墨子·尚贤上》）。孙诒让《周礼正义》云："甿、氓字通，并为田野农民之专称，故《说文》训甿为'田民'。田必在野，故《战国策·秦策》高注云：'野民，田氓。'《孟子·滕文公上》赵注云：'氓，野人之称。'"即是说，郊人（野人、氓）是农业生产的主要负担者。不仅如此，从《孟子·滕文公上》和《周礼·县正》的记载看，郊人要"九一而助"，并参加"师田""行役""移执事"。可见，西周时对郊人实行"井田"制，他们负担着当时社会的税租和劳役。

国人是兵役和军赋的主要负担者。《诗经·公刘》疏："周之军赋皆出于乡。家出一人，故乡为一军。诸侯三军出其三乡而已。"周有六军，即是由六乡居民组成。《国语·齐语》记载管子治理齐国，"参其国而伍其鄙"，就是三分其国为三军，五分其鄙（郊以外）为五属。这三军是由十五士乡组成。士，就是军士、国人。国人不仅要服兵役，而且还要负担"赋"。什么是赋？《周礼·大司徒》注说："赋，给军用者。"《周礼·小司徒》注又说："赋谓出车徒，给徭役也。"所以，赋就是军队的粮饷和武器装备。从孟子所说"国中什一使自赋"（《孟子·滕文公上》）可以看出西周时军队的粮饷和装备是要由国人自己负担的。《尚书·周书·费誓》告诫出征的士兵要"峙乃糗粮""峙乃刍茭"就是证明。

国人要负担军赋，故必须有土地。根据《周礼》的记述，国人实行"沟洫"之法，按家庭人口和劳力平均分得土地。《周礼·大司徒》说："凡造都鄙，制其地域而封沟之，以其室数制之，不易之地家百亩，一易之地家二百亩，再易之地家三百亩。"《周礼·小司徒》又说："上地家七人，可任也者家三人；中地家六人，可任也者二家五人；下地家五人，可任也者家二人。"《公羊传·定公十五年》何休注还说，每三年重新分配一次，使"肥饶不得独乐，墝埆不得独苦，故三年一换土易居，财均力平"。可见国人的乡邑组织具有村社的性质，这表明国人是氏族由血缘的纽带关系发展到地域的纽带关系时才出现的。

国人一般不脱离农业生产等劳动，所以《管子·小匡》把国人所居称为"士农之乡"。《礼记·少仪》还记述了这样一句话："问士之子长幼，长则曰能耕，幼则曰能负薪、未能负薪。"这个习俗也是国人（军士）在平时以农为业的反映。

国人虽须参加农业劳动，负担军赋，但也可以受到文化教育。《周礼·大司徒》记述国人受到的乡学教育是"以乡三物教万民而宾兴之，一曰六德：知、仁、圣、义、忠、和；二曰六行：孝、友、睦、姻、任、恤；三曰六艺：礼、乐、射、御、书、数"。这和郊人受到的"教之稼穑"（《周礼·遂人》）是不同的。

国人须服兵役，也能被选拔出任官吏。《周礼·乡大夫》记述了这个选拔过程，"三年则大比，考其德行、道艺而兴贤者、能者，乡老及乡大夫帅其吏与其众寡，以礼宾之。厥明，乡老及乡大夫、群吏献贤能之书于王，王再拜受之，登于天府，内史贰之。退而以乡射之礼五物询众庶，一曰和，二曰容，三曰主皮，四曰和容（颂），五曰兴舞。此谓使民兴贤，出使长之，使民兴能，出使治之"。这里以射艺作为主要的选试内容，是因为战争在当时社会政治生活中居于头等地位，而国人又都是军士。《礼记·王制》也有类似从士中选任官吏的记述。这些记述表明国人在当时社会中有非常重要的作用，他们是国家武装力量和官吏队伍的来源，是当时贵族奴隶主社会的支柱。所以在西周、春秋时期国与国之间的战争中，在一国内部的政治斗争中，国人的向背对胜败往往有着决定性的作用。例如，卫国国君卫懿公爱养鹤，"鹤乘轩"，鹤的吃住比人还好，引起国人不满，狄人来攻，"将战，国人受甲者皆曰：使鹤！鹤实有禄位，余焉能战"。国人都不愿去打仗，结果卫懿公全军覆没，被狄人杀死（《左传·闵公二年》）。又如宋国公子鲍，"礼于国人，宋饥，竭其粟而贷之"（《左传·文公十六年》），国人就拥立他为国君（即宋文公）；而大尹专政，"国人恶之"，就把他驱逐到楚国去了（《左传·哀公二十六年》）。

国人这种举足轻重的作用，使其在国家政治生活中也获得了一定的地位。国君遇有大事，要向他们征询意见，以取得支持。《周礼·小司寇》记述了这种征询国人民意的场面："掌外朝之政，以致万民而询焉：一曰询国危，二曰询国迁，三曰询立君。其位，王南乡，三公及州长、百姓北面，群吏东面。小司寇摈以叙进而问焉，以众辅志而弊谋。"这多少还带有氏族公社会议的痕迹。《左传·昭公十三年》记载，楚公子弃疾等率兵攻楚灵王，灵王溃败，就有人向他建议："请待于郊，以听国人。"恐怕就是"国危"时求询于国人，以期得到谅解和支持。

从国人的这种社会作用和社会地位来看，在"公食贡，大夫食邑，士食田，庶人食力，工商食官，皂隶食职，官宰食加"（《国语·晋语四》）的中国古代奴隶社会的阶级结构中，国人既不属于占有生产资料和劳动力的奴隶主阶级（公、大夫等），也不属于被当作工具和私有财产的奴隶（工商、皂隶、官宰，即家臣）。国人相当于典型的古代希腊、罗马奴隶社会中的自由民，但又有所不同；因为国人一般也参加农业生产劳动。这是中国古代奴隶社会的特点之一。

春秋战国时期，国人地位逐渐发生变化：国人有功可以上升为士、大夫、公卿；公卿、大夫、士在政治斗争中失败也可能变成"力于农稿"的国人，直至降为皂隶。《左传·僖公三十二年》记：晋大夫臼季出使到冀地，见到"冀缺耨，其妻馌"。冀缺原是贵族，因为他父亲冀芮图谋杀害晋文公不遂，所以下降到种地的地位。《国语·晋语九》记有赵简子（鞅）的一段话："夫范、中行氏不恤庶难而欲擅晋国，今其子孙将耕于齐，宗庙之牺为畎亩之勤。"中行、范氏也都是贵族，因为在晋国政治斗争中失败，其后裔就只得躬耕垄亩了。至于栾、却、胥、原、狐、续、庆、伯则"降在皂隶"（《左传·昭公三年》）。从西周到春秋战国的社会变动时期里，这种贵族下降为国人，再降为皂隶的情况是很多的。

国人社会地位的变动，除了政治斗争的原因以外，还有经济的原因，这在战国时期特别明显。此时，"井田"和"沟洫"疆界已被破坏，土地可以自由买卖，国人定期分配和占有土地已不再可能，经济破产、乞贷和流移的趋势必然出现。《管子·问篇》记载了这些情况："问死事之孤，其未有田宅者有乎？……问乡之良家，其所牧养者几何人矣？问邑之贫人，债而食者几何家？……士之身耕者几何家？问乡之贫人，何族之别也？问宗子之收昆弟者，以贫从昆弟者几何家？……外人之来从（徙）而未有田者几何家？国子弟游于外者几何人？贫士受责于大夫者几何人？"

随着封建制度的逐渐形成，国人存在的经济条件已经丧失，没有土地的破产国人多沦为"卖庸而播耕"的封建地主的被雇者，或成为"耕豪民之田，见税什五"（《汉书·食货志》）的农户。《韩非子·外储说右下》有则记事就是证明："齐桓公微服以巡民家，人有年老而自养者。桓公问其故，曰：臣有子三人，家贫无以妻之，佣未及反。"战国之时，商业经济的繁荣也吸引了破产的国人。《史记·货殖列传》说："洛阳街居齐、秦、楚、赵之中，贫人学事富家，相矜以久贾。""及其（鲁国）衰，好贾趋利，甚于周人。"战国时著名的富商大贾都是起自国人。另外，也有少数失去土地的国人成为食客、策士或文学之士等。例如，苏秦曾说："且使我有洛阳负郭田二顷，吾岂能佩六国相印乎？"（《史记·苏秦列传》）

随着地位的变化，国人作为军士主要来源的情况也逐渐改变。由于大国争霸，战争频繁，各国都需要不断扩大兵源。公元前645年晋国在韩原之战失败后"做州兵"，公元前590年鲁国"做丘甲"，公元前538年郑子产"做丘赋"等都是扩大兵源和军赋范围的改革，野人和郊遂也逐渐成为兵赋的对象。在春秋战国时期各国一直都有野人组成的服役队伍。《左传·襄公九年》记：宋国火灾，执政乐喜"使华臣具正徒，令隧正纳郊保，奔火所……"；《左传·昭公十八年》记：郑国火灾，子产使"城下之人，伍列登城，明日使野司寇各保其征，郊人助祝史除于国北……"；这里正、野司寇率领的都是郊人组成的服役队伍。到了战国时期，在战争频繁的情况下，把这种服役队伍改为作战部队的更多了。例如，公元前493年晋赵鞅与范氏、中行氏大战，悬赏"克敌者……士田十万，人臣隶圉免"（《左传·哀公二年》）。可见，野人、皂隶都成了正式战斗部队的成员。

总之，随着封建制度的逐渐形成，国人作为独立的社会阶层或阶级而存在的经济条件和作为主要兵源及军赋负担者的社会作用都已丧失，国人和野人（郊人、氓）、皂隶等共同走进封建制度里的农民队伍，以新的阶级面貌出现在历史舞台上。

（《历史教学》1980 年第 2 期）

墨子：中国文化源头上的一位巨人

　　战国晚期的韩非说："世之显学，儒墨也。……孔子墨子具道尧舜而取舍不同，皆自谓真尧舜，尧舜不复生，将谁使定儒墨之诚乎？"韩非观察到和表达的是一个确凿的历史事实：在中国传统文化成型的春秋战国时期，孔子创立的儒家和墨子创立的墨家学说是当时百家争鸣的学术思想舞台上的两个平分秋色的主要角色；并且，他们有着共同的学术理论渊源。

　　从《墨子》一书中可以看到，墨子判断真理是非的三条标准（墨子称之为"三法"或"三表"）中，第一条就是"古者圣王之事"，就是尧、舜、禹、汤、文、武六王。粗略统计，《墨子》的51篇（实为42篇）文字中，除了论攻战器械之外，援引《诗》有12次，《书》32次，这与儒家尊崇尧、舜、文、武先王和西周以来的《诗》《书》文献典籍的情况是完全相同的。然而，重要而奇特的是，犹如在同一根蒂上，竟然开出两朵不同颜色的花，长成两颗不同品质的果实一样，从一个共同的学术、理论根源里，竟然产生两个在理论本质上是对立的、不相容的思想派别。儒墨之间的对立，从儒家方面来看，十分尖锐，正像孟子所攻击的："……杨氏为我，是无君也；墨氏兼爱，是无父也；无父无君，是禽兽也。"（《孟子·滕文公下》）从墨家方面来看，则十分清晰，因为墨子曾明确地对儒家学说提出四点反对意见："儒之道足以丧天下者，四政焉：儒以天为不明，以鬼为不神，天鬼不说，此足以丧天下；又厚葬久丧，重为棺椁，多为衣衾，送死若徙，三年哭泣，扶后起，杖后行，耳无闻，目无见，此足以丧天下；又弦歌鼓舞，习为声乐，此足以丧天下；又以命为有，贫富寿夭，治乱安危，有极矣，不可损益也，为上者行之，必不听治矣，为下者行之，必不从事矣，此足以丧天下。"（《墨子·公孟》）从墨子对儒家的批评中可以看出，墨家的宗教立场和功利观念是儒墨之间最重要的分界线。墨家认为天有意志，并且证明有鬼神存在，因而否认在天与鬼神的主宰之外还有某种客观必然性的力量存在，墨家比较完整地继承了商周以来的宗教观念。从孔子所说"未能事人，焉能事鬼，未知生，焉知死"（《论语·先进》）、"五十而知天命"（《论语·为政》）等言论中可以认为，儒家对鬼神的信仰甚为淡泊，并且将具有人格神特征的"天"或"命"的宗教观念，改变为具有某种非人格的外在客观必然性的哲学观念，这种增加理性因素的观念转变在墨子那里没有发生。一般说来，在商周的宗教观念中，"天"（帝）与"命"（天命）的内涵基本上是一致的，甚至是指同一对象，"天"是某种具有人格神特质的最高存在，"命"是"天"的意志表现。从原始儒墨的创始人可以看出，西周以后，"天"与"命"的内涵发生了分裂，可以做出区分了。"天"与鬼神一样，是某种具有人格性的主宰；而"命"则是另外一种非人所能改变的、既定的客观必然性。墨子承认前一种主宰，而否认后一种客观必然性；孔子则怀疑前者而重视后者。儒墨分歧是在中国古代文化从共同的精神源头——殷周宗教观念向前跨出第一步时发生的。儒墨在中国文化源头处所发生的分歧，可从他们各自的阶级背景中获得一种解释。一般来说，儒家是以具有较高文化修养的士阶层为其阶级基础，因此儒学具备对殷周宗教传统较强的理性消化能力。从《墨子》可以看到，墨子和墨家多是被称为"贱人"的手工业劳动者，尽管墨子本人有幸获得较高的文化修养，但这个阶层或阶级总的来说是处于较低的文化环境中，其集体意识和心理，对既有的传统文化思想中最主要内容——宗教观念总是被动地接受较多，经验地理解较多。被称为"贱人"的手工业劳动者的劳动生活条件，使墨家"为万民兴利除害"（《尚同中》）的功利要求也显得特别强烈鲜明。《墨子》说"义、利也""孝、利亲也""忠，以为利而强低也"（《经上》）。可见，像忠、孝这些基本的伦理道德规范，墨家也是以功利来界定的，并且"贱人"困苦而低下的生活条件，使墨家的功利要求成为最基本的生存条件的要求："民饥而不得食，寒而不得衣，劳而不得息，乱而不得治"

（《墨子·尚贤中》）。在墨子那个时代，超过这个界线之上的礼乐文化等生活是从事手工业劳动的"贱人"们所享受不到的。并且，这种礼乐文化往往是建立在损害、剥夺劳动者最基本的生存条件基础之上的。正如墨子所说"民有三患，饥者不得食，寒者不得衣，劳者不得息。三者，民之巨患也，然即当为之撞巨钟、击鸣鼓、弹琴瑟、吹竽笙而扬干戚，民衣食之财，将安可得乎"（《墨子·非乐上》），十分自然地，墨家要打出"非乐"的旗帜。

墨家对那个时代在儒家出现以后已显得落后了的宗教观念仍抱着维护的态度，为了得到最基本的生存条件而对更文明、更进步的文化生活所做的否定性评价，招致后代学者对它的误会甚至是轻蔑，这是不公正的。诚然，这应该被视为墨子和墨家的局限性，但是这种局限性也应该是被理解、被同情的。这种局限性遮掩不住墨子和墨家思想及其行为所显示的劳动者的伟大觉醒、智慧和人格的光辉。

在中国的历史上，墨子的思想最早表现了劳动者对自己生存和发展权利的觉醒。墨子认为"赖其力者生，不赖其力者不生"（《墨子·非乐上》），耕稼树艺、纺绩织纴的劳动者应该和治理国家的"王公大人"一样有生的权利。墨子要求"虽在农与工肆之人，有能则举之，高予之爵，重予之禄，任之以事，断予之令"（《墨子·尚贤上》），劳动者也应和"王公大人"有同等的发展权利和机会。墨子否认有"命"的存在，认为"命者，暴王所作"（《墨子·非命下》），实际上是为了冲决那种认为"命富则富，命贫则贫"，劳动者的命运是永远不能改变的精神束缚。墨子这种非命尚贤的思想，本质上是劳动者对于自己在社会中处于不平等地位状况的觉醒和反抗；中国历代农民运动的事实表明，这种觉醒为中国的历史运动、社会变迁提供了重要的精神动力。

终生作为一个劳动者的墨子，具有如此深刻而全面的智慧，在中国历史上也是绝无仅有的。从《墨子》一书中可以看出，墨子的智慧可以归纳为三个方面。第一，墨子是一位技艺高超的工匠，不仅善于制造车等各种器具，且精于防御守城的战术。第二，墨子超越了作为一个在手工劳动者生活环境中所形成的那种比较狭隘的眼界和视野，对那个时代几乎是所有的社会政治问题都贯注了自己的注意和思考，并就不同的问题提出不同的解决办法。《墨子》中记述，墨子奔走在楚、鲁、齐、宋、卫、魏、越列国间游说，"凡入国，必择务而从事焉，国家昏乱，则语之尚贤尚同；国家贫，则语之节用节葬；国家憙音湛湎，则语之非乐非命；国家淫僻无礼，则语之尊天事鬼；国家务夺侵凌，则语之兼爱非攻"（《鲁问》）。第三，墨子的智慧还表现在他和他的弟子一起锻造了超越那个时代具体思想内容之上的具有普遍性的思维形式——墨家逻辑。墨家逻辑实际上是墨子及其弟子与当时对立学派或人物辩论的产物。辩论的获胜，必须使用准确、精当的语言和严密的、无懈可击的逻辑。从现存的《墨子》一书中集中表现墨家逻辑思想的《经》上下，《经说》上下和《大取》《小取》六篇文章中，我们看到的正是这样两个方面：一是对在辩论中经常要使用的，表述当时已被发现的自然、社会各类现象的名词、概念和命题的明确界定。例如《经上》所说"力，形之所以奋也"，"生，形与知处也"，就是对一种物理现象（力）和生命现象的界定。二是归纳、总结论辩中的逻辑规律和原则，例如墨家明确提出了确立论题（立辞）的三项原则"以故生，以理长，以类行也"（《墨子·大取》），归纳出辟、侔、援、推等论证方法。可以认为，就像古印度和古希腊的理论思维方式分别凝结在因明学和亚里士多德逻辑中一样，纷纭灿然的中国古代思想的各家各派，其运思方式，都在墨家逻辑的涵盖之中。

墨子是一个被称为"贱人"的工匠，但是，在他的身后，有300弟子簇拥着他，并且，这些弟子"皆可使赴火蹈刃，死不旋踵"（《淮南子·泰族训》），这是为什么？援引《淮南子》的话来说，是"化之所致也"，是墨子的伟大人格吸引、感化、凝聚着他们。具有极大感召力的墨子伟大人格的内涵，可以说是由"兼爱"（爱人）和"贵义"（利人）的崇高动机及由这种动机驱动下艰苦卓绝的忘我奋斗这两重因素构成。墨子说："视人之国若视其国，视人之家若视其家，视人之身若视其身"（《墨子·兼爱中》），"有力者疾以助人，有财者勉以分人，有道者劝以教人"（《墨子·尚贤下》），这就是墨子"爱"和"义"的精神。为了实践这种精神，墨子栖栖惶惶，席不暇暖，劳苦一生。墨子的救世精神和行为，甚至连在其后与他对立并施加攻击的儒家、道家人物也赞叹不已。例如，孟子说："墨子兼爱，摩顶放踵，利天下为之。"（《孟子·告子下》）庄子说："墨者多以裘褐为衣，以跂蹻为服，日夜不休，以自苦为极，墨子真天下之好也，将求之不得也，虽枯槁不舍也，才士也夫。"（《庄子·天下》）作为"鄙人"的墨子，在一种被压迫并容易长出仇恨的生活土壤中长出了爱；从一个拮据的、自顾不暇的狭隘生活环境中，走向挽狂澜于既倒的宏大斗争中去，墨子个人精神的跃升和奋斗的生平，释放出巨大善的和美的力量，使人被吸引、被折服，这也正是伟大的人格所必然具备的那种超时代、超历史的品质。

墨子和墨家思想中的局限性方面，也给墨学带来了十分不幸的后果，它是在自汉代以来中国两千年历史中墨学不能影响和进入社会生活而湮灭无闻的一个主要的、内在的因素。庄子和荀子都最早地观察到了这一点。庄子说："其道大觳，使人忧、使人悲，其行难为也，反天下之心，天下不堪，墨子虽独能任，奈天下何？"（《庄子·天下》）荀子说："我以墨子之非乐也，则使天下乱；墨子之节用也，则使天下贫。非将堕之也，说不免焉。"（《荀子·富国》）也就是说，墨子和墨家作为手工劳动者阶层的人物，一般总是生活在社会的底层，在这种生活环境中产生的生活感受和生活要求，使他们往往在低于社会文明已达到的标准下把最基本的生存条件当作理想的目标来争取实现的。它虽然很崇高，令人肃然起敬，但难以被实践。特别是在儒学的地位逐渐上升的历史过程中，墨学衰落了下来。但墨子作为中国早期文化奠基人，其历史功绩是不可抹杀的。

［《黄淮学刊》（社会科学版）1995 年第 2 期］

老庄异同论

在先秦，作为共同组成与儒家、墨家相对立的道家思想阵营的老子思想和庄子思想，其相同一致之处自然是十分明显的。但是，再深一点涉入即可发现，老、庄之间实际上存在着深刻的分歧。老、庄异同是许多老、庄思想研究者都探索过的问题，并且从不同的学术理论立场得出了不同的结论。笔者觉得有必要把这个问题提出来再讨论一下，因为从科学的中国思想史的角度看，这毕竟也是中国传统思想源头上的一个重要的问题。

一

从与儒家、墨家思想相对立这样的学术背景下来观察，庄子思想和老子思想（《老子》）在两个基本点上是相同的。

（一）"道"为世界万物最后根源和具有超验性质的观念

《老子》中写道："道者，万物之奥"（第60章），"众妙之门"（第1章）、"为天下母"（第25章）、"天地根"（第6章）等。完全可以说，"道"为万物最后根源的观念是《老子》首要的、根本的观念；而且，《老子》对"道"的根源性的表述要比《庄子》的"道通为一""已而不知其然谓之道"（《庄子·齐物论》）、"夫道覆载万物者也"（《庄子·天地》）、"道者，万物之所由也"（《庄子·渔父》）等的表述要明确、通俗得多。《老子》还认为作为万物最后根源"道"的存在是不能被感性认识所把握的，如"视之不见，听之不闻，搏之不得"（第14章）；也难以用概念来加以规定的，如"道常无名"（第32章）、"道可道，非常道"（第1章）。老子思想中"道"的这种超验性质，也正是庄子所说的"道昭而不道"（《庄子·齐物论》）、"道不可致""道不当名"（《庄子·知北游》）。总之，庄子和老子都是把"道"作为一种超越人的感性经验之上的宇宙万物最后根源来理解的。这也是道家各派对"道"共同的、基本的理解。

（二）社会批判的立场和返归自然的社会理想

《老子》或老子思想对当时社会基本上是采取批判的态度，这一批判的锋芒，主要是指向两个对象，一是当时的统治者，一是为当时统治者推崇、采用的儒家思想。《老子》尖锐地写道："朝甚除，田甚芜，仓甚虚，服文彩，带利剑，厌饮食，财货有余，是谓盗竽，非道也哉。"（第53章）"民之饥，以其上食税之多；民之难治，以其上之有为；民之轻死，以其上求生之厚。"（第75章）也就是说，《老子》斥责当权统治者是盗贼之首，认为民众的痛苦、社会的动乱都是当权的统治者的种种暴虐行为带来的。《老子》这种相当激烈的社会批判态度，和处于"昏上乱相之间"（《庄子·山木》）的庄子愤慨于"窃国者为诸侯"（《庄子·胠箧》），哀悯于"今世殊死者相枕也，桁杨者相推也，刑戮者相望也"（《庄子·在宥》）的态度是一致的。这种对当权统治者的抨击态度，必然导致对虽然本身也正在经历着某种新的适应性变化，然而其理论核心仍是主张以"礼""仁义"的道德规范维护社会伦理秩序的儒家思想的批判。《老子》写道，"夫礼者，忠信之薄而乱之首"（第38章），主张"绝圣弃智""绝仁弃义""绝巧弃利"而"见素抱朴，少私寡欲"（第19章），返回到"复结绳而用之""民至老死不相往来"（第80章）的原始的、自然的状态。这与庄子认为"焉知仁义之不为桎梏凿枘也"（《庄子·在宥》）的观点，向往"不尚贤，不使能，上如标枝，民如野鹿"的"至德之世"（《庄子·天地》）或"不知义之所适，不知礼之所将"的"建德之国"（《庄子·山木》），也是完全一致的。

庄子思想与老子思想既然在这两个基本点上的某些重要思想观念是相同的，所以自司马迁以来，传统的观点一直认为老、庄是属于同一个思想体系，即所谓"庄子其学……要本归于老子之言"（《史记·老子韩非列传》）。

二

事实上，从另外更多一些重要思想观念的差异中可以看出，庄子思想和老子思想是理论宗旨和内容皆有不同的两个思想体系。这些思想观念上的差异可以归结为以下几类。

（一）自然哲学："道"的本体论性质

如上所述，"道"为宇宙万物最后根源的观念，在老、庄那里是相同的。但是，对这种根源应做如何理解，也就是说，"道"本身具有何种哲学性质，老、庄的观点就不相同了。《老子》说，"道生一，一生二，二生三，三生万物"（第42章），"道生之"（第51章），可见老子的"道"是具有某种实体性质（并不是"实体"）的存在。庄子认为"道通为一"（《庄子·齐物论》）、"道无所不在"（《庄子·知北游》），也就是说，"道"是某种既内蕴于万事万物之中，又包容一切事物和状态的世界总体性实在，确切地说，这是一种哲学理念。老子和庄子对"道"的本体论性质的不同理解（"实体性"与"总体性"），就产生了他们对世界自然图景中的一个明显分歧，即世界或万物有无开始。在老子看来，万物由"道"产生，世界万物当然是有开始，而且是唯一地、必然地由"道"开始。然而从庄子那种融入、涵盖一切事物和状态的总体"道"的立场观察，世界的存在既无开始，也无终结，"道无终始"（《庄子·知北游》）。这样，"有始"或"无始"就成了区分老子和庄子自然观的标志，甚至也可作为区分老、庄认识论、人生哲学的外在标志（见表1）。

表1 老子思想体系与庄子思想体系的区别

区分项	《老子》：有始（元始）	庄子：无始（未始）
1. 宇宙的最初状态	有物混成，先天地生，可以为天下母……字之曰"道"（第25章）；道生一，一生二，二生三，三生万物（第42章）	道未始有封（《庄子·齐物论》） 道无始终（《庄子·知北游》）

续表

区分项	《老子》：有始（元始）	庄子：无始（未始）
2. 认知的最高层次	能知古始，是谓道纪（第14章）	有以为未始有物者，至矣，尽矣，不可加矣（《庄子·齐物论》《庄子·庚桑楚》）
3. 境界的最高层次	孔德之容，惟道是从……以阅众甫（第21章）；天下有始，以为天下母。既得其母，以知其子。既知其子，复守其母，没身不殆（第52章）	彼至人者，归精神乎无始（《庄子·列御寇》）；圣人……有始无始（《庄子·则阳》）

可见，由于老子所理解的"道"具有某种能产生万物的实体，世界从它那里开始，所以老子以"道"为对象、为内容的最高层次的认知活动和精神境界也必然包含"有始"（即最初的元始）的成分；庄子的"道"不具有"实体"性质，而是无所不包的世界总体实在，无始无终是它的特征，所以"无始"也就成了庄子最高的、"道"的层次的认知和精神境界的特征。

对"道"的本体论性质的不同理解，使老子和庄子对体现"道"的万物存在形式或运动过程的观点也不相同。老子的"道"从本体论意义上说，是某种产生万物、开始万物超验的、实体性的实在，既然有开始（有）就一定有终（无）。这样，在老子那里，"道"的存在就表现为万物在"有""无"两极间往返运动的过程，表现为万事万物在任何两个对立的性质间往返运动的过程。《老子》将"道"的这种存在形式或事物形成过程概括为"反"："反者道之动……天下万物生于有，有生于无。"（第40章）庄子的"道"是一种包容和融入一切事物和状态的世界总体，这样，"道"的存在形式、过程性质就不是事物在某两种对立性质间的往返运动，而是事物在一切性质中，在全部可能性和范围内无始无终、没完没了的变化。与老子"道"的过程性质是"反"相比而言，庄子"道"所表现出的万物存在形式或过程是"化"。《庄子》中多次写道"万物皆化"（《庄子·至乐》），"物之生也，若骤若弛，无动而不变，无时而不移，何为乎，何不为乎？夫固将自化"

（《庄子·秋水》），"万物皆种也，以不同形相禅，始卒若环，莫得其伦"（《庄子·寓言》）。可见，老子和庄子的自然哲学为我们描绘了两种迥然不同的世界自然图景。在《老子》的世界里，事物的存在是相互依存的，而不是孤立的运动，或者说"道"的过程是两种对立性质的存在的相互转化，"正复为奇，善复为妖""祸兮，福之所倚；福兮，祸之所伏"（第58章）。但在《庄子》的自然图景里，万物都在完全独立地、自由地变化着，"浸假而化予之左臂以为鸡""浸假而化予之右臂以为弹""浸假而化予之尻以为轮"（《庄子·大宗师》）。并且，庄子还认为，虽然就事物个体来看，"万化而未始有极也"（《庄子·大宗师》），以不同性状绵延祥变，是没有终极之时的；但就世界整体而言，"万物皆出于机，皆入于机"（《庄子·至乐》），万化的总体过程是既无起点，又无终点的永恒循环。因此，如果将老子和庄子的不同世界自然图景，即作为"道"所体现的万物存在的形式和过程——"反"与"化"，加以形式的、几何学的简单描述，那么可以说，老子是有两个端点的"线段"，庄子是无端点的"圆"。

总之，老子和庄子分别对"道"的本体论性质所做的实体性的规定和总体性的理解，是老子思想和庄子思想差异的最深刻的一个理论因素。

（二）人生哲学：人生追求和处世态度

庄子思想和老子思想的差异更加明显地表现在人生哲学上。如前所述，庄子的人生追求最根本的内容是一种对精神上"逍遥"的追求，即从精神上摆脱生死、时命、情欲等构成的人生困境，而获得一种无任何负累的自由自在心境，"彷徨乎尘垢之外，逍遥乎无为之业"（《庄子·大宗师》）。而这种精神自由的人生追求，决定了庄子超脱世俗，"恶能愦愦然为世俗之礼，以观众人之耳目哉"（同上）的处世态度。应该说，这是较高文化层次和精神层次上的人生追求和处世态度。老子所提出的人生目标不是高远的，而是基本，它就是人的存在本身——生命。这一目标在人生活的社会层面和自然层面上分别叫"全身"和"长生"（见表2）。

表2　老子的全身和长生

全身	长生
名与身孰亲？身与货孰多？得与亡孰病？故甚爱必大费，多藏必厚亡。知足不辱，知止不殆，可以长久（第44章）；见小曰明，守柔曰强。用其光，复归其明，无遗身殃，是为习常（第52章）	治人事天，莫若啬……是谓深根固柢、长生久视之道（第59章）；盖闻善摄生者，陆行不遇兕虎，入军不被甲兵……夫何故？以其无死地（第50章）

从表2可以看出，虽然从人的生理意义上说，全身、长生是一件事，但在老子那里却有区别："全身"是说人在社会生活中要善于保全自己的生命机体，它决定于也表现为一种"守柔"退让，"知足"免殃，"不敢为天下先"（第67章）的处世态度；"长生"是指不能伤自己的自然本性，它导向某种"深根固柢"的养生方法。

庄子和老子在人生追求上的精神自由和健全生命不同，决定了他们在处世态度上超脱世俗和谦退自处之间的差异；而这种差异又显示出，在庄子和老子的人生哲学中，目的和手段这对价值范畴之间的关系有所不同。在庄子人生哲学里，"逍遥"的人生追求和超脱的处世态度不仅是一致的，而且是同一的，目的和手段没有出现分离，所以庄子的处世态度（超世、顺世、遁世）本身也就是他追求的"无待""无累"的自由精神境界的表现。老子的情况不是这样，目的和手段已经分离，或者确切地说，虽然仍是一致，但却不是同一。"弱之胜强，柔之胜刚"（第78章），"守柔"为是了达到它的对立面"刚强"。"曲则全，枉则直，洼则盈，敝则新，少则得，多则惑"（第22章），这就是说，老子认为"全身""长生"，必须通过它的对立面"枉""曲""少""损"才能取得，"天地……以其不自生，故能长生"，"圣人……外其身而身存"（第7章），所以老子的处世态度就不是直接映现他的精神境界，而是表现着一种人生经验、生活智慧，在一定的条件下，这种智慧的处世态度，就由以"守柔"求生存，转变为"以柔胜刚""欲取固与"（第36章）以权术求发展、求用世。如《老子》说，"我有三宝，持而保之：一曰慈，二曰俭，三曰不敢为天下先。慈故能勇，俭故能广，不敢为天下先故能成器长"（第67章），"以正治国，以奇用兵，以无事取天下"（第57章）。这与庄子"孰弊弊焉以天下为事"（《庄子·逍遥游》）的态度正相反。

庄子和老子的人生哲学，由人生追求的不同开始，最后表现在生活目标和手段的同一或分离、处世态度在性质上是体现精神境界或是反映生活智慧的差别，这些，在他们对一个重要范畴——"无为"的理解中尤为清楚地显示出来。在庄子那里，"彷徨乎无为其侧，逍遥乎寝卧其下"，"无为"显然是一种行为态度；而"彷徨乎尘垢之外，逍遥乎无为之业"（《庄子·大宗师》），"无为"本身也就是一种境界，是庄子追求的人生目标。但对于老子来讲，"无为之有益"（第43章），"无为故无败"（第64章），"无为而无不为"（第48章），"无为"纯粹成为一种行为态度，一种处世手段，故《老子》一再说："为无为，则无不治。"（第3章、第63章）

总之，庄子的人生追求是一种高远的个人精神上的自由，以不同方式（超世、遁世、顺世）与世俗生活保持着距离，这种"逍遥"的超脱，并不是出世而归向彼岸，而是在现实生活中对心境做返归自然的理性净化。老子则倾心于个人生命的健康和长久地存在，对驾驭世俗生活表现了极大的兴趣，"事善能，动善时"（第8章），时时显露着智慧或权谋。庄子和老子人生哲学上的这种差异，在某种程度上也就是庄子、老子思想在总的内容特色上的差异：一个显示出高远超脱的精神境界，一个充盈着丰富深刻的生活智慧。

（三）认识论：感性对象（万物）的相对性和最后根源（"道"）的超验性

庄子思想和老子思想在认识论上的差异，主要表现在他们对先秦哲学认识论中的两个困难问题——对具体事物感性、表象认识的不确定性困惑的消除和对形而上的、超验的万物最后根源认识途径的寻求——有不同的解决方法。庄子对于感性认识不确定性引起的困惑，是用相对主义来加以解释的。一方面，就具体的感性事物来说，"万物皆种"（《庄子·寓言》），万物"殊性"（《庄子·秋水》），万物皆有自己独立的本性，"是非之途，樊然淆乱"（《庄子·齐物论》），令人迷惘；另一方面，从自然整体的角度上看，"万物皆一"（《庄子·德充符》），"万物一府"（《庄子·天地》），这种差别又是不存在的，这两种观念叠合起来，就形成了庄子的相对主义，即从自然主义的、"道"的立场上观察，万物在感性的、表象意义上的千差万别，实际上是相对的，"以道观之……万物一齐"（《庄子·秋水》）。老子不是用相对主义，而是用辩证法来消除这种感性认识樊然淆乱的差别所带来的困惑。《老子》说，"天下皆知美之为美，斯恶矣；皆知善之为善，斯不善矣，故有无相生，难易相成，长短相形，高下相倾"（第2章），也就是说，在老子看来，事物的性质，如美或丑、善或恶，以及长短大小等都一定是在其相互对立和差别中显示其存在的，没有对立或差别的孤立事物，是无法认识的。可见老子和庄子不同，不是在具体对立的感性表象事物之外或之上，引进某种总体的、统一的存在用相对性的理性观念来解释这种差别带来的认识上的困惑，而是在这种差别或对立本身中，揭示出其所内蕴的辩证性质，从而完全消解了这种困惑。

对于超越感性经验的、作为世界最后根源"道"的认识方法或达到的途径，老子和庄子也颇有不同。庄子走向"道"的途径是"体道"，是对已设定的某种世界总体实在的体认；其由"外天下""外物"到"外生"的过程，这不是认识的丰富过程，而是境界的提高过程；最后"入于不死不生"的"撄宁"（《庄子·大宗师》），这不是"道"作为认知对象被确认，而是作为精神境界被实现。一言以蔽之，庄子走向"道"的途径，在性质上是一种精神修养超理性的实践过程。老子的思想不是这样，《老子》说："致虚极，守静笃，万物并作，吾以观其复。夫物芸芸，各复归其根，归根曰静，是曰复命，复命曰常，知常曰明"（第16章），"涤除玄鉴①，能无疵乎"（第10章）。即老子认为，通过对万物状态做客观的"静观"，如同无垢之"玄镜"，追索、洞察、确认其最终的归向，就可以认识到万物之"根"，或称之为"命""常"。换言之，在老子看来，作为世界万物根源的"道"是可以通过一种抽象的、深入的理性思索去把握的，去"明"的。所以在老子思想中，通向"道"的途径，在性质上仍是一种理性的认识过程，与庄子达到"道"的境地在方法、过程、结局上都是迥然有别的（见表3）。

---

① 通行本为"览"，此据长沙马王堆帛书乙本为"鉴"。

表3　庄子与老子对达到"道"的境地的差别

人物	认识或达到"道"的方法	过程	结局	性质的判定
庄子	体道（体验）	外天下——外物——外生	入于不死不生（撄宁）	精神修养的超理性实践过程
老子	静观（确认）	虚静——观物复根	知常（明）	抽象思索的理性认识过程

　　总之，在中国思想史上老、庄异同呈现出一种甚为奇特的理论现象，从当时百家争鸣的学术背景上观察，老、庄之间是大同而小异，但就其思想的具体内容来分析，老庄的分歧之处比相同之点要多、要深刻。

（《中州学刊》1990 年第 4 期）

庄子故里的国属问题

在《史记》中，司马迁对先秦诸子的国属一般都有明确的说明。但是对于庄子，他只是说"庄子者，蒙人也"（《史记·老子韩非列传》）。蒙属何国？即庄子在战国时期是哪国人，他没有说清楚，这给后代学者留下了混乱和纷争。

汉代学者一般认为蒙是战国时宋国的邑里，故庄子是宋国人，例如，《史记·庄子列传索隐》引刘向《别录》云"宋之蒙人也"，《淮南子·修务训》高诱注，"庄子名周，宋蒙县人"，《汉书·艺文志》"庄子五十二篇"班固注"名周，宋人"，张衡《骷髅赋》曰"吾宋人也，姓庄名周"，等等。战国时的宋地，西汉时封属梁国，《汉书·地理志》记曰："梁国领县八，其三即蒙。"故唐代学者因此称庄子为梁国人。例如，《隋书·经籍志》"庄子二十卷"注"梁漆园吏庄周撰"。陆德明《经典释文·庄子序录》亦说庄子"梁国蒙县人也"。宋或梁乃是一国或一地之异名，故汉代说庄子为宋人，唐代说庄子为梁人，乃是名异而实同的一致说法。现代学者多数同意这一说法，马叙伦可为代表，他在《庄子宋人考》中提出两条比较强有力的论据：一条引自《史记·宋世家》据《左传·庄公十二年》"宋万弒闵公于蒙泽"；另一条引自《史记·宋世家索隐》据《庄子》佚文"桓侯（指宋桓侯，名辟）行，未出城门，其前驱呼辟，蒙人止之，后为狂也"。可见宋国确有蒙地。此外，《国语·楚语上》"宋有萧蒙"亦可为证。至于庄子故里的蒙地在宋国之何方位，地望已经湮没，典籍所载又迥然不一①，难以确考了。但比较而言，此蒙地可能即是"宋有萧蒙"之"蒙"。韦昭《国语注》谓萧蒙乃"公子鲍之邑"。战国时，宋在魏进逼之下，国都由商丘迁相、彭城，旧日国家中心区域也就成了边陲之地，故可为公子的封邑。清代张琦《国策释地》云："宋地自今归德时以东，江苏之徐州府，安徽宿、亳二州，北有山东曹州府之菏泽、曹县、定陶、单县、城武、巨野，济宁之金乡、鱼台皆是。"所以，宋国之蒙地大致在今商丘县以南一带，与魏之东南境、楚之东北境接壤。

宋代始有庄子为楚人的说法。先是乐史在《太平寰宇记·宋州》里，从邑里的归属上说："小蒙故城在县（指宋州县，今河南商丘）南十五里，六国时，楚有蒙县，俗为小蒙城，即庄周之本邑。"后来，朱熹又从思想风格的特色上说："庄子自是楚人……大抵楚地便多有此样差异底人物学问。"（《朱子语类》卷一百二十五）但是，乐史"六国时楚有蒙县"的说法，在秦汉典籍里找不到印证，所以难以成立。或者，如马叙伦所推论的那样："宋亡后，魏、楚与齐争宋地，或蒙入于楚，楚置为蒙县，汉则属于梁国欤？庄子之卒，盖在宋之将亡，则当为宋人也。"（《庄子宋人考》）朱熹所说，虽然是实际情况，即庄子思想的神异和文字的汪洋，确实透露出与楚文化有某种深刻的关系。但是，由此断言"庄子自是楚人"也不够充分。而《庄子》对作为商的后裔宋国，从民间风俗到君王性格、施政等多方面的记述②，似乎可以表明庄子是生长在宋国的环境中，对宋国最为熟悉。庄子为楚人之说，现代学者也有响应，其判定庄子为楚人的论据主要有两个③，一是战国时宋楚敌对，若庄子是宋国人，则《史记·老子韩非列传》所记载楚庄王闻庄子贤，重币远行聘以为相则是不可能

---

① 历史上，地理典籍对庄子故里蒙所在的方位有两种相反的记载，一谓在宋城（今河南商丘）北，一谓在宋城南。前者如唐李吉甫《元和郡县图志》谓"小蒙故城在县（宋城县）北二十二里，即庄周之故里"（《宋州》）；后者如宋乐史《太平寰宇记》谓"小蒙故城在县（宋州县）南十五里……即庄周之本邑"（《宋州》）。

② 《庄子》写道"宋有荆氏者。宜楸柏桑""南伯子綦游乎商之丘"（《人间世》）；"宋人有善为不龟手之药者""宋人资章甫而适诸越"（《逍遥游》）；"宋人有曹商者，为宋王使秦""今宋国之深，非直九重之下渊也，宋王之猛，非直骊龙也"（《列御寇》）；"宋元君将画图"（《田子方》）；"商大宰荡问仁于庄子"（《天运》）；等等。

③ 常征：《也谈庄周故里》，《江淮论坛》1981 年第 6 期。

的；二是《庄子·秋水》中"庄子钓于濮水"的"濮水"，就是《水经注》中的沙水，即今之茨河。所以庄子隐居之地，当在茨河沿岸，亦即今安徽涡阳、蒙城一带；因此庄子故里之"蒙"，即今安徽省蒙城县。应该说，这两个论据都是相当脆弱的。就前一个论据而言，楚聘庄周为相，自宋代黄震以来，多有学者表示怀疑；即使确有此事，在那"邦无定交，士无定主"（《日知录·周末风俗》）的战国时代，诸侯越出封界招揽贤才以图强，士驰驱列国游说君王以逞能，也是司空见惯的，所以不能仅以其就聘或出仕之国，即判定为其母国。就后一个论据而言，濮水有两个，一入黄河，一入淮河；即使庄子垂钓之濮水是入淮之沙水，也不足以推论出此即庄子出生、生长之蒙地。从历史地理上看，先秦到两汉，沙水两岸并无以"蒙"为邑里之称者。现今之安徽蒙城，汉时称山桑，唐天宝元年始改称蒙城。① 宋代许多学者如苏轼、王安石，未遑细察，竟将此蒙城认定为庄子故里，是他们粗率的表现。②

除了上述以庄子为宋人，或为楚人，即以庄子故里属宋国、属楚国的两种说法外，还有以庄子为齐人、鲁人，即以庄子故里属齐国、鲁国的两种说法。提出庄子为齐人的是六朝陈释智匠，其撰《古今乐录》③ 记庄子之事曰："庄周者，齐人也……"《左传·哀公十七年》"公会齐侯盟于蒙"，杜预注"蒙在东莞蒙阴县西，故蒙阴城也"，清代杨守敬《战国疆域图》将此蒙地归属齐国。这表明先秦时齐国亦有蒙邑。但此蒙地，与《庄子》中所记述庄子活动的主要区域宋魏之地相距较远，不太可能是庄子故里，故马骕、阎若璩皆驳之曰："周、蒙人属宋不属齐。"④ "庄子乃鲁之蒙人"，是近人王树荣在《庄周即子莫说》（《古史辨》第四册）一文中提出的观点。王氏此文论证子莫的庄周论据是什么、可否成立，我们在这里不去讨论。此文论证庄子是鲁之蒙人的主要论据有两个，一是子莫是鲁人。《孟子》"子莫执中"，朱熹注："子莫，鲁之贤人也。"子莫即是

---

① 《太平寰宇记·亳州》，《新唐书·地理志·亳州》。
② （宋）王安石：《蒙城清燕堂》，载《临川集》卷二十五；（宋）苏轼：《庄子祠堂记》，载《东坡集》卷三十二，皆以蒙城为庄子故里。
③ 此书已佚，清代马国翰《玉函山房辑佚书》辑录残遗为一卷。
④ （清）马骕：《绎史·列庄之学下》；（清）阎若璩：《潜邱札记·又与石企斋书》。

庄周，故庄子是鲁人。二是鲁有蒙地。《诗经·閟宫》云"奄有龟蒙"，《论语·季氏》"昔者先王以为东蒙主"。就王氏的第一个论据而言，"子莫为鲁之贤人"，东汉赵岐《孟子注》即有此说，其可视为可信。就第二个论据而言，龟蒙、东蒙即蒙山①，位处鲁东，与《庄子》所记述的庄子活动地域相距较远，为庄子故里则不太可能。

总之，比较以上诸说，庄子故里的国属问题，应该说汉代学者之言为是，蒙为战国时宋国之地，庄子为战国时宋之蒙人。

[《黄淮学刊》（社会科学版）1991 年第 2 期]

① 清代刘宝楠《论语正义》："蒙山即东蒙山，在鲁东，故云。邑人公鼐论，蒙山高峰数处，俗以在东者曰东蒙，在中央者曰云蒙，在西北者曰龟蒙，其实一山也。"

庄子：中国传统
文化的自然主义源头

　　如果在某种比较宽泛的意义上将先秦诸子思想，乃至此后中国传统思想阐发的主题区分为两个基本的理论走向，即围绕的社会政治、伦理道德为核心而展开论述的走向和以对自然、人生的审视为出发点的走向，那么我们立即可以看到，站在后一个走向源头上的就是庄子。《庄子》一书显示的庄子思想，从自然到人生，从万物的物质基始到宇宙的形而上根源，涵盖着广阔的理论领域，对中国传统文化思想基本特征的形成和后世人们的精神生活发生了巨大影响。

一　万物变化的动因：自化

　　庄子思想是先秦诸子中唯一从较高的哲学理论层面对自然做出系统观察和描述的思想体系。正如黑格尔在评论古希腊米利都学派泰勒斯"水是始基"时所说"哲学是从这个命题开始的"①，思索构成万物的基础，是古代哲学的起点一样，庄子的自然哲学明确地回答了这个问题。庄子说，"气也者，虚而待物者也"（《庄子·人间世》），"人之生，气之聚也；聚则为生，散则为死……故曰通天下一气耳"（《庄子·知北游》）。显然，他认为变动不居的、无形的"气"是构成人与万物最基本、初始的元素。在庄子以前，中国古代哲学已有以土或水为"万物之本原"的

---

　　① 〔德〕黑格尔：《哲学史讲演录》（第 1 卷），贺麟、王太庆译，商务印书馆 1959 年版，第 186 页。

观点（《管子·水地》），但庄子"气"的观点，比起这种以固定的、可感的物质为万物基础的观点，其感性直观的因素减弱了，理性思辨的成分增多了，从理论思维发展的逻辑来看，这是一个巨大的进展，此后中国传统哲学的自然观和中国古代科学的物质观都可以追溯到这个源头。庄子自然哲学还回答了万物生成及其动因更加深刻的问题。庄子说"万物皆化"（《庄子·至乐》），"万物皆种也，以不同形相禅，始卒若环，莫得其伦"（《庄子·寓言》）。可见在庄子那里，物与物间、物与人间无条件的、无界限的自由转化，既是万物生成的方式，也是万物存在的形式。这种观察和理解，一方面是"通天下一气"观念的逻辑延伸，具有世界统一性的理性内容；另一方面也有经验的、想象的、不科学的内容，但这毕竟表明中国古代哲学很早就对运动的绝对性和普遍性有了明确的认识。

庄子另一个对后来中国传统思想产生深远影响的自然哲学观点是关于万物变化动因的判定，他说："物之生也，若骤若驰，无动而不变，无时而不移。何为乎，何不为乎？夫固将自化。"（《庄子·秋水》）可见庄子抽象而又完全明确地认为万物生成、变化的动因存在于自身之内。换言之，决定万物存在形式和内在本性的那种原因，就是它自己，"天之自高，地之自厚，日月之自明"（《庄子·田子方》）。

庄子"自化"观念具有重大的思想史意义。就庄子思想本身来说，"自化"明显地意蕴着对必然和规范的否定倾向，它是我们在下面还将论及的庄子人生哲学自由观和庄子社会批判思想自然观的基础，在中国传统思想中形成了区别于其他先秦诸子思想的特色。从庄子思想以外更广阔的角度来观察，中国传统思想的某种非宗教特色，也根系于庄子的"自化"观念。在这里，我们将庄子与同时代的古希腊哲学家亚里士多德相比较，即可以比较明确地显示出这种观念上的逻辑联系。亚里士多德在《形而上学》一书中批评原子论者没有说明运动的原因，他提出一个"第一动因"作为万物运动的开始。亚里士多德认为运动和时间一样是有连续性的，在宇宙事物的运动系列中，找不到一个事物是推动其他事物运动而自己不被另一个事物所推动，所以他只好在这个运动系列之外设定一个不动的第一推动者——"永恒不变动本体"。亚里士多德这个设定对于自然哲学的发展并无理论价值，但对宗教哲学的发展意义却极大。13 世纪的托马斯·阿奎那就是引用这个观点为上帝的存在进行了新的哲学论证，从而完成了以柏拉图思想为理论基础的教父哲学到以亚里士多德思想为理论基础的经院哲学的转变。庄子"万物皆化"所考察的也是一个连续运动的系列，但是他把这个运动的"驱动者"设定在运动系列自身之中——"自化"，这样，也就否定了宇宙事物运动有一个最终推动者的存在。正是在这里，庄子"自化"观点的理论意义超出了庄子思想本身范围，它和儒家伦理道德思想中的"为仁由己"（《论语·颜渊》）的观点，在中国传统思想中共同筑成了阻止宗教的创造和主宰世界的"神"或"上帝"等观念越入的思想理论上的屏障。

二　自由的追求："逍遥"

庄子思想展现给后人色彩最鲜明而感人的是他对自由的追求，庄子称之为"逍遥乎无为之业"（《庄子·大宗师》），"逍遥于天地之间"（《庄子·让王》）。这种自由或"逍遥"，在《庄子》中通过对其理想人格，即"至人""真人""神人""圣人"的描写，显示出三个基本的精神内涵：一曰"死生无变于己"（《庄子·齐物论》），一曰"游乎尘垢之外"（《庄子·齐物论》），一曰"喜怒哀乐不入于胸次"（《庄子·田子方》）。换言之，庄子的"逍遥"就是要从困扰人生的生死之限、世俗之礼、哀乐之情三种情态的束缚中摆脱出来。这是一种无任何精神负累的安宁、恬静的心理状态，一种超脱的精神境界。

庄子的特色是，这一精神历程都是在他的"气"与"化"的哲学自然观基础上进行和完成的。在"通天下一气"和"万物皆化"的自然观审视下，人与物、生与死皆是"气"的变现，"死生存亡之一体者"（《庄子·大宗师》），"死生为昼夜"（《庄子·至乐》），即是说生与死在客观上作为人生第一位的、最终无法跨越的界限，在庄子这里却被从认识上、精神上超越了。我国清代学者熊伯龙说："畏死心迫，神明说兴。"① 现代英国哲学家罗素也认为"宗教基本上或主要是以恐惧为基础的"②。庄子

---

① （清）熊伯龙：《无何集》，中华书局 1979 年版，第 139 页。
② 〔英〕罗素：《为什么我不是基督教徒》，徐奕春译，商务印书馆 1982 年版，第 25 页。

对生死大限在观念上的突破，对死的恐惧在精神上的克服，对在中国固有文化中宗教因素的滋生起到了有力的抑制作用。同样，庄子也在其"天下一气""万物皆一"（《庄子·德充符》）哲学自然观的基础上，实现了对世俗之礼和哀乐之情骚扰的超脱。庄子说："夫天下也者，万物之所一也。得其所一而同焉，则四支百体将为尘垢，而死生终始将为昼夜而莫之能滑，而况得丧祸福之所介乎?"（《庄子·田子方》）"死生存亡，穷达贫富，贤与不肖毁誉，饥渴寒暑，是事之变，命之行也，日夜相代乎前而知不能规乎其始者也，故不足以滑和，不可入于灵府。"（《庄子·德充符》）

可见，庄子的"游乎尘垢之外""喜怒哀乐不入于胸次"的精神境界实际上是向我们展示了这样的一个精神修养过程，即当一个人理性地把自己的存在和一种永恒的、无所不包的整体存在结合在一起，理智地感受到个人的存在也是一种无限之时，胸襟就会变得宽广起来；在这个高远的位置上来观察、体味人世，得丧祸福、穷达贫富也就无足萦怀了，世俗的纷扰也就化成心境的宁静。所以，庄子的这种超脱，在本质上是一种经过哲学升华的自我意识的特殊表现，是一种将自己的生命存在融入永恒而真实的整体——自然之中时，而获得的无限实在和持久安宁的感受。

庄子"逍遥"的自由观，对于以儒家思想为主体的中国传统文化中人们精神生活的建构和人生实践的选择，曾经发挥了巨大的作用。庄子"逍遥"的人生追求，在生活实践或处世态度上，表现为"游乎尘垢之外"的离世态度，即总是与现世保持一定距离，或"高出"（超世），或"低于"（遁世），或"平行"（顺世），但就是不"入"，不参与。儒家的人生态度与此不同，主张积极入世，孔子对非难他的隐者说："鸟兽不可与同群，吾非斯人之徒与而谁与?"（《论语·微子》）所以儒家的理想人格，不是实现个人精神超脱"逍遥乎无为之业"的"至人"，而是能"博施于民而能济众"（《论语·雍也》），完美地践行伦理道德责任的"圣人"。这样，庄子的人生哲学就和儒家的人生哲学，形成某种既相互对立又相互补充的关系，使得中国文化在那时就有了一个比较周延的人生哲学思想体系。

作为不同的人生追求和处世态度，它们当然是相互对立的，故在儒家思想取得主导地位后，试图摆脱孔孟束缚的人，总是援引庄子的思想。例如"非汤武而薄周孔"的嵇康，就自称"老子、庄子吾之师也"（《嵇中散集·与山巨源绝交书》）。但庄子和儒家的人生哲学在一个基本点上是相同的，即都把人生的追求或生命价值的实现，按照自己的方式放在今生、今世，不承认或者说至少没有思虑来世、来生。这样，它们的人生态度就构成了现世生活的不同方面，不仅体现了不同境遇下的不同人的不同心境，同时也可以体现同一个人在不同境遇下的不同心境。所以，作为人生的整体，它们又是相互补充的，这就使生长在中国文化土壤上的人，常如王夫之所说："得志于时而谋天下，则好管商；失志于时而谋其身，则好庄列。"（《诗广传·大雅四十八论》）。如果说，一种文化的活力和发达是以它定型时期理论思想的多样性和适应性为前提的，那么先秦时期庄子道家思想和儒家思想在人生哲学的内涵和实践上所构成的既相互对立又相互补充关系的意义，也就在于它为以后中国文化丰富多彩的发展和自我调节能力的发挥，奠定了最早的精神基础。

庄子所认识和追求的自由——"逍遥"，从比中国传统思想更广阔的世界哲学背景下观察，也是很独特的。与西方哲学中具有典型意义的自由观，即以卢梭、康德为代表的自由意志和以斯宾诺莎、黑格尔为代表的认识必然的理性自由相比，"逍遥"是一种情态自由。卢梭说"人是生而自由的"[①]，康德说"一个（道德）准则就是一个自由意志"[②]，可见卢梭、康德的意志自由论所揭示和坚持的是人的行为在其根源上是独立自主的，因而人是社会立法的主权者，是道德法则的主体。显然，庄子的情态自由所描述和追求的超脱人生困境，理智、理性地升华了人所固有的感情、感性，从而达到无任何精神负累的自在心境，与此是完全异趣的。斯宾诺莎曾说过"凡是仅仅由自身本性的必然性而存在，其行为仅仅由它自身决定的东西叫自由"，"自由人，亦即纯依理性的指导而生活的人"[③]。黑格尔也说："必然性的真理就是自由。"[④] 理性自由论所揭示和坚持的自由是人的理性的自觉，是对必然性的认识。显然，庄子主要是从个人的无负累

① 〔法〕卢梭：《社会契约论》，何兆武译，商务印书馆1980年版，第8页。
② 〔德〕康德：《实践理性批判》，关文运译，商务印书馆1960年版，第2页。
③ 〔荷兰〕斯宾诺莎：《伦理学》，贺麟译，商务印书馆1983年版，第4页。
④ 〔德〕黑格尔：《小逻辑》，贺麟译，商务印书馆1980年版，第322页。

的心境状态、逍遥自在的心情感受的角度来认识和描述的自由，与此也是完全不同的。当然还应该看到，庄子的情态自由只能以某种感性的、直观的形式显现，这种心境也只能是缺乏现实基础的、个人孤独生活的精神理想，"自由"离那个时代的人们还太远，所以庄子的自由观不可能有更深更广的内容。然而庄子的无待、无患、无累的绝对自由思想，描述的是一种自由的状态，在古代的哲学世界特别是在中国哲学中，这是一种人的自我觉醒，应该被视为中国文化中的进步现象，庄子对情态自由的描述应该是人类自由思想史的初章。

三　社会批判：无为论

在庄子那里，"无为"是一个有深远自然根源的最高行为原则。庄子说："天地有大美而不言，四时有明法而不议，万物有成理而不说。圣人者，原天地之美而达万物之理，是故至人无为，大圣不作，观于天地之谓也。"（《庄子·知北游》）可见，在庄子看来，无为如同天地"不言"、四时"不议"、万物"不说"，是天地万物根本的存在方式或本性。"号物之数谓之万，人处一焉"（《庄子·秋水》），作为万物之一的人，其存在及行为方式也应该"无为"，应该"无以人灭天"（《庄子·秋水》），即顺应自然而无有人为，顺应万物之理而不为不做。无为在其本质上和天地万物的本性是一致的，人的无为是来自人的自然本性根源。所以，"虚静、恬淡、寂寞无为者，天地之本而道德之至"（《庄子·天道》），无为是最高的行为准则；"至人无为"之自觉的无为是最高境界的表现。

当庄子用他的"虚静无为"或"无以人灭天"的原则来衡量、评判当时的社会制度、社会生活时，就形成了一种甚为激烈的批判意识。庄子无为论的批判矛头首先指向"仁义"的社会道德。"仁义"是儒家思想的核心观念，是儒家最基本的行为规范，"居仁由义，大人之事备矣"（《孟子·尽心上》）。在庄子的时代，儒家学说一般地已为当时列国统治者所采用，"仁义"也成了当时人们一种普遍的道德追求。在不太严格的意义上说，"仁义"代表并体现了当时的社会制度和社会意识。不满意当时社会现实的庄子很自然地把社会批判的矛头首先指向"仁义"。庄子说："赫胥氏之时，民居不知所为，行不知所之，含哺而熙，鼓腹而游，民能以此矣。及至圣人，屈折礼乐以匡天下之形，悬跂仁义以慰天下之心，而民乃始踶跂好知，争归于利，不可止也，此亦圣人之过也。"（《庄子·马蹄》）庄子从自然主义的无为论立场出发，认为"仁义"戕害了人的本性，滋生人们对"利"的追求。"仁义"实际上成了贪婪者攫取名利的工具，成了统治者束缚人民的工具。庄子对"仁义"的批判，也就是对当时社会道德的批判，对诸侯统治的抨击。

庄子无为论的批判矛头也指向"好知"的社会行为。韩非说："上古竞于道德，中世逐于智谋，当今争于气力。"（《韩非子·五蠹》）然而，智慧、力量却正是庄子所反对的。在庄子看来，"巧者劳而知者忧"（《庄子·列御寇》），如同"日凿一窍，七日而混沌死"（《庄子·应帝王》），智慧巧诈就是对人性本然状态的破坏，最终还会带来"天下大乱"。庄子说："上诚好知而无道，则天下大乱矣，何以知其然邪？夫弓弩毕弋机辟之知多，则鸟乱于上矣；钩饵罔罟罾笱之知多，则鱼乱于水矣；削格罗落置罘之知多，则兽乱于泽矣；知诈渐毒颉滑坚白解垢同异之变多，则俗惑于辩矣。故天下每每大乱，罪在于好知。"（《庄子·胠箧》）庄子对"好知"的社会行为的责难无疑有其合理的、事实的成分。在人类的邪恶行为里，往往是充满智慧的；智谋、技巧通过统治者或别的某一邪恶的中介常常会给社会带来灾难，这些正是庄子感受最深切的。但是，我们也应看到，智慧不仅是人类社会进步的必要条件和杠杆，而且也就是人类社会生活本身。然而这却是站在自然主义立场上持无为主张的庄子难以观察到的。

庄子无为论的社会批判，由对人类文明最基本的因素——道德（"仁义"）、智慧（"好知"）的否定，进而对各种标志着人类摆脱自然状态、进入文明社会的进步，皆表示反对，皆予以抨击。庄子说："绝圣弃知，大盗乃止；摘玉毁珠，小盗不起；焚符破玺，而民朴鄙；掊斗折衡，而民不争；殚残天下之圣法，而民始可与论议。擢乱六律，铄绝竽瑟，塞瞽旷之耳，而天下始人含其聪矣；灭文章，散五采，胶离朱之目，而天下始人含其明矣；毁绝钩绳而弃规矩，攦工倕之指，而天下始人含其巧矣。削曾、史之行，钳杨、墨之口，攘弃仁义，而天下之德始玄同矣……彼曾、史、杨、墨、师旷、工倕、离朱，皆外立其德而以爚乱天下者也。"（《庄子·胠箧》）在战国这样一个充满残酷的压迫和剥削的阶级社会里，文明带来的快乐享受，只是被统治者占有，而创造文明所需要付出艰苦的体力和智力劳动，只能落在劳动者身上。庄子所憎恶和抨击的正是这种不合理、不平等的社会现象。庄子固守在彻底的自然主义立场上观察这一切，用"无为"的理论攻击这一切，而他在这个立场上不能看到人类正是在摆脱自然状态的创造文明的活动中，创造了自己，提高了自己，完善了自己；用"无为"的标准来衡量人类从事生产、科学、艺术等创造文明的社会行为同统治者支配、攫取、占有文明成果的社会行为之间的界限也是不重要、不清晰的，结果庄子就由对现实社会制度中统治阶级压迫、剥削的社会行为批判，导致对整个人类的创造文明的社会行为的否定。可以看到，当18世纪法国启蒙思想家卢梭判定"随着科学与艺术在我们的地平线上升起，德行也就消逝了"，判定"科学与艺术都是从我们的罪恶诞生"① 时，似乎重蹈了庄子的误区；而现代西方学者惊惧并反对人被物"异化"时，也似乎未能记取应将人类智慧创造力本身与其在一定社会条件下产生的后果区别开来的庄子的教训。

以上，我们从三个具体方面论述了作为中国传统文化中自然主义源头的庄子，对于中国传统思想中诸如非宗教性等特征的形成和人生价值、社会理想的选择所具有的作用。从总体上说，至少有两点是极为重要和显著的。一是庄子思想是一个思维开阔、观念众多的理论体系，它使中国文化具有很强的包容、理解、消化外来文化的能力。历史上，中国文化对于源自印度佛教的消化，从最初的名词、概念的翻译，到般若、涅槃基本佛义的诠释，到天台宗、华严宗、禅宗等离开印度佛学理论轨道的独立发展，都离不开《庄子》贡献的观念因素。迄至近现代，引进、传播西方思潮的中国学者，也每每援用《庄子》中的概念、范畴和思想来表述他们对西方科学或哲学思想的理解。可以说，正是具有深邃内容和宽广意境的庄子思想，在中国文化和异国文化之间架起了观念沟通的桥梁，成为中国传统文化发展演变中的一个最活跃的理论成分。二是庄子思想的形象表现形

---

① 〔法〕卢梭：《论科学与艺术的复兴是否有助于敦风化俗》，李平沤译，商务印书馆1963年版，第11、21页。

式，使它获得了某种在先秦诸子中独有的文学特质。《庄子》中对人的自然觉醒的召唤，和对其觉醒过程中种种自然现象、精神现象的奇特描写，构成了中国文学艺术的一个不竭的灵感源泉和美感源泉，形成了中国文学艺术中美学内涵最丰富的自然主义风格。以文学为例，从贾谊作《鹏鸟赋》"以同死生、轻去就自广"（《史记·屈原贾生列传》），到鲁迅自谓"思想上何尝不中些庄周的毒"（《鲁迅全集·写在〈坟〉后面》）；从宋人说"《庄子》固千万世诙谐小说之祖"（《黄氏日抄·庄子》），到清人评"东坡诗出于《庄》者十之八九"（《艺概·诗概》），可以说《庄子》从主题思想、体裁、题材、语言等各个方面影响了中国文学和文化的发展。

（《教学与研究》1999 年第 5 期）

庄子思想的历史定位

对庄子思想的评价，从不同的学术领域或理论角度可以得出不同的结论。笔者试图从一个较宏观的方面，从庄子思想在中国文化、中国哲学形成和发展中起了何种重要作用、表现了何种功能的视角上，对庄子思想做出研判，也就是在中国文化、中国哲学的形成和发展中对庄子思想做出历史定位。庄子思想是中国传统文化、传统哲学形成和发展中的一个最活跃、最积极的观念因素，一个最理性、最深刻的理论成分，对此要从哲学、文学艺术、消化吸收异质文化三个方面做简要的说明。

首先，在中国文化生活形态之根本的、哲学的精神层面上。中国文化的思想理论源头，一般多追溯到先秦诸子时期。站在今天的历史位置上看，对中国古代文化形态的成型和发展起了最重要作用的，无疑应是先秦诸子中的儒家和道家。在由老子、稷下（田骈、慎到）、庄子三派组成的先秦道家阵营中，庄子思想最为丰富、深刻。庄子思想的主要之点，是建构了以自然的观念为其理论基础，追求逍遥自由的精神世界。儒家思想不是这样，儒家学说以仁义道德为其主要内容，通过伦理道德的实践来实现人生价值。庄子思想和儒家思想显然是有差别的，在人性本然与社会道德、个体自由与伦理秩序的不同价值取向之间，甚至是对立的。① 但是就

---

① 儒家认为"人性善"（《孟子·滕文公上》），"仁、义、礼、智非由外铄我也，我固有之也"（《孟子·告子上》）；主张应践履伦理道德规范，"教以人伦：父子有亲，君臣有义，夫妇有别，长幼有序，朋友有信"（《孟子·滕文公上》）。庄子则主张自然人性，认为"性者，生之质也"（《庄子·庚桑楚》），"声色滋味权势之于人，心不待学而乐之，体不待象而安之，夫欲恶避就，固不待师，此人之性也"（《庄子·盗跖》）；追求个体的绝对自由，表示要"彷徨乎尘垢之外，逍遥乎无为之业"（《庄子·大宗师》），"外天地，遗万物，退仁义，摈礼乐"（《庄子·天道》）。

构成全幅的中国文化的生活形态、人生境界来说，又是互补的。中国传统文化和思想在其发展过程中能形成一个非常完整的、周延的哲学境界、精神境界，庄子思想起到了主要的作用。中国文化因此也具备了一个重要特色，一个独特的功能，就是有很丰富的精神自我调适的资源，有很强的自我化解精神危机的能力，对异质文化的宗教的侵蚀，具有抵御、屏障的作用。古代中国的社会生活形态、精神世界，正如多数学者所共识的那样，是以儒家思想为主流而建构起来的。每当儒家思想主导的精神世界、伦理道德实践发生危机时，儒家思想提供的以伦理道德为主要内容的生活意义、人生价值发生动摇，甚至崩溃时，人们，特别是士阶层的儒家人物，多会援引理性的道家思想，特别是庄子思想，而不是选择超理性的宗教信仰来消解这种危机。在中国古代历史上，这种情况有一次群体性的表现，那就是在魏晋时期由门阀制度、经学衰微、政治动乱等多重因素酿成的深重的社会危机中，一代士风和学术所呈现的那种"在儒而非儒，非道而有道"（《晋书·王湛传》，王坦之《废庄论》）的状态，即是自觉不自觉地以道家老庄思想来填补"名教"衰退留下的精神空间。更多的则是无数的个体性表现，即在每个历史时代都曾涌现出士阶层的儒家人物，因各自不同的特殊原因，厌倦仕途名利，视"尧舜事业如一点浮云"①，钦羡"我本山水客，淡无轩冕情"②，而归向自然，陆沉于社会。东汉以来，印度佛教在我们国家流传了近 2000 年的时间，自唐代算起，基督宗教、伊斯兰教等外国宗教在我国也传播了 1300 多年，虽然历代每有士阶层的儒家人物为了增强、完成精神修养的需要，也多有世俗民众为了某种功利目的而皈依佛教、基督教，但是中国文化和社会生活总体上还是保持着非宗教的色彩。当然，这里的"宗教"还是指较严格意义上的以信仰某种"外在超越"对象为主要特质来定义的宗教，而不是以宽泛的"终极关怀"来界说的宗教。这一非宗教的色彩，从世界文化和历史背景来观察，正是中国文化和社会生活的

---

① 程颢曾慨叹："太山为高矣，然太山顶上已不属太山，虽尧舜之事，亦只是如太虚中一点浮云过目。"（《河南程氏遗书》卷三）。

② （宋）杨万里：《诚斋集·过摩舍那滩石峰下》。

主要特征；而形成这一特征的一个重要原因，就是以儒家思想为主体的中国文化和生活方式，在道家思想，特别是庄子思想的补充和支持下，能够建构自洽、周延的人生境界，化解会导向选择宗教生活的那种精神危机，一种虽然世俗但却充盈着理性、自有其道德的或自然的生命深度的生活形态就生成并巩固下来了。

其次，在文学艺术层面上。庄子思想与中国古代文学艺术的密切关系，应该说是更为明显。从贾谊《鵩鸟赋》以齐生死、等祸福、任变化、养淡漠自广（见《史记·屈原贾生列传》），到鲁迅自述"就是在思想上，也何尝不中些庄周、韩非的毒，时而随便，时而峻急"（鲁迅：《坟·写在〈坟〉后面》），庄子的思想观念、精神境界，作为人生思考的主题选择之一，一直都活跃、贯穿汉代以来中国古代乃至现代的文学中。《庄子》一书有一百多个寓言故事，有对自然景观、人世情态充满想象而又细腻真实的神奇的描写，为后世的文学艺术创作提供了不竭的灵感源泉，贡献了丰富的优美、崇高、悲剧、喜剧的美感经验。正如刘勰所评，"赋乃漆园之义疏"（《文心雕龙·时序》），黄震所说《庄子》乃"固千万世诙谐小说之祖也"（《黄氏日抄·庄子》），亦如学者们的统计结果所揭示的那样，李白诗中出现了《庄子》33 篇中的 24 篇典故[1]；苏轼诗"出于《庄》者十之八九"（清刘熙载《艺概·诗概》）。可以认为，《庄子》是中国古代文学肌体上的血和肉。庄子崇尚万物本性的真朴自然，赞叹"天地有大美而不言"（《庄子·知北游》），欣赏"朴素而天下莫能与之争美"（《庄子·天道》），"淡然无极而众美从之"（《庄子·刻意》）；庄子向往精神的玄远高迈，想象"至人游乎尘埃之外"（《庄子·齐物论》），追求形外之神，言外之意。[2]庄子心灵的这种崇尚和追求，在此后中国古代文学艺术家的创作实践中，都移化为、升华为自然主义的美学理想、意境或神韵的审美标准。正像诗人元好问所体悟的那样，"自东坡出，情性之外不知有文字"（《遗山文集·新轩乐府引》），或如历史学家王国维所观察的那样，

---

① 韩式朋：《论李白诗歌艺术上对庄子散文的继承》，《求是月刊》1983 年第 1 期。
② 《庄子·外物》："言者所以在意，得意而忘言，吾安得夫忘言之人而与之言哉！"

"古今之大文学，无不以自然胜"（《宋元戏曲考》）。毫无疑义，表现在汉赋、唐诗、宋词以及书法、绘画中的中国古代文学艺术的自然主义的美学理想，意境神韵的美学追求，其源头都可以追溯到庄子思想；没有庄子思想就不会有我们今天所见到的这样面貌、这样色彩的中国古代文学艺术。

最后，在某种特殊的理论功能层面上，庄子思想为中国文化消化、吸收异质文化提供了观念上、思想上的桥梁。庄子思想的这种功能，从理论上说有两个原因。一是庄子思想的包容性品格。在庄子看来，宇宙源自"无始"①，世界没有"绝对"②，事物皆是"固有所然，固有所可"③。这是交流、对话所应具有的容忍、理解、进入对方的那种品质。二是庄子思想意境宽广，概念、观念、命题十分富足，易于和异质文化形成多领域、多层次的接触面，构成交流、对话的语境。庄子思想的这种功能在历史上主要表现为帮助中国佛学改造印度佛学，帮助宋明理学消化佛学，成就了中国传统哲学的两座思想高峰。魏晋南北朝时期，佛教渐趋兴盛，佛教的许多思想观念，都是先秦两汉时中国传统思想所没有的，六朝佛学多是援引《庄子》的名词、概念，用庄子的思想将其翻译、表述出来的。其中最为突出的是对"般若""涅槃"两个佛学核心观念的诠解。六朝佛学的"心无""即色""本无"三个主要对佛学"空"的"般若"（智慧）释义，分别感染了庄子的精神修养方法、认识论、本体论的思想影响，都与庄子思想有某种观念上的犀通。④ 而以慧远、僧肇、竺道生为代表的三种主要对佛家最高、最后的精神或生命之归宿"涅槃"的诠释，甚至还借用了《庄子》的观念或概念，如"至极""无极""返性"来表述

---

① 《庄子·则阳》："与物无终无始。"
② 《庄子·庚桑楚》："万物出乎无有。"
③ 《庄子·齐物论》："物固有所然，物固有所可，无物不然，无物不可。"
④ 心无宗解"空"为"无心于万物，万物未尝无"（晋朝僧肇《不真空论》），此与庄子的"心养……堕尔形体，吐尔聪明，伦与物忘，大同乎涬溟，解心释神，莫然无魂"（《庄子·在宥》）之精神修养方法相通；即色宗解"空"为"明色不自色，故虽色而无色"（晋朝僧肇《不真空论》），与庄子的"道行之而成，物谓之而然"（《庄子·齐物论》）之认识的相对性观念相通；本无宗解"空"为"无在元化之前，空为众形之始"（晋朝昙济《七宗论》），此与庄子的"万物出乎无有……而无有一无有"（《庄子·庚桑楚》）之本体论思想相通。

这个境界。① 在唐代，中国佛教完成了从印度佛学向中国佛学的理论轨道的转变，在这个蜕变过程中，是以庄子思想提供的观念因素为最多。例如，标志着中国佛教理论特色的天台宗的"实相"、华严宗的"法界"、禅宗的"自性"等观念中，都存在或者可以分析出与庄子"道"的总体性、万物"自然""真性"等相关联的思想元素。② 宋明理学是中国传统儒家哲学的最高峰，因为它消化掉了在此以前儒家思想未能消化的佛学。这里所谓"消化"，不是说儒学能把佛学"吃掉"，变成自己的东西；佛学和儒学有完全不同性质的理论主题、内容和逻辑，"吃掉"是不可能的。这里主要是指儒学具有与佛学相匹配的、同等水平的理论能力，因而能对儒佛之间差别做出明晰、准确的辨析，能对佛学思想做出自己的理论研判，能援用佛学概念、观念保持自己的儒学本质。宋明理学这种理论能力的主要构成，使理学有了自己的宇宙图景，即周敦颐"无极而太极"的《太极图说》和张载的"太虚即气"的宇宙观；有了自己的本体理论，即作为宇宙之根源、总体的形而上的"理"的观念。构成理学两幅宇宙图景的"太虚"、"气"、"无极"和"太极"四个基本范畴，皆源自《庄子》；③ 作为理学本体范畴"理"之基本内涵的总体性和根源性，也正是庄子思想中"道"的本体性内涵。④ 所以可以说，理学这两个最重要的思想之观念渊源，都存在于庄子思想之中。具有这种宇宙观和本体论的宋代

① 慧远解释"涅槃"为"法性"，形容为"至极"（《高僧传·慧远传》)，此"至极"乃《庄子·天下》对老子"道"的终极性的描述。僧肇表述"涅槃"为"物我玄会，归乎无极"（僧肇：《涅槃无名论·通古》)，一种根本的、无限的"空"的状态。"无极"是《庄子》中对空间无限性的描述，如"游无极之野"（《在宥》)。竺道生理解"涅槃"是对"佛性"的返归。"返性"在《庄子》中即返归本然、自然之性，也是庄子的基本思想，如"返其性情而复其初"（《缮性》)。

② 这是一个很复杂的、逐渐积累的思想蜕变过程，作为明显的、粗糙的事例，如庄子"道通为一"（《庄子·齐物论》)、"道覆载万物者也"（《庄子·天地》)等观念因素的注入，关联着印度佛学最终以"空"为本质的"实相""法界"观念，在中国佛学这里发生了具有总体性意蕴的变化；庄子"常因自然而不益生"（《庄子·德充符》)、"尽其所受乎天"（《庄子·应帝王》)的观念，犀通着禅宗对"佛性""自性"所做的"自然""本心"的新诠释。

③ 《庄子》有谓："不游乎太虚"（《知北游》)，"气也者，虚而待物者也"（《人间世》)；"犹河汉而无极"（《逍遥游》)，"道在太极之先而不为高"（《大宗师》)。

④ 《庄子》有谓："道通为一"（《齐物论》)，"道……无所不在"（《知北游》)，"道……生天生地"（《大宗师》)。

理学，获得了强于此前儒学的理论能力，能在广于和高于此前儒学的理论视野和理论高度上审视、批判佛学。宋代理学从世界之总观、终极追求之本质、修养方法三个维度上分辨儒学与佛学关于实与虚、公与私、敬与静（止与定）的差别；在形而上的理论层次上，以万物生长变化的自然之理破解了佛学的空幻、轮回，用儒家"仁"与"乐"的生活理想驳难佛家关于人生"空"与"苦"的思想，表现出是在同一层级理论境域内的识解、研判、消化佛学。① 宋明理学中的某些重要命题或观念，如程朱理学一派的"体用一源""理一分殊"，陆王心学一派的"发明本心""致良知"，其源头也许可以追溯到佛家华严宗的"体用一际"②、禅宗的"明心见性"③，但是宋明理学的这些命题内充实的是儒家伦理道德的理念，完全不同于佛家"体""性"中的"空"或"佛性"的观念。理学能援佛而非佛，既是理学消化佛学的一个具体表现，也是儒学消化佛学后的一个理论效应。所以，如果说宋明理学消化佛学的理论能力是借助庄子思想才形成的，那么也就可以说，是庄子思想帮助宋明理学消化掉佛学的。到了近现代，西方近现代哲学、科学思想传进来了，很多内容也可以援借庄子思想来沟通、理解的。例如，从西方输入的、作为中国近代启蒙思潮最重要观念之一的进化论思想，虽然在某些西方国家迄今仍受到基督宗教的教会和学校的排斥④，但到中国来却很容易就被接受了。《庄子》中就曾想象地，当然也有部分经验事实地描述了物种演化的现象，胡适曾援引来解释进化论。⑤ 进化论的具体结论可能被修正甚至被推翻，但其诉诸实证的科学理性精神是不会被否定的。庄子思想在古代科学背景中也显示有这种

---

① 这里需要作较细腻、深入的辨析，我在拙著《儒学引论·消化佛学》（人民出版社2001年版，第436～458页）中，对此有所论述。

② 华严宗创始人法藏有谓："此诸界为体，缘起为用，体用全收，圆通一际。"（《华严策林》）

③ 《坛经》有谓："若识自心见性，皆成佛道。"（《六祖坛经·般若品第二》）

④ 150年前，达尔文《物种起源》出版后，英国新教圣公会对其进行了激烈的攻击。最近，英国圣公会发表声明，对其攻击达尔文的行为表示道歉，但还是坚持反对进化论仍然是"检验虔诚信徒"的试金石（《英国圣公会向达尔文道歉》，《参考消息》2008年9月17日）。

⑤ 胡适曾援引《庄子》中多篇材料解说生物进化论，并总结说："'万物皆种也，以不同形相禅'（按：语出《庄子·寓言》），这十一个字竟是一篇《物种由来》。"（胡适：《中国哲学史大纲》卷上，商务印书馆1919年版，第260页）

精神。20 世纪 20～60 年代西方哲学流行的存在主义，是对"存在"作为本体的论证和人之存在境况的分析，与中国哲学主体固有的理论内容、思维方式都甚有距离，但在《庄子》中却有对人的生存状况、对人的复杂心理和精神结构深入的观察、描述。20 世纪 80 年代以来，就有中国学者努力用庄子思想与存在主义来互做解读、互为诠释。总之，魏晋以来中国思想史的演变发展表明，庄子思想是中国文化消化、吸收异质文化的观念的桥梁、思想的通道。

从上述三个方面可以看出，庄子思想在中国传统文化形成、发展中是一个最活跃、最积极的观念因素，是一个最理性、最深刻的理论成分；在中国传统思想中，只有庄子思想才有这样独特的价值和贡献，才有这样卓越的表现。不难设想，如果没有庄子思想，就不会有现在这样面貌和这些内容的中国哲学、中国文学艺术，就没有我们现在的精神家园。唯其如此，庄子思想就值得我们特别的珍爱，值得我们不断用新的观念去诠释它、丰富它。

（收入方勇主编《诸子学刊》第三辑，上海古籍出版社 2009 年版）

简谈庄子思想对中国文学发展的巨大影响

在先秦思想中，庄子思想是一个思维开阔、意境宽广、对后世影响极大的思想体系。庄子思想在很多地方表述了可能是属于所有人的那种情境，所以它已不属于庄子个人和其所在的那个阶级，而是以构成其思想特质的三个方面，即个人从自然、社会和自我造成的精神束缚中超脱出来的人生哲学，浪漫主义的文学，立足于经验事实上的理性思辨，加入并影响了以儒家伦理思想为主导的中国文化的形成和发展过程。其中，庄子思想给予中国文学以及艺术的影响更是明显的、巨大的。正如郭沫若所说："秦汉以来的一部中国文学史，差不多大半是在他的影响之下发展。"（《沫若文集·鲁迅与庄子》）这完全是真实的。而且还可以补充一句，不只是中国文学和中国艺术，如绘画和书法，也是在他的思想影响之下发展的。

庄子思想对中国文学以及艺术的巨大影响，是由其鲜明的文学特质而产生的。庄子思想不仅是在以思考和反映现实为特色的中原文化的影响下，而且也是在富于幻想，充满神奇色彩的楚文化影响下形成的。所以和其他先秦诸子相比，庄子的思想具有鲜明的浪漫主义文学特质。庄子思想的文学特质，首先表现在其深刻的人生哲学思想主要不是通过理论的逻辑论证来阐明的，而通常是通过寓言故事情节的发展而展示的。《庄子》一书有一百多个寓言，故司马迁称其"著书十余万言，大抵率寓言也"（《史记·老子韩非列传》）。《庄子》是一部寓言故事集，其思想中的概念、范畴和观念，往往以某种形象出现。例如，他用"以无厚入有间"

（《养生主》）六个字构成一种意象，表达出多少言语和概念也难以描绘殆尽的摆脱人生困境后那种自在的景况。在语言风格上表现出来的不是词意相接的理论论述的语言风格，而是词意不接的诗的语言风格。正如方东树所说："大约太白诗与庄子文同妙，意接词不接，发想无端，如天上白云，卷舒灭现，无有定形。"（《昭昧詹言·李太白》）

庄子思想鲜明而强烈的文学特质，不仅产生了滋养中国文学艺术不竭的美感源泉，而且构成了中国文学机体上的血肉，并且最后移化、升华为它的灵魂、它的美学追求。

迄今被美学所发现和描述的几种主要美感经验，诸如优美、崇高、悲剧性、喜剧性，都非常丰富地蕴藏于《庄子》之中。具有文学特质的《庄子》首先给我们的一个明显而强烈的审美感受，就是它的优美。《庄子》中那些奇特的幻想，鼓动着我们想象的翅膀，"乘云气，御飞龙，而游乎四海之外"（《逍遥游》）；那神妙的文笔，勾画出"你看不完的花团锦簇的点缀——断素、零纨、珠光、剑气、鸟语、花香——诗、赋、传奇、小说，种种的原料，尽够你欣赏的、采撷的。"（闻一多：《古典新义·庄子》）在这种使人赏心悦目、心旷神怡美的沐浴之下，我们心境中的烦恼被冲淡了、洗净了。《庄子》也能给予我们伟大、崇高的审美感受。这种美感的心理特征，如车尔尼雪夫斯基所说："静观伟大之时，我们所感到的或者是畏惧，或者是惊叹，或者是对自己力量和人的尊严的自豪感，或者是肃然拜倒于伟大之前，承认自己的渺小和脆弱。"①《庄子》能激起我们这种崇高、伟大的审美感受就是自然，就是天地，"夫天地者，古之所大也"（《天道》），"天地有大美而不言"（《知北游》）。在那无垠的长空、苍茫的大地、浩瀚的江海面前，人是多么渺小，"吾在天地之间，犹小石小木之在大山也"（《秋水》）。在那永恒的时间长河里，人生是多么短暂！"人生天地之间，若白驹之过隙，忽然而已"（《知北游》）。在伟大自然面前的这种渺小、短暂之感，是一种深沉的哀痛，也是一种人生的自觉。它带来一种难以平息的激动，驱使我们去寻求一种超脱。我们把自己融入自然，视天地万物，如一指一马（《齐物论》），以己

---

① 〔俄〕车尔尼雪夫斯基：《美学论文选》，缪灵珠译，人民出版社1959年版，第98页。

之存亡，为气之聚散（《知北游》），我们的心境就从渺小、短暂的感受中超越，"入于寥天一"（《大宗师》）而变得高远。"心情在自然界崇高的表象中感到自己受到激动"①，这是潜藏于《庄子》中最有力、最深沉的美感经验。总的来说，庄子思想的主题基调是笼罩在悲剧性的气氛之中，它是在人与自然和社会的不可改易的对立、人受到自然和社会不可缓解的压抑观念背景下展开的。"渺乎小哉，所以属于人也；謷乎大哉，独成其天！"人的生死存亡、穷达富贵，"是事之变，命之行也"（《德充符》），这是一种"人之有所不得与"（《大宗师》）的必然，一种无法摆脱的困境。这种必然或困境，给我们带来无限的空虚、惆怅，"人之生也，与忧俱生"（《至乐》）。庄子反对用奋斗来冲破这种困境，"无以人灭天，无以故灭命"（《秋水》）；主张从理解中超脱这种困境，"知天之所为，知人之所为者，至矣"（《大宗师》）。"自事其心者，哀乐不易施乎前，知其不可奈何而安之若命，德之至也。"（《人间世》）即在对天和命的必然的深刻理解和认识中，我们的精神从自然和社会的沉重压力下摆脱出来，得到一种如释重负的恬静和充实之感。我们的精神在经历了最困难的路程之后而得到提高，这正是悲剧美感的心理特征。但庄子"以天下为沉浊，不可与庄语"（《天下》），故常常又把这种严肃的主题放在诙谐的寓言情节里表达，创造了许多喜剧性的人物和情境。例如，这里有聪明的惠子"拙于用大"（《逍遥游》），机警的猴子分不清"朝三暮四"与"朝四暮三"（《齐物论》），有愚拙的老丈抱瓮灌田（《天地》），幼稚的少年学步邯郸（《秋水》），有道在瓦甓、在屎溺的俗中见雅（《知北游》），儒以《诗》《礼》发冢假中有真（《外物》），视尊位如腐鼠的有趣揶揄（《秋水》），讥邀宠为舐痔的辛辣讽刺……这些都使我们忍俊不禁，开怀不已。在这种轻快、幸福的心境里，人的困境和造成这种困境的自然或社会的因素，常被笑所嘲弄、所批判、所灼化。

具有文学特质的《庄子》蕴藏着如此丰富的美感源泉，是它长久地、深深地被人们所喜爱和给人们以影响的主要原因。《庄子》滋养了一代又一代的文学家、艺术家。从贾谊作《鵩鸟赋》以齐生死、等祸福、任变

---

① 〔德〕康德：《判断力批判》，宗白华译，商务印书馆 1964 年版，第 97 页。

化、养淡漠自广（《史记·屈原贾生列传》），到鲁迅自述"就是思想上，也何尝不中些庄周、韩非的毒，时而随便，时而峻急"（《鲁迅全集·写在〈坟〉后面》）；从刘勰认为"赋乃漆园之义疏"（《文心雕龙·时序》），到黄震说《庄子》"固千万世诙谐小说之祖也"（《黄氏日抄·庄子》）；从前人评论东坡诗"出于《庄》者十之八九"（《艺概·诗概》），到今人统计李白诗中出现《庄子》三十三篇其中的二十四篇的典故①，可见《庄子》是从主题思想、体裁、题材、语言等各个方面影响了中国文学的发展，《庄子》成为中国文学机体上的血和肉。

　　这种影响更进一步、更深一层的表现，就是《庄子》中的寓言形象和意旨，突破文学这一具体形态的限制，移化、升华为文学和艺术共同的美学理想，共同审美标准，即对被视为美的本质的自然本性的追求，和作为表现这种美的方法的言外之意、形外之神的追求。庄子认为，"朴素而天下莫能与之争美"（《天道》），"淡然无极而众美从之"（《刻意》）；主张"雕琢复朴"（《应帝王》），"无为复朴"（《天地》）。在《庄子》中，这些本来是作为"真人"（至人、神人）超脱人世的修养方法或基本要求而提出来的，但是"自从建安来，绮丽不足珍，圣代复元古，垂衣贵清真"（《李太白全集·古风五十九首之一》），"清诗健笔何足数，逍遥齐物追庄周"（《东坡集·送文与可出守陵州》），魏晋以来，就像李白所观察到的和苏轼所表白的那样，庄子寓言中的雕去巧琢、归复自然的真人形象，已移化为中国文学所追求的美学理想。正如王国维所说："古今之大文学，无不以自然胜。"（《宋元戏曲考十二》）文论家甚至以对这一美学追求的实现程度，作为衡量那些各领一代风骚的才人的文学成就的标尺。陶潜之诗"清悠澹永，有自然之味"（王世贞：《艺苑卮言三》）；李白"诗之不可及处，在乎神识超迈，飘然而来，飘然而去，不屑于雕章琢句，亦不劳劳于镂心刻骨，自有天马行空，不可羁勒之势"（赵翼：《瓯北诗话》卷一）；至于苏轼，则"自东坡出，情性之外不知有文字，真有'一洗万古凡马空'意象"（元好问：《遗山文集·新轩乐府引》）；清代词人纳兰性德更是"北宋以来，一人而已"，因为他"以自然之眼观物，以自

---

① 韩式朋：《论李白诗歌艺术上对庄子散文的继承》，《求是月刊》1983年第1期。

然之舌言情"（王国维：《人间词话》卷上）；等等。

庄子以庖丁解牛（《养生主》）、佝偻承蜩、梓庆为镰（《达生》）、轮扁斫轮（《天道》）、匠石运斤（《徐无鬼》）等工艺劳动，和黄帝咸池之乐（《天运》），解衣般礴裸的画史作画（《田子方》）等艺术创作，形象地说明美的创作，必须"与物化而不以心稽"（《达生》），必须"以神遇而不以目视"（《养生主》）达到"以天合天"（《达生》）。《庄子》中这些寓言形象，引导了此后中国文学艺术实践的深化。例如张彦远评吴道子用笔"守其神，专其一，合造化之功"，正是"与乎庖丁发硎，郢匠运斤"（《历史名画记·论顾陆张吴用笔》）。"解衣般礴裸"虽是描绘"真画者"作画时那种无任何拘束、负累"入境"的精神状态，王士禛则认为作家"诗文亦须悟此旨"（《渔洋诗话》卷上八十）。庄子以正在吮乳的猪崽，忽然发觉其母已死，则惊恐逃避的动物心理现象为例，说明人或物的可爱可求之处是其内蕴的精神，而不是外现的形体，"所爱其母者，非爱其形也，爱使其形者也"（《德充符》）。但是，"至精无形"，所以对于"精"或"神"的认识，也就只能意会，不可言传，"可以言论者，物之粗也；可以意致者，物之精也"（《秋水》）。这样，庄子就明确地把显言外之意或求形外之神，当成自己寓言的宗旨："筌者所以在鱼，得鱼而忘筌；蹄者所以在兔，得兔而忘蹄；言者所以在意，得意而忘言。"① 庄子寓言的宗旨，在此后的中国文学艺术实践中，被升华为一种创作要求或审美标准。在文学领域，从陆机的"遗味"（《文赋》）、钟嵘的"滋味"（《诗品·序》）、司空图的"韵味"（《司空表圣文集·与李生论诗书》）、严羽的"趣味"（《沧浪诗话·诗辨》），到王士禛的"神韵"（《池北偶谈》卷十八）；在艺术书画领域，从卫夫人的作书以"意前笔后者胜"（《笔阵图》），到张怀瓘论识书以"风神骨气者居上，妍美功用者居下"（《法书要录·张怀瓘议书》），从顾恺之作画"以形写神"（《历代名画记》卷五），到沈括观画"当以神会，难可以形器求也"（《梦溪笔谈·书画》），实际上都是和庄子的得意、求神之旨相通或相承。作为一种创作

---

① 此三句今为《外物》篇末章之语，王夫之《庄子解》、姚鼐《庄子章义》等皆认为当为首章，以起《寓言》篇之旨，为全书之序列。

要求或审美标准，它要求文学艺术作品有宽广的意境和强烈而持久的美感力量，就像《庄子·天下》篇评论庄子文辞后所说的那样："其理不竭，其来不蜕，芒乎昧乎，未之尽者。"

总之，庄子思想的文学特质对中国文学的发展，发生了深刻的影响和作用。就像在人生哲学方面，庄子的超世观点和儒家的经世观点共同构成了中国文化的人生观思想体系一样，在文学方面，庄子的自然和言外之意的美学追求，和主张"充实之为美"（《孟子·尽心下》）、"辞达而已矣"（《论语·卫灵公》）的儒家功利观点，共同构成了中国文化的美学思想体系。

[《商丘师专学报》（社会科学版）1985 年第 2 期]

庄子的人生哲学及其在
中国文化中的作用

一

在先秦思想中，庄子思想是一个思维开阔、意境宽广、对后世影响极大的思想体系。[①] 庄子思想在很多地方表述了可能是属于多数人的那种情境，所以它已不属于他个人和他的那个阶级，而是以构成其思想特质的三个方面（即个人同自然、社会和自我）从精神束缚中超脱出来的人生哲学及浪漫主义的文学；立足于经验事实上的理性思辨，加入并影响了以儒家伦理思想为主导的中国文化的形成和发展过程。庄子思想的文学特质，不仅产生了滋养中国文学艺术不竭的美感源泉，而且构成了中国文学机体上的血肉，最后异化并升华为它的灵魂，它的美学追求。庄子思想的思辨特质，在中国古代思想、文化的形成和发展中，也是一个非常活跃的因素，它使得以伦理道德思想为主要特色的中国文化，也显示出理性的、思辨的光彩；同时在人类未来的精神和智慧的进步中，它也是一个有益的因素，因为它能把人引向高远，引向未知。本文仅就庄子思想的人生哲学特质对中国古代思想的发展和中国文化特色形成所起的作用，试做一点分析。

---

① 现存《庄子》一书，是庄子和他的后学在战国中晚期直到秦汉之际一百多年间的著作汇集，在不同篇或同一篇的不同章之间，语言风格和思想内容并不完全一致，这表明庄子思想在先秦已经历了不同的发展阶段。本文因论述的需要，仍把它作为一个统一的思想体系来看待，故对内、外、杂篇之分和实际作者问题，皆不作推究。

二

庄子人生哲学的主旨，是对"上与造物者游，而下与外死生无终始者为友"（《庄子·天下》，以下凡引《庄子》只注篇名）绝对精神自由的追求。他的理想人格是"至人无己，神人无功，圣人无名"（《逍遥游》）。非常明显，达到这种境界，实现这种人格，就是要从生死之态、世俗之礼、哀乐之情的三种情态的束缚中超脱出来。庄子哲学的自然观、认识论、人性论实际上正是围绕这三个问题而展开论述的。

庄子的人生哲学认为，人的超脱首先应是从死亡的精神压力中解脱出来，卸去这个沉重的负累，跨越生死的界限，人生的其他问题就容易解决了，穷达贫富、利害祸福也都不在话下了。如庄子说："死生无变于己，而况利害之端乎？"（《齐物论》）又说："死生终始，将为昼夜而莫之能滑，而况得丧祸福之所介乎？"（《田子方》）但是，人的死却是一切人所无法改变的必然。庄子也承认这一点，他说："死生，命也，其有夜旦之常，天也。人之有所不得与，皆物之情也。"①（《大宗师》）这样，庄子正像在一切宗教那里一样，一个人一生中遭遇的最后一个问题，最后一次没有越过的界限，却是他的哲学面临的第一个问题，需要跨过的第一个界限。如果说，宗教是凭借对诸如上帝、天堂或地狱信仰的桥梁跨越这个界限的，那么庄子是如何跨越这个界限的呢？庄子认为，在生与死之上有一个更高的客观的物质存在，这就是自然，他称之为"天地"或"气"。生与死只是它的不同变现。庄子说："生也死之徒，死也生之始，孰知其纪！人之生，气之聚也。聚则为生，散则为死，……通天下一气耳。"（《知北游》）又说："天地者，万物之父母也。合则成体，散则成始。"（《达生》）庄子胸怀的宽广旷达都是从这里产生。他把自己融入永恒的自然变迁、运动过程中，"其生也天行，其死也物化"（《天道》），视生死犹如梦觉昼夜、春秋四时，形有所迁，而质未有变。这样，生与死的界限也就不

---

① 此句历来对《庄子》的注有两种解释：郭象《庄子注》将"与"解作"豫"，欢悦也。"情"解作性情之"情"。林希逸《庄子口义》将"与"解作"参与"，"情"解作"实"，句谓"人力所不得而预，此则天地万物之实理也"。郭注迂曲而林义通顺。

是不可跨越的了。他把自己铸入无限的天地整体之中，身体是"天地之委形也"，生命是"天地之委和也"，性命是"天地之委顺也"（《知北游》），"天地与我并存，而万物与我为一"（《齐物论》）。这样，生与死的界限更是不存在的了。因为从宇宙整体的全观角度来看，正是"生死存亡一体者"（《大宗师》）。总之，庄子借"游乎天地之一气""观乎万物之迁化"立足于经验直观基础上理性思索的桥梁，跨越了他超脱人生的第一个界限。

"神人无功，圣人无名"，目标在于追求绝对精神自由的庄子，从生死之态的自然束缚中获得了一种精神上的超脱后，就要跨越他人生超脱的第二个界限，即从种种世俗观念，诸如仁义礼乐的道德原则、功名富贵的人世追求的社会束缚中解脱出来。他说："芒然彷徨乎尘垢之外，逍遥乎无为之业，彼又恶能愦愦然为世俗之礼，以观众人之耳目哉！"（《大宗师》）庄子的"世俗之礼"实际是指建立在一定的善恶、美丑、是非观念基础上的、具有规范性的社会意识和典章制度。于是他就以人和人、人和动物具有不同的认识或心理感觉为例，证明不存在绝对的、统一的是非、善恶、美丑标准，从而否定这种"世俗之礼"规范的合理性和它存在的必要性："自我观之，仁义之端，是非之涂，樊然殽乱，吾恶能知其辩！"（《齐物论》）在庄子看来，人间喋喋不休的争论，无异于风声、殼音，无所谓是非；孜孜不止的奔忙，无异于"与物相刃相靡"（《齐物论》），毫无价值。以一种超然的、根本的观点观察"天地一指，万物一马"（同上），事物之间没有差别，因而也就没有美丑善恶、是非贵贱："以道观之，物无贵贱"（《秋水》），"自本观之，生者，暗醷物也，虽有寿夭，相去几何？须臾之说也，奚足以为尧舜之是非？"（《知北游》）这样，庄子就以"圣人和之以是非，而休乎天钧，是之谓两行"（《齐物论》）的相对主义态度，从世俗之礼的缠绕中摆脱出来。

"至人无己"，庄子的人生哲学超脱了生死这个来自自然的精神压力，摆脱了世俗之礼这个来自社会的精神束缚，要达到"乘天地之正，而御六气之辨，以游无穷"（《逍遥游》）的绝对自由，还必须从"我"的情结里解脱出来，即必须"忘己"；"忘己之人，是谓入于天"（《天地》）。笛卡儿说"我思故我在"，实际上，人的自我存在首先不是通过"思"，而是通过"情"表现出来的。所以，庄子的"无己""忘己""吾丧我"（《齐物论》）就是无情，即"喜怒哀乐不入胸次"（《田子方》）。但是，哀乐之情，人所固有，"人之生也，与忧俱生"（《至乐》），那么，"心固可使如死灰乎?"（《齐物论》）或者说，心境如何不染哀乐? 庄子说，"安时而处顺，哀乐不能入也，古者谓是帝之悬解"（《养生主》），"死生、存亡、穷达、贫富、贤与不肖、毁誉、饥渴、寒暑，是事之变，命之行也。日夜相代乎前，而知不能规乎其始者也。故不足以滑和，不可入于灵府"（《德充符》），"吾以为得失之非我也，而无忧色而已矣"（《田子方》）。可见，庄子的从"我"中超脱，就是要有这样的一种全活态度: 不生本性以外的妄念，不做本分以外的贪求，"尽其所受乎天，而无见得"（《应帝王》）。这样，心无得失祸福之累，心境则无哀乐波澜之起，这就是"吾丧我"。所以，庄子是用安命的态度从哀乐之情中"悬解"出来的。

三

庄子的人生哲学主要论述如何从死生之态、世俗之礼、哀乐之情中超脱出来，这三方面用一句话来概括，这就是: "以死生为一条，以可不可为一贯者，解其桎梏。"（《德充符》）庄子的这种人生哲学思想，对其后的中国古代思想的发展和中国文化特色的形成，都起到巨大的作用。

第一，庄子的人生哲学提出了一个和儒家伦理哲学完全不同的理想境界和人生态度，从而填补了儒家思想遗留下的精神空间。庄子的人生哲学追求"乘物以游心"（《人间世》）、"游乎尘埃之外"（《齐物论》）的那种无任何束缚、负累的精神自由，它表现出的人生态度是一种离世的态度，即总是与现世保持着一定的距离，或"高出"（超世），或"低于"（遁世），或"平行"（顺世），但就是不"入"。庄子观万化、超生死，"磅礴万物以为一，世蕲乎乱，孰弊弊焉以天下为事"（《逍遥游》），当然是一种超然世上的态度; 而齐是非、等贵贱，不肯"为世俗之礼，以观众人之耳目"，则是逃遁于世外的表现; 安命处顺，"彼且为无町畦，亦与之为无町畦，彼且为无崖，亦与之为无崖"（《人间世》），又是顺乎世俗的做法了。超世、遁世、顺世，在庄子那里，在庄子的人生哲学理论里，是超脱人世的至人（真人、神人）精神境界在不同情况下的外现; 但在实际生活里，这种精神境界却体现并概括了那种感受到和不满于来自现实生活的沉重压抑，但又无力或不愿去改变他的人生态度。

儒家的人生态度与此不同，它是积极入世的。孔子对非难他的隐者说："鸟兽不可与同群，吾非斯人之徒与而谁与？"（《论语·微子》）所以儒家的理想人格，不是实现个人精神超脱的"至人"，而是能博施济众的"圣人"所说的，"子贡曰：'如有博施于民而能济众，何如？可谓仁乎？'子曰：'何事于仁，必也圣乎？尧舜其犹病诸'"（《论语·雍也》）。儒家把生死看得很淡泊，而把践履"仁"当成是最高的生活目标："志士仁人，无求生以害仁，有杀身以成仁。"（《论语·卫灵公》）在儒家学说中，"仁"的内涵极为丰富，但主要有两个方面：一是社会伦理纲常。如说"克己复礼为仁"（《论语·八佾》），"孝弟也者，其为仁之本与？"（《论语·学而》）二是个人道德修养。如说"能行五者于天下为仁：恭、宽、信、敏、惠"（《论语·阳货》），"仁者，己欲立而立人，己欲达而达人"（《论语·雍也》）。所以儒家的生活准则是"非礼勿视，非礼勿听，非礼勿言，非礼勿动"（《论语·颜渊》），即处处时时以实践伦理道德为指归。儒家也提倡"安身立命"，但由于儒家的"命"，不仅是指一种模糊的、不能认识的自然必然性，而且也常常是指某种确切的、他们认为是必然的伦理关系，如孟子说："仁之于父子也，义之于君臣也，礼之于宾主也，智之于贤者也，圣人之于天道也，命也。"（《孟子·尽心下》）所以儒家的"安命"，就不像庄子那样，因任自然，从而平息心境中的"我"，而是指遵循伦理，矢志践履人世之"礼"，亦如孟子所说"殀寿不二，修身以俟之，所以立命也"（《孟子·尽心上》）。

这样，庄子的人生哲学就和儒家的人生哲学，形成既相互对立，又相互补充的关系，使得中国文化很早就有了一个范围周延、层次完整、性质属于现世的人生观思想体系。在这个人生观的帷幕上，闪亮着两种不同的人生追求：社会的、伦理的道德完成和自然的、个人的精神超脱。展现着不同的人生态度：既有积极入世，先天下之忧而忧、后天下之乐而乐的仁人，也有超然尘外、睥睨万物的仙客和甘于寂寞陆沉的隐士。作为不同的人生追求和人生态度，当然它们是相互对立的，故在儒家思想取得统治地位后，试图摆脱孔孟束缚的人，总是以庄子论是。例如"非汤武而薄周孔"的嵇康，就称"老子、庄子吾之师也"（《嵇中散集·与山巨源绝交书》）；理学家的程颐也承认，"学者后来多耽《庄子》……为佗极有胶固缠缚，……则须觅一个出身处"（《河南程氏遗书》卷十八）。但庄子和儒家的人生哲学在有一点上是相同的，即它们都把人生的追求或生的价值的实现，按照自己的方式，放在今世，放在当生。这样，它们的人生态度就组成了统一的现世生活不同方面，它们不仅体现了人世不同境遇下的不同人的不同心境；同时，也可以体现同一个人在不同境遇下的不同心境。所以，作为人生的整体，它们又是相互补充的。这就使生长在中国文化土壤上的人，常如孟子所说"穷则独善其身，达则兼善天下"（《孟子·尽心上》）。或者如王夫之所说"得志于时而谋天下，则好管、商；失志于时而谋其身，则好庄、列"（《诗广传·大雅四十八论》）。管、商是治世的政治术，作为处世的人生哲学，正是庄子的道家和孔孟的儒家概括了社会生活中的全部人生境遇和中国文化中的人生境界。如果说，一种文化的活力和发达，是以它定型时期的理论思想的多样性和适应性为前提的，那么先秦时期庄子道家思想和儒家思想所构成的既是相互对立又是相互补充关系的意义，就在于它为以后中国文化丰富多彩的发展和自我调节能力的发挥，奠定了最早的精神基础。

第二，庄子的人生哲学思想，提供了一种抗拒逆境的精神力量和消融精神苦闷的途径，从而抑制了宗教因素在中国固有文化中的滋长。世界的宗教，例如从古老东方的佛教到现代西方形形色色的新宗教，尽管它们具有不同的教义和产生的背景；宗教的观念，例如从原始人的自然物崇拜到当代像普朗克、爱因斯坦等这样著名科学家对宇宙和谐的信仰，尽管它们存在巨大的智慧上的差距，但是它们却有着共同的心理基础或精神状态，这就是对于自然的和社会异己力量及其内在本性的恐惧、敬畏，由不能摆脱这些力量带来的压力或内心冲突而产生的精神上的空虚、绝望。宗教创造出一种全能的神或某种幻象和无苦难的彼岸，使人通过对它虔诚的信仰，得到莫大的力量和慰藉。罗素说："宗教基本上或主要是以恐惧为基础的。"[①] 所以，从宗教心理的角度来看，宗教就是恐惧产生和消融的过

---

① 〔英〕罗素：《为什么我不是基督教徒》，徐奕春译，商务印书馆 1982 年版，第 25 页。

程，生活中的挫折、创伤在幻想中得到补偿愈合的过程。宗教也是对逆境的一种精神上的抵抗，虽然它并不能真正消除，甚至有碍于真正消除这种逆境。庄子的人生哲学提供了一种从自然、社会的压力和"我"的束缚下超脱出来的方法。庄子视"万物一府，死生同状"（《天地》），将自己融入自然，泯除了人与自然的对立，他用超世、顺世、遁世的不同的处世方法抗争、软化、避开来自社会的压力；他以安命处顺、"不将不迎"的态度使心境平静如镜（《应帝王》）。所以，庄子超脱人世的精神自由，实际上是一种无惧、无忧、无求的精神状态。当然，庄子的这种超脱，本质上也是有主观自我扩张的唯心主义性质的，但是它不同于也不是幻觉或信仰，而是立足于经验事实上的理性思考，是"依乎天理""因其固然"而得到的那种"以无厚入有间，恢恢乎其于游刃必有余地矣"（《养生主》）精神上的宽裕自如。所以，庄子的人生哲学创造了一个和宗教完全不同的心理环境，它使得处于逆境中的人，不是悲观地去依附某种超自然的力量，企望于彼岸以得到解救，而是旷达地和"物化"不已的自然结为一体，看待人世逆境犹如逆旅蘧庐，认定"去知与故，循天之理，故无天灾，无物累，无人非，无鬼责"（《刻意》）。庄子人生哲学的这些思想，对宗教心理的滋生具有抑制、窒息作用，从而极大地增强了以儒家思想为主导的中国文化对宗教的免疫能力，能使在中国文化哺育下成长起来的人，身心处于逆境或精神危机之中时，而不致落入宗教的樊篱。例如在国家分裂、异族战乱和宫廷倾轧频仍的魏晋时期，社会的苦难和精神上的空虚，使得曹植所表述的那种"人生处一世，去若朝露晞"（《曹子建集·赠白马王彪》）的悲凉、痛苦心情，成了当时士大夫阶层共同的、强烈的心理感受。但他们仍努力追求现世的适性自乐，而并不执着永生将来，正像陶潜所咏叹："千秋万岁后，谁知荣与辱。但恨不世时，饮酒不得足。"（《陶靖节集·挽歌诗》）他们不去追附某种超自然的存在，而是如嵇康所倡"至人远鉴，归之自然"（《嵇中散集·兄秀才公穆入军赠诗十九首》），在因任自然中求得痛苦的消融。又如在明鼎倾覆之际，王夫之抗清失败而陷入绝境后，他感悟到的也正是和庄子相犀通的"避兵榛林山中，麋麛之室也。众籁不宣，枯坐得以自念。念予以不能言之心，行乎不相涉之世，浮沉其测者五年弗获已，所以应之者，薄似庄生之术"（《庄子通·

序》)。他那枯寂之心总是寄寓自然、理性，而不去皈依神灵、彼岸。可见，庄子对精神自由的追求，从自然、世俗、"我"的束缚中超脱，是一种很全面、很透彻的人的自觉。正是这种自觉产生的力量，而不是信仰产生的力量，才能使沦入困境、逆境中的人，仍然不丧失对现世的热烈追求。

第三，庄子思想及其中心内容的人生哲学，是一个思维开阔、意境宽广、观念众多的理论体系，它使中国文化具有很强的包容、理解、消化外来文化的能力。庄子的人生哲学，不像儒家伦理思想那样主要以社会伦理道德现象为思维背景，而同时也是以宇宙自然和人的心理现象为思维背景。围绕人生哲学而展开的庄子哲学本体论中的"道"、"真宰"（《齐物论》）、"物化"，认识论中的"两行"、"道枢"（《齐物论》）、"反衍"（《秋水》），修道方法中的"悬解"、"心斋"（《人间世》）、"坐忘"（《大宗师》）等概念，都有丰富的、超越了感性的理性内容；它对有始、未始的追寻（《齐物论》），知与不知的巧辩（《秋水》），开人、开天的细析（见《达生》），都有很强的思辨特质。这些都开拓了中国古代思想的哲学视野，提高了它的思维水平，从而使中国文化有坚实的基础承受住外来文化的压力而不会被它冲没；有充分的理论思维能力对外来文化做出自己的理解，进而消化、吸收它，确保自己连绵不断地发展。在中国历史上，这种外来文化的冲击，主要是古代的印度佛教和晚近的西方思潮。佛教在汉代传入，隋唐趋于鼎盛。当时，对于儒、道甚有凌驾之势，文人嗜佛，一时风尚。但他们一般都是以庄、老的虚无、清静观念来理解佛教的空无、涅槃思想。例如柳宗元喜与佛徒交游，就是因为其"不爱官、不争能、乐山水、嗜闲安"（《柳河东集·送僧浩初序》）；爱读佛经，就是因为"其道以无为为有，以空洞为实，以广大不荡为归。其教人始以性善，终以性善，不假耘锄，得其静矣"（《柳河东集·大鉴禅师碑》）。从魏晋玄学到宋明理学，正是主要借助庄子道家思想，以儒家思想为主体的中国文化才得以扬弃、消化掉佛教这一外来文化。到了近代，介绍和传播西方思潮的中国学者，也常常引用《庄子》中的概念、范畴和思想来表述他们对西方思想的理解。例如，严复认为《齐物论篇》的"吹万不同，而使其自己"，即是"一气之行，物自为变，此近世学者所谓天演"；《则阳篇》的

"可不谓大疑乎"即"赫胥黎所谓 Agnothie"；《马蹄篇》的旨义，"极似法之卢梭"，卢梭的《民约》等书，亦同此义；等等（《严复评点庄子》）。当代，也有人把庄子的人生哲学视为存在主义。虽然它们的历史背景和文化背景有极大的不同，理论的起点和终点也都存在着差异①，但庄子对人生理的和心理的、物质上和精神上困境的全观描述："一受其成形，不化以待尽。与物相刃相靡，其行尽如驰而莫之能止，不亦悲乎！终身役役而不见其成功，苶然疲役而不知其所归，可不哀邪！……其形化，其心与之然，可不谓大哀乎？"（《齐物论》）却完全可以沟通我们对存在主义基本内容的理解。这表明庄子思想具有深邃而广泛的内容，具有可供多种理解的宽广意境。这样，就能在中国文化与异国文化之间架起联结的桥梁，去认识它、采摘它。

总之，庄子的人生哲学，从异于儒家的那个方面补充、巩固了中国文化中那种没有宗教色彩的、在现世中实现人生价值的生活态度，使得中国文化所提供的人生理想，能够满足人们精神生活中客观存在的多样和变异的要求；它的思想深度和广度，增强了中国文化消化、吸收外来文化的能力。这些都是庄子思想作为一种人生哲学之所以不衰的原因和存在的价值。

（《哲学研究》1986 年第 1 期）

---

① 庄子的人生哲学是以对自然和社会的经验事实的理性思辨为基础，而存在主义一般是以对个人的心理意识现象的直觉为基础；庄子的人生哲学认为人在精神上是可以从现实的困境中超脱的，而存在主义则认为人就是当下的、困境中的这个样子。

《易传》的宇宙图景与
三个理论层面

一

在儒学的思想体系或理论构成中，《易传》最显著的特色和价值，是它为儒学提供了一个比较周延的自然哲学的宇宙图景，弥补了孔子儒学在学术内容上的主要缺陷。《易传》的宇宙图景是通过解说八卦或六十四卦这个独特的逻辑框架而表述出来的，并且显然是感受了道家思想的影响，其内容大体上可以归纳为三点。

1. 宇宙本源

《易传》中具有世界万物最后本源意义的范畴或概念，称为"太极"：

> 故易有太极，是生两仪，两仪生四象，四象生八卦。（《系辞上》）

按照距离《易传》创作时代最近的汉代学者解释，"太极"就是"气"，是世界万物尚未形成前的原始浑一状态，如郑玄说："极中之道，淳和未分之气也。"（王应麟《周易郑康成注》卷七）虞翻说："太极，太一也。分为天地，故生两仪也。四象，四时也。两仪谓乾坤也。"（李鼎祚《周易集解》卷十七）这种原始浑一的状态，《易传》形容之为"元"：

> 大哉乾元，万物资始，乃统天。（《象·乾》）
> 至哉坤元，万物资生，乃顺承天。（《象·坤》）

《九家易》注："元者，气之始也。"（李鼎祚《周易集解》卷一）根据《易传》在确定乾、坤性质时所说，"乾，阳物也，坤，阴物也，阴阳合德而刚柔有体"（《系辞下》），和在解释"咸"卦（兑上艮下）的卦义时所说"咸，感也，柔上而刚下，二气感应以相应"（《彖上》），可以推断"乾元"就是阳气之始，"坤元"就是阴气之始。总之，《易传》认为"太极"（气）是宇宙的本源（元），世界的一切，空间、时间、物质（天地、四时、八卦）由此而发生。在先秦，最先完全摆脱宗教观念而形成自然主义的宇宙本源观念的是道家，道家称之为"道"①，形容之为"一"或"太一"②；"太极"一词最早也是出现在道家的著作中。③ 十分显然，《易传》的宇宙本源观念是由道家的思想种子孕育而成。汉儒用"太一"解释"太极"，用"气"解释"元"，与道家思想也是吻合的。④

2. 万物的生成与变化

《易传》认为万物是由"天""地"这两种最基本的自然实体发生某种交感作用而生。《易传》说：

> 天地交而万物通也。（《彖·泰》）
>
> 天地感而万物化生。（《彖·咸》）

如前所述，在《易传》中，天地体现为乾坤两卦，也就是在宇宙的发生过程中最初形成的阴阳二气。所以《易传》的"天地交感而万物化生"实际上是认为阴阳二气交互作用产生万物，并且《易传》主要是把卦象的阴阳错位（阴上阳下）视为"交感"的表现。《易传》的这些思想观念几乎完全应和了《庄子》中的这样一段话："至阴肃肃，至阳赫赫。肃肃出乎天，赫赫发乎地，两者交通成和，而物生焉。"（《田子方》）《易传》对变化有深刻而全面的观察。《易传》说，"在天成象，在地成形，

---

① 《老子》："道者，万物之奥"（第62章），"天地根"（第6章）；《庄子》："道者，万物之所由也。"（《渔父》）

② 《老子》："昔之得一者：天得一以清……"（第39章）；《庄子》："关尹老聃……主之以太一。"（《天下》）

③ 《庄子》："夫道……在太极之先而不为高……"（《大宗师》）。

④ 《庄子》："通天下一气耳。"（《知北游》）

变化见矣"，"日新之谓盛德，生生之谓易"（《系辞上》）。《易传》所揭示的世界存在状态最显著的特色，就是处处、时时皆有变化；《易传》深刻地观察到变化是世界得以永久存在的契因，正如《系辞下》所说"易穷则变，变则通，通则久"；《易传》进一步认为产生变化的根由是两种对立的性质——刚柔相互作用的结果，《系辞上》说"刚柔相推而生变化"，"刚柔相推，变在其中"。《易传》对刚柔没有更多的具体的解释，但从《系辞》所说"刚柔者昼夜之象也"（《系辞上》），"阴阳合德，而刚柔有体"（《系辞下》）来看，刚柔就是阴阳表现为具体事物的性质。《庄子》说"万物皆化"（《至乐》），"物……固将自化"（《秋水》），《易传》变化的思想观念与道家思想也有某种观念上的联系，《易传》更明确具体地把道家所说的"万化"和"自化"归结为"刚柔相推"。

3. 宇宙的构成或结构

《易传》认为宇宙由天、人、地"三才"组成，八卦的六爻就象征或体现着这种构成。故《系辞》说："《易》之为书也，广大悉备，有天道焉，有人道焉，有地道焉，兼三才而两之，故六。六者非它，三才之道也。"（《系辞下》）"六爻之动，三极之道也。"（《系辞上》）按照易学家的解释，"两爻为一才，六爻为三才"（《周易集解》卷十六）。上两爻象天，下两爻象地，《易传》这天、人、地的"三极"结构中蕴含着宇宙的全部内容，"昔者圣人之作《易》也，将以立天之道曰阴与阳，立地之道曰柔与刚，立人之道曰仁与义"（《说卦》）。《易传》中对宇宙结构或构成的另一种表述是："形而上者谓之道，形而下者谓之器。"（《系辞上》）这是从形态特征上将世界描述为具有感性特征和超越感性的道、器"两极"结构。追溯《易传》这两种宇宙构成的观点的渊源，似乎仍然应是道家。《老子》说："故道大、天大、地大、人亦大。域中有四大，而人居其一焉。"（第25章）显然，如果说在老子思想中，"道"是某种超验的宇宙最后根源，那么，天、地、人就是构成宇宙全部的、具体的内容。从形态特征上说，也就是《易传》的"形上"与"形下"。也许，还可以说《易传》对宇宙结构或构成还有一种独特的观察："天道亏盈而益谦，地道变盈而流谦，鬼神害盈而福谦，人道恶盈而好谦"（《彖·谦》），"天地盈虚，与时消息，而况于人乎，况于鬼神乎"（《彖·丰》），按照这种观察，宇宙是由四种"实体"——天、地、人、鬼神构成的"四极"结构。"鬼神"为何物？《易传》没有十分明确的说明，但从《系辞》"原始反终，故知死生之说，精气为物，游魂为变，是故知鬼神之情状"（《系辞上》）的简单界定，可以推断《易传》中的"鬼神"也是"气"的一种存在状态或形式。从《老子》所说"飘风不终朝，骤雨不终日，天地尚不能久，而况于人乎"（第23章），"天之道，损有余而补不足；人之道则不然，损不足以奉有余"（第77章），以及《庄子》所谓"徇耳目内通，而外于心知，鬼神将来舍，而况人乎"（《人间世》），这里可以依稀看出，《易传》这个"四极"的宇宙结构观念中，也有道家思想的痕迹。

在道家思想影响下而形成的《易传》宇宙图景，改变了孔子儒家自然哲学思想十分薄弱的状况，无疑这是先秦儒家思想的重要发展。不仅如此，儒家的观念背景也因此被拓宽了，孔子儒家三个理论层面上的固有内容——个性道德修养、社会伦理政治秩序和"天命"，在《易传》中也获得了具有新的理论观念内容的解释。

二

《易传》与原始儒学和孟子儒学相比，在个人层面上的个性和德性修养的理论观点，有两点比较显著的不同。

1. 关于道德根源和道德成长的观点

一般说来，孔孟儒学是在人自身中，在人的"不忍"等心理感情中追寻人的道德行为"仁"或"仁义"根源①，并且这种个性道德的核心是指以宗族血缘关系为基础的社会伦理规范的践覆——"君君，臣臣，父父，子子"（《论语·颜渊》）。但是，《易传》则是在一种宽广得多的宇宙背景中追寻着德性根源和推演出道德行为，《大象传》的全部内容都体现着这种理论意图。例如：

> 地中有水，师，君子以容民畜众。（《象·师》）
> 山下有泽，损，君子以惩忿窒欲。（《象·损》）

---

① 如孔子说"为仁由己"（《论语·颜渊》），孟子说"人皆有不忍人之心……恻隐之心，仁之端也"（《孟子·公孙丑上》）。

雷在天上，大壮，君子以非礼勿履。(《象·大壮》)

可见，在《大象》作者来看，一个人道德行为的方方面面，由己及他、由内及外，都可以从宇宙的自然实在中获得一种解释、一种理解。这种解释或理解，从思维性质和方法上看，正如《系辞》说明八卦是如何创作的那样，是"仰则观象于天，俯则观法于地，观鸟兽之文与地之宜，近取诸身，远取诸物……以通神明之德，以类万物之情"(《系辞下》)，显然主要是经验直观和类比推理，并没有超过孔孟儒学已经达到的理论思维水平。但从理论的内涵上看，却是儒学的巨大变化，它具有新的在人的社会生活之外的自然的、天地的视野，在这个更加广阔的背景中，人的精神品质的重心或核心似乎会有某种变化，直接与"天""地"的意蕴相关联的或由此产生的德性品质，不是践履社会伦常道德行为，而是对全部人生的进取态度和全体事物的宽容精神。《大象》曰：

天行健，君子以自强不息。(《象·乾》)

地势坤，君子以厚德载物。(《象·坤》)

天，运动不息，地，负载万物。被这最伟大的自然景象启迪和孕育出人的根本德性就应是奋勉不已，宽容待物。虽然这与孔孟儒学的"仁者爱人"(《孟子·离娄下》)、"不知老之将至"(《论语·述而》)的仁的道德精神没有矛盾冲突，但它们的观念根源和逻辑思路毕竟是迥然有别的。这是一种蕴含着更宽广前景的道德精神。

《易传》对人的道德成长有一个十分深入而独到的观察，即认为忧患意识在道德的形成中有重要意义。《系辞》说：

《易》之兴也，其于中古乎？作《易》者，其有忧患乎？是故《履》，德之基也；《谦》，德之柄也；《复》，德之本也；《恒》，德之固也；《损》，德之修也；《益》，德之裕也；《困》，德之辨也；《井》，德之地也；《巽》，德之制也。(《系辞下》)

这就是《周易》中著名的"九德卦"。古今学者对于"九德卦"含义的诠释纷纭不一。应该说，《系辞》作者在这里的思想表述得甚为明白，他显然是将人的道德实践分解为九个因素或成分，即要有原则（执礼）、有方法（谦卑）、有目标（返本），要能持之以恒，不断去疵，不止进善，分辨善恶，广施影响，裁断是非，并选取九个相应的卦名来象征或体现这些。从《易经》中可以看出，这九个卦中（实际上在几乎所有的六十四卦中）都充满了险象、灾难，这就意味着《易传》作者认为，正是在一种艰难的处境中，在一种忧患的意识中，人的道德观念才能觉醒，人的道德行为才能完成。《易传》在另外的地方更明确表述了忧患、恐惧在人的道德修养中具有积极意义的这一思想观点：

> 洊雷，《震》，君子以恐惧修省。（《象·震》）
>
> 《易》之兴也，其当殷之末世，周之盛德邪？当文王与纣之事邪？是故其辞危，危者使平，易者使倾，其道甚大，百物不废，惧以终始，其要无咎，此之谓《易》之道也。（《系辞下》）

应该说，从《易经》中所记录的史实和社会生活风俗来看，《易传》对《易经》可能最早形成于殷末周初的推断在一定程度上是符合历史事实的（至于《易经》的写成，当然是更在其后），因而《易传》对《易经》中内蕴的一种精神运动，即一种深沉的忧患意识，以及在这种意识中形成的道德观念和道德行为的观察，与中国古代思想在殷周之际所发生的观念变迁也是吻合的。这正是西周氏族统治者在以一个弱小的属国代替了比自己强大得多的宗主国殷氏族浩大的统治权后，从原先的宗教观念中蜕变出新的道德观念的那个精神历程。还应该说，忧患、痛苦的感情对道德观念和行为的形成具有某种触引、促进的作用，一般来说，是每个人的精神经历中都会发生的经验事实。孔子慨叹说"天下有道，丘不与易也"（《论语·微子》），孟子伤感于"民之憔悴于虐政，未有甚于此时者也"（《孟子·公孙丑上》）。可见，在孔子、孟子身上，在他们一生的实践中，包括他们的道德在日臻完善的过程中，也活跃着忧患意识这种精神因素。当然，孔子也说过"知者不惑，仁者不忧，勇者不惧"（《论语·子罕》），孟子认为"大丈夫"是"富贵不能淫，贫贱不能移，威武不能屈"（《孟子·滕文公下》），都把不忧不惧视为道德境界极高的表现。这里似乎存在着矛盾，其实不然。因为这是关于个性道德修养的两个性质有所区别的问题，一个是就最高道德境界本身的性质来说的，一个是就其具体表现来说的。

总之，《易传》是在孔孟儒学之外的自然天地中发掘道德根源，在人的"不忍"等心理感情有区别的忧患意识中观察到道德的发生、成长过程，这是对儒学道德思想的一个有深远影响的补充和发展。

2. 关于最高道德境界的观点

在孔孟儒学中达到最高精神境界的理想人格被称为"圣人"，《孟子》中有时或称之为"大人"①，并且从孔子和孟子的言论中可以看出"圣人"的内涵或标准主要有两个。一个是完全践履了人伦道德规范，如孟子说"圣人，人伦之至也"（《离娄上》）；另一个是创造了不朽的社会功利，如孔子在回答子贡"如有博施于民，而能济众，可谓仁乎"之问时说"何事于仁，必也圣乎"（《论语·雍也》）。显然，孔孟儒学主要是在人的现实社会生活的背景下，以道德实践为根本内容来建构理想人格的。《易传》说："夫《易》，圣人所以崇德而广业也。"（《系辞上》）这与孔孟儒学一样，也是把道德、功业作为具有最高精神境界的理想人格的特征。但是，《易传》在较为广阔的观念背景下，对理想人格还做了这样的描述。

> 夫"大人"者，与天地合其德，与日月合其明，与四时合其序，与鬼神合其吉凶，先天而天弗违，后天而奉天时……知进退存亡而不失其正者，其唯圣人乎？（《文言·乾》）

可见，《易传》的理想人格（"大人""圣人"）具有某种根源于宇宙自然因而是高出人的社会生活的精神品质；这种理想人格与其说是人伦的典型，不如说更多地表现出是智慧的化身。与孔孟儒学相比，《易传》最高精神境界或者说理想人格的思想观念的这种变化，契因在于《易传》具有一种新的、来源于道家自然观的哲学视野。在这个以宇宙自然为背景的视野中，即使是人间最伟大的创造也是短暂和渺小的，人的精神必然要向往和追求同宇宙间最壮丽、神圣、永恒甚或有某种神秘的存在——天地、日月、鬼神联系在一起，必然会以这些宇宙中的伟大存在来描述或界

---

① 《孟子》中说"大人者，不失其赤子之心者也"（《离娄下》），"居仁由义，大人之事备矣"（《尽心上》），等等。

定某种理想人格或精神的境界，如《庄子》中说"与天地为合，是谓玄德"（《天地》），"吾与日月参光，吾与天地为常"（《在宥》），"真人喜怒通四时，与物有宜而莫知其极"（《大宗师》），"阴阳和静，鬼神不扰，四时得节，万物不伤"（《缮性》），这些似乎就是《易传》对理想人格或精神境界描述的雏形。应该说，《庄子》和《易传》中的这种从宇宙自然内容来界定的理想人格或精神境界，虽然呈现某种幻想的色彩，但在观念性质上，并不是宗教或神话，而是一种具有理性特质的哲学思想，蕴含着一种人的自觉——人性最高发展的自觉。

就像在个人层面上《易传》努力在宇宙、自然的背景中追寻德性根源一样，在社会层面上，《易传》也总是把群体的一切社会行为溯源于"天地之道"，这与先前主要在人自身（人的心理或人的本性）来发掘礼、法社会行为的原始儒学或荀子儒学是很不相同的。《易传》说：

> 有天地然后有万物，有万物然后有男女，有男女然后有夫妇，有夫妇然后有父子，有父子然后有君臣，有君臣然后有上下，有上下然后礼义有所错。（《序卦》）
>
> 《家人》，女正位乎内，男正位乎外。男女正，天地之大义也。（《象·家人》）

可见，《易传》是以一种万物生成论和宇宙结构论的自然哲学观点来考察人类社会的。在这个观念背景下，人类的伦理关系、政治制度所表现出的形态和最初源头，都可追溯到"天地"，因而具有某种自然性质的必然性和合理性。对于在孔子、荀子儒学中具体地用来实现和巩固这种伦理关系、政治制度的"礼"（德治）、"法"（刑罚），《易传》也利用八卦的逻辑在宇宙背景中所能发现的事物间关系来解释它的合理性、必然性。例如《易传》说：

> 山下有风，蛊，君子以振民育德。（《象·蛊》）
>
> 泽上有水，节，君子以制数度，议德行。（《象·节》）
>
> 雷电，噬嗑，先王以明罚敕法。（《象·噬嗑》）
>
> 雷电皆至，丰，君子以折狱致刑。（《象·丰》）

显然，《易传》以风（巽）的吹拂能披靡山下草木，水（坎）泛滥出泽需筑堤防范，显示礼教德治的化育人们精神、节制人们行为的社会功能；以雷（震）之震响，电（离）之光明，来比拟法必须威严和治狱应有明察的"法治"的必备条件。《易传》的这些观察、类推都具有十分明显的、经验的、直观的性质，在理论的思维水平上也没有高于孔子儒学，甚至还低于荀子儒学。但是，《易传》认为社会事实与某个宇宙自然事物具有必然性联系，具有某种自然根源的思想观念，却是一种在此以前儒学都没有的新的思想观念。

三

在儒学理论的社会层面上，《易传》还有一个和先前儒学不同的思想观点，即在"礼""法"之外，《易传》还明确地、突出地提出了另一个维持、巩固社会伦理秩序和政治制度的手段——宗教，《易传》称之为"以神道设教"：

> 雷出地奋，豫，先王以作乐崇德，殷荐之上帝，以配祖考。（《象·豫》）
>
> 观天之神道，而四时不忒。圣人以神道设教，而天下服矣。（《象·观》）

《易传》的这些解说表明，是一种以鬼神祖先与上帝崇拜祭祀为内容，以稳定社会伦理政治秩序为目标的宗教。《易传》的这种宗教观念完全肯定鬼神的存在，与孔子儒学对鬼神表示存疑态度是很不相同的。实际上，在孔子儒学这样一个理性主义的但又缺乏自然哲学观念的思想体系里，鬼神是不能存在的。一方面它既不能得到来自某种自然观的实在的说明，另一方面理性的排斥也使它不可能作为一种信仰的对象而存在。这种情况在《易传》中有所改变。如前所述，《易传》引进"气"的观念，"精气为物，游魂为变，故知鬼神之情状"（《系辞上》），把鬼神视为"气"的一种存在形态。十分显然，《易传》在肯定鬼神是一种自然性质存在的同时，也就否定了鬼神具有超越神圣的性质，鬼神与天地、人是同一层面上的"气"的不同表现或存在样式。《象传》说"鬼神害盈而福谦"（《彖·谦》），《文言·乾》说"与鬼神合其吉凶"，据《易传》所说"立天之道曰阴与阳，立地之道曰柔与刚，立人之道曰仁与义"，可以推演出"鬼神之道"是"吉与凶"。可见，《易传》对鬼神的崇拜与祭祀，是出于一种恐惧的心理感情和为获得"吉福""天下服"的功利目标，这与孔子儒学中的那种"祭如在，祭神如神在"（《论语·八佾》）、"慎终追远，民德归厚"（《论语·学而》）根于某种道德感情和目的的祭祀行为亦有所区别。总之，《易传》宗教观念的特色，就是它以一种非超越的崇拜、祭祀对象和功利性质的宗教目标，既与非宗教的孔子儒学不同，又与以对某种超越的信仰为特征的典型宗教有区别。《易传》的宗教观念特色，也就是此后在中国文化中所表现的宗教实践的特色。

《易传》对儒学真正具有创造意义的发展，是它完全自觉地力图为认识孔子儒学超越层面上的"天命"提供一种逻辑方法或工具——《易》。在孔子思想中，认为存在着某种能决定人世命运遭际的力量，它不同于殷周宗教中的人格神或人格的"天"，而是在个人、社会之上的总体的客观必然性，称之为"命"或"天命"。孔子还说"不知命无以为君子"（《论语·尧曰》），自己是"五十而知天命"（《论语·为政》）。所以，在孔子儒学中，"天命"不是信仰的对象，是可以通过学习知识和生活体验而最后被理性认识的对象。但孔子并没有明确、确切地说明这个理性过程。无疑，"知天命"是孔子儒学中的一个最深刻、最困难的问题。孟子说"尽其心者，知其性也；知其性，则知天矣"（《孟子·尽心上》），"行法以俟命"（《孟子·尽心下》），实际上这是一种通过道德实践来达到对"天"或"命"的体认的超理性的方法。在荀子思想中，"天行有常，不为尧存，不为桀亡，应之以治则吉，应之以乱则凶"（《荀子·天论》），超越性的"天命"及其客观必然性，被自然性的"天"及其规律性代替。应该说，就其理论内涵的性质和体现精神境界的性质来说，"天命"皆不同于"天"，不是"天"，荀子只是取消了这个问题，并没有回答这个问题。现在，《易传》接过了这个问题，并且试图用《易》这个逻辑推演的工具，从与孟子不同的角度来解决它。

毫无疑义，《易》（《周易》《易经》）原是一种筮占决疑工具。从

《周书》《诗经》的记载可以看出，筮占至少在周初就已经出现①，而用《周易》进行筮占，根据《左传》上的记载，似乎在春秋中期，也就是说在孔子以前就已经开始②，但是，《论语》记载，孔子在援引《周易·恒》卦爻辞"不恒其德，或承之羞"两句时曾说"不占而已矣"，荀子也曾说："善为《易》者不占，其心同也。"（《荀子·大略》）可见，儒家学者从孔子到荀子，虽然注意到了《周易》中的某些生活经验具有指导意义，然而并不认为《周易》对世界有整体的把握是多么重要的洞察和预知世界的认识工具。所以，《周易》直到荀子时也还没有获得"经"的学术地位。③

《易传》的作者对《易》做出了与先前儒者完全不同的解析和评价："《易》何为者也？夫易开物成务，冒天下之道，如斯而已者也。"（《系辞上》）在《易传》的作者看来，《易》并不只是个别的、零碎的生活经验的记录，而是包容了全部的天下之事、天地之道。《系辞》反复称道"夫《易》广矣在矣……以言乎天地之间则备矣"（《系辞上》）；"《易》之为书也，广大悉备，有天道焉，有人道焉，有地道焉"（《系辞下》）。《易传》的作者认为，《易》中这种广泛周延的天地之道、天下之事是镶嵌在一种"八卦"的逻辑结构内，蕴藏在六十四卦、三百八十四爻的变动之中的，即《系辞》所谓"八卦而小成，引而伸之，触类而长之，天下之能事毕矣"（《系辞上》），"六爻之动，三极之道也"（《系辞下》），并且通过《易》中的象（卦象）、义（爻、卦辞）和数（卦变）三种理论要素而显示出来。《系辞》说：

---

① 《周书》有"若卜筮罔不是孚"（《君奭》）、"立卜筮人"（《洪范》），《诗经》有"卜筮偕止，会言近止，征夫迩止"（《小雅·杕杜》）、"尔卜尔筮，体无咎言"（《卫风·氓》）。

② 《左传》中最早出现以"周易筮之"者是庄公二十二年，"周史有以《周易》见陈侯者，陈侯使筮之……"（庄公二十二年）。

③ 《荀子》中两次严谨概括儒家诸经典要旨时，只举出五经——《诗》《书》《礼》《乐》《春秋》，而没有《易》（见《劝学》《儒效》），只是在《大略》篇出现一次将《易》与《诗》《礼》并列："善为《诗》者不说，善为《易》者不占，善为《礼》者不相。"此荀子弟子所录。《诗》《书》《礼》《乐》《易》《春秋》六经并列始见于《庄子·天运》，此庄子后学所作。

圣人有以见天下之赜，而拟诸其形容，象其物宜，是故谓之象。（《系辞上》）

圣人有以见天下之动，而观其会通，以行其典礼，系辞焉，以断其吉凶，是故谓之爻。（同上）

凡天地之数五十有五，此所以成变化而行鬼神也。（同上）

也就是说，《易传》作者认为，《易》中每一卦每一爻皆有所象征、比拟，每一卦每一爻皆有辞以论断吉凶事理，通过数的变化，卦、爻发生运动，就能不断地推演、显现出宇宙中的万种事物和义理或"天地之道"，按照《易传》的解释是：

昔者圣人之作《易》也，将以顺性命之理。是以立天之道曰阴与阳，立地之道曰柔与刚，立人之道曰仁与义。（《说卦》）

这样，《易传》作者就认为，世界的总体存在状态和规律性，世界的一切可能性和必然性，是可以通过《易》来认识和掌握的，在《易传》作者看来，也就是"知命"：

易与天地准，故能弥纶天地之道。仰以观于天文，俯以察于地理，是故知幽明之故，原始反终，故知死生之说。精气为物，游魂为变，是故知鬼神之情状。与天地相似，故不违。知周乎万物，而道济天下，故不过。旁行而不流，乐天知命，故不忧。安土敦乎仁，故能爱。（《系辞上》）

《易传》的这些论述表明，在若干主要的点上，《易传》充实并发展了孔子儒学的"天命"观。第一，《易传》的"命"（天命）乃是一种包容阴阳（天道）、刚柔（地道）、仁义（人道）的世界总体的存在，因而也是在任何个体之上的超越性质的存在。《易传》还说："无妄之往何之矣？天命不祐，行矣哉。"（《象·无妄》）"天命"也是一种无法改变的必然性力量，这与孔子儒学"天命"的观念性质是相同的。但《易传》填入了较清晰的、可做分析的观念内容。第二，《易传》的"知命"是指一种"不违""不过""不忧"的极高的智慧程度和精神境界。这不仅是对孔子"五十而知天命"这个特殊的、孔子个人的精神现象的内涵十分确切的揭示，而且也可以说是对作为儒学精神修养最高境界的"知天命"的一个极为准确的界定。第三，《易传》最为特殊之处在于将孔子儒学"知天命"的理性过程具体化了，甚至可以说是程序化、术数化了。《易传》说："是故君子所居而安者，易之象也，所乐而玩者，爻之辞也，是故君子居则观其象而玩其辞，动则观其变而玩其占，是以自天祐之，吉无不利。"（《系辞上》）也就是说，《易传》自信地认为用《易》的方法——观象、揣辞（吉凶义理）、演卦，就能够洞察天文、地理、鬼神之状、人世之变，把握世界总体状况，达到"知命""天祐"。《易传》对儒学中"天命"这一超越性质的存在的内涵的解释和提出的认识方法，在很大程度上影响了此后儒学思想的发展和儒学基本形态的确立。一方面，它使儒学对超越的追求始终保持着可在逻辑和智慧中实现的理性特质，因而不同于宗教；另一方面，在这种追求中也有超理性的个人道德实践所产生的体验因素，所以儒学最终表现为或者说物化为一种以伦理道德的理性自觉为主要基础和内容的生活实践、生活方式。这正是以儒学思想为主体的中国传统思想和文化的根本特色。

（《中州学刊》1994 年第 1 期）

汉唐社会思想的淘洗、选择和波折

论《礼记》的思想

大体上说，《礼记》是秦汉之际和汉代初期儒家学者的著述，唐代"十二经"出现时，确立了作为儒家经典的学术地位。

《礼记》四十九篇内容比较芜杂，刘向《别录》将其分为八类，近人梁启超将其细分为十类。① 但是，对"礼"的阐述无疑是共同的主题。围绕这个主题，《礼记》的题材或内容可分为三个方面：一是诠释《仪礼》和考证古礼，这些礼仪制度是此后儒家文化中的生活习俗的源头；二是孔门弟子的言行杂事，这在一定程度上反映了儒家"礼"的生活实践；三是对"礼"的理论性论述。《礼记》中的这些内容，在社会的、人性的、超越的三个理论层面上，都显示出与原始儒学（孔子）及孟子、荀子儒学思想有不同的变化、发展。

一

从《礼记》思想的社会层面上观察，首先是其关于"礼"的产生根源和社会功能的观点，与先前的儒学思想相比，有某种变化。最为显著的是，《礼记》与把"礼"的行为植根于人的内心感情中的孔子儒学以及在人的本性中发掘"礼"的根源的荀子儒学不同，在人之外更广阔的背景

① 汉朝刘向将《礼记》内容分为八类：通论、制度、丧服、吉礼（吉事）、祭祀、世子法（子法）、乐记、明堂阴阳（见《礼记正义》引郑玄《目录》）。梁启超分《礼记》内容为十类：记述礼节、记述政令、解释礼经、专记孔子言论、记孔门及时人杂事、杂记制度、考证缺席礼节、通论礼意、杂记格言、专记掌故（《见要籍解题及其读法》）。

里去追寻"礼"的缘起，"凡礼之大体，体天地，法四时，则阴阳，顺人情，故谓之礼"（《礼记·丧服四制》）。在《礼记》中，"礼"的产生最后被归属于"天之道"或"大一"："是故夫礼，必本于大一，分而为天地，转而为阴阳，变而为四时，列而为鬼神。""夫礼，先王以承天之道，以治人之情，故失之者死，得之者生。"（《礼记·礼运》）

《礼记》这里的"天之道""大一"，显然具有在人之外、人之上的作为万物最后根源的某种最高存在的性质。《礼记》将"礼"的根源从人自身移迁出来而客体化。如果说孔子将"礼"的行为的最后动因置放在人的内心道德感情里，是要唤醒人在"礼"的实践中的自觉主动性，荀子认为节制人所固有的欲望是先王制"礼"的缘由，从而证明"礼"的必要性，那么，《礼记》在这里将"礼"的最后根源归于"大一"或"天之道"的客体化过程，同时也就是完成对"礼"的神圣性、合理性的论证过程。先秦儒学关于"礼"的产生根源的思想变化，反映了"礼"作为一种道德规范或行为在当时的社会生活中逐渐被强化的历史过程。与此相连，《礼记》观察到的"礼"的社会功能，与孔子儒学也有所不同。孔子把"礼"视如"绘事后素"（《论语·八佾》），认为"礼乐成人"（《论语·宪问》），特别强调作为社会规范的"礼"所具有的那种提高人性的道德功能。孔子还说"人而不仁如礼何，人而不仁如乐何"，"为礼不敬，吾何以观之哉"（《论语·八佾》），也就是说，在孔子看来，"礼"的真正实践是应以道德自觉为基础、为内容的。《礼记》不是没有观察到，更没有否定"礼"的这种"成人"的道德功能，如《礼记》也认为"凡人所以为人者，礼义也"（《礼记·冠义》），"礼，所以制中也"（《礼记·仲尼燕居》），"圣人作，为礼以教人，使人以有礼，知自别于禽兽"（《礼记·曲礼上》）。但是，在《礼记》中显然更加鲜明、突出的是：

> 礼也者，合于天时，设于地财，顺于鬼神，合于人心，理万物者也。（《礼记·礼器》）
> 故礼义者，人之大端也，所以讲信修睦而固人肌肤之会、筋骸之束也，所以养生送死、事鬼神之大端也，所以达天道、顺人情之大窦也。故坏国、丧家、亡人，必先去其礼。（《礼记·礼运》）

安上治民，莫善于礼……礼禁乱之所由生，犹坊止水之所自来也。（《礼记·经解》）

礼者，因人之情而为之节文，以为民坊者也。（《礼记·坊记》）

礼者，君之大柄也，所以别嫌明微，傧鬼神，考制度，别仁义，所以治政安君也。（《礼记·礼运》）

《礼记》中的这些论述表明，《礼记》中的"礼"，一是具有比"成人"更多的社会功能，是社会生活方方面面从天道人情、仁义制度到养生送死、事鬼敬神的共同原则，是"理万物者也"；二是但其最主要的社会功能是维持、保护社会伦理、政治制度的稳定，是"安上治民""治政安君"，无之则"坏国、丧家、亡人"；三是这种社会功能具有某种工具性质，是"君之大柄"。清朝孙希旦《礼记集解》注解说："柄者，所以执以治物者也。人君执礼以治国，犹匠人执斧斤之柄以治器也。"在这种"礼"的实践中，主动的和自觉的精神，和孔子所要求的那样相比，即使不能说是消失了，也是处在并不重要的地位，"礼"逐渐物化为一种生活习俗，凝聚成一种思想传统，使那种和"法"既有联系又有区别的，具有强制性、束缚性的被动和服从，在"礼"的实践中上升为主要因素，最终形成一种儒家文化的"礼"的生活方式的特征——似法而非法，无法而有法。

比起孔子儒学和荀子儒学，《礼记》对"礼"的社会生活实践观察得更为全面，概括得更为周延。

第一，《礼记》以一个和"礼"既相互对立又相互补充的人的生活行为、意识形态——"乐"，构筑了一个完全周延的人的社会生活实践领域。"乐者，天地之和也；礼者，天地之序也……天高地下，万物散殊，而礼制行矣；流而不息，合同而化，而乐兴焉。"（《乐记》）

这是《礼记》对"礼""乐"根本性质的界定："乐"体现着天地万事万物的融合，"礼"体现着它们的秩序分别。无疑这两个方面从一种基本而原始的立场上十分周延地概括了一切事物间的相互关系、存在状态，从而也就使表明"礼""乐"所涵盖的人的生活实践内容也是周延的、完整的。《礼记》还写道：

> 乐由天作，礼由地制……乐者敦和，率神而从天；礼者别宜，居鬼而从地。故圣人作乐以应天，制礼以配地，礼乐明备，天地官矣。（《乐记》）

> 乐由阳来者也，礼由阴作者也，阴阳和而万物得。（《郊特牲》）

> 乐者为同，礼者为异，同则相亲，异则相敬。（《乐记》）

> 乐由中出，礼由外作……乐也者，动于内者也；礼也者，动于外也者。（同上）

> 乐也者，情之不可变者也，礼也者，理之不可易者也。乐统同，礼辨异。（同上）

这是《礼记》进一步从自然世界（天与地、阴与阳）、人的心境（内与外、爱与敬）、理性的抽象形式（情与理、同与异）等不同观察角度表述了"礼""乐"所构成的人的生活领域是周延的、完整的。孔子说"礼乐不兴，则刑罚不中"（《论语·子路》），"天下有道，则礼乐征伐自天子出；天下无道，则礼乐征伐自诸侯出"（《论语·季氏》）。可见，在孔子儒学中，"礼""乐"还没有清晰的界定和构成周延性相互补充的那种界限，而常是作为一类社会行为（礼乐）与另外的社会行为（如刑罚、征伐）而构成某一观察角度上周延的社会生活。

第二，在《礼记》中，"礼"作为人的一种社会行为方式、规范，与"乐"构成一个周延的人的社会生活范围，而作为"治政安君"的工具，须与乐、政、刑等一起，才能构成完备的周延的治理系统，发挥有效的治理社会的功能。

《礼记》认为，礼、乐、政、刑（法）四种治理手段是相辅相成的观点，这既与孔子儒学先礼德而后政刑有区别①，也与荀子儒学的礼刑并重而治有区别②。这在一定程度上反映了《礼记》所产生的那个时代的特

---

① 孔子说："道之以政，齐之以刑，民免而无耻；道之以德，齐之以礼，有耻且格。"（《论语·为政》）
② 荀子说："治之经，礼与刑。"（《荀子·成相》）"士以上则必以礼乐节之，众庶百姓则必以法数制之。"（《荀子·富国》）

色：这是一个法家思想和黄老思想都很活跃和有影响的时代。

第三，《礼记》在血缘的、宗法的人伦关系之外又摄入某种非血缘的人伦关系和超社会的人与自然的关系，建筑了一个更宽广的、"礼"的伦理关系范围。《礼记》写道：

> 民之所由生，礼为大。非礼无以节事天地之神也，非礼无以辨君臣、上下、长幼之位也，非礼无以别男女、父子、兄弟之亲、婚姻疏数之交也。（《哀公问》）

> 礼有三本：天地者，性之本也；先祖者，类之本也，君师者，治之本也。（《大戴记·礼三本》）

这样，《礼记》就拓宽了孔子儒学"君君、臣臣、父父、子子"（《论语·颜渊》）的主要以血缘和宗法为基础的人伦关系范围，非血缘的"师"，超社会的"天"与"地"也进入人的伦理生活中，成为需要人对其承担如同对君、父一样的道德义务和责任的伦理对象，所以《礼记》说"师无当于五服①，五服弗得不亲"（《学记》），"仁人之事亲也如事天，事天也如事亲"（《哀公问》），天、地、君、师、亲，儒家的伦理范围至此就完全确定了。②"君子之道，造端乎夫妇，及其至也，察乎天地"（《中庸》），《礼记》确定的伦理范围，使儒家以伦理道德实践为主要内容的社会生活也具有某种向人自身以外开放、发展的内在因素。

在社会层面上，《礼记》除了对"礼"的产生根源和社会功能的观点，以及对"礼"的社会生活实践观察描述与先前儒学有所不同外，《礼记》中出现的一个历史发展图景也与先前儒学迥然有别。《礼记》写道：

> 大道之行也，天下为公，选贤与能，讲信修睦，故人不独亲其亲，不独子其子，使老有所终，壮有所用，幼有所长，矜寡孤独废疾

---

① 郑玄注："五服，斩衰至缌之亲。"孔颖达疏："夫五服之亲，骨肉也。"（按：丧服分斩衰、齐衰、大功、少功、五缌等）

② 这种伦理最早为荀子所提出，荀子说："故礼，上事天，下事地，尊先祖而隆君师，是礼之三本也。"（《荀子·礼论》）

皆有所养，男有分，女有归。货恶其弃于地也，不必藏于己；力恶其
不出于身也，不必为己。是故谋闭而不兴，盗窃乱贼而不作，故外户
而不闭，是谓大同。

今大道既隐，天下为家，各亲其亲，各子其子，货力为己，大人
世及以为礼，城郭沟池以为固，礼义以为纪……故谋用是作，而兵由
此起，禹、汤、文、武、成王、周公，由此其选也。此六君子者，未
有不谨于礼者也，以著其义，以考其信，著有过，刑仁讲让，示民有
常。……是谓小康。（《礼运》）

显然，《礼运》的"大道既隐，天下为家"的"小康"时代是指
"三代"（夏商周），而"大道之行，天下为公"的"大同"时代是指
"三代"以前的"五帝"① 时代。《礼记》所描述的这个历史图景，在两
个基本点上不同于先前的孔子、孟子、荀子的儒学观点。一是《礼记》
明确以"天下为公"与"天下为家"，或者说以禅让制（选举制）或传子
制（世袭制）作为一种标志，将"三代"与"五帝"俨然划分为两个完
全不同的时代、不同的社会。但《礼记》以前的儒学没有这样的思想观
念，从孔子到荀子，一般都没有将三代圣王（禹、汤、文王）与其前传
说中的圣王（五帝）进行区分，而是将他们视为同一道德和功业高度上
的圣贤加以崇拜的，如孔子说："巍巍乎，舜禹之有天下也，而不与焉。"
（《论语·泰伯》）荀子也说："上则法舜禹之制，下则法仲尼子弓之义。"
（《荀子·非十二子》）尧舜禅让、三代传子之间有无区别？孟子、荀子都
专门论述了这个问题。孟子在叙述了传说中的尧舜、舜禹、禹启之间传位
情况后说："匹夫而有天下者，德必若舜禹，而又有天子荐之者……孔子
曰：'唐虞禅，夏后、殷、周继，其义一也。'"（《孟子·万章上》）荀子
则着重从逻辑概念辨析圣王相传都是"以尧继尧"，无所谓"禅让"与
"传子"之分。总之，孔子、孟子、荀子以一种道德的眼光来观察五帝三

----

① 在《礼记》中，《礼运》篇只出现"三代"一词而没有出现"五帝"一词。另外，
《祭法》篇谓"有虞氏黄帝而郊，祖颛顼而宗尧"，由此可以断定《礼记》的"五
帝"是指黄帝、誉、颛顼、尧、舜。进而也可以断定《礼记》"大道之行"的时代
既是指此"五帝"，与"大道既隐"的"三代"时代的"六君子"对应。

代圣王都是以贤传贤，不存在"天下为公""天下为家"的区别。二是《礼记》明显地将有无礼法规范制度、有无私人财产作为区分"大道之行"与"大道既隐"两个不同时代社会的两个实际标准。但这一思想观念也是《礼记》以前的儒家所没有的。孟子认为"仁义礼智根于心"（《孟子·尽心上》），荀子认为"人生而有欲，欲而不得，则不能无求，求而无度量分界，则不能不争，争则乱，乱则穷，先王恶其乱也，故制礼义以分之，以养人之欲，给人之求"（《荀子·礼论》）。可见，孟子、荀子都认为礼义道德规范有深刻的人心或人性的根源，是人的生活所固有的内容，当然不是"三代"以后才形成的。《礼记·礼运》的作者显然是向往"货恶其弃于地，不必藏于己；力恶其不出于身也，不必为己"那种似乎是财产公有、政治平等的社会，《礼记》以前的儒家没有产生过这样的憧憬，他们的理想社会是均产、恒产，如孔子说："有国有家者、不患寡而患不均，不患贫而患不安。"（《论语·季氏》）孟子认为："民之为道也，有恒产者有恒心，无恒产者无恒心，苟无恒心，放辟邪侈，无不为己。"（《孟子·滕文公上》）荀子也认为："农分田而耕，贾分货而贩，百工分事而劝……是百王之所同也。"（《荀子·王霸》）在这种家族小私有制基础上产生的伦理道德等级和政治经济的不平等，在他们看来是完全正当的、合理的。孟子说："或劳心，或劳力，劳心者治人，劳力者治于人。治于人者食人，治人者食于人，天下之通义也。"（《孟子·滕文公上》）荀子也说："少事长，贱事贵，是天下之通义也。"（《荀子·仲尼》）孔子说自己"信而好古"，说自己"非生而知之者，好古敏以求之者"（《论语·述而》）。可见，历史感、历史眼光从一开始就是儒家的一个理论支点或观察角度，从孔子到荀子都观察和描述了某些显著的世态和社会古今历史变化。如孔子知道"殷因于夏礼，所损益可知也；周因于殷礼，所损益可知也"（《论语·为政》），并认为人们的道德状况变化是"古之学者为己，今之学者为人"（《论语·宪问》）。孟子概括三代赋税、教育制度的变化说："夏后氏五十而贡，殷人七十而助，周人百亩而彻，其实皆什一也……夏曰校，殷曰序，周曰庠，学则三代共之。"（《孟子·滕文公上》）荀子曾概述国家交往间的变化是"诰誓不及五帝，盟诅不及三王，交质子不及五伯"（《荀子·大略》）等。显然，《礼记》以前的儒学历史眼光所观察到的只是宽泛意义上"礼"本身（制度、道德状况）的变化，而不能观察到从无"礼"到有"礼"的社会历史变化。实际上在他们的理论观念和历史视野中，没有"礼"的社会状态是不能存在的。正是在这个意义上荀子说"古今一度"，并且斥"古今异情"之说为"妄人"之论（《荀子·非相》）。从现代文化人类学的观点来看，人类早期的确存在过、经历过没有"礼义"的蒙昧阶段和没有私有制财产的氏族公社时期。《礼记》在这里显示出比先前儒学更加开阔远大的历史眼光是从哪里来的？考察起来，《礼记》由"道"到"礼"的社会图景和历史发展路线，似乎是相似于道家的，特别是庄子的历史视野中出现的景象：

> 古之人，在混芒之中，与一世而淡漠焉。当是时也，阴阳和静，鬼神不扰，四时得节，万物不伤，群生不夭，人虽有知，无所用之，此之谓至一。当是世也，莫之为而常自然。逮德下衰，及燧人、伏羲始为天下，是故顺而不一。德又下衰，及神农、黄帝始为天下，是故安而不顺。德又下衰，及唐、虞始为天下，兴治化之流，浇淳散朴，离道以善，险德以行，然后去性而从于心，心与心识知而不足以定天下，然后附之以文，益之以博。文灭质，博溺心，然后民始惑乱，无以反其性情而复其初。（《庄子·缮性》）

> 古者……民知其母，不知其父，与麋鹿共处，耕而食，织而衣，无有相害之心，此至德之隆也。然而黄帝不能致德，与蚩尤战于涿鹿之野，流血百里。尧舜作，立群臣，汤放其主，武王杀纣，自是之后，以强凌弱，以众暴寡。（《庄子·盗跖》）

《庄子》中的这两段描述表明：一是庄子认为在三代以前，甚至在五帝以前，人类的生活才真正是美好的时光，庄子慨叹"自三代以下者，天下何其嚣嚣之也"（《庄子·骈拇》）；二是庄子认为，自古至今最显著的社会变化，正是礼义法治规范的出现、不耕不织者出现、战争和暴力出现。因此，在不太严格的意义上，可以确认《礼记·礼运》中的历史图景与庄子的这种思想观念有某种犀通，并且"大同"一词最早也是在《庄子》中出现的。当然，两者毕竟还是有根本的区别：站在道家自然主义立场上的《庄子》基本上是否定五帝、三代圣王的，而《礼记》则是从寻求儒家伦理道德（礼）的源头和典范的意义上真诚地推崇他们。《礼记》只是在道家历史观念影响下，试图描述五帝三王的区别，揭示存在于他们之间的历史发展。后来的儒家是能够接受这一观点的。

二

《礼记》在心性层面上对人性的观察和精神修养的观点与孟、荀儒学也有不同。孟子认为，仁义礼智等道德感情"根于心"，人之"性善"；荀子认为，人生而有好利、疾恶、好声色等生理欲望，人之"性恶"。由这个人性的出发点，在精神的或道德的修养上，孟子主张"求放心"，强调一种对道德规范的反思体认；荀子主张"化性起伪"，用礼义制度来节制自然欲望，强调"心"的认知能力，做到"积善成德，而神明自得，圣心备焉"（《荀子·劝学》）。《礼记》在先秦儒学这两个基本的人性原点、修养路线之外，确定了另外一个原点，另外一条修养路线。《礼记》写道：

> 饮食男女，人之大欲存焉。死亡贫苦，人之大恶存焉。故欲恶者，心之大端也。（《礼运》）
>
> 喜怒哀乐之未发，谓之中；发而皆中节，谓之和。中也者，天下之大本也，和也者，天下之达道也。（《中庸》）
>
> 人生而静，天地之性也，感于物而动，性之欲也。物至知知，然后好恶形焉。好恶无节于内，知诱于外，不能反躬，天理灭矣。（《乐记》）

显然，分别被孟子和荀子所观察到的构成人性的情感和欲望的因素或成分，《礼记》都观察到了，不同在于，《礼记》没有像孟子和荀子那样分别就情感表现做出"性善"和就欲望发泄做出"性恶"的价值判断，而是做出一种完全是中性的存在状态的描述："静""中"。也就是说，在《礼记》看来，处于"未发""静止"状态的情感、欲望是人性所固有的，无所谓"善"或"恶"，因事而发的喜怒哀乐之情，感物而动的好恶之欲，如果合于规范（中节），就是正当的，可以实现的；反之，越出规范，驰骋物欲（无节于内，知诱于外）就会悖理，招致有害的后果。《管子》写道："凡人之生也，必以正平，所以失之，必以喜乐哀怒，节怒莫若乐，节乐莫若礼，故守礼莫若敬，外敬而内静者，必反其性。"（《内业》《心术下》）《礼记》"人生而静"的观点不是先前儒家思想所固有的，显然与早期黄老的思想是犀通的。《礼记》提出的精神道德修养的方法途径，同孟子、荀子相比，较为显著的不同或发展是，如果说在完成道德修养中，孟子强调对道德感情的培养、触发，荀子强调知的认识能力的运用，那么，《礼记》则强调一种信心或信念的确立——"诚意"（诚）。"诚者不勉而中，不思而得，从容中道，圣人也"（《中庸》），这就是说，只有"诚"才能完成道德修养，达到"中道"或"圣人"的精神境界。那么，什么是"诚"或"诚意"？《礼记》中解释说："所谓诚其意者，毋自欺也，如恶恶臭，和好好色，此之谓自谦①，故君子必慎其独也。"（《大学》）"诚者非自成己而已也，所以成物也。成己，仁也；成物，知也。性之德也，合外内之道也，故时措之宜也。"（《中庸》）《礼记》界定的"诚"有两层意思，一是就单纯的心理形态来说，诚就是坦诚、自足，如同恶恶臭、好好色那样的没有丝毫的虚伪、掩饰、做作的心理状态，《礼记》诠释为"毋自欺""慎其独"；二是就其意识内容来说，《礼记》的"意"（诚，诚意），不是初始的、自然性质的人所固有的意欲，而是在某种既定的道德观念（成己之仁）和一定的智慧程度（成物之知）的基础上形成的对这个道德观念系统中最高道德目标（中道、圣心）的真诚信念、信心。所以《礼记》中的"诚意"既不同于孟子作为仁义礼智之端的恻隐、羞恶、辞让、是非的"心之情"（《孟子·公孙丑上》），也不同于荀子"疏观万物而知其情，参稽治乱而通其度"的"心之知"（《荀子·解蔽》）。如果说，在孟子那里，"凡有四端于我者，皆知扩而充之"（《孟子·公孙丑上》），即由道德感情的发扬、实践，最后就可以成为"人伦之至"的"圣人"（《孟子·离娄上》）；在荀子那里，"齐明而不竭，圣人也"（《荀子·修身》），"天地为大矣，圣人为知矣"（《荀子·不苟》），具有成熟、广大的智慧就是最高的道德境界。那么，在

---

① 自谦，孔颖达疏谓："谦，读如慊，慊然安静之貌，心虽好恶而口不言，应自然安静也。"（《礼记正义》）朱熹注："谦，快也，足也，使其恶恶则如恶恶臭，好善则如好好色，皆务决去，而求必得之，以自快足于己，不可徒苟且以殉外而为人也。"（《大学章句》）

《礼记》这里，却是通过"诚"而达到"圣人"境界的："圣人参于天地，并于鬼神，以治政也。"（《礼运》）"唯天下至诚，为能尽其性，能尽其性，则能尽人之性；能尽人之性，则能尽物之性；能尽物之性，则可以赞天地之化育；可以赞天地之化育，则可以与天地参矣。"（《中庸》）"至诚之道可以前知……故至诚知神。"（同上）

《礼记》所描述或界定的这个最高理想人格的境界，与先前儒学中的孟子、荀子的"圣人"境界相比，在理论内涵上的变化与发展是很明显的。一是《礼记》的"圣人"境界既有明确的道德内容（尽人之性——仁），又有明确的智慧内容（尽物之性——知和如神），在不太严格的意义上似乎可以说这是对孟子、荀子的"圣人"境界主要内涵的综合。① 二是《礼记》的"圣人"境界以"与天地参"作为标志特征，显然是变异了孟子的"天之生此民""天视自我民视"（《孟子·万章上》）的天人合一观念与荀子的"明天人之分""制命天命而用之"（《荀子·天论》）的天人分立思想。② "参天地"在大小"戴记"中有不同的解释。《礼记·孔子闲居》记述子夏与孔子的一次对话："子夏曰：'三王之德，参于天地，敢问何如斯可谓参于天地矣？'孔子曰：'奉三无私以劳天下。'子夏曰：'敢问三无私？'孔子曰：'天无私覆，地无私载，日月无私照，奉斯三者以劳天下，此之谓三无私……是汤之德也。'"《大戴礼记·四代》记述鲁哀公和孔子的一次对话："公曰：'所谓民与天地相参者，何谓也？'子曰：'天道以视，地道以履，人道以稽，废一曰失统，恐不长飨国。'"

---

① 在孟子、荀子那里，也有"诚"的观念，但内涵与《礼记》的"诚"不同。如孟子说："……获于上有道，不信于友，弗获于上矣；信于友有道，事亲弗悦，弗信于友矣；悦亲有道，反身不诚，不悦于亲矣；诚身有道，不明乎善，不诚其身矣。"（《孟子·离娄上》）孟子这里的"诚"，是指与人交往时的诚恳的态度。荀子说："君子养心莫善于诚。致诚则无他事矣，唯仁之为守，唯义之为行。"（《荀子·不苟》）荀子这里的"诚"，是指对事物的专一态度。孟子进而说"诚者天之道"，"诚"生德行；荀子进而说"诚心守仁则形，形则神，神则能化矣；诚心行义则理，理则明，明则能变矣"（《荀子·不苟》）。"诚"生智慧。《礼记》中"诚"的命题形式或表达方式，在不太严格的意义上也可以说是综合了两者的理论含义。

② 《荀子》中也有"参天地"的观念，但那是对"君子"的功业或"圣人"智慧的比拟之词。如"君子者，天地之参也，万物之总也，民之父母也"（《王制》），"积善不息，则通于神明而参于天地矣"（《劝学》），"并一而不二，则通于神明，参于天地矣"（《儒效》）。

显然，按照《礼记》的解释，"参天地"是指像汤那样的三代君王的德性修养异常高尚，达到了可以比拟匹配天地那样无私仁厚的地步；按照《大戴礼记》的解释，人具有和天、地不同而又相互辅助、补充的性质、能力，因而组成一个三者相依并立的生存结构环境，所以是"参天地"。显然，《礼记》解释所显示的天人观念已不同于孟子、荀子，但仍保持着儒家思想的特色；《大戴礼记》的解释完全摆脱了先前的儒家思想，而明显地吸取了属于黄老天、地、人三个主体各有其能而和谐共存的思想观念。① 比较而言，《礼记·孔子闲居》具有儒学意蕴的解释可能接近《礼运》《中庸》中的"参天地"的本义，但无疑《礼记》中的"参天地"具有新的意蕴，它是由感受黄老思想影响和变异荀子思想观念而来。

《礼记》的精神道德修养方法途径与先秦儒学相比的另一个显著不同或发展之处，是它更周延地提出或者说规划了完成道德实践或提高精神修养——修身的阶段或过程。《论语》曾记载孔子在总结自己的一生精神成长经历时说："吾十有五而志于学，三十而立，四十而不惑，五十而知天命，六十而耳顺，七十而从心所欲不逾矩。"（《为政》）又曾记载孔子和子路的一次谈话："子路问君子，子曰：'修己以敬。'曰：'如斯而已乎？'曰：'修己以安人。'曰：'如斯而已乎？'曰：'修己以安百姓。修己以安百姓，尧舜其犹病诸。'"（《宪问》）可见，在孔子儒学中是可以从个人精神境界渐次达到的高度和个人道德影响或功利润泽渐次被及的范围来观察、划分修身的过程或阶段的。孟子所说"尽其心者，知其性也；知其性，则知天矣"（《孟子·尽心上》）、"天下之本在国，国之本在家，家之本在身"（《孟子·离娄上》），以及荀子所说"好法而行，士也；笃志而体，君子也；齐明而不竭，圣人也"（《荀子·修身》）、"人主用俗人，则万乘之国亡；用俗儒则万乘之国存，用雅儒则千乘之国安，用大儒则百

---

① 管子最早反映兴起于齐国稷下黄老思想的言论有，"天以时使，地以材使，人以德使"（《管子·枢言》），"天主正，地主平，人主安静"（《管子·内业》），"天或维之，地或载之，人有治之"（《管子·白心》）。荀子曾游学稷下，似乎也受到黄老思想观念的影响，如他的著名主张"明天人之分"的《荀子·天论》中也说："天有其时、地有其财、人有其治，夫是之谓能参。"

里之地久，而后三年，天下为一，诸侯为臣"（《荀子·儒效》），在不太严格的意义上，都可以看成在运用或可归属这两个方面的修身判定原则。《礼记》中综合了先秦儒学的这些思想观念，明确而周延地把修身的过程、阶段表述出来：

> 古之欲明明德于天下者，先治其国；欲治其国者，先齐其家；欲齐其家者，先修其身；欲修其身者，先正其心；欲正其心者，先诚其意；欲诚其意者，先致其知；致知在格物。物格而后知至，知至而后意诚，意诚而后心正，心正而后身修，身修而后家齐，家齐而后国治，国治而后天下平。自天子以至于庶人，一是皆以修身为本。（《大学》）
>
> ……君子不可以不修身；思修身，不可以不事亲；思事亲，不可以不知人；思知人，不可以不知天。（《中庸》）

不难看出，《礼记》所确定的修身——道德实践或精神修养历程具有这样的三个基本特色。一是理性的特色。《礼记》修身的起点是"格物致知"，是对事物的理性认识。"格物"，汉儒、宋儒、明儒、清儒有不同的解释①，本质上这是他们对达到"致知"这一理性认识的途径持有不同的理论立场和实践方法的反映。因此，越过这种分歧，《礼记》的"格物致知""诚意正心"可以宽泛地解释为，通过不同方法而形成对事物的认识、理解，进而形成坚定的道德信念。《礼记》的修身进程正是在这样的理性认识、理性道德自觉的基础上展开的。二是功利的特色。《礼记》的修身进程并没有中止在个性品质修养完成上，而是在此基础上指向具有功利性质的目标：齐家、治国、平天下。儒家"安人""安百姓"的积极入世的人生态度被更清晰地表现出来。三是开放的特色。《中庸》说："君子之道，辟如行远必自迩，辟如登高必自卑。"《礼记》表述的道德实践进程就如同行远、登高一样，由内及外、由己及人、由近及远地展开，而在精神境界上则是以个性修养（修身事亲——格物致知、诚意正心、齐

---

① 颜元说："格物之格，王门训正，朱门训至，汉儒以来，似皆未稳……元谓当如史书'手格猛兽'之格，'于格杀之'之格。乃犯于捶打搓弄之义，即孔门六艺之教是也。"（《习斋记余》卷六）

家）、社会公德（知人——治国、平天下）而指向超越的追求（知天）和不断升华的过程。因而《礼记》中确定的修身进程是一个开放的过程。儒家的生活实践中的精神动力就是在这个过程中产生的。

总之，《礼记》开拓、丰富了儒学心性层面上的理论内容。《礼记·乐记》所界说的个性中性与情（欲）的区别与联系，《礼记·大学》中提出的心性修养方法和过程，《中庸》中表述"诚"的精神境界等，构成了此后儒学心性理论的主要论题。

三

孔子儒学和孟子儒学中超越层面上的"天命"（或天，或命）的思想观念，在《礼记》中有某种重要的变化。在孔子、孟子思想中，在一般的语言意义上，"天"与"命"的含义是不同的。"天"是自然，"命"是政令。《礼记》中也有这种情况，这不是我们论述的范围。但是在超越的层面上，孔子、孟子思想中的"天"与"命"是同义的，都是指在人与社会之上、之外的某种客观必然，某种超越性的存在。《礼记》对孔子儒学和孟子儒学中这种超越层面上的"天命"（或"命"）做出一些新的解释或界定：

> 大凡生于天地之间者皆曰命。（《祭法》）
>
> 命降于社之谓殽地，降于祖庙之谓仁义，降于山川之谓兴作，降于五祀之谓制度。（《礼运》）
>
> 天命之谓性，率性之谓道，修道之谓教。（《中庸》）
>
> 分于道，谓之命；形于一，谓之性；化于阴阳，象形而发，谓之生；化穷数尽，谓之死。（《大戴记·本命》）

按照《礼记》的这些解释，"命"似乎是一种事物所固有的之所以成为那一事物的本性、本分。孔子、孟子儒学中那种"道之将行也与，命也；道之将废也与，命也"（《论语·宪问》）、"莫之致而至者，命也"（《孟子·万章上》）在人和社会自然之上、之外的某种客观必然性，转变为人、事、物本身的本质实在性，也就是说，"命"（天命）的超越性质似乎是削弱了、消失了，这是在《礼记》中发生的一个重要的、深层观念上的变异。

但是，《礼记》对"天"的尊崇、祭祀，仍然表现出对某种崇高的、超越的存在的追求。如《礼记》写道：

> 郊之祭，大报天而主日，配以月。
>
> 天子有善，让德于天……易抱龟南面，天子卷冕北面，虽有明知之心，必进断其志焉，示不敢专，以尊天也。（《祭义》）

在《礼记》中有郊、禘、祖、宗四种祭祀，禘、祖、宗是祭祀先祖、先贤，郊是祀天。按照《礼记》的观点，"众生必死，死必归土，此之谓鬼，骨肉毙于下，阴为野土，其气发扬于上为昭明"，"气也者，神之盛也；魄也者，鬼之盛也"（《祭义》）。死去的先祖、先贤，为鬼为神皆是气的变现，不具有超越的性质，先祖先贤何以受到禘、祖、宗的祭祀，《礼记》似乎是援引在《国语》中记载的观点来解释："夫圣王之制祭祀也，法施于民则祀之，以死勤事则祀之，以劳定国则祀之，能御大灾则祀之，能捍大患则祀之……此皆有功烈于民者也。及夫日月星辰，民所瞻仰也，山林、川谷、丘陵，民所取用也，非此族也，不在祀典。"（《祭法》）

也就是说，《礼记》认为先祖先贤的道德、功业所显示的那种精神，从他们个体存在中升华出来，获得某种超越的性质而被崇拜、被祭祀。《礼记》的这个思想观念显然是来源自《国语》。[①]但是，《礼记》对"天"超越性质的解释却超出了《国语》所概括的"民所瞻仰""民所取用"的经验的、功利的品质。《礼记》写道：

> 地载万物，天垂象，取财于地，取法于天，是以尊天而亲地也。（《郊特牲》）
>
> 万物本乎天，人本乎祖，此所以配上帝也。（同上）
>
> 公曰："敢问君子何贵乎天道也？"孔子对曰："贵其不已，如日月东西相从而不已也，是天道也。不闭其久，是天道也。无为而物

---

① 《礼记》此段文字与《国语》所记载的展禽、臧文仲论祀爰居一事中的语言雷同。（见《国语·鲁语上》）

成，是天道也。已成而明，是天道也。"（《哀公问》）

博厚，所以载物也；高明，所以覆物也；悠久，所以成物也。博厚配地，高明配天，悠久无疆。如此者，不见而章，不动而变，无为而成。天地之道，可一言而尽也：其为物不二，则其生物不测。天地之道，博也，厚也，高也，明也，悠也，久也。（《中庸》）

无疑的，天地是万物生成和存在最基本的条件、因素，"万物本乎天"，天在空间上无限广袤，在时间上永恒不已，"博厚而悠久"。天具有不同于、高出于任何事物的存在、表现方式："不见而章，不动而变，无为而成。"（《礼记·中庸》）天的这些伟大的性质是万物个体所不可能具有的，它具有在万物之上、之外的一种神圣的、实在的性质。这就是一种超越的存在。可见，如果说，在《国语》中先祖、先贤被祭祀的超越性质是他们的社会政治行为得到一种升华，成为不朽的道德精神，那么在《礼记》这里，"天"的超越性质是来自对天的自然性质的理性，同时也具有道德感情色彩的升华，成为一切事物产生根源和存在依据的那种神圣的实在。这样，"天""命""天命"这个属于儒家思想中超越层面上的思想观念，在《礼记》这里既发生了变异，也发生了增益，它不仅是从社会经历中升华出来的某种非人力所能左右的客观必然性，也是从人的生存自然环境中升华出来非人格的永恒的根源。

孔子说"五十而知天命"（《论语·为政》），孟子说"修身以俟命"（《孟子·尽心上》）的理性认识，或在理性认识基础上的道德实践，是对《礼记》以前儒学超越层面的追求的基本态度。《礼记》对超越的存在（天）也正是这样的态度，未能超出这个范围。它一方面说"君子……不可以不知天"，另一方面也说"君子……上不怨天，下不尤人，居易以俟命"（《中庸》）。但是《礼记》的特殊之处在于用"诚"把这两方面联系起来。亦如前述，"诚"一方面能"诚则明""至诚如神"，另一方面又能"诚者不勉而中，不思而得，从容中道"（同上），这又是对先秦儒学思想的一种发展。

以上，我们从社会的、心性的和超越三个理论层面考察了《礼记》的思想内容，并特别凸现了《礼记》较之先秦儒学有所差异或发展的那些理论观念。可以看出，《礼记》吸收儒家以外的思想观念，对作为儒学核心"礼"的观念，即伦理道德思想进行了多方面的论述，推进了儒学理论的发展，并且也为以后儒学的进一步发展提供了基本的论题和思想。

（《中国哲学史》1996 年第 4 期）

董仲舒的春秋公羊学

"春秋公羊学"是董仲舒依据《公羊传》论析《春秋》而创立的一种哲学、历史、政治学说，在中国的思想史上和政治斗争中都发生过很大的影响。对于这个理论的特点和内容，以往的论述还不够充分，本文试图做进一步的探讨。

一

《公羊传》作为孔子以后儒家学者解释《春秋》的书，不是从一般史料的角度来解说《春秋》所记史实的始末原委，而是从特定的理论立场来解说《春秋》记史的褒贬、详略的笔法。后汉何休认为"其中多非常异义可怪之论"（《公羊解诂·序》），其实不然。《公羊传》是从三个完全可以理解的方面来解释《春秋》的。

（一）历史本位

任何一部历史著作，总是立足于一定的国家、民族和阶级，从某个具体的时代出发对往事进行观察和叙述的。《公羊传》认为《春秋》是以鲁国和孔子生活的时代为叙事立足点的，故在空间上有夏夷、内外之分："内其国而外诸夏，内诸夏而外夷狄"（《公羊传·成公十五年》）；时间上有远近异辞之别："所见异辞，所闻异辞，所传闻异辞。"（《公羊传》隐公元年、桓公二年、哀公十四年）

（二）政治立场

任何一部历史著作，总有自己判断历史事件和人物是非的政治标准。《公羊传》认为《春秋》是以维护"周礼"和周的大一统为自己的立场，因而它讥贬一切"非礼"行为。首先，贬斥政治上的"僭越"，如说："不与夷狄之主中国也。"（《公羊传》昭公二十三年、哀公十三年）"诸侯之义不得专封也。"（《公羊传》僖公元年、襄公元年、昭公十二年）"大夫之义不得专执也。"（《公羊传·定公元年》）其次，讥讽并否定重要的政治经济变革，如说："初税亩何以书？讥。何讥尔？讥始履亩而税也。何讥乎始履亩而税？古者什一而籍，多乎什一，大桀小桀，寡乎什一，大貉小貉，什一者，天下之中正也。"（《公羊传·宣公十五年》）"作丘甲何以书？讥。何讥尔？讥始丘使也。"（《公羊传·成公元年》）"用田赋何以书？讥。何讥尔？讥始用田赋也。"（《公羊传·哀公十二年》）最后，讥贬诸侯在生活举止上的违礼行为，如说："外逆女不书，此何以书？讥。何讥尔？讥始不亲迎也。"（《公羊传·隐公二年》）"纳币不书，此何以书？讥。何讥尔？讥丧娶也。"（《公羊传·文公二年》）

（三）道德标准

任何一部历史著作，总有自己判断历史人物和事件的善恶好坏的道德标准。《公羊传》认为《春秋》以"仁""义"作为判断道德的标准，以"不害人"为权变原则。例如《公羊传》对宋襄公不坠约、不厄人、不鼓不成列的"仁义"行为，尽管他因此而招致覆灭，仍给予了极高的评价；而对于背信毁约、俘获宋襄公的楚子，则极加贬损。

《公羊传》认为在面临死亡的唯一情况下，可允许有违异礼制（"经"）的权变行为，但也要以"自贬损、不害人"为原则。

> 权者何？权者反于经，然后有善者也。权之所设，舍死亡无所设。行权有道，自贬损以行权，不害人以行权。杀人以自生，亡人以自存，君子不为也。（桓公十一年）

《公羊传》的这些诠释，毫无"怪异"，而是忠实地体现和阐发了秦汉学者所公认的那种《春秋》精神。

> 《春秋》以道名分。（《庄子·天下》）
>
> 《春秋》以仁义贬绝，仁者道之以纪（绝），义者圣之学。学之者明，失之者昏，背之者亡。（陆贾：《汉魏诸子·新语》）
>
> 《春秋》以道义，拨乱反之正，莫近于《春秋》。（司马迁：《史记·太史公自序》）

故汉唐学者评"《公羊》墨守"（李育、羊弼），"《公》《穀》守经"（啖助），都不是无谓之词。

世谓《公羊传》的作者是公羊高，后汉经师戴宏更认为其在汉代以前的传授源流是："子夏传与公羊高，高传于其子平，平传与其子地，地传与其子敢，敢传与其子寿。至汉景帝时，寿乃共弟子齐人胡毋子都著于竹帛。"（徐彦：《春秋公羊注疏·序疏》）其实这是不确的。今观传中有"子沈子曰""子司马子曰""子女子曰""子北宫子曰"，又有"高子曰""鲁子曰"，可见传授经师不尽出于公羊氏；传中并有"子公羊子曰"，更是不出于公羊高之手的证明。《公羊传》应该是孔子以后许多儒家学者的共同创作。

汉初治《公羊传》者有两人，《史记·儒林列传》谓："言《春秋》于鲁自胡毋生，于赵自董仲舒。"这里的《春秋》，即是指《春秋公羊传》。胡、董二人中董仲舒更为显耀，《汉书·五行志》说："汉兴，承秦灭学之后，景、武之世，董仲舒治公羊春秋，始推阴阳，为儒者宗。"这不仅因为他有较高的政治地位（为江都相、胶西相），而且因为他撰著上疏条教一百二十三篇，《繁露》等文章数十篇（《汉书·董仲舒传》），把《公羊传》中的思想系统化、理论化，使仅仅是疏解《春秋》的《公羊传》发展成为有自己独特的哲学、历史和政治观点的"春秋公羊学"。

二

董仲舒所创"春秋公羊学"，概括言之，有如下三方面的内容。

（一）《春秋》条例化

所谓"条例化"，即是对《春秋》的思想和修辞进行条理化、章法化的一种由分析而后概括的阐发方法。董仲舒很重视这种释经方法。首先，他说："分科条别，贯所附，明其义之所审，勿使嫌疑，是乃圣人之所贵而已矣。"（《春秋繁露·重政》）据此，他首先概括出《春秋》的核心原则，即所谓"春秋大义"："奉天而法古。"他说："《春秋》之道，奉天而法古。"（《春秋繁露·楚庄王》）"《春秋》之法，以人随君，以君随天……故屈民而伸君，屈君而伸天，《春秋》之大义也。"（《春秋繁露·玉杯》）其次，董仲舒归纳了《春秋》的笔法或修辞规则，如："《春秋》慎辞，谨于名伦等物者也。"（《春秋繁露·精华》）"《春秋》无通辞，从变而移。"（《春秋繁露·竹林》）"《春秋》之书事，时诡其实，以有避也；其书人，时易其名，以有讳也。"（《春秋繁露·玉英》）最后，董仲舒提出了一些重要的科条，如"六科""十指""三正""三统""三世""四法""王鲁""新周""故宋"等。

董仲舒对《春秋》思想核心和修辞特色的概括，还可以视为对《春秋》的阐发，但这些科条却多与《春秋》或《公羊传》抵牾。如孔子说："周监于二代，郁郁乎文哉，吾从周。"（《论语·八佾》）孟子说："《春秋》，天子之事也。"（《孟子·滕文公下》）《礼记·礼器》说："三代之礼一也。"《公羊传·哀公十四年》也说："君子乐道尧舜之道。"这些都表明董仲舒认为《春秋》"王鲁黜夏新周""三代改制"之论，与儒家的传统观念和《春秋》的实际内容是抵触的。《公羊传·定公元年》说："定哀多微词"，若以董仲舒"三世"之分，应是"昭定哀多微词"。《公羊传》里"不与夷狄"之语，在隐公七年、昭公二十三年、哀公十三年都曾出现，可见《春秋》或《公羊传》并无以"所见、所闻、所传闻"划定"三世""三世恩杀不等"的意思。董仲舒认为自舜始，古代新王即位必改正朔的"三正"之说，也是没有根据的。甲骨文的材料表明，至少在商代，只有用干支记日，没有以十二支表示十二宫用来记月的。然而正是这些科条，以后却成为公羊学思想的特征和标志。以后公羊学的发展往往就表现在对这些科条的修正上。

（二）《春秋》理论化

《春秋》只是简略的记事，没有深刻的理论内容。《公羊传》对它的疏解，只是体现了它的立场，并没有就此进行理论的发挥，而董仲舒的《春秋繁露》正是做到了这一点。《春秋繁露》的基本思想，也就是春秋公羊学的理论思想，概括起来有以下几点。

1. 万物本元论

董仲舒认为《春秋》有深刻的理论内容，他说："仲尼之作《春秋》也，上探天端，正王公之位，顺万民之所欲；下明得失，起贤才以待后圣，故引史记、理往事、正是非也。"（《春秋繁露·俞序》）这个"天端"或本原，董仲舒称之为"元"。

> 唯圣人能属万物于一而系之元也一……元犹原也，其义以随天地终始也……故元者为万物之本，而人之元在焉。（《春秋繁露·重政》）

董仲舒认为，万物之本原（元）在自然表现为"气""阴阳""五行"这些具体的存在，在人则表现为"性"（仁义）、"命"这些受自天的性质。他进而发挥说，一部《春秋》，"元"居首字，即表明《春秋》包含了自然和社会最根本的原则。

2. 天人感应论

《春秋》中没有天人感应的思想，《公羊传》中天人感应思想也不显著，一般都只是说"记灾""记异"。唯有二处由灾异而论及天人相感：一是僖公十五年九月，雷击伯夷庙，《公羊传》谓"天戒之"；二是宣公十五年冬天发生蝗灾，《公羊传》解说"上变古易常，应是而有天灾"。此二条解说虽然可以表明《公羊传》中已出现天有意志和天人相与的思想，但都尚属孤见。到了董仲舒那里，阴阳灾异，天人感应就成为其学说思想的主要内容，也成为春秋公羊学的主要特色。《史记·儒林列传》称其"以《春秋》灾异之变，推阴阳所以错行……《灾异之记》"。《汉书·董仲舒传》录其"天人三策"，一开头即云："臣谨案《春秋》之中，视前世已行之事，以观天人相与之际，其可畏也。"

董仲舒的天人感应思想，由两方面内容构成。

（1）神学目的论，即认为天是有意志的，灾异是天对人世的谴告。

> 灾异以见天意，天意有欲也，有不欲也。（《春秋繁露·必仁且智》）

> 国家之失，乃始有萌芽，而天出灾异以谴告之；谴告之而不知变，乃见怪异以惊骇之，惊骇之尚不知畏，恐其殆，咎乃至，以此见天意之仁，而不欲害人也。（《春秋繁露·必仁且智》）

（2）机械感应论，即认为万事万物皆由气、阴阳、五行组成，故在人物之间、物物之间、现象之间皆有同类相感相动发生。

> 平地注水，去燥就湿。均薪施火，去湿就燥。百物其去所与异，而从其所与同，故气同则会，声比则应，其验皦然也。试调琴瑟而错之，鼓其宫则他宫应之，鼓其商而他商应之，五音比而自鸣，非有神，其数然也。美事召美类，恶事召恶类，类之相应而起也。如马鸣则马应之，牛鸣则牛应之。帝王之将兴也，其美祥亦先见，其将亡也，妖孽亦先见，物故以类相召也。（《春秋繁露·同类相动》）

可见，董仲舒的天人感应论，虽然主要是迷信成分，但也有实际经验的内容。

3. 历史循环论

董仲舒认为万物的本原（元）、世界上诸如"天人相与"的根本规律，都是不变的。他说："道之大原出于天，天不变道亦不变。"（《汉书·董仲舒传》）同时董仲舒又认为，世界万事万物总是要发生变化的，但只是一种周而复始的循环，并不是向前的发展，故他说："天之道终而复始。"（《春秋繁露·阴阳终始》）这种终而复始的"天之道"的变化，在自然界表现为阴阳出入、四时代谢（《春秋繁露·阴阳出入》）、五行"比相生而间相胜"（《春秋繁露·五行相生》）等；在人类社会则表现为历史的循环，即制度和风尚的周期性重复再现，其中最重要的就是"三统"和"四法"。

所谓"三统"，即董仲舒认为反映政权变化的礼仪制度，要按着黑、白、赤"三统"的次序循环变化，以体现"天意"。他说，每当一新王朝建立，"必徙居处，更称号，改正朔，易服色，无他焉，不敢不顺天志而明自显也。"（《春秋繁露·楚庄王》）董仲舒所谓"三代改正，必以三统天下"（《春秋繁露·三代改制质文》），即是指禹都安邑、汤都亳、武都镐；禹曰夏、汤曰商、武曰周；夏建寅、商建丑、周建子；夏尚黑、商尚白、周尚赤。这里虽然有些历史根据，但主要还是他为印证"三统"理论而杜撰的。

所谓"四法"，即董仲舒认为社会风尚要发生一质一文的反复变化。"质"是实质内容，"文"是外表文饰，"志为质，物为文"（《春秋繁露·玉杯》），质者厚朴，文者多礼，商尚质，周尚文，风尚所法，一商一周，一质一文，故为"四法"（《春秋繁露·三代改制质文》）。

董仲舒认为，"《春秋》应天作新王"就"三统"而言，是"时正黑统"（《春秋繁露·三代改制质文》），就"四法"而言，是"承周文而返之质"（《春秋繁露·十指》），故他说："《春秋》救文以质也。"（《春秋繁露·王道》）总之，《春秋》标志着历史循环的新的开始。

董仲舒春秋公羊学的这些核心理论，明显地烙有先秦五行学说的思想痕迹。五行学说力图给自然和社会以统一说明的理论倾向，《尚书·洪范》中的"休征""咎征"的观点，邹衍的"凡帝王之将兴也，天必先见祥乎下民"（《吕氏春秋·应同》）和"五德转移"之说（《史记·孟子荀卿列传》），这些正是董仲舒万物本元论、天人感应论和历史循环论的思想渊源。

董仲舒的春秋公羊学还有一个方面的内容，就是将《春秋》法典化，用《春秋》来论事治狱。

董仲舒"罢黜百家"这一对后世影响深远的建策，就是以《春秋》"大一统"为理论前提的。

> 《春秋》大一统者，天地之常经、古今之通谊也。今师异道，人异论，百家殊方，指意不同，是以上亡以持一统，法制数变，下不知所守。诸不在六艺之科，孔子之术者皆绝其道，勿使并进．邪辟之说灭息，然后纪统可一，而法度可明，民知所从矣。（《汉书·董仲舒传》）

董仲舒以《春秋》论事是很多的。《崇文总目》录有《春秋决事比》谓"汉董仲舒撰，丁氏平，黄氏正。初，仲舒既老致仕，朝廷每有政议，武帝数遣廷尉张汤问其得失，于是作《春秋决疑》二百三十二事，动以经对"即是证明。

董仲舒以《春秋》治狱更为著名。《汉书·艺文志》列有《公羊董仲舒治狱十六篇》，此书今已散佚。《黄氏逸书考》收有《董仲舒公羊治狱》，仅录六事。但这些都足以表明董仲舒以《春秋》治狱事属确凿。《春秋繁露·精华》还记有一条治狱原则："《春秋》之听狱也，必本其事而原其志。"也是证明。

董仲舒以《春秋》为法典而治狱，和法家执法有所不同。董仲舒是以礼为法，如他说："圣人之道，众堤防之类也，谓之度制，谓之礼节，故贵贱有等，衣服有制，朝廷有位，乡党有序，则民有所让，而民不敢争，所以一之也。"（《春秋繁露·度制》）"故《春秋》为仁义法"（《春秋繁露·仁义法》），而不是法家的"功利法"。董仲舒有句名言"正其道不谋其利，修其理不急其功"（《春秋繁露·对胶西王》），即是与法家划清界限的。但董仲舒和法家也有关联。汉代的执法者常援礼入法，《春秋繁露·郊祀对》记述张汤问礼于董仲舒，就是礼法结合的表现。

董仲舒还由《春秋》"奉天法古"的核心原则而推衍出"君道无为"的结论。他说："位尊而施仁，藏神而见光者，天之行也。故为人主者，法天之行，是故内深藏，所以为神，外博观，所以为明也；任群贤，所以为成，乃不自劳于事，所以为尊也；泛爱群生，不以喜怒赏罚，所以为仁也。故为人主者，以无为为道，以不私为宝。"（《春秋繁露·离合根》）"为人君者，谨本详始，敬小慎微，志如死灰，形如委衣，安精养神，寂寞无为。"（《春秋繁露·立元神》）这表明董仲舒的思想也受到汉初黄老思潮的感染。这样，董仲舒的春秋公羊学，就表现出以阴阳五行学说为本而兼收儒、法、黄老各家思想的综合倾向。

从理论思想的角度上说，春秋公羊学在董仲舒以后就没有再向前发展了。后汉何休《公羊解诂》提出"五始""三科九旨""七等""六辅""二类"，只是科条的细密，并无新的思想内容；引进谶纬，增加了迷信，反而淡薄了原有的理论色彩，造出了许多真正的"非常异义可怪之论"。唐宋元明，经学衰微，《公羊传》几成绝学。清代经学复兴，学者如孔广森著《春秋公羊通义》，不遵何氏，别立科条，实是将《公羊传》重新分类排比而已。公羊学的殿军刘逢禄说"无三科九旨则无《公羊》，无《公羊》则无《春秋》"，坚持《春秋》"可以条例术"（《春秋公羊释例后录·解诂笺原叙》）。可见后代公羊学者并没有追随董仲舒的步伐，而是步何休的后尘，故未能在理论上有新的发挥。近代一些主张变法的人士，如龚自珍、康有为，标举春秋公羊学，是利用其"改制"之说，为自己的政治主张立经典根据，对于公羊学的理论并无新贡献。从这个意义上也许可以说，在经学中，春秋公羊学的历史最为奇特，它的起点也就是它的终点。

（《学习与思考》1983 年第 6 期）

论经学之训诂

顾炎武在《述古》诗中咏道："六艺之所传，训诂为之祖。"（《顾亭林诗文全集》卷四）可以说，传统经学最明显的学术特色就是训诂。就训诂的现代语言学意义上的界定来说，"训诂"是"以语言解释语言"①。我们这里所说的经学之"训诂"，意义比较宽泛，如孔颖达在《诗经·周南·关雎》疏中定义"训诂"为："诂者，古也，古今异言，通之使人知也。训者，道也，道物之貌以告人也……然而训诂者，通古今之异辞，辨物之形貌，则解释之义尽归于此。"它不只是指对儒家经典中古代字词的语言学意义上的音义注解，还包括对其中名物、制度的训释。儒家经典多为先秦旧籍，千百年的社会变迁，使得昔时清晰明白的事物、语言，今日却变成模糊难晓。扫除这些障碍，是经学的一个基本目标。经学的训诂内容浩如烟海，泛滥无涯，难以收束。本文试图通过对主要儒家经典注疏中的训诂举例分析，将其基本模式，或者说逻辑框架归纳出来，使之条理，与耕耘在这片学术园地上的学人商讨。

一

经学对经典中字词的训诂，主要是注其音、解其意、辨其误。经学家都十分注意对经典的正确音读，如东汉郑玄说："读先王典法，必正言其音，然后义全。"（《论语·述而》邢昺注引）从郑玄的经注中，还可以看出

---

① 训诂学家黄侃说："训诂者，以语言解释语言之谓。"（黄侃述、黄焯整理《文字声韵训诂笔记》，上海古籍出版社 1983 年版，第 187 页）

经学的注音体例。一是用"读如"（读若）比拟其音。如《周礼·冬官·矢人》"欲生而抟"，郑注："抟，读如抟黍之抟，谓圜也。"《仪礼·士丧礼》"幎目用缁"，郑注："幎，读若诗曰'葛藟萦之'之萦。"二是用"读为"（读曰）破其假借，如《诗经·卫风·氓》"淇则有岸，隰则有泮"，郑笺"泮读为畔"，"畔"是本字，"泮"是假借字。《礼记·曲礼下》"国君则平衡，大夫则绥之，士则提之"，郑注"绥读曰妥"，"妥"是本字，"绥"是假借字。三是用"当为"（当作）定其形音之误。如《礼记·缁衣》"《尹吉》曰：惟尹躬天"，郑注："吉当为告，告，古文诰字之误，天当为先字之误。"《礼记·问丧》"亲始死，鸡斯徒跣"，郑注："亲，父母也。鸡斯当为笄纚，声之误也。"经典中的语言声误，有的是属于方言、方音的语言现象，这一点也为经学家所破译。如《礼记·缁衣》"资冬祁寒，小民亦惟曰怨"，郑注："资当为至，齐鲁之语，声之误也。祁之言是也，齐西偏之语也。"《公羊传·隐公五年》"公曷为远而观鱼，登来之也"，何休注："登来，语言'得来'，'得来'之者，齐人语也。"

训释字词之义，是经学中分量最重的内容，如有学者统计，《毛传》共4800多条，其中解释词义的就有3900余条。① 经学训释词义的方法，可以归纳为形训、音训、义训三种。郑玄注《周礼·大司徒》"六德"（知、仁、圣、义、忠、和）中的"仁""忠"曰"仁，爱人以及物"，"忠，言以中心"。孔颖达疏《诗经·皇皇者华》笺"中和谓忠信也"曰"于文，中心为忠，人言为信"，都是典型因形求义的形训方法。《诗经·关雎·毛传》："关雎，王雎也，鸟挚而有别。"郑玄笺："挚之言至也，谓王雎之鸟雌雄情意至然而有别。"《左传·隐公元年》"故不书爵"，服虔注："爵者，醮也，所以醮尽其材也。"这里郑玄、服虔对"挚""爵"的解释，都是运用了以声见义的音训方法。经学中对经典字词含义的解释，更多、更经常采用的是义训的方法。经学中的义训方式主要为互训（直训）、义界。②

----

① 赵振铎：《训诂学史略》，中州古籍出版社1988年版，第43页。
② 黄侃说："训诂者，论其方式有三：一曰互训，二曰义界，三曰推因。"（黄侃述、黄焯整理《文字声韵训诂笔记》，第187页）推因是在音、义近同的基础上推究语源，从训诂学的理论本身看，这是一个独立的训诂学理论范畴，很重要，但就考察经学的训诂的学术内容而言，可简约化为音训、形训，故省略不论。

经学家对经典中的某个字词的含义，常常用单个的同义词予以直接训释，这就是直训或互训。如《诗经》第一首"关关雎鸠，在河之洲。窈窕淑女，君子好逑。参差荇菜，左右流之。窈窕淑女，寤寐求之。求之不得，寤寐思服。悠哉悠哉，辗转反侧。"《毛传》："淑，善"，"逑，匹也"，"荇，接余也"，"寤，觉也"，"寐，寝也"，"悠，思也"。《周礼》第一句"惟王建国辨方正位，体国经野，设官分职，以为民极，乃立天官冢宰，使帅其属，而掌邦治，以佐王均邦国"，郑玄注"建，立也"，"辨，别也"，"极，中也"，"掌，主也"，"佐，犹助也"。经学中的另一种广泛运用的义训方式是阐述并确定经典中字词的含义之界限。例如，《尚书·皋陶谟》"俊乂在官"，马融注："千人曰俊，百人曰乂。"《礼记·乐记》"君子乐得其道，小人乐得其欲"，郑玄注："道谓仁义也，欲谓邪淫也。"《左传·庄公二十二年》"是谓凤凰于飞，和鸣锵锵"，杜预注："雄曰凤，雌曰皇。"凡此，皆属从不同方面对经典中的词义予以界定的训释。

二

儒家经典中直接记载或内蕴着无数的古代名物、制度和历史事件，由于年代久远，许多已模糊不清。经学家对此进行训释，也构成了最能显示经学学术特色的经学训诂内容。名物是含有特定内容的事物名号，制度是具有制约性的各种社会生活规范、规则；从语言学的意义上说，名物、制度也可能就是一个词。《尚书·尧典》"禋于六宗"，"禋"是祭名，也是一种祭祀制度；"六宗"是一个有特定内容的宗法名物，也是一个词。但经学训释名物制度不同于互训或义界的解释词义，它是解析、确指出这些名物、制度的内涵。

（1）经学家对儒家经典中名物、典制训释的内容十分广泛，但就其做出训释的根据而言，却可简约为三个。

第一，儒家先师先儒之言。如《尚书·无逸》"高宗亮阴，三年不言"，伏胜《尚书大传》在对这一久远的殷代第十一位君王武丁的历史事件和名物"亮阴"（《尚书大传》作"梁闇"）训释时说："高宗居倚庐，三年不言，百官总己以听于冢宰而莫之违，此之谓梁闇。子张曰：何谓也？孔子曰：古者君薨，王世子听于冢宰，三年不敢服先王之服，履先王之位而听焉。"（《尚书大传》卷二《毋逸》）。伏胜援引孔子之言，这无疑是最有权威的了。① 《春秋·隐公五年》"初献六羽"，《穀梁传》训释曰："初，始也。穀梁子曰：舞夏，天子八佾，诸公六佾，诸侯四佾。初献六羽，始僭乐矣。尸子曰：舞夏，自天子至诸侯皆用八佾。初献六羽，始厉乐矣。"可见，《穀梁传》的作者对周之舞乐礼制的考释是据先师穀梁子、尸子之言来立论的。《公羊传》中出现"子沈子曰""子公羊子曰""鲁子曰""司马子曰""子女子曰""子高子曰""子北宫子曰"，表明《公羊传》作者也正是根据先儒的论述来解释《春秋》中的书法、名物和典制。同样，汉代经学家的立论，也成为此后历代经学家对儒家经典做更深入的训释时的根据。

第二，古代典籍。经学家训释经典中的名物、制度另一个经常援用的根据就是古代典籍。以郑玄为例，他注《尚书·禹贡》"和夷底绩"曰"和夷，和上夷所居之地。和读曰桓。《地理志》曰：桓水出蜀郡蜀山，西南行羌中者也"（《经典释文》卷三），即援引《地志》来训释"和"（"桓水"）的。《周礼·小司徒》"井、邑、丘、甸、县、都贡赋，凡税敛之事"，郑玄注引《司马法》曰："六尺为步，步百为亩，亩百为夫，夫三为屋，屋三为井，井十为通，通为匹马，三十家，士一人，徒二人，通十为成。成百井，三百家，革车一乘，士十人，徒二十人，十成为终。终千井，三千家，革车十乘，士百人，徒二百人，十终为同。同方百里，万井，三万家，革车百乘，士千人，徒二千人。"《周礼》所设计的社会制度图景中的军赋制度于此得到明确具体的训释。《诗经·卷阿》"凤凰鸣矣，于彼高岗；梧桐生焉，于彼朝阳"，郑玄笺曰："……凤凰之性，非梧桐不栖，非竹实不食。"毛颖达《毛诗正义》指出："'非梧桐不栖，非竹实不食'，《庄子》文也。"② 经学家还时常直接援引儒家经典来训释名物、典制，仍以郑玄为例。《周礼·庖人》"庖人掌共六畜、六禽、六兽，辨其名物"，郑玄训释"六畜"为麋、鹿、熊、麇、野豕、兔，"六

---

① 《礼记·檀弓下》"子张问曰：'《书》云高宗三年不言，言乃谨，有诸？'仲尼曰：'胡为其不然也，古者天子崩，世子听于冢宰三年。'"

② 《庄子·秋水》"鹓鶵发于南海而飞于北海，非梧桐不止，非练实不食，非醴泉不饮"。

禽"为雁、鹑、鷃、雉、鸠、鸽。据孔颖达疏"此先郑意取《尔雅》文'四足而毛谓之兽，两足而羽谓之禽'，故为此解"，郑玄不同意此训释，他说"《兽人》'冬献狼，夏献麋'，又《内则》无熊，① 则六兽当有狼，而熊不属。六禽于'禽献'及'六挚'，② 宜为羔、豚、犊、麛、雉、雁"。也就是说，郑玄综合《周礼·兽人》《大宗伯》等更多篇章及《礼记·内则》的记述，对"六兽""六禽"做出另外的训释。《周礼·亨人/兽医》"王之同姓有罪，则死刑焉"，郑玄注曰："郑司农云'王同姓有罪当刑，断其狱于甸师之官也'，《文王世子》曰'公族有死罪，则磬于甸人'。"显然，在这里郑玄不仅同意先郑这一训释，并且援引《礼记》进一步证实这一训释。史称"郑玄囊括大典，网罗众家，删裁繁芜，刊改漏失，自是学者略知所归"（《后汉书》卷三十五《郑玄列传》）。郑玄是汉代经学的集大成者，他的这种博引典籍的训释方法是经学训诂的典范。

第三，时制世俗。经典中的古代名物、典制，经学家有时也征引当时仍流行的典章制度、风俗习惯予以训释。经学的这一训诂方式，在郑玄《仪礼注》中的表现最为突出，这是因为《仪礼》中记载的许多古代礼仪名物，至东汉时已发生了很大变迁，郑玄不得不常引"今制""今语"加以解释。例如，郑玄于《仪礼·乡饮酒礼》注称："是礼乃三年正月而一行也，诸侯之乡大夫、贡士于其君……今郡国十月行此饮酒礼，以党正每岁邦索鬼神而祭祀，则以礼属民而饮酒于序，以正齿位之说。"于《仪礼·乡射礼》注称"今郡国行此礼以季春"，于《仪礼·燕礼》注曰"今辟雍十月行此燕礼"，于《仪礼·聘礼》"又释币于行"注"告将行也……今时民春秋祭祀有行神，古之遗礼乎？"郑玄对《仪礼》中出现的古代名物，也常以今名训释之。如《士冠礼》"筮人执筴，抽上韇"，郑玄注："韇，藏筴之器，今时藏弓矢者谓之韇丸也。"《士昏礼》"姆纚笄宵衣在其右"，郑玄注："姆，妇人年五十无子而不复嫁，能以妇道教人者，

---

① 《礼记·内则》有"不食，雏鳖，狼去肠……"，"小切狼臅膏，以与稻米为酏"，此古人食狼之证。
② 《周礼·庖人》"凡用禽献，春行羔豚膳膏香，夏行腒鱐膳膏臊，秋行犊麛膳膏腥，冬行鲜羽膳膏膻"，《周礼·大宗伯》"以禽作六挚，以等诸臣。孤执皮帛，卿执羔，大夫执雁，士执雉，庶人执鹜，工商执鸡"。

若今时乳母。"《聘礼》"夫人使下大夫劳以二竹簋方"，郑玄注："竹簋方者，器名也，以竹为之，状如簋而方，如今寒具筥。筥者圆，此方耳。"《周礼》的制度设置具有理想的成分，自然与汉代时制不合，郑玄也常以"今制""今语"训释，例如《周礼·天官》"大府"，郑玄注："大府，为王治藏之长，若今司农矣。"《周礼·司市》"凡通货贿，以玺节出入之"，郑玄注："玺节，印章，如今斗检封矣。"这种以今制世俗来注释经典中名物制度的训诂方式，在郑玄以前和以后的经学家也都采用。如《周礼·乡大夫》"考其德行道艺，而兴贤、能者"，郑玄注："兴贤者，谓若今举孝廉；兴能者，谓若今举茂才。"《周礼·司市》"以质剂结信而止讼"，郑玄注："质剂，谓两书一札而别之也，若今下手书。"唐贾公彦疏："汉时下手书即今画指券，与古质剂同也。"总之，援用今制世俗，也是经学家训释经典中已经模糊了的名物制度的一种方法或立论依据。

（2）经学家在对经典中名物、制度训诂时，经常会遇到两种特殊的困难情况。

第一是儒家经典中的某种名物、制度，因为时代的久远，或记述的简略，其渊源情状在先儒师说、典籍文献、今制今语中皆无踪影，无法训释。对此经学家只好做出绝训，称之为"未闻"。例如郑玄注《周礼·卜师》"卜师掌开龟之四兆，一曰方兆，二曰功兆，三曰义兆，四曰弓兆"时曰："经兆百二十体，言此四兆者，分为四部，若《易》之二篇。《尚书·金滕》曰'开籥见书'是谓与？其云方、功、义、弓之名未闻。"注《周礼·校人》"弓六物为三等，弩四物亦如之"时曰："三等者，上中下人各有所宜。《弓人》曰：弓长六尺六寸，谓之上制，上士服之；弓长六尺三寸，谓之中制，中士服之；弓长六尺，谓之下制，下士服之。弩及矢箙长短之制未闻。"注《周礼·校人》"夏祭先牧"时曰："先牧，始养弓者，其人未闻。"等等。

第二，不同儒家经典中对某项制度的记述不一，甚至矛盾。在此情况下，经学家就要对这种歧异做出解释，消解矛盾。比较儒家经典的记述可以看出，其中最为明显而重要的歧异，一是封国之制。据《礼记·王制》和《孟子·万章下》的记述，周代封国之制是"天子之制，地方千里，公侯皆方百里，伯七十里，子男五十里"，但《周礼·大司徒》与《职方氏》却记述为"王国方千里，公方五百里，侯方四百里，伯方三百里，子二百里，男百里"。对于儒家经典中记述封国之制出现的歧异，郑玄解释为："周武王初定天下，犹因殷之地，以九州之界尚狭也。周公摄政，致太平，斥大九州之界，制礼成武王之意，封王者之后为公及有功之诸侯，大者地方五百里，其次侯四百里，其次伯三百里，其次子二百里，其次男百里。所因殷之诸侯，亦以功黜陟之，其不合者皆益地为百里焉。"（《礼记正义·王制第五》）郑玄注《周礼·职方氏》也说此封疆之域的里数规模为"周公变殷汤之制"。也就是说，汉代经学家认为《礼记·王制》所记或孟子所言为周初因袭殷制，而《周礼》所记的为成王以后的周制。① 后代的经学家，从宋代的王安石、陈师道，至清代的江永等，于此歧异处做进一步的调谐，认为"此《周礼》与《孟子》《王制》所以不同，《周礼》就其虚宽者言之，《孟子》《王制》惟举土田实封耳"（孙诒让《周礼正义》卷十九）。二是畿服之制。儒家经典中对畿服制度记述亦有不同。《尚书·禹贡》记述为五服："五百里甸服，五百里侯服，五百里绥服，五百里要服，五百里荒服。"《周礼·职方氏》却说："乃辨九服之邦国，方千里曰王畿，其外方五百里曰侯服，又其外方五百里曰甸服，又其外方五百里曰男服，又其外方五百里曰采服，又其外方五百里曰卫服，又其外方五百里曰蛮服，又其外方五百里曰夷服，又其外方五百里曰镇服，又其外方五百里曰藩服。"（《周礼·大司马》称为"九畿"）。可见，《尚书》和《周礼》所记服名不同，服数多寡与里数也不同。在儒学经典中的这个歧异点上，经学家大体有两种看法或解释。一种看法认为《禹贡》与《职方氏》所述畿服之制，名异而实同。如《诗·齐谱》疏引郑玄说："周公致太平，敷定九畿，复夏禹之旧制……甸服比周为王畿，其弼当侯服；侯服比周为甸服，其弼为男服；绥服于周为采服，其弼为卫服；要服于周为蛮服，其弼当夷服；荒服于周为镇服，其弼当藩服。"也就是说，郑玄据《尚书·皋陶谟》禹"荒度土功，弼成五服，至于五千"所做的解释认为，于尧时五服方五千里，禹开拓疆土，每服各增五百里。

---

① 汉代另一些经学家（今文经学家）否认《周礼》，以消解《王制》与《周礼》的歧异问题，对于他们来说，也就是不存在。但对于站在这个经学立场之外的人来说，这毕竟还是一个否定不了的、历史上真实存在过的经学问题。

周有天下，地亦广阔，与禹时同，不同之处是禹分五服，周分九服。后来，有经学家对五服、九服里数的计算方法做进一步的巧妙的解释，如元代金履祥认为《禹贡》每服五百里者，以一面计之，《职方氏》"外方五百里"，举两面通计之也，"是则《禹贡》所谓五百里甸服者乃千里，而《周官》所谓方五百里者，乃二百五十里也"（《尚书表注》卷一）。按照这种解释，《禹贡》五服与《周礼》九服，东西或南北相距均为五千里，实际相同。另一种看法认为，《禹贡》五服与《职方氏》九服所述为不同时代之疆域，故确有所不同。如清代孙诒让说："窃谓自禹至周，更历三代，户口日增，疆宇渐阔，故禹之九州五服为五千里，周之九州五畿并六服为七千里，每面益地千里，差较无多，理所宜有。至于藩国三服，地既荒远，不过因中土畿服之制，约为区别，王会所及，盖有不能尽以道里限者矣。要之《禹贡》《职方》，服数既异，不宜强为比傅。"（《周礼正义》卷五十五）即《周礼》的九服疆域大于《禹贡》之五服疆域。三是庙制。庙制的歧异出现在同一部儒家经典《礼记》中。《礼记·王制》曰："天子七庙，三昭三穆，与大祖之庙而七。"《礼记·祭法》则曰："王立七庙，一坛一墠。曰考庙，曰王考庙，曰皇考庙，曰显考庙，曰祖考庙，皆月祭之。远庙为祧，有二祧，享尝乃止。"对于这一歧异，经学家也有不同的解释方式：郑玄在回答赵商之问时将其加以区别，认为"《祭法》周礼，《王制》之云，或以夏殷杂，不合周制"（孔颖达《礼记正义·王制》疏引《郑志》）；王肃在《孔子家语·庙制解》中说："天子立七庙，三昭三穆，与太祖之庙而七，曰太庙，有一坛一墠。曰考庙，曰王考庙，曰皇考庙，曰显考庙，曰祖考庙，皆月祭之，远庙为祧，有二祧，享尝乃止。"这是将两制不做区分，混合为一说，正如皮锡瑞所评："郑君以为《祭法》周礼，《王制》夏殷礼，尚有踪迹可寻，至肃乃尽抉其藩篱，荡然无复门户。"（《经学通论·三礼·论王肃有意难郑》）

三

经学作为儒学的一种基本学术形态，在从汉代至清代很长的历史时期中，其学术内容一直是不断发展着的；在经学的训诂领域内，有三种学术现象体现着这种发展。

（1）歧解。在经学家对儒学经典的传笺注疏中，不断出现分歧性的结论，这是经学训诂所能体现出的经学学术发展的最初表现。经学训诂中的歧解现象，可以归纳为四种情况或四种形成原因。

第一，句读。经学家对经典中某些疑难语句断句不同，因而训释也就不同。例如《周礼·宫正》记载："春、秋，以木铎修火，禁凡邦之事跸，宫中、庙中则执烛。"从郑玄的注中可知这是郑众的句读。按照这种句读，修火、王出行掌跸事、宫中庙中执烛皆为宫正所职。郑玄不同意这种句读，他在"禁"字下断句，则读为"凡邦之事跸，宫中、庙中则执烛"，并注解说："事，祭事也，邦之祭社稷七祀于宫中，祭先公、先王于庙中，隶仆掌跸止行者，宫正则执烛以为明。"也就是说，宫正不掌跸事，只是在祭祀时执烛。后来，贾公彦在《周礼注疏》和孙诒让在《周礼正义》中都评判郑玄的句读和训释较正确，而郑玄的句读、训释也有汉代礼仪的根据。

第二，读音。由于经学家对经典中某些字的音读法不同，也会导致对其义的解释或名物的训释有所不同。例如《周礼·草人》"粪种"，郑玄注曰"凡所以粪种者，皆谓煮取汁也"，郑玄援引郑众之说"以牛骨汁渍其种也，谓之粪种"，可见，两郑训释"粪种"虽有所不同，但都是认为此是在播种前对种子施以某种改良品性的处理。江永不同意此训释。他说："'种'字当读去声，凡粪种，谓粪其地以种禾也。后郑玄谓煮取汁，先郑谓用汁渍其种，是读'种'为上声。"（《周礼疑义举要》卷三）显然，"种"字的音读不同，"粪种"的训释也就迥异。孙诒让评判说："江说于义近是，但二郑渍种之法，自是古农家遗法，今虽不承用，未敢轻破也。"（《周礼正义》卷三十）

第三，歧义。经学训诂中的歧解，由句读、读音的差异而引起的还不是很多，由字义、词义训解不同而引起的，则是随处可见，俯拾皆是。《尚书·尧典》"纳于大麓"，马融、郑玄注曰"山足曰麓"，此是形训，据此训，句意则是如《史记·尧本纪》所说"尧使舜入山林川泽"；孔安国《尚书传》或王肃注曰"麓，录也。尧纳舜于尊显之官，使大录于天下万机之政"，此是音训，句意亦如桓谭《新论》所说："昔试舜于大麓者，领录天下事，如今《尚书》官矣。"（刘昭《续汉书·百官志》注引）《诗经·我将》"维天其右之"，郑玄曰"言神飨其德而右助之"，朱熹《诗集传》则解为："右，尊也。神坐东向，在馔之右，所以尊之也。""右"字一词多义，郑玄、朱熹各有所据，于诗义亦皆可通。经学训诂中，名物制度的歧解，也多由词义异训而引起。例如《礼记·曲礼上》"国君不乘奇车"，对于"奇车"，孔颖达曰"国君出入，不可乘奇邪不正之车"（《礼记正义》卷三）；王夫之则曰"奇，偏也。君乘车必有右偶"（《礼记章句》卷一）。显然，孔、王对"奇车"这一名物的歧解，是由于对"奇"字的异训而生成。如《尚书·禹贡》"二百里蔡"，马融注"蔡，法也。受王者刑法而已"（《史记集解·五帝本纪》）；郑玄则注曰："蔡之言杀，减杀其赋。"（孔颖达《尚书正义》疏引）可见，马、郑对"蔡"字取义不同，故对《尚书·禹贡》中"二百里蔡"这一古制的训释歧异甚大。

第四，异据。经学训诂中的歧解，除了句读、读音、义训等分歧而造成的情况外，所据典籍、师传不同，也是一个因素。例如《尚书·尧典》"禋于六宗"，《尚书大传》曰："万物非天不生，非地不载，非春不动，非夏不长，非秋不收，非冬不藏，故《书》曰禋于六家，此之谓也。"（孔颖达《尚书正义》疏引谓为马融说）郑玄注《尚书大传》引马融说"六宗谓日、月、星、辰、泰山、河海也"（孔颖达《尚书正义》疏引谓为贾逵说）。而他自己则认为"六宗言禋与祭天同名，则六者皆天神，谓星、辰、司中、司命、风伯、雨师也"。后来，王肃则认为"埋少牢于泰昭，祭时也；相近于坎坛，祭寒暑也；王宫祭日也；夜明祭月也；幽禜祭星；雩禜祭火旱也。禋于六宗此之谓也"（孔颖达《尚书正义》疏引）。

这样，经学训诂中对于"六宗"就有源于汉魏经师的多种解释。《尚书·尧典》"以亲九族"，前汉经师夏侯、欧阳等根据《仪礼·丧服》中异姓有服的礼制，训释曰："九族者，父族四，母族三，妻族二。"后汉的经师马融、郑玄则根据《礼记·丧服小记》"亲亲以三为五，以五为九"训释曰："上至高祖，下及玄孙，是为九族。"这样，经学训诂中对于"九族"就有源于不同经典的二种解释。

（2）盈解。在汉至清的经学历史过程中，后代的经学家总是不断地要在先前经学家对经典中字词、名物、制度等的训释中，增益进新的、更丰富的内涵，这一学术现象是经学学术发展的表现。例如《诗经·关雎》

"君子好逑",《毛传》训"逑"为"匹"(仇),郑玄进一步训释曰:"怨耦曰仇。"又如《周礼·占人》"凡卜筮,君占体……",郑玄注曰"体,兆象也",贾公彦则具体疏解曰:"体,兆象也者,谓金木水火土五种之兆。言体言象者,谓兆之墨纵横,其形体象以金木火土也。凡卜欲作龟之时,灼龟之四足,依四时而灼之,其兆直上向背者为木兆,直下向足者为水兆,邪向背者为火兆,邪向下者为金兆,横者为土兆,是兆象也。"与郑注相比,贾疏把龟兆之"体"(象)的内涵揭示得十分丰满。从经学历史上看,经学训诂中的盈解,经常在经学家能运用更广泛的文献典籍材料或更细密的文字音韵理论这样的学术基础上产生。例如,《礼记·文王世子》"兑命曰",郑注:"兑当为说,《说命》,《书》篇名。"清代陈乔枞进一步疏考说:"《易·彖传》《说卦传》并云'兑,说也',《序卦传》'兑者,说也',是兑、说义通,故说字古即省借作兑。如《诗经·绵》'昆夷駾矣',《孟子·梁惠王下》注引作'昆夷兑矣',亦省借为駾。"(《礼记郑读考》)陈乔枞运用通假的训诂理论,援引《易传》《诗》《孟子》等典籍,周全地发挥和证实了郑玄"兑当为说"之解。又如《周礼·遂师》记天子大丧出殡时,遂师有"抱磨"之职责。郑玄注"磨者,适歷执绋者名也。遂人主陈之,而遂师以名行校之",唐贾公彦在《周礼注疏》中逐句疏解说:"'适歷执绋者名也'者,谓天子千人分布于六绋之上,谓之适歷者,分布稀疏得所,名为适歷也。云'遂人主陈之'者,案上文《遂人》云'及窆陈役'是也。云'而遂以名行校之'者,但执绋之人背碑负引而退行,遂师抱持版之名字,巡行而校录之,以知在否,故云抱磨也。"至此,"遂师抱磨"——天子出殡时遂师需负责校点分布于六条牵引棺柩绋绳上的由千人组成的行列之人数,已解释得十分清楚。但是,至清时,孙诒让《周礼正义》更进一步援引唐代以后的经学家的训释:如王应麟云:"《史记》乐毅书'故鼎反磨室',徐广注'磨,歷也',《战国策·燕策》《新序·杂事》作'歷室',盖古字通用。"惠士奇云:"磨当作秝,《说文》'秝',稀疏适秝也,从二禾,读若'歷',《吕览·辨士篇》曰'稼穑而不适',谓分布不均,故二禾相比,稀疏乃适也。然则执绋者千人,分布于六绋,如禾稼有行,勿使疏密,正其行,齐其力,巡行校录,遂师执书数之,名曰抱秝,秝借为磨,歷磨皆以秝得声。"孔广森云："《魏书·蒋济传》云'船本歴适数百里中'，歴适犹适历，疏密均布之谓。磨者，执绋人名籍，取适歴之义以为称也。古者发大役，必籍其名而稽数之。师则拱稽，丧则抱磨。"最后孙诒让总结说："孔说是也。此经云抱磨，与《大史》'大师抱天时''大迁国抱法'义同，并谓抱持图籍之书磨者，即校次执绋者之名籍。《周书·世俘篇》云：馘磨亿有十万七千七百七十有九，馘磨亦即校数俘馘之籍，可与此经互证。"显然，比起贾公彦之疏，孙诒让《正义》对"抱磨"的训释，具有更广阔的文字学、音韵学、典籍诸多方面的学术基础，因而是十分充分的。在经学训诂中，内涵不断增益的盈解，都在不同程度上显现这一特色。

（3）确解。经学学术内容的发展，在经学训诂领域内最明显的表现是先前经学家的误解和"未闻"的绝训，在后代经学家那里被纠正、被破释，得到确解。经学中的训诂误解被纠正，在字音、词义、名物制度训释的各个训诂层次上都有许多例证。例如，《周礼·大卜》"掌三梦之法，一曰致梦，二曰觭梦，三曰咸陟，其经运十"。郑玄注曰："运或为緷，当为辉，是视祲所掌十辉也。"[①] 在《周礼·大卜》这一节中，此句之前有"大卜掌三兆之法……其经兆之体皆百有二十。掌三易之法……其经卦皆八"，就行文语意的连续性看，郑玄之注显然是错出不合的误解，关键之点在于"运"字如何训释。俞樾说："上文经兆，即以三卜兆言。经卦即以三易言，此文经运，宜亦以三梦言。乃以视祲之十辉当之，失其义矣。运当读为员，《庄子》'天运'，《释文》曰：司马本作'天员'，是其证也。古运、员声近。《说文·见部》'觊从见、员声，读若运'。然则运之通作员，犹觊之读若运矣。《说文·员部》云：'员，物数也。'《汉书·高惠高后孝文功臣表》师古注曰：'员，数也。''其经运十'者，其经数有十也。三梦以员言，犹三卜以兆言，三易以卦言。"（《群经平议》卷十三）俞樾通过音读、字义的考释，并援引儒家经典之外的典籍为证，纠正郑玄注之误，予"运"以确解。孙诒让在《周礼正义》中评判说：

---

① 《周礼·大卜》：视祲掌十辉之法，以观妖祥，辨吉凶，一曰祲，二曰象，三曰镌，四曰监，五曰暗，六曰瞢，七曰弥，八曰叙，九曰隮，十曰想。

"俞读运为员近是。"（卷四十七）《周礼·封人/均人·载师》"凡宅不毛者，有里布"，郑注曰："宅不毛者罚以一里二十五之泉。"清代经学家一致认为，郑玄误释了《周礼》中的这一古代制度。惠士奇曰："罚一家而使出二十五家之布，势必不能，宅之所处为里，里者，居也，故宅不毛者出一家之里布，里布者，一家之里也。"（《礼说》卷四）江永也说："里字之义有三，一为三百步之里，一为二十五家之里，一为里居之里，里布者，里居之里。"（《周礼疑义举要》卷二）孙诒让同意惠、江之论，并说："《孟子》赵注，说里布亦训里为居，则汉儒已有此说矣。里与宅同，里布即廛布，盖当依其宅占地之多少而差其征，大约五亩三宅，以廛征二十而一之率征之，则所征里布，与田征四分亩之一数，当略相等，其所征当甚少。而郑谓不论其宅之大小概令出二十五家之布，无此理也。"（《周礼正义》卷二十四）可以认为，清代经学家援引诸多文献典籍对"凡宅不毛者有里布"所做的训释是正确的。体现经学学术发展训诂中的确解，除了是指对前经学训释中的误解被纠正外，还指前经学家训释中的"未闻"，即因不同原因不能做出训释的字词、音义、名物。制度等被破解，获得了确定性的解释。例如，《诗经·周颂·酌》"我龙受之"，《毛传》："龙，和也。"孔玄疏云："龙之为和，其训未闻。"这一绝训，被俞樾用以音求义的训诂方法实现了破释："龙之言同也。龙字本从童省声，古音盖读如同……'龙，和也'，犹曰'龙，同也'。古训多存乎声，以声求之，义斯在矣。"（《群经平议》卷十一）。《考工记·弓人》"弓人为弓，取六材必以其时"，郑玄注曰："取干以冬，取角以秋，丝漆以夏，筋胶未闻。"贾公彦疏解说："郑知'取干以冬'者，见《山虞》云'仲冬斩阳木，仲夏斩阴木'，二时俱得斩，但冬时尤善，故《月令仲冬》云'日短至，伐木取竹箭'，注云'坚成之极时'，是知冬善于夏，故指冬而言也。云'取角以秋'者，下云'秋杀者厚'，故知用秋也。'丝漆以夏'者，夏时丝孰，夏漆尤良，故知也。筋胶未闻。"（《周礼注疏》卷四十二）可见，到了唐时，贾公彦对《考工记》中取干、角、丝、漆四材之时虽有进一步的训释，但取筋胶之时仍未获得训诂意义上的破释。清时，孙诒让在《周礼正义》中疏解曰："云筋胶未闻者，二者取时，经无见文。《齐民要术》有煮胶法云，'煮胶要用二月、三月、十月，余月则不成。热则不凝无饼，寒则冻瘃，白胶不黏'。然则取胶以春与?"（《齐民要术》卷八十六）至此，这个自汉代以来一直在经学训诂道路上的"未闻"古典名物难题，方在一定程度上被经学家援用儒家经典以外的典籍破解掉。与此相似，《周礼·士师/朝士》记载一项典制曰"以五戒先后刑罚，毋使罪丽于民：一曰誓，用之于军旅；二曰诰，用之会同；三曰禁，用诸田役；四曰纠，用诸国中；五曰宪，用诸都鄙"，郑玄注对誓、诰、禁皆有所释，但对纠、宪则曰"未有闻焉"。对此，孙诒让在《周礼正义》中解说曰："纠、宪未有闻者，以《书》《礼》诸经，纠、宪并无见文也。"接着节引惠士奇综述先秦典籍中论"宪"之论："《战国策·魏策》安陵君曰：'吾先君成侯，受诏襄王以守此地也，手受大府之宪，宪之上篇曰：子弑父，臣弑君，有常不赦，国虽大赦，降城亡子不得与焉。'所谓大府之宪，即《士师》之宪用诸都鄙者。"《管子·立政》"正月之朔，布宪于国，宪既布，有不行宪者，谓之不从令"。《墨子·非命上》曰："先王之书，出国家，布施百姓者，宪也。"据此，孙诒让结论说："纠、宪皆戒令之文，以其可表悬则谓之宪，以其主纠察则谓纠，皆以所用异名。"（《周礼正义》卷六十七）这一为汉代经学家绝训了的古典制度，直到清代才被经学家援引儒家经典以外的文献典籍破释掉。

经学训诂是经学主要的、成绩辉煌的学术内容，以上所述只是一个大体的轮廓、基本的方面。实际上，在不同时代和不同儒家经典的训诂中，都有许多各自独特的内容和方法。正是在这些内容和方法的基础上，中国学术中的文字学、音韵学、训诂学成长起来了。

（《中国文化研究》1996 年第 2 期）

论经学的历史发展

在中国学术史中，诠释儒家经典的经学，由其学术内容和方法的倾向或特色的不同，而显示的历史发展或派别更迭，还是比较清晰的。大体而言，可分为汉学、宋学和清学三个阶段。①

一

从汉代到唐代的经学，始终保持着汉代今古文经学的基本学术论题和特征，可以称之为经学的汉学阶段。汉代今文经学和古文经学的区别，最早是指分别以古文（古籀文）、今文（隶书）两种文字书写的，并且字句、篇章亦有所不同的两种经典。到了东汉，许慎撰《五经异义》，引述有古《尚书》说、今《尚书》夏侯、欧阳说，古《毛诗》说、今《诗》韩、鲁说，古《周礼》说、今《礼》戴说，古《春秋左氏》说、今《春秋公羊》说，古《孝经》说、今《孝经》说，皆分别言之，这一情况正如皮锡瑞所说："非惟文字不同，而说解亦异矣。"（《经学历史·经学昌明时代》）。现代学者在十分广泛的范围内将汉代古、今文经学加以比较，指出若干方面重要差异（见表1）。

---

① 清代以来，学者对经学发展阶段或派别的划分已有三说：一是两派说，以《四库全书总目提要》为代表："自汉京以后，垂二千年……要其归宿则不过汉学、宋学两家互为胜负。"（卷一《经部总叙》）二是四派说，见近人刘师培《经学教科书·序例》："大抵两汉为一派，三国至隋唐一派，宋元明为一派，近儒别为一派。"三是三派说，今人周予同为皮锡瑞《经学历史》注释本所写《序言》谓："中国经学可以归纳为三大派：西汉今文学、东汉古文学、宋学。"

表 1　今文经学与古文经学比较

今文经学	古文经学
1. 尊孔子为"受命"的"素王"，"托古改制"	1. 尊孔子为先师，"信而好古，述而不作"
2. 以"六经"为孔子作，其次序由浅至深为《诗》《书》《礼》《乐》《易》《春秋》	2. 以"六经"为古代史料，其次序由古至今为《易》《书》《诗》《礼》《乐》《春秋》
3. 今存《仪礼》《公羊》《穀梁》《礼记》《韩诗外传》，以《公羊传》为主	3. 今存《周礼》《毛诗》《左传》，以《周礼》为主
4. 信纬书，多讲阴阳灾异、大义微言	4. 斥纬书、灾异为妖妄，多讲名物训诂
5. 斥古文经学传是刘歆伪造	5. 斥今文经学传是秦火残缺之余
6. 经学的传授多可考，西汉时盛行，都立学官	6. 经学的传授不太可考，西汉时在民间流传、东汉时盛行

资料来源：周予同《经今古文学》，商务印书馆，1931。

在具体的名物、制度、训释方面，古、今文经学也有所差异（见表2）。

表 2　今文经学和古文经学的差异

经类别言 \ 解说		今文经学之解说	古文经学之解说
词义	尧典（《尧典》）	尧者，高也，饶也（《风俗通·皇霸》引《尚书大传》）	尧，谥也，翼善传圣曰尧（《经典释文》引马融说）
名物	以亲九族（《尧典》）	九族者，父族四，母族三，妻族二，皆异姓（许慎《五经异义》引夏侯、欧阳说）	九族者，从高祖至玄孙凡九，皆同姓（《经典释文》引马融说）
制度	象以典刑（《尧典》）	唐虞之象刑，上刑赭衣不纯，中刑杂屦，下刑墨幪，以居州里，而民耻之（《公羊传·襄公二十九年》疏引《尚书大传》）	言舍繇制五常之刑，无犯之者，但有其象，无其人也（《史记集解·五帝纪》引马融说）
史实	周公居东二年，则罪人斯得（《金縢》）	管、蔡、武庚等，果率淮夷而反，周公乃奉成王命，兴师东伐，作《大诰》，遂诛管叔，杀武庚，放蔡叔（《史记·鲁周公世家》）	罪人，周公之属党，与知居摄者。周公出，皆奔，今二年尽为成王所得，谓之罪人（《毛诗正义·鸱鸮》疏引郑玄说）

资料来源：《尚书》。

经学从东汉后期到魏晋时期，表现出一种新的学术特色，即经学的今古文混淆，郑玄、王肃是其代表。郑玄注经，兼采今古文字，兼授今古文义。最为典型的是其《仪礼注》和《毛诗笺》。郑玄《仪礼注》常常是文为今文之字，而注出古文之字，或注用古义，而补足今文之义，甚或同时兼用古今文。例如《仪礼·士冠礼》"眉寿万年，永受胡福"，郑玄注曰"古文眉作麋"；《仪礼·士昏礼》"大羹湆在爨"，郑玄注曰"大羹湆，煮肉汁也……今文湆皆作汁"；《聘礼》"管人布幕于寝门外"，郑注曰"古文管作官，今文布作敷"。郑玄《毛诗笺》以古文《毛传》为主，但也时有援用三家诗说者。例如《诗经·商颂·玄鸟》"天命玄鸟，降而生商"，《毛传》曰："玄鸟，鳦也。春分，玄鸟降。汤之先祖有娀氏女简狄，配高辛氏帝，帝率与之祈于郊禖而生契，故本其为天所命，以玄鸟至而生焉。"此为古文说，以简狄于春分燕至时，与帝祈郊禖，因而生契。郑玄却曰："降，下也，天使鳦下而生商者谓鳦遗卵，有娀氏之女简狄吞之而生契。"显然，郑玄此训未从《毛传》之古文说，而采用三家诗之今文说。清代学者考证，在三家诗说中，郑玄引用韩诗说尤多。如《毛诗·国风·齐风·敝笱》"其鱼唯唯"，郑玄曰："唯唯，行相随顺之貌。"韩诗作"遗遗"据《玉篇》"�遗，鱼行相随"。郑玄训为"行相随顺"，即韩诗"遗遗"之义。

魏晋之时王肃解经，也是兼采、混合今古文，但王肃兼采今古文似乎出于某种学术成见，经常出现这种情况：在郑玄采用古文解处，王肃采用今文解；反之，郑玄援引今文义时，王肃则取古文义。如在《诗经》注中，《国风·魏风·陟岵》郑玄同《毛传》，训"岵屺"为"山无草木曰岵，山有草木曰屺"，王肃注则引鲁诗说，训曰："多草木枯，无草木屺。"①《国风·唐风·蟋蟀》"职思其外"，郑笺曰"外谓国外至四境"，此采今文诗说，而王肃则注曰"其外言无越于礼乐也"，显然，这是依据《毛传》"外，礼乐之外"反驳郑玄而做的训释。王肃甚至还援引《孔子家语》《孔丛子》中孔子语言来攻驳郑玄而印正自己的经解观点，如《礼

---

① 《尔雅·释山》"多草木岵，无草木屺"，《尔雅》为鲁诗之学（见陈乔枞《鲁诗遗说考·序》）。

记·祭法》"相近于坎坛"，郑注"相近读为禳祈"（《经典释文》卷十三），即"相近"因音近而误为"禳祈"，其注义甚精；而王肃注为"祖迎"（《经典释文》卷十三），其注无汉代传注根据，但《孔丛子·书论》却有"祖迎于坎坛，所以祭寒暑也"，与王肃同。《尚书·尧典》"禋于六宗"，郑注认为"六者皆天神，谓星、辰、司中、司命、风伯、雨师也"（孔颖达《尚书注疏》引）；王肃则援引《孔子家语》驳郑曰"《家语》：四时也，寒暑也，日也，月也，水旱也，为六宗"（《圣证论》）①，先儒由此怀疑托名为孔安国的《孔子家语》、孔鲋的《孔丛子》可能是王肃伪作（参见清儒孙志祖《家语疏证》）。从经学史上看，魏晋时期的郑学与王学对立十分特殊，它是在混合今古文中显示的对立，所以它不是今古文的对立，但却根源于今古文的对立。同样，南北朝时期的南学与北学的对立也具有这样的性质。南学北学的各自学术特色，《隋书·儒林传》有简要的概括："江左，《周易》则王辅嗣，《尚书》则孔安国，《左传》则杜元凯；河洛，《左传》则服子慎，《尚书》《周易》则郑康成，《诗经》则并主于毛公，《礼》则遵于郑氏。大抵南人约简，得其英华；北学深芜，穷其枝叶。"（《隋书》卷七十五）总体上说，北学的特色为明经，多保留汉学的名物训诂的朴实学风，而南学的特色是义疏，重在发挥经典的义理，是汉学中微言大义的传统。

唐代是经学汉学阶段的最后时期，其特色是经学今古文对立和南北学对立渐趋消失而归于统一。其主要表现，第一，唐代的《五经正义》经注，《诗经》采用毛亨传、郑玄笺之《毛诗》，《尚书》用魏晋时出现的孔安国传，《周易》用魏晋王弼、韩康伯注，《礼记》用郑玄注，《春秋》用杜预集解之《春秋左传》，实际上将今文与古文、南学与北学传注与义疏融为一体。第二，在《五经正义》或九经的唐人义疏中，多有融会或客观公允地评断古今文经说歧异之处。例如，《尚书·多士》"天邑商"，《尚书正义》孔颖达疏②引述

---

① （三国）王肃：《圣证论》十二卷，见《隋书·经籍志》，今佚，（清）马国翰《玉函山房辑佚书》辑为一卷。

② 《五经正义》实是由诸儒共成，标题孔颖达一人之名者，以其总揽大纲，且年辈在先，名位独重。其分治《尚书》者为王德昭、李子云（见《尚书正义·序》）。

郑玄、王肃之说①后曰："郑王二者其言虽异，皆以天邑商为殷之旧都。"对《君奭》"公曰：君奭天寿平格保乂有殷，有殷嗣天灭威，今汝永念则有固命，厥乱，明我新造邦"之语，孔颖达疏在引述郑玄注、王肃注、孔安国传②后评断说："孔传之意，此经专言君之善恶，言不及臣，王肃以为兼言君臣，郑注以为专言臣事。"《礼记·礼运》"其居人也曰养"，郑注据《孝经说》认为"养"字当是"乂"字之误；王肃注，据《孔子家语》训为"养食"，孔颖达疏③评断曰"养当为乂也"。凡此，皆表现出《五经正义》兼收并蓄和在歧异中做出裁断的学术立场或风格。唐代其他儒家学者的经疏，诸如贾公彦《周礼注疏》《仪礼注疏》、陆淳《春秋纂例》、李鼎祚《周易集解》，也具有这样的特色。皮锡瑞在《经学历史》中分别评价《春秋纂例》和《周易集解》具有总结性的学术价值说，"《三传》自古各自为说，无兼采《三传》以成一书者；是开通学之途，背专门之法矣"，"多存古义，后人得以窥汉《易》之大略"（《经学历史·经学统一时代》）。在贾公彦的经传注疏中不时可以见到对先前分歧论点的裁断。例如评判郑众、郑玄两人对《周礼·地官·稻人》"以列舍水，以浍写水"的不同训释曰："先郑以舍为舍去之舍，后郑以为止舍之舍，以浍是写去水，以列为止水于其中，故不从先郑也。"④ 评判二郑对《考工记》"以饬五材"的不同训释说："先郑引《春秋传》'天生五材，民并用之'，《左》襄二十七年

① 《尚书·多士》"天邑商"，郑玄注曰"言天邑商者，亦本天之所建"，王肃注曰"言商今为我之天邑"（《尚书正义》疏引）。现代古文字或古史学者读"天邑商"为"大邑商"，如于省吾谓："甲骨文'大邑商'与'天邑商'互见。'天''大'古通，《大丰殷》'王祀于天室'，'天室'即'大室'。"（《双剑誃群经新证》卷三《多士》）杨筠如谓："'天邑'当为'大邑'之伪，古'天''大'通用，《庄子·德充符》'独成其天'，《释文》'崔本作大'是其例证。"（《尚书核诂·多士》）

② 《尚书·君奭》中此语，郑玄注曰："专言臣事。"王肃注："殷君臣有德，故安治有殷，言是者不可不法殷家有良臣。"伪孔安国传曰："有平至之君，故安治有殷，有殷嗣子纣不能平至，天灭亡加之以威。"

③ 《五经正义》中《礼记》有朱子奢、李善信、贾公彦、柳士宣、范义頵、张权共同商定（见《礼记正义·序》）。

④ 《周礼·地官·稻人》"以列为舍水，以浍写水，以涉扬其芟作田"，郑玄注曰："郑司农说'以列舍水'，列者非一道以去水也，以涉扬其芟，以其水写，故得行其田中，举其芟钩也。"玄谓："遂，田首受水小沟也，列，田之畦畔，开遂舍水于列中，因涉之，扬去前年所芟之草而治田种稻。"

《传》，宋子罕语引以证五材之义，云'谓金、木、水、火、土也'者，《左传》杜注，亦用先郑义。然此经说百工饬材，而有水火，于义未允，故后郑不从。"①

概而言之，汉至唐，经学虽有发展变迁，基本上没有逾越汉代今古文经说的学术范围。

二

宋学是经学历史发展中与汉学具有不同学术特色的宋元明时期的经学。作为经学的宋学，其基本的学术特色如下。

第一，宋学中弥漫着对儒家经典本身的神圣性及汉儒经说的权威性表示怀疑的思潮。对此，那个时代的学者就曾有深切的感受和明确的记述，如南宋王应麟在《困学纪闻》中说，"自汉儒至于庆历间，谈经者守训故而不凿，《七经小传》② 出而稍尚新奇矣，至《三经义》③ 行，视汉儒之学若土梗"，并援引陆游对宋代经学变迁更具体的观察说："唐及国初，学者不敢议孔安国、郑康成，况圣人乎！自庆历后，诸儒发明经旨，非前人所及，然排《系辞》，毁《周礼》，疑《孟子》，讥《书》之《胤征》《顾命》，黜《诗》之序，不难于议经，况传注乎?"（《困学纪闻·经说》)④ 宋学的

---

① 《考工记》"审曲面势，以饬五材，以辨民器，谓之百工"，郑玄注："郑司农云'《春秋传》曰天生五材，民并用之，谓金木水火土也'。玄谓此五材金木皮玉土。"

② 宋代《七经小传》刘敞撰，七经为《尚书》《毛诗》《周礼》《仪礼》《礼记》《公羊传》《论语》。《四库提要》评其"好以己意改经，变先儒淳朴之风"（《四库全书总目》卷三十三）。

③ 《三经义》由宋代王安石撰，三经为《书》《诗》《周礼》。《毛诗义》《尚书义》已佚，《周官新义》清初从《永乐大典》中辑出。

④ 陆游所论，"排《系辞》"谓欧阳修，其《易童子问》辨《系辞》《文言》以下为非孔子之言。"毁《周礼》"谓欧阳修与苏辙，欧阳修《问进士策》论《周礼》之制甚有可疑（《欧阳文忠公全集》卷四十八）；二苏疑《周礼》之论，分别见《天子六军之制》（《东坡续集》卷九）与《历代论·周公言》及《栾城后集》卷七）。"疑《孟子》"谓李觏、司马光。李觏《常语》中多非孟子之言（《盱江集》卷三十二），司马光撰《疑孟》一卷，凡十一篇（《司马温公文集》卷七十四）。"讥《书》"谓苏轼，苏轼《书传》以《胤征》为弈篡位时事（卷六），以《康王之诰》（今文《尚书》中此篇与《顾命》合为一篇）为失礼。凡此，皆与《书序》及先前经说不同。"黜《诗序》"谓晁说之，其《诗序论》四篇每谓"序诗非也"（《景迂全集》卷十一），欧阳修《毛诗本义》、苏辙《诗集传》也对《诗序》为孔子、子夏作之旧说及其内容提出批驳。

疑经思潮表现为改经、删经,例如朱熹,于《大学章句》中移易旧文的节次,将其划分为经一章、传十章,并补写了第五章"格物致知"的传文 134 个字,① 撰《孝经刊误》,分为经一章、传十四章,删去旧文 223 个字,② 其三传弟子王柏著《书疑》九卷,托辞于错简,于《尚书》全经加以割裂、移易、补缀;又著《诗疑》二卷,删削经文 32 篇。陆九渊弟子俞廷椿著《周礼复古编》割取《周礼》五官(天、地、春、夏、秋)60 以外之属,用来补亡佚之冬官,以证其"冬官不亡"之说。元代吴澄《礼记纂言》大旨以《礼记》经文庞杂,疑多错简,故将四十九篇颠倒割裂,做出新的分类。③ 这些显示出宋学的勇于疑古,但却多有臆断的特色。

第二,宋学经说中的义理充斥着极度强化了的伦理观念。作为经学的宋学始终是在理学思潮风靡的学术环境中生长发育的,完全可以说,主要的经学家也都是理学家。诸如"君臣父子夫妇昆弟朋友,当然之实理也"(朱熹《论语或问》卷四),"天理人欲,不容并立"(朱熹《孟子集注》卷三《滕文公上》)等理学的基本观念,必然要渗进对经典的解说中而形成宋学的独特伦理和道德义理特色。宋学的这一特色在两个地方表现得比较突出,一是对《尚书》中记述殷商之际和西周初年历史若干篇章的解释中,离异汉儒旧说而另出新解。如谓文王不称王④,周公惟摄政,未代王⑤,从理学家的伦理观念看来,旧说以西伯为殷臣而称王,周公摄政而

① 朱熹在《记〈大学〉后》一文中说,《大学》"简编散脱,传文颇失其次","子程子盖尝正之"(《朱文公全集》卷八十一)。今《二程全书》卷五《程氏经说》有程颢和程颐的《改正大学》,可见在朱熹之前二程就已改易《大学》。

② 朱熹《孝经刊误》附记曾述其质疑《孝经》之原委,从中可见朱熹删改《孝经》旧文,实本胡宏及汪应辰(见《朱文公全集》卷六十六)。

③ 吴澄《礼记纂言》将四十九篇中的三十六篇分属《通礼》(九篇)、《丧礼》(十一篇)、《祭礼》(四篇)、《通论》(十一篇),《大学》和《中庸》独立一传,《投壶》《奔丧》归于《仪礼》,《冠义》等六篇别辑为《仪礼传》,皆非《礼记》之旧。

④ 《尚书大传·西伯戡黎》"文王……六年伐崇则称王",《史记·周本纪》"诗人道西伯盖受命之年称王而断虞、芮之讼",可见,汉代经说以为文王受命称王。宋欧阳修《太誓论》、胡宏《皇王大纪》、李舜臣《群经议》、蔡沈《书集传》皆斥以为非,谓文王未尝称王。

⑤ 《尚书大传·金縢》:"武王死,成王幼,周公盛养成王,使召公奭为傅。周公身居位,听天下为政。"《史记·鲁周公世家》:"周公恐天下闻武王崩而畔,周公乃践阼,代成王摄行政当国。"《尚书·洛诰》"周公拜手稽首曰'朕复子明辟'","伪孔传"曰:"周公还明君之政于成王。"可见,自汉代以来,旧说以为 (转下页注)

崔大华全集（第六卷）

践王位，皆是"反经非圣，不可为训"（唐·梁肃《受命称王议》）。理学家甚至认为，历史上某些犯伦僭越的政治行为的发生，也是由这种漠视伦理规范的训解导引的，"王莽居摄，几倾汉鼎，皆儒者有以启之，是不可以不辨"（蔡沈《书集传·洛诰》）。皮锡瑞曾批评说："宋儒乃以义理悬断数千年以前之事实……皆变乱事实之甚者。"（《经学历史·经学变古时代》）二是对《诗经》中情诗的诠释①，表现了和汉学旧解有很大差异的理论立场和态度。例如，朱熹《诗集传》《诗序辨说》，将《邶风·静女》《鄘风·桑中》《卫风·木瓜》《王风·采葛》《郑风·将仲子》《齐风·东方之日》《陈风·东门之池》等24首②抒发男女情思之诗判为"淫诗"（"淫奔期会之诗""淫女之辞"），采取了一种严厉谴责的态度，"但知思念男女之欲，是不能自守其贞信之节，而不知天理之正"（《诗集传·鄘·蝃蝀》）。这与《诗序》《毛传》《郑笺》《正义》等以前的《诗》说，常据《左传》《国语》的史实或从教化（美刺）的角度所做出训释甚为不同③。王柏《诗疑》更在"存天理灭人欲"的理学观念驱动下，从305篇中削去"淫诗"32篇，并认为这正是被孔子删去而又被汉儒窜入的那些诗，他说："愚尝疑今日三百五篇者，岂果为圣人之三百五篇乎？秦法严

（接上页注⑤）周公摄政践位。蔡沈《书集传·大诰》云："武王崩，成王立，周公相之。"《书集传·洛诰》云："武王崩，成王立，未尝一日不居君位，何复之有哉？"可见，蔡《传》以为周公惟相成王，未代成王为王。

① 《诗经》的分类，先秦学者从《诗》的体裁、表现手法与音乐的关系等不同角度，有三分（风、雅、颂）、四分（南、风、雅、颂）、六分（风、赋、比、兴、雅、颂）等不同划法。晚近学者或据《诗》的内容，将其分为祭祀诗、宴饮诗、史诗、农事诗、战争诗、怨刺诗、情诗等。

② 皮锡瑞《经学历史·经学变大时代》云"今以文公《诗传》考之，其为男女淫佚而自作者，凡二十有四"，兼《诗序辨说》言，则其数或有出入。

③ 例如《邶风·静女》，《诗序》据《左传·桓公十六年》卫宣公淫庶母子妻之事，训其诗旨为"刺时也，卫君无道，夫人无德"。诗中"静女其娈，贻我彤管"，《毛传》谓："古者后夫人有女史，彤管之法，史不记过，其罪杀之。"《郑笺》谓"彤管，笔赤管也"，毛、郑皆以"彤管"喻规范。朱熹《诗集传》则谓："此淫奔朝会之诗也，彤管，未详何物，盖相赠以结殷勤之意耳。"又如《郑风·子衿》，《诗序》据《左传·襄公三十一年》郑人与子产论毁乡校的记载，释其旨为"刺学校废也，乱世则学校不修焉"，诗中"挑兮达兮，在城阙兮"，《毛传》"挑达，往来貌，乘城而见阙"，《郑笺》"国乱，人废学业，但好登高见于城阙，以候望为乐"，朱熹《诗集传》亦反其说："此亦淫奔之诗……挑，轻儇跳跃之貌；达，放姿也。"

密，诗无独全之理。窃意夫子已删去之诗，容有存于闾巷浮薄者之口。盖雅奥难识，淫俚易传，汉儒病其亡逸，妄取而揎杂，以足三百篇之数。"（《诗疑》卷一）

作为宋代经学的两个基本学术特色，实际上是来源于宋代理学这个共同的根源。理学是理性程度很高的学术思潮，宋学因此获得了对传统经学（汉学）中非历史、非科学内容的发现和批判能力。理学也是伦理道德观念极强的儒家思潮，这又使宋学经说的义理内容中伦理（即理学之"理"）的色彩分外鲜明。正如皮锡瑞在《经学通论》中批评宋儒的《书》义所云："专持一理字，臆断唐虞三代之事，凡古事与其理合者即以为是，与其理不合者即以为非。"（《经学通论·书经·论尚书义凡三变》）实际上，在宋学的《诗》《书》以外的《经》义中也存在着这种以"理"贯《经》的情况。例如，在宋学中，《易》义的代表是程颐《伊川易传》，而程颐解《易》以"理"为出发点则是很明确的："有理而后有象，有象而后有数。《易》因象以知数，得其义，则象数在其中矣。必欲穷象之隐微，尽数之毫忽，乃寻流逐末，术家所尚，非儒者之务也。"（《河南程氏文集》卷九《答张闳中书》）《春秋》义的代表是胡安国《春秋传》，其《序》曰："《春秋》之作，遏人欲于横流，存天理于既灭，为后世虑至深远也……奉承诏旨，辄不自揆，谨述所闻为之说以献。虽微辞奥义或未贯通，然尊君父，讨乱贼，辟邪说，正人心，用夏变夷，大法略具，庶几圣王经世之志，小有补云。"可见，胡安国亦将《春秋》史实中注入伦理观点为其特色。宋学的三《礼》经说，除集结先儒旧说外①，真正显示其特色的，仍是追索、发明"礼"之根源——"理"，如张载说："礼之原在心，五常出于凡人之常情，……天之生物便有大小尊卑之象，礼本天之自然。"（《经学理窟·礼乐》）朱熹亦说："礼乐者皆天理之自然……所谓礼乐，只要合得天理之自然，则无不可行也。"（《朱子语类》卷八十七）

---

① 如北宋陈祥道《礼书》一百五十卷，贯通经传，南宋李如圭《仪礼集释》三十卷，亦出入经传，卫湜《礼记集说》一百六十卷，所取凡一百四十四家，采摭宏富，被誉为"礼家之渊海"。朱熹《仪礼经传通解》也有某种集结礼论的性质。

元、明两代也有自己的经学家和经学著作，但在理学思想笼罩下，其经学完全丧失了创造力，未能跨越出宋学的范围。①

三

清学是经学历史发展中一个新的繁荣阶段；从经学作为一种古代文化的意义上说，清学也是一个空前绝后的最后阶段。清学的主要特色，表现为其在对儒家经典训释时具有两点与汉学、宋学有所区别的新的学术内涵或风格。

第一，经疏中博引广证，务求实据。学者多评断顾炎武为清学第一人。②《四库提要》在总括《日知录》内容时论及顾炎武的治学风格："炎武学有本原，博赡而能贯通，每一事必详其始末，参以证佐，而后笔之于书，故引据浩繁，而抵牾者少。"（《四库全书总目》卷一一九）顾氏这一学术风格蔚然成为清代经疏共同的学术特色。对于《尚书》，孙星衍《尚书今古文注疏·序》称："遍采古文传记之涉书义者。"陈乔枞《今文尚书经说考·自序》云："凡所采撷经史传注及诸子百家之说，实事求是，必溯师承，沿流以讨源。"王鸣盛《尚书后案》虽为发挥郑玄一家之说，其抄撮群书经史子集亦达 131 部。对于《毛诗》，陈启源《毛诗稽古编》曰："古今为诗学者无虑数十家，其说灿乎备矣。今日论诗不必师心以逞，惟当择善而从……折中众说，必引据古书，择其义优者以决所从，不敢凭臆为断。"（《毛诗稽古编·叙例》）马瑞辰《毛诗传笺通释》则曰："是书先列毛郑说于首，而唐宋元明诸儒及国初以来各经师之说有较胜汉儒者，亦皆采取，以辟门户之见。"（《毛诗传笺通释·例言》）对于《礼记》，胡培翚《仪礼正义》自谓其例凡四："曰补注，补郑君注所未备也；曰申注，申郑君注义也；曰附注，近儒所说，虽异郑旨，义可旁通，附而存之，广异闻，佚专已也；曰订注，郑君义偶有违失，详为辨正，别

---

① 皮锡瑞曾评元人之学云："若元人则株守宋儒之书，而于注疏所得甚浅。"（《经学历史·经学积衰时代》）顾炎武尝论明人之学曰："若有明一代之人，其所著书，无非窃盗而已。"（《日知录》卷十八《窃书》）

② 梁启超在《清代学术概论》中称顾炎武为"一代开派宗师"（《清代学术概论·四》)，在《中国近三百年学术史》中谓："论清学开山之祖，舍亭林没有第二个人。"（《中国近百年学术史·清代经学之建设》)

是非，明折中也。"（《仪礼正义》罗惇衍《序》引①）孙诒让《周礼正义》极尽其浩博，诚如《自序》所云："博采汉唐宋以来迄于乾嘉诸经儒旧诂，参互证绎，以发郑注之渊奥，补贾疏之遗缺。"凡此，皆显示清代经学的博证特色。清代经学家在为疏解经传而取证先前典籍时，态度十分严肃，一般说来，他们不援引已确证的伪书或小说家之言，援引宋代以后的经说也很谨慎。如孙星衍《尚书今古文注疏》中，虽博采古文传记，但"惟《家语》《孔丛子》《小尔雅》《神异经》《搜神记》等或系伪书，或同小说，不敢取以说经，贻疑误后学"（《尚书今古文注疏·凡例》）。陈启源《毛诗稽古编》虽采历代《诗》说数十家言，但于"宋元迄今，去古益远，又多凿空之论、讹记之书，非所取信。然其援据详明，议论典确，鄙见赖以触发者，亦百有一二焉"（《毛诗稽古编·叙例》）。这里似乎显示出清代经学具有一种实证的科学精神。

第二，经疏中以文字学，特别是以音韵学为基础。清代经学孙诒让②，在论及清代经解何以能超越汉宋经说时说："大抵以旧刊精校为据依而究其微旨，通其大例，精研博考，不参成见。其是正文字讹舛，或求之于本书，或旁证之它籍，及援引之类书，而以声类通转为其关键，故能发疑正读，奄若合符。"（《札迻·序》）由孙氏之论可见，清代经学不仅是以博证为它的特色或成功之处，而且以声转为关键、在音韵的基础上来进行名物训诂，也是其新的特色和成就。清学中，在孙诒让之前，戴震、王念孙已明确提出这一由文字、音韵入而疏经方法。如戴震说："经之至者，道也，所以明道者，其词也，所以成词者，字也。由字而通其词，由词而通其道。"（《戴东原集》卷九《与是仲明论学书》），其著《转语》第二十章（已佚），《序》曰"同位则同声，同声则可以通乎其义"（《戴东原集》卷四），专由声音以究训诂。此后王念孙亦说："窃以训诂之旨，本于声音……就古音以求古义，引申触类，不限形体。"（《广雅疏证·序》）从训诂学的立场上看，清学以音求义的训诂方法是对汉学以形求义

① 此语首见于胡培翚《研六室文抄》卷首《族兄竹村先生事状》引。
② 梁启超在《清代学术概论》中论及清代经学发展至孙诒让时说："诒让则有醇无疵，得此后殿，清学有光矣。"（《清代学术概论·二》）甚是。

的训诂方法的重大发展。① 清代经学家马瑞辰在其《毛诗传笺通释》中，"以三家辨其异同，以全经明其义例；以古音古义证其讹互，以双声叠韵别其通借"（《毛诗传笺通释·自序》）。这是清代经学中将经疏奠立于文字音韵学基础上的典型代表。此外，王引之在《经义述闻》中运用"以声求义同声假借"的清学训诂原则，破译了二千余条汉代以来的经文和传注中的疑难②，阮元评之为"数千年误解，之今得明矣"（《经义述闻》阮元《序》），堪为清代经学最重要的收获。

皮锡瑞在《经学历史》中将清代经学划分为"国初为汉宋兼采之学""乾隆以后为专门汉学""嘉道以后为西汉今文之学"三个阶段（《经学历史·经学复盛时代》）。在严格的意义上，正如前面所说，清学有自己的特色，其学术内容和方法都不能视为汉学、宋学的再现。但是，若以清学在学术倾向上与汉学、宋学的或远或近为一坐标，来显示清学的演变，皮氏所揭示的"国朝经学凡三变"，也是与历史实际相吻合的。清学初期的学术重心似在考证或辨伪，阎若璩《尚书古文疏证》考证出25篇古文之伪，胡渭《易图明辨》追溯宋《易》中"河图""洛书"之源，都是继承了宋学中疑经的理性精神。乾嘉时期经学家的经解，无疑应是清学的中坚，正如许多学者已发觉并指出的那样，乾嘉经学中以惠栋为首的吴派和以戴震为首的皖派，其学术内容和倾向有很大差异。③ 大体而言，吴派以

---

① 东汉许慎《说文解字·序》云："盖文字者，经艺之本，王政之始，前人所以垂后，后人所以识古，故曰'本立而道生，知天下之至赜而不可乱也'。今叙篆文，合以古籀，博采通人，至于小大，信而有证，稽撰其说，将以理群类，解谬误，晓神恉，分别部居，不相杂厕也。万物咸睹，靡不兼载，厥谊不昭，爰明以谕。"此即以字形为依据而阐明本义的训诂主张，并在汉代和唐代的经说中有所运用。

② 《经义述闻》共2045条，其中有若干条目的考辨不属于经学范围，亦有部分条目的训释运用了文字音韵以外的训诂原则或方法，此是大体言之。

③ 梁启超在《清代学术概论》中判别说："惠派之治经也，如不通欧语之人读欧书，视译人为神圣，汉儒则其译人也，故信凭之不敢有所出入；戴派不然，对于译人不轻信焉，必求原文之正确然后即安。惠派所得，则断章零句，援古正后而已。戴派每发明一义例，则通诸群书而皆得其读。"（《清代学术概论·三》）又在《中国近三百年学术史》中说："汉学派中也可以分出两个支派：一曰吴派，二曰皖派。吴派以惠定宇为中心，以信古为标志；皖派以戴东原为中心，以求是为标志。"（《中国近三百年学术史·清代学术变迁与政治的影响中》）

博证信古为特色，经解中多以广引罗列古籍先儒之论为务，尤以汉儒经说为先；皖派多为在文字、音韵学基础上援据古论断下己论，予以确解。

第三，嘉庆、道光以后，以庄存与、刘逢禄、陈乔枞等为代表的清代经学从三个方面显示出一种新的、与西汉今文学相接近的学术特色或倾向。

一是经疏的重心由名物训诂转向大义微言。最早表现这种新的学术方向的是庄存与《春秋正辞》。从列举惠栋的《公羊古义》与庄存与的《春秋正辞》训释《春秋》之差异中可以看出这种新的学术特色（见表3）。

表3　惠栋与庄存与对《春秋》训释之差异

经文	惠栋疏解	庄存与疏解	简评
九月，考仲子之宫，初献六羽①（《春秋·隐公六年》）	《经》"初献六羽"，《注》云："羽者，鸿也。所以象文德之风化疾也。"《五经异义》云："公羊说乐万舞以鸿羽，取其劲轻，一举千里。"《诗》毛说万以翟语，《韩诗》说以夷狄大鸟羽。谨按：《诗》云"右手秉翟"。《尔雅》说翟，鸟名，雉属也。知翟羽舞也②（《公羊古义上》）	"初献六羽"，何以书？讥。何讥尔？用诸侯之盛乐也。曰考仲子之宫，初献六羽，于惠宫将何以献？周公之庙、鲁公之室又将何以献矣？献六羽可言也，以妾僭君不可言也。不可言而言之，且目之曰初，以鲁之用乐为所有大不可言者矣，僭天子也，讳之而不书矣（《春秋正辞·内辞第三》）	惠氏之解，重在"羽"为何物，是为名物训诂；庄氏之解注重在"初献六羽"的政治伦理含义，是为大义微言

---

① 仲子，惠公（隐公之父）之妾。惠公以仲子手有"夫人"之文，娶之且意欲立之为夫人。于礼，诸侯不再娶，无二嫡。孟子（惠公夫人）入惠公之庙，仲子无享祭之所，隐公成父之志，为仲子别立宫，宫成设祭，且用诸侯之乐舞（六羽，执羽人数为六列、列六六三十六人），子礼亦为僭越。

② 惠栋此段疏解节引自《公羊传》何休注和《诗经·邶风·简兮》孔颖达《疏》。

续表

经文	惠栋疏解	庄存与疏解	简评
夏，成周宣榭火（《春秋·宣公十六年》）	十有六年《经》"成周宣榭灾"，《释文》云"左氏作宣榭火"，栋案：《左氏》古文，"榭"本作"射"。《郘敦铭》曰："王格于宣射是也。"刘逵引《国语》云："射不过讲军实。"今本作"榭"，《说文》无"榭"字，经传通作"谢"。《荀卿子》曰："台谢甚高。"《泰誓》云："惟宫室台榭。"《释文》云："本又作谢。""吴射慈"亦作"谢慈"，是"射"与"谢"通（《公羊古义下》）	公羊子曰："宣榭者何？宣宫之榭也。何以书？记灾也。"穀梁子曰："其曰宣榭，何也？以乐器之所藏目之也。"《左氏》曰："凡火，人火曰火，天火曰灾。"董仲舒、刘向以为十五年王札子杀召伯、毛伯，天子不能诛，天戒若曰："不能行政令，何以礼乐为而藏之？"按：成周者，天子之下都也（《春秋正辞·奉天辞第一》）	惠氏之解在于明榭、射、谢三字之通假，亦属名物之训诂；庄氏之解明书法及天人相与之义，是为发挥微言大义

二是在诸经典、经说中，特别推奉《公羊传》和两汉《公羊》学家。如刘逢禄在其《公羊何氏释例·序》中说："圣人之道备乎五经，而《春秋》者，五经之筦钥也。先汉师儒略皆亡阙，惟《诗》毛氏、《礼》郑氏、《易》虞氏有义例可说，而拨乱反正，莫近《春秋》。董、何之言，受命如响，然则求观圣人之志，七十子之所传，舍是奚适焉？"在其《公羊何氏解诂笺·序》中又说："世之言经者于先汉则古《诗》毛氏，于后汉则今《易》虞氏，文辞稍为完具，然毛公详故训而略微言，虞君精象变而罕大义。求其知类通达，微显阐出，则《公羊传》。在先汉有董仲舒氏，后汉有何邵公氏，子夏传有郑康成氏而已。"并援依《公羊》义训释其他经典。如龚自珍以"三世"说①解释《大雅》和《周颂》中记述周人开国历史的几篇诗曰："若夫征之《诗》，后稷春揄肇祀，据乱者也；

① 公羊学家将《春秋》所记述的十二公分为三世。《公羊传·隐公元年》："所见异辞，所闻异辞，所传闻异辞。"何休注曰："所见者谓昭、定、哀，已与父时事也；所闻者谓文、宣、成、襄，王父时事也；所传闻者谓隐、桓、庄、闵、僖，高祖曾祖时事也；……于所传闻之世，见治起于衰乱之中；于所闻之世，见治升平；至所见之世，著治太平。"此先，董仲舒在《春秋繁露·楚庄王》中，据《公羊传》所见、所闻、所传闻之别，亦将《春秋》十二公分为三等。

公刘筵几而立宗，升平也；《周颂》有《殷》、有《我将》，《殷》主封禅，《我将》言宗祀，太平也。"（《五经大义终始答问二》）

三是辑佚西汉今文经遗说，如陈寿祺、陈乔枞父子之《三家诗遗说考》《今文尚书经说考》《齐诗翼氏学疏记》，并进而力辨古文经为伪或可疑，如刘逢禄《左氏春秋考证》考论谓《左氏春秋》犹《晏子春秋》《吕氏春秋》，本自为书，是刘歆强以为传《春秋》，且多增附益。① 魏源《诗古微》论《毛诗》晚出，其传授深为可疑，"毛公"何人，无以据信②；邵懿辰《礼经通论》谓古文《逸礼》39篇出刘歆伪造。凡此，皆显示出与清代经学前期、中期有所不同的学术内容和特色。

在近现代的中国，随着儒学在国家意识形态中统治地位的丧失，经学也衰落下来。近代经学的最后代表人物无疑是康有为和章太炎。他们两人不仅在政治上，而且在学术上都是对立的。就经学而言，他们两人对峙的经学论题，都没有越出传统经学的今古文经之争的范围；而他们两人经学中所蕴藏的对立政治意旨，却都不是传统经学纯粹学术思想所能解释的。例如，在《春秋》学中，康有为借《公羊传》证"孔子改制"，为戊戌变法立据；章太炎则依《左传》标"夷夏之辨"，替辛亥革命张目。由此可见，近现代经学的基本状况是，在汉学、宋学和清学之外新的独立开拓尚未出现，但攀缘传统经学的各种学术问题却滋生起来。

（《中国社会科学院研究生院学报》1994年第6期）

---

① 刘逢禄《左氏春秋考证》提出《左传》为伪作的论据大体有两个：一是《左传》文字多有增益改窜，如谓"左氏为战国时人，故其书终三家分晋，而续经乃刘歆妄作"，"凡'书曰'之文，皆歆所增益，或以前已有之"，"左氏后于圣人，未能尽见列国宝书，又未闻口授微言大义，惟取所见载籍，如晋《乘》、楚《梼杌》等，相错编年为之，本不必比附夫子之经，故往往比年阙事。刘歆强以为传《春秋》或缘经饰说，或缘《左氏》本文前后事，或兼采他书以实其年"。二是《左传》自公羊学家看来，多有乖义理。如《左传·庄公十九年》"鬻拳可谓爱君矣"，刘氏《考证》曰："爱君以兵，是非君子之言。"（《左氏春秋考证》卷一）
② 魏源引《汉志》"又有毛公之学，自言子夏所传"曰："'自言'云者，人不取信之词也。"又引《释文》所载三国吴人徐整和陆玑对《毛诗》传授的不同记述后曰："夫同一《毛诗》传授源流，而姓名无一同。且一以为出荀卿，一以为不出荀卿；一以为河间人，一以为鲁人；展转傅会，安所据依？岂非《汉书》'自言子夏所传'一语，已发其覆乎？"（《诗古微》二十卷本《齐鲁韩毛异同论上》）。

庄子思想与魏晋士风

魏晋士风，即玄学思潮笼罩下的魏晋名士、文人的精神风貌、生活情趣，在《世说新语》中有十分具体生动的记载、描写。其主要表现可用西晋裴頠《崇有论》中的一段话来概括："是以立言借于虚无，谓之玄妙；处官不亲所司，谓之雅远；奉身散其廉操，谓之旷达，故砥砺之风弥以陵迟。放者因斯，或悖吉凶之礼，而忽容止之表，渎弃长幼之序，混漫贵贱之级；其甚者至于裸裎，言笑忘宜，以不惜①为弘，士行又亏矣。"（《晋书·裴頠传》）东晋干宝《晋纪·总论》亦有近似的概括："风俗淫僻，耻尚失所，学者以庄老为宗而黜六经，谈者以虚薄为辨而贱名俭，行身者以放浊为通而狭节信，进仕者以苟得为贵而鄙居正，当官者以望空为高而笑勤恪。"（《晋记·文选》卷四十九）这些表述虽然反映并濡染着儒家的立场、感情，不能说是十分的客观公正，但仍可从中看出魏晋士风的主要特色和本质是对传统的儒家伦理道德规范的漠视和对其约束的冲决。很显然，这种士风和庄子思想既密切相连，又迥然有别。

一 魏晋士风与庄子精神的相通

魏晋士风表现背离儒家"名教"而攀缘庄老"自然"，从某种意义上说是必然的。在魏晋门阀制度下，门阀士族的政治、经济地位获得一种制度的保障，和汉代经学时期不同，儒学对魏晋门阀士族的名士文人政治生

---

① 冯友兰说："'不惜'二字不可解……应该是'不措'。'不措'就是'无措'。'无措'是嵇康《释私论》的主要意思。"（冯友兰：《中国哲学史新编》第四册，人民出版社1986年版，第116页）

活和精神生活的激励作用、规范作用已经削弱或丧失。阮籍说，"礼岂为我辈设也"（《世说新语·任诞》），士族名士无须以践履"名教"的道德规范来开拓自己的政治前程；这样就只能感到它是一种约束而不是鞭策。这是就道德实现在社会生活的功利意义上来说的。另外，儒学对人精神世界的观察也过于简单，孟子说，"居仁由义，大人之事备矣"（《孟子·尽心上》），董仲舒也说，"所以治人与我者，仁与义也；以仁安人，以义正我"（《春秋繁露·仁义法》）。但是在人类的精神生活中，通向最高境界的途径是否如先秦、汉代儒学所认定的那样只有践履道德规范这一条？孔子说，"君子博学于文，约之以礼，亦可以弗畔矣夫"（《论语·雍也》），但是道德的实现能否如儒家所希望的那样，追求人类精神的最后满足？阮籍的话实际上是对这个问题的否定回答，这表明处在玄学思潮中的魏晋门阀士族名士文人，在一种远离最低物质生活和精神生活的感受中，对道德实现的精神价值做出与秦汉儒家不同的评价。魏晋门阀士族也是一个高文化的阶层，他们既然放弃了作为儒学核心的道德实践，也必然要轻蔑和突破儒学本来就其为薄弱的"义理"内容，《魏志·常林传》注引沐并的话可为代表："夫礼者，生民之始教，而百世之中庸也，故力行则为君子，不务者终为小人。然拨乱反正，鸣鼓矫俗之大义，未是穷理尽性陶冶变化之实论。若乃原始要终，以天地为一区、万物为刍狗，该览玄通，求形景之宗，同祸福之素，一死生之命，吾有慕于道矣。"（《三国志》卷二十三）沐并所论表明，先秦和汉代儒学的理论思索多局限在日常人伦的经验范围内，没有探触那些更深邃和艰难的宇宙和人生的根本问题，所谓"夫子之言性与天道，不可得而闻也"（《论语·公冶长》），虽然这种社会人伦真正自觉的践履，实际上是需要，而且也能体现极高的精神境界，但是在玄学思潮推动下的魏晋名士还是借助庄老思想，在社会人伦之外的宇宙自然中找到了某种更高远永久的精神寄托。

总之，魏晋充分发展的门阀制度，产生出一个政治经济地位都相对稳定有保障的门阀士族特殊阶层。在当时的条件下，他们较高的文化修养和优越的物质生活，产生了一种特殊的徜徉在社会人伦之外的快乐的生活感受，和认同道德之外生活的合理性的精神需要。但是，在先秦和汉代的儒家理论中，这种感受得不到解释和理解，这种需要得不到满足。换言之，传统儒家理论消化不掉这种新产生的、普遍漫延的精神现象。在这样的学术和精神的背景下，高文化而深危机的魏晋士族名士从理性思维程度更高、理论内容更广泛的道家思想中，特别是从"因自然""任性情"的庄子思想中寻找新的理论观念、新的精神追求，则是自然的和必然的。按照袁宏《名士传》的划分，魏晋玄学可分为"正始名士""竹林名士""中朝名士"三个时期（《世说新语·文学》注引）。正始名士时，"何晏王弼祖述老庄"（《晋书·王弼传》）；竹林七贤如山涛，《晋书·列传》谓其"性好庄老"，嵇康自称"老子、庄周，吾之师也"（《晋书·与山巨源绝交书》），阮籍作《老子赞》《达庄论》（《晋书·列传》），向秀隐解《庄子》为"发明奇趣，振起玄风"（《晋书·列传》）；中朝名士郭象注解《庄子》，以为"庄子者，可谓知本矣……不经而为百家之冠也"（《庄子注·序》）。可见魏晋名士服膺庄子思想是共同的、贯穿始终的。显然，这是因为魏晋名士以"自然"越"名教"，或以"自然"溶"名教"的"放"（任性）的生活作风和精神追求，和庄子以先王圣迹为"已陈刍狗"（《庄子·天运》），视仁义礼法如"桎梏凿枘"（《庄子·在宥》）鄙薄人伦道德规范的态度，而追求"游夫遥荡恣睢转徙之途"，"恶能愦愦然为世俗之礼"（《庄子·大宗师》）的自由精神，都是一致的、相通的。

二 魏晋士风与庄子思想的精神境界的差异

魏晋门阀士族名士文人"放"或"达"的生活作风、精神风貌虽然和庄子思想"任其性命之情"有一致的相通之处，但在体现或达到的精神境界上，两者仍有很大的差异。东晋戴逵评论魏晋士风时说："竹林之为放，有疾而为颦者也；元康之为放，无德而折巾者也。"（《晋书·列传》）《庄子·天运》中有则寓言故事："西施病心而颦其里，其里之丑人见而美之，归亦捧心颦其里……彼知颦美而不知颦之所以美。"《后汉书·郭泰列传》有则记事："郭泰（林宗）尝于陈梁间，行遇雨，巾一角垫，时人乃故折巾一角，以为'林宗巾'，其见慕皆如此。"戴逵援引这两个故事来说明魏晋名士文人所表现出的"放"或"达"的行为作风，有两种情况，一种是出于真实深刻的精神危机，一种则是浅薄做作的无病呻吟。《世说新语》记述说，"阮浑（阮籍之子）长成，风气韵度似父，亦欲作达"。步兵（阮籍）曰："仲容（阮籍之侄阮咸，竹林七贤之一）已预之，卿不得复尔。"（《世说新语·任诞》）阮籍是"竹林七贤"之首，是当时"放达"的代表，他的儿子要学他的"放达"，也要"作达"，他却不同意，这是什么缘故？刘孝标注《世说新语》援引了《竹林七贤论》中一个符合实际的解释："籍之抑浑，盖以浑未识己之所以为达也。"这就是说"达"或"放"是一种超脱世俗，归依自然的思想境界的显现、反映，而缺乏这种精神内涵的"作达"只能是矫揉造作的妄为。实际上，在玄风扇熏下的魏晋门阀士族、贵胄那里，所谓"放达"的确经常表现为与正常生活行为尖锐对立的怪癖荒诞举动，正如东晋葛洪所观察到的那样："世人闻戴叔鸾、阮嗣宗傲俗自放，见谓大度，而不量其材力非傲生之匹，而慕学之，或乱项科头，或裸袒蹲夷，或濯脚于稠众，或溲便于人前，或停客而独食，或行酒而止所亲，此盖左衽之所为，非诸夏之快事也。"（葛洪：《抱朴子·刺骄》）或者，表现为屈从动物性情欲的腐化行为，如《晋书·五行志》记载："惠帝元康中贵游子弟……散发裸身之饮，对弄婢妾。"这种怪癖和淫邪的"作达"之"放"，实际上是思想境界低下的精神贫困的表现，和庄子经过了漫长的思想经历和人生经历凝聚成的具有深厚精神积累的恬淡遗俗、无欲返璞的高远境界迥然有天壤之别。当然，作为玄学思潮的主要代表，或玄学思潮影响下的高文化的名士文人，他们的生活作风、精神风貌中所表现出的"放"或"达"，并不具有这样卑劣的性质，他们是"有疾而为颦者"。一方面他们从人生的不同方面，如仕途的凶险、生命的短促感受到一种深切的精神痛苦；另一方面他们又从道家特别是庄子思想中感悟到归依自然后的慰藉和快乐。这种感情和心境，魏晋名士曾借诗歌予以充分的抒发，如"竹林七贤"的阮籍咏道"驱马舍之去，去上西山趾。一身不自保，何况恋妻子"（阮籍《咏怀八十二首》），嵇康咏道"岂若翔区外，餐琼漱朝霞。遗物弃鄙累，逍遥游太和"（嵇康：《答二郭》）。而在生活作风上就是傲俗任性之"放"或"达"，一种将"我"融入自然，与万物一体，达到"无我"，从而遗落礼俗、消解痛苦的精神境界。"竹林七贤"刘伶《酒德颂》所描写的酒醉后的"无思无虑，其乐陶陶，兀然而醉，豁然而醒，静听不闻雷霆之声，熟视不睹泰山之形，不觉寒暑之切肌，利欲之感情……"的精神状态，就是对这种"放"或"达"境界最形象的表述。这和"作达"胶着于表现自我、满足自我（不是"无我"），着意与世俗对立（不是"遗俗"）正好相反。

魏晋玄学家和名士的"放"或"达"所企望达到的"无思无虑，其乐陶陶""遗物弃累，逍遥太和"的精神境界，同庄子的"外天地，遗万物"（《庄子·天道》）而"逍遥乎无为之业"（《庄子·大宗师》）是相同的。但是实际上，魏晋名士之"放达"并没有达到他们所追求的庄子思想的精神境界，他们多是门阀士族阶层的人物，门阀士族特殊的政治经济地位和文化传统，使他们在精神生活和物质生活上都不可能挣脱与儒家名教、贵族礼俗牢固相连的根系，尽管他们的认识甚为高远，但精神的负累依然十分沉重，而超脱仍是极为有限的，最后的结局还是落入世俗礼仪法度的樊篱羁绊之中。对此，北朝颜之推有段批评性的概述："何晏王弼祖述玄宗，递相夸尚，景附草靡，皆以农黄之化在乎己身，周孔之业弃之度外，而平叔以党曹爽，融死权之网也①；辅嗣以多笑人被疾，陷好胜之阱也②；山巨源以蓄积取讥，背多藏厚亡之文也③；夏侯玄以才望被戮，无支离拥肿之鉴也④；荀奉倩丧妻，神伤而卒，非鼓缶之情也⑤；王夷甫悼子，悲不自胜，异东门之达也⑥；嵇叔夜排俗取祸，岂和光同尘之流也⑦；郭子玄以倾动专势，宁后身外己之风也⑧；阮嗣宗沈酒

① 《庄子》主张"不党"，写道："一而不党，命曰天放。"（《马蹄》）
② 《庄子》批评惠施好胜，写道："惠施……欲以胜人为名，是以与众不适也。"（《天下》）
③ 《老子》写道："甚爱必大费，多藏必厚亡。"（第44章）
④ 庄子认为"无用"可为"大用"。《庄子》写道："支离疏者，颐隐于齐，肩高于顶，会撮指天，五管在上，两髀为胁，挫针治繲，足以糊口；鼓荚播精，足以食十人。上征武士，则支离攘臂于其间；上有大役，则支离以有常疾不受功；上与病者粟，则受三钟与十束薪。夫支离其形者，犹足以养其身，终其天年；又况支离其德者乎？"（《人间世》）"吾有大树，人谓之樗，其大本拥肿而不中绳墨，其小枝拳曲而不中规矩，立之途，匠者不顾。"（《逍遥游》）
⑤ 《庄子》写道："庄子妻死，惠子吊之，方箕踞鼓盆而歌。"（《至乐》）
⑥ 《列子》写道："魏人有东门吴者，其子死而不忧，其相室曰：'公之爱子，天下无有，今子死而不忧，何也？'东门吴曰：'吾尝无子，无子之时不忧。今子死，乃与向无子同，臣奚忧焉。'"（《力命》）
⑦ 《老子》写道："挫其锐，解其纷，和其光，同其尘，是谓玄同。"（第56章）
⑧ 《老子》写道："是以圣人后其身而身先，外其身而身存。"（第7章）

荒迷，乖畏途拥诚之譬也①；谢幼舆赃贿黜削，违弃其余鱼之旨也②；彼诸人者，并其领袖，玄宗所归。其余桎梏尘滓之中，颠仆名利之下者，岂可备言乎！"（《颜氏家训·勉学》）颜之推从一个儒家学者的立场，揭露玄学思潮中领袖人物精神追求崇尚道家目标而生活行为又偏离庄老宗旨之间的矛盾，认为这是他们"厚貌深奸""浮华虚称"（《颜氏家训·名实》）的虚伪的表现。但是，从一种更加客观的立场上来看，魏晋玄学家和名士摆脱"名教"纲常束缚，追求在伦理道德规范之外的、庄子那种精神自由的真诚努力是不会成功的表现。阮籍"放达"但"性至孝"（《晋书·本传》），主张"礼岂为我辈设"，但又反对儿子阮浑也学"放达"，嵇康在《释私论》中提出"越名教任自然"，而在《家诫》中又教训儿子要过"忠""义"严肃的道德生活。这些显著的矛盾有力地说明，魏晋玄学家的精神之根仍然深深地扎在儒家"名教"的土壤里。魏晋"放"或"达"的士风所内蕴着和显现出的精神境界，与庄子思想的精神境界的根本差异就在于此，它只是援引庄子思想的"自然""任性"来缓解儒家"名教""礼义"的激越，规范力量丧失后引起的精神危机，而不是如庄子思想中理想人格的精神境界那样，是在儒家思想观念之外的另一种精神生活。魏晋士风的这种性质，是从一个新的方面表明魏晋玄学的学术特色或理论性质是引进道家庄子思想以补充儒学的某种缺弱，因而是儒学发展的一个新阶段。

[《安徽大学学报》（哲学社会科学版）1991 年第 3 期]

---

① 《庄子》写道："夫畏途者，十杀一人，则父子兄弟相戒也，必盛卒徒而后敢出焉，不亦知乎；今之所取畏者，衽席之上，饮食之间，而不知为戒者，过也。"（《达生》）
② 《淮南子·齐俗训》："惠子从车百乘，以过孟诸，庄子见之，弃其余鱼。"

庄子思想与道教的理论基础

　　道教是古代巫术、方术依托道家在汉代形成的，以追寻长生不死成为"神仙"为主要目标的、人为的世俗宗教。正如晋代的道教理论家葛洪所说，"道家之所至秘而重者，莫过长生之方也"（《抱朴子·内篇·勤求》），"夫神仙之法，所以与俗人不同者，正以不老不死为贵耳"（《抱朴子·内篇·道意》）。道家思想的基本观念是"自然"而不是"神仙"，但是，作为道教教义基础或主要特色的"神仙"观念仍然可以被确认为来源于道家。唐代道教理论家吴筠在回答人们对他，也是对整个道教的诘难"道之大旨莫先乎老庄，老庄之言不尚仙道，而先生何独贵乎仙者也"时说："老子曰'深根固柢，长生久视之道'，又曰'谷神不死'，庄子曰'千载厌世，去而上仙，乘彼白云，至于帝乡'，又曰'故我修身千二百岁而形未尝衰'，又曰'乘云气，驭飞龙以游四海之外'，又曰'人皆尽死，而我独存'，又曰'神将守形，形乃长生'，斯则老庄之言长生不死，神仙明矣。"（《玄纲论》）所以，道教的"仙道"与老庄的长生不死或神仙的观念是有密切联系的。不仅如此，在《庄子》中还有更多关于历代道教追索"神仙"行迹的描写。例如，"藐姑射之山，有神人居焉，不食五谷，吸风饮露"，"列子御风而行，泠然善也，旬有五日而后反"（《逍遥游》），"至人神矣，大泽焚而不能热，河汉沍而不能寒"（《齐物论》），"古之真人，其寝不梦，其觉无忧，其食不甘，其息深深，真人之息以踵，众人之息以喉"（《大宗师》），等等。这些都是以后道教辟谷、行气、乘云御风、不寒不热等神仙方术的发端。

　　然而从观念的理论性质上看，道家的"长生久视"是出于人性的自然愿望，《庄子》中关于"神人""至人""真人"的描述，也是寓言性质的，体现出一种无任何负累的、逍遥自在的精神境界，与道教"仙道"的宗教生活实践是不同的。所以道教在其自身发展中，主要表现为各种神仙方术的膨胀增益，实际上是在脱离了道家思想轨道上孤立进行的。但是，道教作为一种宗教的确立和发展，在三个重要的理论观念上是攀缘着道家思想，特别是庄子思想的。

一 庄子相对主义与道教宗教目标的论证

"长生久视""乘彼白云，至于帝乡"在老庄思想中只是一种愿望，一种想象，是纯粹思想观念性质的东西，道教把它转变为一种人生追求的目标，一种生活实践。这样，就产生了道教第一个需要回答论证的理论问题，即这种"长生""神仙"的人生目标是真实的吗？道教理论家一般援引史籍的记载加以证明，如葛洪说："若谓世无仙人乎，然前哲所记，近将千人，皆有姓字及有施为本末，非虚言也。"（《抱朴子·内篇·对俗》）然而这些记载皆为传闻，难以考索，本身就缺乏证明。以葛洪所撰《神仙传》为例，此书在刘向《列仙传》七十一人之外，又增加了八十四人，凡一百五十余人，诚如《四库全书提要》所指出，其中多有如庄周寓言，"不过鸿蒙、云将之类，未尝实有其人"[①]；对若干真实人物的记述，亦多有"未免附会"或"尤为虚诞"之处。所以，道教不死成仙的宗教目标不是历史经验所能证明的。当然，也不是现实经验所能证明的；现实经验提供的是相反的证明：人皆有死。

道教理论家对长生不老、神仙这一宗教目标的证明毕竟没有停留在经验事实的水平上，而是进一步做出具有一定理论色彩的论证。首先，道教理论家试图运用万物存在的特殊事实和理论观念，来证明不能因为凡人皆死就否认有不死的"仙人"。葛洪说：

> 谓夏必长，而荠麦枯焉；谓冬必凋，而竹柏茂焉；谓始必终，而天地无穷焉；谓生必死，而龟鹤长存焉。盛阳宜暑，而夏天未必无凉

---

① 《庄子》写道："云将东游，过扶摇之枝，而适遭鸿蒙。"（《庄子·在宥》）司马彪注："云将，云之主帅。"（《初学记》）"鸿蒙，自然元气也。"（《经典释文》）

日也；阴极宜寒，而严冬未必无暂温也……万殊之类，不可以一概断之。有生最灵，莫过乎人。贵性之物，宜必钧一，而其贤愚邪正，好丑修短，清浊贞淫，缓急迟速，趋舍所尚，耳目所欲，其为不同，已有天壤之觉，冰炭之乖矣，何独怪仙者之异，不与凡人皆死乎？（《抱朴子·内篇·论仙》）

道教理论家又运用人的认识能力的有限性而产生的认识结论相对性的理论观念，来说明不能因为在凡人的生活经验中没有"神仙"，就否认它在人的有限经验范围之外存在。葛洪说：

浅识之徒，拘俗守常，咸曰世间不见仙人，便云天下必无此事。夫目之所曾见，当何足言哉？天地之间，无外之大，其中殊奇，岂遽有限？诣老戴天，而无知其上，终身履地，而莫识其下。形骸，己所自有也，而莫知其心志之所以然焉；寿命，在我者也，而莫知其修短之能至焉。况何神仙之远理，道德之幽玄，仗其短浅之耳目，以断微妙之有无，岂不悲哉……所谓以指测海，指极而云水尽者也。蜉蝣校巨鳌，日及料大椿，岂所能及哉！（《抱朴子·内篇·论仙》）

十分显然，道教理论家在这里运用的事物性质的特殊性和人的认识的相对性的理论观点、论证方法，甚至某些论据，都援引自《庄子》。《庄子》中写道："梁丽可以冲城，而不可以窒穴，言殊器也；骐骥骅骝，一日而驰千里，捕鼠不如狸狌，言殊技也；鸱鸺夜撮蚤，察毫末，昼出瞋目而不见丘山，言殊性也。"（《秋水》）所以，"万物殊理"（《则阳》），每种事物都有自己独特的性质，这是庄子自然哲学中的一个基本的思想观念。葛洪所谓"万殊之类，不可以一概断之"正源于此。葛洪论列事物特殊性的例证也没有超出庄子的"殊器""殊技""殊性"的范围。庄子认为"吾生也有涯，而知也无涯，以有涯随无涯，殆已"（《庄子·养生主》），如同"朝菌不知晦朔，蟪蛄不知春秋"（《庄子·逍遥游》），"井蛙不可以语于海，夏虫不可以语于冰"（《庄子·秋水》），人的认识能力是极为有限的，所以"曲士不可以语于道者，束于教也"（《庄子·秋水》）。葛洪也正是这样认为，世人不见"仙人"并不足以证明"仙人"

的不存在；相反，何尝不正是世人的"浅短之耳目"认识不到幽玄微妙的"神仙"？可见，一个尖锐的、危及道教宗教价值或教旨能否存在的巨大疑团，道教理论家是援用庄子认识论中的相对主义来予以消解的。

道教理论家摆脱了依靠纯粹的经验事实，而从庄子思想那里援引事物的特殊性和人的认识相对性的理论观念，用以论证虽然"凡人"的经验中没有"神仙"的存在，但是也不能因此就否定它的存在。从形式逻辑的角度看，道家理论家援引庄子相对主义所做的这番论证还是强有力的，是向前跨进了一步。但是，就理论的实际内容来看，道教理论家的相对主义论证中有一个根本的弱点，就是他把人的认识中未知的，与客观世界中根本不存在的事物混同了，在相对主义中是无法对此做出区分的。同时，认识论中的相对主义总是内蕴着怀疑主义性质的理性因素，这和宗教观念所固有的确定性信念、信仰因素是相悖的。所以，道教理论家还必须再向前跨进一步，从怀疑的或两是的相对主义中走出来。道教理论的这一发展进程，吴筠《神仙可学论》有段简明的表述：

> 昔桑矫子问于涓子曰："自古有死，复云有仙，如之何？"涓子曰："两有耳。"言"两有"者，为理无不存。理无不存，则神仙可学也……人生天地之中，殊于众类明矣，感则应，激则通。所以耿恭援刀，平陆泉涌，李广发矢，伏石饮羽，精诚在于斯须，击犹土石应若影响，况丹恳久著，真君岂不为之潜运乎？潜运则不死之阶立致矣。孰为真君？则太上也，为神明宗教，独在于窅冥之先，高居紫微之上，阴骘兆庶……（《宗玄先生文集》卷中）

吴筠的死（凡人）与不死（"仙人"）的"两有"观点和庄子的是与非"两行"（《齐物论》）的观点在理论性质上是相同的，都是相对主义的。但是，庄子认识论由相对主义的进一步发展，是进入具有确定性、理性程度更高的"天理固然"（《庄子·养生主》），即科学性质的层次，追踪着"圣人者原天地之美而达万物之理"（《庄子·知北游》）。作为道教理论家的吴筠，由"两有"再向前跨进一步，引进了具有人格神内涵的"真君"信念。"真君"也是《庄子》中的概念，只是在那里没有人格神的内涵①，即笃信"感则应，激则通"，只要"精诚"在焉，"则不死之阶立致"，努力于修炼"神仙"，迈入在思想观念和生活实践上都是属于宗教性质的领域。从这里可以看出，由道家（庄子）的哲学思想蜕变为道教的宗教思想过程中，信仰的观念因素"诚"的注入是具有决定性意义的。这一过程当然不是在吴筠这里才发生或完成的，而是在道教形成的最初就发生和完成了的。如记录道教早期教义内容的《太平经》中就有"至诚涕出，感动皇天，天乃为出瑞应，道术之士悉往佑之，故多得老寿，或得度世"（《太平经合校·冤流灾求奇方诀》）的教条。吴筠以前的历代道教理论家也都一致认为，虔诚的信念是"成仙"的首要条件，如葛洪说"要道不烦，所为鲜耳，但患志之不立，信之不笃"（《抱朴子·内篇·释滞》），"苟心所不信，虽令赤松、王乔言提其耳，亦当同以为妖讹"（《抱朴子·内篇·勤求》）。司马承祯也说："信者道之根，敬者德之蒂。"（《坐忘论》）吴筠的这段话只是把这一由道家到道教的思想观念蜕变过程表述得更加完整。

总之，在道教理论家对极为困难的道教最高的宗教目标——长生、成仙的理论论证中，具有理论色彩的部分都是借引庄子思想的。但由于这个问题本身是个宗教性质的问题，所以道教理论家最终还是必须依靠道家或庄子思想之外的非理性的信念、信仰来加以说明。道教和道家思想的一个最重要的差别就在这里。

二　道教最高人格神的观念脱胎于庄子自然哲学

道教是多神的宗教，陶弘景撰《真灵位业图》加以排列，序称"有等级千亿"，其中最高的宗教神是一作为宇宙开始的人格神——元始天尊（元始天王）。《隋书·经籍志》写道："道经者，云有元始天尊，生于太元之先，禀自然之气，冲虚凝远，莫知其极。"显然，构成道教这一最高人格神的主要观念有两个，一是在天地万物之先，二是禀自然之气。这种神的观念，实际上是由道家或庄子世界最后的（也是最初或最高

---

① 《庄子》写道："百骸九窍六藏……其有真君存焉。"（《齐物论》）"真君"是身之主宰的比喻，不是真实的人格神的观念。

的）根源"道"和万物始基"气"的观念蜕变而来。《庄子》中写道，"夫道……自本自根，未有天地自古以固存……先天地生而不为久，长于上古而不为老……"（《大宗师》），也就是说，"道"作为世界万物的根源而存在于一切具体事物之先。《庄子》还认为，"通天下一气耳"（《知北游》），"气变而有形，形变而有生"（《至乐》），天地万物皆禀气而生。道教理论家将庄子思想中"道"和"气"的思想观念叠合起来，就塑造出道教的最高人格神：

> 《真书》曰，昔二仪未分，溟涬鸿蒙未有成形，天地日月未具，状如鸡子，混沌玄黄，已有盘古真人，天地之精，自号元始天王，游乎其中……（《元始上真众仙记》)[①]
>
> 元始天王，察天自然之气，结形未沌之露，托体虚生之胎，生乎空洞之际……（《云笈七签·元始天王纪》）

可见，道教的最高宗教神实际上是指在有形的天地万物产生之前，第一个禀"自然之气"而生的具有人格的，并且能够永远存在下去的生命实体。这种神的观念，已经不再是原始宗教对自然力的那种具有神秘色彩的、无逻辑的幻象意识，而是对自然有一定理性认识、由理论概念构成的思想观念，道教理论家解释说："元，本也。始，初也，先天之气也。此气化为开辟世界之人，即为盘古；化为主持天界之祖，即为元始。"（《历代神仙通鉴》卷一）当然，就其根本性质来说，这种观念也还是依赖信念、信仰支撑的一种幻想。所以，道教宗教神的"神性"是比较朴素、简单的，它就是最初禀有和永久葆有的自然之气（天地之精）。而"气"也是一切人所禀有的，从这个意义上说，道教的宗教神也是人，是"不死的人"。道教这种神的观念，召唤和鼓舞每一个人都去修炼"元气"，成为"神仙"。唐人所撰《天隐子·神仙》[②] 写道："人生时禀得灵气，精神通悟，学无滞塞，则谓之神。宅神于内，遗照于外，自然异于俗人，则谓之神仙，故神仙亦人也。在于修我灵气，勿为世俗所沦污；遂我自

---

① 《元始上真众仙记》，《说郛》录为《枕中书》，葛洪撰。

② 《天隐子》，苏轼以为是司马承祯所撰（见陆游《渭南文集·跋天隐子》及胡珽《书天隐子后》），《四库全书提要》对此表示怀疑。

然，勿为邪见所凝滞，则成功矣。"实际上，由于道教的主要宗教思想来源并脱胎于道家或庄子思想的理论观念，道教本质上是一个具有自然主义性质的世俗宗教。其"成仙"的宗教目标和道家"长生久视"的人性自然要求是一致的；其宗教神所禀"天地之精"也就是庄子所观察到的人的"气"的自然本质。

三 道教修炼方术的理论基点潜生于《庄子》

道教修炼长生、成仙的方法，即道教的方术，十分繁杂众多。葛洪说："仙经长生之道，有数百事"（《抱朴子·内篇·对俗》），"道术诸经，所思存念作，可以却恶防身者，乃有数千法"（《抱朴子·内篇·地真》）。崔元山《濑乡记》简略记述，也有三十六种"养性得仙"的方法（《渊鉴类函》卷三一八）。道教的这些方术，在世人或教外人的眼光中，十分诡秘而怪诞，即使是在一种宽容的理解精神下，也只能说这些方术激发了人的某种生理的或心理的机制，影响或改变了人们周围的生物场、物理场，但其实际过程、本质内容都是不得而知的，这是深奥的人的科学之谜。抛开道教方术千奇百怪的具体操作或实践不谈，不难发现，道教方术消灾除病、长生不老的目标却是共同的；与此相连，在道教方术中存在着一个共同的理论基点，即皆是从神、气（精）、形（身）等构成人的生命基本的生理、心理要素方面来养护、延续作为感性的个人存在。在这个基点上，也是从根本上，可以比较清晰地观察到道教的修炼方法在理论观念上与庄子思想有甚为密切的关联。

道教经典或道教理论家对构成人的生命的内涵或要素所做的划分和分析，并不十分严格一致，大体上可归纳为两种。一是将人的生命整体分为"形""神"两个既对立又统一的方面。这里的"形"是指人生命存在的物质方面，而"神"是精神的方面。实际上这是从人生命内涵的形态特征角度来加以区分的。如《太平经》说："独贵自然，形神相守，此两者同相抱，其有奇思反为咎。"（《太平经合校·长存符图》）《西升经》说："神生形，形成神，形不神不能自生，神不形不能自成，形神合同，更相生，更相成。"（第二十二章）应该说，对人的生命构成要素做出这样的划分虽然比较简略，但却周延。《庄子》中写道："胥易技系，劳形怵心者也。"（《应帝王》）"离形去知，同于大通。"（《大宗师》）可见，最早从形、神两个方面来描述、概括人生命活动整体或人的全部存在的正是庄子。道教对人的形、神关系没有更深入的理论观察和论述，只是为实践"长生"的宗教目标，提出两者要"合同""并一""形神合同，固能长久"（《西升经》第二十九章），"身神并一，则为真身"。《太平经》中有一段更为明确、详尽的表述：

> 人有一身，与精神常合并也。形者乃主死，精神者乃主生。常合即吉，去则凶。无精神则死，有精神则生，常合即为一，可以长存也。常患精神离散，不聚于身中，反令使随人念而游行也。故圣人教其守一，言当守一身也。念而不休，精神自来，莫不相应，百病自除，此即长生久视之符也。（《太平经合校·太平经钞·壬部一九二》）

道教的"形神相守""身神并一""守神""守一"等观点也都可以在《庄子》中寻觅到它的观念根源。《庄子》所谓"女神守形，形乃长生"（《在宥》），"纯素之道，唯神是守，守而勿失，与神为一……是谓真人"（《刻意》），"我守其一，以处其和，故我修身千二百岁矣"（《在宥》），等等，无疑这些是道教观点最初的、直接的理论观念来源。同时，从这里也可以看出，由道家或庄子的哲学思想向道教的世俗宗教观念蜕变的端倪和特征，表现为理论观念的理性抽象程度削弱和修持方法的具体化过程。本来在《庄子》中，"守一"之"一"是指"道通为一"（《齐物论》）的"道"，在这里被浅化为"形神并一"的"身"；在《庄子》中，"守一"是保持心境宁静的精神修养方法，但也是"圣人将游于物之所不得遁而皆存"（《大宗师》）的精神境界，在这里被单纯地具体化为"念而不休，精神自来"的养神除病方法。

道教经典和道教理论家对人的生命内涵或要素构成所做的另一种划分和分析，是将人的生命整体分为气、形、神三种或气、精、神、形四种既有区别又密切相关的组成部分。例如：

> 人之生也，禀天地之元气为神为形……神全则气全，气全则形全，形全则百关调于内，八邪消于外。

人之一身，法象一国，神为君，精为臣，气为民。养气有功可化为精，养精有德可化为神，养神有道可化为一身，永久有其生。（《云笈七鉴·元气论》）

人本生混沌之气，气生精，精生神，神生明。欲寿者，当守气而合神，精不去其形，念此三者以为一。（《太平经合校·太平经圣君秘旨》）

形体为家也，以气为舆马，精神为长吏，兴衰往来主理也。（《太平经合校·太平经钞·辛部一九上》）

实际上这是道教对构成人生命的实质种类所做的划分及其在"长生"的宗教目标实践中作用的分析。不难看出，道教的这些观点在三个基本思想观念上相同并来源于庄子思想。一是"气"为生命基础的思想观点。庄子认为"通天下一气耳""人之生气之聚也"（《庄子·知北游》），道教的理论也正是认为"元气乃包裹天地八方，莫不受其气而生"（《太平经合校·太平经·分解本末法》第五十三），"形者气之聚，形者，人也，为万物之最灵"（《云笈七签·七部语要》）。二是"神"（"精神"）是生命主宰的思想观点。《庄子》中有则寓言故事借孔子之口说："丘尝也使于楚矣，适见豚子食于其死母者，少焉眴若，皆弃之而走，不见己焉尔，不得类焉尔。所爱其母者，非爱其形也，爱使其形者也……"（《德充符》）。意思是说，"使其形者"（即"神"）是生命的主宰，一旦精神丧失，形体也就没有意义，生命也就不再存在，如同死母猪的形体虽还在，往日对幼仔表现温情、爱护的那种母爱精神已经消失，正在待哺的猪崽也要惊恐得弃之而逃。所以《庄子》说"唯神是守"（《刻意》），"哀莫大于心死，而人死亦次之"（《田子方》）。道教经典把"神"或"精神"比作"君""长吏"，认为"精神消亡，身即死矣"（《太平经》卷七十一），这与庄子对"神"在人生命意义中的观点是相同的。三是由养生而得长生的思想观点。《庄子》中"养生"的思想，"善养生者若牧羊然，视其后者而鞭之"（《达生》），有"卫生之经"，"卫生之经，能抱一乎？能勿失乎？"（《庚桑楚》）作为"养生""卫生"的目的其结果是"长生"，"抱神以静，形将自正，必静必清，无劳女形，无摇女精，乃可以长生"

（《在宥》）。也就是说，《庄子》认为养护构成人生命的基本要素——神、形、精，方可以获得长生。显然这正是道教最基本的养气、养精、养神则"永有其身"理论观点的思想渊源。当然，在《庄子》中"养生→长生"还是一个比较次要、简略的思想观念，一个具有幻想性质的人生目标；但在道教，"仙人道士非有神，积精累气乃成真"（《黄庭经·仙人章第二十八》），"养生→长生→成仙"不仅是道教经典最主要的理论论题，而且也是支撑道教宗教目标中唯一具有真实性和科学性的观念成分。

构成人生命要素的气、精、神、形概念和养生的观念内容，从作为庄子自然哲学中的思想观点，到成为道教修炼方法（方术）的理论基点，也有显著的变化与不同。

第一，在道教理论中构成人生命要素的"神"（心智）被实体化，"形"（生理器官）被人格化。在《庄子》中，"精"经常被作为与"神"含义相近的同义词或概念来使用的，如"今子外乎子之神，劳乎子之精"（《德充符》），"上悖日月之明，下暌山川之精"（《天运》）。或者是作为和"形"构成一个周延的生命范围的反对概念来使用的，如"形劳而不休则弊，精用而不已则劳"（《刻意》），"弃事则形不劳，遗生则精不亏，夫形全精复，与天为一"（《达生》）。这两种情况都表明在庄子思想里，"精"和"神"的内涵是相同的，并且"至精无形"（《秋水》），"不形而神"（《知北游》）。所以《庄子》中的"精""神"经常是意指和"形"相对立的人生命中那种无形体的心智、思维等精神性的存在或表现。从上面的征引中可以看出，在道教经典中，"精""神"观念的内容有所变化，"气生精，精生神，神生明"，"神为君，精为臣，气为民"，"精"与"神"的概念内涵已不相同，在人的生命构成中也属于不同的层次。不仅如此，在道教经典中，"精""神"还进一步被实体化。"气化为血，血化为精，精化为神"（《庄周气诀解》），"精""神"都成为人的具有生理功能或机能的实体。在《黄庭经·呼吸》中甚至把"精"更具体地指认为是精液胎根："结精育胞化生身，留胎止精可长生。"道教修炼方术中的"还精补脑"正是沿袭这种"精"的观念，如葛洪说："善其术者（房中术），则能却走马（泄精）以补脑。"（《抱朴子·内篇·微旨》）《太平经》更写道："人能清静，抱精神，思虑不失，即凶邪不得入矣。其真神在内，使人常喜，欣欣然不欲贪财宝、辩讼争、竞功名，久久自能见神。神长二尺五寸，随五行五藏服饰……"（《太平经合校·太平经钞·盛身却灾法》）这样，庄子自然哲学中具有理性内涵的无形的"神"，在道教的宗教观念中就被彻底改造为一种感性实体的存在。在道教的宗教观念中，作为生命构成的精神和心理的要素（"神"）被实体化的同时，物质要素（形）也被人格神化了。《庄子》中曾设想和描述人的生理机构有某种主宰存在，只是捕捉不到它的踪迹："若有真宰，而特不得其朕，可行已信而不见其形，有情而无形。百骸、九窍、六藏……其有真君存焉？如求得其情与不得，无益损乎其真。"（《庄子·齐物论》）显然，这是对庄子自然哲学中作为生命构成的精神性要素"神"的拟人描写（真宰、真君），并不是人格神的观念。《庄子》还写道："得其所一而同焉，则四支百体将为尘垢"（《田子方》），"物视其所，而不见其所丧，视丧其足犹遗土也"（《德充符》），在庄子的自然主义立场看来，人的形体百骸，如同自然万物，一气之聚散，或为鼠肝，或为虫臂，臂或化为鸡，尻或化为轮（《大宗师》），没有任何神圣的性质。在道教的宗教观念中，这种情况发生了变化，道教"长生""成仙"的宗教目标，蕴含并发展着生命崇拜的宗教感情和思想观念；各具独特功能、负载着人生命的人体各种器官被神化、被崇拜，在道教的宗教观念中出现是很自然的。最初在《太平经》中出现了"五脏神"，"此四时五行精神，入为人五藏神①，出为四时五行精神"（《太平经合校·斋戒思神救死诀》）。《太平经》还叙述说，五脏神各依五行颜色及方位图画之，悬挂室内，"思之不止，五藏神能报二十四时气，五行神俱来救助之，万疾皆愈"（《太平经合校·三洞珠囊》卷一）。在《黄庭经·心神》中五脏各有专名："心神丹元字守灵，肺神皓华字虚成，肝神龙烟字含明，翳郁导烟主浊清，肾神玄冥字育婴，脾神常在字魂停，胆神龙曜字威明，六腑五脏神体精，皆在心内运天经，昼夜存之自长生。"《黄庭经·治生》还写道："兼行形中八景神，二十四真出自然。"所谓"八景神二十四真"，就是道教理论将人身体分为上、中、下三部分

---

① 道教认为五脏各有神主，即心神、肺神、肝神、肾神、脾神，合称"五藏神"，即五脏神。

（上景、中景、下景），每部分又分为八个部位器官，各有神的名号（八景神），共计二十四神（二十四真），这是道教最完备的人的形体人格神观念。在不同的道教经典中，八景神二十四真的名称有所不同，但将人的形体生理器官人格神化，并顶礼膜拜以求长生的宗教观念是完全相同的。例如陶弘景《真诰》曾援引《苞元玉篆白简青经》说："不存①二十四神，不知三八景名字者，不得为太平民，亦不得为后圣之臣。"总之，构成人生命的精神要素被实体化，形体器官被人格神化，是由庄子的自然哲学思想蜕变为道教宗教观念的一个主要特征。

第二，养生的重点由精神修养移向形体（气、精）修炼。《庄子》中写道："吹呴呼吸，吐故纳新，熊经鸟申，为寿而已，此道引之士，养形之人……若夫不导引而寿，此天地之道，圣人之德也……静一而不变，淡而无为，动而以天行，此养神之道也。"（《刻意》）显然，在庄子思想中，"养神"的精神境界高于"养形"。从《庄子》中的记述还可以看出，庄子所谓"吾闻庖丁之言，得养生焉"，主要是指"依乎天理，因其固然"（《养生主》）；所谓"卫生之经"，主要是指"能抱一乎，能儿子乎？"（《庚桑楚》）也就是说，庄子思想的养生，正是指与自然为一，保持心境恬淡的精神修养——养神。在道教的养生理论中，对"养神"仍然极为推崇，《西升经》甚至说"伪道养形，真道养神"。但是在道教的养生宗教实践中，正如道教最重要的经典《黄庭经》所说"积精累气乃成真"，和最主要的理论家葛洪所说"凡学道，宝精爱气最其急也"（《抱朴子·内篇·微旨》），养形实际上是主要内容；道教养生理论的独特方面和难以胜计的具体方法都是围绕养形（守气、保精）而滋生、发展起来的。如葛洪概述说："虽云行气，而行气有数法焉，虽曰房中，而房中之术，近有百余事焉；虽言服药，而服药之方，略有千条焉。"（《抱朴子·内篇·释滞》）孙思邈亦说："凡欲求仙，大法有三：保精、引气、服饵。凡此三事，亦阶浅至深，保精之术列叙百数，服饵之方略有千种，行气其大要者胎息而已。"（《云笈七签·摄养枕中方·行气》）可见，发源自

---

① 存，存思、存想也，即思念、默祝、默诵神物、经典之谓也，是道教自我收摄的修持方法。《天隐子·存想》谓："存，谓存我之神；想，谓想我之身。"

《庄子》的养生思想，其内容特质在道教理论中发生了巨大的变迁。

应该说，道教的形、神理论或气、精、神理论都还是比较粗糙的，但它毕竟是道教众多修持方法共同的理论基点。这个理论基点潜生于《庄子》之中，而向新的、异于《庄子》的宗教方向生长去。道教和庄子思想在理论观念上的联系和差别都具有这种性质，都是这种情形。

（《哲学研究》1990 年第 5 期）

儒家社会生活中的宗教宽容

一　界定

宗教的形态与宗教的观念都处在演变发展之中，即使是同一形态的宗教，从宗教人类学、宗教社会学和宗教心理学的不同理论角度观察，对其本质的确定也不尽相同。但是，根据迄今人类历史上已出现的三个典型的、成熟的世界宗教形态——佛教、基督教、伊斯兰教，在比较宽泛的、浅近的意义上，还是可以对宗教做出一个基本的界定：宗教是对某种超越的、具有神灵性的神圣对象的信仰，并从中获得生活的意义。这一界定可分解为三项内涵：一是宗教信仰的对象，必须是有神灵性的，通常是超越的人格神。《圣经》中的"上帝"和《古兰经》里的"真主"，都是具有人格特征的，但又是超越人性（神灵性）的神圣对象。① 原始佛教的教义虽然没有把佛作为人格神来崇拜，但在佛教的传衍中，佛仍是以某种有神灵性的特殊人格出现的。② 二是宗教接近或达到神灵对象的方法，必须是有信仰的。因为这种神灵性不可能有真正的经验基础，因而也不可能形成理性的逻辑之路。宗教的一切仪式、法轨、修持，都是信仰的一种特殊表述。三是宗教给人生一种解释，创造出一种生活意义和样态，是一种文化类型或生活方式的精神核心。这一点既是宗教必具的特质之一，也是宗教

---

① 《圣经》开篇即述上帝无所不能，创造天地、万物、人类。《古兰经》通篇歌颂真主全知全能，无处不见，在第 112 章简明概括曰："真主是独一的主，是万物所依赖，他没有生产，也没有被生产，没有任何物可以做他的匹敌。"
② 有所谓"三十二相"（《智度论》八十八）、"八十种好"（《法界次第初门·卷下之下》）。

的社会功能。以这个界定来度量，儒学显然不具有宗教特质，但在一定意义上却具有宗教的功能。在中国历史上，东汉时期出现了具有"三项内涵"意义上的佛教和道教。佛教是从印度传入，道教则是在中国固有的古代巫术、春秋战国时期道家老子、阴阳五行、神仙的思想基础上形成的。佛教虔信通过坚毅的戒、定、慧修持，实现出离生死等人生一切烦恼的寂灭（涅槃）；道教则相信通过服食由金石炼成的"金丹"（外丹），和由精气在体内凝成的"神丹"（内丹）的修炼，可以极大地增强生命力的强度，达到"长生不死"的人生目标。比拟佛教、道教给予人生一种终极价值追求和实现途径的意义上，魏晋以后，人们将以践履"礼"的规范实现对家庭、国家伦理道德义务责任为人生目标的儒家理论也称为"教"——"儒教"，合称"三教"。① 唐代时，基督教和伊斯兰教传入，在当时只是侨民的宗教。伊斯兰教在明代以后，逐渐成为民族（回族等）的宗教；基督教在中国作为传教的宗教存在，虽然明末清初有短暂的实现，但真正实现应是在鸦片战争后的近现代中国。所以这里论述中国历史上的宗教关系，主要是指儒学（儒教）与佛教、道教间的相互关系。

二　三教间的观念冲突与融合

中国古代的历史事实显示，儒学与道教似乎没有发生过冲突，但与佛教却一直存在着对立和争辩。而佛、道之宗教理论和生活实践对儒家伦理道德观念所表现出的不同态度，则是形成这种有差别关系格局的关键之处。儒家以"五伦"（十义）的伦理原则的践履，为自己的道德理想和人生实践的核心内容。历史上的儒家，生长在君主制的社会环境中，自汉代"独尊儒术"而成为国家意识形态后，源自先秦法家的权力观念，浸入了

---

① 其最早可能是在三国之时，如释家典籍有记载曰："《吴书》云：吴主问三教。尚书令阚泽对曰：孔老设教，法天制用，不敢违天；佛之设教，诸天奉行。"（法云：《翻译名义集·半满书籍篇》）而对于三教提供的人生实践目标，当以宋元学者刘谧《儒释道平心论》概括得较为完整："儒教在中国，使纲常以正，人伦以明，礼乐刑政，四达不悖，天地万物以育，其功于天下大矣，故秦皇欲去儒而儒终不可去。道教在中国，使人清虚以自守，卑弱以自持，一洗纷纭胶葛之习，而归于静默无为之境，其有神于世教也至矣，故梁武帝欲除道而道终不可除。佛教之在中国，使人弃华就实，背伪而归真，由力行而造于安行，由自利而至于利彼，其为生民之所依归者，无以加矣，故三武之君欲灭佛而佛终不可灭。"

儒家伦理的道德思想中，个人与国家（君臣）、家庭（父子、夫妇）间的互有责任义务的伦理关系，蜕变为或者说强调了单方面屈从"三纲"那种被权力扭曲、异化的伦理关系。① 印度佛教传入中国后，虽然不断发生着中国化、世俗化的演变，但仍然始终保持着摆脱情累、洗尽尘缘、出离生死、实现"涅槃"成佛的宗教目标。中国佛教虽然并不反对世俗的人伦道德理念，但仍然放弃、拒绝了这种伦理道德的实践。东晋高僧慧远在其《沙门不敬王者论》中说，信佛而未出家的人，应同世俗之民一样，应有"天属之爱，奉主之礼"；但出家之人，"皆遁世以求其志，变俗以达其道；变俗则服章不得与世典同礼，遁世则宜高尚其迹"，可以而且应该超脱世俗伦理观念和规范约束，"求宗而不顺化"。唐初，"护法沙门"法琳在其《辩正论》中也说："虽形阙奉亲，而内怀其孝；礼乖事主，而心戢其恩。"慧远和法琳所论表明，中国佛教的伦理道德实践是一种异向的双重选择。在儒家的生活方式中，佛教的宗教目标和"求宗而不顺化"的宗教生活以极其迅速的传播所带来的社会后果使儒家深感忧虑，因而予以强烈的质疑、抨击。在宋代理学出现以前，儒家排斥佛教的主要理据有两个。一是认为佛家的宗教生活实践给社会伦理秩序带来破坏。例如，梁武帝时，荀济上书请废佛法，其理由是："戎教兴于中壤，使父子之亲隔，君臣之义乖，夫妇之和旷，友朋之信绝，海内散乱，三百年矣……"（《广弘明集·辨惑篇》）二是认为佛教的存在给国家经济生活造成危机。例如，梁武帝时，郭祖深上书谏言削减僧尼，其理由是："僧尼资产丰沃，所在郡县，不可胜言。道人又有白徒，尼则皆畜养女，皆不贯人籍，天下户口，几亡其半。而僧尼多非法，养女皆服罗纨，其蠹俗伤法，抑由于此。请精加捡括……不然，恐方来处处成寺，家家削发，尺土一人，非复国有。"（《南史·郭祖深传》）隋唐儒者的排佛言论，包括韩愈的激烈言辞，多未能超出这个范围。宋代以后，儒学（理学）更以"理"的本体论、"心统性情"的工夫论，在哲学层面上破解

① 韩非曰："臣事君、子事父、妻事夫，三者顺则天下治，三者逆则天下乱。"（《韩非子·忠孝》）明显将儒家的君臣、父子、夫妇间相互有道德义务和责任的伦理关系，扭曲为单方面服从、以权力制衡的人际关系。汉儒缘沿之，称之为"三纲"，"循三纲五纪……此圣人之善也"（汉·董仲舒：《春秋繁露·深察名号》），"君为臣纲，父为子纲，夫为妻纲"（《礼纬·含文嘉》），"三纲者何？谓君臣、父子、夫妇也"（汉·班固：《白虎通·纲纪篇》）。

作为佛禅世界观、修养论之基础的"空"观、"自性"说；以实与虚、公与私、止与定（敬与静）等主要局限，将儒佛加以辨分。这是中国古代儒学在最高的理论视角上对佛学的审视、批判。但是应该说，儒家对佛教的反对、抨击，始终是在思想理论的领域，从未出现儒学借作为国家意识形态的优势地位，鼓动国家权力迫害佛教的情况。道教基本上认同并接受儒家的伦理观念和道德规范。道教的第一位理论家东晋葛洪所宣示的原则，即"欲求仙者，要当以忠孝和顺仁信为本，若德行不修，而但务方术，皆不得长生也"（《抱朴子·内篇·对俗》）可以为证。所以，虽然儒家并不认可道教"长生"的宗教目标①，但在伦理道德观念和实践上的基本一致，使儒学与道教之间始终未出现对立、争斗之势。当然，宋明理学家有时将道教理论渊源之一的老庄道家思想，不作严格区分地与佛学放在一起，称为"释老"加以批判，但那主要是对道家也有悖于儒学核心的伦理道德价值理念的思想观念和实践表现的批判，不能视为是对道教的抨击。②

在中国历史上，道教和佛教作为较严格意义上的、有"三项内涵"的宗教，他们之间的对立与冲突则每每表现得比较尖锐。从围绕西晋道士王浮《老子化胡经》、南朝宋末道士顾欢《夷夏论》、假名为张融的南齐道士《三破论》而展开的佛道两家为各自宗教真理之真和宗教地位之高的论战③，到多次发生在唐宋时期朝廷大典、诰制行文中佛道位置先后排

---

① 朱子有诗曰："炼形羽化真寓言，世间那得有神仙?"（《朱文公文集·夜叹》）又曾说："道家说仙人尸解，极怪异。"（《朱子语类》卷一百二十五）此最可为儒家不认可道教宗教目标之证。

② 二程曾评说："庄子有大底意思，（只是）无礼无本。"（《河南程氏遗书》卷七）朱子亦说："佛老之学，不待深辩而明。只是废三纲五常，这一事已是极大罪名，其他更不消说。"（《朱子语类》卷一百二十六）

③ 晋朝道士王浮造《老子化胡经》谓老子胡化佛（南北朝·顾欢：《夷夏论》引"道经云"），佛徒则造《清净法行经》，谓佛遣三弟子来震旦教化，儒童菩萨，彼称孔丘，光净菩萨，彼称颜回，摩诃迦叶，彼称老子（南北朝·道安：《二教论》引）。《夷夏论》谓"佛教文而博，道教质而精，精非粗人所信，博非精人所能；佛言华而引，道言实而抑，抑则明者独进，引则昧者竟前；佛经繁而显，道经简而幽，幽则妙门难见，显则正路易遵"，以道教优于佛教；南北朝慧通著《驳顾道士夷夏论》谓"圣教妙通，至道渊博……大教无私，至德弗偏"，以佛说广大，高于道论。传《三破论》诋毁佛教"破国""破家""破身"，南北朝释玄光则撰《辨惑论》，讥斥道教有"五逆"和妖法、欺巧、不仁、虚妄、顽痴、凶佞之"六极"。

序的变迁①，都可视为是其具体表现。使佛教蒙受三次虽然短暂但却是沉重打击的"三武法难"，固然是由某种具体的政治、经济事态的契因触发而成，但道教人物在其中的鼓动确也起到了推波助澜的作用②；而道教在元代遭遇到的诸如《道藏》被焚等的压制中，也多有佛僧的动作③。然而佛教、道教皆未获得国家权力；国家权力选择的基本意识形态或社会精神基础是儒学（儒教）。这就使得佛道间的宗教冲突，只能停止在思想理论领域，在经常的情况下，不可能越过这个樊篱，形成政治的对立、冲突，借国家权力消灭掉对方。

历史上，儒学（儒教）与佛教、道教之间关系的全幅展现，在思想领域内除却人生终极追求、理论结构和实践方法上的差异、对立、冲突外，在其各自的发展进程中，也还有观念和思维方式上的相互融合、消化吸收。佛教自印度传入，其发展演变经历了中国化和世俗化两个阶段。前一阶段可界定在魏晋南北朝至隋唐的历史时期内，佛学完成了从印度佛教理论发展的固有逻辑轨道，向中国思想的理论思维道路转移，形成了中国佛教。在这个过程中，诸如在"格义""连类"的佛经翻译中，在对"般若""涅槃"的诠释中，以及支撑天台宗、华严宗、禅宗等中国佛教宗派立宗的主要观念"实相""法界""自然"中，都有明显的老庄道家思想

---

① 如在唐代，太宗贞观十一年有诏令曰："自今以后，斋供行法，至于称谓，道士女冠，可在僧尼之前。"（宋·宋敏求：《唐大诏令集·道士女冠在僧尼之上诏》）而到武后天授二年，又有制令曰："释教宜在道法之上，缁服处黄冠之前。"《唐大诏令集·释教在道法之上制》）在宋代，有宋人记述："大观二年……时方崇道教，诏道流叙位在僧之上。"（宋·周辉：《清波杂志》卷八）慨叹："北齐敕道士剃发为沙门，宣和中，敕沙门著冠为道士，古今事不同如此！"（宋·邵博：《邵氏闻见后录》卷二十九）

② 北魏太武帝毁佛的积极推动者崔浩崇信道教，史称"寇谦之有《神中录图新经》，浩因师之"（《魏书·崔浩传》）。史记周武帝废佛，有道士助推，文献载："有道士张宾谲诈罔上，私达其党，以黑释为国忌，黄老为国祥，帝纳其言，通道轻佛。"（唐·释道宣：《广弘明集·叙周武帝集道俗议灭佛法事》）。史载唐武宗在位时，道士"赵归真乘宠，每对，排毁释氏，言非中国之教，蠹耗生灵，尽宜除去，帝颇信之"（《旧唐书·武宗纪》）。

③ 元、明历史笔记有记述曰："宋祥兴二年己卯，元主忽必烈灭宋，大兴彼教，任番僧拊迁等，灭道教。十月二十日，尽焚《道藏》经书。"（明·陆容：《菽园杂记》卷十一）"至元间，释氏豪横，改宫观为寺，削道士为髡。"（元·陶宗仪：《南村辍耕录》卷十三）

元素。① 后一阶段是指宋代以后，中国佛教的理论创造力已趋衰弱②，而"不分世法佛法，直下打成一片"③ 的世俗化倾向渐趋增强，并最终融入中国文化。这个过程的完成，佛家完全接受和佛学中广泛渗入儒家伦理观念无疑是最重要的。④ 可见，借助、吸纳道家、儒家思想，是中国佛教形成和发展的重要理论条件。同样，道教从佛学那里，儒学从佛、道那里也吸取提升甚至改造了自己理论质量的观念因素、思维方式。例如，魏晋和唐代道教理论家在对自己的传统论题"承负""重玄"做出的蕴含着"轮回""双遣"观念的新诠释，显然是感受或融会"三世""般若"等佛家智慧的结果。⑤ 宋代道教的内丹学家以神仙家所修之"命术"只是初阶，佛家"真如觉性"方是终极⑥，又或将内丹术分为上中下三

---

① 佛教思想的这一蜕变过程，是一个由微至显的复杂过程，是魏晋南北朝许多高僧大德人物的思想和精神经历的积累，这里难以选择简洁的、最具特征的语言展示。笔者在《庄学研究·庄子思想与佛学》中，从庄学的角度对此过程曾有粗略论述。

② 清代学者恽敬《潮州韩文公庙碑文》云："公之辟佛，辟于极盛之时；宋人之辟佛，辟于既衰之后。宋人之辟佛，以千万人攻佛之一人；公之辟佛，以一人攻佛之千万人，故不易也。"（恽敬：《大云山房文稿》）此时清人已观察到，自唐至宋以后，佛教的气势已由盛入衰，故认为韩愈与宋儒虽同为辟佛，但处境有难易的不同。

③ 此话是北宋临济宗杨岐派著名禅师圆悟克勤语（见其《圆悟佛果禅师语录·示觉民知库》）。

④ 北宋高僧、明教大师契嵩撰作《辅教编》《皇极论》《中庸解》《论原》等篇，从道教性命、礼乐刑法，直至九流风俗等不同理论层次上，论说"佛之道与王道合"（《镡津文集·上仁宗皇帝书》），表现"拟儒发明佛意"（《镡津文集·与石门月禅师》）；两宋间禅宗领袖宗杲更诠定"菩提心则忠义心也，名异而体同。但此心与义相遇，则世出世间，一网打就，无少无剩矣"（《大慧语录·示成机宜》）。

⑤ 东晋以后出现的道教《灵宝》诸经有曰："善恶皆有对，是以世人为恶……而不即被考者，由受先世宿福，福尽罪至，生或为阳官所治，死入地狱，覆诸荼毒，楚痛难言也。""恶恶相缘，善善相因……身没名灭，轮转死道。"（《太极真人敷灵宝斋戒威仪诸经要诀》）由此可见，汉代《太平经》中那种在异代之间传递福祸后果的道教传统的"承负"观念，在此经里改变为一个人因其业果而在"三世""六趣"间轮回的具有佛家色彩的观念。唐道士成玄英说："玄者，深远之义，亦是不滞之名。有欲之人，唯滞于有，无欲之士，又滞于无，故说一玄，以遣双执。又恐学者滞于此玄，今说又玄，更祛后病。既而非但不滞，亦乃不滞于不滞，此则遣之又遣，故曰玄之又玄。"（《道德经开题序诀义疏》卷一）显然，道教"重玄"理论的此种诠释，受到佛家诸如《中论》中的那种空与有、真与假之分，以及全破又全不破"般若"智慧的启发。

⑥ 北宋道教内丹学主要人物张伯端曾概述其丹术途径曰："先以神仙命术诱其修炼，次以诸佛妙用广其神通，终以真如觉性遣其幻ους，而归于究竟空寂之本源。"（《悟真篇·禅宗歌颂》）在张伯端这里，"内丹"由传统道教的某种精神性实体的存在，转变为佛家色彩的精神境界。

品，上品丹法必须"以定为水，以慧为火"方能炼成①，其显现的佛禅思想观念也是很鲜明的。对佛家思想的吸收摄取，使道教原来富于经验性的宗教理论增添了形而上的色彩。作为古代儒家思想最高发展的宋明理学，它的那种有区别于传统儒学的理论特色或质量，也正是消化佛学、道家的形而上思想而形成的。例如宋明理学中程朱派的"理"，其总体性、根源性和形而上的基本内涵，事实上正是老庄道家"道"的内涵。②；陆王派的心性不分、心（性）无善恶的观念，则是清晰地烙印着禅宗的观念痕迹。③

总之，历史上的儒、道、佛"三教"，因人生终极的具体目标和人生实践上的差异，存在着对立、冲突，但这种对立、冲突主要发生、表现在思想领域。同时，在思想领域内"三教"间的对立、冲突中，也有相互的观念与理论的融合摄取与吸收。所以儒家生活中的"三教"，基本上是在相互兼容、和平共存中实现着各自的生长、演变、发展。相较于西方历史上（中世纪）基督宗教对异己宗教和"异端"教派的不能容忍的无情

---

① 南宋著名道教人物白玉蟾撰有《修仙辨惑论》，追述其师陈楠三品丹法曰："天仙之道，以身为铅，以心为汞，以定为水，以慧为火；水仙之道，以气为铅，以神为汞，以午为火，以子为水；地仙之道，以精为铅，以血为汞，以肾为水，以心为火。"（《修真十书》卷四）

② 老庄道家说，"道"为"天地根""天下母"（《老子》第6、25章）；"道通为一""无所不在"（《庄子·齐物论》《庄子·知北游》）；"道"是"无状之状，无物之象"（《老子·十四章》），"无为无形"（《庄子·大宗师》）。换言之，道家认为，根源性、总体性、超验性，是"道"之本体的形上特质。宋代理学家二程论证本体之"理"曰"万物皆出于理""一物之理，即万物之理""有形只是气，无形只是道"（《河南程氏遗书》卷六），此亦以"理"之本体的内涵是根源性、总体性、形而上。

③ 在宋明理学中，特别是朱子学，对心与性有十分明确的区分。朱子说"心者，气之精爽"（《朱子语类》卷三），将"心"定位在宇宙论层面上。"心"之体，即是仁义礼智之性；"心"之用，即是情。"统性情，该体用，心也。"（《朱文公文集·答方宾王》）禅宗却是心性不分，且以性（心）无善恶。如禅家说"佛性非善非不善，是名不二"（《坛经·行由品》），"心性不异，即性即心，心不异性"（《宛陵录·传法》）。王阳明说"良知者，心之本体"（《传习录中》），此以心之知觉功能，即是心之本体（性），是心性不分；又说"无善无恶心之体"（《传习录下》），此以性无善恶。凡此皆是阳明学背离朱子学而接受禅学影响的表现。

打击和残酷迫害①，儒家生活方式中的这种宗教关系，是值得进一步去认识、去诠释的伟大的宽容奇迹。

三 儒家宗教宽容的理念基础

20 世纪 70 年代，著名的日本佛教学者、社会活动家池田大作和英国牛津大学教授威尔逊，曾有多次关于社会与宗教诸多问题的广泛对话。其中，也讨论了宗教的宽容问题。②

> 池田 很多有独立教理体系的宗教都确信自己拥有唯一的真理，或是掌握了接近真理的唯一方法。这些片面的思想方式是导致不同的宗教和思想体系产生矛盾的原因之一……
>
> 威尔逊 无论是基督教徒，还是伊斯兰教徒，抑或是其他宗教的教徒，凡是犯有不宽容过错的人，大都是因为确信自己的教义绝对正确。

应该说，历史上和世界范围内的宗教对立、冲突，如果排除其爆发时

---

① 基督宗教《圣经·旧约》借上帝之口说："你的同胞兄弟，或是你的儿女……若暗中引诱你说'我们不如去崇拜你和你的列祖素来所不认识的别神……'，你不可依从他，不可怜恤他，总要杀死他。你先下手，然后众民也下手，将他治死。"（《申命记》第十三章）《新约》借耶稣之口说："我是葡萄树，你们是枝子，你们若不常在我里面，就像枝子在外面枯干，人拾起来，扔在火里烧了。"（《约翰福音》第十五章）在西方历史上，天主教国家和天主教会对异教徒和异端分子所表现出的不宽容是以此经典为根据的。基督宗教最重要的理论家阿·奥古斯都、托·阿奎那都曾据此论证对异教徒、异端分子施以惩罚、执行火刑的正当性。12～13 世纪的十字军东征和 13～19 世纪初的宗教裁判所（当然，宽泛意义上的基督宗教法庭更早就有了），则是其最凸显的实际表现。至少有 8 次的十字军东征，既攻击、占领过广大的西亚、中亚异教伊斯兰教统治地区，也掠夺、占领过信奉同宗的东正教拜占庭帝国。一位美国学者曾考证："1487～1808 年，宗教裁判所处罚了 34 万人，其中被火刑焚死者约有 3.2 万人。"（〔英〕约翰·德雷珀：《宗教与科学之冲突》，张微夫译，辛垦书店 1934 年版，第 96 页）所以，正如 18 世纪法国启蒙思想家霍尔巴赫所抨击的那样："基督教是火的宗教，教会的忠诚儿子应该燃起对主的爱，神职人员应该燃起热忱，国王和官吏应该随时随地焚烧异教徒及其真教的其他敌人，最后，刽子手应该不断焚烧五月梯脚下的书籍。"（〔法〕保尔·霍尔巴赫：《袖珍神学》，单志澄等译，商务印书馆 1972 年版，第 44 页）

② 〔日〕池田大作、〔英〕威尔逊：《社会与宗教》，梁鸿飞、王健译，四川人民出版社 1991 年版，第 432～434 页。

具体历史情境下的政治、经济因素，就宗教本身来观察，两位学者的论断无疑是正确的、符合事实的。认为自己宗教的终极目标和最高真理是唯一正确的，否定其他宗教的终极追求、最高真理，必然会导致对其他宗教的生活实践、生活方式的轻蔑、不尊重；当这种观念上的成见获得包括权力介入的某种力量时，就会表现出形式多样、强烈程度不同的冲突，表现为不宽容。

儒学，或者说"儒教"，以现世的、日常的伦理道德思想为自己的理论核心。先秦和汉代儒家将人的德性归纳为仁、义、礼、智、信五种，论证了五种德性皆有各自心理的或道德情感的基础，有共同的人性根源，因而是人类普遍共有的；五种德性在不同的伦理关系中表现出诸如孝、忠、信等不同道德行为规范，因而也应是人类普遍共有的准则。如《礼记·祭义》论"孝"曰：

> 夫孝，置之而塞乎天地，溥之而横乎四海，施诸后世而无朝夕，推而放诸东海而准，推而放诸西海而准，推而放诸南海而准，推而放诸北海而准。《诗》云："自西自东，自南自北，无思不服。"此之谓也。

宋代理学家将人的伦理道德规范的最终人性根源，赋予更抽象的形而上特质，称之为"理"①；伦理道德规范，作为儒家的真理，也获得更具普遍性的质量。如理学家说：

> 理则天下只是一个理，故推至四海而准，须是质诸天地、考诸三王不易之理。（《河南程氏遗书》卷二）

> 东海有圣人出焉，此心同也，此理同也。西海有圣人出焉，此心同也，此理同也。南海北海有圣人出焉，此心同也，此理同也。千百世之上至千百世之下，有圣人出焉，此心此理，亦莫不同也。（《象山全集·年谱》）

---

① 理学中"理"的完整定义当是朱子所说"天下万物所以然之故，与其当然之则，所谓理也"（《大学或问》卷一），"理者，形而上之道，生物之本也"（《朱文公文集·答黄道夫》）。在社会生活领域，伦理道德规范也就是"理"。如二程说"父子君臣，天下之定理，无所逃于天地之间"（《河南程氏遗书》卷五），"道（理）当于君臣、父子、夫妇、兄弟、朋友上求"（《河南程氏外书》第十二）。

儒家认为自己的伦理道德规范，或者说道德理想、最高真理，具有人性的根源、"理"的根据，即符合作为人的"所以然之故与当然之则"，它的正确性不是体现为唯一性，不是天下之见唯我独是；而是体现为普遍性，是四海之人、古今之人皆同如此。孝敬父母、忠于国家、信于朋友，是人皆是如此，人同此心，心同此理。显然，儒家最高真理的普遍性质量，在于儒家体现"理"的伦理道德理念，实际上也就是最基本的、最平常的生活准则、生活形态。当然，在某种特殊的宗教理论情境中，儒家的道德真理也许会与某种宗教信念并不一致甚至相悖，如佛教将出世的宗教修持置于入世的伦理践履之上，斥责不知师僧之恩高于父母之恩者愚昧。[①] 基督宗教以爱为本，但对将爱父母置于爱上帝之前的信徒则予以谴责。[②] 然而在世俗生活中，儒家所提出的那些基本伦理道德原则，却都是不同宗教所一致认同和维护的。因为否定这些原则，失去人类生活、人类生存状态中伦理原则和道德品性，不是对儒学或哪一种宗教、思想体系的否定，而是人类生活本身、人类生存状态本身的崩溃。儒家从被根源于人性、根源于"理"的伦理道德理念中，发育出一种道德真理具有普遍性的信念，儒家因此也具有了一种宽容的眼光和心态，有可能在不同宗教那里皆能观察到真理的成分，对不同宗教保持着相容的态度。

18 世纪法国启蒙思想家孟德斯鸠曾说："迷信的偏见强于其他一切偏见，迷信的理论强于其他一切理论。"[③] 如果在宽泛的意义上，将"迷信"理解为非理性，"信仰"理解为超理性，那么，也可以说，信仰的偏见强于其他一切偏见，信仰的理论强于其他一切理论。非理性是被情绪、情感主宰的认识，超理性是不可进行逻辑分析的整体直观、全息悟解。换言之，信仰和迷信一样，都是缺乏理性的品质。虔诚的宗教信仰者往往不能也无须对自己的信仰对象（唯一真理），诸如"上帝""真主""佛"产

---

① 唐代律宗名僧道宣说："父母七生，师僧累劫，义深恩重，愚者莫知。"（道宣：《净心诫观法》卷下）
② 《圣经》记载耶稣说："爱父母过于爱我的，不配做我的门徒；爱儿女过于爱我的，不配做我的门徒。"（《新约·马太福音》第十章）
③ 〔法〕孟德斯鸠：《论法的精神》，张雁深译，商务印书馆 1961 年版，第 288 页。

生分析的、反思的认知能力，表现为不可动摇、没有思维和选择过程的执着①；而对异于或有悖于自己信仰的宗教对象、真理及其宗教生活实践，则容易表现出不愿或不能理解和缺乏尊重的排斥。在儒学或"儒教"中，对作为儒家思想中宇宙最后根源、最高本体的"天道"②，却是可解析、可认知的对象。《礼记·中庸》中对这个逻辑过程有较完整的描述：

> 诚者，天之道也。诚之者，人之道也。诚者，不勉而中，不思而得，从容中道，圣人也。诚之者，择善而固执之者也。博学之，审问之，慎思之，明辨之，笃行之。有弗学，学之弗能弗措也；有弗问，问之弗知弗措也；有弗思，思之弗得弗措也；有弗辨，辨之弗明弗措也；有弗行，行之弗笃弗措也。人一能之，己百之；人十能之，己千之。果能此道矣，虽愚必明，虽柔必强。

儒家认为，孕育宇宙和人生全部内容、真实无妄的本体实在，是天之本然；认识、把握这个本体实在，是人之当为。对于有极高修养的"圣人"来说，自然可以很从容地达到认知、把握本体的境界，但对于众人来说，却需要通过博学、审问、慎思、明辨、笃行的认识和实践的过程才能达到；然而只要努力，则一定可以达到。儒学对于可视为自己思想体系中的最高真理或终极对象的"天道"，能清晰地界定、解析其内涵；能有

---

① 基督宗教思想史显示，教父哲学和经院哲学的思想家都曾援引希腊哲学，逻辑、理性地论证上帝的存在与属性。但康德的批判哲学指出"最高存在者的客观实在性既不能由思辨理性证明之，亦不能被否证之"，这里是"为信仰留地盘，则必须否定知识"（〔德〕康德：《纯粹理性批判》，蓝公武译，商务印书馆1960年版，第456、19页）。近代欧洲种种理性宗教思潮，都努力论证信仰的理性基础和知识内容；但是，正如一位现代新正统派神学家所描述的那样，信仰的本始形态还应是："我们绝不'因为'什么而信，我们是由于领悟而信、而不顾一切。请想一下《圣经》里的那些人物，他们并不是因为有某种证据的理由才信，而只是因为有一天他们被放在能信，但必须不顾一切来信的地位上而已。"（〔瑞士〕巴特：《论基督教信仰》，胡簪云译，载刘小枫《20世纪西方宗教哲学文选》上卷，上海三联书店1991年版，第491页）

② 朱子注解《论语·公冶长》"夫子言性与天道"曰："天道者，天理本然之本体。"（《论语集注·公冶长》）另外，程颐在辨析命、理、性、心等范畴之内涵时说："在天为命，在义为理（疑是'在物为理'），在人为性，主于身为心，其实一也。"（《河南程氏遗书》卷十八）这是宋代理学，也是全部儒学中对"天道"最明确界定和完整解析。天道是最高本体，命、理、性、心，即宇宙万事万物，都可由此获得存在的解释。

信心地确定接近、达到这一真理、终极的逻辑途径，较之宗教的最高真理或终极对象总是要在超理性的信仰中才能被接受、被实现，彰显出非常鲜明的理性品质。只有理性才具有能解释、理解和消化非理性、超理性的智力和精神空间；所以在宗教关系中，只有在理性的品质中，才能产生和表现出对不同宗教的兼容立场和宽容态度。

总之，儒家认为自己的伦理道德理想，是人类共有的具有普遍性质量的真理，最高的本体和终极对象是能被人类理智分析、认知的。这使得儒家对不同的宗教信仰皆能做出理性观察、同情的理解；相信在不同的宗教——东西南北"圣人"那里，皆有"同理"的真理因素。可以认为，这就是历史上的儒家能够对繁荣地生长在儒家社会生活中的宗教表现出宽容态度的理念基础。

儒家对宗教的宽容态度，在宋代理学家对佛教的态度中，最具典型意义地表现出来。宋代理学对佛家思想理论的批判，或"儒佛之辨"，是儒学历史上最全面和最深入的，从某种意义上说也是最严厉的。如程颐评断说："佛逃父出家，便绝人伦，只为自家独处于山林，人乡里岂容有此物！……至如言理性，亦只是为死生，其情本怖死爱生，是利也。"（《河南程氏遗书》卷十五）不仅斥责了佛家背弃伦理，也否定了他对宗教的追求。朱子也判定佛家"废三纲五常，是极大罪名"（《朱子语类》卷一百二十六）。然而，宋代理学家在对佛学细密的辨析和激烈的批判之外，也有对佛学理解、尊重的宽容表现。在这里，程朱也最可为代表。程朱虽然都曾严厉地抨击佛家废弃君臣、父子、夫妇伦理的宗教生活实践，但对佛学形而上理论的高深、佛家修养工夫的精专，又都表示叹服，甚至认为其高于自己的儒门。例如，程颐承认："释氏之学，又不可道他不知，亦尽极乎高深！"（《河南程氏遗书》卷十五）朱子和他的弟子们讨论理学的根本问题，即宇宙的本体——"道体"时曾说："此事除了孔孟，犹是佛老见得些形象，譬如画人一般，佛老画得些模样。后来儒者于此全无相着，如何教他两个不做大！"（《朱子语类》卷三十六）朱子和他的弟子们讨论理学另一根本问题修养方法时，赞佩"释氏之徒为学精专"时说："吾儒这边难得如此。看他下工夫，直是白日至夜，无一念走作别处去。吾儒学者一时一日间是多少闲杂念处，如何得似他！"（《朱子语类》卷一百二十六）所以在宋代理学家看来，佛家尽管在理论和实践上有这样或那样可被诟病之处，但作为一种宗教、一种思想体系，其独立的地位是不可被撼动的。这就是朱子所说："释老虽非圣人之道，却被他做得成一家！"（《朱子语类》卷二十九）程朱虽然都曾对佛教作为一种宗教、一种思想体系有所抨击，但对作为创立佛教的教主本人，和创造、阐释佛教理论的佛家高僧大德，其人格、品德都表示真诚的尊敬。《河南程氏遗书》记载，程颐一次在回答门人"佛当敬否"之问时曾说："佛亦是胡人之贤智者，安可慢也？"清代王弘撰的历史笔记《山志》记述曰：

> 程子伊川游僧舍，一后生置坐背佛像，伊川列其坐。门人问曰："先生平日辟佛老，今何敬也？"伊川曰："平日所辟者，道也，今日所敬者，人也。且佛亦人耳，想在当时，亦贤于众人者，故辟其道而敬其人。"

朱子也不止一次对门人盛赞佛门祖师气质人品何其高尚，如他说："僧家尊宿，得道便入深山中，草衣木食，养数十年，及其出来，是甚次第！自然光明俊伟，世上人所以只得叉手看他自动。""某见名寺中所画诸祖师人物，皆魁伟雄杰，宜其杰然有立如此。"（《朱子语类》卷一百二十六、卷四）可见，程朱在对佛教的审视中，能将其弃置人伦实践的生活行为与其拥有高超的思想理论，将其道与其人，予以有所不同的分析、评价，在对一个基本上是被自己否定的对象——一个时时在与自己争夺精神领地的思想理论体系身上，保持着理性的宽容，尽管深深地感受着他的威胁①，但还是能承认其识"道体"、有"工夫"的理论价值，承认其"宜其有立"的存在合理性。

---

① 程颐就对当时学者多喜好谈禅之风气深感忧虑，说："此说天下已成风，其何能救！在某，则才卑德薄，无可奈何它；然据今日次第，便有数孟子，亦无如之何。"（《河南程氏遗书》卷二）朱子亦视佛禅势盛，为自己身后之忧，说："释氏之教，其盛如此，其势如何拗得他转？吾人家守得一世再世，不崇尚他者，已自难得。三世之后，亦必被他转了。不知大圣人出，'所过者化，所存者神'时，又如何？"（《朱子语类》卷一百二十六）应该说，仅仅是儒学理论本身，确实不足以抵挡和消化佛门兴盛之势；但儒学理论创造的儒家生活方式，却一直能承载着它并最终消化掉它。这种历史结局在程朱的当时，还是无法观察到的。

四　儒家社会生活中宗教宽容的具体表现

儒家思想中蕴含着可形成宗教宽容的理念基础，在作为古代儒家思想最高发展的宋代理学那里，在程朱等理学家严格的"儒佛之辨"中，也存在着对佛家的理解和尊重。所以在中国历史上，在以儒家思想为主体、为国家意识形态的社会生活中，儒与释、道"三教"间的关系，基本上是相互鼎立、兼容的宽容局面。这种宽容的形态，除了表现为前面已论定的三教间在思想观念上的相互融摄、消化、吸收外，还表现为国家教化政策认同"三教一致"或"三教合一"，社会能够接受个人精神生活的"双重教籍"，以及在民间世俗层面上"三教"无界限的融合存在。

"三教一致"或"三教合一"的观念，在魏晋南北朝时期就已形成，当时还主要是有深厚儒学修养的佛家人物或崇仰佛学的儒道学者的观点。如东晋时佛门领袖慧远即论定："道法之与名教，如来之与尧、孔，发致虽殊，潜相影响；出处诚异，终期则同。"（慧远：《沙门不敬王者论》四）东晋学者孙绰也认为："周孔即佛，佛即周孔，盖外内名耳……应世轨物，盖亦随时，周孔救极弊，佛教明其本耳，共为首尾，其致不殊。"（孙绰：《喻道论》）南朝居士宗炳曰："孔、老、如来，虽三训殊路，而习善共辙也。"（宗炳：《明佛论》）其时，在道教与佛教充满敌意的争论中，道教阵营也有"道佛本同"的观点出现。如南朝道教信徒张融以调和之论曰："道也与佛，逗极无二，寂然不动，致本则同，感而遂通，达迹成异。"（张融：《门律》）道士孟景翼进一步沟通佛道曰："在佛曰实相，在道曰玄牝；道之大象，即佛之法。"（孟景翼：《正一论》）南朝道教领袖陶弘景则以三教互补一致观念立论曰："万物森罗，不离两仪所立；百法纷凑，无越三教之境。"（《华阳陶隐居集·茅山长沙馆碑》）魏晋南北朝时期的佛教、道教人物或学者，在具有共同的儒家思想观念基础上，观察到三教间虽有"治身"或"治世"①、"练神"或"练形"②的

---

① 葛洪谓："内宝养生之道，外则和光于世，治身而身长修，治国而国太平。"（晋·葛洪《抱朴子·内篇·释滞》）在道教立场上，大体是以治身、治世区分道、儒。

② 刘勰谓："二教真伪，焕然易辨。佛法练神，道教练形……"（南北朝·刘勰：《灭惑论》）在佛家立场上，或以练神、练形区分佛、道。

差异，但他们在"习善"——实现合理的、美好的人生理想这一共同目标方面是相同的，此所谓"三教一致"；这些差异，虽可从某种意义上认为是一种内外、本末之分①，但毕竟皆是人的完整生命、生活的必要构成部分，是不可或缺的。在此意义上，又可谓之"三教合一"。

魏晋南北朝时期的"三教一致""三教合一"，还只是关于宗教关系的一种理论观念，一种认为三教有共同的"习善"功能的理论观点。但是，当这种观念或观点得到国家权力的认同时——在中国历史上君主专制的制度下，无疑也就得到了在位君主（王权）的认同，"三教一致""三教合一"也就由一种宗教关系、功能的表述，转化为国家的教化策略，也就是作为儒家社会生活重要特征的三教兼容并存的宗教宽容的形成。应该说，在中国历史上这种局面是自唐代开始出现的。有史料记述，唐代初年，唐高祖在国学听儒、释、道三家学者讲解《孝经》《金刚经》《老子》后评断说："儒、玄、佛义，各有宗旨。"（刘肃：《大唐新语》卷十一）随后，他又在一兴学诏书中说："三教虽异，善归一揆。"（唐高宗：《兴学敕》，载《唐大诏令集》卷一百五）唐高祖关于三教的这两个判言，可以视为开始和支持着唐代宗教宽容的基本立论。从此后唐代君主具有代表性的言行中可以看出，唐代社会的宗教宽容形态，有两项基本的内涵或特质。其一，这是建构在以儒家伦理观念为准则的世俗生活基础上的宽容。唐代最有作为的君主太宗曾说："老君垂范，义在清虚；释迦贻则，理存因果。求其教也，汲引之迹殊途；穷其宗也，宏益之风齐致。"（唐太宗：《道士女冠在僧尼之上诏》）宣示他认同佛道有途径不同、目标一致的教化功能。但他又曾表示，"朕今所好者，唯尧舜之道、周孔之教，以为有如鸟有翼，如鱼依水，失之必死，不可暂无耳。"（《贞观政要·所慎》）表明比较佛、道的宗教生活实践，儒家伦理的生活实践，更是不可须臾离开和缺少的。唐代早期，社会上还存在着僧尼不拜君亲，且能接受父母尊者礼拜的宗教生活礼俗。唐高宗对此深为不满，接连下了两道诏书、一道

---

① 此内外、本末之分，佛道有所不同。道教以己为本为内，儒为外为末。例如，葛洪说："道者儒之本，儒者道之末。"（晋·葛洪：《抱朴子·内篇·明本》）佛教则以己为本为内，儒道为外为末；道安说："救形之教，教称为外；济神之典，典号为内。释教为内，儒教为外……道属儒宗，已彰前简。"（南北朝·道安：《二教论》）

敕文。唐高宗认为僧尼接受父母尊者礼拜的习俗，完全背离了儒家孝敬父母、礼崇尊长的伦理道德规范，所以就在第一道书《僧尼不得受父母尊者礼拜诏》中，称此种习俗"弃礼悖德，朕所不取"①，毫不犹疑地强行废止了它。但于僧尼是否也应礼拜君主、父母，高宗考虑到自东晋名僧慧远"沙门不敬王者"论被国家王权默认以来，"因循日久，已成就惯，若骤然废止，恐爽其恒情"，不易被接受，所以下敕书《令有司议沙门致拜君亲敕》，要求群臣先加评议再作定论。②但因朝臣见解不一③，高宗既有所妥协，也有所坚持，所以在第三道诏书《令僧道致拜父母诏》中，还是明确规定，僧道"今于君处，勿须致拜，其父母之所，慈育弥深，祇伏斯旷，更将安设？自今以后，即宜跪拜"④。可见，唐代的宗教宽容是以儒家核心的伦理准则不被破坏，儒家生活的基本特质不被置换为底线的；是有儒家道德感情所能接受，道德理性所可谅解的合理性范围的。这个底线、合理性范围虽然具有鲜明的儒家伦理道德观念色彩，但它是以人类共有的普遍人性为基础的，不掺入任何独特的，需某种信仰、信念支持的宗教观念因素，因而还是能包容、承载儒家之外的多样的生活方式。其二，"三教"作为思想体系所具有的真理性，作为宗教所具有的教化功能，皆获得相同的评价，因而这是"三教"在社会生活中具有平等地位的宽容。唐代早期，太宗、武后时，佛道社会地位曾有先后之分。但支持这种地位划分的，实际上都是越出佛道本身固有教理、功能之外的某种脆弱的、偶然的因素。太宗只是根据道教始祖老子"姓李名耳"的传说，以"尊祖"

---

① 唐高宗：《僧尼不得受父母拜诏》，载《唐大诏令集》卷一百十三。
② 唐高宗：《令有司议沙门致拜君亲敕》，载《全唐文》卷十四。
③ 此次朝臣评议，两派分歧，未有定论。一派以刘祥道（后为右相）、窦德元（后为左相）为代表，认为："谅由剔发有异于冠冕，袈裟无取于章服，出家之人，敬法舍俗，岂拘朝廷之礼。至于玄教清虚，道风遐旷，高尚其事，不屈王侯，帝王有所不臣，盖此之谓。国家既存其道，所以不屈其身当准前章，无违就贯。"（唐·刘祥道：《僧道拜君亲议状》，载《全唐文》卷一百六十二）一派以朝臣郝处俊、谢浩为代表，则认为："君亲之重，事极昊天，恭恪之仪，理贯名教。至如凝心玄路，投迹法门，莫不肃敬神明，不轻品物，岂有弛傲所生，不屈法父？既违恭顺之风，恐累求道之因。请革就风，准敕申拜。"（唐·谢浩：《沙门应拜君亲议状》，载《全唐文》卷一百八十七）
④ 唐高宗：《令僧道致拜父母诏》，载《全唐文》卷十二。此外，玄宗开元年间也两次下敕文令僧尼道士女冠致拜父母，载《唐大诏令集》卷一百十三。

的名义，将道士女冠置于僧尼之前。① 武后将释教位置升高于道法之上，是为了报答当时佛门僧徒编撰《大云经》，制造"女王革命"的谶言，帮助她实现了改国号、称皇帝的政治企图。② 应该说，在唐代正常的社会政治环境下，释道的地位是平等的。故武后死后，睿宗复位，即颁布《僧道齐行并进制》曰：

> 朕闻释及玄宗，理均迹异，拯人救俗，教别功齐，岂有于其中间，妄生彼我，不遵善下之旨，相高无上之法，有殊圣教，颇失道源。自今每缘法事集会，僧尼道士女冠等，宜齐行并进。

睿宗制书判定，佛、道的教理和功能是"理均迹异""教别功齐"，规定佛道在各种社会活动中"齐行并进"。显言之，从此制书中可以看出，唐代国家王权对于释道教理的真理性和教化的功能给予完全相同的评价，在社会生活中给予完全同等的地位。

唐代形成的这种宗教宽容形态，在其后从宋至清的历史时期中，获得了国家王权的认同和继承。如宋孝宗曾撰《原道论》，认为"三教本不相远，特所施不同，至其末流，昧者执之而自为异耳。以佛修心，以道养生，以儒治世，斯可也"（载《古今图书集成·神异典》第五十七卷）。明太祖也有《三教论》之作，判言"天下无二道，圣人无两心，三教之立，虽持身荣俭之不同，其所济给之理一，斯世之人，于斯三教，有不可缺"（《高皇帝御制文集》卷十）。清帝雍正于儒学佛理皆有很高的修养，有"三教一致"之谕，其中一则曰："域中有三教，曰儒、曰释、曰道。儒教本乎圣人，为生民立命，乃治世之大经大法。而释氏之明心见性，道家之炼气凝神，亦于我儒存心养性之旨不悖；且其教旨皆于劝人为善，戒

① 太宗《道士女冠在僧尼之上诏》称："朕之本系，起自柱下……道士女冠可在僧尼之前，庶敦本之俗，畅于九有，尊祖之风，贻诸万叶。"（《唐大诏令集》卷一百十三）
② 《旧唐书》记载："载初元年……有沙门十人，伪撰《大云经》，表上之，盛言神皇受命之事。"（《旧唐书·则天皇后本纪》）故武后《释教在道法之上制》称："《大云》阐奥，明王国之祯符，爰开革命之阶，方启维新之运……自今以后，释教宜在道法之上，缁服处黄冠之前，布告遐迩，知朕意焉。"（《唐大诏令集》卷一百十三）

人为恶，亦有补于治化。"（娄近垣：《龙虎山志·恩赉》）至此，可以认为，在儒家伦理准则为普遍生活原则的基础上，国家王权承认佛、道或"三教"，有一致的教化功能和平等的社会地位，就是中国历史上自唐代以来国家政治生活中的宗教宽容。

自佛教传入和道教形成，历史上儒家生活方式中的宗教宽容还较普遍地表现在个人精神生活中，在坚持践履儒家伦理道德准则的同时，也接受、践行佛教或道教的思想观念、宗教信念，形成某种宽泛意义上的"双重教籍"。一般说来，在有"三项内涵"严格意义上的宗教之间，即以独断的信仰而非以共有的普遍真理信念为基础的宗教之间，"双重教籍"是不可能出现的，不能存在的。当代著名的瑞士天主教神学家孔汉思曾论述过这个宗教性质的问题。他认为，一方面"所有人道主义的伟大宗教都有相同的伦理道德原则"，另一方面"宗教要比单纯的伦理更内涵丰富"，所以"尽管文化和伦理的双重身份并非不可能，并且应当巩固这种可能性，但是双重教籍的可能性从信仰最深挚最严格的意义上看，则应排除在外——被所有的伟大宗教所排除".[①] 显言之，不同宗教在文化和伦理上相通的双重身份是可能的，但同时信仰两种宗教的双重教籍是不可能的、不应该的。孔汉思甚至还很赞同法国神学家吉夫雷"基督行为"的观点。这一观点反对从基督宗教思想中剥离抽象出某种伦理道德原则，和其他宗教做相通、相同的模拟，认为基督教徒行为只能用原始的、整体的"基督行为"来观照，不能以分析出的某种观念原则、概念来界定、说明。显然，在这个更加严格的宗教立场上，"双重身份"也是要被排除的。儒学或"儒教"中，在作为其理论特质、核心的理性的伦理道德思想之外，并不存在任何超理性的独断信仰；儒学认为这些伦理道德理念是具有普遍性的人性共有准则，可从心性的、社会的、超越的等不同的、能构成某种周延的理论层面上做出诠释。所以儒学或"儒教"能够毫无理论困难地从不同宗教那里发现和认同属于人性共有的伦理道德准则；也无信仰障碍地能将不同宗教的追求和实践，转译为、定位在自己完整的理

---

① 〔加拿大〕秦家懿、〔瑞士〕孔汉思：《中国宗教与基督教》，吴华译，生活·读书·新知三联书店1990年版，第240~245页。

论视野或理论结构的某个位置上。换言之,儒者,或者是有深厚儒家观念和生活背景的人,不仅能在普遍人性的意义上认同不同宗教有相通的伦理道德准则,表现为"双重身份",而且能在相通的伦理准则、"善"的追求意义上,理解、认同不同宗教的不同终极关切,表现为非严格意义上的"双重教籍"。这就是儒家生活方式中实现在个人精神生活中的宗教宽容。

中国历史上的这种宗教宽容形态,也可以追溯到魏晋南北朝。例如,《南齐书》记载,齐武帝时司徒左长史张融"有孝义,忌月三旬不听乐,事嫂甚谨",是恪守儒家伦理规范的人物;但同时也是善谈玄义,"神解过人,鲜能抗拒"的道教信徒,临终时则又遗嘱要以"左手执《孝经》《老子》,右手执小品《法华经》入殓,俨然是'三教'并取"(《南齐书·张融传》)。这种在个人精神生活中"三教"并取的价值选择,可以从梁武帝、晋简文帝的重臣王褒所撰诫子《幼训》文中得到基本的解释:

> 儒家则尊卑等差,吉凶降杀,君南面而臣北面,天地之义也;鼎俎奇而笾豆偶,阴阳之义也。道家则堕支体,黜聪明,弃义绝仁,离形去智。释氏之义,见苦断习,证灭循道,明因辨果,偶凡成圣。斯虽为教等差,而义归汲引。吾始乎幼学,及于知命,既崇周、孔之教,兼循老释之谈,江左以来,斯业不坠,汝能修之,吾之志也。(《梁书·王规传》)

王褒《幼训》清晰地概括了儒道释三家或"三教"核心的思想观念、生活实践、修养方法的差异。显然,他并没有去理会这些差异所蕴含的可能构成对立、冲突的那些因素;而是将这些差异理解为是全幅人生实践的不同方面,是完整的个人精神修养的不同方面,所以"虽为教等差,而义归汲引",在实现人性"善"的或人生终极的征途上,互为补助,目标一致。王褒《幼训》还认为,这种"三教"并取是一项许多人都在践行的成熟的人生经验,因此期望他的子孙也能如此选择。

南北朝时张融、王褒的所行、所言,可以认为是历史上儒家生活方式中在个人精神生活中具有"三教"的双重身份、双重教籍的典型形态。

此后，唐宋明清，每个历史时期里都有佞佛的、攀缘佛老的儒家文人、士大夫人物涌现，他们的生活实践，他们的精神生活，都可以视为儒家生活中宗教宽容形态的表现。其中，柳宗元比较儒佛之论："浮图往往与《易》《论语》合，诚乐之，其于性情爽然，不与孔子异道"（《柳河东集·送僧浩初序》）；白居易品评韦处厚（唐文宗朝宰相）之语，也是他的自画像："佩服世教，栖心空门；外为君子儒，内修菩萨行"（《白氏长庆集·祭中书韦相公文》），显现信佛儒者的"双重身份""双重教籍"尤为鲜明，显现的儒家宗教宽容精神——"三教"虽有差异、对立，但却也都是构成全幅的人生实践、完整的精神修养的不同方面，因而都是具有人性内涵的合理性和实现人性"善"的终极目标的一致性，也尤为清晰。

儒家生活方式中的宗教宽容，除了具体表现为在国家政治生活层面上的"三教同功"的教化政策，和在文人士大夫阶层人物精神生活中的"双重教籍"外，在民间世俗的层面上，则表现为层出不穷的将"三教"间的关系视为没有任何对立，甚至没有任何界限的观念和行为。此种风俗大约在北朝、唐代已经出现。例如，自汉末佛法西来，雕刻佛像，以求佛佑，渐成佞佛者的习俗。北朝时，在此风气披靡下①，也出现道教信徒造老君像为亡者祈求冥福的行为②，佛家修行祈愿死后摆脱轮回苦难，永生"兜率天"享福③，与道家追求返根"自然"、道教企望"成仙"等终极关怀上的巨大差异，在此世俗层面上已不复存在。唐代民间有将儒、佛、

---

① 清代王昶《金石萃编·北朝造像诸碑总论》中总论北朝造像碑刻曰："按造像立碑，始于北魏，迄于唐中叶。大抵所造者释迦、弥陀、弥勒及观音、势至为多。或山崖，或刻碑石，或造石窟，或造佛龛，或造浮图……以冀佛佑，百余年来，浸成风俗。"

② 清代严可均等《全北齐文·朱元洪妻孟阿妃》中有多则记述，其中一则云："大齐武平七年，岁次丁酉二月甲辰朔廿三日丙寅，清信弟子孟阿妃，敬为亡夫朱元洪及息（王昶：《金石萃编·比丘洪宝造像铭·按语》'北碑多以子为息'）子敖、息子推、息白石、息康奴、息女双姬等造老君像一区，今得成就，愿亡者去离三涂，永超八难，上升天堂，侍为道君，芒芒三界，蠢蠢四生，同出苦门，俱升上道。"

③ 佛家注释"兜率天"曰："睹史多（兜率），此云喜足，于五欲乐生喜足心故，旧云知足。"（唐·法宝：《俱舍论疏》卷八）

道三教祖师孔子、释迦牟尼、老子供奉在同一厅堂的现象①，根据儒家礼制的庆典和丧葬礼仪中杂入佛教修炼礼仪也很鲜明②。这些在自觉不自觉抹去"三教"界限的民间风俗，在儒家生活方式诸方面都已发展到成熟、完备的时代——明代，也依然存在。例如，从明清历史笔记中每可以看到有将儒释道三教主并祀于一堂的"三教堂"③、"三教阁"④ 之类的记载，可以看到民间儒家祠庙、道教宫观由僧人主持、奉守的记述。⑤ 此外，明嘉靖年间创作的、至今仍保存在嵩山少林寺中的《混元三教圣像图》碑刻，图中绘一人体像，从正面看是佛祖，左侧看是孔子，右侧看是老子，三教融为一体之意更是跃然欲出。⑥ 凡此，皆显现民间风俗中扫除"三教"间界限的情景，尤以《混元三教圣像图》最为形象与典型。在儒家生活方式中，儒家思想是作为国家意识形态、作为主导的甚至是权力的话语而存在的；然而在其民间世俗的层面上，儒家与佛教、道教三教间却是几乎无任何界限而融合存在的。应该说，这既是儒家"天下圣人同理""天下之人同心"宽容理念的表现，也是儒家思想不具有严格意义上的、有"三项内涵"的宗教特质和不具有超理性信仰的那种固执和排斥异己的宗教性格的表现。

五 结语

以上，我们缘沿着历史发展的线索并援引典型的历史事例，审视和论述了儒家社会生活中宗教宽容的理念基础及其在观念世界和生活世界中不同领域的具体表现。由此，我们可以做出这样的判定：历史上，儒家的社

---

① 唐代张说《天尊赞》记述，刘尊师兄弟三人，各奉儒、道、佛，画三圣像图，同处于一堂（张说：《张燕公集·益州太清观精思院天尊赞》）。

② 唐代李翱曾有论曰："佛法之流染于中国也六百余年矣……遂使夷狄之术行于中华，故吉凶之礼谬乱，其不尽为戎礼也无几矣。"（《李文公集·去佛斋》）

③ （明）费尚伊：《市隐园集·槐林社记》。

④ （明）李元阳：《中溪家传汇稿·三教阁记》。

⑤ 明人记述，徐州祭祀汉高祖刘邦的祠庙，其香火由僧人管理（嘉靖：《徐州志·人事志·祀典》），太仓道天妃宫以僧人奉守（施显卿：《奇闻类记·奇遇记》）。清初有学者说："今天下之书院祠祀，十之八九者守之以僧。"（刘献廷：《广阳杂记》卷二）

⑥ 吕宏军：《嵩山少林寺》，河南人民出版社 2002 年版，第 251 页。

会生活很早就已形成，并能始终保持与佛教、道教鼎立并存、相互兼容的宽容局面，应该被视为儒家文化对世界文化、人类生活的一项伟大贡献，一项珍贵的经验。

此外，我们还可以从儒家社会生活中宗教宽容的理念基础及其表现中论定这种宗教宽容的某种独特性质。历史上，在以伦理道德为核心价值的儒家社会生活中的宗教宽容，无论是国家政治生活中的"三教同功"的教化政策，或士大夫阶层人物精神生活中的"双重教籍"的选择，或世俗、民俗层面上的"三教"无界限的融合，都是为了实现个人道德完善的需要，达到人生终极归宿的需要。与近现代民主国家、法治环境下的宗教宽容相比较，儒家社会生活中宗教宽容的这种独特性质，就显得十分清晰。近现代民主、法治国家的宗教宽容，正如17世纪英国哲学家洛克在他的《论宗教宽容》四封书信里所论述的，信仰何种宗教的自由选择，是公民的权利；公民国家的政府和教会，不应干涉个人心灵的信仰，危害公民个人权利的享受。① 所以，这里的"宗教宽容"，是指在民主、法治社会环境下个人自由的一种实现。儒家思想具有较强道德理性质量，但缺少宗教品性的特质，一方面使它塑造出的儒者人格、君子人格具有强烈的道德完善的内在自我要求，另一方面又使它对于世俗层面上民众寻觅人生终极皈依的心理的、情感的需求，未遑给予充分的满足。② 历史上儒家社会生活中"三教"间的宗教宽容表现都可以从这里，从这个精神需求中得到理解和诠释。不仅如此，明代晚期徐光启、李之藻、杨廷筠等人对天

---

① 洛克于1685～1704年写有四封书信，对当时的政府、教会应如何处理异教间或教派间的纷争，提出"宗教宽容"的观点："必须严格区分公民政府事务与宗教事务两者之间的界限……宗教是存在于心灵内部的信仰，掌管灵魂的事不可能属于民事官长"；"教会的宗旨是共同礼拜上帝，以此求得永生……教会法规以此为限，教会不应、也不能有强制权力"。所以，国家、教会对于信仰者，"无论他是基督徒，还是异教徒，都不得对他使用暴力或予以伤害……不得以任何方式危害其公民权利的享受"（〔英〕洛克：《论宗教宽容》，吴云贵译，商务印书馆1982年版，第5～6、11～12页）。

② 儒家以"命"（天、天命）为终极皈依。儒家解释曰"行法以俟命"（《孟子·尽心下》），"人事尽处便是命"（《朱子语类》卷九十七）。显言之，儒家认为能践行符合伦理、物理的生活，便是"命"的实现。儒家对人生终极的这种诠解，洋溢着人文精神色彩，有深刻的理性自觉。但对于世俗民众来说，却缺乏他们所需要的能融入某种非理性的或超理性的永久的那种情感的慰藉。

主教的选择①，王岱舆、刘智等人对伊斯兰教义的发挥②，以及现当代所谓"儒家式"的天主教徒、基督教徒和伊斯兰教徒的现象③，也可以从这里获得一种深度的理解和诠释。

（收入方勇主编《诸子学刊》第一辑，上海古籍出版社 2007 年版）

---

① 明末儒者曾宣称，他们选择天主教的主要理论动机是"补儒易佛"（《徐光启集·泰西水法序》）。
② 明末穆斯林学者多认同"天方之经，大同孔孟之旨"（清·刘智：《天方性理·自序》），十分自觉地援引孔孟儒学、程朱理学来诠解伊斯兰教义。
③ 当代著名的儒家学者美国哈佛大学教授杜维明曾论及这一现象，并解说这一"儒家式"有"参与社会"和"注重社群伦理"两项蕴含。（杜维明：《本土经验的全球意义》，载《杜维明文集》第五卷，武汉出版社 2002 年版，第 534~535 页）

庄子思想与中国佛学的发展

印度佛学作为一种异质文化的思想观念，经过中国传统思想的理解和消化，转化成具有中国思想特色的中国佛学，经历了一个相当困难、漫长的过程。在这个过程中，中国传统思想中的庄子思想起到了重要的作用。这不仅是指在佛学初传的汉魏和佛学繁荣的两晋南北朝时期，佛教学者经常引用《庄子》的概念、思想来"格义""连类"佛经，而且更重要的是指当隋唐时期中国佛教进入鼎盛阶段，天台宗、华严宗的"判教"，天台宗的"性具实相"和华严宗的"法界缘起"，以及禅宗的"识心见性"等中国佛教独特的理论，都是在不同程度上感受或接受了庄子思想中的历史观念、总体观念和自然观念影响的结果。

一　历史观念：天台宗与华严宗的判教

虽然从宽泛的意义上说，历史是任何事物都有的、作为其存在的、连绵不断的展现，但是历史感却是人类所特有的自我意识的一种表现。在中国传统思想中，历史感是一个十分活跃的精神因素和理论支点。就儒家思想来说，诚如章学诚所言，"六经皆史也"（《文史通义·易教上》），对社会政治伦理道德具有历史感的记述和理论升华，是儒家思想的主要内容。庄子思想中的历史意识也很强烈。《庄子》云："太初有无，无有无名，一之所起，有一而未形。物得以生谓之德，未有形者有分，且然无间谓之命，留动而生物，物成生理谓之形，形体保神，各有仪则谓之性，性修反德，德至同于初。"（《庄子·天地》，以下凡引《庄子》只注篇名）"察其（人）始而本无生，非徒无生也而本无形，非徒无形也而本无气。杂乎芒芴之间，变而有气，气变而有形，形变而有生，今又变而之死……"（《至乐》）这是庄子的自然史和生命史的观点。庄子还强烈地感受到社会生活的演变："夫尊古而卑今，学者之流也。且以狶韦氏之流观今之世，夫孰能不波！"（《外物》）除此以外，庄子又发现并记述了另一个重要的历史现象——人的精神史。从《庄子》中看，庄子学派从特定的哲学立场观察和揭示人的精神发展史有三点内容，一是作为个体的人的精神境界由低到高的发展历程。《庄子》中有则寓言，借女偊和南伯子葵对话把"学道"的境界发展过程描述出来："吾犹守而告之①，三日而后能外天下。已外天下矣，吾又守之，七日而后能外物。已外物矣，吾又守之，九日而后能外生。已外生矣，而后能朝彻。朝彻而后能见独，见独而后能无古今，无古今而后能入于不死不生。杀生者不死，生生者不生，其为物无不将也，无不迎也，无不毁也，无不成也，其名为撄宁。"（《大宗师》）这是一个道家人物由"外天下""外物""外生"到"无古今""不死不生"的"撄宁"境界的修养过程。抛开道家精神追求的特殊内容，可以说这一过程也蕴含着人的精神境界提高的共同特征，是一个由易及难、由粗到精，在越来越广泛、高远的范围内超越自我的过程。二是作为群体意识的百家学说由一到多的繁衍过程。庄子学派在《天下篇》中第一次对繁荣发达的先秦学术思想作了总结。《天下篇》认为古之道术"无乎不在"，天下学术"皆原于一"；歧异纷纭的先秦学术，如墨翟、禽滑厘、宋钘、尹文、彭蒙、田骈、慎到、关尹、老聃等诸子之学，皆是"得一察焉以自好""各为其所欲焉以自为方"，是一偏一曲而已。三是认为庄子思想所具有的那种境界和学说，无论就个人的精神发展或群体的百家之学来说，都是最高、最后的层次。《庄子》书概述庄子思想的高远境界是"无南无北，无东无西，始于玄冥，反于大通"（《秋水》），"上与造物者游，而下与外死生无终始者为友"（《天下》）；形容庄子思想广博深邃的内容是"万物毕罗，莫足以归……其理不竭，其来不蜕，芒乎昧乎，未之尽者"（《天下》），于百家之学为最高，将其视为人的精

---

① （清）郭庆藩《庄子集释》本作"吾犹守而告之"，此据闻一多《庄子内篇校释》改。

神发展的终点。中国佛学异于印度佛学的理论思想——"判教"，正是在中国传统思想的浓厚历史观念背景下形成的，其中庄子思想的影响是重要的一个方面。

"判教"就是对传入中国的佛教经典和佛学思想作系统的、历史的条理分析。早在南北朝时期，随着印度佛学大、小乘各派经典陆续译出和传播，印度佛学在长期历史发展过程中形成的大、小乘之间以及大乘内部的理论思想上的差异、矛盾，变得更加显著起来，开始困扰中国佛教学者，把印度东流的佛法作为一个整体给予分析、解释就成了中国佛学一个十分迫切的理论要求。南北朝时期中国佛学的判教理论众多不一，智𫖮在《法华玄义》中概括为"南三北七"，但其实并没有超越最早以"五时""顿渐"判释的慧观判教理论。这一理论的基本构思，是以教理（如有相、无相、常住）和教法（如顿、渐）来确定某一佛教思想的理论层次和经典次第，并将其纳入佛陀的生平历史阶段，构成佛法的统一整体，消弭前后经论的矛盾。例如"南三"的第一家是虎丘笈师，他认为渐教有三种：释迦成道后先讲诸法实有，内容属小乘，是"有相"；后讲大乘经，从《般若》《维摩》直到《法华》，偏重于讲空，是"无相"；最后说法是《涅槃经》，讲常乐我净，是"常住"。"北七"中的慧光"四宗论"认为佛教可判为因缘（立性）、假名（破性）、不真（诳相）、真（显实）四宗，分别领属毗昙、成实、般若、涅槃诸部经论。显然，这些判释并不完全符合印度佛教演变的历史实际，重要的是在佛学理论中吸收融进了印度佛学所没有的那种历史意识。

隋唐时，天台宗"五时八教"和华严宗"三时五教"（"五教十宗"）的判释，又把中国佛学的判教理论推进了一步，借历史的观念诠释佛学整体的特色更加鲜明。这些判教理论在三个主要之点上都和庄子思想的精神史观念相应合。一是佛教学说有一个从元点而有序展开的历史过程。天台宗认为这就是佛在华严时、鹿苑（阿含）时、方等时、般若时、法华涅槃时五个不同时期说法所产生的五类经典。[①] 华严宗则把这一过程纳入

---

① 元僧元粹有一偈语："阿含十二方等八，二十二年般若谈。法华涅槃共八年，华严最初三七日。"（《四教仪备释》卷上）。

"日出先照""日升转照""日没还照"的三时中。① 二是佛家的觉悟或境界有一个逐步提高圆熟的过程。天台宗称之为三藏教、通教、别教、圆教，唐末高丽沙门谛观援引《涅槃经》牛乳之喻来解释这一过程："二乘②根性在华严座不信不解，不变凡情，故譬其乳。次至鹿苑，闻三藏教，二乘根性依教修行，转凡成圣，故譬转乳成酪。次至方等，闻弹斥声闻，慕大耻小，得通教益，如转酪成生酥。次至般若，奉敕转教，心渐通泰，得别教益，如转生酥成熟酥。次至法华，闻三周说法，得记作佛，如转熟酥成醍醐。"（《天台四教仪》）华严宗称之为小乘教、大乘始教、大乘终教、顿教、圆教。法藏以"事理"观解释说："'小'属法是我非门，'始'属缘生无性门，'终'属事理混融门，'顿'属言尽理显门，'圆'则法界无碍门。"（《游心法界记》）"摄义从名门如小乘教说，摄理从事门如始教说，理事无碍门如终教说，事尽显理门如顿教说，性海具德门如圆教说。"（《华严一乘教义分齐章》）三是皆以自己崇奉的经典为佛教理论和境界的最高阶段。天台宗"三谛圆融"的根本教旨依据《法华经》，故推崇"《法华经》最为无上"（智顗：《法华玄义》卷二上），比喻说："海是坎德，万流归故，《法华》亦尔；江河川流，无此大德，余经亦尔，故《法华》最大也。"（智顗：《法华玄义》卷一上）也就是视众经为"江河"，而《法华经》为"大海"。华严宗的根本思想"无尽缘起"援引《华严经》，所以赞颂《华严经》最为广袤深邃，"华严经者，斯乃集海会之盛谈，照山王之极说，理智宏远，尽法界而亘真源；浩瀚微言，等虚空而被尘国"（法藏：《华严探玄记》），认为"华严是别乘一教，不同彼也"（《华严一乘教义分齐章》卷一），位在诸经之上。这些与《庄子》对"学道"精神境界提高过程的描述、对先秦学术的判析和自我尊崇的表现，都有某种类似、应合。

当然，还不能说天台宗、华严宗的判教理论与庄子的精神史观念的应合是完全自觉的，但是可以肯定，判教理论试图通过在佛学中注入历史观念的因素，从而实现对分歧繁杂的佛教经典、理论和境界有一个完整的、

① 见法藏《华严一乘教义分齐章》。
② 佛教以声闻、缘觉、菩萨三种根性的人有三种不同的佛果为"三乘"。此指声闻、缘觉二根性者。

具有历史感的宏观整体认识，是在包括庄子思想在内的中国文化环境中生长出来的一种理论创造力。

二 总体观念：天台宗的"实相"和华严宗的"法界"

和印度佛学相比，思索着一个作为一切事物最后根源的本体或融合涵盖一切事物的总体，是中国传统思想的一个重要特征。隋唐时，这一观念融入佛学，产生了天台宗的"性具实相"理论和华严宗的"法界缘起"理论，这是中国佛学相对于印度佛学而独立发展的又一表现。

由智颛完成的天台宗的理论核心"性具实相"实际上是由两个理论观点组成："圆融三谛"和"一念三千"。"圆融三谛"的观点可以在印度佛学中追寻到它的原始的理论形态。《般若经》把达到般若最高境界的智慧分为由低到高的三种，即道种智、一切智、一切种智。① 《大智度论》在解释这三种智慧时，认为三智虽然有先后次序，但积累到一定的时候则可同时兼有。② 最早从这些经论中悟出一种禅法——"一心三智"的是天台二祖北齐慧文禅师③，他更联系《中论》的"三是偈"④，把以"空"为"真谛"、"假"为"俗谛"、"中"为"中谛"的"三谛"与"一切智""道种智""一切种智"的"三智"相对应，从而提出"一心三谛"（一心三观）。可见，作为智颛"圆融三谛"之思想胚胎的慧文的"一心三观"，原来是偏重于止观的能观方面的一种智观。但是到了智颛这里发生了一种转变，"圆融三谛"不仅是观，而且是境。智颛的弟子灌顶解释这一转变说："妙心是境，妙智是观，观境不二，能照能遮。所言境界，具三谛也。知真即空观，知俗即假观，知中即中观。常境无相，常智无缘，无缘而缘，无非三观，无相而相，三谛宛然。"（《天台八教大意》）

---

① 《摩诃般若波罗蜜经·序品》："欲以道种智具足一切智……欲以一切智具足一切种智，当行习般若波罗蜜。"

② 《大智度论》卷二七："自问曰：'一心中得一切智、一切种智，断一切烦恼习。今云何言以一切智具足一切种智，以一切种智断烦恼习？'答曰：'实一切一时得，此中为令人信般若波罗蜜故，次第差别说。'"

③ 《佛祖统纪·二祖北齐尊者慧文本纪》："师（慧文）依此文，以修心观……观一心三智，双亡双照，即入初住无生忍位。"

④ 《中论·观四谛品》："因缘所生法，我说即是空。亦为是假名，亦是中道义。"

也就是说，"三谛"不仅是全智（常智），而且是全境（常境）。所以，天台宗的"圆融三谛"也就是世界的"实相"，"按其相性，即是即空即假即中"（《法华玄义》卷二上）；"圆融三谛"的世界"实相"，也就是世界总体，"一切世间治生产业，皆与实相不相违背，一色一香，无非中道"（《法华玄义》卷一上）。显然，智颛的"圆融三谛"思想经历了由智到境、由境到体的逻辑过程，不同于印度佛学所固有的"有一空、一假、一中"的思维方式。"圆融三谛"在其理论终点上将"一色、一香""一切治生产业"皆纳入"实相"观念中，这与印度佛学最终把"实相"解作"空"的涅槃境界是有所差异的，而与庄子思想中的"道通为一"（《齐物论》）、"道覆载万物"（《天地》）的总体观念却是一致的。

　　智颛所谓"一念三千"的"三千"是由印度佛学中的"十界""三世""十如"三个内涵并不相同的宗教观念组合而成的。"十界"（十法界）之名出自《华严经》，即地狱、饿鬼、畜生、修罗、人间、天上、声闻、缘觉、菩萨、佛，所谓"六凡四圣"，是对众生的分类，众生十界并非固定，而是随缘升沉，十界互具，构成"百界"；"三世"即众生世间、国土世间、五阴世间，此出自《大智度论》，是对构成众生的条件或环境的分类；《法华经·方便品》称诸法如是相、如是性、如是体、如是力、如是作、如是因、如是缘、如是果、如是报、如是本末究竟，即"十如"，这是对事物全部性状的概括。"十界""三世""十如"是印度佛学从不同方面对世界总体的划分。智颛在佛学理论上的一个巨大创造或发展，就是认为"十界""三世""十如"同时在一心中显现。就数量而言，"百界""十如""三世"共三千，即是"一念三千"。智颛说："夫一心具十法界，一法界又具十法界，百法界。一界具三十种世界，百法界即具三千种世间。此三千在一念心。若无心而已，介尔有心，即具三千。亦不言一心在前，一切法在后；亦不言一切法在前，一心在后。"（《摩诃止观》卷五）就天台宗"实相外更无别法"（《摩诃止观》卷一）的佛学理论观点来说，这"三千"就是世界的"实相"，而且是一切事物（法）的性相同时具有的"实相"。从一般的哲学理念上审视，"一念三千"的思想蕴含着一种关于世界全部存在的总体的观念。在中国思想中，它与《庄子》"道之所一"（《徐无鬼》）、"道无所不在"（《知北游》）的思想相通。在智颛的著述中，时有援引《庄子》中特有的寓言、概念的情况，如"当知有而不有，不有而有……庄周梦为蝴蝶，翩翔百年，寤知非蝶，亦非积岁"（《摩诃止观》卷五），"至人本迹，渊哉难究，况复此渐顿不定，秘密之踪，皆无滞矣"（《四教义》卷二）等。"庄周梦为蝴蝶"是《齐物论》中的寓言故事，"至人"是庄子思想中的理想人格，智颛用这些来诠释佛学观点，表示佛家境界，由此可以印证他的"性具实相"思想是自觉或不自觉地感受了庄子以"道"为世界总体思想观念的结果。

华严宗的"法界缘起"理论所蕴含、显露出的具有中国思想特色的总体、本体观念更加明显。华严宗的"法界缘起"理论是在《华严经》无尽缘起的"海印"境界中，客体化出一种世界总体（法界）；然后，又引进《大乘起信论》"自体有"的"真如"，将这种总体进一步实在化为本体（"真如"法界、"一心"法界）。《大乘起信论》自然有它印度佛学的理论渊源①，但其"真如"（真心）不变、清净而随缘的基本观点②却与印度佛学传统观念相背驰，而甚为接近中国传统思想中庄子的"道……自本自根"（《大宗师》）而"无处不在"（《知北游》）的观念。《大乘起信论》署为"马鸣造，真谛译"，但印度无此书的梵文原本，真谛所译经典目录中也没有此书名，近代学者因此怀疑它是伪托。从基本的思想观点上看，《大乘起信论》正是融进了中国传统思想的中国佛学。所以就华严宗来说，它的真正的理论创造是在第一步，即在印度佛学思想中融进一种中国观念，从《华严经》的"海印"境界客体化出世界总相（总体）；而不在第二步，即沿着《大乘起信论》的中国思想观念走得更远。华严宗从无尽缘起的"海印"佛境客体化出世界总体，主要依据两个富有创造性的理论观念，即"十玄无碍"和"六相圆融"③。"十玄"

①　吕澂《〈大乘起信论〉考证》一文认为，《大乘起信论》的主要理论吸取于《楞伽经》，并融合了地论师和摄论师的不同说法。

②　《起信论》概括"真如"的内涵有六种"自体义"："真如自体相者……从本以来，性自满足一切功德。所谓自体，有大智慧光明故，遍照法界义故，真实识知义故，自性清净心义故，常乐我净故，清凉不变自在义故……名为如来藏"，又有"违自顺他""违他顺自"两种"随缘义"。

③　实际上，法藏在《一乘教义分齐章》中，将华严宗的义理概括为四点，即"三性同异""因门六义""十玄无碍""六相圆融"。但前两点是论述构成缘起说的原理，后两点才是论述无尽缘起的内容。

最先是由华严二祖智俨在《华严一乘十玄门》中为诠释《华严经》"一即一切，一切即一"的万象圆融境界而提出的。后来，三祖法藏将其发展、修正为"同时具足""广狭自在""一多相容""诸法相即""隐密显了""微细相容""因陀罗网""托事显法""十世隔法""主伴圆明"（《华严经探玄记》卷一）。显然，这是从空间（广狭）、时间（十世）、数量（一多）、体用（托事显法）、性状（隐显、微细）、关系（主伴）等各方面来显示事物的互相包摄、共同缘起，也就是法藏所说"此十门同一缘起，无碍圆融，随有一门即具一切"（《华严经探玄记》卷一）。"一即一切，一切即一"本来是《华严经》中佛之宽广无比的、包摄一切的境界，但"十玄"的解释实际上在观念上发生了一种变化，即主体性的佛的"海印"境界转化为客体性的世界总相、总体。智俨以"因陀罗网"（无限多的玻璃球面相互映现）比喻佛境，用以说明"所以成其无尽复无尽，而不失因果先后次第，而体无增减"（《华严一乘十玄门》）；法藏说："一切众生本来无不在如来境界中，更无可入也。"（《修华严奥旨妄尽还源观》）显然，这些都是把"海印"佛境升华为兼容一切的世界总体。华严宗人一致将这一世界总体称为"法界"或"法界缘起"。如智俨说："经云，'如一微尘所示现，一切微尘亦如是。故于微尘现国土，国土微尘复示现，所以成其无尽复无尽'，此即是法界缘起。"（《华严一乘十玄门》）法藏说："夫法界缘起，如帝网该罗，若天珠交涉，圆融自在，无尽难名。"（《华严三宝章》卷下）澄观说："此经以法界缘起……为宗也。法界者，是总相也，包理包事及无障碍……缘起者，称体之大用也。"（《大华严经略策》）显然，由佛境到法界，由"海印"到总相，在《华严经》与华严宗人之间尽管佛学的思想联系十分紧密，但其哲学观念实际上已有了很大的差异和变迁。这一情况和在天台宗那里发生过的情况一样，都是由于在中国的文化环境中，庄子的总体观念渗透进了佛学思想中的缘故。

"六相圆融"是华严宗对作为世界总体"法界"的一种相观，这一观点的提出和运用也表现了华严宗人的理论创造性。"六相"（总、别、同、异、成、坏）出自《华严经·十地品》所云"愿一切菩萨行，广大无量，不坏不杂，摄诸波罗蜜，净治诸地，总相、别相、同相、异相、成相、坏相，所有菩萨行，皆如实说……"，这是初地十大愿中的第四愿。所以"六相"在其最初乃是对佛家心态的表述。后来，世亲提出"一切十句①，皆有六相"（《十地经论》卷一），即认为在《华严经》的每个"十句"经文中，皆蕴含有"六相"，第一句所述内容是总相，是"根本入"，其余九句是别相，是"分别入"；第一句是同相、成相，其余九句是异相、坏相。这就多少改变并扩大了"六相"的意蕴和运用范围。华严宗人则跨了更大的一步，实现了更大的思想跳跃，把"六相"由原来作为心态、意识的相观，改变为是事物（法）、世界总休（法界）的相观。法藏说："一切诸法，皆具此六相。"（《华严经义海百门·差别显现门第六》）"法界缘起，六相熔融，因果同时，相即自在，具足逆顺。"（《华严一乘教义分齐章》卷四）应该说，在事物整体和它的构成部分之间，世界总体和它所包摄的个体之间，观察出互相圆融的总别、同异、成坏之相并不困难，至少在中国的思想观念背景下是这样。庄子曾清晰地表述说："道通为一，其分也成也，其成也毁也，凡物无成与毁，复通为一。"（《齐物论》）可以推断，华严宗对印度佛学传统"六相"观念的更新、发展，与庄子思想的映照是有关系的。

三　自然观念：禅宗的"自性"

在隋唐佛学中，也是在整个中国佛学中，与传统的印度佛学差异最大而中国思想色彩最浓的无疑是慧能开创的禅宗（唐代禅学的南宗）。禅宗是中国佛学离开印度佛学固有的理论轨道而独立发展的一个最重要的表现和结果。

禅宗最根本的理论观点是"三世诸佛，十二部经，亦在人性中，本自具有……若识本心，即是解脱"（《坛经》），也就是说，"佛性"就在人的"本性"或"自性"中。所以，禅宗的根本宗旨就是"令学道者顿悟菩提，令自本性顿悟"（《坛经》）。应该说，禅宗的根本理论观点和宗旨在印度传统佛学的经典或理论体系内有其渊源，其中最重要的是史传所

---

① 《华严经》常将论题分为十个方面进行论述，是为"十句"。法藏说："依《华严经》立十数为则，以显无尽义。"（《华严一乘教义分齐章》卷四）

记被禅宗"东土初祖"达摩所认为的"汉地惟有此经，仁者依行，自得度世"而授予二祖慧可的四卷《楞伽经》（见道宣《续高僧传》卷一六《僧可传》），和使慧能"一闻，心明便悟"的《金刚经》（见法海本《坛经》）。从一般的哲学理论立场来观察，《楞伽经》"如来藏自性清净"的观点，为禅宗的"本心""自性"提供了本体论的观念基础，如慧能所说"世人性净，犹如清天，于外著境，妄念浮云盖覆，自性不能明"（《坛经》），正是沿袭了《楞伽经》"如来藏虽自性净，客尘所覆故，犹见不净"大乘有宗的传统观点；而被无著、世亲分析出二十七个主题，包括了全部般若主要思想的《金刚经》，则构成了禅宗顿悟的方法论基础，亦如慧能所说，"若大乘者，闻说《金刚经》，心开悟解，故知本性自有般若之智，自用智慧观照，不假文字"（《坛经》）。法海本《坛经》还具体记述了慧能听五祖弘忍讲解《金刚经》至"应无所住而生其心"时，顿悟"一切万法，不离自性"。所以，从禅宗的思想渊源来看，还显示不出有"教外别传"的特异思想性质或理论色彩。但是，当禅宗中源自印度佛学的理论观点在中国文化环境中进一步发展和表现为具体宗教实践时，确实开创了印度佛学未曾有过的新局面。禅宗在中国传统思想观念背景下的宗教理论创造，归结于一点，就是对"自性"的诠释。在大乘有宗中，"自性"有多种名目或解释，如四卷《楞伽经》云："如来藏自性清净……有时说空，无相，无愿，如实际，法性，法身，涅槃，离自性，不生不灭，本来寂静，自性涅槃，如是等句，说如来藏。"（《楞伽经》卷一）禅宗摆脱了这些传统佛学观念的纠缠，而用一种简明的、具有中国思想特色的观念——"自然"来诠释"自性"（本性、佛性）。如禅宗门下第一个博学之人、慧能晚年的弟子神会①说"僧家自然者，众生本性也"，"佛性与无明俱自然，何以故？一切万法皆依佛性力故，所以一切法皆属自然"（《神会语录》）。除以"自然"诠释"自性"外，禅宗还以"本心"诠释"自性"，如法海本《坛经》说："自识本心，自见本性。"所以，贯穿禅宗始终的一个中心思想就是"识心见性，自成佛道"，

---

① 僧史记述，神会"从师傅授五经，克通幽赜。次寻庄老，灵府廓然……其讽诵群经，易同反掌"（赞宁：《宋高僧传·神会传》）。

"若识本心，即是解脱"。

禅宗没有对"自然""本心"的含义做出更加明确的理论解释，但禅宗有则故事可以说明这个问题："雪峰因入山采得一枝木，其形似蛇，于背上题曰'本自天然，不假雕琢'，寄于师（大安禅师）。师曰：'本色住山人，且无刀斧痕。'"（《五灯会元·百丈海禅师法嗣》）显然，禅宗的"自然"（本性、自性）是指无任何人为痕迹的本然存在状态，"本心"是指无任何意念的本然心境状态。所以禅宗又把自己的"识本心"的教派宗旨表述为"无念为宗，无相为体，无住为本"（《坛经》）。禅宗的这一"自然"观念，在中国传统思想范围内和庄子思想的自然观念完全一致。《庄子》云："马，蹄可以践霜雪，毛可以御风寒，龁草饮水，翘足而陆，此马之真性也。"（《马蹄》）庄子也正是把自然状态看作事物的"真性"。

禅宗在中国传统思想观念背景下，以"自然""本心"来理解、诠释印度佛中的"佛性""自性"，在中国佛教学中产生一个巨大的理论转变，即以对人本然状态的整体直观代替对人心理状态和认识过程的具有神秘性质的细腻分析和烦琐论证。这个理论转变，使禅宗的宗教实践也呈现出十分独特的面貌，即独特的宗教实践内容——自然的生活，和独特顿悟"本心"的方法——禅机。

自然的生活　自六祖慧能说"一切经书，因人说有""十二部经，亦在人性中"（《坛经》）后，历代各派禅宗都一致认为"佛"的境界应在对人的"本心"体认中实现，而不是在经论教律的研诵中寻求。南岳系下的慧海说："佛是心作，迷人向文字中求，悟人向心而觉；迷人修因待果，悟人了无心相。"（《大珠禅师语录》卷下）希运也说："本体是自心作，那得文字中求？"（《黄檗断际禅师传心法要》）禅宗在宗教实践中常表现出对佛教经典的轻蔑，青原系下的四世宣鉴说"十二分教是鬼神簿"，并有"将疏钞堆法堂前举火焚之"的骇世之举（《五灯会元·龙潭信禅师法嗣》）。禅宗的某些具体说法或做法可能失当，但总的来说，禅宗摆脱教典束缚是建立在一个深刻理解基础上的，那就是如慧海在回答"何故不许诵经"时所说的，"经传佛意，不得佛意……得意者越于浮言，悟理者超于文字，法过言语文字，何向数句中求？是以发菩提者，得意而忘言，悟理而遗教，亦犹得鱼忘筌，得兔忘蹄也"（《大珠禅师语录》卷下）。禅宗对纯粹本然的"本心"的追求，一方面导致它的宗教理论热情的衰退，另一方面促使它对自然流露或表现"本心"在日常生活中自觉的亲近和融入。慧海在回答"如何用功修道"时说："饥来吃饭，困来即眠。"（《大珠禅师语录》卷下）义玄也说："佛法无用功处，只是平常无事，屙屎送尿，著衣吃饭，困来即卧。"（《临济慈照禅师语录》）在禅宗看来，"设解得百本经论，不如一个无事底阿师"（同上）。客观公正地说，禅宗把严肃繁难的佛教宗教实践还原为简单自然的生活实践，并不是放弃对佛家静神境界的追求，而是要在生活实践中实现这种境界。禅宗的这种独特性用马祖道一的话来说，就是"道不属修，若言修得，修成还坏，即同声闻；若言不修，即同凡夫"（《古尊宿语录》卷一）。禅宗的宗教修持是在"不修"与"修"之上的"不修之修"，是"纵横自在，无非道场"（《黄檗断际禅师传心法要》）。显然，禅宗对佛教经典的轻蔑和对自然状态的追求，都不难从中国文化传统的庄子思想中寻觅到它的根源。庄子关于"道"的一个基本观点是："道不可言，言而非也，知形形之不形乎，道不当名。"（《知北游》）也就是说，作为世界总体的、无形的"道"是语言文字所不能完整确切表述的；语言文字只能使我们对"道"有某种意会，但语言文字所表述的并不是"道"本身。《庄子》用一个比喻来说明这个观点："筌者所以在鱼，得鱼而忘筌；蹄者所以在兔，得兔而忘蹄；言者所以在意，得意而忘言。"（《外物》）《庄子》还在轮扁讥讽齐桓公读书的寓言故事中提出："古之人与其不可传也死矣，然则君之所读者，古人之糟粕已夫！"（《天道》）从前述禅宗对佛教经典的议论和态度中可以看出，庄子的这个观点是被禅宗所吸收的。庄子也提倡并自觉实践着一种自然的生活方式，如《庄子》云："常因自然而不益生"（《德充符》），"无为名尸，无为谋府，无为事任，无为知主，体尽无穷而游无朕，尽其所受乎天"（《应帝王》），"吾所谓臧者，任其性命之情而已矣"（《骈拇》），等等。禅宗"平常无事"的自然生活观念同庄子的这些思想是相通的。

禅机　禅宗认为"佛是自性作，莫向身外求"（《坛经》），所以觉悟"本心"是禅宗宗教实践的根本宗旨。禅宗不主文字，对"本心"的性状既没有任何具体的表述，也没有达到"本心"可固定遵循的逻辑过程。这样，对"本心"的觉悟，必然是一种由体认而产生的整体直观，是一种全息的把握——顿悟，即如慧能所说"于自心顿现真如本性"（《坛经》）。在中国佛学中，"顿悟"思想在东晋涅槃学中就已产生，禅宗的特点在于它触发被接引者"顿悟"的方法十分特殊——禅机。它主要是用语言，也兼用动作，以疏导和堵截两种方式，使被接引者的思绪唯一地、始终地指向"本心"，并最后觉悟"本心"。例如，僧徒问慧海"如何是佛?"慧海答："清潭对面，非佛而谁?"（《大珠禅师语录》卷下）这就是启发、疏导问学者觉悟与镜面（水面）相对的那个人——自我就是"佛"。而良价对僧徒"如何是佛"的回答是"麻三斤"（《碧岩录》卷二），这是把提问者的心思阻挡回去，以引起对自身的返照。这些是禅宗在问答中蕴含禅机的典型事例。禅宗还以动作输送禅机，如道一掐痛怀海的鼻子（《古尊宿语录》卷一），道明拶伤文偃一足（《五灯会元》卷一五），怀海、文偃因疼痛而惊醒"自我"，"从此悟入"。禅宗把这些蕴藏着"禅机"（机锋）的事例、故事称为"公案"。在禅宗历史上，这类公案众多，有的也十分奇特怪诞，但从根本的旨趣上来说，都是可以理解的，只是因为年代的久远，某一公案发生的那个具体的历史情境已经模糊、湮灭，特别是那种"堵截"式切断逻辑思路的禅机，因为没有历史情境作为背景，就难以被后人理解、识破了。某些公案难以被破解，除了失去历史情境的原因外，还有缺乏思想境界的缘故，这不仅是对后人，即使对当时的禅僧恐怕也是如此。禅宗触发顿悟"本心"的禅机方法，对于印度佛学来说是个创造，但我们可以从庄子的思想中发现与它相契合的思想观念。顿悟，用慧达的解释来说，就是"明理不可分，悟语极照，以不二之悟，符不分之理"（《肇论疏》）。换言之，顿悟就是对一个不可分割的认识对象予以全息的、直观的把握、了悟。在庄子思想中，作为万物最后根源和世界总体的"道"就具有这样的性质，所以庄子对"道"的认识也正是一种整体直观，这就是《庄子》所说"目击而道存亦不可以容声矣"（《田子方》）。禅宗的"于自心顿现真如本性"，就其"识心见性"的直观性质而言，和庄子的"学道"（《大宗师》）是相同的。在庄子思想中，对"道"真正最后的了悟，实际上是在精神修养的实践领域内实现的，

《庄子》称之为"体道"（《知北游》）。禅宗认为"平常心是道"（《古尊宿语录》卷一三），"自识本心"的过程是一个在日常生活中"随缘消旧业，任运著衣裳"（《临济慧照禅师语录》）的体验过程，这与庄子的"体道"也有契合之处。可见，禅宗的"顿悟本心"虽然独特，但是构成这一宗教思维方式的两个基本的方法论因素——整体直观和实践体验，其渊源存在于中国传统文化的庄子思想中。

应该说，中国佛学从印度佛学的特定理论轨道转移到具有中国思想特色的理论轨道而独立发展，是一个十分艰难的转移。这一过程实际上比我们上面所论述的要复杂得多，这里把它简化为三个方面的理论内容，即历史观念、总体观念、自然观念只是为了便于考察分析。从这个考察分析可以看出，在中国佛学离开印度佛学传统而援引中国固有思想的独立发展中，庄子思想起了重要的作用。这是中国文化改造、消化异质文化的一次卓越表现，也是中国文化发展史上的一次巨大收获。

（《中国社会科学》1991 年第 1 期）

理学对儒、释、道的融合

理学形成的两个理论支点

宋学，顾名思义，涵盖着宋代全部的思想、学术、文化，因此考察宋学及其对后代的影响，必然是多方面的。这里只是就作为宋学最重要组成部分的理学，在其形成时的一个问题，提出一点看法。作为儒学的一个理论形态的理学，它的形成可能会有多种社会的、政治的因素或条件，但就儒学本身的发展逻辑来说，有两个支撑点是最重要的：超越经学和消化佛学。

一

宋代儒学所面临的理论课题是，唐代以来佛老思想笼罩和五代残唐时伦理名教崩溃所带来的理论挑战和精神危机。宋初儒家学者深感失望的是，以章句训诂为主要内容而义理薄弱的汉唐经学，完全不具有消化高深的佛老思想和统摄处于衰退混乱中的伦理道德的那种理论力量，如程颐所感受的那样："汉之经术安用？只是以章句训诂为事。"（《河南程氏遗书》卷十八）对汉唐注疏不满、怀疑的宋代疑古经学因此油然而生。以排《系辞》、毁《周礼》、疑《孟子》、黜《诗序》等为代表或主要内容的宋初疑古经学，一方面尽管其能以新的论据得出与先前经学不同的结论，而且这些论据也显示出宋代经学的理论思想特质，但与先前经学并无不同，即其运思方式总体上仍是停留在经验的、例证的水平上，其拥有的观念范围也局限在儒家经典之内，还未形成可以解决宋代儒学的那种理论力量；另一方面宋代疑经变古经学中所蕴含的理性精神却有力量将经学家推进一步，使其超越经学在更广阔的观念背景下，将经学的具体结论升越为涵盖更广、理论内涵更丰富、深刻的儒学观念。当然并不是所有的宋代经学家都迈出了这一步，但一般说来理学家实现了这一超越。

全面判然分明地划分或描述由经学到理学的理论观念演进的逻辑过程虽然是困难的，但大体上说，宋代理学在超越经学基础上形成的过程中，跨越了具有决定性的两步。一是具体的经学问题演变为、升越为一般的儒学理论问题。将具有特定学术内容的经学，转变为具有一般理论意义或内涵的儒学问题加以论述，是经学走向理学的第一步。作为经学家的胡瑗和作为理学家的程颐，在其《易》解中对"河出图、洛出书"即对八卦的不同训释，比较典型的显示出这一点。《系辞》曰"河出图，洛出书，圣人则之"，汉唐以来，经学家训解此句常据《春秋纬》，认为"河图"即是八卦，是天之所降。胡瑗在《周易口义》中认为八卦是"伏羲取诸物而画成"，即是人之做作，批评汉唐经学之解"皆失之矣"（《周易口义·系辞上》）。胡瑗之论表现了宋代经学疑经变古的理性特色。但他只是改变了一个具体的经学结论，只是在"河出图"与"伏羲取诸物"之间进行了新的选择，换言之，这一经学问题所蕴含的观念成分、理论内涵没有增新或深化。程颐则认为，"圣人见河图洛书而画八卦，然何必图、书，只看此兔，亦可作八卦，数便此中可起"（《河南程氏遗书》卷十八）。即在他看来，八卦所内蕴的某种可称为"数"的共同的逻辑性、秩序性，圣人固然可借河图洛书表达出来，也可用其他任何事物，甚至是一只兔子表达出来。可见在理学家程颐那里，从八卦是"天降河图"或是"伏羲取诸物"的经学问题中演变、升越出一个新的儒学问题，一个事物"数"的共同性问题。程颐还说："有理而后有象，有象而后有数"（《河南程氏文集·答张闳中》），可见在程颐那里，正是由"数"所体现的那种事物共同性的进一步追寻中，最后形成了理学的最高的哲学观念。二是"理"之内涵由认知性向本体性升越。从作为宋代变古经学最重要代表的胡瑗《周易口义》中可以看出，"理"的观念仍然是如同传统经学那样指呈现于人认知中的一类事物的共同性质，如他说"大易之道，载天地生成之理"，"大易之道，知其变化之理"（《周易口义·系辞上》）；他对"理"的这种内涵所能做出的理论升越，还只是作为语言描述和逻辑概括意义上的"万物之理""万事之理"，如说"刚柔互相切摩，更相变化，然后万物之理得矣","天地二气相荡而成八卦之象，相推而成万事之理"（《周易口义·系辞上》）。而在作为理学家程颐的《伊川易传》中则可看出，他的"当然""必然""自然"等"理"的观念，也显现出属于经学的特征，即理是关于一类事物共同性质及其在人的认知中的呈现；但是，他的"理"观念在经学的基础上，也增益、升越了本全性的内涵。程颐说："万理归于一理"，"万物皆是一理，至如一物一事，虽小，皆有是理"（《河南程氏遗书》卷十八和卷十五），可见，程颐在众理或万理中升越出一种驾驭统摄万物、万事、万理的唯一之"理"。程颐的这一理的观念具有十分明显的本体性内涵，这是一种可为理性所表述的形而上的存在观念，不同于能在人的认知中显现的具体事象的观念。程颐曾说："天下之事，归于一是，是乃理也，循此理乃可进程，至形而上者也。"（《河南程氏外书》卷一）理学正是这样，在对理的内涵由认知性向本体性的形而上的升越中，实现对经学的超越。明末清初学者提出的"经学即理学"（顾炎武、全祖望语）的观点，虽然在不太严格的意义上，就理学常以经学即儒学经典的疏解为理论载体而言，亦未不可；但在较严格的意义上，就思想理论内容考校，宋代理学与经学并不相同，理学是从经学义理中超越出来的、具有更高的"理"之哲学本体观念和独特理论论题的一个新的儒学理论形态。

二

理学形成时期，儒学面临的最严重挑战仍是佛学弥漫之势，二程说，"如杨墨之害，在今世则已无之。如道家之说，其害终小；惟佛学，今则人人谈之，弥漫滔天，其害无涯"（《河南程氏遗书》卷一），回应佛学的理论挑战，是理学必须跨越的障碍，消化佛学是理学必须实现的目标。应该说，排击佛学是自汉末以来儒学的一个重要思想传统，其要言之处不外有二：一曰僧尼不耕不赋，有害国家生计，这是就社会功利而言；二曰沙门不臣不子，有坏人伦风俗，这是就伦理道德而言。传统的儒学观点对佛学的批判，并未能从理论上消化佛学。理学形成时期的理学家当然是认同、承接了儒学传统的佛学批判观点，但他们对佛学有更深入的认识，在对佛学的批判中实现了对佛学的消化。理学家从理论上对佛学的消化主要是有两个论述角度，一是儒佛之辨。一方面，理学家首先指出，儒佛在对世界总体的观察上是不同的，佛学将世界视为空无、虚妄，而儒家认为世界有山河大地、人伦道德，皆为天理，皆为真实；另一方面，理学家又指出，儒佛之间在终极追求和修养方法上，也存在着明显的"公"与"私"、"敬"与"静"或"止"与"定"的差异对立。总之，理学家从更多的理论侧面和更高的理论层面上辨析了儒佛的差异，判定这种差异具有不可调和的对立性质，用张载的话来说，就是"释氏与吾儒二本殊归"（《正蒙·乾称》）。二是"小佛"之论。二程曾说，"若要不学佛，须是见得他小，便自然不学"，"释氏之学，更不消言，常戒到自家自信后，便不能乱得"（《河南程氏遗书》卷十九和卷二）。相对于儒佛之辨，理学这种"须见得他小"的"小佛"之论，需有自信而"不为所乱"之论，更是宋代儒家对佛学全面直接的回应。理学家认为，佛家缺乏"义以方外"的社会伦理实践，佛家执着于生死而不知生死乃是常理，故昧于"穷神知化"（《河南程氏遗书》卷二十四），昧于"实际"（《正蒙·乾称》）。应该说，为理学家所指出的"见其小"的佛家这些理论缺陷是存在的。但是，客观地说，佛学有自己独特的、迥异于儒家的伦理观念和形而上理论，佛家因此形成一种独特的心理世界、精神境界，一种独特的宗教生活方式。佛学有他自己的理论逻辑，这种逻辑也是人类精神全部可能性中的一种表现、一种实现。儒学消化佛学并不是也不可能是破碎掉、取消掉这种逻辑本身，而只能消解、转变这种理论所塑造的那种是异己性质的生活方式及其影响。所以理学家也感到，实现这一消化的根本之处，乃是在于升越儒家精神境界中所固有的理性伦理道德自觉，形成不弱于佛学的那种属于信仰性质的精神力量，来回答人生最高的即终极追求或归宿的问题，从而能不为所乱。理学家在儒家所固有的理性伦理的精神境界中注入了"乐"与"化"两个理论观念或精神因素。二程说，"学至乐则成矣"，"人之学，当以大人为标垛，然上面更有化尔"（《河南程氏遗书》卷十一和卷十二）。根据理学家的理解和诠释，"乐"的主要精神内涵是"忘"与"仁"，即是说，这是一种在最广阔的范围内对自己生命存在价值、意义的自觉，是一种将自己完全融入境遇中的忘我的体验，一种与天同流的境界。理学家认为，"化……乃德盛仁熟之故，非智力能强也"

（《正蒙·神化》），即是说，"化"是通过高于理性的道德实践的积累而达到的境界。实际上，这是一种容纳、凝结一个人的包括感性经验、认知理性在内的全部经历的精神总体，一种与天、与"理"融为一体的精神境界。总之，理学在其形成过程中，为回应佛学理论的和实践的挑战，以"乐"与"化"来阐述和界定儒家的最高精神境界，儒家伦理精神的内涵得到极大的扩充，由己及人，由人及物，浸润极广的范围。立在这个境界上的儒者，由于"与天地同流而无不通"（《正蒙·神化》），"使万物莫不遂其性"（《河南程氏外书》卷三）的精神觉醒，会感到生命价值获得了随遇皆是的实现，人生总有可为欣慰的安顿；由于这种自信，在遭遇佛学之论时，就能"见其小"，"不为所乱"。佛学投射下的笼罩与影响被消除了，这是在真正的、实际意义上的儒学对佛学的消化。

通过儒佛之辨和"小佛"之论，特别是"乐"与"化"境界的确立，理学实现了对佛学的消化，在理论上佛学对于儒学来说，已不是一个具有挑战性的、不可克服的存在了。尽管佛氏"最善化诱"佛学"尽极高深"（《河南程氏遗书》卷二下和卷十五），但理学有了自己的理论眼光，能不为所乱了。在这种情况下，理学自如地借鉴、援用高妙佛理来建构自己的理学观念而不失儒学本质，就是可能的了。理学在对"理"做出本体性的论证中，有两个重要的观念，一是作为本全的、唯一之"理"与作为其显现的、统称为"用"的万物、万事、万理是不可分的，即"体用一源"（程颐《易传·序》）；二是本体之"理"包含着先前儒家思想中已出现的所有具有根本意义的范畴内涵，即理与天、命、性、心，"其实一也"（《河南程氏遗书》卷十八）。这两个观念在理论意蕴及运思方式上，与禅宗的"平常心是道"、华严宗的理事互融的观念、中国宗派佛学对佛教历史上关于最高本体（如"实相"）或宗教目标（如"涅槃"）的不同解释的沟通，都极为相似相通。可以肯定，理学家在这里蹈袭了佛学的逻辑思路，但同样可以肯定，它是儒家思想而绝不是佛学。

三

理学是儒学历史发展上水平最高的理论形态，支撑理学形成的两个理论支点，即实现儒学传统观念的自然超越和对异己的佛学思想的消化，虽然是宋代那个特定的历史环境的产物，但其历史经验却昭示我们，儒学在理学之后的进一步发展，或者说现代儒学的真正确立，也可能会是这样，既需要有对传统儒学在基本精神与观念上的继承和超越，也需要有对现代思想，特别是现代西方思想的消化吸收。

（《开封大学学报》1997 年第 1 期）

超越经学

——对理学形成的一个支点的考察

作为儒学的一个理论形态的理学，它的形成可能会有多种社会和政治的因素或条件，但就儒学本身的理论发展逻辑来说，有两个支撑点是最重要的：超越经学和消化佛老。并且，在这两个支撑点之间是互融互动的：超越经学的理学观点正是在消化、吸收佛老理论观点的基础上形成，而理学正是凭借这样的理学观点去批判、消化佛老。本文试图在概述宋代经学基本特色的基础上，以宋初经学家胡瑗和理学家程颐等为代表，考察理学在超越经学中形成的理论进程。

一

学者们多判定，疑经变古是宋代经学的基本特色。① 宋代经学的这一特色实际上是唐代以来佛老思想笼罩和五代残唐时伦理名教崩溃所带来的儒学觉醒的一种表现。宋代儒家学者把这些社会政治和精神的危机出现而又不能消除，视为儒者的"耻辱"。如宋初经学家孙复写《儒辱》说："卿大史以四郊多垒为辱，土以地广大荒而不治为辱，然则仁义不行，礼乐不作，儒者之辱欤？"认为战国时有杨、墨、申、韩之学行世，汉魏隋唐"佛老之徒横乎中国"，所以"儒者之辱，始于战国，汉魏而下，则又甚焉"（《孙明复小集》卷三）。十分自然地，儒家学者要从儒家经典中，

---

① 如晚清学者皮锡瑞在《经学历史》中称宋代经学为"经学变古时代"，评宋人治经"不信注疏，训至疑经；疑经不已，遂至改经、删经、移易经文以就己说，此不可为训者也"（《经学历史·经学变古时代》）。

从阐述儒家经典的经学中寻找消解这些危机的理论思想、途径。使宋代儒家学者深感失望的是，以章句训诂为主要内容且义理薄弱的汉唐经学，完全不具有足以消化高深的佛老思想和统摄处在衰退混乱中的伦理道德的那种理论力量，如程颐所感受的那样，"汉之经术安用？只是以章句训诂为事"（《河南程氏遗书》卷十八），对汉唐注疏的不满、怀疑也油然而生。孙复之论最为代表，他说："孔子既没，七十子之徒继往，六经之旨郁而不章也久矣。加以秦火之后，破碎残缺，多所亡散，汉魏而下，诸儒纷然四出，争为注解，俾我六经之旨益乱，而学者莫得其门而入。"他质问："国家以王弼、韩康伯之《易》，左氏、公羊、穀梁、杜预、何休、范宁之《春秋》，毛苌、郑康成之《诗》，孔安国之《尚书》，镂板藏于太学，颁于天下……彼数子之说，既不能尽乎圣人之经，而可藏于太学、行于天下哉？又后之作疏者，无所发明，但委曲踦于旧之注说而已。"这样，多少年来未曾动摇的汉唐注疏的绝对权威被他一齐推倒。于是，他向执政的范仲淹建议："上言天子，广诏天下鸿儒硕老……重为注解，俾我六经廓然莹然，如揭日月于上，而学者庶乎得其门而入也。如是则虞夏商周之治，可不日而复矣，不其休哉！"（《孙明复小集·寄范天章书二》）可见，重新诠释经典的新经学在宋代儒家学者那里是被作为一项振兴儒学、振兴国家的伟大事业提出来的。

虽然从比较宽泛的意义上和历史呈现的先后来看，可以认为宋代经学较宋代理学为早地感受到了唐代儒学觉醒以来就提出的，当然更是宋代儒学所面临的理论问题，即儒家伦理精神的形而上升华和回应佛老的挑战。但是，宋代经学是否通过疑经变古和经学意义上的义理增益获得了解决这两个理论问题的那种理论力量？观察一下经学历史上被认为宋代经学最具典型意义和影响重大的庆历时期或稍后的几个经学结论，也许可以回答这一问题。

据南宋王应麟《困学记闻》引述，陆游曾较完整地概括了宋代经学早期疑经变古的结论或成绩："唐及国初，学者不敢议孔安国、郑康成，况圣人乎！自庆历后，诸儒发明经旨，非前人所及；然排《系辞》、毁《周礼》、疑《孟子》、讥《书》之《胤征》《顾命》，黜《诗》之序，不难于议经，况传注乎！"（《困学纪闻·经学》）晚清皮锡瑞在《经学历史》中诠解说："排《系辞》谓欧阳修，毁《周礼》谓修与苏轼、苏辙，疑《孟子》谓李觏、司马光，讥《书》谓苏轼，黜《诗序》谓晁说之。"（《经学历史·经学变古时代》）这些学者，或者说宋代经学是运用何种理论或逻辑得出如此骇俗的疑经变古的结论，归纳起来，他们的论据可以分为五个方面。

一曰语言不类圣人之作。欧阳修"排《系辞》"和晁说之"黜《诗序》"都使用了这样的论据。传统经学遵从《史记》《汉志》之说，认为《系辞》是孔子之作。欧阳修撰《易童子问》以两项理由判定《系辞》"非圣人之作"，其中一项即是以《系辞》多次重复"辨吉凶"而语无伦次、语乏意蕴为例而认为《系辞》是"繁衍丛脞之言也，其遂以为圣人之作，则又大谬矣。孔子之文章，《易》《春秋》是已，其言愈简，其义愈深，吾不知圣人之作繁衍丛脞之如此也"（《易童子问》卷三）。晁说之《诗序论》主要是辩驳汉儒认为《诗序》是子夏或子夏与毛公某一人之作的传统经学观点，他的诸多论据中也有一条属于语言方面的问题，他说："予所以疑不能明者，为其多骈蔓不纯之语，亦似非出于一手故也。"他举例说："序《子衿》刺学校废也，乱世则学校不修焉；《侯人》刺近小人也，共公远君子而好近小人焉；《鸤鸠》刺不一也，在位无君子，用心不一也；《采绿》刺怨旷也，幽王之时多怨旷也，其骈蔓无益多如此。"（《景迂生集·诗序论》）他怀疑这样粗糙的语言不会出自一个精雕细刻的匠人之手。

二曰自相矛盾。这是欧阳修"排《系辞》"所援用的另一项理由。他指出，《系辞》论及八卦之形成时一面说"河出图，洛出书，圣人则之"，一面又说"包羲氏仰则观象于天，俯则观法于地，观鸟兽之文与地之宜，近取诸身，远取诸物，于是始作八卦"，按照前一说法，八卦是"天之所降，非人之所为"，按照后一说法，八卦是"人之所为，河图不与焉"，欧阳修得出结论说："斯二说者，已不相容矣……自相乖戾，尚不可为一人之说，其可以为圣人之作乎？"（《易童子问》卷三）晁说之也揭发出"序《庭燎》'因箴宣王'，则《云汉》之作妄也，序《沔水》'规宣王'，则《韩奕》之作妄也；序《鹤鸣》"诲宣王'，序《白驹》《黄鸟》《我行其野》'刺宣王'，则《崧高》《烝民》之作妄也；序《祈父》'刺宣王'，则《江汉》之作妄也"，可见，《诗序》内容的"自相乖戾"，也正是晁说之用以怀疑、否定《诗序》为某一人所写的最有力的论据。

三曰不合情理。经典中的某些记述有悖于情理，也是导致具有理性精神、不为盲从的宋代儒者得出疑经结论的一个因素。可以说宋代经学中欧阳修与"二苏""毁《周礼》"的论据都蕴含着这种因素。欧阳修揭出的《周礼》第一可疑之处是其官制。按照《周礼》的建置，仅中央官吏就有五万员以上，若再加上地方行政官吏和军队，就更为庞大，而这是远非当时民众贡赋所能负担的，是欠缺情理的。他说："《周礼》六官之属略见于经者五万余人，而里闾县都之长、军师卒伍之徒不与焉。王畿千里之地，为田几井，容民几家，王官王族之国邑几数，民之贡赋几何，而又容上万人者于其间……此其一可疑者也。"（《居士集·问进士策三首》）苏轼则是从《周礼》的封国之制窥出其疑点，按照《周礼》的蓝图，王畿"方千里"，其他九畿封国"方五百里"，苏轼说："《周礼》言五等之君，封国之大小，非圣人之制也，战国所增之文也，何以言之？按郑氏说，武王之时，周地狭小，故诸侯之封及百里而止……周之初诸侯八百，春秋之世，存者无数十。郑子产有言'古者大国百里，今晋、楚千乘，若无侵小，何以至此'，子产之博物，其言宜可信。"（《东坡七集·东坡续集·策问·天子六军之制》）意谓西周时地域小而封国多，"方五百里"是有违情理的。苏辙认为《周礼》有"三不可信"，在他看来，《周礼》在诸多设计中，除了王畿之制、封国之制不能与周之天子及诸侯国实际的疆域面积相符外，井田沟洫之制也与实情不合，他认为当时土地划分给庶人耕种，是"因地以制广狭多少，非公邑必为井田，而乡遂必为沟洫，此周礼之不可信者三"（《栾城后集·周公》）。苏辙由此"三可不信"进而推断"《周礼》之诡异，远于人情者，皆不足信也"（同上）。

四曰有违史实或经典。宋代经学中苏轼讥《书》和李觏疑《孟子》，皆是援引历史事实为据。《胤征·序》称"羲和湎淫，废时乱日，胤往征之，作《胤征》"，传统经学据此认为《胤征》是一篇记述夏王仲康令胤讨伐乱臣的符合伦理原则的文字。苏轼则根据《左传》和《史记》的记述①认为此时夏王朝的政权并非在仲康手中，而是为后羿所篡夺，羲和实际上是"贰于羿而忠于夏"，因此他判定《胤征》所述，乃是一篇"挟天子令诸侯"的乱伦文章（《书传·胤征》），完全推翻了传统的结论。苏轼还认为《康王之诰》记述康王临父丧释斩衰而服衮冕是"非礼"，他对比历史上子产、叔向处此情况下的举措②，判定说："今康王既以嘉服见诸侯，又受乘黄玉帛之币，曾谓盛徒之王不若衰世之侯，召、毕公不如子产、叔向乎？"（《书传·康王之诰》）实际上，苏轼完全否定了《康王之诰》这篇经典。李觏的《常语》中多有非《孟子》之言③，他经常是援引具体的史实或事实来否定《孟子》的论断。如孟子说"仲尼之徒无道桓文之事者"（《孟子·梁惠王上》），李觏反驳说："衣裳之会十有一，《春秋》也，非仲尼修乎？《木瓜》《卫风》也，非仲尼删乎？正而不谲，《鲁论语》也，非仲尼言乎？仲尼亟言之，其徒虽不道，无歉也。"（《盱江集·常语上》）

五曰伦理评价的不同分寸或角度。宋代经学疑经变古结论的论据，除了以上四种实证的类型外，还有一种比较特殊的、属于价值判断本身的。在涉及对经典中记述的人或事的价值评价时，宋代经学的基本原则或标准与先前儒家并无不同，但是在观察角度或掌握分寸上的差异，也会导引出不同的结论。司马光《疑孟》十一篇，或者说十一条非难孟子的议论多属于这种情况。如孟子曾说："伯夷隘，柳下惠不恭，隘与不恭，君子不由。"（《孟子·公孙丑上》）司马光则认为，夷惠二人"君子邦有道则见，邦无道则隐，事其大夫之贤者，友其士之仁者，非隘也；和而不同，遁世无闷，非不恭也。苟无失其中，虽孔子由之，何得云'君不由'乎"（《司马温公义集·疑孟》）。这是司马光不认同孟子对伯夷、柳下惠的人

---

① 见《左传·襄公四年》和《史记·吴太伯世家》。
② 《左传·昭公十年》："郑子皮如晋葬晋平公，将以币行。子产曰：'丧安用币？'子皮固请以行。既葬，诸侯之大夫欲因见新君，叔向辞之曰：'大夫之事毕矣，而又命孤，孤斩焉在衰绖之中，其以嘉服见，则丧礼未毕；其以丧服见，是重受吊也，大夫将若之何？'皆无辞以退。"
③ 宋朝余允文《尊孟辨》引《常语》非孟之言十七条，今《常语》经明人删略，仅有非孟之言三条。

格评价而产生的分歧。孟子曾提出用"行其言计、待以礼貌、周以饮食"三项为入仕与否的标准，即所谓"所就三，所去三"（《孟子·告子下》）。司马光非议说："君子之仕，行其道也，非为礼貌与饮食也……必如是，是不免于鬻先王之道以售其身也。占之君子之仕也，殆不如此。"显然，司马光是以"行其道"为入仕的唯一原则，他是据此而反驳孟子的。

以上，我们简略地概括考察了宋代经学所使用的论据情况。可以看出，虽然宋代经学由这些论据得出了与先前经学不同的结论，但这些论据同时也显示了宋代经学的理论思想特质，与先前经学并无不同，即其运思方式总体上仍是停留在经验的、实证的水平上，其拥有的观念的范围也局限在儒家经典之内，解决儒学在宋代所面临的，由唐代儒学觉醒所产生、积累、传递下来的两个理论问题的那种理论力量，在这里并未形成，并不具备。但是，宋代经学疑经变古的理性精神中所蕴含的理论创造精神及其对儒学觉醒的感受，都有力量将经学家的思维推进一步，使其超越经学，在更广阔的观念背景下，将经学的具体结论，升越为涵盖更广，理论内涵更丰富、更深刻的儒学观念。当然，并不是所有的宋代经学家都迈出了这一步，但一般说来，理学家是实现了这一超越的经学家。

二

朱熹在评价宋初著名学者胡瑗（世称"安定先生"）时曾说："安定之传，盖不出章句诵说，较之近世高明自得之学，其效远不相逮。"（《朱文公文集·答薛季宣之一》）宋代早期学界的情况，正如朱熹这里所判定的那样，胡瑗、孙复、石介三先生是经学家，《伊洛渊源录》所首载的周敦颐、二程、张载、邵雍"五子"是理学家。当然，理学家首先也是经学家，并且理学家的经学首先也具有疑经变古的宋代经学的一般特征，如二程改易《大学》，指出"《礼记·儒行》《经解》全不是"，认为"《仪礼》难信"，"《周礼》论祭祀更不可考证"，"《尚书》文颠倒处多，如《金縢》尤不可信"（《河南程氏遗书》卷十九和卷二十二）。张载亦怀疑《周礼》，判定"其间必有末世添入者"（《经学理窟·周礼》）。但是，更重要的是理学家跨越了经学。准确全面、判然分明地划分或描述由经学到理学的理论观念演进逻辑过程是困难的，但是从分别作为宋代经学和理学理论观念代表的胡瑗和二程《易》解所表现出的观念差异中，可以看出宋代理学在超越经学的过程中，所跨越的由经学问题演变、升越为一般的儒学理论问题和"理"之内涵由认知性向本体性升越是具有决定性的意义的。

第一，经学问题演变、升越为一般的儒学理论问题。将具有特定学术内容的经学问题，转变为具有一般理论意义或内涵的儒学问题加以论述，是经学走向理学的第一步。在胡瑗和程颐的《易》解中，对"河出图，洛出书"的不同训释，或者说对八卦制作问题的不同理解，比较明显、典型地显示出这一点（见表1）。

表1　经学和理学对"河出图，洛出书"的训解

经言	汉唐经学解	宋代经学解	理学解
河出图，洛出书，圣人则之（《系辞上》）	郑康成之义则《春秋纬》云："河以通乾出天苞，洛以流坤吐地符，河龙图发，洛龟书成，河图有九篇，洛书有六篇。"孔安国以为河图则八卦是也，洛书则九畴是也（孔颖达《周易正义》卷七）	按《系》下曰"古者伏羲氏之王天下，仰则观象于天，俯则观法于地，观鸟兽之文，近取诸身，远取诸物"，此八卦自是伏羲观天地取诸物而画成……今郑康成以《春秋纬》云河图有九篇，洛书有六篇，孔安国以为河图为八卦，洛书有九畴，皆失之矣（胡瑗《周易口义》）	大抵须有发端处，如画八卦，因见河图、洛书。果无河图、洛书，八卦亦须作（《河南程氏遗书·伊川先生语一》）。因见卖兔者，曰："圣人见河图洛书而画八卦。然何必图、书；只看此兔，亦可作八卦，数便此中可起。古圣人只取神物之至著者耳。只如树木，亦可见数。"（《河南程氏遗书·伊川先生语四》）

胡瑗对"河出图，洛出书"的解释，以经典本身所固有的内容为论据，坚定认为八卦是人（伏羲）所画，明确否定汉唐经学认为八卦是"河图"，是"天"之所降的观点，充分表现了宋代经学疑经变古的理性特色。但是胡瑗的经解只是改变了一个具体的经学结论，他只是在"河出图"与"伏羲取诸物"之间进行了新的选择，换言之，这一经学问题所蕴含的观念成分、理论内涵并没有增新或深化。辨析程颐关于"河图

洛书"的议论可以看出其有两层意思：一是圣人是因见"河图洛书"，受启发而作"八卦"，这是遵循旧说，承认此为已发生的历史事实；二是就八卦"数"的显现而言，这是十分偶然地发生的，无"河图洛书"出现，八卦也会制作，从任何事物身上，甚至一只兔子身上，都可以看出八卦，都可以因之画出八卦。如果说，程颐"河图洛书"论的第一层意思论定了八卦是谁作，回答的是一个经学问题，驻足在经学范围，那么第二层意思就跨出了经学领域，其论断所蕴含的是八卦的共同本质那种理论观念。这种在这里被称为"数"的本质，存在于任何事物之中，既在"河图洛书"中，也在被程颐当时即景看到兔子、树木中，所以他说"只看此兔，亦可作八卦，数便此中可起"，"只如树木，亦可见数"。程颐在答友人信中曾经更深入、明确地说明"易"的本质问题："来书云：'易之义本起于数。'谓义起于数则非也。有理而后有象，有象而后有数。易因象以明理，由象而知数。得其义，则象数在其中矣。"（《河南程氏文集·答张闳中书》）在程颐看来，"数"由"象"出，"象"由"理"生，所以八卦或"易"的最后本质可以归结为"理"（天理），"即事尽天理便是易也"（《河南程氏遗书》卷二上）。"理"（天理）观念的确立，是超越宋代经学的理学形成的标志。

第二，"理"之内涵由认知性向本体性升越。追溯儒学历史，在先秦儒家早期经典《五经》中，"理"字出现较少，且皆为动词"治理"之义，如"我疆我理，东南其亩"（《诗经·小雅·信南山》），"三公论道经邦，燮理阴阳"（《古文尚书·周官》），只是到了战国以后的儒家传记中，"理"的概念或观念才出现，如孟子说"理义之悦我心，犹刍豢之悦我口"（《孟子·告子上》），《礼记》有谓"义理，礼之文也"（《礼记·礼器》），"万物之理各以类相动"（《礼记·乐记》），《易传·系辞》也有言："易简而天下之理得矣。"大致可以说，这些亦被后世推崇为儒家经典的先秦儒家传记中"理"的观念，是以"条理"①，即一类事物呈现于人的认知中那种以共同性、秩序性为其主要内涵，并一般地可区分为万物之理和人事之理两类。此后经学对"理"之种种解说皆据此而发，虽甚

---

① 孟子说："金声也者，始条理也；玉振之也者，终条理也。"（《孟子·万章下》）

纷繁，但亦未能逾越。就胡瑗而言，他在《周易口义·系辞上》中训释"理"曰："地理者，则谓山川原隰高卑上下各有条理繁盛于地，故称理也。"他观察到或表述出的"理"也甚多，如"大易之道，载天地生成之理"，"大易之道，知其变化之理"，"吉凶之兆，动静之理"，"进退之象，盛衰之理"，"易道广大，尽生死之理"，"吉凶之验，福祸之理"，在此基础上他总括众"理"说，"刚柔互相切摩，更相变化，然后万物之理得矣"，"天地二气相荡而成八卦之象，相推而成万事之理"（同上）。可见，胡瑗的"理"观念仍然是指呈现于人认知中的那种事物的共同性质；他对"理"的这种内涵所能做出的理论升越还只是作为语言描述和逻辑概括意义上的"万物之理"和"万事之理"。总之，代表着宋代经学的胡瑗的"理"的观念，基本上保持着传统经学的特征。

从程颐的《伊川易传》中可以看出他的"理"观念也经常显现出属于经学的特征，如他说"天而在上，泽而处下，上下之分，尊卑之义，理之当也"（《伊川易传·履》），"极而必反，理之常也"（《伊川易传·否》），"自古治必因乱，乱则开治，理自然也"（《伊川易传·蛊》），"家道穷则睽乖离散，理必然也"（《伊川易传·睽》），凡此理之必然、当然、自然等，其内涵实际上是指自然和社会事物的规律、规范等，亦是一类事物的存在方式，即其性状、过程等所具有的共同性在人的认知中的呈现。此与传统经学"理"的观念相同，故后人在比较胡瑗和程颐《易》解时曾有谓："程正叔解，颇与翼之相类。"（《宋元学案·安定学案·附录》）但是，程颐于胡瑗有极重要的不同之处，他的"理"观念在经学的基础上升越、深化，增益了本体性的内涵。程颐说"万理归于一理"，"万物皆是一理，至如一物一事，虽小，皆有是理"（《河南程氏遗书》卷十八和卷十五），可见，程颐在众理或万理中升越出一种驾驭、统摄万物、万事、万理的唯一之"理"。在《伊川易传》中，他将这种"理"表述为"体"，形容为"至微"，而将万物、万事及其显现在人的认知中的那些共同现象万理统称为"象"，表述为"用"，形容为"至著"，并总括地说："至微者，理也，至著者，象也，体用一源，显微无间。"（《伊川易传·序》）程颐此总括语可以这样诠释：万象皆是作为"体"的理之显现，作为"体"的理是世界万象存在的内在的根据、根源。理象不可分，理必显于象，象必含有理。显然，程颐这一"理"的观念具有十分明显的本体性内涵，这是一种可为理性所表述的形而上的存在的观念，不同于能在人的认知中显现的具体事象的观念。程颐曾说："天下之事，归于一是，是乃理也。循此理乃可进学，至形而上者也。"（《河南程氏外书》第一）理学正是在这里，在对"理"的内涵由认知性向本体性的形而上的升越中，实现了对经学的超越。

理学的"理"观念之确立是其最重要的理论创造和成就。在理学的形成时期，这一理论创造除了表现为上述在经学传统的以认知性为主要内涵的"理"观念中增益了本体性的内涵，同时，又将出现在儒家经典中并一直作为儒家思想的最高的或最基本的范畴天、命、性、心等吸纳进来，作为构成或显示理的本体性的一个方面、一种样态。最清楚的表述是程颐在回答邵伯温"孟子言心、性、天，只是一理否"之问时所说："然。自理言之谓之天，自禀受言之谓之性，自存诸人言之谓之心。"（《河南程氏遗书》卷二十二）他曾指一木柱举例解释说："此木可以为柱，理也；其曲直者，性也；其所以曲直者，命也。理、性、命，一而已。"（《河南程氏外书》第十一）无疑，"理"作为世界万事万物之根据、根源的那种本体性之内涵具体了、充实了。理学在这里又一次显现其于经学在理论观念上，或者说理论观察角度上有明显的变换。在经学中，天、性、命等是有区别地被分别界定的。如胡瑗的《周易口义》说"天以一元之气生万物……性者，天生之质，有刚柔迟速之别也；命者人所察受，有贵贱夭寿之等也"（《周易口义·乾·象》），"命谓天之所命也……然而君子之心自达于性命之理，不以困踬易其操，不以贫贱变其节"（《周易口义·困》），可见在经学中，天、命、性、心是作为四种性质、功能有差别的事物，四个概念内涵不同的儒学范畴来训释的。显然，这种差别是从一般的认知角度做出的观察、理解。理学当然没有否定这种理解，但在理学中，在理与天、命、性同作为本体的意义上，或者说作为本体一个方面构成的角度上，这种差别就不再存在，就不再被观察到；理学所观察和理解的是"在天为命，在义为理，在人为性，主于身为心，其实一也"，"理也，性也，命也，三者未尝有异"（《河南程氏遗书》卷十八和卷二十一）。理学和经学这一理论观念的差异，还导致对儒学中一个重要概括全部精神修养的命题——"穷理尽性以至于命"（《易传·说卦》）的不同理解。一般来说，在经学中此命题是作为道德修养或境界提高的渐进过程、次序来理解的。如胡瑗的《周易口义·说卦》训解说："穷极万物之理，以尽万物之性，以至于命者也。"苏轼《毗陵易传·说卦传》也训解说："理者，道德之所以然……欲至于性命，必自其所以然者溯而上之。"但是在理学中，既然作为本体意义上的性、命与"理"并无差别，那么"穷理""尽性""至命"同作为达到了本体的那种修养或道德境界，也就并无高低、先后的差别。故程颐说："穷理、尽性、至命，一事也。才穷理便尽性，尽性便至命。"（《河南程氏外书》第十一）程颢也持同样的见解："穷理尽性以至于命，三事一时并了，元无次序，若实穷得理，即性命亦可了。"（《河南程氏遗书》卷二上）理学与经学在这里的差异应该说是很清晰的。正是这种差异显示出，理学实现从经学的转变、升越，其在理论观念方面的主要契机或因素是"理"之本体性内涵的形成与充实。

以上，我们以胡瑗和程颐为代表，简要地考察分析了宋代经学到理学的理论转变，并判定就思想理论发展本身的逻辑而言，本体性"理"的观念形成，是这一转变、升越具有决定性的因素。无疑，随着这一本体性"理"的观念的形成，唐代儒学觉醒以来所提出的儒家伦理精神形而上升华的理论目标也应该说是达到了。此外，也不难看出，明末清初学者提出的"经学即理学"观点①，虽然在不太严格的意义上，就理学常以经学即儒家经典的疏解为理论载体而言，亦未为不可；但在较严格的意义上，就思想理论内容考校，宋代理学与经学并不相同，理学是从经学义理中超越出来的、具有更高的"理"之哲学本体观念和独特理论议题的一个新的儒学理论形态。

（《中州学刊》1996 年第 2 期）

---

① 起初，顾炎武在一致友人书中说："古之所谓理学，经学也。"（《亭林文集·与施愚山书》）后来，全祖望撰文称引此语时改曰："谓古今安得别有谓理学者？经学即理学也。"（《鲒绮亭集·亭林先生神道表》）

论理学之消化佛学

作为一种异质文化思想观念的佛学，被中国文化所固有的儒学理论消化，这是一个十分艰难复杂的过程；这一过程的最终完成，应该说是在理学形成的时期。理学形成与消化佛学实际上是互融互动的，理学观点在儒学消化吸收佛学理论观点的基础上形成，而儒学也正是援引理学的观点去批判、消化佛学的。本文试图以理学形成时期的理学家程颢、程颐、张载等为代表，具体地分析一下理学消化佛学的思想历程。

一　背景

佛学作为一个异质文化中的宗教思想体系，在诸如生命之形态、世界之构成及运思之方式等根本方面的观念及与此相联系的宗教实践，与中国固有的传统思想观念及生活方式是不同的、相冲突的，自汉末到隋唐一直遭到来自以儒家理论立场为主的相当激烈的批评、攻击。从《理惑论》的四十问、《弘明集·后序》的"六疑"、《颜氏家训·归心》的"五谤"所归纳的世俗疑佛、排佛言论中，到南北朝时郭祖深、荀济及唐代傅奕、韩愈的简括沙门、废弃佛法的疏谏中都可以看出，来自儒家观点的佛学批判，不外乎以下两点：一曰僧尼（有时或言及道）不耕不赋，有害国家生计，这是就社会功利而言；二曰沙门不臣不子，有坏人伦风俗，这是就伦理道德而言。这一批判中又常有以佛为胡戎之法，悖于周孔之教，即所谓"华夷之辨"，在广泛的意义上，是为伦理道德立言的。到理学形成的宋代，佛教与佛学在儒学的批判中已经历了 800 年而未倒；非但未倒，还在唐代时实现了辉煌的发展，对儒学构成最有力的挑战，致使宋初儒者每有"儒门淡薄，收拾不住"，而于佛门之盛，则"无可奈何"之慨叹。①
在理学形成的那个时代，佛学形势的重要变化是隋唐以佛理为胜的天台、
唯识、华严等教宗渐次式微，而晚唐以来一枝独秀的以从宗教生活实践中
获得体验为特色的禅宗，仍保持不衰，特别在士大夫阶层中备受青睐。二
程于此曾有观感："昨日之会，大率谈禅，使人情思不乐，归而怅恨者久
之。此说天下已成风，其何能救！"（《河南程氏遗书》卷二上）挽狂澜于
既倒，唐代以来佛学笼罩下的儒学觉醒意识，儒家排击异端的思想传统，
都十分自然地促使宋代理学家把他们理论批判的锋芒指向佛学，二程说：
"如杨墨之害，在今世则已无之；如道家之说，其害终小；惟佛学，今则
人人谈之，弥漫滔天，其害无涯。"（《河南程氏遗书》卷一）。在理学形
成的那个时代，佛学弥漫之势的成因，就佛教思想理论方面的观察，可谓
有三。

第一，佛教理论中那些在思维水平上高于和在思想观念上异于中国传
统思想的内容，诸如实相、法界、佛性等本体思想和心性理论，始终对中
国固有思想文化土壤中生长的心智具有极大的吸引力，甚至理学家也有这
种感受。例如，程颐在堪称中国传统思想中思维和理论水平最高的庄周之
学与佛学加以比较时曾说："周安得比他佛？佛说直有高妙处。"（《河南
程氏外书》第十二）

第二，佛教理论对人生苦难处境的深切体验和对人生归宿的强烈关怀，
和在此基础上形成的为摆脱这种苦难的宗教目标、宗教实践，在甚为广泛的
社会群体中，对或为现世消灾，或求来世福田，或向往永恒彼岸等属于不同
精神层面上的人，都具有吸附力。换言之，佛教理论创造了一个使人心有所
归属的境界或心理环境，这是佛教成功的重要之处，理学家评断这是"浮
屠之术，最善化诱，故人多向之"（《河南程氏遗书》卷二下）。

第三，经历了数百年在中国文化环境中的生长、发展，佛教逐渐融进
了中国的社会生活，特别是在唐代，佛学吸收了包括道家的"自然"
"道"和儒家的君臣伦理在内相当广泛的中国传统思想，实现了佛教中国

---

① 见宋朝陈善《扪虱新话·儒释迭为盛衰》、宗杲《宗门武库》及欧阳修《居士集·
本论》。

化的理论变异，两晋时期就已出现的从佛家立场提出的"殊途同归"三教合一观念得到加强，① 极为有利于消解中土人士接受、信仰佛教的心理上的隔阂、障碍。理学形成时期以二程、张载为代表的理学家，他们对佛学的理论批判，实际也正是围绕这三个方面展开的，或者说是从这三个方面来消解、消化掉佛学那种对于儒学来说是具有挑战性的理论力量。

二 儒佛之辨

佛家"三教合一"② 论一般是从佛儒道三家（而主要是佛儒两家）具有虽相异却互补的理论内容和社会功能意义上提出的。佛家对这种关系的典型表述是"内"与"外"、"治世"与"治心"。如北朝释道安界定说："救形之教，教称为外，济神之典，典号为内……释教为内，儒教为外。"（《弘明集·二教论》）北宋契嵩则说："儒者，圣人之大有为者也；佛者，圣人之大无为者也。有为者以治世，无为者以消费品心。"（《镡津文集·寂子解》）在佛学这一理论挑战面前，比起先前的儒家，理学家显示了一个重要的理论发展，他们从更多的理论侧面和更高的理论层次上辨析了儒佛的差异，判定这种差异具有不可调和的对立性质，用张载的话来说，就是"释氏与吾儒二本殊归"（《正蒙·乾称》）。理学家的儒佛根本差异之辨，主要之点可以归纳为三个方面。

第一，世界之总观：实与虚。理学家首先发现儒佛最大、根本的差异在于从总体上释氏将世界视为空无，为虚妄；而儒家认为世界有山河大地，有人伦道德，皆为天理，为真实。应该说，佛家的这一"空"或"虚"的结论并不是浅薄简单的妄论，而是注入了它从感性经验到本体论论证的全部的非常细密的理论智慧，是一个非常坚实的理论核心，一直是先前儒家对佛学的批判中所无力触及的。在理学形成时期，对佛学这一根

---

① 东晋宗炳在《明佛论》中即说："孔老如来，虽三训殊路，而习善共辙也。"（《弘明集》卷二）此后，在唐时被尊为"华严五祖"的宗密的《原人论》、五代时南禅法眼宗延寿《万善同归集》，及至理学形成时的著名禅宗学者契嵩《辅教编》中都有更为明确的"三教同治""三教同归"的观点。

② 宗密为调和佛教内部教家与禅门的分歧，划分教为三，禅为三，并提出"三教三宗是一味法"（《禅源诸诠集都序》卷三），此是唐代以后佛家另一种纯粹佛学意义上的"三教合一"。

本观点最有力的批判是张载和二程分别由认知和本体的两个层面上提出的。张载说："释氏不知天命而以心法起灭天地，以小缘大，以末缘本，其不能穷而谓幻妄，真所谓疑冰者与。"（《正蒙·大心》）二程完全赞成这样的批判，并做出响应说："释氏推其私智所及而言之，至以天地为妄，何其陋也！张子厚尤所切齿者此耳。"（《河南程氏外书》第七）张载和二程都认为，释氏视世界为空、无，如同夏虫疑冰，乃是出于一种认识上的狭隘与谬误，即以个人有限的认识能力，否定、妄议个人所认识不到的事物为"空"、为"幻"。显然，这是从认知的认识论角度做出的批判。理学家还从更高的本体论层面上对佛学"空"论提出一种批判。在佛家看来，万物生死成坏的变动不居，即是"一切皆空"的本质表现或证明。二程批判说："物生死成坏，自有此理，何者为幻？"（《河南程氏遗书》卷一）二程针对虚空曰："皆是理，安得谓之虚，天下无实于理者。"（《河南程氏遗书》卷三）二程从"理"作为世界本体意义上观察，在变动不居的现象后面，有此变动不居之"理"；在虚空的后面，有此虚空之"理"，因此世界无处无"理"，天下无处是"虚"。由于在佛家思想中，"空"不仅是普遍现象，而且也是世界本体（诸如"佛性""实相""法界"）最基本的特征或内涵，所以二程这种在本体意义上的批判才是最具决定性的批判，是在同一理论层面上的，或者说同一识解度上击中要害的批判。虚实之别是理学在儒佛之间划出的最重要的理论分界。

第二，终极追求之本质：公与私，或义与利。二程说："佛氏只是以生死恐动人，可怪二千年来，无一人觉此，是被他恐动也。圣贤以生死为本分事，无可惧，故不论死生。"（《河南程氏遗书》卷一）可见，据理学家观察，佛家宗教目标和实践之最深刻动机或心理因素是发自对死亡的恐惧，超脱生死是佛家终极的追求。儒家则认为生死是人生本分之内的应有之事，"穷理尽性以至于命"，人生完满的终结是对包括生死在内的全部"本分"的实现，其中无疑最重要的是将人与万物区别开来的那种本分——伦理道德的实现。儒佛之间的这种歧异，理学家一般是以公与私或义与利来分判的。程颢说："圣人致公，心尽天地万物之理，各当其分；佛氏总为一己之私，是安得同乎？"（《河南程氏遗书》卷十四）程颐亦说："佛逃父出家，便绝人伦，只为自家独处于山林，亦只是为死生，其情本怖死爱生，是利也。"（《河南程氏遗书》卷十五）在理学家看来，佛氏的终极追求，完全是从一己的、个人的立场思考并转化为一种宗教实践来摆脱对个体生命必然死亡归宿的恐惧，是唯一的在个人生命形态本身中寻觅、感受人的全部意义、价值，因此浸透了自私自利。儒家则从个人与他人、人与物的关系中认识并努力去完成作为人应尽的"分"，这种观察立场和结论所内蕴的人伦内容和道德品性就是"公"；这种"分"的践履（即终极追求的实现）则是"义"。需要稍加说明的是，佛学是一个十分复杂的特别是容纳着从小乘到大乘重要理论变迁的思想体系。佛教以慈悲为怀，"大慈与一切众生乐，大悲拔一切众生苦"（《智度论》二十七），对人类苦难的处境表现了深切的关怀、同情。理学家可否以"私""利"来判定佛氏？回答是。这一判定是在一个特定的根本意义上做出的，即佛教理论在其根源上，的确是以对人的个体生命在现世中所遭遇以死亡为最的种种苦境的观察为开始，继而发展为断绝、出离人世、"独处于山林"的坚定决心与行为，在这个根本的发端意义上，理学家的判定是可以成立的。

第三，境界之培壅：敬与静，或止与定。儒佛在世界总观和终极追求上的差异必然导致在修持方法，即在培育各自所企望的那种心理环境、精神境界上的路数差异。这种差异，站在理学以外观察可能很模糊，但在理学家看来却甚为分明。佛家最基本的修持是"四禅"，又称"四静虑"，理学则主张"涵养须用敬"（《河南程氏遗书》卷十八）。程颐回答门人"敬莫是静否"之问曰："才说静，便入于释氏之说也。不用静字，只用敬字。"（《河南程氏遗书》卷十八）可见，理学家十分明确地以"敬"与"静"来判定儒佛在涵养即修持方法上的差异。然而，构成这种差异的理论观念、思想内容上的对立是什么？程颐说："才说着静字，便是忘也。"（《河南程氏遗书》卷十八）"所谓敬者，主一之谓敬。所谓一者，无适之谓一。言敬，无如圣人之言，至于不敢欺，不敢慢，不愧于屋漏，皆是敬之事也。"（《河南程氏遗书》卷十五）也就是说，在理学家看来，佛家的"静"是体认无物、忘境的那种修持过程和精神状态；而儒家的"敬"则是专一地践履伦理道德规范的行为和心态。佛儒修持方法上的这种根本差异，理学家有时也用"定"与"止"来区分。"定"（三昧）是佛家全部修持方法"三学"（戒、定、慧）的重要构成。隋慧远解释说，

"以体寂静，离于邪乱，故曰三昧"（《大乘义章》卷九），也就是说，"定"是佛家形成和保持安静、稳定、能不为外境所扰动的宗教心理环境的修持方法。"止"是理学家据《周易·艮》"艮其止，止其所也"提出的一项行为原则，二程说，"须要有所止"，"使万物各有止，止分便定"（《河南程氏遗书》卷六）。可见，理学"止"的含义是谓使人、物、事各得其所，各止于或尽于其性分之内。所以，当弟子提问"佛氏所谓定，岂圣人所谓止乎"时二程就说："定则忘物而无所为也，止则物自付物，各得其所，而我无与也。"（《河南程氏粹言》卷一）十分显然，根据理学家用此种界定意义上的"定"与"止"来判别佛儒修持方法的差异，与用"静"与"敬"所做出的区分，其理论观念基本是相同的。佛家的"定"是无任何社会实践行为的纯粹精神过程，而儒家的"止"，则是人、物各自性分的实现过程，特别是就人来说，更是伦理道德的实践过程。"止"与"定"在最重要、最终意义上所体现的还是儒家伦理精神与佛家"空"的宗教观念的差异。

三 "小佛"之论

程颐曾说："若要不学佛，须是见得他小，便自然不学。"（《河南程氏遗书》卷十九）如果说，儒佛之辨，即分辨儒佛在理论观念上的差异、对立是理学形成时期的理学家为消化佛学、抑制佛学"弥漫滔天"之势跨出的理论批判的第一步，那么，更进一步的佛学批判就是要破其"最善化诱"之术、"尽极乎高深"之说，进而树立、增强儒学的自信。二程认为，对于儒者来说，"释氏之学，更不消言，常戒到自家自信后，便不能乱得"（《河南程氏遗书》卷二）。相对于儒佛之辨，理学家这种"须是见得他小"的"小佛"之论，是宋代儒学对佛学理论挑战全面直接的回应，其于理学在消化佛学中的确立是更加重要的。理学家的小佛之论可以概括划分为主要具体的理论观点和根本的精神境界两个方面，援用理学家的话来说是一曰见其小，一曰不为所乱。

第一，见其小。理学家从其理学的理论角度观察出佛学理论的欠缺或谬误，构成了理学"小佛"佛学批判的主要内容。与先前的许多儒者一样，理学家亦从儒家伦理的立场上，激烈地抨击了佛学，"佛逃父出家，便绝人伦，只为自家独处于山林，人乡里岂容有此物"（《河南程氏遗书》卷十五），但理学家并没有停留在此伦理的批判上，而是从更加一般、更高的理论层面上判定这是佛学理论和实践中的一种缺陷。二程说，"释氏谈道，非不上下一贯，观其用处，便作两截"，"彼固曰出家独善，便于道体自不足"，并比喻说："释氏说道，譬之以管窥天，只务直上去，惟见一偏，不见四旁，故皆不能处事。圣人之道，则如在平野之中，四方莫不见也。"（《河南程氏遗书》卷十一和卷十三）在理学家看来，社会生活的伦理纲常理论及其实践是一种周延的理论和完满人生所不可或缺的，佛家于道体上及人生实践上的不全、不足皆在于此。这可能是理学家最为鄙薄佛学之处。理学家认为，佛学不仅欠缺社会伦理的理论和实践，而且于"穷神知化"的形而上理论也有所不知。理学家的这一"小佛"结论是由对一具体的、可以说是佛学中的根本观点——轮回说进行了否定性批评后得出的。佛学的轮回说实际上是一种很独特的生死观。它认为生死表现出生命存在的"无常"，生死中生命形态的变换显出"业报"。二程对佛家的"无常"批评曰："有生者，必有死；有始者，必有终，此所以为常也，为释氏者，以成坏为无常，是独不知无常乃所以为常也。"又举例说："只如一株树，春华秋枯，乃是常理，若是常华，则无此理，却是妄也。今佛氏以死为无常，有死则有常，无死却是无常。"（《河南程氏外书》第七和第十）不难看出，二程对佛学"无常"的批评是立足于感性经验的事实，但是在这种感性经验中渗透进一种升华了的视生死为一体的理性精神和宽广胸襟，朝朝暮暮压在佛家心头，滋生苦闷烦恼的精神顽石——死亡，在这里是被极度淡化和熔化了。佛家的"业报"观念，在理学中被张载"气"的观点彻底否定了。据此观点，只有作为构成全体"气"的聚散，并无独立个体生命的前世、后世间的轮转。通过对佛学的"无常""轮回"等基本观点的审视和批评，理学家有理由、有根据对佛学形而上理论所能达到的高度表示怀疑和轻蔑。程颢说："佛氏不识阴阳昼夜死生古今，安得谓形而上者与圣人同乎？"程颐亦说："释氏所见偏，非不穷深极微也，到穷神知化，则不知与矣。"（《河南程氏遗书》卷十四和卷二十四）理学家从理学角度所观察到的佛学在社会伦理和形而上理论方面的"未有"或"不足"，显示了理学具有超越先前儒学的理论批判力量；

实现了对魏晋以来逐渐形成的佛学理论观念笼罩的突破。但是，客观地说，佛学有自己独特的东西，因而也是迥异于儒家的伦理观念和形而上理论，佛家因此形成一种独特的心理世界、精神世界，一种独特的宗教的生活方式。佛教赢得众多信徒，凭借的正是它的理论中所特有的，而它的理论中所没有的并不重要。佛学有它自己的理论逻辑，这种逻辑也是人类精神全部可能性中的一种表现、一种实现。因此，作为历史上理学形成条件之一的对佛学的消化就并不是也不可能是破碎和取消掉的这种理论逻辑本身，而只能是消解、转变这种理论所塑造的那种是异己性质的生活方式及其影响，在这个意义上，理学辨析了儒佛的根本差异，揭示了佛学理论的缺弱，从而摆脱与突破了佛学笼罩，无疑皆可以说是对佛学的一种消化。但是，实现这一消化的根本之处，乃是在于儒学需要升越自己精神境界中所固有的伦理道德自觉，形成不弱于佛学的那种属于信仰性质的精神力量，来回应人生最高的终极追求或归宿问题。在中国文化中，这一问题是因佛教的点拨方显得明亮和感到迫切的。围绕这一问题的细密思考，形成了佛学的主要优势。显然，在此种背景下儒家必须在儒学中发掘并升华、凸显有一个完全不逊于佛学的对人生的最终的安顿，才能有世人和学者对儒学的自信。理学家深知，若自信，则佛氏"便不能乱得"，"怎生夺亦不得"（《河南程氏遗书》卷十八）。在这个消化佛学的根本之处，理学家有最先的觉悟并贡献了重要的理论观念。

第二，不为所乱。程颐在回答弟子"学者多流于释氏之说，何也"之问时说："不致知也。知之既至，孰得而移之？知玉之为宝，则人不能以石乱之矣；知醴之为甘，则人不能以蘖乱之矣；知圣人之为大中至正，则释氏不能以说惑之矣！"（《河南程氏粹言》卷一）可见，在佛学弥漫的情势下，理学家清醒地觉悟到，唯有儒家精神境界的确立，才能排除、化解佛学之惑。佛教作为一种宗教，它所形成的精神境界和信仰力量，具有非理性、理性和超理性多重精神和理论因素，在由这种力量推动下形成的佛学弥漫之势面前，经学训释和生活习俗水平上的那种对儒学伦理道德的理解和遵循，建构不成真正能够回应的理论与逻辑，当然只能是"无可奈何"。理学家的理论贡献在于，他们在经学的基础上跨进一步，不仅在如上所述的主要的、具体的理论观点上回应了佛学的挑战，而且从理论观念上升华了以理性、伦理道德观念为主要内涵的儒家精神境界，使得儒家精神境界也具备了某种超理性的品质。比较佛教而言，这是一种无宗教理论性质①却有宗教精神力量或功能的独特品质。理学家使儒家所固有的理性伦理的精神境界发生的这种转变或升越，主要是注入了两个理论观念或精神因素，即"乐"与"化"。二程曾回忆说，"昔受学于周茂叔，每令寻颜子、仲尼乐处，所乐何事"，并且认为"学至乐则成矣"（《河南程氏遗书》卷二和卷十一）。可见二程或理学家开始以"乐"为表征来追寻、认识孔颜境界，这也就是儒家的最高境界。那么，"孔颜乐处"是什么呢？据《论语》记载，孔子曾自谓曰："饭疏食、饮水、曲肱而枕之，乐亦在其中矣。"（《论语·述而》）又论颜回曰："一箪食，一瓢饮，在陋巷，人不堪其忧，回也不改其乐。"（《论语·雍也》）。显然，孔颜之乐绝不是物质生活追求的满足，而应是一种异于、高于富贵物质生活的精神追求。但据《河南程氏外书》记述，程颐与门人讨论"颜子所乐者何事"问题，当鲜于侁对曰"乐道而已"时，程颐即说："使颜子而乐道，不为颜子矣。"（《河南程氏外书》第七）所以在理学家看来，孔颜之乐也并非简单地就是某一具体精神追求目标的达到。二程曾解释说："颜子箪瓢，非乐也，忘也。"又说："颜子箪瓢，在他人则忧，而颜子独乐者，仁而已。"（《河南程氏外书》第六和第一）即在二程看来，孔颜乐处的主要精神内涵是"忘"与"仁"。也就是说，孔颜乐处是一种在最广阔的范围内对自己生命存在的价值、意义的自觉，是一种将自己完全融入境遇中的忘我体验，一种与天地同流的境界。故二程所说"孔子所遇而安，无所择，惟其与万物同流，便能与天地同流"（《河南程氏遗书》卷六），也正是对孔子"疏饮之乐"的最好的解释。理学家的这种融入境遇的"忘我"，与道家"道通为一"（《庄子·齐物论》）和佛家由"诸行无常"或"万法皆空"本体论或宇宙观上导引出的"无我"不同，它内蕴和表现的是一种"仁"的道德理性和感情，正如程颢所谓："仁者浑然与物同体。"（《河南程氏遗书》卷二上）在理学中，这种"仁"

---

① 从不同的理论层面，可以对宗教做出不同的界定。这里是从最一般的意义上，即将宗教理解为是对一种实体性或实在性的超越的存在或终极目标的信仰，及与此相连有一种游离于日常生活之外、之上的行为方式来说的，并认为佛教具有而儒学不具有的一种性质。

的道德内涵，用二程的话来说，就是"孔子之志在于'老者安之，朋友信之，少者怀之'，使万物莫不遂其性"（《河南程氏外书》第三）。当理学家将"孔颜之乐"的这种内在品格移植到儒家的伦理道德实践时，也就升越了这个实践的精神境界，正如程颐所解说的"人问某以学者当先识道之大本，道之大本如何求？某告之以君臣、父子、夫妇、兄弟、朋友，于此五者上行乐处便是……然怎生地乐？勉强不得，须是知得了，方能乐得"（《河南程氏遗书》卷十八）。显然，理学家是将儒家的精神境界最终界定为一种在"知得了"的自觉之上的、有"乐"的精神感受的伦理实践。理学家之所以产生这种对儒家伦理实践的新观点，一个重要的原因是他们比唐代儒者和宋初经学家对佛学的影响力有更深刻、切实的认识，感悟到回应这种"最善化诱"的"尽极高深"的理论和实践的挑战，儒家必须对自己的伦理道德理论有最充分的自觉和在实践上完全融入的投入。理学家正是用"乐"的精神因素注入儒家理性的伦理精神境界，使其增益了超理性的新内涵，增益了回应佛学挑战的精神力量。

此外，理学家还用"化"来界定或表述这种理性的理学精神境界。程颢说："人之学，当以大人为标垛，然上面更有化尔，人当学颜子之学。"（《河南程氏遗书》卷十二）孟子说："居仁由义，大人之事备矣。"（《孟子·尽心上》）所以，"大人"是表征着儒家已经达到了"仁义"的道德境界。在汉魏经学中一般地都认为"大人"也就是最高的"圣人"境界，如《易乾凿度》曰："圣明德备曰大人也。"（李鼎祚《周易集解·乾》）王肃曰："大人，圣人在位之目。"（陆德明《经典释文·周易·乾》）显然，理学家与经学家不同，认为在"大人"之上还有更高的"化"境界。然而，这是何种境界？程颐说："大而化之，只是谓理与己一。其未化者，如人操尺度量物，用之尚不免有差，若至于化者，则己便是尺度，尺度便是己。颜子正在此，若此则便是仲尼也。"（《河南程氏遗书》卷十五）张载也说："《中庸》曰'至诚为能化'，孟子曰'大而化之'，皆以其德合阴阳，与天地同流而无不通也。"（《正蒙·神化》）可见，理学家所界定的"化"境界，乃是一种与天地、与"理"融为一体的精神境界。按照理学家的这种诠释，如果"大人"境界是"居仁由义"，那么"化"的境界便是"即仁即义"；颜子"至于化"，是贤人，孔子"便是化"，为圣人。孟子曾说"大而化之谓之圣"（《孟子·尽心下》），"夫君子所过者化，所存者神，上下与天地同流"（《孟子·尽心上》），所以应该说，理学家对"化"这样的诠释，基本上是符合而没有逾越孟子的思想的。但是，当理学家在进一步论述"化"的境界如何形成时，却显示出理学中"化"的境界增益了超理性的新特质。张载对此有明确反复的说明，"穷神知化，乃德盛仁熟之故，非智力能强也"，"穷神知化，与天为一，岂有我所能勉哉，乃德盛而自致尔"（《正蒙·神化》）。程颐也说，"学者不学圣人则已，欲学之，须熟玩味圣人之气象，不可只于名上理会"，"赞天地之化育，自人而言之，从尽其性到尽物之性，然后可以赞天地之化育，可以与天地参矣，言人尽性所造如此"（《河南程氏遗书》卷十五）。可见，理学家认为"化"的境界是"德盛仁熟之故"，"非思勉之能强"，是"尽性所造"，而"不可只于名上理会"，也就是说，是通过高于理性的道德实践积累而达到的。实际上，这是一种容纳、凝结一个人的（包括感性经验、认知理性在内的）全部经历的精神总体。从理论逻辑上说，立在理学家"化"的境界上，精神上会感受到与天地同流、与"理"为一的广阔和自如，困扰佛家或世人的那个苦根，那些人生难题，在这里也就被消解掉。张载说："世人取释氏销碍入空，学者舍恶趋善以为化，此直可为始学遣累者，薄乎云尔，岂天道神化所同语也哉！"（《正蒙·神化》）。在理学家看来，比起理学与天地同体之"化"，释氏以"空"遣累是何其浅薄！可以说，以"乐"与"化"来阐述和界定儒家的最高精神境界，是理学的一个重要理论贡献。在这里，儒家伦理精神的内涵得到极大的扩充，由己及人、由人及物浸润极广的范围。立在这个境界上的儒者，由于"与天地同流""使万物遂性"的精神觉醒，会感受到生命价值获得了随遇皆是的实现，人生总有可为欣慰的安顿；由于这种自信，在遭遇佛氏之论时，就能"见其小""不为所乱"，儒学投射下的笼罩与影响被消解了，这是在真正的、实际意义上的儒学对佛学的消化。

四 援佛而非佛

通过儒佛之辨和"小佛"之论，特别是"乐"与"化"境界的确立，理学实现了对佛学的消化。在理论上，佛学对于理学来说，已不是一种具有严重挑战性、不可克服的存在了。尽管佛学"高深""善诱",但理学有了自己的理论眼光,能不为所乱了。在这种情况下,理学自如地借鉴、援用高妙佛理来建构自己的理学观念而不失儒学本质,就成为可能了。理学的这种能力和气势,犹如邵雍论及读书时所说:"天下言读书者不少,能读书者少。若得天理真乐,何书不可读,何坚不可破,何理不可精!"(《观物外篇下》)事实正是这样发生的,理学援佛而非佛,这不仅是理学消化了佛学后的一个效应,也是理学消化佛学的一个表现。

在理学形成过程中,作为理学理论标志的形而上的本体性的"理"观念的确立,无疑是最重要的理论创造。理学家对"理"的本体性内涵的界定与论述,主要有两点。一是"体用一源",即作为本体的、唯一的"理"与作为其显现的统称为"用"的万物、万事、万理是不可分的,理必显于事,事必含有理。二是"理"包蕴着先前儒家思想中已出现的所有具有根本意义的范畴的内涵,即理与天、命、性、心"其实一也"。理学对"理"的本体性这种十分独特的论证,追溯其理论观念渊源,不难发现,即使不是直接引自佛学,也一定是受启迪于佛理。首先,让我们就第一点进行考察。在理学以前的中国传统思想中,无疑是先秦道家最早提出并较深入地论述了应该说是属于本体论的问题。道家认为,世界万物的最后根源是"道",如谓"道"为"天地根"(《老子·六章》),"万物之所由"(《庄子·渔父》);"道"具有"视之不见,听之不闻,搏之不得"(《老子·十四章》)、"道昭而不道"(《庄子·齐物论》)的超验性质。

根源性和超验性是中国传统思想中本体观念的基本内涵。从理论逻辑上说,在这个本体论中,本体"道"与作为其显现的事物之间,是可以用先与后、主与次、微与显等来表述其关系或进行区分的。所以当《系辞》提出"形而上者谓之道,形而下者谓之器""知微知彰""微显阐幽",用以界定、区分《周易》中的具体事象与抽象"易"理时,就有理由推断《易传》是感受了道家思想影响的。同样,当魏晋和唐代学者在注解《周易》时,又进一步用无与有、一与多、本与末、体与用等观念来阐述其中的"道"与"器",在本体与现象间进行先后、主次、微显的区分时,亦可判定儒学本体论思想依然处在道家思想影响下,没有逾越道家本体观念中根源和超验两个内涵的涵盖。理学家的本体观念与其先儒学受道家影响的本体观念不同之处，在于强调作为本体之"理"与其显现之现象间的不可分离性，如程颢曾说"体用无先后"（《河南程氏遗书》卷十一），程颐更反复地说"凡物有本末，不可分本末为两段事，洒扫应对是其然，必有所以然"，"圣人之道，更无精粗，从洒扫应对至精义入神，通贯只一理"（《河南程氏遗书》卷十五）。可见，在理学家看来，本体与现象、至微与至显，如同洒扫应对之理（所以然）与其行为（其然）是不可进行本末、先后、精粗之分的，也就是"体用一源，显微无间"。从理论上说，理学与先前儒学在本体论观念上的差异，可以归结于理学的本体观念在根源性、超验性之外，又注入了此种新的总体性内涵，并且有两点事实可以表明其与佛学有某种观念上的联系。一是理学"体用一源"根本的理论意旨可以肯定地说是在于升越儒家伦理道德实践的自觉性，强调日常生活行为与最终伦理道德目标的一致性和不可分割的一体性。程颐在回答门弟子"不识孝弟何以能尽性至命也"之问时，十分清晰地表述了这一理学的意旨："后人便将性命别作一般事说了，性命孝弟只是一统底事，就孝弟中便可尽性至命。至如洒扫应对与尽性至命，亦是一统底事，无有本末，无有精粗，却被后来人言性命者别作一般高远说。"（《河南程氏遗书》卷十八）在禅学风靡的氛围中，理学所产生的此种"洒扫应对"通贯于"一理"，可"尽性至命"的观点，完全可能是受启迪、受感染于禅宗的"平常心是道"。深有影响的南禅道一禅师说："若欲直会其道，平常心是道。何谓平常心？无造作，无取舍，无断常，无凡无圣。经云：非凡人行，非圣贤行，是菩萨行。只如今行住坐卧，应机接物，尽是道。"（《马祖道一禅师语录》）程颐对此而品评说："禅者行走坐卧，无不在道，存无不在道之心，此便是常忙。"（《河南程氏遗书》卷十五）一方面这是程颐从儒学立场对禅宗以一切自然的生活行为（无造作、无取舍、无断常、无凡无圣）皆为"道"的讥嘲；另一方面也表明这位理学家特别熟悉禅宗思想，他认为即使是最简单、初级的伦理生活行为（洒扫应对），皆含有"理"，皆能"尽性至命"，实际上是在自觉不自觉中援用和改造了禅家的这个基本立论而形成的。二是如果说理学"体用一源"说在理论意蕴上与禅宗有较密切的观念上的联系，那么形成这一理论观念的运思方式、命题形式则可能是来自华严宗。华严宗创始人法藏说："此诸界为体，缘起为用，体用全收，圆通一际。"(《华严策林》) 又说："观体用者，谓了达尘无生无性一味，是体；智照理时，不碍事相宛然，是用。事虽宛然，恒无所有，是故用即体也，如会百川归于海。理虽一味，恒自随缘，是故体即用也，如举大海以明百川。由理事互融，故体用自在。"(《华严经义海百门·体用开合门第九》) 华严宗作为将中国佛教义理推向新顶峰的一个宗派，法藏这里所界定、论说的"法界"与"缘起"、"理"与"事"、"体"与"用"等都是基本而重要的理论范畴，都有其独特而复杂的宗教观念内容，然而从一般的哲学理论角度观察，法藏这里所谓"体用一际""理事互融"所表述的正是本体论的总体性观念，即认为本体与现象是不可分离的世界整体、总体。程颐曾比较《华严经》与《周易》说："看一部《华严经》，不如看一《艮》卦。"(《河南程氏遗书》卷六) 又曾评论华严宗的理事互融、缘起无有穷尽之说曰："只为释氏要周遮，一言以蔽之，不过曰万理归于一理也。"(《河南程氏遗书》卷十八) 可以推断，程颐对华严宗义有所研习，虽然没有接受其佛学的理论观念，但不能排除其"体用一源"观念的形成是从华严宗的"体用一际""理事互融"观念中获得感悟的结果。总之，理学的"体用一源"，在包括中国佛学在内的完整的中国思想背景中，就其观念的哲学内涵和命题形式而言，是更为接近佛学的。

理学对"理"本体性的另一个论证，就是认为"理"与天、命、性、心等在传统儒家思想中具有根本意义的范畴"其实一也"，用这些范畴所含有的内容属性来充实"理"的本体性内涵，这在儒学的历史发展中，也是一个重要理论观念转变。因为在传统的儒学中，这几个基本的范畴总是被分别地界定，并且在儒家精神境界的形成中体现，代表着不同的精神阶段。如孟子说："尽其心者，知其性也，知其性则知天矣。"(《孟子·尽心上》) 即在不太严格的意义上讲，心、性、天是理性的认知，自觉的道德践履，和对超越的体悟是儒家精神境界形成的三个有序的基本阶段。但在"体用一源""理事无间"理学总体性本体观念中，这些具有异质、异体性质的区分界限都消失了，天、命、性、心都是从不同方面对"理"即本体的一种界定或表述，程颐所谓"在天为命，在义为理，在人为性，主于身为心，其实一也"，"穷理、尽性、至命，一事也"(《河南程氏外书》第十一），解说得至为明确。从包括中国佛学在内的完整的中国思想背景中观察，理学这一对"理"的本体性论证，就其运思方式和表述形式而言，也是接近于佛学或感悟于佛学的。佛教在印度和中国的长期发展中，滋生、繁衍了众多的流派，不同派别对于佛教的最高宗教目标——涅槃及作为其哲学基础的世界最终本体的性质，都有自己的理解和表述。中国佛学宗派在建构自己的理论体系时，往往需要对此加以调和的诠释和总结，以周延地涵盖这个宗教目标或本体观念全部的甚至是含有对立的含义。例如天台宗创始人智𫖮解说天台佛理中具有本体意义的"实相"说："实相之相，无相不相。又此实相，诸佛得法，故称'妙有'；实相非二边之有，故名毕'竟空'；空理湛然，非一非异，故名'如如'；实相寂灭，故名'涅槃'；觉了不改，故名'虚空'；佛性多所含受，故名'如来藏'；不依于有，亦不附无，故名'中道'；最上无过，故名'第一义谛'。"（《法华玄义》卷八下）此意谓，本体"实相"从不同的角度来界定，也就是涅槃、中道、妙有、虚空等。在宽泛的意义上，这一解说也适用于华严宗的"法界"和禅宗的"本心"，这是一种具有辩证色彩的、从不同甚至是对立的方面来界定、表述一个整体、总体的思维方式。不难看出，理学从天、命、性、心等不同方面对"理"的界定、表述，近似于或者正是蹈袭了佛学的逻辑思路。但当有人问"如何是道"时，程颢答曰："于君臣、父子、兄弟、朋友、夫妇上求。"（《河南程氏外书》第十二）可见，根本的区别在于，理学所表述的不是佛学的宗教观念，而是儒家的伦理道德内容，理学虽援佛而非佛。

五　结论

以上，我们从若干具体方面考察了理学消化佛学的思想历程。由于理学在消化佛学中形成了本体性"理"的观念，也在理论上实现了对汉代天人之学和魏晋玄学的超越。在理学"万理一理"的理论观念基础上，汉代天人之学的"天道"与"人道"的界限被消解了，正如程颐在批评王安石"行天道以治人，行人道以事天"之论时所说："道未始有天人之别，但在天则为天道，在地则为地道，在人则为人道。"（《河南程氏遗书》卷二十）作为汉代天人之学的"天人感应"之立论基础的"天意"，也被理学之"理"否定了，亦如二程所说："天人之理，自有相合，人事胜，则天不为灾，人事不胜，则天为灾，人事常随天理，天变非应人事。如祁寒暑雨，天之常理，然人气壮，则不为疾，气羸弱，则必有疾，非天固欲为害，人事德不胜也。如汉儒之学，皆牵合附会，不可信。"（《河南程氏外书》第五）同样，理学"体用一源"的理论观念，也使魏晋玄学以本与末或先与后诠释无与有，以无与有诠释道与物的基本立论逻辑被破解了，因为从这个理学的观点上观察，"体用无先后""理无本末"。总之，理学获得了新的理论立场，能对汉代天人之学与魏晋玄学的论题做出新的解释，理学作为儒学的一个新的理论形态出现了。可见理学消化佛学是儒学发展史上，也是整个中国文化精神发展史上一次多么重要的经历！

（《中国文化研究》1997年秋之卷第三期）

二程与宋明理学

　　理学是我国封建社会后期居于统治地位的学术思想，是作为中国思想主体的儒家思想发展的一个新阶段。理学的理论主题主要有两个方面：一是探寻儒家所主张的伦理纲常、道德规范的最后根源，从而证明它们的合理性、永恒性；二是探究践履和完成儒家所主张的伦理纲常、道德规范的方法或途径。用理学家的话来说，这两个方面可称为"本体"和"功夫"，故清代学者耿介的《理学要旨》认为："本体，理也，功夫，学也，凡皆其要也。"

　　理学在宋代兴起，一开始就显现出极为壮观的阵容，黄百家说："周程张邵，五子并时而生，又皆知交相好，聚奎之占①可谓奇验。"（《宋元学案·百源学案上》）由于北宋五子的学术各有造诣，思想各具特色，后人对他们在理学确立过程中每个人所起作用的高低轻重，很难置论。最早朱熹认为，周敦颐"上接洙泗之统，下启河洛百世之传"（《朱文公文集·韶州州学濂溪先生祠记》），是宋代理学的奠基人。而黄震却说："本朝之治，远追唐虞，以理学为之根柢也。义理之学独盛本朝，以程先生为之宗师也。"（《黄氏日抄·跋尹和靖家传》）近些年来，又有学者提出："真正为宋明理学奠定基础的是张载。"可见各家所论，颇有不合。其实，就北宋五子以后宋明理学所呈现的面貌来看，理学的思想宗旨、理论论题和学术规模确实是二程（程颢、程颐）真正确立起来的。以下，试就二程

---

　　① 《宋史·天文志》："乾德五年三月，五星如连珠，聚于奎、娄之次。"《初学记·文部》："《孝经·援神契》曰：奎主文章。"星象家以五星聚奎为文运昌盛之兆。

对理学理论主题的论证及二程在整个宋明理学发展过程中的影响来说明这一点。

一 二程对理学理论主题的论述

宋明理学着重于对现实社会生活中伦理道德根源的论证和道德修养方法的探寻，所以在宋明理学中，发挥主导作用的是伦理思想而不是宇宙论思想；宇宙论思想仅是伦理思想的附属。理学的这一理论特征，是到二程时才完全具备的。从周敦颐的《太极图说》《易通》和张载的《正蒙》《西铭》中可以看出，他们思想的主要特色和核心还是宇宙根源和万物生成过程的宇宙论思想，社会伦理和人性论思想只是宇宙论思想的逻辑延伸。而从二程的著述里则可以看出，他们的思想正好把这个理论思维过程的次序颠倒过来，他们由现实的社会伦理状态出发，追溯它们最终的、超现实的根源。在二程这里，伦理思想是处于主体地位的，他们根据《易传》并改造、利用周敦颐、张载思想而形成的宇宙论思想只是附属。所以二程思想最具有理学特质。

二程思想的理学特质，还表现在他们没有周敦颐思想中那种道教痕迹和神秘色彩，也没有张载思想中的那种杂博高僻，而是紧紧围绕着理学的理论主题展开论述。这也正是二程理学思想成熟的表现，因为一种成熟的理论，往往在形态上总是具有简单、一贯、不矛盾的特征。

追溯现实世界万事万物的最后根源，在二程思想中是极为明确的理论主题。程颐说："事之最大最先，在推测天道……天下万事无不本于此。"（《河南程氏经说·尧典》）"立言，所以明道也。"（《河南程氏粹言·论道篇》）这个最后根源之"道"或"天道"，二程也称之为"理"或"天理"。"理"的概念在周敦颐、张载的著作里，都是作为"条理""道理"的含义而使用的，如周敦颐《通书·礼乐第十三》中"万物各得其理然后和"，《张子语录·语录中》中"万物皆有理，若不知穷理，如梦过一生"，可见主要还是认识论中的概念或范畴，不具有宇宙根源的含义。在二程的思想体系里，"理"当然也还有"条理""原因"等的含义，如二程说"物理最好玩"（《河南程氏遗书》卷二上），但它已具有了作为事物根源的新的含义，如二程说"万事皆出于理"，"万物皆只是一个天理，己何与焉"。（《河南程氏遗书》卷二上）这种"理"，就不是表现事物的存在并呈现在人的认识中的秩序、规律，而是决定事物的存在，并独立于人的认识之外的客观根源，它就不再是一个认识论的范畴，而是一个本体论的范畴了。

在二程思想里，"理"或"天理"作为万事万物的根源，主要表现出两个特征。一是自身的独立完备性。二程说："天理具备，元无欠少，不为尧存，不为桀亡。""百理具在，平铺放着。几时道尧尽君道，添得些君道多；舜尽子道，添得些子道多？元来依旧。"（《河南程氏遗书》卷二上）即是说，"理"或"天理"是永恒不变的。二是事物的客观规定性。二程说，"万物无一失所，便是天理"，"天理鼓动万物如此"，"父子君臣，天下之定理，无所逃于天地之间"（《河南程氏遗书》卷五），即是说，"理"或"天理"是最后的主宰。可见，在二程思想里，哲学上"根源"范畴的一般特性是被发现了的；而且，二程寻觅这个根源，主要是为了证明儒家所主张的伦理纲常的永恒合理性。因为既然万事万物皆出于"理"，那么，当然也就可以断定"父子君臣，天下之定理"了。

在二程思想里，进一步对"理"或"天理"的根源性特征，即其独立完备性和主宰性，提出几个方面的论证。

第一，二程从传统的儒家思想里寻找论证，提出"理"和先秦儒家思想中具有根源性内涵的概念或范畴，诸如"天""命""心""性"等具有同一性或等同性。程颐说："在天为命，在义为理，在人为性，主于身为心，其实一也。"（《河南程氏遗书》卷十八）又如邵伯温问："孟子言心、性、天，只是一理否？"程颐答："然。自理言之谓之天，自禀受言之谓之性，自存诸人言之谓之心。"（《河南程氏遗书》卷二十二上）二程援引先秦儒家思想中的这些根源性范畴或概念来说明自己的"理"或"天理"的根源性，虽然在理论性质上并不矛盾，但在具体内容上却未尽吻合。先秦儒家"天"或"命"的范畴，除了有客观必然性的含义外，还有人格神的含义，如孔子说："获罪于天，无所祷也。"而二程的"理"或"天理"就不具有这样的含义，如弟子唐棣问："天道如何？"程颐即回答："只是理，理便是天道也。且如说皇天震怒，终不是有人在上震怒，只是理如此。"（《河南程氏遗书》卷二十二上）可见它是指对事物的客观规定性，而不是人格神的主宰性；它是哲学本体论的范畴，而不是宗教的上帝实体。先秦儒家的"性"与"心"概念有些共同的内涵，但界限还是存在的，"性"一般是指人的伦理道德行为的共同的客观来源，如孔子说"性相近"（《论语·阳货》），"孟子道性善"（《孟子·滕文公上》）；"心"则可以是人的修养、认识的主观能力，如孟子说："心之官则思，思则得之，不思则不得也。"（《孟子·告子上》）二程对心、性不加区别，认为都是"理"的表现。这样，在二程这里，"性即理"（《河南程氏遗书》卷第十八和卷第二十二上）与"心是理"（《河南程氏遗书》卷第十三）本来是为了说明"理"的根源性而提出来的两个等同内容的命题，但在另外的情况下则有可能被理解为是内容异议的命题。事实果然如此，以后标志理学中客观唯心主义和主观唯心主义两派思想分歧的命题正是"性即理"与"心即理"。

第二，二程还从汉唐以来儒家、道家、佛家的思想里，吸取理论营养，对"理"或"天理"的根源性进行论证。

用"形上形下"说论证"理"是宇宙根源。二程认为天地间充满阴阳二气，"气行满天地之中"（《河南程氏遗书》卷第二上），万物生成和消亡是一个"气化"过程，即"万物之始，皆气化，既形，然后以形相禅，有形化；形化长，则气化渐消"（《河南程氏遗书》卷第五）；而"理"或"道"就是这一过程的最后原因。二程说："离了阴阳更无道，所以阴阳者是道也。阴阳，气也。气是形而下者，道是形而上者。"（《河南程氏遗书》卷第十五）二程在论证"理"或"道"是宇宙形成的最后根源时所援引的"形上形下"说，和汉唐学者对《系辞下》"形而上者谓之道，形而下者谓之器"的解释是完全一致的，如孔颖达在《周易正义》中就这样疏解："道是无体之名，形是有质之称。形由道而立，是先道而后形，是道在形之上，形在道之下。故自形外以上者谓之道也，自形内而下者谓之器也。"（《周易正义》卷七）

用"体用"说论证"理"是社会伦理道德根源。"体用"最早在《荀子·富国》中出现，魏晋后学者常把它作为一对对立的范畴用来解《老》、解《易》。"体"指本体，是根本，"用"即作用，从属于本体。如崔憬说："体者，即形质也；用者，即形质上妙用也。"（李鼎祚《周易集解》卷十四引）佛家华严学者则以"体用"不可分离来解释事理圆融无碍。如澄观说："体外无用，用即是体；用外无体，体即是用。"（《华严经疏》卷二十三）可见儒家学者和佛家学者在解释和使用"体用"范畴上有所不同，儒家学者着眼于"体用"决定和被决定的关系，偏重言其区别；佛家学者着眼于"体用"的相互体现关系，偏重言其混一。佛家的"体用"观对二程有所影响，故程颐解《易》时，将《易》所包含的深刻内容与其呈现的外在形式的统一概括为"体用一源，显微无间"（《河南程氏文集》卷第八《易传序》）。但二程更是经常使用儒家的"体用"观来解释"理"或"天理"对于社会伦理道德（二程称之为"人道"或"义"）的决定性、根源性作用。程颢说："理义，体用也。"（《河南程氏遗书》卷十一）程颐更以忠恕为例说："忠者，天下大公之道；恕，所以行之也。忠言其体，天道也；恕言其用，人道也。"（《河南程氏外书》卷二）二程认为体、用在这里是不可混同的，程颐说："大本言其体，达道言其用，体用自殊，安得不为二乎?"（《河南程氏文集·与吕大临论中书》）可见二程坚定地认为现实社会的伦理道德根源并取决于"理"或"天道"的。

用"理一分殊"说论证"理"或"天理"是万事万物的根源。"理一分殊"是二程读《华严经》的心得体会，是他们"出入于老释者几十年"的理论收获。一部《华严经》，在那烦琐的佛教教义下面，有一条明晰的哲学思路，即是将世界分作"事""理"两相（或称生界与法界、尘世与佛性、一切与一等），但它们又相摄相融，无障无碍，"法界众生界，究竟无差别"（《华严经·菩萨向明品第十》），"一切解即是一解，一解即是一切解"（《华严经·初发心功德品第十七》）。程颐将《华严经》这种思想要旨归纳为"一言以蔽之，不过曰万理归于一理也"（《河南程氏遗书》卷第十八），或者"一言以蔽之曰，万物一理耳"（《河南程氏粹言·论道篇》）。换言之，世间虽存万事万物万理，然而总归于"一理"统摄，这"一理"就是根源，万事万物万理即是"分殊"。程颢以《中庸》为例说："《中庸》始言一理，中散为万事，末复合为一理。"（《河南程氏遗书》卷第十四）程颐以《庄子·齐物论》为例说："庄子齐物，夫物本齐，安俟汝齐? 凡物如此多般，若要齐时，别去什处下脚手? 不过是推一个理也。"（《河南程氏遗书》卷第十九）二程认为，万事万物虽千差万别，然而根源于、取决于"理"则是相同的。故程颐总结说："天下之理一也……虽物有万殊,事有万变,统之以一,则无能违也。"(《周易程氏传·咸》)

二程对"理"(道)或"天理"(天道)的这番论证,不仅确立了这个范畴在那个时代哲学思维和学术思潮中标志和旗帜的地位,"理学"或"道学"之称油然而起①,而且也确立了二程自己在理学中的开创者的地位,对"理"是万事万物之根源观点的论证和运用(或"性即理",或"心即理"),贯穿并支持着全部宋明理学。

程颢说:"人之学,当以大人②为标埻。"(《河南程氏遗书》卷第十二)程颐亦说: "人皆可以至圣人,而君子之学必至于圣人而后已。"(《河南程氏遗书》卷第二十五)故后来其弟子吕希哲说:"二程之学,以圣人为必可学而至,而己必欲学而至于圣人。"(《河南程氏外书·发明义理》)可见探究完成儒家所主张的伦理道德修养的方法途径,也是二程思想中的重要主题。

二程在关于社会伦理道德的终极根源,即"理"或"天理"的见解上,大体相同,差别甚微,但在道德修养所要达到的最高目标或境界及其实现方法的主张上,却有所区别。

程颢道德修养所要达到的目标是"与物同体",他说"仁者浑然与物同体"(《河南程氏遗书》卷第十一),也就是圣人"与天地同体"(《河南程氏遗书》卷第二上)。这是一种将个人融入天地自然而不仅仅是践履社会纲常的道德境界。如他说:"太山为高矣,然太山顶上已不属太山;虽尧舜之事,亦只是如太虚中一点浮云过目。"(《河南程氏遗书》卷第三)故表现出某种从现实人伦中超越的思想倾向。程颢的修养方法是"诚敬"(识仁)和"顺物'(定性)。他说:"学者须先识仁……识得此理,以诚敬存之而已","学要在敬也、诚也,中间便有个仁"(《河南程氏遗书》卷第十四和卷第二十)。又说:"君子之学,莫若廓然而大公,物来而顺应。"(《河南程氏文集·答横渠张子厚先生书》)实际是要求人

---

① 关于"道学",朱熹说:"夫以二先生唱明道学于孔孟既没千载不传之后,可谓盛矣。"(《朱文公文集·程氏遗书后序》)关于"理学",陆九渊说:"惟本朝理学,远过汉唐。"(《象山全集·与李省干之二》)

② 《孟子·尽心上》:"大人者,正己而物正者也。"

通过内心对"仁"（即天理）的自我体验、自我陶冶，从而达到与天地万物同在一体感的那种主观主义自在怡然的精神状态。所以程颢说，"学者不必远求，近取诸身，只是明理，敬而已矣"，"明得尽，渣滓便浑化，却与天地同体"（《河南程氏遗书》卷第二上和卷第十一）。

程颐道德修养所要达到的目标是"与理为一"。他说，"大而化，则己与理一"，"圣人与理为一"（《河南程氏遗书》卷第十五和卷第二十三）。他认为，最高的道德境界是对"理"亦即人伦纲常的充分自觉和完全的践履。他说："'惟圣人然后能践形'，言圣人尽得人道也。人得天地之正气而生，与万物不同。既为人，须尽得人理。众人有之而不知，贤人践之而未尽，能践形者唯圣人也。"（《河南程氏遗书》卷第十八）而达到这种境界的方法是"格物穷理"和"持敬循理"。程颐主张要通过具体事物或实际活动来体认"理"，"穷理亦多端：或读书讲明义理，或论古今人物别其是非，或应接事物而处其当，皆穷理也"（《河南程氏遗书》卷第十八）。并且要经历一个由逐渐积累到一旦贯通的过程，"穷至于物理，则渐久后天下之物皆能穷，只是一理"（《河南程氏遗书》卷第十五）。最后在对"理"的遵循、践履中，就可以达到"与理为一"。程颐说："道之大本如何求？某告之以君臣、父子、夫妇、兄弟、朋友，于此五者上行乐处便是。"（《河南程氏遗书》卷第十八）"循理而至于乐，则己与理一，殆非勉强之可能也。"（《河南程氏粹言·论学篇》）所以，程颐的"穷理"主要是指对人伦的完全明了，而不是指对外界事物规律的认识；"循理"是指对人伦纲常的自觉践履，而不是对道德规范的勉强屈从。达到这种精神状态或道德境界，也会产生一种快乐自适的自我感觉。

可见，二程在道德修养目标和方法上的差别应该说还是比较明显的。程颢视尧舜亦如浮云，融入自然方有"乐处"；程颐则认为"惟尧舜可称也"（《河南程氏遗书》卷第十八），践履人道才是"圣人"。程颢言"定"，主张"动亦定，静亦定，无将迎，无内外"（《河南程氏文集·答横渠张子厚先生书》），实即是"顺物"（顺应自然）；程颐则言"止"，他说，"释氏多言定，圣人便言止……所谓止，如人君止于仁、人臣止于敬之类是也"（《河南程氏遗书》卷第十八），实即是"循理"（立身社会）。程颢以"天地无心、圣人无情"为楷模（《河南程氏文集·答横渠张子厚先生书》），程颐则说"无心便不是，只当云无私心"（《河南程氏外书》第十二）。所以，如果把伦理思想看成是儒家思想的核心和特色，那么，在对道德修养目标和方法的看法上，程颐的观点儒家气味醇厚，而程颢的观点则儒外影响鲜明。故朱熹说："明道说话亦有过处，其说阔……伊川较仔细，说较无过。"（《朱子语类》卷九十三）但陆九渊却说："伊川蔽锢深，明道却疏通。"（《象山全集·语录》）朱陆两人对二程截然不同的评价，不仅是二程确有差异的证明，而且是这种差异带来的理论后果的反映，即理学开创时期个人见解的不同，在理学的发展过程中就逐渐变成了派别对立的标志和内容。

二 二程与理学的发展

二程思想在理学发展演变的全部过程中，始终是活跃的、发生主导影响的因素。理学的整体学术规模，实际是二程思想的展开。

二程以后理学第一次重大发展是南宋朱熹、陆九渊两个对立学派的出现，而二程思想的主要观点，正是这两个学派直接的理论来源。

朱熹是二程的四传弟子，"程氏之道，至朱氏而始明"（王祎《王忠文公集·拟元儒林传》）。朱熹对二程理论的最重要发展，是使在二程那里与主观唯心主义尚处于混合状态的客观唯心主义方面的思想明朗起来、突出起来。这主要有三点表现。一是在宇宙论里，朱熹重新引进了来自周敦颐《太极图说》但被二程弃置的"太极"范畴，作为二程"理"或"天理"性质的进一步说明。朱熹说，"所谓太极，乃天地万物本然之理"（《朱文公文集·答陆子静之五》），"圣人谓之太极者，所以指夫天地万物之根也"（《朱文公文集·答杨子直之一》）。这样，在万事万物之上存在着一个独立的客观根源的观点就更加清晰明确了。二是在人性论上，朱熹引用了张载的"心统性情"说，将"性""心""情"加以区分："盖性为体，情为用，而心则贯之，必如横渠先生所谓'心统性情'者，其语为精密也。"（《朱文公文集·答方宾王之一》）特别是将"心""性"加以明确区分，"性者，人物所得生之理也"（《孟子集注·离娄下》），"心者，人之神明，所以具众理而应万事者也"（《孟子集注·尽心上》）。《朱子语类》有则记载："问：灵处是心抑是性？曰：灵处只是心，不是性，性只是理。"（《朱子语类》卷五）可见，朱熹认为"性"是独立于人的主观之外的"理"，即是为万物所各自具有的那种本性，所以可以说"性即理"；"心"是人主观所具有的知觉、认识能力，"心"当然也有自己之"性"（即"具众理而应万事"），但不能说"心即理"。这样，在二程思想里，特别是程颐思想里两个性质不同但又混淆不分的命题"性即理"与"心即理"，就被明白地区分开来。朱熹态度鲜明地表示自己接受其中具有客观唯心主义性质的命题："'性即理'一语，直是孔子后惟是伊川说得尽，这一句便千万世说'性'之根基。"（《朱子语类》卷九十三）三是在方法论上，朱熹继承了程颐的方法而批评了程颢的方法，使二程在道德修养方法的意见差异，趋向明显的认识论和方法论上的观点对立。朱熹批评程颢以内心体认、顿悟自明为特征的"识仁""顺物"修养方法"说得太广，学者难入"（《朱子语类》卷九十七）。而对于程颐"涵养须用敬，进学则在致知"（《河南程氏遗书》卷第十八）的修养方法和"积习既多，然后脱然自有贯通处"（《河南程氏遗书》卷第十八）的认识途径，都表示赞同，并加以发挥说："学者工夫，唯在居敬、穷理二事，此二事互相发，能穷理则居敬工夫日益进，能居敬则穷理工夫日益密。"（《朱子语类》卷九）"程子说格物，非谓欲尽穷天下之物，又非谓只穷得一理便到，但积累多后，自脱然有悟处。"（《朱子语类》卷十八）所以朱熹承认自己"某说大处，自与伊川合"（《朱子语类》卷九十三），黄宗羲也评论说："朱子得力于伊川，于明道之学未必尽其传也。"（《宋元学案·明道学案上》）

二程思想对与朱熹同时代的陆九渊则表现为另一种影响关系。陆九渊和二程没有师承关系，但在学术思想上却有犀通、承继之处。此点最早为朱熹指出："上蔡之说一转而为张子韶，子韶一转而为子静。"（《宋元学案·上蔡学案》）以后全祖望又说："予读信伯集，颇启象山之萌芽，其贬之者以此，其称之者亦以此。象山之学本无所承，东发以为遥出于上蔡，予以为兼出于信伯，盖程门已有此一种矣。"（《宋元学案·序录》）谢良佐（上蔡人）是程门第一高足，张九成（字子韶）和王颢（字信伯）都是杨时弟子中最为显著者，所以，无论按照朱熹、黄震（字东发）的说法，或按照全祖望的说法，陆九渊思想脉络的源头都应当是二程。然而陆九渊却说自己的思想是"因读孟子而自得之"（《象山全集·语录》），不承认二程对自己思想的影响。这是因为陆九渊是个很自信的学者，常以孟子之后一人自居，如他曾说："区区之学，自谓孟子之后，至是而一始明也。"（《象山全集》卷十《与路彦彬》）他视荀子、扬雄、王通、韩愈于尧舜孔孟之道只不过是"形似假借"（《象山全集·与侄孙濬》），当然也就不把二程放在眼内。实际上在陆九渊时代，二程思想已经广泛传播，"入闽、入秦、入蜀、入浙、入江右、入湖南、入吴皆不乏其人"（《宋元学案·震泽学案》），已经成了那个时代学术思想的理论来源和背景，陆九渊不受其影响是不可能的。陆九渊品评"伊川蔽锢，明道疏通"，觉察"二程见周茂叔后，吟风弄月而归，有'吾与点也'之意，后来明道此意却存，伊川已失此意"（《象山全集·语录》），这种对二程不同思想风格即"气象"的准确分辨和明确褒贬，就是陆九渊熟悉二程思想并有所取舍的证明。事实确如全祖望所说"程门已有此一种"，陆九渊思想在二程那里已有胚胎萌芽。陆九渊偏向程颢，他的思想正是程颢思想的继承和发挥。故陆九渊对二程思想的承继关系和朱熹相比，是性质相同而方向相反，即他使在二程那里与客观唯心主义尚处于混合状态的主观唯心主义明朗、突出起来。一是在哲学世界观上，陆九渊把二程思想中的"心即理"一般性命题，发展为心学思想体系的基本观点。二程曾提出"理与心一"（《河南程氏遗书》卷第五）的命题，程颢则反复强调说"心是理，理是心"（《河南程氏遗书》卷第十三）。但他们都没有对此进行论证说明。在二程那里，作为宇宙根源的最高哲学范畴是"理"或"天理"，"心"只是"理"在一种情况下（主于身）的表现，所以这一命题只是二程认为理、命、心、性"其实一也"观点的逻辑推演，没有更深的内容，尚不具有确切固定的哲学性质。但在陆九渊这里却不是这样，他赋予"心"以宇宙根源的性质，"宇宙便是吾心，吾心即是宇宙"（《象山全集·杂说》），并把"理""心"关系颠倒过来，认为充塞宇宙的万物之理存在于心中，发自心中："万物森然于方寸之间，满心而发，充塞宇宙，无非此理而已。"（《象山全集·语录》）离开了"心"，也就无所谓"理"，"道未有外乎其心者"（《象山全集·敬斋记》）。这样，他"人皆有是心，心皆具是理，心即理也"（《象山全集·与李宰之二》）的结论，就具有了万事万物之"理"皆是人心的产物这种主观唯心主义的哲学性质。以后，王守仁又进而推论万事万物皆是心的产物，"心即理也，天下又有心外之事、心外之理乎"（《王文成公全书·传习录上》），"心即理"就成为陆王心学的基本观点。二是在方法论上，陆九渊把程颢的"须先识仁"改变为"先立其大"，保持了世界观和方法论在理论内容和逻辑上的一致性，同时也使修养目标更符合理学的基本性质。陆九渊在方法论上的基本主张是"先立其大者"，他说："近有议吾者云：除了'先立其大者'一句，全无伎俩。吾闻之曰：诚然！"（《象山全集·语录》）陆九渊所谓"大者"，就是"心"，"立乎其大者"就是"发明本心"。这是一种深刻的对封建伦理道德（理）的自我反省、自我认识、自我完成的过程，它所要达到的最后、最高的精神境界，就是把这些伦理道德规范化为自己的本能，他说："苟此心之存，则此理自明，当恻隐时即恻隐，当羞恶时即羞恶，当辞让时即辞让，是非至前，自能辨之。"（《象山全集·语录》）并且进而超越得与天地万物齐一，他说："心之体甚大，若能尽我之心，便与天同。"（《象山全集·语录》）可见，陆九渊"先立其大"的方法所追求的既入人伦又超人伦的目标，比程颢"仁者与物同体"所蕴含的内容更加符合理学的儒家思想性质。就修养方法而言，程颢提出的"识仁""定性"，强调内心体认、自明，与他的"天理""心是理"的主张并不矛盾，但毕竟在逻辑上不太一致，有所脱节，即他在宇宙论里所建立的对象，在方法论并没有充分显现出来。陆九渊的方法论则克服了这个缺陷，他在世界观里提出"心"是根源，在方法论里则强调"古人教人，不过存心、养心、求放心"（《象山全集·与舒西美》)，也就是"先立乎其大者"，在理论内容和逻辑上都是完全一致的。

总之，朱熹、陆九渊各自发展了二程思想的某一个方面，形成了在哲学基本论题（"性即理"与"心即理"）和修养方法上（"居敬穷理"与"发明本心"）观点的对立，使二程之间本来是或明或暗的意见差异，发展成了界限比较明确的不同的哲学思想之间的分歧，即客观唯心主义和主观唯心主义的分歧，正是这种分歧和对立，构成了此后理学的基本格局。朱、陆对立是以朱熹的客观唯心主义理学取得正统、独尊的地位而告终。这是因为陆学的内容比较单薄，它一味地强调"先立其大者"即主观的自我扩充，在对理学的理论主题的论证和道德修养的践履过程中，常表现出对儒家传统和规范的漠视，具有某种对封建伦理的破坏因素。而它的对立学派朱学，内容充实，在理学的主题论证和道德践履中，既能保持传统的儒家精神，又能吸收、融化儒外思想，更受到封建国家政权的尊重，宋末即居正统。这样，陆学也就沉寂下来，如黄震所说："今未百年，其说已泯然无闻。"（《黄氏日抄·陆象山程文》）但一当朱学自身趋于腐败，或某种反正统思潮兴起时，陆学又总是显现出活跃的生机，明代心学的兴起就是证明。

二程以后理学的第二次重大发展是明代心学的兴起。明代心学主要有姚江（王守仁）和江门（陈献章、湛若水）两派。姚江心学及门弟或再传又有浙中王学、江右王学、泰州王学等之分，代表了姚江心学的"禅化""儒化""平民化"等不同的思想倾向和发展方向。可见明代心学具有比宋代理学还要壮观的阵容。

二程思想在明代心学中的影响，是通过其作为明代学术思想的文化和理论背景而表现出来的。

明代科举的经义考试，皆以程颐、朱熹或其弟子的传注为标准，"匪程朱之言弗遵也"（顾炎武《日知录·举业》）。这就使程朱思想得到广泛深入的传播，正如薛瑄所说，程朱之学"一日不可不学"，程朱之道"不可一日不遵"（《读书续录》卷四）。这样，程朱的著作就是明代学者所必须熟悉的，从而构成了他们思想中的文化背景，程朱理学观点也是明代学者一定有所了解的，从而构成了他们思想中的理论背景。二程思想作为明代学术思想的文化和理论背景，进而对明代心学的产生及其理论主题发生了影响。

一是明代心学兴起的理论契因，是程颐和朱熹的"格物说"。程朱的"格物穷理"的修养方法，蕴含着一种理性的、逻辑的认识论特质，不能提供体认"心"之本体非理性、非逻辑的认识方法，故明代心学两派的创始人，都是因为用程颐"穷理居敬"的修养方法未见成功而转向求"心"、求"静"的，开始并带动了明代学术由程朱理学向心学方向的转变。如陈献章回顾自己心学思想产生的过程时即说，他青年时师从程朱学者吴与弼，终日读书穷理，用力持守，"累年而卒未得焉……于是舍彼之繁，求吾心之约，惟在静坐，久之然后见吾心之体"（《白沙子·复赵提学》），因此提出"静坐中养出端倪"（《白沙子·与贺克恭黄门》）的心学方法。王守仁也有同样的转变经历，他早先也曾相信程朱的"格物穷理"之说，"自去穷格，早夜不得其理，到七日，亦以劳思致疾"，于是

"乃知天下之物本无可格者，其格物之功，只在身心上做"（《王文成公全书·传习录》），最后提出"致良知"的修养方法，他说："致知云者，非若后儒所谓充广其知识之谓也，致吾心之良知焉耳。良知者……乃天命之性，吾心之本体，自然灵昭明觉也。"（《王文成公全书·大学问》）可见，王守仁的"致良知"，或陈献章的"静中养端倪"和程颐、朱熹的"格物穷理"相反，它达到修养目标的方法，不是向外去穷究伦理纲常之道理，而是向内去体认伦理纲常为本心固有之本能。明代心学的修养方法虽然不是程朱的继承，却是程朱引起的反动。

二是明代心学的主要论题和基本范畴，皆援用二程"天理"范畴来加以说明和规定。明代心学标志性的论题是姚江心学王守仁的"致良知"和江门心学湛若水的"随处体认天理"。黄宗羲说："阳明宗旨致良知，先生（指湛若水）宗旨随处体认天理。学者遂以王、湛之学，各立门户。"（《明儒学案·甘泉学案一·本传》）两家主要论题的表述虽有不同，但内容却是完全相通的，都是援用二程"天理"来加以说明或规定的。王守仁说："明道云'吾学虽有所受，然天理二字却是自家体认出来'，良知即是天理。"（《王文成公全书·与马子莘》）湛若水则说："天理者非他，即吾心之本体也。"（《圣学格物通·立志》）。明代心学如此明确地引用宋代理学的基本范畴来说明、规定自己的基本范畴，这固然是因为"理"或"天理"作为宋代理学的最高的、根源的范畴的地位已被确立和得到普遍的承认，明代心学不得不有所借重，另外也由于明代心学的"良知"或"心"范畴，不仅是指有知觉能力的生理实体，而且主要是指事物根源的精神性实体，如王守仁说"心外无物，心外无事，心外无理"（《王文成公全书·与王纯甫之二》），湛若水说"万事万物莫非心也"（《甘泉文集·泗川两学讲章》），这和二程"天理"范畴的含义是完全一致的。江门心学由于缺乏一贯的、连续的中心论题①，湛若水之后，渐次

---

① 陈献章标举"静坐中养出端倪"，湛若水则反对主静，提出"随处体认天理"。湛若水的四大弟子吕怀、何迁、洪垣、唐枢也不守师说而别立新义。《明史》谓："怀之言变化气质，迁之言知止，枢之言求真心，大约出入王湛两家之间，而别为一义。垣则主调停两家，而互救其失，皆不尽守师说也。"（卷一百七十一《儒林二·湛若水》）

失去学派特色而融入姚江心学。王守仁的姚江心学，其主观唯心主义思想比较彻底、完备，门庭兴旺，成为明代学术思潮的主流，致使"嘉隆而后，笃信程朱而不迁异说者，无复几人矣"（《明史》卷二百八十二《儒林传·序》）。但因它具有某种"狂者的胸次"①，这是一种不自觉的然而却是不难觉察的对封建伦理道德规范的破坏因素，使它终不能取代程朱的正统地位。

二程开创的理学，经过朱熹、王守仁的两次发展，无论从客观唯心主义还是从主观唯心主义的角度来看，理学的理论主题都得到了完满的解决。理学主要论证了封建的伦理道德"原于天理"或"根乎人心"，是绝对合理的；论证了通过对"理"的穷究或对"心"的体认，就能自觉或本能地践履这些道德规范，达到"圣贤"境地。这就是理学对它那个时代所具有的理论价值，是它能够存在和发展的根由。

三　二程与理学的衰落

从理学的理论主题中可以看出，理学的学术内容是比较狭隘的，其对儒家思想以外的学术思想和儒家伦理道德思想以外的知识文化，都采取排斥、轻蔑的态度。程颢"以记诵博识为玩物丧志"（《河南程氏遗书》卷第三），认为"杨、墨之害甚于申、韩，佛、老之害甚于杨、墨"（《河南程氏遗书》卷第十三）。程颐亦说："今之学者有三弊：一溺于文章，二牵于训诂，三惑于异端。苟无此三者，则将何归？必趋于道矣。"（《河南程氏遗书》卷第十八）明代心学也是力主此见，王守仁说："知识愈广而人欲愈滋，才力愈多而天理愈蔽。"（《王文成公全书·传习录上》）本来，知识和道德是相辅相成的，没有道德的提高，是驾驭不住知识的增长的，但没有知识的增长，道德也就会慢慢凝固僵死。理学对知识文化和异己学术思想的排斥，就使它只关心也只能解决它理论主题之内的问题，一旦它的理论主题论证完毕，理学就成了一个封闭自足的理论体系，既生长不出又补充不进新的文化内容和新的思想内容。其流弊之极，原来植根于丰富

---

① 王守仁说："我今信得这良知……我今才做得个狂者的胸次。"（《王文成公全书·传习录下》）

的中国古代文化基础上的理学，现在反而抛弃、败坏了中国文化，"瞑目端拱以谈心性，问之诗赋不知，则曰词章之末；问之史传不知，则曰政事之末；问之璇玑九章不知，则曰度数之末。三末之说兴，天下事朦朦矣"（陈第《松轩讲义·学周篇》）。这样，理学就走向衰竭枯萎。

同时，从理学的主题论证中可以看出，虽然理学主题的两个方面之间，理学的宇宙论和人性论之间并不存在逻辑矛盾，但在理学的人性论中却存在着一个内在矛盾，即它在对人的充分肯定中又对人做出彻底的否定。理学在论证伦理道德的人性根源时，把人在社会环境中形成的伦理感情和道德行为说成是"善"的，是固有；而把人生理本性的诸多欲望说成是"恶"的，是遮尘，理学中称之为"天命之性"与"气禀之性"，或"天理"与"人欲"。即一方面人之本性受之"天命"，"性之理则无不善"（《河南程氏遗书》卷第二十四）；另一方面人之身出于"气"，则"大抵人有身，便有自私之理"（《河南程氏遗书》卷第三）。这样，从二程开始①，就提出"存天理灭人欲"的道德主张。程颢说："蔽于人欲则亡天理。"（《河南程氏遗书》卷第十一）。程颐更进一步说："损人欲以复天理，圣人之教也。"（《河南程氏粹言》卷第一《论道篇》）以后，这一主张就成为不同派别理学家的共同道德口号。如朱熹说："圣人千言万语，只是教人明天理灭人欲。"（《朱子语类》卷十二）王守仁也说："学者学圣人，不过是去人欲而存天理。"（《王文成公全书·传习录》）本来，人的社会伦理感情和行为，即"善"的伦理品性，总是在一定的自然本性基础上形成的，两者是不能分离的，正如戴震所说："古圣贤所谓仁义礼智，不求于所谓欲之外，不离乎血气心知。"（《孟子字义疏证·性》）。理学却肯定其一，否定其一。理学这种将人的伦理性和自然性作绝对对立的理解和对待，在理论上是矛盾的，因而在实践上也并不能保证它的道德目标的实现。从"存天理灭人欲"主张的理论要求来看，理学道德目标的实现，有一个个人意念、感情从现实的世俗观念、世俗处境中超拔的精神净化过程，在某种特定的情况下，如个人对儒家的伦理道德规范有深切

---

① 黄百家说："《乐记》已有'灭天理而穷人欲'之语，至先生（指程颢）始发越大明于天下。"（《宋元学案·明道学案上》）

体验的时候，或这种伦理道德规范受到严重挑战的时候，这种净化过程都会产生巨大的精神力量，去超越世俗欲念的束缚，去战胜有悖伦常的挑战，表现出理学道德的纯洁、崇高。理学家和受理学熏陶的人中也不乏这种"天理"的表现。但在经常的情况下，特别是在理学思想由一种道德理想或规范转变为某种带有强制性的理论，甚至法律的社会生活准则的时候，"存天理灭人欲"实际上是被理解、被体现为对自然情欲的谴责和对道德教条的屈从，理学的道德价值就被大大地削弱了。到了理学末流，则更表现出不是理学道德的纯洁，而是它的残忍，"虽视人之饥寒号呼，男女哀怨，以至垂死冀生，无非人欲，空指一绝情之感为天理之本然，存之于心"（戴震《孟子字义疏证·权》）；不是理学道德的崇高，而是它的虚伪，"名为山人而心同商贾，口谈道德而志在穿窬"（李贽《焚书·又与焦弱侯》）。这就完全背弃了理学的道德目标，理学志在达到的道德境界也就荡然无存，理学就走向腐败堕落。

理学对知识和人的自然本性的漠视，对道德和知识、人的伦理性和自然性之间的关系，缺乏相辅相成和不可分离的理解和对待，使理学存在着严重的缺陷和深刻的矛盾，从而导致理学走向衰落，并激发了尊重自然人性和追求知识实学为特征的反理学的启蒙思潮的兴起。[①] 但理学真正的终结和死亡，还不是由于理学理论的缺陷和内在矛盾的发展以及反理学思潮的冲击的结果，而根本上是由理学理论所依据的封建专制社会制度崩溃的结果。这一社会变革，使理学所主要论证的封建伦理道德永恒合理性的观点被彻底否定，也就是理学的理论主题被彻底否定，理学也就失去了存在的价值。理学作为正统的、统治的理论形态退出了历史舞台，但它留下的思想资料和影响，却构成一种文化背景，作用于今天人们的理论思维和精神生活，和我们发生着感情上和思想上的联系。所以，对理学的研究探讨仍是必要的。

（《中州学刊》1984 年第 5 期）

---

① 如颜元说："救弊之道，在实学，不在空言。"（《存学编》卷三）戴震说："喜怒哀乐之情，声色臭味之欲，是非美恶之知，皆根于性而原于天。"（《绪言》卷上）

理学衰落的两个理论因素

对中国传统文化和思想的反思，近年来为学术界所关注。本文试图通过对在中国传统思想最后一个理论形态——理学的形成和发展中起了重要作用的二程兄弟的评价，从一个具体的方面就这一问题发表一点看法。

纵观北宋五子以后宋明理学所呈现的面貌和演变过程，完全可以说，理学的思想宗旨、理论论题、学术规模，都是由程颢、程颐兄弟确立起来的；理学形成时所表现出的理论特征和导致它衰落的理论因素，也同时都在二程思想里存在着。

二程兄弟作为一代思潮开创者的思想经历和学术道路，小程在给他兄长所做的《行状》里有句很扼要、概括的话："泛滥于诸家，出入于老、释者几十年，返求诸六经而后得之。"（《河南程氏文集》卷十一）大程自己则说："吾学虽有所受，'天理'二字却是自家体贴出来。"（《河南程氏外书》第十二）二程兄弟的叙述表明，他们兄弟在当时曾经历了巨大的思想困惑和观念冲突的煎熬。然而他们终于从这种困惑和冲突中摆脱出来、升华出来，这正是历史上许多一代思潮开拓者的思想经历的共同特征。二程兄弟在对对立的、相互冲突的理论观念消化、吸收的基础上，所提出的"天理"或"理"的哲学范畴，是具有"根源""本体"内涵的，这和先秦儒家很不相同，蕴含着十分明显的道家、佛家思想内容。因为"理"字在《论语》中没有出现，《孟子》中出现若干次，常是"条理""义理"连用，还不具有本体论的意义。二程兄弟对作为儒家伦理道德根源的、具有本体论意义"理"的论证，所采用的"形而上、形而下"说、"体用"说、"理一分殊"说，也不是先秦儒家所固有，却都可以追溯到道家和佛家。① 因此，二程兄弟对"理"的本体论论证，是对儒学一次理论上的改造和提高，这不仅确立了"理"这个范畴在那个时代哲学思维和学术思潮中的标志和旗帜的位置，"理学"或"道学"之称油然而起；而且也奠定了二程自己在理学中开创者的地位。此后，对"理"是万事万物根源，特别是人的伦理道德本性根源这一观念的阐发，对二程兄弟分别倡导的"识仁"和"格物穷理"两种修养方法的运用，贯穿、支撑着全部宋明理学。从中国传统思想的发展上看，二程思想是儒学中所固有理性因素和伦理道德因素的增强。

二程兄弟是 11 世纪的人。环顾当时的世界哲学舞台，在此时或稍后的欧洲哲学舞台上，也在酝酿和发生着一次哲学理论的改造和提高，这就是托马斯·阿奎那完成的用亚里士多德实在论代替柏拉图先验论，由教父哲学向经院哲学的转变。不同在于，二程兄弟所努力的事业是把人世的伦理道德提高到更高的理性层次上；托马斯所做的工作则是把对上帝的信仰理性化。因此，即使在世界文化思想史上，二程也具有独特的、相应的地位。

但是，在今天看来，二程思想已经是凝固了，失去内在的发展动力了。二程思想和今天的社会生活、现代观念发生着明显的对立与冲突。应该说，以二程思想或展开二程思想为代表的宋明理学的衰落，它与社会生活的对立和冲突，是早就开始了的，至少是从明末清初反理学思潮或启蒙思潮兴起的时候就已经开始了；只是这种对立与冲突越来越明显，越来越剧烈。这是我们国家社会进步所带来的一种观念变迁，是十分自然的、必然的。在历史上，随着社会的发展，文化环境的变更，一种旧观念被现实生活所抛弃是屡见不鲜的。然而，一种历史反思精神和对现实生活的充分自觉态度要求我们，应该考察一下，是什么理论因素使二程思想，使宋明理学，也就是作为以中国传统思想为主体的儒学在最后发展阶段的理论观

---

① 例如，二程所说"气是形而下者，道是形而上者"（《河南程氏遗书》卷十五），可以追溯到庄子"可以言论者，物之粗也；可以意致者，物之精也"（《秋水》）；程颐"体用一源，显微无间"（《河南程氏文集·易传序》）之论和澄观"体外无用，用即是体；用外无体，体即是用"（《华严经疏》卷二十三）的观点有明显思想上的因缘；程颐"万理归于一理"（《河南程氏遗书》卷十八）之说和《华严经》的基本命题"一切解即是一解，一解即是一切解"（《华严经》卷十七）也完全一致。

念越来越落后于时代的发展。从二程思想中我们可以看出，导致理学与时代发展、与人的现实生活背离的理论因素，至少有两点，一个是存在于它的本体论中，另一个是存在于它的修养方法中。

第一，二程思想或理学否定了人性中的一个积极的方面。二程在论证伦理道德的人性根源时，把人在社会环境中形成的道德感情、伦理行为说成是"善"，称之为"天命之性"或"天理"；把人产生于生理本能的诸多欲望说成是"恶"，称之为"气禀之性"或"人欲"。在二程看来，一方面人之本性受之"天命"，"性之理则无不善"；另一方面人之身出于"气"，则"大抵人有身，便有自私之理"（《河南程氏遗书》卷二十四和卷三）。二程从而提出"损人欲以复天理，圣人之教也"（《河南程氏粹言》卷一）的道德主张。此后，这一主张就成为不同派别理学家共同的道德主张。如朱熹说："圣贤千言万语，只是教人明天理灭人欲。"（《朱子语类》卷十二）王守仁也说："学者学圣人，不过是去人欲而存天理。"（《传习录上》）本来，人的社会伦理道德感情和行为，总是在一定的自然本性基础上形成和表现出来，两者是不能分离的，正如王夫之所说，"终不离欲而别有理"（《读四书大全说》卷八），亦如戴震所说，"古圣贤所谓仁义礼智，不求于所谓欲之外，不离乎血气心知"（《孟子字义疏证》卷中）。二程却肯定其一面，否定其另一面，一方面对人给予充分的肯定，另一方面又对人给予彻底的否定。这在理论上虽然是矛盾的，但还是可以解释的，理学家为此付出了最多的辛勤；然而在道德实践中，正如理学统治时期所实际表现出的那样，当这种观点或主张经常被理解、被体现为对自然情欲谴责和对道德教条屈从的时候，显然就是社会发展、人生活本身所不能接受、不能贯彻的了，导致李贽所讥评的"名为山人而心同商贾，口谈道德而志在穿窬"（《焚书》）那种人格分裂。我们也看到，在二程以后的理学中，还有一种对"天理""人欲"比较深入的理解或解释，这就是朱熹提出的："饮食者，天理也；要求美味，人欲也。"（《朱子语类》卷十三）朱熹的这种解释，更近乎情理，显得理学中"天理"与"人欲"间的尖锐对立有所缓和，但实际上这是把这一对立推向更高的层次上，具有更加深刻的哲学意义。因为这样一来，"天理"与"人欲"的对立就已经不是存在于人的社会伦理性和人的自然生理本性之间，而是表现在人的本性（包括"天命之性"和"气禀之性"）与人超越本性限制而要求发展的欲望之间。如果说，二程所设置"天理""人欲"的对立，即人的社会伦理性和人的自然生理本性的对立，已被反理学或启蒙思想家如王夫之、戴震所夷平；那么，朱熹所设置"天理""人欲"的对立，即人的本性和人的发展之间的对立，则是中国古典哲学所达到的最高水平也未能跨越的。在马克思主义哲学看来，这是一切旧的哲学、旧的唯物主义都未能逾越、未能消弭的界限。例如，像费尔巴哈的人本学唯物主义，也是用人的自然本性或人的区别于动物的自然本性，而不是用人的超越本性的发展来定义人的本质、本性的。① 然而，在现代哲学看来，人在改造世界的同时，也在改变、发展着自己的本性，人追求新的自我发展，正应该是人的本性或本质的内容。我们当代的社会生活正是在这样的哲学理解上展开的。半个世纪以前，鲁迅就曾经呐喊："我们目下的当务之急是：一要生存，二要温饱，三要发展。苟有阻碍这前途者，无论是古是今，是人是鬼，是三坟五典，百宋千元，天球河图，金人玉佛，祖传丸散，秘制膏丹，全都踏倒他。"② 十分显然，以"存天理灭人欲"为主要理论结论和道德追求的二程思想或理学，否定了人性中本来应是动力因素的积极方面，即黑格尔所说的那种意欲、需要、热情等人的历史主动精神③，这样，它必然要陷入困境。

第二，二程或理学忽视了人的道德进步中的知识因素。二程对儒家思想以外的学术思想，无论佛、老、杨、墨、申、韩，都采取攻击的态度，认为"杨、墨之害甚于申、韩，佛、老之害甚于杨、墨"（《河南程氏遗书》卷十三）；对儒家伦理道德思想之外的文化知识，也极为轻蔑，如大程"以记诵博识为玩物丧志"（《河南程氏遗书》卷三），小程认为文章、

---

① 费尔巴哈说："我所吃所喝的东西是我的'第二个自我'，是我的一半，我的本质，而反过来说，我也是它的本质。"早期，他还说过："理性是人的人性，是他们——如果他们有思想——的类。"（《费尔巴哈哲学著作选集》，荣震华等译，生活·读书·新知三联书店1962年版，第530、225页）

② 《鲁迅全集》第三卷，人民文学出版社1973年版，第51页。

③ 黑格尔说："我们对历史最初的一瞥，便使我们深信人类的行动都发生于他们的需要，他们的热情，他们的兴趣，他们的个性和才能；当然，这类的需要、热情和兴趣，便是一切行动的唯一的源泉。"（《历史哲学》，商务印书馆1963年版，第58～59页）

训诂、异端为"学者之三弊"（《河南程氏遗书》卷十八），"有高才能文章"（《河南程氏外书》第十二）是人生三不幸之一。此后的宋明理学家，承二程的余绪，经常把知识和道德放在对立的位置上；使他们忧心忡忡、惴惴不安的是，知识的增长会带来道德的破坏。如陆九渊说："田地不净洁，亦读书不得，若读书，则是假寇兵、资盗粮。"（《象山全集》卷三十五）王守仁也说："知识愈广而人欲愈滋，才力愈多而天理愈蔽。"（《传习录上》）。应该说，从人类精神生活的经历来看，理学家的担心并不是毫无根据的，但是，毕竟是片面的，并且这种主张的后果也是极其严重的。事实上，知识和道德是相辅相成的。自然，没有道德的提高，是驾驭不住知识增长的。但是，没有知识的增长，道德也就会凝固僵化，这就是二程及其他理学家的主张和理学 800 年的统治在中国传统文化和思想之树上结下的一个苦果。200 年前，德国古典哲学家费希特在批评卢梭的科学和艺术将导致道德灵魂腐败的观点时说："自然状态诚然会消除罪恶，但同时也会消除德行和整个理性，这样……人类就根本不再存在了。"[1] 现代著名的英国哲学家罗素在批评来自基督教方面类似于中国理学家这种观点时也曾说："可能有人要说，是知识给我们带来了毛病。然而，医好毛病的却不是无知，唯有更丰富、更明智的知识，才能缔造更幸福的世界。"[2] 这些批评意见都是正确的。知识无疑是人类精神进步中最活跃的因素，就像一个生命系统，如果不和外界进行物质交换，不断摄入新的能量，就必然要趋向无序、死寂一样。一个观念系统，如果不增进、吸收新的知识信息，也必然要逐渐萎缩、枯竭。二程开创的理学也正是这样。如前面所说，理学早期，例如二程就曾经吸收儒家以外的道家和佛家思想观念及当时的自然科学知识，来论证理学的理论主题——封建的伦理道德根源和修养方法。而一旦它的理论主题论证完毕，理学家们就认为封建伦理道德是绝对合理、永恒的，把道德完成的主要工夫用在对儒家经典的诠释和对封建的伦理道德规范的践履上。这实际上成了他们主要的，甚至是全部的文化实践；因而，对异己学术思想和知识文化都抱着冷漠排斥的态

---

① 〔德〕费希特：《论学者的使命》，梁志学、沈真译，商务印书馆 1979 年版，第 48 页。
② 〔英〕罗素：《为什么我不是基督教徒》，载《罗素文集》第 11 卷，徐奕春等译，商务印书馆 1982 年版，第 179 页。

度。这样，理学就成了一个封闭自足的理论体系，既生长不出又补充不进新的文化思想内容；其流弊之极，原来植根于中国古代文化基础上的理学，反而败坏、抛弃了中国文化。诚如明代学者陈第对理学家所做出的批评那样："瞑目端拱以谈心性，问之诗赋不知，则曰词章之末；问之史传不知，则曰政事之末；问之璇玑九章不知，则曰度数之末。三末之说兴，天下事朦朦矣。"（《松轩讲义·学周篇》）理学于是就衰竭了、枯萎了。由于理学是中国传统思想后期最重要的理论内容，而且又在中国封建社会后期处于绝对的思想统治地位；而这种传统的伦理道德思想又是构成中国文化整体基本的、核心的要素，所以理学的衰微，必然带来中国传统伦理道德思想发展中的退化，带来近代中国传统文化发展中的停滞。理学衰微的各种特征、痕迹都深深地烙在近代中国社会的躯体上，而这一切都正发生在西方世界从中世纪走出来，跨入以实证科学为基础的生产力迅猛发展的资本主义时期的世界历史运动中。古老中国越发显得孱弱和落后，深重的民族灾难一次又一次降临。这样，不仅在哲学、道德思想领域内，而且在文化、政治各个领域内，作为旧的社会生活、社会制度精神、理论体现的理学都成了中国近现代革命的众矢之的。

总之，理学萌芽于开创时期二程思想中的那种对人的自我发展主动性的否定，对人在进步中知识因素的漠视，都是与中国现代社会运动方向——民主与科学处在完全对立的位置上。二程思想或理学落后于时代了，与现代社会生活脱节了，与现代人们的追求隔膜了。传统思想与现实生活的脱节、隔膜，必然要产生一种心理的骚动，一种精神的痛苦，这一点中国近现代的知识分子感受最深，并且因各自成长的社会经历、文化背景的差异而又迥然不同。他们中的一些人为"道德沦丧""人心浇漓"而忧虑叹息，另一些人则为"旧习难除""积重难返"而愤慨焦急，这种情况至今似乎仍然如此。

以上，我们简略地考察了二程思想及其开创的理学与现代人们精神生活发生冲突的理论因素，对二程思想的现代意义做出的是一种否定性评价。但这绝不意味着对中国传统思想的整体因此也能做出同样的否定性评价，也绝不意味着二程思想和理学对于今天和未来毫无价值。作为整体的传统思想或传统文化，是我们精神世界的宽广背景和源泉，失去了它，我们对异质文化辨别、理解和消化的能力就要丧失，对自己文化改造和创新的伟大目标也就不复存在。正是在这个意义上说，二程思想或理学作为传统思想整体上的一个组成部分，作为构成我们民族的完整的精神经历的一个环节，仍然是有理论价值的。同时，在一种具有宽容和理解精神的历史反思中，也仍然可以从二程思想或理学中，例如从其诚挚不懈的道德自我完善的追求中，发现属于未来、属于永远的东西。

（《哲学研究》1989 年第 3 期）

论朱陆之争

一

朱熹（晦庵）和陆九渊（象山）的争论，作为宋明理学史中的一个重要的、最为瞩目的历史事实，一直受到其后儒家学者的关注。朱陆之间的争论有六次，并且大体上可以归纳为三项内容，这就是鹅湖之会和南康之会上的"为学之方"的辩论，"无极"和"皇极"之辩中关于"太极""阴阳"之性质的相互诘难，此外，围绕朱熹的《曹立之墓表》和陆九渊的《荆公祠堂记》而发生的对此二人评价完全相反的争执。论及为学之方，或者说道德修养方法，从朱熹所说"必使学者即凡天下之物，莫不因其已知之理而益穷之，至于用力之久，而一旦豁然贯通，吾心之全体大用无不明"（《大学章句·传五章》），可以看出他是主张在"道问学"与"尊德性"两者之间，应以前者为先为主，后者为次在后；而陆九渊则认为在"发明本心"（尊德性）与"留情传注"（道问学）之间，是"易简工夫终久大，支离事业竟浮沉"（《象山全集·鹅湖和兄韵》），即只有"发明本心"才是正确的。淳熙二年和八年，朱陆在鹅湖和南康两次会面中都因此分歧而进行过辩论。用理学的理论语言来说，这是"工夫论"的争论。淳熙十四到十六年间，朱陆因对"无极"（后又连及"皇极"）之含义有不同的诠解，在来往数封书信中相互辩难。陆九渊认为"心即理"（《象山全集·与李宰》），理即是心，即在心中，其为万化之根本的"形而上"之性质，有"太极""阴阳"来表征已经足够，不需要叠床架屋地援用来自《老子》的"无极"来解说。① 朱熹认为"理"是独立于人心之外的万化根本，"太极"表其至极的实有性，"无极"表其无方所的根源性，"无极"与"太极"对于"理"的周延表征来说，都是不可少的。② 老庄中的"无极"是表述世界无穷无尽之广袤，周敦颐《太极图说》中的"无极"是指世界之最后本体，两者不应混同。至于"阴阳"，属形而下之"器"，不能表征形而上之"道体"。用理学理论的语言说，这是"本体论"的争论。朱陆之间还在对两个人物的评断上发生争端。一个是曹立之，他原是陆九渊的弟子，后来依附朱熹门下，主张为学当"循下学之则，加穷理之工，由浅而深"。此人不幸青年夭折，淳熙十五年，晦庵撰《曹立之墓表》，称赞他能"博而不杂，约而不陋"，惋惜天未能假其年，使传其道（《朱文公文集》卷九十）。陆九渊告诫门人，曹立之"读书用心之过成疾，心下昏蔽不得其正，以至于死"（《象山全集·语录》）。陆门弟子更以朱熹《墓表》是对自己门庭的伤害，"厉色忿词，如对仇敌"（《朱文公文集·答诸葛诚之一》）。另一人则是王安石。在《墓表》之争的同时，陆九渊应抚州郡守之请，为重修临川王安石祠堂撰写记文，文中盛赞王安石人品高尚，"不屑于流俗声色利达之习"，学术正派，"道术必为孔孟"（《象山全集·荆公祠堂记》），此与晦庵所承传的洛学一向认为王安石人品极坏、学术不正的评断恰恰相反。③ 所以朱熹对陆九渊《荆公祠堂记》的论断极为不满，在致友人信中说，"此等议论皆学问偏枯，见识昏昧之故"（《朱文公文集·答刘公度二》）。陆九渊则认为自己的《荆公祠堂记》"是断百

---

① 陆九渊《太极图说解》中有"无极而太极""太极乃真体"之论。象山致元晦信曰："某窃谓尊兄未曾实见太极，若实见太极，上面必不更加'无极'字，下面必不更着'真体'字。上面加'无极'字，正是叠床上之床，下面着'真体'字，正是架屋下之屋。"（《象山全集·与朱元晦二》）

② 朱熹致梭山信曰："不言'无极'，则太极同于一物而不足为万化之根，不言'太极'则无极沦于空寂而不能为万化之根。"（《朱文公文集·答陆子静一》）

③ 程氏洛党后辈多有毁王安石之言。如杨时上书论列蔡京罪恶时曾说："安石挟管商之术，饰六艺以文奸言，变乱祖宗法，当时司马光已言，其为害当见于数十年之后，今日之事，若合符契。"（《宋史》卷四百二十八）邵伯温曾托名苏洵的《辩奸论》，诋王安石"阴贼险狠，是王衍、卢杞合而为一人也，其祸何可胜言哉！"（《邵氏闻见录》卷十二）朱熹的文章书信中多次论及王安石，多为否定贬损之词，总的评定是："安石以其学术之误，败国殄民。"（《朱文公文集·读两陈谏议遗墨》）

余年未了的大公案，圣人复起不易吾言"（《象山全集·与胡季随一》），朱陆弟子也各守护师说而互诋不让。朱陆在评断此二人物中的争执，剔除具体的历史事实内容，可以认为是他们理学本体论、工夫论上分歧和争论的一个特殊表现。

二

黄宗羲曾评述朱陆之争曰："象山先生之学以尊德性为宗，同时紫阳之学则以道问学为主。宗朱者诋陆为狂禅，宗陆者以朱为俗学，两家之学，各成门户，几如冰炭矣……二先生同植纲常，同扶名教，同宗孔孟，即是意见终于不合，亦不过仁者见仁，智者见智，所谓学焉而得其性之所近，原无有背圣人。"（《宋元学案·象山学案》）所以就完整的儒学历史发展而言，朱陆之争似乎不具有且不同于诸如先秦儒、墨、道、法之间和汉代以后儒佛、儒道之间的对立及争论的那种尖锐性质；但在理学处于统治地位的明清时代，朱陆的分歧和争论在思想学术领域内却显得非常重要。在明清学者的理论视野中，它是一个没有结论的思想历史问题，"数百年未了底大公案"（陈建《学蔀通辩·自序》）；也是理学阵营内划分派别的界限，"朱陆异同之辩，祖分左右者数百年于兹矣，左朱右陆，左陆右朱，二者若不相下"（《学蔀通辩·顾苍岩序》）。现在从宋明理学的终点来看，朱陆的分歧和争论在明清理学的进程中，还显现了这样的理论意义。

第一，理学理论水平的尺度。陆九渊以"心即理"，将"理"主观化；朱熹以"太极""无极"表征"理"，将"理"客观化。陆九渊坚信以"易简工夫"即可"发明本心"，实际上是站在修养的终点上的立论，是需要填入悟性才能完成的方法；陆九渊认为只能通过日久的格物穷理，才能有一旦的"豁然贯通"，是在修养的起点上，修养过程的立论是需要付出勤奋去实现的方法。朱陆在本体论、工夫论上的分歧虽然是深刻而明确的，但也是隐晦而有相容性的，没有对朱陆思想的深入、细致研判，往往辨识不清，取舍混乱。这种情况在元代理学中表现得最为明显，应该说这与元代只存在百年的时间，元代理学生长的时间很短、比较粗疏有关。例如被视为"生平嗜学朱子不啻饥渴，凡指示学者一以朱子为主"的元代第一大儒许衡①，竟认为心、性、理应是"一以贯之"（《鲁斋遗书·语录》），完全没有觉察朱子对心、性（理）、情（才）有属于不同理论层面、内涵不同的界定。② 而陆九渊则明确反对这一"支离"的解说，认为心、性、情、才"只是一般物事"（《象山全集·语录》）。可见，正是在这朱陆本体论分歧之处，许衡的理论选择发生了混乱。元代另一个主要理学家郑玉标举的为学方法是"理以心觉"（《师山文集·洪本一先生墓志铭》），是"自持立心，诚敬为本"（《师山遗文·师山先生郑公行状》），显然是将朱陆的修养方法糅合在一起，完全淡忘了当年他们因一个要"旧学商量加邃密，新知培养转深沉"（《朱文公文集·鹅湖寺和陆子寿》），一个要"减担子"③ 而发生的对立和争论。包括孙奇逢、李颙、黄宗羲等在内的清代多数理学家，皆持有以朱陆之见虽异而互补，或虽异而旨同朱陆互补的观点④，对朱陆（朱王）理学思想的深刻对立辨识不清，这也正是清代理学处在失去理论辨析和创造能力的衰退状态中的一种表现。在此意义上，可以认为准确判认朱陆之争的性质，是理学家理论水平的一个尺度。

第二，理学发展的契机。自元代皇庆以后，作为科举考试主要内容的四书，采用朱熹的注解，朱子之学成为官学，朱子思想笼罩全部学术之势逐渐形成。⑤ 朱子思想广大周密，学者难以逾越。⑥ 明代学者最先有曹端、

---

① 明儒薛瑄称许衡为"朱子之后一人而已"，见其《读书录》卷一。

② 朱子说："性者心之理，情者性之动，心者性情之主。"又举孟子"四端"之论说："性、情、心惟孟子说得好，仁是性，恻隐是情，须是从心上发出来，心统性情者也。"（《朱子语录》卷五）

③ 陆九渊说："某读书只看古注……何须传注学者疲精神于此，是以担子越重。到某这里，只是与他减担。"（《象山全集·语录》）

④ 前引黄宗羲《象山学案》按语，即是一种朱陆互补、同旨之论。此外，孙奇逢谓"周、程、朱、陆、王皆从浩博中体认精微，所谓殊途而同归，百虑而一致"（《夏峰先生集·重刻四书说序》），李颙谓"周、程、张、朱，其为学则古称先，陆、吴、陈、王，其为学反己自认，各有所见，各有所得，合并归一，学斯无偏"（《李二曲全集·授学纪要》），亦是此观点。

⑤ 元儒虞集说："群经四书之说，自朱子折衷论定，学者传之，我国家尊信其学，而讲诵授受，必以是为则，而天下之学皆朱子之书。"（《道园学古录·考亭书院重建文公祠堂记》）

⑥ 薛瑄慨叹曰："自考亭以还，斯道已大明，无烦著作，直须躬行耳。"（《明史》卷二百八十二）

薛瑄对朱学有所质疑，但这是由于他们对在朱子理学中属于宇宙论和本体论不同理论层面上的理论观念内涵的界限辨析不清，发生了混乱而引起的。① 随后，罗钦顺、王廷相持"气本论"，虽然能与朱子"理本论"构成对峙，但在工夫论或心性修养的观点上，仍没有跨出朱学的主敬与穷理的樊篱②。明代理学同时在本体论和工夫论上全面突破了朱学笼罩的是王阳明心学。王学破解朱学，其要害之处有两个。一是以"心外无理、心外无事"（《阳明全书·传习录上》）的观点，彻底消解朱学本体"理"或"太极"之客观性；二是以"原来只是一个工夫"（《阳明全书·答友人问》）破除朱学工夫论中的表述为道问学与尊德性、穷理与居敬、知与行等的修养方法的内外两分。虽然因为屈于朱学的统治地位，王阳明曾努力试图靠近朱子而拉开与陆九渊的距离。③ 十分显然，王阳明用以破解朱学的两个根本观点，正是由陆九渊的"心即理"和"易简工夫"发育生长而来，换言之，正是在朱陆之争中被陆九渊所确立的理论方向上，才有王阳明实现对朱学笼罩的突破，才有理学进程中的一次新的发展。

三

朱陆之争的理论性质，在不同的理论观念背景下有不同的诠定。明清

---

① 朱子谓"太极（理）含动静"（《太极图说解》），又谓"太极不自会动静""乘气而动静"（《朱子语类》卷九十四），此是分别就本体论和宇宙论（以流行言之）而立论的。曹端以为是矛盾的，著《辨戾》质疑之。朱子谓"未有天地之先，毕竟也只是理，有此理，便有此天地""毕竟先有此理，而后有此气"（《朱子语类》卷一和卷九十五），又谓"所谓理与气，此决是二物，但在物上看，则二物之浑沦不可分开各在一处"（《朱文公文集·答刘叔文》），此亦是分别就本体论和宇宙论（在物上看）立论。薛瑄持"理气无毫发之缝隙"（《读书录》卷八）观点，疑朱子"理先气后"之论。

② 罗钦顺有谓"大抵存养是君主，省察乃辅佐也"（《困知记》卷上），王廷相有谓"明道善于致知，体道莫先于涵养，求其极，有内外交致之道"（《慎言·潜心篇》），主旨仍与朱子"学者工夫，惟在居敬穷理二事，此二事互相发，能穷理则居敬工夫日益进，能居敬则穷理工夫日益密"（《朱子语录》卷九）之论相合。

③ 明正德间，王阳明集朱子与友人论拾身心书信34封成《朱子晚年定论》，试图证明自己的心学观点"不谬于朱子，朱子先得我心之同"（《阳明全书》卷三）。陆九渊在某特定场合曾有"理乃宇宙所固有"之论（《象山全集·与朱元晦》），有训解"格物致知"为"研究物理"之论（《象山全集·语录》）。阳明因此批评陆九渊"未免沿袭之累"（《阳明全书·与席元山》），"有见得未精处"（《阳明全集·答友人问》），显示与陆九渊的距离。

的儒家学者一般皆判定朱陆之争是儒家内部的修养方法、途径不同的争论，除了黄宗羲说朱熹"以道问学为主"，陆九渊"以尊德性为宗"外，还有以朱熹之言为"孔子教人之法"，陆九渊之言为"孟子教人之法"①，和以朱熹之法为"实"，陆王之法为"虚"的论断②，都是从儒家立场上对朱陆之争理论性质的诠定。这种诠定有其浅薄之处，就是没有辨析出朱陆在哲学上，或者说在理学本体论上的深刻分歧，而朱陆在修养方法或工夫论上的某种差异，正是这种本体论上分歧的表现。陆九渊曾回应批评他"不读书"、没有"道问学"者说，"某何尝不读书来，只是比他人读得别些子"，"某何尝不教人读书，不知此后煞有甚事"（《象山全集·语录》）。可以视为是清代理学水平最高的学者陆陇其曾批评以"实"与"虚"来判分朱陆之论曰："建安之学补泻备矣，偏于穷理者则泻之以主敬，偏于主敬者则补之以穷理，何病之足患耶？"（《三鱼堂文集·答范彪西三》）又批评以"孔子教法"与"孟子教法"来判分朱陆者说："看薛方山《考亭渊源录序》，言朱子之言，孔子教人之法也，陆子之言，孟子教人之法也，不觉太息，孔孟岂有二法哉！"（《三鱼堂膛言》卷八）应该说，朱陆皆有自己的道问学与尊德性，皆有自己补虚泻实之法，皆兼取孔孟，朱陆之争的逻辑起点和真正含义皆在他们本体论的分歧之处。

20世纪二三十年代，以西方学术思想为观念背景和理论基础的中国哲学史出现，冯友兰的《中国哲学史》是最重要的代表。在冯先生的这部书里，对朱陆的分歧和争论也有不同于明清学者的新诠释。在此论题上，冯先生的诸多论定中有两点最为主要，一是"朱陆之不同实非只是其为学或修养方法之不同，二人之哲学，根本上实有差异之处……此二派差异之所在，则可谓朱子一派之学为理学，而象山一派之学则心学也"③。二是"朱子言性即理，象山言心即理，此一言虽只一字不同，而实代表

---

① 明儒薛应旗的论断，见《方山文录·考亭渊源录序》；李颙曾用曾卜、邹孟两派修养方法来判分朱陆，与此近同，见《李二曲全集·授学纪要》。
② 黄道周引述施邦曜和孙奇逢引述张凤翔的观点，分别见《漳浦文集·王文成公集序》和《夏峰先生集·寄张蓬轩》。
③ 冯友兰：《中国哲学史》，商务印书馆1934年版，第938页。

二人哲学之重要的差异……朱子所见之实在，有二世界，一不在时空，一在时空。而象山所见之实在，则只有一世界，即在时空者"①。冯先生之论，将朱陆之争提升到哲学的理论层面上来审视研判，认为朱陆之异的争论，实际上是哲学根本观念（"理学"与"心学"，或"性即理"与"心即理"）上的分歧和争论；又引进西方新实在主义的理论思想和概念，对朱陆哲学的根本观念进行解析和界定，认为理学和心学是两种有差异的"实在"。理学中混沌的、模糊的作为理学本体的"理""心"，在冯先生这里变得清晰起来，成为可用科学语言表述出来的了。朱陆之争首次在现代哲学、科学背景下获得诠释。

20世纪50年代以后，以马克思主义历史唯物主义为理论基础的中国哲学史诠释模式处于主导地位。这一诠释模式有两条基本原则，一是历史唯物主义原则，认为每种思想观念都是在一定的社会政治经济或阶级背景下发生的，具体到一个哲学家那里，一般要对其人及其思想做出阶级性分析和判定。二是党性原则，认为哲学史是人类认识史，其发展过程表现为唯物主义与唯心主义、辩证法与形而上学的斗争，因而要通过分析论证，对哲学家的思想或哲学命题做出这种哲学性质的判定。在历史唯物主义的理论背景下，朱陆分歧和争论的理论性质又一次获得新的界定。首先是在哲学根本性质或世界观上，朱陆之争被研判为客观唯心主义和主观唯心主义的对立和争论，但是"主观唯心主义与客观唯心主义的对立不是绝对的……因此没有必要把朱陆哲学的区别看成是本质的区别，也不能把他们的辩论看成是'冰炭不能相融'"②。其次在修养方法上，朱子的"以道问学为主"被解释为"主张做一个符合地主阶级要求的圣贤，先要有地主阶级的知识、本领"；陆九渊的"先立乎其大者"则被解释为"做圣贤，首先要有地主阶级立场，立场不稳固，学了知识也只能借寇兵、资盗粮，为敌人所利用"③。在这种诠释模式的理论视野中，朱陆之争内蕴的理学家精神经历中的复杂体验和困惑，都变得简单起来，朱陆之争在理学发展中曾显现的那种重要的理论意义已经消失，"数百年未了的大公案"在这

---

① 冯友兰：《中国哲学史》，商务印书馆1934年版，第939~940页。
② 任继愈：《中国哲学史》第三册，人民出版社1964年版，第265页。
③ 同上书，第267页。

里似乎真的"了结"。这正是理学在历史唯物主义笼罩下退出历史舞台的一种反映。

20世纪80年代以后，也就是"文化大革命"结束后的这些年来，毋庸讳言，在中国哲学史的学术领域内，历史唯物主义的诠释模式渐趋式微，我们期待对朱陆之争有新的理论观念、新的理论角度的诠释出现。

[《东华理工学院学报》（社会科学版）2005年第1期]

江门心学简述

《明史·儒林传·序》在概述明代学术思想演变时说:

> 原夫明初诸儒,皆朱子门人之支流余裔,师承有自,矩矱秩然。曹端、胡居仁笃践履,谨绳墨,守儒先之正传,无敢改错。学术之分,则自陈献章、王守仁始。宗献章者曰江门之学,孤行独诣,其传不远;宗守仁者曰姚江之学,别立宗旨,显与朱子背驰,门徒遍天下,流传逾百年,其教大行,其弊滋甚。嘉隆而后,笃信程朱,不迁异说者,无复几人矣。(《明史》卷二八二)

从这段叙述里可以看到,明代学术局面从初期朱学统治到中、后期心学风靡的转变,是由陈献章开始,王守仁完成的;明代的心学阵营是由陈献章开创的江门心学和王守仁开创的姚江心学两派组成的。这就表明,江门心学在明代学术思想中占有重要的地位。我国思想史学界对王守仁的姚江心学阐述甚多,而对江门心学论析尚少,这是一个不足。本文试对江门心学的主要思想及其流变过程作一简要论述,以见明代心学方面的内容。

一 陈献章开创的江门心学

明代江门心学的开创者是陈献章。陈献章(1428~1500),字公甫,别号石斋,广东新会都会村人,后迁居白沙村,故明清学者称陈献章为白沙先生,其学为江门之学。陈献章的诗文,后人辑为《白沙子》。陈献章的心学思想大致有三方面的内容。

（一）"天地我立、万化我出、宇宙在我"的心学世界观

陈献章青年时期曾师事当时著名的程朱学者吴与弼，所以在他思想逻辑发展的开始，难免带有程朱思想的痕迹。例如，在自然观上，他称引"气"为宇宙构成的基本因素的观点，他说："天地间，一气也而已，诎信相感，其变无穷。"（《白沙子·云潭记》）这和宋代理学根据《周易》和道家思想而形成的一般的宇宙生成观念是一致的。在"气"与"道"（理）的关系上，陈献章的观点还没有摆脱程朱的影响，认为"道为天地之本"。他说："道至大，天地亦至大，天地与道若可相侔矣，然以天地而视道，则道为天地之本，以道视天地，则天地者，太仓之一粟、沧海之一勺耳"（《白沙子·论前辈言铢视轩冕尘视金玉》），"神理为天地万物主本"（《白沙子·与马贞》）。这与朱熹将"理"与"气"相比，认为"理也者，形而上之道也，生物之本也；气也者，形而下之器也，生物之具也"（《朱文公文集·答黄道夫》）的观点极为相近。后陈献章思想进一步发展，在论述"理"与"心"的关系时，显示出异于程朱理学的思想面貌。他并不像客观唯心主义朱熹那样，认为"理"是独立于万物之先的某种绝对存在，而是认为有此"心"方有此"理"，有此"诚"方有此"物"。他说，"君子一心，万理完具，事物虽多，莫非在我"（《白沙子·论前辈言铢视轩冕尘视金玉》），"天地之大，万物之富，何以为之也？一诚所为也。盖有此诚，斯有此物；则有此物，必有此诚。则诚在人何所？具于一心耳"（《白沙子·论前辈言铢视轩冕尘视金玉》）。陈献章的这个观点，和陆九渊的"心即理"（《象山全集·与李宰》）、"万物森然于方寸之间"（《象山全集·语录》）的观点是完全相同的。这种心学世界观，陆九渊用"宇宙便是吾心，吾心即是宇宙"（《象山全集·杂说》）两语来概括，陈献章则用"天地我立、万化我出、宇宙在我"三言来表达，他说：

> 此理干涉至大，无内外，无终始，无一处不行，无一息不运，此则天地我立，万化我出而宇宙在我矣。得此把柄入手，更有何事，往来古今，四方上下，都一齐穿纽，一齐收拾，随时随处无不是这个充

塞，色色信他本来，何用尔脚劳手攘。（《白沙子·与林郡博》）

所以，陈献章的世界观和陆九渊一样，都是以"宇宙"为思索背景，极力强调主观扩充，认为万事万物皆是"心"的创造，皆是"心"的充塞，其主观唯心主义的思想色彩是极其明显的。

（二）"以自然为宗"的心学宗旨

陈献章从"天地我立、万化我出、宇宙在我"的主观唯心主义世界观出发，提出"以自然为宗"的修养目标或为学宗旨，他说：

> 古之善为学者，常令此心在无物处，便运用得转耳，学者以自然为宗，不可不着意理会。（《白沙子·遗言湛民泽》）

陈献章所谓的"自然"，乃是指万事万物原始朴素、无任何外力痕迹、本然的存在状态。他以古诗文为例说："古文字好者，都不见安排之迹，一似信口说出，自然妙也。其间体制非一，然本于自然不安排者便觉好。"（《白沙子·与张廷实》）所以，陈献章"以自然为宗"实是指达到一种无异同、得失、生死，即无任何负累、本然、绝对自由自在的精神状态，他又称之为"浩然自得"，他说：

> 士从事于学，功深力到，华落实存，乃浩然自得，则不知天地之为大、生死之为变，而况于富贵贫贱、功利得丧、诎信予夺之间哉！（《白沙子·李文溪文集序》）

可见，陈献章"以自然为宗"或"浩然自得"的修养目标，实际上乃是企图从自然（如生死）和社会（如得失）的束缚中超脱出来。在这里，陈献章心学和陆九渊心学相比，具有伦理色彩比较淡薄的特色。陆九渊心学的理论目标是"尽人道"，即践履儒家所主张的伦理纲常；而陈献章的"以自然为宗"是企羡超越物外，遗世独立。这与儒家所主张的修身、齐家、治国、平天下的为学目的，当然是有所背离，故招来了同窗胡居仁和后学夏尚朴"白沙之学近禅"的批评（《明儒学案》崇仁学案二和学案四）。

（三）"静坐中养出端倪"的心学方法

陈献章的为学宗旨或目标，在于"以自然为宗"，即求得无任何负累的"浩然自得"。那么，如何才能达到这个目标，陈献章说：

> 为学当求诸心，必得所谓虚明静一者为之主，徐取古人紧要文学读之，庶能有所契合，不为影响依附，以陷于徇外自欺之弊，此心学法门也。（《白沙子·书自题大塘书屋诗后》）

这样，陈献章的心学方法，即他的"心学法门"，实际上主要是指以下两点。

第一，以静求"心"。陈献章心学认为，万物万理生于"心"，为摆脱万事万物的负累，识得"心"之本体是绝对必要的。但在陈献章心学里，"心"不仅是指一种可感觉的、具体的生理实体，而且更重要的是万物万理根源的宇宙本体。这种"心"是无法通过理性的逻辑方法来认识的，只能通过非逻辑的内省方法来体悟。他对其弟子李承箕（字世卿）说："此心通塞往来之机，生生化化之妙，非见闻所及，将以待世卿深思而自得之。"（《白沙子·送李世卿还嘉鱼序》）陈献章就把这种由"深思而自得之"的方法，即内省体验、以静求"心"的方法，称为"静坐中养出端倪"。他说：

> 为学须从静坐中养出端倪，方有商量处。（《白沙子·与贺克恭黄门》）
>
> 惟在静坐，久之然后见吾心之体……作圣之物，其在兹乎！（《白沙子·复赵提学金宪》）

何谓"端倪""心之体"？是否即是孟子所说的"四端"？陈献章自己没有做出明确说明，黄宗羲曾解释："静中养出端倪，不知果为何物。端倪云者，心可得而似，口不可得而言，毕竟不离精魂者近是。"（《明儒学案·师说》）似乎也不得要领。实际上，它是指对某种本然的、善恶喜怒尚未形成的那种精神状态的自我意识。陈献章心学在这里表现出一种模糊神秘的色彩。

第二，以"我"观书。陈献章虽然认为"为学当求诸心"，"静坐"是求"心"的主要方法，但他也不否认需要读书，认为"学以变化习气，求至乎圣人而后已"（《白沙子·古蒙州学记》），但他主张"以我观书"，反对"以书博我"，他说：

> 六经，夫子书也。学者徒诵其言而忘味，六经一糟粕耳，犹未免玩物丧志……以我而观书，随处得益；以书博我，则释卷而茫然。（《白沙子·道学传序》）

陈献章的"以我观书"和陆九渊的"六经注我"含义是一样的，即认为"六经"所阐述的道理，即是我"心"的内容；读经在于明了其精神实质，使我"心"与"六经"契合，不是为了博闻强记，增加"心"的负担。基于这种理解，陈献章和陆九渊一样，主张修养的主要力量应放在体认"本心"，不必多读书，"此道苟能明，何必多读"（《白沙子·赠羊长史寄贺黄门钦》），和陆九渊一样，认为"道理"是自得于心，不是言语可表达的。他说："六经而外，散之诸子百家，皆剩语也。"（《明儒学案·白沙学案·李承箕文集》）故也不主张著书，其有诗曰："他时得遂投闲计，只对青山不著书。"（《白沙子·留别诸友》）

陈献章的心学思想内容大致如此。陈献章心学与陆九渊心学在理论内容上是相同的，在理论形式上也极为相似。所以，陈献章心学的出现，是沉寂多年的南宋陆学以完整的形态复活。

二 湛若水对江门心学的发展

湛若水（1466～1560），字元明，广东增城人。因居家增城之甘泉郡，故学者称之为甘泉先生。湛若水自39岁中进士后，历任编修、侍读、国子监祭酒，累官至南京礼部、吏部、兵部三部尚书。湛若水的著述很多，现存尚有《春秋正传》《圣学格物通》和后人纂辑的《甘泉文集》。

湛若水年轻时曾从学陈献章，因悟出"随处体认天理"的修养方法，深得陈献章的嘉许，曰："著此一鞭，何患不到古人佳处。"（《白沙子·遗言湛民泽》）故陈献章对湛若水极为器重，卒前曾赠诗三首，自跋云："达摩西来，传衣为信，江门钓台亦病夫之衣钵也，兹以付民泽，将来有无穷之托，珍重珍重！"（《白沙子·江门钓台与湛民泽收管》）把他视为自己学术思想的继承人。湛若水对陈献章也极其情深，陈献章殁，他"为之制斩衰之服，庐墓三年不入室，如丧父然"。他说："道义之师，成我与生我者等。"（罗洪先《湛若水墓表》）后来，湛若水仕路通达，凡"足迹所至，必建书院以祀白沙"（《明儒学案·甘泉学案一·本传》）。

（一）对陈献章心学思想的修正

湛若水心学在世界观的基本观点上和陈献章没有不同。他说："何谓心学？万事万物莫非心也。"（《甘泉文集·泗州两学讲章》）这个观点和陈献章"天地我立、万化我出、宇宙在我"的观点是完全相同的。但湛若水提出"圣学功夫，至切至要、至简至易处，总而言之，不过只是随处体认天理"（《甘泉文集·四勿总箴》），这个观点在修养方法和目标上修正了陈献章心学。

湛若水所谓的"体认"，就是自我反省。他说："随处体认天理，功夫全在省与不省耳。"（《甘泉文集·问题续录》）湛若水所谓的"天理"，主要是指儒家所主张的伦理道德规范。他说，"所谓人道之序者，非他也，天理也"（《圣学格物通·用人》），"圣人制礼以教人也，盖本之天理尔。天理者，天性也，故'三千''三百'，无一而非性也"（《圣学格物通·立教兴化》）；并且他认为这种"天理""天性"是人心所固有的，是自然而无须人为规定安排的。他说，"天理者，即吾心本体之自然者也"（《圣学格物通·进德业》），"谓之天理者，明其为自然而不由安排耳"（《甘泉文集·天关语录》）。这样，既然"天理"是"人道之序"，是"威仪三千，礼仪三百"，就必须用恭敬的态度来体认和践履；既然"天理"是人心固有、不由安排的，就必须以不干扰的态度让它自然地表现、显露。所以，湛若水就把"敬"和"勿忘勿助"当成他"体认天理"的门径。他说："敬者，圣学之要，自古千圣千贤，皆在此处用功，体认天理皆是这个大头脑，更无别个头脑。"（《甘泉文集·经筵讲章》）又说："天理在心，求则得之，求之有方，勿忘勿助是也。"（《甘泉文集·新泉问辨录》）总之，概括起来说，湛若水"随处体认天理"就是以虔敬而又自然的态度，对封建的伦理道德规范的自我反省，通过这种内省功夫，认识这些伦理道德，是人本心所固有的，进而把这些伦理道德规范贯彻并渗透到自己生活的各个领域中。湛若水自己解释说："体认天理而云'随处'，则动静、心事皆尽之矣。"（《明儒学案·甘泉学案一·语录》）换言之，无论动或静，无论思考或行为，皆能做到"本心"之显露，或"天理"之体现，这就是"随处体认天理"所要达到的道德修养境地。可见，湛若水"随处体认天理"的修养过程，就是从自我反省的开始到"本心"的流露结束，其主观唯心主义的性质是很明显的。

湛若水这种为学或修养方法和陈献章相比，虽然在本质上是相同的，但在提法和具体内容上，却是有显著差别的。如前面所述，陈献章的修养方法是"静坐中养出端倪"。湛若水对此不以为然，疑其不是。他说："古之论学，未有以静坐为言者……以静为言者皆禅也。"（《甘泉文集·答余督学》）湛若水认为自己"随处体认天理"的方法，包含也发展了陈献章"静坐"的方法。他说："'静坐久，隐然见吾心之体'者，盖先生（指陈献章）为初学言之……'随处体认天理'自初学以上皆然，不分先后，'居处恭，执事敬，与人忠'，即随处体认之功，连静坐亦在内矣。"（《甘泉文集·新泉问辨录》）湛若水进而提出"孔门之教，皆欲事上求仁，动时着力"（《甘泉文集·答余督学》）；批评"舍书册、弃人事而习静，即是禅学"（《甘泉文集·大科训规》）。这表明湛若水"随处体认天理"是对陈献章"静坐养端倪"的修正，它遏制了江门心学由"唯在静坐"进一步向禅学发展的趋势。

湛若水对陈献章心学思想的修正，还表现为陈献章心学的修养目标，在其心学中变更修养方法。陈献章心学"以自然为宗"是指达到一种无任何负累的、本然的、绝对自由的精神状态，他又称之为"浩然自得"。所以在陈献章心学里，"自然"是一种为学或修养的目标。但在湛若水心学里，却把陈献章的"自然"理解、修正为体认"天理"时的勿忘勿助，即无丝毫人为安排的态度。如湛若水说："予体认天理，必以勿忘勿助、自然为至。"（《甘泉文集·天关语录》）这样，"自然"就变成一种识得"天理"、完成修养的方法（"勿忘勿助"），而不是为学或修养所要达到的目标（浩然自得）。湛若水对陈献章心学的这一修正，使江门心学的禅老色彩淡薄而儒家色彩加重了。

陈、湛师生二人在修养或为学方法和目标上的某种差异，是因为他们具有不同的生活经历，因而具有不同的修养经验和理论需要造成的。陈献章生平士路蹇塞，乃一蛰居学者，故多追求个人的精神超脱；而湛若水则宦海得意，为一代学官，当然要考虑贯彻封建的伦理道德。

（二）使江门心学获得独特的理论

由前面所述可以看到，陈献章的心学思想还没有摆脱陆九渊的影响和对他的依附。湛若水则对陆九渊心学思想有所批评，并和同时代的姚江心学开创者王守仁发生了理论上的争执，从而使江门心学获得了不同于其他心学的独特理论。

湛若水对宋代理学朱、陆两派，采取超脱的态度，他从自己"心事合一"或"知行合一"的观点，认为他们各有所蔽。他说："在心为性，在事为学；尊德性为行，道问学为知，知行并进，心事合一，而修德之功尽矣。"（《圣学格物通·进德业》）故他认为朱熹强调"道问学"，陆九渊强调"尊德性"，这是"各得其一体者，朱语下而陆语上"，皆有所偏颇（《甘泉文集·答太常博士陈惟浚》）。因此，他对朱、陆都表现出不完全信赖的态度。例如，他认为朱熹的《大学章句》用来科举应试是可以的，但作为修身指南就难能其任了。他说："诸生读《大学》，须读文公《章句》应试，至于切已用功，更须玩味古本《大学》。"（《甘泉文集·大科训规》）对于陆九渊，他虽曾明确表示"若于象山，则敬之而不敢非之，亦不敢学之"（《甘泉文集·寄崔后渠司成》），而实际上却并不乏非议之词，如他对陆九渊"心皆具是理"之说就颇疑其不是。他说："说'具'者是二之也……九渊谓读《论语》，疑有子之言支离，臣亦敢以是疑九渊焉。"（《圣学格物通·正心》）对于陆九渊的高足杨简，湛若水则更尖锐地抨击其为"以圣贤之格言，文自己之邪说"，并著《杨子折衷》六卷，逐条辨析杨简言论"乃异教宗旨也"（《甘泉文集·杨子折衷》）。

湛若水和同时代的王守仁也发生过学术思想上的分歧和争执。湛、王交谊深厚，每以同志相期，他们之间的分歧，是明代心学阵营内部的分歧，极为近似宋代理学阵营内朱熹与陆九渊的分歧，即这种分歧并不是由于政治立场或哲学世界观上的不同而产生，而是由于各自承受先前的思想影响不同，对心学（或理学）中的某些范畴、命题理解有所不同而引起的，并且集中地表现在为学方法，即如何完成儒家所主张的伦理道德修养这一问题上。在湛、王之间，这种分歧具体表现在三个问题上。

第一，对"格物"的不同理解和解释。"格物"，按《大学》中的提法，它是完成儒家道德修养的一个开始阶段，或一种初步方法，宋明以后，儒家学者们的理解和解释很不一致。就湛、王两人来说，湛若水的理解和解释是融会程朱的，而王守仁的理解和解释是反对程朱的。程朱基本上是从认识论的意义上来解释"格物"的。程颐说："格者，至也，物者，事也，事皆有理，至其理乃格物也。"（《河南程氏外书》第二）朱熹也说："夫格物者，穷理之谓也。"（《朱文公文集·癸未垂拱奏札》）但由于程朱又主张"格物"的主要内容应是"穷天理、明人伦、讲圣言、通世故"（《朱文公文集·答陈齐仲》），所以程朱的"格物"也包含有修养方法的意义。王守仁则反对这种"格物即穷理"的理解，认为这是"析心与理为二矣"（《王文成公全书·传习录中》），而完全从修养方法的意义上来解释"格物"。他说："'格物'……是去其心之不正，以全其本体之正。"（《王文成公全书·传习录上》）至于湛若水的"格物"，既是指认识"天理"，同时也是修身功夫。他说："格者，至也……物者，天理也……格物者，即造道也。知行并进，博学、审问、慎思、明辨、笃行，皆所以造道也。"（《甘泉文集·答阳明》）可见湛若水对"格物"的理解和解释，基本上同于程朱。如他自己所说："训'格物'为至其理，始虽自得，然稽之程子之书，为先得同然一也。"因而他批评王守仁的训"格物"为"正念头"有"四不可"，悖谬于孔孟之说（《甘泉文集·答阳明王都宪论"格物"》）。

第二，"知行合一"的不同含义。宋代程朱理学分析知行关系，主要是论其先后，主张"知先行后"。例如，程颐说："人力行，先须要知。"（《河南程氏遗书》卷第十八）当然，朱熹也还论及知行的轻重和知行的相辅相成。他说："论先后，当以致知为先；论轻重，当以力行为重。""知行常相须，如目无足不行，足无目不见。"（《朱子语类》卷九）明代心学分析知行关系，则特别强调"知行合一"。然而，在心学中，湛、王两派"知行合一"理论的宗旨或出发点并不相同。王守仁提出"知行合一"是为了反对程朱将知行做出明确区分，进而可能引起知行分离的情况。他说："今人学问，只因知行分作两件，故有一念发动，虽是不善，然却未曾行，便不去禁止。我今说个知行合一，正要人晓得一念发动处便是行了，发动处有不善，就将这不善的念头克倒，须到彻根彻底，不使那一念不善潜伏在胸中，此是我立言宗旨。"（《王文成公全书·传习录》）王守仁以"知行合一"的理论，救分裂知行的时弊，其用心是无可非议。然而他的理论也有偏颇，他是以"知"吞没了"行"，所以他提倡的实际上是"知行同一"，如他自己所说："知之真切笃实处即是行，行之明觉精察处即是知"（《王文成公全书·传习录》），即他把精神的"净化"看成是道德修养的全部过程。湛若水也主张"知行合一"。他说："内外合一谓之至道，知行合一谓之至学。"（《甘泉文集·问题录》）但他主要是强调在道德修养过程中，对道德规范的体认和践履是不可分离的，是相辅相成的。他说："'涵养须用敬，进学则在致知'，如车两轮。夫车两轮，同一车也，行则俱行，岂容有二？而谓有二者，非知程学者也。鄙见以为如人行路，足目一时俱到，涵养进学岂容有二？……涵养致知，一时并在，乃为善学也。"（《甘泉文集·答太常博士陈惟浚》）可见湛若水基本上是继承了程朱的知行观点，故他认为"知行不可离，又不可混"（《甘泉文集·答顾若溪金宪》），而对王守仁把知行"合一"理解为"同一"提出批评："阳明'知即行，行即知'，不能无病。"（《甘泉文集·天关语录》）

第三，"致良知"与"体认天理"的不同。"致良知"与"体认天理"向来被视为湛、王学术差异的标志。黄宗羲说："阳明宗旨致良知，先生宗旨随处体认天理，学者遂以王、湛之学各立门户。"（《明儒学案·甘泉学案一·本传》）但在实际上，"致良知"和"体认天理"都是一种对封建伦理道德的自我反省、自我体验，因而都是主观唯心主义的修养方法，只是王、湛二人因承受前人思想的影响不同，故其强调的着重点也就有所不同。一般说来，在这个问题上，王守仁受陆九渊的"发明本心"的"易简功夫"影响比较明显，特别强调"良知"是人心所固有的知觉能力和伦理本能，所以"致良知"是将"心"所固有的伦理道德观念、感情，自觉地表现为道德行为。他说："良知只是一个天理，自然明觉发见处，只是一个真诚恻怛，便是他本体。故致此良知之真诚恻怛以事亲便是孝，致此良知之真诚恻怛以从兄便是弟，致此良知之真诚恻怛以事君便是忠……"（《王文成公全书·传习录》）王守仁还强调这种对"良知"的自我体验和表现，是完成道德修养的唯一方法，"致良知之外无学矣"（《王文成公全书·书魏师孟卷》）。湛若水则受程朱"穷理居敬""下学上达"的方法影响比较明显，认为"天理"虽为人心所固有，但需要通过"敬""勿忘勿助"的学问、思辨、笃行功夫方能识得、体现，"不可徒良知而不加学问"（《甘泉文集·答洪之峻侍御》）。这样，王守仁就认为湛若水的"体认天理"是"求之于外"的俗见，讥笑其犹如"烧锅煮饭，锅内不曾渍米下水，而专去添柴放火，不知毕竟煮出个什么物来"（《王文成公全书·传习录》）。湛若水批评王守仁的"致良知"抛弃了切实的修养功夫，是"害道"，将流为异端，"若徒守其心而无学问、思辨、笃行之功，则恐无所警发，虽似正而实邪，下则为老佛扬墨，上则为夷惠伊尹"（《甘泉文集·答阳明王都宪论"格物"》）。两人的争执，一时颇显不能相容。但最终还是言归于好，王守仁致书湛若水说："随处体认天理，是真实不诳语，鄙说初亦如是。及根究老兄命意发端，却似有毫厘未协，然终当殊途同归也。"（《王文成公全书·答甘泉》）湛若水以后为王守仁撰写墓志铭亦说，"致良知"与"随处体认天理"之说，"皆圣贤宗旨也……甘泉子尝为之语曰'良知必用天理，天理莫非良知'，以言其交用则同也"（《甘泉文集·阳明先生王公墓志铭》）。

总之，江门心学在湛若水这里，由于吸收、融会了程朱理学在修养上的基本观点，所以表现出既不同于陆九渊心学，又不同于王守仁心学的独特理论。

三　江门心学的学术归向

江门心学和姚江心学相比，有长久于它的历史，有不同于它的理论特色；江门心学主要人物湛若水的著述之丰、年齿之长又都在王守仁之上。然而，就门庭兴旺而言，江门却远不及姚江，并且最后融入姚江。究其缘由，一方面王守仁在当时"事功"卓著，影响广大；另一方面江门心学主旨多变，对心学的理论主题缺乏一贯的、连续的提法和论证，致使江门心学的师生关系、理论的承接与发扬极为薄弱，湛若水之后就渐次失去中心和作为一个学派所必须具有的统一的理论标志，进而导致江门心学的门楣不振和衰落。

（一）陈献章及门弟子偏离江门心学的两种倾向

陈献章的及门弟子《明儒学案》录十二人，最著名者当为湛若水、张诩二人。他二人代表了陈献章门人阐发江门心学时的两种不同倾向：吸收融会程朱思想和吸收融会佛老思想。

湛若水是陈献章最得意的弟子，是他亲自选定的"衣钵"继承人。湛若水对陈献章也极为尊重，但他的思想却与陈献章大相径庭。陈献章认为"作圣之功，惟在静坐"，主张修养方法是"静坐中养出端倪"。湛若水则认为"以静为言者皆禅也"，主张"随处体认天理"。陈献章在朱陆之间表现了明显的离朱亲陆的倾向，而湛若水正相反，他对陆九渊及其弟子杨简颇有微词，在阐述其"随处体认天理"方法时和在与王守仁发生分歧的几个理学问题上，都带有明显的程朱思想痕迹，表现出离陆而亲朱的倾向，这些在前面已有所论，这里不再赘述。

张诩，字廷实，号东所，也是陈献章得意的高足，其学有所得深为陈献章所嘉许："诩实之学以自然为宗，以忘己为大，以无欲为至，即心观妙，以揆圣人之用。其观于天地，日月晦明，山川流峙，四时所以运行，万物所以化生，无非在我之极，而思握其枢机，端其御绥，行乎日用事物之中，以与之无穷。"（《白沙子·送张进士廷实还京序》）陈献章认为，他心学中"以自然为宗"的宗旨和"万化我出"的主观唯心主义，张诩都有所领会、掌握。但实际上张诩对陈献章心学的理解是有偏离的，他忽视了陈献章心学的儒学本质，而把它看成如同佛老一样的学说。他在《白沙先生墓表》一文中概述陈献章心学完成过程时说：

> 白沙先生……壮从江右吴聘君康斋游，激励奋起之功多矣，未之有得也。及归，杜门独扫一室，日静坐其中，虽家罕见其面，如是者数年，未之有得也。于是迅扫夙习，或浩歌长林，或孤啸绝岛，或弄

艇投竿于涯溪海曲，忘形骸、捐耳目、去心智，久之然后有得焉。于是自信自乐，其为道也，主静而见大，盖濂洛之学也。由斯致力，迟迟至于二十余年之久，乃大悟广大高明，不离乎日用一真，万事本自圆成，不假人力。其为道也，无动静内外，大小精粗，盖孔子之学也。（《明儒学案·白沙学案二》）

张诩把陈献章心学归之于"忘形骸、捐耳目、去心智"，但这是老、庄的修养方法，而不是陈献章的"静中养端倪"，张诩把陈献章心学修养的境界说成是"万事本自圆成，日用不离一真"，这本是佛禅的话头，而不是陈献章所谓的日用间种种应酬，随心所欲而皆合圣训的"作圣之功"。张诩这种以佛、老解心学的做法，引起陈献章其他及门弟子的不满或反对。如湛若水说："常恨石翁（即陈献章）分明知廷实之学是禅，不早与之斩截，至遗后患。翁卒后作墓表，全是以己学说翁……全是禅意，奈何奈何！"（《甘泉文集·知新后语》）

湛若水和张诩在进一步阐述陈献章心学时所表现的思想倾向尽管不同甚至相对立，但在偏离陈献章江门心学的主要论题或思想这一点上，则是共同的，即他们都抛弃了作为陈献章心学特色的"静坐中养出端倪"。湛若水否定了他的"静坐"，张诩则偷换了他的"端倪"。这样，从一开始，在江门心学的传承中，师承关系虽是清楚的，而思想学脉的承继与发扬却是贫弱的。

（二）湛若水门人不守师说的思想分化倾向

湛若水的及门弟子最著名者为吕怀、何迁、洪垣、唐枢四人。《明史》概述此四人的学术宗旨或特色说："怀之言变化气质，迁之言知止，枢之言求真心，大约出入王、湛两家之间，而别为一义。垣则主于调停两家而互救其失，皆不尽守师说也。"（卷一百七十一《儒林二·湛若水》）

吕怀，字汝德，号巾石。他在答一友人书中，完整地表述了他的为学宗旨或主张："天理、良知，本同宗旨。识得原因着脚，则千蹊万径皆可入国；徒徇意见，不惟二先生之说不能相通，古人千门万户，安所适从。今即使于良知、天理之外，更立一方亦得，然无用如此，故但就中指点出一通融枢要，只在变化气质。学问不从这上着脚，恁说格致，说戒惧，说求仁集义与夫致良知，体认天理，要之只是虚弄精神，工夫都无着落。"（《明儒学案·甘泉学案二·巾石论学语·答叶德和》）从这段话里可以看出，第一，吕怀认为"天理""良知"同旨，反对在湛、王之间寻找分歧。第二，吕怀提出为学宗旨"只在变化气质"。就第一点而言，还不能说吕怀"不守师说"，因为尽管湛、王曾有分歧，但湛若水终亦认为"天理、良知交用则同也"。就第二点而言，吕怀把为学宗旨确定为"变化气质"，则是有悖于师说了。

湛若水偶尔也曾说过"学求变化气质而已矣"（《甘泉文集·新论》），但这里的"学"是指读书而言，他说："诵诗三百，达政专对气质之变化也，学求变化气质而已矣。是故变化之道莫大乎歌咏。"（《甘泉文集·新论》）但他更强调的是"随处体认天理"，即湛若水心学修养方法和陆九渊、陈献章一样，主要是对"善"之"本心"（或"端倪"，或"天理"）的自我反省、自我发现，而不是对"恶"气质（湛若水心学中称之为"习心"）的"剥落"（陆九渊语）、"煎销"（湛若水语）。吕怀却认为自我反省的"发明本心""体认天理"之类，"虚弄精神"唯一的方法应是"变化气质"。他说："窃见古来圣贤求仁集义，戒惧慎独，格致诚正，千言万语，除却变化气质，更无别勾当也。"（《明儒学案·甘泉学案二·巾石论学语·复黄损斋》）对于这一观点，在宋以来传统心学理论里是找不到论证的，于是吕怀就在心学理论范围以外寻找论证。他著《心统图说》，以"河图"之理，比附人之身心，这表明他接受了象数派理论的影响。他的《心统图说》主旨在论述"性统于心，本来无病，由有身，乃有气质；有气质，乃有病；有病，乃有修。是故格致诚正，所以修身；戒惧慎独，所以修道。身修道立，则静虚动直，天理得而至善存矣"（《明儒学案·甘泉学案二·巾石论学语·与蒋道林》），这则与张载"形而后有气质之性，善反之，则天地之性存焉"（《正蒙·诚明》）的思想又有了某种联系，故黄宗羲在评论吕怀"变化气质"之论时说："先生之论极为切实，可以尽横渠之蕴。"（《正蒙·太朴吕巾石先生怀》）这些都表明吕怀的心学思想在确立宗旨和论证方法上都偏离了师说，超越了江门心学的范围。

何迁，字益之，号吉阳。他的为学宗旨以"知止"为要。他说："道有本末，学有先后，《大学》教人，知止为先……止者，此心应感之机，其明不假思，而其则不可乱。"（《明儒学案·甘泉学案二·吉阳论学语·沧守胡子序》）何迁的这种"知止"实是指体认寂然不动之心，正如黄宗羲所说，"此与江右主静归寂之旨大略相同"（《明儒学案·甘泉学案二·吉阳论学语·侍郎何吉阳先生迁》）。然而对于王守仁弟子聂豹的"归寂"之说，湛若水是深不以为然的，并有所批评。《天关语录》记曰："聂双江有归寂豫养之说，其言曰……归寂以通天下之感，致虚以立天下之有，主静以该天下之动云云。先生曰，……其言静以养动者，亦默坐澄心法也，不善用之，未免绝念灭性、枯寂强制之弊，故古来圣贤相援，无此法门。"（《甘泉文集》卷二十三）可见，何迁"知止"之旨，于其师说"随处体认天理"亦是有所偏离的。

洪垣，字峻之，号觉山。他是湛若水最寄厚望的弟子，称其"是可传吾钓台风月者"（《明儒学案·甘泉学案三·觉山论学书·郡守洪觉山先生垣》）。但洪垣并没有继承和发挥湛若水的"随处体认天理"之说，而是对其有所批评，认为这种方法"逐善恶之端以求所谓中正者，恐未免涉于安排"（《明儒学案·甘泉学案三·觉山论学书·答徐存斋阁老》）。

唐枢，字惟中，号一庵，是湛若水及门弟子中著述最多者。他提出"讨真心"三字为修养目标，这非但没有进一步发挥湛若水的"随处体认天理"，反而如黄宗羲评断的那样："'真心'即'良知'也，'讨'即'致'也，于王学尤近。"（《明儒学案·甘泉学案四·主政唐一庵先生枢》）

湛若水的二传弟子许孚远，倡"著到方寸地洒洒不挂一尘，乃是格物真际"（《明儒学案·甘泉学案五·侍郎许敬庵先生孚远论学书·与蔡见麓》）；三传弟子冯从吾，倡"学问之道，全要在本原处透彻，未发处得力"（《明儒学案·甘泉学案五·恭定冯少墟先生从吾·语录》），其思想的心学唯心主义本质虽然没有改变，但陈、湛江门心学的个性特色已经黯然，而是呈现出和王学融合的新特色。这样，在湛若水之后，江门心学由吸收姚江心学的某些观点开始，最后就慢慢融入了姚江心学。

思想史视野中的许衡

在中国思想史的画卷里，元代思想是色彩最为浅淡的一页。这主要是元代存在的时间较短，只有98年的时光；元代的政治、经济又是在异于汉唐两宋，缺乏丰富积累的传统文化的轨道上运行，这就使得元代学术思想没有精力和资源做出光辉的创造。但是，毕竟是"江山代有人才出"，元代还是涌现出能反映这一时代特色的学者或思想家，许衡就是其中最重要的一位。

据《元史·许衡传》记载，许衡生于南宋嘉定二年，卒于元世祖至元十八年（1209～1281），是"怀之河内人也"。今焦作市内有许衡墓，还有许氏家族许多其他遗迹，可以推断，这里就是许衡的故里，许衡是中原河南的一位先贤。许衡在青年时期，曾应试元朝的选士，并中选，占籍为儒。在元代，这是很卑微的社会阶层。南宋学者谢枋得曾记述元朝的世俗风气说："滑稽之雄以儒为戏者曰：我大元制典，人有十等，一官二吏，先之者贵之也，贵之者谓有益于国也。七匠八娼九儒十丐，后之者贱之也，贱之者谓无益于国也。嗟乎！卑贱，介乎娼之下丐之上者，今之儒也。"（《叠山集·送方伯载归三山序》）可见，在元代"九儒十丐"，"儒"是仅高于奴隶与乞丐同列的平民身份。青年时代的许衡一直是处在学业无所成，生活亦很拮据的困顿之中。有幸的是，许衡在颠沛流离中移居苏门（今河南省辉县市）时，得与当时最有儒学修养的姚枢交游、问学，从他那里接触到《伊川易传》《四书集注》《小学》等程朱理学的著作，并在多年的"且夕讲诵不辍，笃志力行"（《鲁斋遗书·考岁略》）的过程中，完成了由章句之学向义理之学的转变，成为当时对理学、儒学有独特体悟和见地的声誉遐迩的名儒。这是许衡生平第一件具有决定意义的经历。许衡生平第二件具有决定性意义、有幸的际遇，是他中年（45岁）以后一直受到元世祖忽必烈的青睐器重。元世祖主政秦陕时，闻许衡之名，就征召委为京兆提学；元世祖即帝位后，又召他入京顾问，授为国子祭酒、中书左丞。虽然这些眷顾与权位并不一定是许衡的衷心所求，但他毕竟获得了一个可展示其作为儒家学者思想和才华的舞台。在这个舞台上，许衡的主要表现是，向元世祖提出著名的《时务五事》谏言；与刘秉忠、张文谦等议定元朝官制、朝仪，与王恂、郭守敬等制定元朝新历（《授时历》）；以儒学六艺教习蒙古贵族弟子。在这些实际活动中，许衡也展现出其作为生活在不同于汉文化传统的元代社会环境下的一位儒学思想家的独特的方面。

第一，张扬儒家德治仁政的政治理念和历史经验。孔子主张"为政以德"（《论语·为政》），孟子认为"以德行仁者王"（《孟子·公孙丑上》），"得天下有道，得其民斯得天下矣；得其民有道，得其心斯得民矣"（《孟子·离娄上》）。可见，坚信实行德治、仁政就能得民心、得天下，是儒家基本的政治理念。元代政权是蒙古族贵族建立的以武力征服和经济掠夺为特征、文化落后的国家机器。生活在这种情势下的儒家宰臣许衡，十分自然地要试图以儒家德治仁政的政治理念来影响、改造这个尚武、嗜利的政权。许衡在《时务五事》的疏文中，向元世祖谏言："古人立国规模，虽各不同，然其大要在得天下心；得天下心无他，爱与公而已矣，爱则民心顺，公则民心服，既顺且服，于为治也何有？"并谏言："为君六难，举其要则修德、用贤、爱民三者而已，此谓治本，本立则纪纲可布，法度可行，治功可必。"（《鲁斋遗书·卷七》）显然，其所申述的正是儒家这种政治理念。许衡并引证历史经验说："考之前代，北方奄有中夏，必行汉法，可以长久，故后辽金能用汉法，历年最多，其他不能实用汉法，皆乱亡相继。"（《鲁斋遗书·卷七》）当然，许衡的这些谏言很难被蒙古贵族统治者接受和实行，这也许正是许衡感到失望而多次要求引退的原因。

第二，承传理学主流而未遑辨识其分歧。一般来说，理学中的学术或学派归属主要是以其本体论观点和修养方法的主张（"本体"与"功夫"）

来判定的。简言之，二程和朱熹以"理"为本体，以"居敬穷理"为基本的修养方法；陆九渊以"心"为本体，以体认"本心"为修养方法。许衡认为"凡物之生，必得此理，而后有是形，无理则无形"（《鲁斋遗书·语录上》），此与程朱理学的"未有天地之先，毕竟是先有此理"（《朱子语类》卷一）的理本体论观点是一致的。许衡又认为"为学之初，先要持敬，敬则身心收敛……天下古今之善，皆从敬字上起，天下古今之恶，皆从不敬上生"（《鲁斋遗书·论生来所禀》），此与程朱理学"大凡学者，须先理会'敬'字，'敬'是立脚去处"（《朱子语类》卷十二），以"持敬"为修养的根本方法也是相同的。所以许衡承传的是作为理学中主流的程朱理学，正如他的学生耶律有尚所说："先生平生嗜学朱子不啻饥渴，凡指示学者，一以朱子为主。"（《鲁斋遗书·考岁略》）但是，从许衡认为心、性、理应是"一以贯之"（《鲁斋遗书·语录下》），以"不要逐物，常知有己"为"持敬之大略"（《鲁斋遗书·语录上》）；主张"书有无疑，看得有疑，有疑却看得无疑，方是有功"（《鲁斋遗书·国学事迹》），可以看出，许衡并没有严守朱学门户，在本体观念和修养方法上，与主张"心即理"（《象山全集·与李宰》），"心不可汨一事，只自立心"，"为学患无疑，疑则有进"（《象山全集·语录》）的陆九渊心学观点，都有某种混淆或界限不清。元代理学生长的时间太短，故未能在朱陆之间有所分判，这是元代理学粗疏的一种表现。元代理学承袭朱陆的思想倾向和学术特色是由许衡开始的。明代理学也是在经过若干代的积累后，到王守仁时才辨识了这种分歧，并从中获得了发展的契机。

第三，开启理学向实学的转向。在宋代，伴随着理学的形成，学术也从整体上呈现盛谈义理而疏于研习实用之学的倾向。对于作为经常需要用智慧和经验为一个新的政权统治出谋献策的谋臣许衡来说，对此会有更深切的感受，所以他批评说："宋文章近理者多，然得实理者亦少。世所谓弥近理而大乱真，宋文章多有之。"（《鲁斋遗书·语录上》）

对于处在"九儒十丐"社会环境下并且亲历了许多困苦的儒者许衡来说，这种生活实践也使他能更深切地感受到讲实用、治生计的重要，所以他教导弟子说："为学者，治生最为先务，苟生理不足，则于为学之道有所妨。士君子当以务农为生，商贾虽为逐末，亦有可为者，果处之不失义理，或以姑济一时，亦无不可。若以教学与做官规图生计，恐非古人之意也。"（《鲁斋遗书·国学事迹》）在许衡看来，作为一位儒士，不应以讲学、做官为首务，而要有务农、经商的实际能力，这才是根本，才是实学。他宣示自己的志向就是"尚慕古人，以敦本抑末、实学为己行"（《鲁斋遗书·留别谭彦清》）。所以他特别重视对学生的扫洒应对之节和礼乐射御书数之学的小学教育；他参与《授时历》的制定，撰写《编年歌括》《稽古千文》，显示了具有精湛、丰富的天文历算、历史等方面的实学修养。许衡在理学笼罩下从儒学中发掘出实学新的理论方向，在明末清初的理学批判高潮中被进一步彰显，成为拯救理学衰退的主要途径。

　　这就是我们在思想史视野中观察到的许衡，他是一位儒家学者，在元代贫乏的思想学术舞台上和蹇塞的乱世社会生活环境中，从章句之学走向义理之学，又在义理之学中凸显儒学的实用方向。许衡是位既有继承又有创造的儒学思想家。

（《学习论坛》2005 年第 4 期）

论明末儒者的天主教选择

明末天主教是继唐代、元代景教之后，天主教第三次在中国传播。唐、元的景教不承认"三位一体"，是天主教中的异端①，传教徒实际上多是商人②；明末入华的以利玛窦为代表的传教士，是天主教正统的耶稣会士，多有不凡的神学和科学的学术修养。他们带来迄至哥白尼、伽利略以前的西方科学成就③，

---

① 天主教史称："唐代之景教，非罗马天主教，乃内斯多略之异派。内斯多略异端谓：耶稣之天主性，与其人性，未尝合于一位，不过附属于其人性而已。此说显于罗马正教之道理背驰。……元代罗马公教教友，虽不居少数，然内斯多略异教人尤众。贵族显官，宗室近臣，皆奉异教。中国内地奉内斯多略异教者，凡十五城。"（圣教杂志社编《天主教传入中国概观》，文海出版社 1928 年版，第 4、9 页）。

② 在北京故宫午门楼上，曾发现景教用于礼拜的赞美颂古钞本，推测钞本的年代在 10～13 世纪，颂文称："正直的殉教者呵！汝等经营商贾的人们……"可见景教的传教徒，亦是经商之人（朱谦之：《中国景教》，人民出版社 1993 年版，第 128 页）。

③ 利玛窦与徐光启、李之藻等合作，先后译出数学、地理、历法等方面的书有《几何原本》《测量法义》《圆容较义》《同文算指》《浑盖通宪图说》《经天该》《泰西水法》等。此后，李之藻于万历四十一年在《请译西洋历法等书疏》中称，传教士带来的书籍，"非特历术，有水法之书、算法之书、测望之书、仪象之书、万国图志之书、医理之书、乐器之书、格物穷理之书、几何原本之书，以上诸书多非吾中国书传所有"（明朝陈子龙等选辑《明经世文编·李我存集》）。作为这些科学技术之基础的宇宙观，当然内容还是哥白尼以前托勒密地球中心说。哥白尼《天体运行论》1543 年出版，直到 1632 年伽利略《哥白尼和托勒密两大世界体系的对话录》发表，哥白尼学说的影响才逐渐扩大，在科学思想领域的主导地位才逐渐确立。利玛窦于 1580 年（明万历八年）入中国，1610 年（明万历三十八年）卒于北京，他所带来的西方科学还没有发展到这个新的宇宙观。

认同儒家的社会理想①，谅解儒家的祭祀行为②，并且努力援用儒家经典来诠释天主教义，化解与中国文化的隔阂，从而赢得以徐光启、李之藻、杨廷筠为代表的一些儒家人物的信赖与皈依。《明史》对明末发生的这场颇具新特色、兼有科学和宗教内容的思想运动之原委评述道："其国人东来者（天主教传教士多为意大利人），大都聪明特达之士，意专行教，不求禄利。其所著书，多华人所未道，故一时好异者咸尚之，而士大夫如徐光启、李之藻辈，首好其说，且为润色其文词，故其教骤兴。"（《明史·外国·意大里亚》）事实上，明末以徐、李、杨为代表的儒者之所以推崇西学和皈依天主教（天学），并非是出于单纯的新奇"好异"，而应视为是试图摆脱、挽救为他们所深切感受到的儒学面临衰退危机的一种选择。

一

明代后期儒学衰的危机，显然是由两个因素酿成的，一是程朱理学的僵化，二是阳明心学的禅化。程朱理学经过朱子的努力，已经完成了对理学两个理论主题——儒家伦理道德合理性的最终根源和实践方法，即"本体"与"工夫"的全面论证；完成了对儒家经典"五经""四书"的理学诠释。明代国家规定，科举考试取士，以朱子的经解观点为义理标准，看"剽窃异端邪说，炫奇立异者，文虽工弗录"③。所以整个明代，人们的思想和精神都处在学术规模宏大周延，同时也是国家意识形态的程朱理学笼罩之下。物极必反，正是在明代朱学所具有的这种崇高而垄断的地位中，发育出导致儒学、朱学本身衰落的景象。明代的儒者、士子学

---

① 利玛窦对儒家社会理想的基本判定是："儒家这一教派的最终目的和总的意图是国内的太平和秩序。他们也期待家庭的经济安全和个人的道德修养。他们所阐述的箴言确实都是指导人们达到这些目的，完全符合良心的光明与基督教的真理。"（〔意〕利玛窦、金尼阁：《利玛窦中国札记》，何高济等译，中华书局1983年版，第104页）

② 天主教反对偶像、鬼神崇拜，但利玛窦对儒家的祖先、鬼神祭祀礼仪却表示谅解，认为这是感恩的行为，他说："对受过教育的阶级，这些仪式是因感谢受惠而进行的，但毫无疑问低等阶级的许多人，却把这种仪式和敬神混淆了。"（〔意〕利玛窦、金尼阁：《利玛窦中国札记》，何高济等译，中华书局1983年版，第76页）

③ 明太祖洪武二年，诏天下立学，制条约十二款，其第一款为："国家明经取士，以宋儒传注为宗……其有剽窃异端邪说，炫奇立异者，文虽工弗录。"（清·无名氏：《松下杂抄》卷下）

人，在科举功名目的的驱动和科举条例的制约下，既不得不去了解朱学的一般义理，却又无须去做独立深入的探究，明儒并不了解程朱理学越过了哪些理论困难而实现对儒学的新发展，也未考虑如何引进新的文化、思想内容将朱学向前推进。明儒薛瑄所说的"朱子发挥先圣贤之心，殆无余蕴，学者但当依朱子，精思熟读，循序渐进"（《读书录》卷一），最能代表这种态度。本来在消化吸收道家佛家思想、建构新的儒家形而上的儒学发展中，表现了巨大的理论创造的程朱理学，在明代成为停止发展的、僵化的意识形态。正如《明史》所感叹的那样，明代儒学"经传非汉唐之精专，性理袭宋元之糟粕，论者谓科举盛而儒术微，殆其然乎"（《明史·儒林传》）。被科举考试的记诵经传、摩作时文，消耗了最好的青少年时光的儒者士人，对儒学、理学之外的经世治用知识也无暇、无意问津；入仕后，在治理国家的实际政务中，就每每显得空疏无策。也如《明史》所观察到的那样，明代后期，"朝政弛，则士大夫腾空言而少实用"①（《明史·陈邦瞻等传·赞曰》）。学术的空疏、义理的僵化是明代儒学衰退的表现。

在朱学笼罩下的明代儒学，一方面由于朱学的学术和理论规模宏大周延，地位崇高，使学者如薛瑄感到难以逾越；另一方面渐趋僵化的程朱理学，又使学者感到束缚，期待一种突破。阳明心学异于朱子理学的出现，实现了这种突破。王阳明心学的核心理论是他的"良知"说。"良知"说首先破解了朱子理学具有外界客观性的本体之"理"，认为一切皆是吾心"良知"所发，"良知"即是本体，又破解了朱学提倡的应有所区别、有先后次序的知与行，或学习与涵养的"两个工夫"，主张所知、所行皆是"良知"，是"一个工夫"。阳明心学张扬个体的主体性，视个人的主观感受、认知体悟都是"良知"的表现，对儒家经典的孜孜研读和用以规范、约束自己采取轻蔑的态度。阳明心学对朱学理论和实践的破解、突破，使在僵化的程朱理学笼罩下的明代儒学得到了解放，受到当时儒者文人的欢迎，史称"嘉隆而后，笃信程朱，不迁异说者，无复几人矣"（《明史·

---

① 史家一般划分明后期起自万历朝。万历皇帝在位48年，有20年的时间未临朝议事，朝政松弛，史家称"明之亡，不亡于崇祯，而亡于万历"（清·赵翼：《廿二史札记·万历中矿税之害》）。

儒林传》），成为明代中后期学术思想舞台上最凸显、最活跃的角色。但是，王阳明"良知"说中，存在着一个足以颠覆阳明心学的"盲点"，就是王阳明没有清醒地看到，更没有向他的弟子们点破，即若无他对儒家经典的熟悉，若无他对儒家"修、齐、治、平"伦理道德的实践（王阳明自28岁获进士出身，踏入仕途，经历挫折，最终成为宋明理学家中最大的成功者），他就不可能形成他的"良知"观念。虽然王阳明也曾说过"某于'良知'之说，从百死千难中得来，非是容易见得到此"（钱德洪《阳明全集·刻文录叙说》卷四十一），已感悟到他的"良知"内蕴并表现着是由自己全部历练升华凝结的人生经验积累，但他自己并没有认识到这正是儒家的生活环境、经典教育和道德实践，塑造了他的心或"良知"，成为其"心"的结构或潜意识的内容。这就使他无视已经凝聚在他的"良知"观念中儒家精神的基础和道德理念，断然判认"心"或"良知"就是其本身生理、心理上固有的知觉功能。这一"盲点"，使王阳明抛弃宋儒以"虚实""公私"之别判定儒、释根本对立的观点。① 他认为儒佛之异只在"几微之间"②，坦然援引禅宗的思想来界定、诠释"心"或良知——"无善无恶心之体，知善知恶是良知"（《阳明全集·传习录下》）。即"良知"或"心"（性）是一种无善恶品质的本然存在，是一种知觉功能。③ 以这一诠解作为逻辑前提，推演出的逻辑结论必然是任何知觉、判断、行为，都是"心"或"良知"所发，都是合理的。这就是阳明所说"我今信得这良知，真是真非，信手行去"，"良知只是一个，随他发见流行处，当下具足，更无去求，不须假借"（《阳明全集·

---

① 宋儒以虚实、公私判儒佛之辨的言论很多。例如，程颢说："圣人致公，心尽天地万物之理，各当其分；佛氏总为一己之私，是安得同乎？"（《河南程氏遗书》卷十四）朱子说："儒释言性异处，只是释言空，儒言实；释言无，儒言有。"（《朱子语类》卷一百二十六）

② 王阳明在答友人书中有曰："释氏之说亦自有同于吾儒而不害其为异者，惟在几微毫忽之间而已。亦何必讳于其同而遂不敢以言，狃于其异而遂不以察之乎？"（《阳明全集·答徐成之二》）

③ 禅宗《坛经》有谓"心量广大，无有边畔，无是无非，无善无恶，无有头尾"（《般若第二》），"佛性非善非不善，是名不二"（《行由第一》）。将"心"（性）诠定为无善无恶的知觉功能本然，是阳明心学离儒近禅的最重要特征。

传习录》)。① 而这一结论，或者说这种"随他流行，当下具足"的修养方法，正是导致阳明心学崩溃的缺口。这一修养方法完全漠视、放弃了对道德意识和行为的培育过程。试想，当一王学信奉者还缺乏对儒家思想、道德规范的理解和实践时，他的"良知"不会有王阳明"良知"中的那种从"百死千难"历练出来的儒家精神时，他的"随他流行""信手行去"会是什么样的表现呢？在当时社会精神生活的环境下，必然是接近、趋同佛老。正如黄宗羲评断江左王学的代表王畿的思想走向那样："夫良知即为知觉之流行，不落方所，不可典要，一著工夫则未免有碍虚无之体，是不得不近于禅；流行即主宰，悬崖撒手，茫无把柄，以心息相依为权法，是不得不近于老。"(《明儒学案·浙中王门学案·王龙溪先生畿》) 而这种理论思想的趋向会带来什么样的道德状况呢？江右王学再传弟子王时槐的观察是："学者以任情为率性，以媚世为与物同体，以破戒为不好名，以不事检束为孔颜乐地，以虚见为超悟，以无所用耻为不动心，以放其心而不求为未尝致纤毫之力者多矣。"(《明儒学案·江右王门学案·王塘南先生时槐》) 显然，这是一切儒家道德实践被全面破坏的道德危机的降临。始料未及，作为一种张扬个人主体自主自立精神的儒学理论王学，在其流传中，非但不能指导、激励人们对儒家伦理道德的实践，反而践踏、破坏着这种实践。百年间，阳明心学就在其后学制造的流弊中崩溃了。

学术的空疏，程朱理学的僵化和阳明心学的禅化，明代后期社会精神层面上的颓靡状况就是这样构成的。为了摆脱、挽救这种由儒学衰颓而带来的精神危机、社会危机，明代后期的儒者、士人选择了三种有所区别的途径。一是在反儒思想家李贽那里所表现出来的抉择，即与儒家决裂，皈依佛老。② 应该说，向这个方向转变的是只有少数人物。二是以东林学派为代表的基本上是在程朱理学与阳明心学间的选择。惩戒心学弊端严重，

---

① 禅家有谓"平常心是道，随处做主，立处皆真"(《临济慧照禅师语录》)，"佛法在日用处，行住坐卧处，吃茶吃饭处，语言相间处，所做所为处"(《大慧普觉禅师书上》)。王阳明倡"良知随他流行，当下具足"的修养方法，是阳明心学离儒近禅的第二特征。

② 李贽的思想比较复杂。这里是以他摈弃"以孔子之是非为是非"(《藏书·世纪列传总目前论》)，而虔心信仰"至高至大，唯佛为然"(《焚书·解经题》)为主要特征而做出的论断。

他们希望回归朱学，顾宪成的宣示最为清晰："以考亭为宗，其弊也拘；以姚江为宗，其弊也荡。拘者有所不为，荡者无所不为。拘者人情所厌，顺而决之为易；荡者人情所便，逆而挽之为难。昔孔子论礼之弊，而曰与其奢也宁俭，然则论学之弊，勿应曰与其荡也宁拘？"（《小心斋札记》卷三）可以说，其后被整个清代儒学主流所认同、坚持这一选择。三是以徐光启、李之藻、杨廷筠为代表的儒者的选择。他们试图通过对西学（西方科技）和天学（天主教）的引入、皈依，实现"补儒易佛"（《徐光启集·泰西水法序》）。当然，朝这个方向上转变的儒者也为数不多，为时也不长①，但却具有典型的意义，它不仅回应了那个时代的摆脱、挽救儒学精神危机的要求，而且在儒家社会生活中超越的精神层面上，展示了一种此前未曾出现过、具有新的特质的终极追求。

二

徐光启、李之藻、杨廷筠三人，在中国天主教史中被称为"中国开教三柱石"②。三人皆由科举进士入仕，履历至最高官职，徐光启为相国（礼部尚书兼东阁大学士，入阁参机务），李之藻为太仆寺卿，杨廷筠为京兆尹。三人不是理学家，未涉入当时朱学与王学之间，及王学内部的纷争辩论之中，而是置身衰微不振的社会环境中处理民生经济、边陲防御，

---

① 据历任万历、天启两朝内阁首辅，且于天主教传教士利玛窦、艾儒略等过从甚密的叶向高观察，当时皈依天主教的士大夫人物，即"深慕笃以为真得性命之学，足了生死大事者，不过数人"（《苍霞余草·西学十诫初解序》）。明末清初被誉为"关中四君子"之一的王弘撰说："大抵西洋之学，专奉耶稣，于二氏外别立宗旨，其与吾儒悖，均也。然天文奇器，则有独长。"（明·王弘撰：《山志·西洋》）此可视为是当时多数儒者对西学的共同看法。此次天主教东传，自万历八年利玛窦进入中国开始传教，至康熙五十九年下禁教令，凡140年。其中明代末期的60多年间，是天主教在华发展较顺利时期。据天主教史记载，其时"圣教已广行十三省（当时全国只十五省，只有云、贵未传到），教友约十五万人。全体教友中有大吏十四员，进士十名，举人十一名，秀才、生监以数百计"（圣教杂志社编《天主教传入中国概观》，第21~22页）。可见，明末天主教中的儒门人士仍是少数。

② 中国天主教史称："李、徐、杨三公，人称为'中国开教之三大柱石'。不特因其保护圣教，庇翼教士，致教外人有所畏惮；即上海、杭州开教之缘起，大抵光启与之藻之功居多。饮水思源，其功岂可没哉！"（圣教杂志社编《天主教传入中国概观》，第18页）

以及历法典章修正等各种棘手政务的儒臣。此种经历和处境，使他们对科举儒学的学术空疏有更深切的感受。徐光启曾面对崇祯皇帝，批评"若今之时文，直是无用"（《徐光启集·面对三则》）。李之藻也经常为科举儒学培养不出实学经世人才而叹息："今士占一经，耻握纵横之算；才高七步，不娴律度之宗；无论河渠、历象，显忒其方。寻思史治民生，阴受其敝，吁，可慨已！"（《李之藻文稿·同文算指序》）他们对于世风萎靡、道德疲软的判定是因儒学被佛老侵蚀的结果。徐光启观察到，虽然世人皆言崇孔，但"二氏之说实深中人心"；二氏之说"能使贤智之士，弱丧忘归"；欲使民众弃其事业，"为仙为佛"。他质疑并否定地说："能人人仙佛乎？"（《徐光启集·刻紫阳朱子全集序》）杨廷筠更明确地说："道术不明，风俗日坏，异学误之也……害者维何？在于佛老。"（《天释明辨·原教》）不难看出，作为儒者、儒臣的徐、李、杨，在他们对儒学衰颓带来的社会和精神危机强烈而一致的感受中，显示出对摆脱这种危机的共同期待：希望能有切合于民生实务的学问，可用于经国治世；能有一种精神动力、终极理念，可使世人道德实践坚强挺立起来，消解佛老之影响。正是在这样的历史情境下，耶稣会士利玛窦等传教士带来的天主教，及其作为开拓传教道路之工具的西方科学技术，在相当的程度上能够满足他们这种"补儒易佛"的精神和文化的需求，十分自然地受到他们的欢迎、信赖、皈依。

以利玛窦为代表的此次天主教东传，虽然带来的是伽利略以前的西方科技，但是对明末的儒者来说，仍使他们感到新奇、赞佩不已。这次传教士带来的诸如自鸣钟、三棱镜、地球仪、浑天仪、世界地图等西方工艺品、科学仪器之类，都是西方科学思想和技术长期发展的结晶，首先赢得明末士大夫的折腰。如叶向高赞叹说："其技艺制作之精，中国不能及也。"（《苍霞余草·西学十诫初解序》）这次传教士还带来了大量的西学图书，在明末儒者的眼前展现中国固有典籍之外新的学术视野。如李之藻从利玛窦带来的天文历法学说中，辨认出14项观点或结论，是"我中国昔贤谈所未及者"；历法以外的水法、算法、医理、物理、几何等书，也"多非吾中国书传所有"（《李我存集·请译西洋历法等书疏》）。这自然也使中国学者深为赞赏。除去技艺之精巧、学术之广博，此次东来西学还有一个重要的，使明末儒者感到无与伦比之处的就是思维之缜密。这主要是指表现在作为西方科学共同基础数学中的，尤为凸显在《几何原本》中的那种以符号作为逻辑推演的公理系统所具有的细密、准确、简捷、普适的理路方法。徐光启《几何原本杂议》一文，似乎可以视为是他对西方数学方法或运思方式的概括。他赞叹"能通几何之学，缜密甚矣"；认为《几何原本》有"四不必""四不可得""三至三能"①，就是对西方数学准确性与简捷性的归纳；将几何方法比喻为能绣出万种鸳鸯的"金针"，就是对数学普适性的认定。利玛窦等传教士带来的西方科技，其技艺之精、学术之广、思维之密，使处在精神危机中的明末儒者，深感到这就是可以补救儒学——僵化的程朱理学和禅化的王学之空疏的实学。一方面"非吾中国书传所有"的水法、算法等学，都是治民生经济的实行实事，其为"实学"，固不待言，所以如李之藻在《请译西洋历法等书疏》中称"今诸陪臣（徐光启、李之藻上皇帝疏文中对传教士的称谓），真修实学"；另一方面也是犹如徐光启、李之藻所真切感受到的那样，西方科学、数学之逻辑的运思理路，也"能令学理者祛去浮气，练其精心；学事者资其定法，发其巧思……率天下之人而归于实用者"（《几何原本杂议》）。科学和数学所具有的确实性和确定性之固有品质，能使习之者"人心归实，虚骄之气潜消，亦人跃跃，含灵通变之才渐启"（《同文算指序》）。可见，在徐、李这里，利玛窦带来的西方学术的"实学"含义，还在于它能在精神上对治、消解王学后学及其影响下世风中的那种虚妄想象之空言和任情骄诞之浮行。

在徐、李倾心利玛窦等传教士带来的西方科学技术，并真诚地接近与接纳它的时候，他们发现，在这些历法、水法、算法、测望、医理、物理、几何等多彩的西方科学后面，还站着一个更重要、更崇高的义理——

① 徐光启评《几何原本》曰："此书有四不必：不必疑、不必揣、不必试、不必改。有四不可得：欲脱之不可得，欲驳之不可得，欲减之不可得，欲前后更置之不可得。有三至三能：似至晦实至明，故能以其明明他物之至晦；似至繁实至简，故能以其简简他物之至繁；似至难实至易，故能以其易易他物之至难。"徐光启曰："昔人云'鸳鸯绣出从君看，不把金针度与人'，吾辈言几何之学，正与此异。因反其语曰'金针度去从君用，未把鸳鸯绣与人'……其要欲使人人真能自绣鸳鸯而已。"（《徐光启集·几何原本杂议》）

天主教教义（天学）。徐光启说：

> 顾惟先生（指利玛窦）之学，略有三种：大者修身事天，小者格物穷理，物理之一端，别为象数。（《徐光启集·刻几何原本序》）

李之藻也说：

> 往游金台，遇西儒利玛窦先生，精言天道，旁及算指……至于缘数寻理，载在几何，本本元元，具存《实义》（指利玛窦撰《天主实义》）诸书。如第谓艺数云尔，则非利公九万里来苦心也。（《李文藻文稿·同文算指序》）

他们认为，相对于利玛窦带来的"修身事天"之学，《天主实义》之理，他的科技艺数之类，只是"小者"；利玛窦东来，非为传其"小者"，真正的用心、苦心是要传其"大者"。他们在进一步了解了利玛窦带来的天主教教义（天学）后，也认同、接受了它，确立为自己新的精神生活目标——"取西来天学，与吾儒相辅而行"（杨廷筠：《代疑续编·跖实》）。

天主教神学（天学）是一个已有1500年成长历史的宗教神学思想体系，经历了由教父哲学到经院哲学的发展，唯名论与唯实论的争辩，天主教的神学诠释已具有十分纷繁的内容。利玛窦带来的"天学"，只是天主教神学最基本的教义，尤为凸显的是创造世界万物、人类的"天主"观念和人的灵魂不死、死后报应的"死候"观念①；并保持着经院哲学托马斯主义的特色，即用亚里士多德的哲学思想来诠解神学观点。② 但这两个天学基本观念，对于生长在儒家思想传统中特别经历了宋明理学熏陶的儒者来说，是很难接受的。回顾儒学历史，我们可以看到，在儒家经典《尚

---

① 利玛窦撰《天主实义》是天主教东传中结合中国思想文化，完整论述天主教神学基本观点的著作，共八篇。首篇即为"论天主始制天地万物而主宰安养之"，第三、六篇为"论人魂不灭"与"死后必有天堂地狱之赏罚以报世人所为善恶"。此外，利玛窦还撰《畸人十篇》，专意与徐光启、李之藻等10人讨论生死（死候）问题。
② 利玛窦在《天主实义》中以"四因"解天主创造万物，以"三魂"解释人的灵魂不死。此皆同于托马斯之解释，源于亚里士多德。

书》《诗经》中，不时会有最高人格神特征的"上帝"和表现其意志的"帝命"之词语出现。① 应该说，这是殷周原始宗教观念残留在儒家早期经典中的显露。在此后的儒家思想发展中，情况逐渐发生变化，直至这种残留的外在客观的、人格的、超越性主宰观念被彻底消除。首先是在孔子那里，《论语》中没有出现"上帝"一词，"上帝"的观念已被"天"置换。例如，孔子一面说"获罪于天，无所祷也"（《论语·八佾》），"天"似乎仍是一有人格、有意志的存在；一面又说"天何言哉，四时行焉，百物生焉"（《论语·阳货》），"天"实是一种并无人格特质的自然存在。所以在孔子儒学中，"天生万物"就不能再诠释为是"上帝"有意志创造的结果，而应是一种对自然过程最初源头、起点的追溯。与此相应，"帝命"一词也被"天命""天道"代替，其意蕴是指万物与人类生成这一自然过程中"天"的必然性、规律性，也不再有"帝命"中"上帝"意志的内涵。《论语》中记载，孔子说自己"五十而知天命"（《论语·为政》），孔子的弟子们感到"夫子之文章，可得而闻也；夫子之言性与天道，不可得而闻之"（《论语·公冶长》）。这是说孔子到五十岁时，才对存在于万物和人类生存过程中某种必然性有所感悟；而在经常情况下，孔子对这种万物和人类生存过程中的必然性、规律性，较之《诗》《书》文献、为学修行，是不多谈论的，这是需要较多的生活观察和人生经验才能感知和体悟的。这样，在孔子儒学中，残留在早期经典中作为万物和人类的创造者、主宰者最高人格神的宗教观念就被改造、被淡化了，甚至可以说被消解了，并且开始形成儒学基本的理性精神传统。孔子之后，"天"之宗教性内涵进一步被彻底消解，主要有两个方面的表现。一是在可视为先秦孔子弟子或后学论说集结的《礼记》中，"天"源自"上帝"观念的外在超越性被消除。《礼记》有谓"仁人之事亲也如事天，事天也如事亲"（《礼记·哀公问》），"天地之祭，宗庙之事，父子之道，君臣之义，

---

① 例如，对《诗经·大雅·文王》"殷之未丧师，克配上帝"，朱熹注："上帝，天之主宰也。言殷未失天下之时，其德足以配乎上帝矣。"对"帝命不违，至于汤齐……上帝是祗，帝命式于九围"，朱熹注："商之先祖，既有明德，天命未尝去之，以至于汤……惟上帝是敬，故帝命之，使为法于九州也。"（宋·朱熹：《诗集传》）

伦也"（《礼记·礼器》）；认为祭祀的对象应该是"法施于民则祀之，以死勤事则祀之，以劳定国则祀之，能御大灾则祀之，能捍大患则祀之……此皆有功烈于民者也。及夫日月星辰，民所瞻仰也，山林、川谷、丘陵，民所取材用也。非此族也，不在祀典"（《礼记·祭法》）。可见在儒学中，天（天地）的祭祀就是人的世俗伦理道德实践组成部分，而不是游离或高于世俗的超越性伦理；对"天"的崇敬，也是对父母、祖先、君王的爱敬，都是人内心所具有感恩性质的道德情感的抒发，内蕴着"慎终追远，民德归厚"（《论语·学而》）的道德理性自觉，完全不含有皈依某种超越性存在的意涵。二是在宋代理学中，"上帝"或"天"的那种作为万物和人类的创造者、主宰者之最初、最高根源之品格，被形而上的哲学观念"理"（太极）消解。宋代理学家二程说："万物皆出于理"（《河南程氏遗书》卷二上），"实有是理，乃有是物"（《河南程氏经说·中庸解》），"理"是宇宙万物的最后根源。朱子进一步明确界定"理"的内涵就是包括天（天地）在内所有万物存在的"所以然之故，与其所当然之则"（《大学或问》卷一）；诠定"理"的这种品质就是万物存在之最终根源或本体的品质，可称为"太极"，"谓之太极者，所以指夫天地万物之根也"（《朱文公文集·答杨子直一》）；并区分出"以本体言之"和"以流行言之"，即本体论和宇宙论两个有所区别的理论角度①；认为从本体论角度观察，"理"在万物（气）之先出现；就宇宙论即万物生化过程和存在状态而言，"理"与物又是不可分的。这样，在理学中，作为最初根源或最高本体的自然是"理"或"太极"，是一切存在的"所以然之故与当然之则"；从本体论上言，"上帝"若存在，也应在这个"理"之后。总之，儒家自孔子开始形成理性的精神传统，无论是从道德或哲学的角度，还是从宇宙论（万物生化）或本体论最后存在根源的角度，都很难接受一种外在超越性的、具有人格特质的"天主"创造、主宰世界万物的观点。

---

① 朱子与友人讨论"太极"有无动静时说："盖谓太极含动静则可（以本体而言也），谓太极有动静则可（以流行而言也），若谓太极便是动静，则是形而上下者不分。"（《朱文公文集·答杨子直》）；朱子与友人讨论理气先后时说："所谓理与气，此决是二物。但从物上看，则二物浑沦，不可分开各在一处，然不害二物各为一物也。若在理上看，则虽未有物而已有物之理，然亦但有其理而已，未尝实有是物也。"（《朱文公文集·答刘叔文》）

同样，天学"死候"的观念，也难以为孔子儒学所接受。《论语》记载："季路问事鬼神。子曰'未能事人，焉能事鬼?'曰：'敢问死。'曰：'未知生，焉知死?'"（《先进》）可见从孔子开始，儒家对人之必然死亡的生命结局，就看得很淡然；对人死后（鬼神）会是怎样的情状，也不予置论。当然，孔子对祭祀鬼神，还是抱着"祭如在，祭神如神在"（《论语·八佾》）的态度，虽然并不清楚祖先之鬼神是何种情况，是否存在，但还是应真诚地对祖先奉献孝敬之意。《礼记》中明确地将"鬼神"诠释为人死后"气"的一种存在状态①；还认为"祭者，所以追养继孝也"（《祭统》），明确地将鬼神祭祀从其功能上诠释为一种道德性质的行为。宋代理学家如朱子，继承《礼记》的思想立场，界定"气聚则为人，散则为鬼"，认为"散也是无了"（《朱子语类》卷三），人作为个体生命及其知觉功能等也都不存在了；而祭祀之礼，只是"尽其诚敬"而已。因此评断佛家人鬼"六道轮回"之说"必无是理!"显然，具有儒家理性传统、受到理学浸润的儒者，如同拒绝佛家"轮回"观念一样，也很难接受天学的"死候"观念。

　　利玛窦敏锐地观察到，天学的"天主""死候"教义与中国儒家思想间的这种观念鸿沟，阻碍着中国儒者、民众对天学的接近；他清醒地认识到，要消除这种障碍，必须对"天主""死候"做出能为生活在理性色彩鲜明、历史悠久的中国文化传统中的儒者和民众所理解和接纳的诠释。利玛窦对"天主""死候"两个主要天学观念所做的旨在缩小、弥合与中国传统文化观念差距的诠释，最主要之处有两个，一是借援儒家经典。利玛窦在向中国儒者、民众阐述天主教义的著作中，援引儒家经典中具有宗教观念内容的"上帝""鬼神"，来证明天学的"天主""灵魂不死"是中国儒学所固有的，用以否定孔子以后儒学中道德性、哲学形而上的非人格的"天""理"观念，和非精神实体性的"鬼神"观念。例如在《天主实义》中，利玛窦历引《诗经》中《周颂·执竞》《商颂·长发》《大雅·大明》《周易·说卦》《礼记·月令》《尚书》中《汤誓》《金縢》等篇中出现的"上帝"或

① 《礼记》曰："众生必死，死必归土，此之谓鬼。骨肉毙于下，阴为野土，其气发扬于上，为昭明，焄蒿凄怆，此百物之精也，神之著也。"（《祭义》）此外，《周易·系辞传》也有近似之论："《易》……原始反终，故知死生之说，精气为物，游魂为变，是故知鬼神之情状。"

"帝"后说，"历观古书而知'上帝'与'天主'特异以名也"，"但闻古先君子敬恭于天地之上帝，未闻有尊奉太极者，如太极为万物上帝之祖，古圣何隐其说乎？"又引《尚书》中《盘庚》《西伯戡黎》《金縢》《召诰》及《诗经·大雅·文王》等篇中之某先王"在帝左右""在天""在上"之词后说："吾遍察大邦之古经书，无不以祭祀鬼神为天子诸侯重事……以死者之灵魂为永在不灭矣。"利玛窦对儒家早期经典的这些援引和解读，或有讹误，但应该说，对于崇古的儒家来说，这一以儒家经典中前儒家的宗教观念，来否定儒家道德理性观念的做法，还是很有用的。此外，利玛窦还有意巧妙地将儒家的仁、义、礼、智、信基本德性规范，编织进天学宗教实践从"爱"到"信"再到"行"的全过程："仁之大端在于恭爱上帝，上帝者，生物原始、宰物本主也。仁者信其实有，又信其至善而无少差谬，是以一听所命而无俟勉强焉。知顺命而行斯之谓智，不顺命甚且怨命，皆失仁之大端者也……君子于所欲值欲避，一视义之宜与否，虽颠沛之际而事上帝之全礼无须臾间焉。"（利玛窦：《二十五言》）这样，天学的宗教实践就被利玛窦诠释为儒家"五德"的实现，使儒者在离开孔子、朱子的思想路线而皈依天学时，仍能充满信心，自以为仍是行进在儒家的道路上。二是借助自然理性。天学作为一种宗教，它的"天主创世""灵魂不死"等根本观念的真正立足，都必须依赖超理性的信仰。但是，利玛窦在中国文化环境下做出的诠释、论证，却是选择了自然理性的途径。在真实记述利玛窦于中国传教经历的《利玛窦中国札记》一书中，述及利玛窦的最重要传教著作《天主实义》时说："这本新著作所包含的全是从理性的自然光明而引出的论点，倒不是根据圣书的权威。这样就铺平并扫清了道路，使人们可以接受那些有赖于信仰和天启知识的神秘了。"这里的"从理性的自然光明而引出的论点"，也就是自然理性的推论方法，它是从具体生活经验的基础上，推演或归纳出高于具体经验的一般性结论。例如，在《天主实义》首篇中，就是以无生命的万物"不能自成，定有所为制作者"，"物本不灵，此世间物安排布置有次有常，必有至灵之主使得其所"，有生命的万物"初宗皆不在本类，必有元始，化生万类者"三项完全是经验性认知，来推断"天地间有主宰、造化万物者"。这种推断所依据的经验事实尽管是十分粗浅、十分不足的，但毕竟清晰地指示出一条容易为中国文化环境中的信众理解和接受的、可借经验知识及理智思考而走向"天主"之路。当然，走在这条路上的中国儒者认识的只有自然理性，还是达不到"天主"。利玛窦诠释"死候"的理性表现，与推证"天主"不同，不是再援引经验事实做出逻辑的推论与概括，而是转换为一种对死亡本身的思考，及其所可能释放的价值叙说。《利玛窦中国札记》述及《畸人十篇》时说："《畸人十篇》的大部分是连续不断的评论，是一种以对死亡的反复沉思，作为维持人生的正当秩序的方法。"显言之，利玛窦对"死候"的诠释，即对灵魂不死、死后报应的阐说，真正的话语和用心是建构现世的从善去恶的人生秩序。应该说，这一转换是必要的。因为对生者来说，死后的经历只能在非理性的迷信和超理性的信仰中存在；在儒家文化环境中、在理性中，只能是无据无法证明的妄臆。但当天学将"死候"诠释为是对死亡的一种思考，一种维持人生正当秩序的方法时，还是具有了某种理性的品质。在此意义上，天学阐释"死候"的基本含义是，人于今世为侨寓，后世为久居；人当努力为善去恶，创后世永居天堂之乐，避永沦地狱之苦。这一"死候"观念中，内蕴着能使人"敛心检身""治淫欲""轻货财""伐傲心""不畏死"五种助益人生行为合理、精神安宁的因素，利玛窦称之为"常念死候有五大益焉"（《畸人十篇·常念死候》）；内蕴着可使人从善去恶行为力度增强的那种精神驱动机制，利玛窦解释说："吾欲引人归德，若但举其德之美，夫人已昧于私欲，何以觉之乎？言不入其心，即不愿听而去，唯先怵惕之以地狱之苦，诱导之以天堂之乐，将必倾耳欲听而渐就乎善善恶恶之成旨。"（《天主实义·解释死后必有天堂地狱》）利玛窦对天学"死候"做出的这种"维持人生正当秩序的方法"的诠释，也许正是获得明末儒者对天学之青睐与认同之处，因为它不仅与儒家固有的"圣人以神道设教"① 有某种相通，而且在当时世风萎靡、道德疲软的社会环境下，也唤起他们用以增强人们道德践履动力的期待。的确可以在还不是全部因素或条件的意义上承认，利玛窦借助儒家思想和自然

---

① 《周易·观·彖》："圣人以神道设教而天下服。"儒学中此"神道"有两种解释：一个是有宗教意蕴，涉鬼神祭祀之义。如经学家虞翻认为"神道设教"为"神明其德教"（唐·李鼎祚：《周易集解》卷五）。一个是无宗教意蕴，谓天自然运行之神妙。如理学家程颐认为"神道设教"为"观天之运行，四时无有差忒，则其见神妙，圣人体其妙用，设为政教"（宋·程颐：《周易程氏传》卷二）。

理性对天学传统教义的独特诠释，消弭了与中国传统思想观念的根本隔阂，为中国信众，特别是儒者接受皈依天主教"铺平并扫清了道路"。

三

明末儒者选择、皈依天主教，展现的是中国思想史上自东汉时印度佛教传入中国之后的又一次与一种异质文化交融的景象。从徐光启、李之藻、杨廷筠三位代表人物那里可以看出，他们之接受天学，兼有道德理性的和宗教超理性的不同姿态。

儒家作为一种思想体系或一种生活方式，伦理性的品格、道德的品格都是其基本的特质。在徐、李、杨三位儒者看来，"天教不废世事，凡人伦日用，服劳作务，无不与世同"（《天释明辨·禅观》）。换言之，在世俗道德理性的层面上，三位儒者发觉了可以认同天学的理念基础。这种认同，凸显出两个结论。

第一，天学虽然也是异学，但能与儒学相合。三位儒者于此皆有论断：

> 泰西诸君子，其谈道也，以践形尽性，钦若上帝为宗；所教戒者，人人可共由，一轨于至公至正，而归极于"惠迪吉、从逆凶"之旨，以分趋避之路。余尝谓其教必可以补儒易佛。（《徐光启集·泰西水法序》）

> 人有恒言，道之大原出于天。如西贤之道，拟之释老则大异，质之尧舜周孔之训则略同。其为释老也者，与百家九流并存，未妨吾中国之大；其为尧舜周孔之学也者，则六经中言天言上帝者不少，一一参合，何处可置疑矣。（《李之藻文稿·刻圣水纪言序》）

> 泰西诸君子，其言语文字更仆未易详，而大旨不越两端，曰钦崇一天主万物之上，曰爱人如己。夫钦崇天主，即吾儒昭事上帝也；爱人如己，即吾儒民吾同胞也。（杨廷筠：《七克序》）

在三位儒者看来，天学的主要信条都能在儒学中获得认同的回应，都能"一一参合"。但是当三位儒者做出这样的论断时，他们实际上已经预设了一个前提，已经将天学的宗教性信条转换到世俗的伦理道德层面上。

因为只有在这样的生活和精神情境下，才能诠释为儒家伦理性"昭事上帝""钦若昊天"①；只有信仰性的死后报应，才能有似于"惠迪吉、从逆凶"② 现世生活中的公正之旨；只有作为天主命令的"爱人如己"，才能与作为人的道德自觉的"民吾同胞"③ 相通。

第二，天学虽然是宗教，但也是"实学"。三儒者论曰：

> 以敬天地之主为宗，即小心昭事之旨也；以爱人如己为事，即成己成物之功也；以十诫为约束，即敬主爱人之条件也；以省愆悔罪为善生善死，即改过迁善降祥降殃之明训也。近之，愚不肖可以与能；极之，贤智圣人有所不能尽。时有课，日有稽，月有省，岁有简察，循序渐积，皆有实功，一步蹉跌，即为玷缺，如是乃为实学耳。（杨廷筠：《代疑续编·跖实》）

> 诸陪臣其说以昭事上帝为宗本，以保救身灵为切要，以忠孝慈爱为工夫，以迁善改过为入门，以忏悔涤除完进修，以升天真福为做善之荣赏，以地狱永殃为做恶之苦报，一切戒训规条，悉皆天理人情之至。其法能令人为善必真，去恶必尽，盖所言明白真切，足以耸动人心，使其爱信畏惧，发于由衷故也……陪臣所传事天之学，真可以补益王化，左右儒术，救正佛法者也。（《徐光启集·辨学章疏》）

> 《天主实义》十篇，用以训善坊恶，其言曰，人不事亲不可为子，不识正统不可为臣，不事天主不可为人；而尤勤恳于善恶之辨，祥殃之应，为善若登，登天福堂，作恶若坠，坠地冥狱。大约使人悔过徙义，遏欲全仁，念本始而惕降监，绵顾畏而遄澡雪，以庶几无获戾于皇天上帝……诚谓于存心养性之学，当不无裨益。（《李之藻文稿·天主实义重刻序》）

三位儒者之论，清晰地显示出他们是如何用儒家传统的运思方式和理论构架，对天学宗教信条进行世俗伦理和道德性的改造。三位儒者认为，"不事亲不可为子，不识正统不可为臣，不事天主不可为人"，这

---

① "昭事上帝"语出《诗经·大雅·大明》，"钦若昊天"语出《尚书·尧典》。
② "惠迪吉、从逆凶"语出《尚书·大禹谟》。
③ "民吾同胞"语出张载《正蒙·乾称》。

样宗教性的崇事天主，就获得与孝亲、忠君相同的伦理性质，共同成为人之世俗伦理实践的构成部分；三位儒者认为，天学的"一切戒训规条，悉皆天理人情之至"，这样天学基于信仰的旨在死后能够升天真福，避免地狱永殃的全部宗教实践、修持行为，都被诠释为发自人性、人心的道德行为。在将天学宗教信条向世俗的伦理道德层面转换的过程中，三位儒者敏锐地发觉，这种来自天学的戒训规条的道德实践，特别是赏善罚恶的天堂地狱规条足以产生一种撼动人心的畏惧之情，"令人为善必真，去恶必尽"，具有极强的道德实践力度。正是在此意义上，三位儒者评断天学"于存心养性之学，当不无裨益"，"真可以补益王化，左右儒术"，概言之，天学"如是乃为实学"。但是，这里似乎存在着某种意义上宗教与道德的悖论。即当三位儒者做出这样评断的时候，特别是将恐惧视为驱动从善去恶、驱动道德践履的动因时，他们在实际上又退出了儒家的道德理性层面，而回到天学超理性信仰的层面。《礼记》有论曰"墟墓之间，未施哀于民而民哀；社稷宗庙之中，未施敬于民而民敬"（《檀弓下》），宋儒有诗云"墟墓兴衰宗庙钦，斯人千古不磨心"（《象山全集·鹅湖和教授兄韵》），可见，道德感情中有哀伤，有崇敬，但不会有恐惧。恐惧是人在面临或身处非人性、非人道情境下产生的心理反应、精神感受，学者们多判定恐惧感是宗教的心理基础。① 诚然，宗教中每设计有这样的情境，而在道德中则被否定，不存在这样的情境。

徐、李、杨三位儒者，在世俗理性层面上对天学主要理念所做的认同性诠释，对于他们在儒家文化环境中选择、接受天学来说，应该是必要的；但是，天学毕竟是一超理性信仰的宗教存在，三位儒者（特别是李、杨）很快就觉察到这种理性的、认同的诠释对于真正理解、皈依天学来说是不够的、不充分的。作为天学主要信条的"天主""死候"，其真确

---

① 18世纪法国思想家狄德罗曾说："除去了一个基督徒对于地狱的恐惧，你就将除去了他的信仰。"（《狄德罗哲学选集》，陈修斋等译，生活·读书·新知三联书店1956年版，第38页）现代著名的英国哲学家罗素也说："我认为宗教基本上或主要是以恐惧为基础的。"（《为什么我不是基督教徒》，沈海康译，商务印书馆1982年版，第25页）

含义都是儒家经典中未曾论及的。如杨廷筠说，"古来经典，只教人钦天奉天，知天达天，未尝明言何者为天"（《代疑续编·明超》），"作善降祥，作恶降殃，儒有恒言，皆生前报应之理，死后一节，未经指点"（《天释明辨·天堂地狱》）；而天学所立天主、死候之义，诸如"三位一体""天堂地狱"，也是儒家道德理性推演不出的。亦如杨所说："人只有三位（三位一体）难明，非可辩说而得，非可义理而通，要在信心，要在潜悟，又须耐久，默求天主加其力量，有时忽然而通，一得具得"（《代疑篇·答天主三位一体》），"报应之事，有天堂地狱，粗言之，似乎涉迹；精言之，极为玄微，……天主报人，无所不尽，正是超性者之作用，非人思议，岂云粗迹？"（《代疑篇·答既说人性以上》）换言之，天学的根本信条，不是通过理性的、逻辑的推演来证成，而是由"信""悟"获得的，李、杨称之为"超性"；只有这种"超性之理"或"超性之知"，才能体识天主、死候之义。

> 西儒言天主三位一体，此超性之理也，言亦不能尽解，喻亦不能尽似……必发超性之愿，方能得超世之功；信超性之理，方能得超世之福。（《代疑续编·明超》）

> 缘彼（天学）中先圣后圣，所论天地万物之理，探源穷委，步步推明，由有形入无形，由因性达超性，大抵有惑必开，无微不破。有因性之学，乃可以推上古开辟之元，有超性之知，乃可以推降生救赎之理，以认造物之主。（《李之藻文稿·译〈寰有诠〉序》）

显然，所谓"超性之理""超性之知"，就是超理性的信仰；只有在这种信仰的基础上，天学的"天主""死候"信条才能立足；接受了这种信条，对天学的皈依才能完成。

四

明末徐、李、杨三位儒者，对利玛窦等传入的天主教教义，在世俗理性的层面上，以"与儒合""是实学"为缘由做出可予认同的诠释；又在超理性层面上，以"有超性之知""是超性之理"为依据做出接受其信仰的解释，走上皈依天主教之路。虽然在当时的儒者中，这种天主教的选择和皈依只是少数，但却具有某种典型意义，并映现了他们作为儒者的自觉的方面。首先，在明末占据时代精神舞台的儒学两派思想路线都陷入某种深重危机的情况下——程朱理学是因意识形态化而趋于僵化、空疏，失去活力；王学则因禅化而流于放诞无根，迷丧归向。选择天学的儒者十分真诚地相信，他们的这一宗教选择，"真得性命之学，足了生死大事"，既能增强社会道德规范之践履的动力，实现"补儒"，又有助于抗御、削弱佛禅侵蚀的功效，可望"易佛"①，消解引起那个时代精神危机的两个因素。潜隐在明末儒者选择天学之背后的"补儒易佛"目标能否达到自当别论，但毕竟代表了一个自觉的儒者对那个时代儒学危机的一种回应，挽救时代精神危机的一种努力。其次，在更宽广的儒家社会生活的历史背景下，展现了一种前此未曾出现过的，也是在孔孟儒学传统中，特别是宋明理学的超越理论层面不能存在的终极追求——对人格的、万能的"天主"和灵魂不死、死后报应的"死候"的信仰。显然在这里，明末儒者的天学皈依，已不自觉地离开了儒家超越的理论立场和人生理念。确实如《明史》所观察到的那样，"科举盛而儒术微"，明代的儒者多以朱子之学为科举工具使用，放弃了对其义理的探究，儒学的理论水平较之朱子之学的高度和境界甚有差距。主要表现为，明儒一般是在朱子宇宙论（"以流行言之"）的理论层面上观察、思考理气问题，难以跨越"理气不可分"的经验性结论。具有更高理性和形而上特质的"以本体言之"的"理为天地万物之根"的本体论结论和"理在气先"的本体论观察，皆难以形成。阳明心学以心（良知）为本根而风靡一时，但百年间，这种"本根"因被其后学诠释为"知觉之流行"而烟消云散。丧失朱学本体论理论眼光的明代儒学，诠释不出世界的根源，诠释不出人的精神归宿，这给明末传入的天学留下了生长空间。程朱理学中有一个重要命题："在天为命，在义为理，在人为性，主于身为心，其实一也。"（《程氏遗书》卷十八）这是从不同角度对本体（理）的诠说。换言之，人的命、性、心也是

---

① 此次西来天学，对佛教抱着明显敌视和批判的态度。利玛窦曾说："窦辈所与佛异者，彼以虚，我以实；彼以私，我以公；彼以多歧，我以一本，此其小者。彼以抗诬，我以奉事，乃其大者。如是止耳。"（利玛窦、虞淳熙：《辩学遗牍·利先生复虞诠部书》）利玛窦在《天主实义》《畸人十篇》中也多次攻击、贬损佛教。

"理"的体现，能从本体"理"中获得终极的解释。皈依天学的明末儒者，不具有这样的理学本体论理论立场，而只能从天学信仰的角度，对天地的根源、人的归宿做出解释。杨廷筠的表述最为清晰：

> 儒学言天，第指理气；此言必有主。夫言理气，乃无知无觉之物；此言天主，全能生天生地生人生万物，而主宰、安养、赏罚之。……种种殊异，皆超性以上，非肉血含灵可得而思议也。（《代疑续编·寡侮》）

> 今就"天命之谓性"一句释之。言人有性，从天降之；上帝不分体质与人，所命者，虚灵性体，……灵性唯由主赋，所以必无散灭；无散灭所以必有报应。报应之事，有天堂有地狱。（《代疑篇·答既说人性以上》）

不难看出，皈依天学的明儒，其"天主""死候"之论，实际上只是信仰支撑下的十分粗糙浅陋的经验推论。所以，尽管明末徐、李、杨少数儒者选择皈依天主教，有服膺此次西来天学带来的西方科学成就的因素，也有回应那个时代精神危机的原因，但根本上还是他们自己儒学理论上的薄弱，正如程颐批评宋代攀缘、皈依禅门的儒家人物时所说的那样，"只为于己道实无所得"（《河南程氏遗书》卷十五）。皈依天学的明末儒者，未理解、接受作为古代儒学最高发展的朱子理学理论成就，在超越理论层面上，不能理解其对终极的理性诠释的作为本体的"所以然之故与当然之则"，坚守不住儒家终极追求中的道德理念"行法以俟命"（《孟子·尽心下》）或"唯义而无命"（《河南程氏外书》第三），他们是在一种理论的困惑、空虚中，选择了信仰"天主""死候"。

明末选择皈依天学的儒者，虽然在本体论层面上，或者说在超越的理论层面上，终极和终极关怀的诠释，有悖于儒家传统的理性精神，但在世俗生活的层面上，仍与儒家的传统道德观念保持一致，甚至试图用天学来维护、增强这个传统。明末儒者皈依天学的人数不多，为时也甚短，但他们留下的这种新的儒学与异质文化交流、融合的经验与范式，却可能有某种久远的意义。

（收入方勇主编《诸子学刊·第二辑》，上海古籍出版社 2009 年版）

刘蕺山与明代理学的基本走向

　　明代理学有两个展现其新的理论思潮的基本走向：一是在朱学笼罩下由理本论向气本论转移，二是明代中叶以后在王学风靡和流弊滋甚的情况下心学本体论的重建。刘蕺山的理学思想既是处在这两个走向的交会点上，也是处在这两个走向的终点上。

一

　　追溯明代理学气本论思潮的兴起，可以说在明初曹月川和薛敬轩对朱熹"理无动静"和"理先气后"观点提出的怀疑中就开始显露端倪。曹月川的疑问是，朱子在解说濂溪的《太极图说》时，认为太极有动静，而在《语录》中又有"太极不会自动静"之说，这是矛盾的。曹月川认为理自会动静，理是"活理"。薛敬轩不赞同朱熹"未有天地之先毕竟先有此理"之说，而主张理气不可分先后。应该说，朱子"太极（或理）不会自动静""理先气后"之说是从本体论层面上的立论，就宇宙论层面而言（朱子称之为"从物上看"，"以流行言"），朱子也认为，"理有动静"，理气不可分。所以，曹月川和薛敬轩在这里对朱子表示怀疑的甚至显示出某种对立的观点，实际上并未能越出朱学范围。但其中却显示出一种新的理论走向，即将朱子理学中理本体的实在性转换成具有实体性的解释，形而上玄思的理路转换成容易被感性经验理解和证实的理路。明代理学沿着理气观的理路突破朱学理本体观念笼罩的前景——一个具有经验色彩和某种实体性质的气本体观念开始出现。

　　明代理学中较早的和理论内容较完整的气本论者，当属明中期与王学确立同时的罗整庵与王浚川。罗整庵与王浚川的气论思想是明代理学气本论的典型理论形态，其主要理论观念有二，一是气为实体性之本体。如罗整庵说："通天地亘古今，无非一气而已。"（《困知记》卷上）王浚川亦说："天地之间，一气生生。"（《雅述·上篇》）二是理为气之理。如罗整庵认为"理只是气之理"（《困知记续》卷上），理是"依于气而立、附于气以行也"，而"初非别有一物"（《困知记》卷上）；王浚川持同样观点，亦认为"万理皆出于气，无悬空独立之理"（《王氏家藏集·太极辩》）。罗整庵和王浚川正是以此两个基本观点完成了明代理学气本论的建构，与以理为实在、理在气先的朱学理本论划清了界限，实现了明代理学的本体论转移，在理学本体论的意义上突破了朱学的笼罩。但是罗整庵和王浚川的理学思想在理学的工夫论或心性修养论方面仍没有迈出朱学的范围。在朱子理学中，一般是将性与心归属本体论与宇宙论的不同层面，所以有心性之分，同在宇宙论的层面上，又有道心、人心之分；在修养实践上，还有涵养与致知、居敬与穷理之分。罗整庵说："理之所在谓之心，心之所有谓之性，不可混而为一也。"（《困知记》卷上）王浚川说："谓之人心者，自其情欲之发言之也；谓之道心者，自其道德之发言之也，二者人性所必具者。"（《雅述·上篇》）可以判定，罗整庵、王浚川的心性论完全处在朱学心性、人心两分的藩篱内，并分别承接了朱学的基本观点。此外，在修养实践方面，罗整庵赞同朱学的格物求理说，认为"欲见得此理分明，非用程朱格物工夫不可"（《困知记·答刘焕吾》），王浚川亦主张"明道莫善于致知，体道莫先于涵养，求其极，有内外交致之道"（《慎言·潜心篇》）。凡此皆可见罗整庵和王浚川的工夫论亦是承袭朱学的观点。总之，罗整庵、王浚川的气本论只是在理气观上，而未能在心性论、工夫论上全面突破朱学的笼罩。明代理学中，沿着气本论的理论走向全面突破朱学笼罩的是刘蕺山。

刘蕺山生于明万历六年，卒于清顺治二年（1578～1645），生活在明代晚期；就其所浸润于理学思潮中的情况来看，一方面他仍是处在作为正统的、官方的朱学笼罩之下，另一方面他也感受着王学风靡及其趋于衰败的变迁。因此可以说，刘蕺山的理学思想实际上是由两个既有区别又有联系的部分组成：一是对朱学的回应，二是对王学的回应。刘蕺山理学思想的复杂之处，就是这两条映现明代理学发展的理论走向在这里交织在一起。刘蕺山对朱学的回应，主要表现为他沿着罗整庵和王浚川的气本论方向，将明代理学的本体论转移到终点，不仅在理气论上，而且在心性论、工夫论上也突破了朱学的笼罩。

刘蕺山是位气本论者，他的气论观点，也正是上述构成明代理学气本论特征的那两个主要理论观念。刘蕺山说："盈天地间一气也，天得之以为天，地得之以为地，人物得之以为人物，一也。"（《刘子全书·学言中》）可见在这里，气正是一种实体性的世界本体。刘蕺山还说："天地间一气而已，非有理而后有气，乃气立而理因之寓也。"（《刘子全书·圣学宗要》）显然，他也认为理即气之理。对于罗整庵和王浚川的气本论来说，到这里已是理论的终点，但刘蕺山则又跨进一步，将气本论观点推演到心性层面上，破解了朱学的心性、两心之分。刘蕺山说："性者，心之理也。心以气言，而性其条理也。离心无性，离心无理，恻隐羞恶，辞让是非，皆指一气流行之机。"（《刘子全书·复沈石臣一》）又说："心，只是人心，而道者，人之所当然乃所以为心也，人心道心只是一心。"（《刘子全书·中庸首章说》）可见，刘蕺山将气本论贯彻到心性层面上的主要结论是"心为一气之流行"，"性为心之条理"。换言之，刘蕺山气本论的心性论之基本理论内容是以气释心，以心摄性、摄理。这一新的心性论使刘蕺山，也使明代理学获得一种破解朱学心性论的理论立场和逻辑，在这个立场的理论眼光中，朱学理气两性之分则应一之以气，所谓"性只是气质之性"（《刘子全书·中庸首章说》）；朱学的心性之分、两心之分，皆应一之以心，即所谓"离心无性""人心道心只是一心"。不仅如此，在修养实践或工夫论上，朱学的涵养致知之分，从这个立场上来看，也应该是合一的。刘蕺山说，"从来学问只有一个工夫，凡分内分外、分动分静，总属支离"（《刘子全书·学言下》），"识得心一、性一，则工夫亦一，静存之外更无动察，主敬之外更无穷理，其究也，工夫与本体亦一，此慎独之说"（《刘子全书·中庸首章说》）。在刘蕺山看来，如同理在气中、性在心中，省察穷理即在涵养主敬之中，所以"只有一个工夫"。"一个工夫"具有某种超越了单纯修养方法、本体性质的内涵。工夫不仅是达到本体的途径，同时亦是本体之显现，即是本体。"一个工夫"的独特内涵是程朱理学的"涵养""主敬"所涵盖不住的，刘蕺山援用《大学》和《中庸》所共有的概念——"慎独"来表述之。至此，刘蕺山的理学思想由气本论到心性论再到工夫论，显示了明代理学在气论的理论走向上跨出朱学笼罩的全部过程，这也是明代理学在这个走向上的终点。值得注意的是，在刘蕺山心性论层面上，有十分清晰的由气本论逻辑推演、延伸而来的观念痕迹，而在工夫论的层面上，特别是在其"工夫与本体一"结论中，这一痕迹就不再显现。这似乎表明，刘蕺山理学思想中还有明代理学中气论以外的理论背景与渊源。确实如此，刘蕺山的理学思想同时骑跨在明代理学中的心学走向上。

二

在明代理学中，真正实现了对朱学笼罩的突破并形成风靡一时的新思潮的是王阳明心学。阳明心学破解朱学，归纳言之实是两个方面。一是对朱学本体理之客观性的消解。他认为"理也者，心之条理也"（《阳明全书·书诸阳伯卷》），"心外无理，心外无事"（《阳明全书·传习录上》），不存在独立于心之外的如朱学所认定的那种作为"万物之根"，"本然"之"理"。二是对朱学工夫论内外之分即涵养与穷理或行与知的区分之破除。他认为格物即是正心，知与行"元来是一个工夫"（《阳明全书·答友人问》）。阳明心学在以"心即理"说、"格物"说、"知行"说破解了朱学的本体论和工夫论后，进而提出"良知"说，形成了占据明代中期以后思想理论舞台之主角位置的风靡之势。王阳明的"良知"是个内涵丰富、有多种界说但仍是模糊而不易确定的范畴。将阳明的这些界说归纳言之，可分属三个方面。一是本体。王阳明说："良知者，心之本体。"（《传习录中》）王阳明对良知的本体性有很多的描述、解说，诸如"天理""本然""本来面目""未发之中"皆是。二是工夫。王阳明说"虚灵明觉，即所谓本然之良知也""知善知恶是良知"（《传习录下》），所以在阳明心学中，作为本体的良知，还内蕴着知觉功能和认知、修养活动，即工夫。良知因此也内蕴着本体与工夫的合一，故王阳明说："合着本体的是工夫，做得工夫的方识本体。"（《阳明全书·传习录拾遗》）王阳明良知说的此项内涵意义特殊，阳明心学最重要的理论特色是将工夫升越为本体，即"工夫即本体"的工夫论皆由此而显现；阳明心学后学的流弊也根植于偏执此项内涵而生。三是境界。王阳明"良知"最为复杂而模糊的内涵是指由经历或体验而产生的一种精神境界。王阳明曾说："某于良知之说，从百死千难中得来，非是容易见得到此。"（见钱绪山《刻文录叙说》）可见在王阳明这里，良知虽是本体，是工夫，但本质上它是一种境界；良知的真正发现，本体与工夫合一，总是以一种境界显现，即由丰富的人生经历和精神经历升华、凝结成的一种充分的道德理性自觉。在这种自觉的境界中，外在的表现儒家伦理的事物，似乎已被内化为自然、本然。人的经历总是不同的、多样的，此种境界的形成与表现，或者说良知的发现，总是因人因事而异，所以王阳明又说："良知即是易，其为通也屡迁，不可为典要，惟变所适。"（《传习录下》）王阳明"良知"说将传统理学（程朱学）对客观之理的探寻转向对自己本心状态的体察，变传统理学的"涵养致知"分为知行合一、工夫本体合一，在理学中引起巨大变革，被学者视为"自孔孟以来，未有若此之深切著明者也"（《明儒学案·师说·王阳明守仁》），诚如《明史》所说："嘉隆而后，笃信程朱，不迁异说者，无复几人矣。"但是，亦如《明史》所说："姚江之学，流传逾百年，其教大行，其弊滋甚。"（《明史·儒林传》）王阳明心学在其风靡的同时，流弊随之出现而使其趋向衰败。

《明史》所谓阳明之学"其教大行，其弊滋甚"，实际上是指作为一种儒学理论的王学，在其流传中，非但不能指导、激励人们的儒家伦理道德实践，反而破坏着这种实践；而这种情况的发生在王阳明的良知说中已埋下根源。一是王阳明以空泛之本然，特别是以"无善无恶"之本然来界定心之体，这就使王学后学最高的精神追求和境界中的儒家善的伦理价值取向被模糊、被取消。二是王阳明以心之知觉功能界定良知，认为"七情顺其自然之流行，皆是良知之用""流行处当下具足"（《传习录下》），这在王学后学中也开启了一个弊端，即达到良知境界所需经历的道德实践过程被削弱、取消了。良知说已经发生和将会发生的流弊，首先被以邹东廓、欧阳南野、聂双江、罗念庵等为代表的江右及门弟子觉察和感受到，他们努力在良知中注入作为最终根源的确定性和道德性内涵。例如，将良知界定为"本然之善"（欧阳南野语），是"寂而常定之体"

（聂双江语）；提出贯彻道德原则"主敬"（邹东廓倡）或主静（罗念庵倡）的修养工夫，从本体论与工夫论两个方面来修补良知说，纠正以王龙溪为代表的浙中王门倡"舍知觉无良知""良知固不待修证而后全"等主张而发展了的良知说中的弊端。但是，由于阳明殁后，王龙溪实为王学宗盟，江右之说于龙溪之论虽能在理论上破之，但不能在实践中止之，遏制不了王学"其弊滋甚"情况的发生。

在王学风靡的情势下，王学的流弊衰败也给朱学复兴创造了契机，东林学派的崛起最为显著。刘蕺山与东林学派在政见和理学思想上都有共识，但是对于刘蕺山来说，气本论的观点和在王学风靡下所接受的"即工夫即本体"王学工夫论观点，却从根本上断绝了使其理学思想最终融入为东林学派所尊奉的朱学的可能。他只能如同江右王门那样，在心学范围内，在心学的方向上纠正王学流弊。然而刘蕺山与江右王门又有很大不同，他置身于浙中王学三传的理论环境中，此时，王学加以佛禅的浸入，正如黄梨洲所说，已是"新建之传扫地"（《刘子全书·子刘子行状》），王学末流之极弊使刘蕺山觉得拯救王学需要付出更大的理论努力，他不是囿于在王学樊篱内对良知说做修补，而是突破了王学的良知理论，重建一个"意"的心学本体理论和"慎独"的工夫理论。

刘蕺山在心学走向上本体重建的理论创造，可以说有三个步骤或内容组成。第一，破"四句教"的良知说。刘蕺山认为"四句教"之"无善无恶者心之体，有善有恶者意之动，知善知恶是良知"三句之间存在着深刻的逻辑矛盾；认为"四句教"中解良知（致知）为知，而不是"止"或"至善"，不符合《大学》之旨。即刘蕺山或以逻辑归谬，或援经典义训，将"四句教"的四个命题全部否定，将以"四句教"为内涵的良知说彻底否定。第二，建"意"本体论。在刘蕺山对"意"本体论的确立中，有两个主要的理论支撑点：一是逻辑起点，刘蕺山说，"意无为善恶，但好善恶恶而已，好恶者，此心最初之机"（《刘子全书·学言上》），即刘蕺山将"意"界定"好恶"的心理因素和"如善恶恶"的心理活动。这是根据《大学》解"诚其意"为"好恶恶臭，如好好色"和朱子对此的章句，"意"本体论因此在逻辑起点上有了经典的依据。据此，刘蕺山进一步将"意"解说、界定为"心最初之机""至善归宿之地"（《刘子全书·读大学》），"心之主宰"（《刘子全书·商疑十则答史子复》），"心之体"——"惟微之体"或"独体"（《刘子全书·中庸首章说》），"意"获得了本体的内涵或特质。二是意念之辨。刘蕺山赋予"意"以至善的本体性内涵，显然与传统儒学的"毋意"尖锐对立。在这里，刘蕺山将"意"与"念"加以区别，认为"念有起灭，意无起灭"（《刘子全书·答董生心意十问》），有起灭之"念"是有善有恶，无起灭之"意"是有善无恶。"毋意"之"意"应当依据朱子之解为"私意"，实是"念"。这样，刘蕺山终于跨过"至善"之"意"与"毋意"之"意"的对立，这一对于"意"本体论的确立来说是最困难的理论障碍。第三，立慎独工夫论。刘蕺山曾归纳良知说流弊是"猖狂者参之以情识而一是皆良，超洁者荡以玄虚而夷良于贼"（《刘子全书·证学杂解》）。就修养工夫而言，"荡以玄虚"是修养实践的无根，"参以情识"是修养实践的无实，他的慎独工夫就是在以"意"为独体的本体论基础上，为纠正王学末流修养上的此两弊端而发。一是针对王学末流的"荡以玄虚"的无根，刘蕺山提出慎独就是"向意根上讨分晓"（《刘子全书·证学杂解》），即慎独是追求善的归宿、追求确定性的"究意义"。二是针对王学末流"参以情识"，即当下即是的无实，刘蕺山努力确立一种笃实而周密的修养工夫，他将理学历史上曾出现过的敬、静、日用三种心性修养的基本方式或方法，皆吸纳、归拢到他的慎独工夫中来，所以刘蕺山的慎独工夫可以概言之为在日用伦常中保持敬与静的修持。刘蕺山对敬、静的解释完全认同、承袭了朱子的敬为"收敛身心，放在模匣子里面，不走作了"，静为"顺理"的观念，这样，完全可以认为，刘蕺山的慎独说是召唤对儒家伦理道德观念的自觉，并将其贯彻到生活的一切方面，这在以陶石梁等为代表的浙东王学三传那里已表现出来的"猖狂无姿，流于无忌惮"而发（《刘子全书·会录》）。虽然刘蕺山的慎独工夫论的主要内容是以纠正王学末流的流弊为目的而形成，并且其中有承袭朱学的观念。但是，在一个根本的理论观念上，刘蕺山慎独工夫论仍保持由王学确立的明代心学特色而与朱学对立，这就是"即工夫即本体"。刘蕺山认为，就《中庸》来说，"慎独即致中和"（《刘子全书·答秦履思》），就《大学》来说，"止至善，知止、意诚，此之谓慎独，即工夫即本体也"（《刘子全书·大学杂言》）；并批评朱子于《大学》"分格致诚正为两截事"，于《中庸》"以戒惧属致中，慎独属致和"，皆是"支离"（《刘子全书·大学古记约义》）。这样，刘蕺山又将自己的慎独工夫论与朱子的主敬穷理修养工夫论明显地区别开来。他说："静存之外更无动察，主敬之外更无穷理，其究也，工夫与本体亦一，此慎独之说也。"不难看出，这个结论也正是刘宗周在气本论理论走向上的最后结论。这表明，就整个明代理学而言，刘蕺山理学思想是明代理学气本论和心本论两个基本走向的会合点；就刘蕺山个人的理学思想而言，这两个并行的、回应不同的理论情境的理论思路，最后在慎独的工夫论中会合。

三

明代理学一开始就呈现出沿着气本论和心本论两个基本理论走向发展的态势，刘蕺山一方面承接了气本论的理论传统，将理气关系的理论观点进一步推演到了心性关系中，使明代理学在这个走向上到达了终点；另一方面在心本论的走向上，刘蕺山在心之结构中的知觉心理因素之外，发掘好恶之意的心理因素作为本体，使得宋明理学中的心学本体论由"本心"到"良知"再到"意"，在愈来愈深入细致中也走到了终点。从这个意义上说，明代理学的理论发展已经耗尽，刘蕺山是明代理学的终结者。

刘蕺山生在晚明朝政腐败、学术衰落之际，他的理学理论创造，从根本上说，是为了挽救这种颓势。当然，作为刘蕺山这一理论创造最主要内容的"意"本体论和慎独工夫论的心学理论，完全不足以阻止明末社会秩序的全面崩溃。但是，从刘蕺山身上，从他在困危处境中的所行所是中，特别是在家国覆灭后对生命归宿的抉择中，都可以看出，一种令人肃然起敬的儒家道德精神却能被培育和激发出来。刘蕺山曾告诫门人说："不要错看了豪杰，古人一言一动，凡可信之当时，传诸后世者，莫不有一段真至精神在内。"（《刘子全书·会录》）对于这位明代先贤所创造的一切，可以说他为纠正王学流弊而提出的意本体论和慎独工夫论是可信于当时的；而被他的心学理论所升华了的和被他政治的、道德的实践所表现出来的儒家伦理道德精神，则是可传诸后世的。

（《中州学刊》1997年第3期）

新文化运动对传统社会思想的批判

章炳麟的儒学观

儒学是先秦诸子百家中的一家学说，一个具有演变、发展的历史内容的思想观念体系。20世纪的中国人文学者多对儒学作如是观，做如此的定位、定性，作为肇始者、代表者当属章炳麟。

回顾历史，在《史记·太史公自序》"六家要旨"和《汉书·艺文志》刘歆《诸子略》中，儒家与其他阴阳、墨、法、名、道等五家，或道、阴阳、法、名、墨、纵横、杂、农、小说等九家，都是并列的。在儒学成为国家意识形态的社会环境下，通常儒学总是与"六经"经学结合为一体，处在不受挑战、不被争议、高于诸子的学术地位。而当儒学出现某种危机、陷入衰微时，这种学术地位就会受到质疑。清代后期，在乾嘉学派的余绪中出现了诸子学的兴起。对于这一学术现象，梁启超评断说："晚清先秦诸子之复活，实为思想解放一大关键；此种结果原为乾嘉学者所不及料。"① 应该说，这一评断是很正确的。一方面儒学独尊以来被湮没、沉寂的先秦汉晋诸子的著作，皆有学者校注、厘清讹误，重现理论光芒，是一种"思想解放"；另一方面包括乾嘉学者在内的清代学者校勘、辨伪古书，志在广征博引、疏通经义，将经学推向新的高峰，带来诸子学的复兴，自然不是其意料之所及。章炳麟的业师俞樾，先有《群经平议》之作，后又撰成《诸子平议》，于其《序目》中曰："圣人之道，具在于经，而周秦两汉诸子之书，亦各有所得……然诸子之书，文词奥

---

① 梁启超：《清代学者整理旧学之总成绩（二）》，载《中国近三百年学术史》，中国书店1985年版，第247页。

衍，且多古文假借字，注家不能尽通，而儒者又屏置弗道，传写苟且，莫或订正，颠倒错乱，读者难之。樾治经之暇，旁及诸子，不揣鄙陋，用《群经平议》之例，为《诸子平议》。"可见，在晚清学者那里，已经兴起的诸子学还是处在经学（包括《论语》《孟子》在内的"十三经"）之下、孔孟儒学之次的位置。到了章炳麟这里，他撰写《诸子略说》诸篇，发表多次国学讲演，开创了将孔子儒家与先秦诸子、汉代以后演变的儒学以及包括佛学在内的非儒家的思想派别或人物，皆放在一个属于义理性质的、一种称为哲学的论域内，予以平等的审视、研判的学术局面。

章炳麟对儒学的定位是，孔子儒家是先秦诸子的一家，儒学是义理性质的哲学，他将儒学与经学、先秦诸子、西方哲学、佛学等进行比较分析而得出了这个结论。

一　与经学分离的孔子

儒家《论语》记载"子（孔子）所雅言，《诗》《书》相礼皆雅言也"（《论语·述而》）；孔子使"乐正，《雅》《颂》各得其所"（《论语·子罕》）。可以看出，商周传递下来的《诗》《书》《礼》《乐》之典籍等传统。是孔子从事教育、传播学术的主要内容；并且孔子也在其中融入了他的思想学说、理论创造。所以，尽管孔子说自己是"述而不作"（《论语·述而》），但庄子还是裁定"孔子治《诗》《书》《礼》《乐》《易》《春秋》六经"（《庄子·天运》）。换言之，"六经"虽是孔子以前就已存在的先古文献，也或为其他先秦诸子所征引，但在先秦，作为一家学派的主要思想渊源、学术内容和理论特征还是属于孔子儒家的。自汉代以来，训解"五经"之为学（经学）和援引"五经"而立论（儒学义理），其学术形态、理论内容有所区别，但对儒家来说它们是不可分裂的儒学整体组成部分。这应该是历来多数学者对儒家与"五经"间关系的基本研判。章炳麟也判定"六艺者，道墨所周闻"①，即以"六经"是孔

---

① 章炳麟：《訄书·订孔》（重订本），日本，东京翔鸾社1904年版。后来，章炳麟在1914年对《訄书》增删并改名为《检论》，其中对卷三《订孔》有较多删修，但此论断未变。《检论》后编入《章氏丛书》。

子之前既有的古先典籍，是先秦诸子的共同思想资源。但他在青年时代就已形成的古文经学的学术立场①，使他在这个应是确凿的历史事实面前，特别注意到孔子儒家与"五经"间的历史距离，注意经学训解与儒家论说间的形态、内容差异，正是在此种立场上的此种观察，使他做出了新的研判。章炳麟说：

> 说经与诸子异也。说经之学，所谓疏证，惟是考其典章制度与其事迹而已，其学惟为客观之学。若诸子学则不然，彼所学者，主观之学，要在寻求义理，不在考迹异同。

> 有商订历史之孔子，则删定"六经"是也；有从事教育之孔子，则《论语》《孝经》是也。由前之道，其流为经师；由后之道，其流为儒家……儒生以致用为功，经师以求是为职。②

> "儒林"之名，起于大史，专录经师，与九流之儒实异。经、史古为一录，若夫言性命、称仁义、极治乱，此为九流之儒。③

章炳麟以考证历史事迹（客观之学）与寻求义理（主观之学）、获得真实与见收事功的学术内容和目标上的差别，十分明确地将儒家与经师区别、分裂开来，将儒学定位在子学的位置上；并且也甚是简要地概括出作为子学的儒家或儒学的义理内容——"言性命、称仁义、极治乱"，周延地涵盖了儒家思想体系超越的、心性的和社会的三个主要理论层面。但在实际上，儒家尊于诸子是在汉代"独尊儒术"以后逐渐形成的，先秦儒家本来就是以与"六经"紧密结合为学术生命、思想特征的诸子之家而存在的，所以尽管章炳麟对儒学义理内容的概括是正确的，但以与经师、经学相分离来界定儒家，似乎儒家可以离开经学而独立存在，却是踏入了一个悖谬于历史真实的、具有古文经学色彩的误区。在这里，孔子被定位

---

① 章炳麟："二十四岁，始分别古今文师说……专慕刘子骏，刻印自言私淑。"即已形成古文经学的学术立场。章炳麟：《章太炎先生自定年谱》，上海书店 1986 年版。

② 章炳麟：《诸子学略说》，广西师范大学出版社 2010 年版。

③ 章炳麟：《检论·哀清史·附近史商略》，载《章氏丛书》（铅印本），上海右文社 1915 年版。

为"良史"① 而"孟、荀道术皆踊绝孔氏"这种误判即是源于对儒学之经典训诂与义理阐发分裂，未能解读出《论语》中对"六经"的理论转变、跃进；正是在这种理论跃变中，形成了孔子具有的新的理论内涵的命、仁、礼的观念，开创了儒家学派。这种历史地位只能是孔子而不能是孟子、荀子所拥有的。

二 先秦诸子中的儒家

儒家被定位在"寻求义理"的诸子行列中后，章炳麟进一步从儒家与"九流"的相互关系的视角做出评断：

> 道家固出于史官，孔子问礼老聃，卒以删定"六艺"（即"六经"②）而儒家亦自此萌芽。

> 儒家于招选茂异之世，则习为纵横；于综核名实之世，则毗于法律。③

> 仲尼之功，贤于尧舜；其玄远终不敢望老庄矣。④

章炳麟研判儒家的思想渊源来自"六经"，即"六经皆史"⑤。道家老子是史官，所以孔子是从老子那里承接了"六经"；儒道的关系是"道家为儒家之先导……孔学本出于老"⑥。而对于"以致用为功"，积极于经世

---

① 章炳麟：《訄书·订孔》（重订本），日本东京翔鸾社 1904 年版。《检论·订孔》（上）此论断未变。这是章炳麟从古文经学立场对孔子学术地位的基本评断。至于章炳麟对孔子的态度，前后很是不同：早年有所不恭，诋毁"孔子诈取老子征藏故书，权术过于老子"（《诸子学略说》）；晚年则甚为尊敬，推崇"孔子之书，昭如日月，德行政事何所不备"（《与孙思昉论学论》，《制言》第 46 期）。
② 《周礼》以"六艺"为礼、乐、射、御、书、数六种技艺，汉代学者以《乐》《诗》《礼》《书》《春秋》《易》六种典籍为"六艺"，章炳麟之称"六艺"，同汉代学者的习惯。
③ 章炳麟：《诸子学略说》，广西师范大学出版社 2010 年版。
④ 章炳麟：《菿汉三言·菿汉微言》，上海书店出版社 2011 年版。
⑤ "六经皆史"是清儒章学诚明确提出的一个论断（《文史通义·易教》，古籍出版社 1956 年版）。此前，明代理学家王守仁也从经与史，即道与事不可分的角度，认为"六经"也是史（王守仁：《传习录》上，中华书局 1936 年版）。章炳麟认同这个观点，这与他的古文经学立场完全一致。
⑥ 章炳麟：《诸子学略说》，广西师范大学出版社 2010 年版。

治国的儒家来说，用章炳麟意含讥评的话则是"湛心荣利"①。在实际活动中，往往是兼有纵横家的捭阖之术和法家赏惩之方。章炳麟甚至慨叹"然至今日，则儒、法、纵横，殆将合而为一"②，儒家若与诸子比较长短，则在儒道间最为明显，儒家长于社会事功，老庄善为形而上玄思。这是章炳麟从儒家的学术源头、儒家对其他诸子的吸纳、儒家与其他诸子理论特色三个观察点上对儒家与诸子关系所做出的评断。应该说，这三个评断，最后一个是符合事实的，简要而准确地概括了儒、道间思想差异在其形态上的表现。而前两个研判的理据则是欠缺的了。"六经"作为春秋前的典籍，是先秦诸子共同的学术渊源或观念背景，但"九流"百家从中吸取和独立阐发的并不相同，所谓"天下多得一察焉以自好……道术将为天下裂"（《庄子·天下》）是也。就道家和儒家而论，比较《老子》和《论语》可以清晰地看出，《老子》展示崇尚"自然"（《老子·二十五章》）、"绝仁弃义"（《老子·十九章》）、"无为"（《老子·三章》）治国；《论语》则阐说君主"为政以德"（《论语·为政》）、"先之劳之"（《论语·子路》），使国家"礼乐兴、刑罚中"（《论语·子路》）、"君君、臣臣、父父、子子"（《论语·颜渊》）伦理秩序井然，国人庶民都能"约之以礼"（《论语·雍也》）、"仁以为己任"（《论语·泰伯》）、"义以为上"（《论语·阳货》）道德风气高尚。儒、道的学说内容，其理论的运思和归宿都迥然有别。以《庄子》中孔子曾问学于史官（征藏史）老聃一事尚待确考的记述，判定"孔学出于老子"，从确凿的、作为道家和儒家最早文献的《老子》《论语》中是得不到证明的。章炳麟这两个研判的失误，与他在古文经学基础上形成的学术立场、政治立场相关联、相犀通。古文经学的一个基本观点是"六经"皆古代既有史料，而非孔子所著。章炳麟的"孔子之教本以历史为宗"③"孔学本出于老（史官）"之判定，都可以视为这个基本观点的逻辑延伸。章炳麟作为清末民初的古文经学家，和同时代的今文经学家代表康有为本来在学术立场上就是对立的；加以种族"革命"与变法"保皇"政治立场的根本分歧，就使这种对立更

① 章炳麟：《诸子学略说》，广西师范大学出版社 2010 年版。
② 章炳麟：《诸子学略说》，广西师范大学出版社 2010 年版。
③ 章炳麟：《答铁铮》，载《太炎文录初编·别录》卷二，上海人民出版社 1985 年版。

趋强烈。章炳麟每讥讽儒家，也多藏有指向"寻求义理"的今文经学家的锋芒；其所谓"以富贵利禄为心，但欲假借事权，便其行事"① 更颇见有影射康有为之意向。

在章炳麟关于儒家与"九流"相互关系的三个评断中，研判孔子儒学"其玄远终不敢望老庄"，是符合事实的，但当他试图运用老庄玄义来诠释儒家观点时，却又背离了儒家思想的实际，并不符合儒学意旨。例如，他解释孔子"一贯之道"——忠恕曰：

> 道在一贯，持其枢者，忠恕也。心能推度曰恕，周以察物曰忠。故夫闻一以知十，举一隅而以三隅反者，恕之事也；周以察物，举其征符而辨其骨理者，忠之事也。故疏通知远者恕，文理密察者忠……体忠恕者，独有庄周《齐物》之篇，恢恑憰怪，道通为一。②

孔子解释"忠"曰"为人谋而不忠乎"（《论语·学而》），界说"恕"为"己所不欲，勿施于人"（《论语·卫灵公》），朱子进一步诠释"忠恕"说，"尽己之谓忠，推己之谓恕"③，"圣人之忠即是诚，圣人之恕即是仁"④；又解释"一贯"说："忠恕只是一件事，不可作两个看……主于内为忠，见于外为恕。"⑤ 概言之，在儒家学说里，忠恕是对人的行为的一种道德规范，在与他人交往中，应向他人奉献自己的真诚、努力，表现自己的宽容、体谅。两者的道德理念、道德感情的基础是共同的。章炳麟的解释则是将人的这种道德行为置换为纯粹的认知行为，并且在庄子齐一万物的"道通为一"⑥ 具有相对主义性质的认识论观念基础上来诠释"一贯"。显然，这已不再是儒家的"一贯之道"的"忠恕"观念了。又如，章炳麟曾说：

---

① 章炳麟：《诸子学略说》，广西师范大学出版社 2010 年版。
② 章炳麟：《订孔·检论》，载《章氏丛书》（铅印本），上海右文社 1915 年版。
③ （宋）朱熹：《论语集注·里仁》，载《四书章句集注》（新编诸子集成第一辑），中华书局 1983 年版。
④ （宋）黎靖德：《朱子语类》卷二十七，中华书局 1986 年版。
⑤ （宋）黎靖德：《朱子语类》卷二十七，中华书局 1986 年版。
⑥ 《庄子·齐物论》："物固有所然，物固有所可，无物不然，无物不可……恢恑憰怪，道通为一。"

若夫九流繁会，各于其党，命世哲人，莫若庄氏："消摇"任万物各适，"齐物"得彼是之环枢，以视孔墨，犹尘垢也。①

　　以庄证孔，而"耳顺""绝四"之指居然可明。②

　　可见，在先秦诸子中，章炳麟最推崇的是庄子；他从《庄子》中收获到的最大思想成果是彻底的相对主义理论启迪：《逍遥游》彰显的万物虽殊，但皆各有所适、自得的逍遥自由；《齐物论》叙说的物论万端，但在"道枢"中却是没有彼此、是非的"天地一指，万物一马"，在这个相对主义的立场上，一切言论皆无是非、对错，皆可"两行"地顺心入耳；万物皆有自己独特的然而是同等的存在理由，立于"道枢""环中"则可无差别、平等地对待，"唯一""必然"的主观、固执态度是悖于道的。在章炳麟看来，这就是孔子的"六十而耳顺"，就是孔子的"绝四"③。换言之，孔子的思想境界是可以用庄子思想来诠释、证明的。但在正统儒家看来，孔子的"耳顺"，程颐训解为"所闻皆通也"④，朱子训解是"声入心通，无所违逆，知之之至，不思而得"⑤，意谓"耳顺"是于其所闻，皆能悉知其原委而宽容处之，并不是以一切言谈物论皆是皆非，而无须或不能予以判别的"两行"。孔子的"绝四"，程颐训解曰："'毋'非禁止之辞，圣人绝此四者，何用禁止？"⑥ 所以"绝四"不是对某种规范的被动的遵循，而是一种境界的自然呈现。这种境界，朱子训解为"凡事顺理……凝然中立者"⑦。换言之，"绝四"是据中道而作判定，并不是"得其环中以应无穷"的一切皆无然否。"耳顺""绝四"都是孔子在"四十而不惑，五十而知天命"后又高一层的智慧境界、道德境界，丝毫没有

---

①　章炳麟：《庄子解诂》，载《章氏丛书》（铅印本），上海右文社1915年版。

②　章炳麟：《菿汉三言·菿汉微言》，上海书店出版社2011年版。

③　绝四，《论语》记载孔子弟子对他处世态度、精神境界的一种观察："子绝四：毋意、毋必、毋固、毋我。"（《子罕》）。

④　（宋）程颢、程颐：《河南程氏经说·论语解·为政》，载《二程集》，王孝鱼点校，中华书局2004年版。

⑤　（宋）朱熹：《论语集注·为政》，载《四书章句集注》（新编诸子集成第一辑），中华书局1983年版。

⑥　（宋）程颢、程颐：《河南程氏外书》第三，载《二程集》，王孝鱼点校，中华书局2004年版。

⑦　（宋）黎靖德：《朱子语类》卷三十六，中华书局1986年版。

相对主义所固有的那种抹去客观事物界限的理论谬误，以及那种潜隐着的以现实世界是不确定的、虚无的理论陷阱。

三 以西方哲学审视儒学

章炳麟从西方哲学的角度审视、研判儒家。章炳麟50岁时曾回顾说："既出狱，东走日本，尽瘁光复之业，鞅掌余闲，旁览彼土所译希腊、德意志哲人之书，时有概述。"[1] 可见章炳麟对西方哲学有较系统的了解，那是在"苏报案"刑满出狱后，他在日本居住的四年内完成的。但章炳麟用西方哲学来审视、诠释儒家思想，似乎还是处在比较零碎的、简单类比的阶段上。

> 《易》之为道，皮它告拉斯家（希腊学派）以为，凡百事物，皆模效膚理，其性质有相为正反者十种：一曰有限无限，二曰奇偶，三曰一多，四曰左右，五曰牝牡，六曰静动，七曰直线曲线，八曰昏明，九曰善恶，十曰平方直角。天地不率其秩序，不能以成万物，尽之矣。[2] 然其（指孔子）言曰："鬼神之为德，体物而不可遗。"此明谓万物本体即是鬼神，是即斯比诺沙泛神之说。泛神者，即无神之逊词耳。[3]

> 夫其（指王守仁）曰"人性无善无恶"，此本诸胡宏（胡宏曰："凡人之生，粹然天地之心，道义完具，无适无莫，不可以善恶辨，不可以是非分。"又曰："性者，善不足以言之，况恶邪？"）而类者也，陆克所谓"人之精神如白纸"者也。[4]

以阴与阳为基础的种种对立现象来解释、构筑宇宙万事万物的生成和存在状态，应该说是《周易》的一个基本思想，章炳麟以此为"易之

---

① 章炳麟：《菿汉三言·菿汉微言》，上海书店出版社2011年版。
② 章炳麟：《訄书·清儒》（重订本），日本东京翔鸾社1904年版。《检论·清儒》篇，此段文字被删去。
③ 章炳麟：《答铁铮》，载《太炎文录初编·别录》卷二，上海人民出版社1985年版。
④ 章炳麟：《訄书·王学》（重订本），日本东京翔鸾社1904年版。《检论》卷四改称《议王》篇，此段文字被删去。

道"，显示他对《周易》理论特色的把握是准确的；他援引古希腊毕达哥拉斯学派以十组对立元素解释宇宙组成的哲学观点类比说明是可以成立的，是贴切的。17 世纪荷兰哲学家斯宾诺莎认为神（上帝）不是超自然的力量，而是自然本身——是存在于万物自身之中的万物生成、存在的原因，是一种必然性。① 在西方基督宗教神学思想中，斯宾诺莎的神学观点被判定为一种反传统的自然神论或泛神论的观点。儒家思想中的"鬼神"，一般被认为是构成万物的"气"的一种自然存在状态。显然，两者在否定神（鬼神）的超越性质上有一致之处，但其对神（鬼神）本质内涵的界定、解说却是根本不同；认为两者的观念内容相同或相通，或可以相互诠释，都是一种误判，不能成立。17 世纪英国哲学家洛克说："我们的一切知识都是建立在经验上的，而且最终是导源于经验的。"② 认为人的认识（心灵、精神）本身如一张"白纸"，不存在任何先天的诸如逻辑法则、数学公理、道德法律等观念原则。在西方哲学传统中，这是在认识论领域内以经验论反对自柏拉图以来就已出现的"天赋观念"先验论的哲学观点。在儒学思想中，正统的儒家都坚持孟子人性善的道德信念；但也存在着受到社会生活经验支持的荀子人性恶、汉唐学者人性善恶混的观点。在告子、庄子以"生"界说"性"和禅宗心、性不分的观念影响下，还有如王守仁的人性无善无恶的观点。正统儒家一般将其视为越出儒学理念之外的非儒思想。显然，作为儒家人物的王守仁"人性无善无恶"与洛克"人之精神如白纸"是在哲学的两个不同理论领域内——价值论与认识论，对两个不同理论对象——人的本性的价值本质与人的认知能力的本质所做出的思想内容有质的区别和判断，难以类比。实际上，王守仁所谓的"无善无恶"，在"四句教"中原表述为"无善无恶是心之体"③ 是他在不自觉中转换到禅家立场，援引禅宗"即性即心""佛性非善非不善"观点所做出的表述，具有更复杂的内涵，远远不是洛克单一的、认识论意义的"白纸"所能比拟、说明的。

从以上三个例证的简单分析可以看出，章炳麟对西方哲学的理解和运

---

① 〔荷〕斯宾诺莎：《伦理学原理》，贺麟译，商务印书馆 1958 年版，第 49、43 页。
② 〔英〕洛克：《人类理解论》，关文运译，商务印书馆 1959 年版，第 68 页。
③ （明）王守仁：《阳明全书·传习录下》，中华书局 1936 年版。

用，还是处在比较肤浅、初始的水平上。但是，它有巨大的理论意义，昭示着儒学在新的处境下必将会发生一种学术的、理论的演变之开始。儒学在17世纪清王朝建立以来，就停滞、僵化在理学的内容和形态上而未有进展，现在又走下国家意识形态的位置而更趋衰微。儒学必须要吸纳进和消化掉新的文化内容、新的思想理论，才能有新的存在和发展。包括斯宾诺莎、洛克在内的17世纪以来摆脱欧洲中世纪黑暗而发生、发展起来的灿烂、丰富的欧美近现代哲学，无疑是最能得到儒家学者青睐的。儒家学者会援引欧美哲学的概念、命题、观念来类比地解释自己儒学思想体系里的概念、命题、观念，进而会借鉴、移植欧美哲学的运思方式、逻辑或理论的架构，来重新诠释、建构儒学的核心思想、体系结构。在这个过程中，儒学发生并完成具有新的内容和形态的蜕变。在20世纪里，我们在章炳麟这里看到的是儒学变化的初始，此后还会看到儒门一代代新人致力于儒学重建的努力。

四　以佛学审视儒学

在章炳麟的观念世界中，佛学思想是其重要组成部分，并且位于理论的最高端。在众多的中国佛教宗派中，章炳麟选择崇仰的是义理细密的唯识宗。他何以这样选择，自己有所说明：

> 慈氏、世亲①之书，以分析名相始，以排遣名相终，从入之途，与平生朴学相似，易于契机。②
>
> 仆所以独尊法相者，别自有说。盖近代学术，渐趋实事求是之途，自汉学诸公分条析理，远非明儒所能企及，逮科学萌芽，而用心益复缜密矣，是故法相之学，于明代则不宜，于近代则甚适，由学术所趣然也。③

章炳麟的解释表明，他于法相唯识学的选择，与他作为古文经学家所遵循的学术传统，即细致考证、严谨推理的学术方法和实事求是的学术追

---

① 慈氏，弥勒菩萨的义译名（《瑜伽师地论》）。
② 章炳麟：《菿汉三言·菿汉微言》，上海书店出版社2011年版。
③ 章炳麟：《答铁铮》，载《太炎文录初编·别录》卷二，上海人民出版社1985年版。

求是分不开的；并且与他要继续保持着和"最得力于禅宗"① 的康有为所代表的今文经学派之对立的那种政治、学术的情结也分不开。章炳麟认为汉儒缜密，明儒粗疏；认为在明代阳明学的带动下，风靡于明代中后期的禅学，在近代科学之时是"不宜"的，也都明显地寓意是对康有为今文经学"往往不惜抹杀证据或曲解证据，以犯科学家之大忌"② 之学风的讥评。

章炳麟将他获得的唯识学视为锐利的理论武器，在学术领域内用来审视、研判中西思想，似乎是颇有所得，用他自己的话来说是"抉择东西玄学，诸有疑滞，焕然理解"。这是怎样的"焕然理解"？且看他是如何立在唯识学的高处，观察、评断可认为是东西哲学之首的康德和庄子：

> 康德以来治玄学者，以认识论为最要，非此所得率尔立一世界缘起，是为独断。而此认识根本所在，即非康德所能辨，由彼知有相、见二分，不晓自证分、证自证分故。③

> 庄生不达唯心之理，详此所谓"成心"，即是识中"种子"，《德充符》所谓"灵府"，即阿罗耶识，《庚桑楚》所言"灵台"，即阿陀那识。阿罗耶译言"藏"，阿陀那译言"持"，义皆密合……本是庄生所有，但无其名。④

康德认识论主要是探讨人类的认识，即人类的数学、自然科学、形而上等知识如何可能的问题。他的主要结论是，人类通过先验的感性直观形式（时间、空间）和知性形式（十二范畴）整理经验的自然现象，可以形成数学知识和自然科学知识；对形而上的、超验的对象"物自体"（灵魂、世界、上帝），通过理性的辩证思维能证明其存在，但不能形成知识的认识，这里是人类认识能力的界限。换言之，康德认识论是将人类的认识、知识逻辑严谨地界定为人类先天固有的"先验观念形式"塑造经验

① 梁启超：《康南海先生传》，载《饮冰室合集》第 1 册，中华书局 1989 年版。
② 这是梁启超对康有为学风之缺点的批评。见梁启超《清代学术概论》，凤凰出版传媒集团、江苏文艺出版社 2007 年版。
③ 章炳麟：《菿汉三言·菿汉微言》，上海书店出版社 2011 年版。
④ 章炳麟：《齐物论释》，载《章氏丛书》（铅印本），上海右文社 1915 年版。

材料、自然现象的过程。在唯识学中，认识的结构是以"四分"理论来建构的："相分"（所取）是"识"所现的外境，是认识的对象；"见分"（能取）是"识"的认识功能，是对外境的判认；"自证分""证自证分"是"识"对认识过程、结果的自觉、自明。① 在章炳麟看来，虽然康德建构了一个一直笼罩着西方哲学严谨的认识论体系，但从"四分"的立场来研判，它有"相分"（数学、自然科学），有"见分"（先验感性形式、先验知性形式），但却没有"自证分""证自证分"，不能最终地、绝对地证明自己的正确性，仍然是不完整的、有缺陷的。甚至还可以说，在康德认识论里，有不能认识的"物自体"，存在着识外之境，这是一个更大的缺陷。只是章炳麟没有从这个立场上继续追究，而是从另外的角度接受了"物自体"的存在。他说："以不知知之，即谓以无分别智证知也……康德见及物如（物自体），几与佛说真如等矣。而终言物如非认识论境界，故不可知也，此但解以知知之，不解以不知知之也。"② 在章炳麟这里，一个在"四分"理论中应被质疑、否定的对象，在"真如"理论中又被认同了。在《庄子》中，有"成心""灵府""灵台"等心的名目出现，这种表述表明"心"之性质、功能，在庄子这里只是得到一种笼统、模糊的形态描述，没有确切的内涵界定。章炳麟援用唯识学理论赋予《庄子》的"心"以"种子""藏""持"的含义，使其也具有了阿赖耶识的那种作为世界根源的品质。章炳麟因此不无遗憾地品评庄子，没有唯识学的理论，很多相同于唯识论的思想，不能明确表达。

从章炳麟对康德、庄子的审视、评断中可以看出，他援用丰富、细密的唯识论名相（概念、观念），对中西哲学做出唯识学立场的诠释、判定和改造。在章炳麟这样一种佛学性质的理论视野里，被定位在诸子学位置上的儒家获得了怎样的研判？归纳言之有三。

第一，儒学处在甚低的义理水平上。章炳麟说：

> 《论语》所说胜义，大抵不过十余条耳，其余修己治人之术，乃

---

① 《成唯识论》有曰："相分是所缘，见分名行相，相见所依自体名事，即自证分。"（玄奘编译《成唯识论》卷第二）。

② 章炳麟：《菿汉三言·菿汉微言》，上海书店出版社 2011 年版。

在随根普益，不主故常，因情利导，补救无尽。谓本无微言妙义者非也，谓悉是微言妙义者亦非。①

私谓释迦玄言，出过晚周诸子不可计数；程朱以下，尤不足论也。②

在章炳麟看来，记述孔子一生言行举止的《论语》，其真理性语言，不过十余则，何其薄也！作为儒学历史上发展最高峰的理学代表者程朱，"尤不足论"，何其微哉！客观地说，较之细密、严谨、浩繁的唯识学经论玄义，虽然孔孟程朱的论说是比较简单短小，但孔孟程朱开拓了与佛家不同，也是周延圆满的精神世界。章炳麟这种流露着轻视的对儒学的评价，是站在唯识学的立场上做出的判断。他的这一立场和态度还特别表现在对儒家之道体观、生死观两个具体问题的研判上：

> 宋以后的理学，有所执着，专讲"生生不灭之机"，只能达到"阿赖耶恒动如瀑流"，和孔子"逝者如斯夫，不舍昼夜"地步，那"真如心"便非理学家所能见。孔子本身并非未尝执着，理学强以为道体如此，真太粗心了。③

> 世有儒家宗匠，未证二乘无学、大乘三贤，而悍然言死不足畏者，殆皆夸诞也。④

显然，章炳麟对儒家思想没有佛家"真如"那样的本体（道体）观念而表示轻蔑。《论语·子罕》记述，孔子见江河之水奔流不止，慨叹说："逝者如斯夫，不舍昼夜！"《易传·系辞下》观察天地万物生长不息，概括为："日新之谓盛德，生生之谓易。"章炳麟从唯识学的立场研判认为，这显示儒家对变动不已的宇宙状态的认识只是驻足于"瀑流"的现象层次，尚达不到"真如"本体的高度；宋代理学家竟然将此诠释为"道体"（本体），是拔高了的，"太粗心了"。在儒家的立场上看来，宋代儒者将"逝水""生生"诠释为"道体""本体"，首先是对秦汉儒

---

① 章炳麟：《菿汉三言·菿汉微言》，上海书店出版社 2011 年版。
② 章炳麟：《菿汉三言·菿汉微言》，上海书店出版社 2011 年版。
③ 章炳麟：《国学概论》，上海古籍出版社 1997 年版，第 47 页。
④ 章炳麟：《菿汉三言·菿汉微言》，上海书店出版社 2011 年版。

家思想的继承。先秦时，儒家人物就对孔子何以盛赞奔流做出解释，如孟子曾说："源泉混混，不舍昼夜，盈科而后进，放乎四海，有本者如是，是之取尔。苟为无本，七八月之间雨集，沟浍皆盈；其涸也，可立而待也。"（《孟子·离娄下》）荀子也说："其洸洸乎不淈尽，似道。"（《荀子·宥坐》）可见，儒家最早对孔子"逝水"——奔流不止之水的意涵就是以"有本""似道"来诠释的。汉代儒者郑玄《易论》界说曰："易一名而含三义：简易一也，变易二也，不易三也。"① 所以根据"生生之谓易"，宋儒将"生生不灭之机"视为宇宙间根本的、稳定不变的机理、本体，对儒家来说也是有经典理据的。其次，对"逝水""生生"的此种"道体"的界定，也是对秦汉儒家思想的发展。因为如果没有受到道家"道"与万物的关系之观念和佛家的理与事、体与用关系之观念的影响、浸润，宋代理学不会有如此明确、清晰的不同于先儒的"道体"之表述。

也很显然，章炳麟也对儒家思想中没有佛家"涅槃"那样具有能彻底消融掉死亡恐惧的理论力量观念而表示轻蔑。如果摆脱佛教烦琐、独特的教义论说，从作为一种思想、观念所可能拥有的共通语言来表达，佛教的"涅槃"是一种崇高的精神追求和实践，努力实现断灭一切精神烦恼，以平静、安详、快乐的心境走进死亡。儒家思想中确实没有这样的理论，但是儒家也创造了使人坦然面对死亡的精神力量和在某种特定情境下坦然选择死亡的精神空间。孟子曰："形色，天性也；惟圣人然后可以践形。"（《孟子·尽心上》）程颐训解曰："盖人得天地之正气而生，与万物不同。既为人，须尽得人理，然后称其名。众人有之而不知，贤人践之而未尽，能充其形，惟圣人也。"② 儒家的"践形"理念认为，每个人都应将自己的生命存在视为幸运、珍贵的，都应自觉地遵循"人"的那些原则去生活；死亡是人生的必然终结，也应坦然接受，这就是充实、完善的一生。孔子曰："志士仁人，无求生以害人，有杀身以成仁。"（《论语·卫灵公》）孟子说："生亦我所欲也，义亦我所欲也；二者不可得兼，舍生而取义者也。"（《孟子·告子上》）儒家认为仁义的实现，高于生命的存在；

---

① （唐）孔颖达：《周易正义·卷首》，王弼、韩康伯注，中国致公出版社 2009 年版。
② （宋）朱熹：《孟子集注·尽心上》，载《四书章句集注》（新编诸子集成第一辑），中华书局 1983 年版。

在两者发生冲突、不能兼有的情境下，应该为践履仁义——某种伦理道德原则而舍弃生命选择死亡。可以看出，面对死亡这一"生命黑洞"，佛家和儒家有完全不同的理论的和实践。佛家"涅槃"理论通过独特的想象、独特的修炼，在这种痛苦中注入"常、乐、我、净"的思绪，将其消融，给予人的心灵以莫大的慰藉。儒家理论不能融化掉死亡带来的人生最大和最后的痛苦；但是儒家"践形"的理念，却能使人首先形成一种在万物中作为人的根本的自觉，人应为此感到宽慰与满足。这样，在生死面前也能形成一种坦然的态度，正如宋儒张载所说："存，吾顺事，没，吾宁也。"① 儒家"舍生取义"的理念，确立了人的生活中有高于生死的道德价值和人生意义的存在，使人能在某种特殊的道义与生命对立的情境下，有力量克服由死亡的痛苦所带来的压力，获得也能主动舍弃生存而选择死亡的精神自由空间；这种对死亡的选择，乃是对道义的选择，对生命应有的尊严的选择。儒家对待死亡的态度是理性、真实的。章炳麟在唯识学立场上对儒学的第一项研判，即对儒学总体理论形象的观察和判定，是一个处在甚低义理层次上的思想观念体系，是有盲区和可被质疑的。

第二，儒学理论范畴的唯识学观念判定。章炳麟在他的唯识学的理论视野里捕捉了许多儒学的理论范畴、思想观念，如"性""人心道心""绝四"，《周易》"乾""坤"诸卦象，等等，然后用唯识学的理论观点予以诠释。这里且以他对"性"（人性）、"人心道心"的界定为例，辨析其儒学观的特色。章炳麟说：

> 儒者言性有五家：无善无不善是告子也，善是孟子也，恶是孙卿也，善恶混是扬子也，善恶以人异殊上中下是漆雕开、世硕、公孙尼、王充也……诸言性者，或以阿罗耶当之，或以受熏之种子当之，或以意根当之。②

> 昔人言性者，皆非探本之谈，不知世所谓善恶，俱由于末那识之四种烦恼。③

---

① （宋）张载：《张子正蒙·乾称》，上海古籍出版社2000年版。
② 章炳麟：《国故论衡·辨性上》，载《章氏丛书》（铅印本），上海右文社1915年版。
③ 章炳麟：《菿汉三言·菿汉微言》，上海书店出版社2011年版。

> 以藏识为性者，无善无恶者也；以藏识所含种子为性者，兼其善恶者也。①

章炳麟对秦汉儒者不同的性之善恶观点概括得很完整，并用唯识学的"八识"观念做出基本判定：性无善恶，是阿赖耶识的本然状态；性有善有恶，是阿赖耶识（藏识）含藏受熏的种子，是末那识（意根）中的"四种烦恼"。章炳麟以唯识理论对人性的这两点判定，都与儒家不同：儒家的"人性善恶"是对人之本性或人性品质的道德性评断，不是指人的意识状态；正统儒家坚持人性本善，不是无善无恶。

"人心惟危，道心惟微"是古文《尚书·大禹谟》中出现的命题。汉唐经学家从总结治理国家的经验角度训解，认为"人心惟危"意谓人的心绪，常是动荡不安；"道心惟微"是指根本法则，往往深奥难明。治理国家要保持专一、精诚，履行中道。宋代理学家将"人心""道心"转移到个人修养的角度来诠释，界定："只是这一个心，知觉从耳目之欲上去，便是人心；知觉从义理上去，便是道心。"② 即"道心""人心"是人的知觉活动或是符合"天理"，或是表现"人欲"的两种道德性质对立的心理状态。③ 章炳麟则以唯识学理论诠释曰：

> 人心者，有生之本，天地万物由此心造，所谓阿赖耶识，所谓依他起自性也；道心者，无生、无有天地万物，所谓真如心，所谓圆成实自性也……后儒直以人心为欲，道心为理，不悟理欲皆依人心，若"道心"则亦无所谓理也，谓之"道心"，亦不得已而为之名也。④

章炳麟援引"八识""三性"的唯识学理论判定"人心"为对流变现象的认知，而"道心"则是对恒定本体的认知。很明显，这种诠释既迥异于古文经学的训解，也不同于理学的观点。儒家的理论观念、命题在章炳麟这里都要经历佛家唯识理论的改造。

---

① 章炳麟：《菿汉三言·菿汉昌言》，上海书店出版社2011年版。
② （宋）黎靖德：《朱子语类》卷七十八，中华书局1986年版。
③ 朱子说："只是一人之心，合道理底是天理，徇情欲底是人欲。"（黎靖德：《朱子语类》卷七十八，中华书局1986年版）。
④ 章炳麟：《菿汉三言·菿汉昌言》，上海书店出版社2011年版。

第三，儒学内部纷争的唯识学观念判定。在儒学的历史发展中，儒学内部不时会出现因对同一范畴、命题、观念不同理解而引起的争论。章炳麟试图用唯识学理论予以裁定，消解他们的困扰。这里且以他如何消弭分别出现在宋明理学本体论和工夫论中的两个纷争为例，来研判他的这种努力。

例一，理气关系之争——一个本体论问题的争论。章炳麟说：

> 宋明诸儒之辨，困于理气。所谓理，即道体，而五常属焉；所谓气，则以知觉运动当之。理犹佛典所谓法，气犹佛典所谓生。有生已空而法未空者矣，宋儒谓理在气先，可也；现见人类有生然后有道义，明儒谓理丽于气，即气之秩序不紊者，亦可也……以妄见天地万物言，唯有知，气则知之动，理则知所构也；以本无天地万物言，唯有知，所谓本觉也。了此者，奚困于理气为？[1]

理与气是宋明理学中的两个最重要的范畴。朱子界定说："理也者，形而上之道也，生物之本也；气也者，形而下之器也，生物之具也。"[2]理与气的关系是宋明理学中歧解最大的问题。朱子的观点是，从本体论的角度看（朱子"以本体而言也"），理在气先，"虽未有物而已有物之理"[3]；从宇宙论角度来看（朱子"以流行而言也"），理气不可分，"二物浑沦，不可分开各在一处"[4]；就理学的立场而论，朱子对理、气的界定是明确的；对理、气关系的概括是周延的。明代儒者缺乏朱子那样的形而上之思，是从形而下的、经验的角度理解、确认理、气关系。先是曹端、薛瑄对朱子既判定"理先气后"，又认为"理气不可分"感到困惑、怀疑；后来罗钦顺、王廷相则更进一步抛弃"理先气后"，走到理、气永不可分的、以气为本体的理论立场上。理气关系之争是宋明理学历史上，因本体论观点不同而引起的、客观存在的不可弥合、不可消解的理论分歧。章炳麟以佛典"法"之两义来解说理与气，宽泛地说，和理学以形

---

① 章炳麟：《菿汉三言·菿汉昌言》，上海书店出版社 2011 年版。
② （宋）朱熹：《朱文公文集·答黄道夫一》，四部丛刊版。
③ （宋）朱熹：《朱文公文集·答刘叔文一》，四部丛刊版。
④ （宋）朱熹：《朱文公文集·答刘叔文一》，四部丛刊版。

而上、形而下界分理与气有某种可类比性；超脱理本体论或气本体论的特定理学立场，对宋儒理先气后和明儒理附于气的不同观点，皆予以认可，也是可成立的。换言之，在佛家"法"观念角度上，宋明诸儒理、气关系的两种观点是可以兼容的。章炳麟又进而援用唯识学"三性"观念研判：若以执着于天地万物的"妄见"观（遍计执性），理、气皆是"知"（识）所生，"知"的不同呈现（"知之动"与"知所构"），皆是人的知觉状态，不存在理、气"形上形下""先后"的对立；若以"本觉"言（圆成实性），本无天地万物，唯有知，理、气本身亦不存在，这样，宋明理学中的理气问题也就被彻底取消了。

例二，"致良知"与"体认天理"之争，即一个工夫论问题的争论。章炳麟说：

> 延平云默坐澄心，体认天理；甘泉言随处体认天理；阳明称致良知，亦随其动静为之，天理不外良知。天理犹佛家言真如，良知犹佛家言本觉。揭真如，人犹汗漫无所从入，一言本觉，则反心而具。天理与良知亦此比例，二说但了义不了义分耳。然王、湛二公门庭已别，其后遂滋争论，苟循其本，三家竟无异也。①

宋明理学中的理论纷争，除了发生在不同理论派别间（理本体论、气本体论、心本体论间），在同一理论派别内部也有发生。章炳麟这里论及的是明代心学内部姚江心学（王守仁）和江门心学（湛若水）在修养方法（工夫论）上的"致良知"与"体认天理"间的歧见之争。王、湛在心学工夫论上的分歧，根源于他们心学本体论上的差别。虽然王、湛都具有"心外无物"心学本体论的根本特征，但其意涵有所不同：王守仁之意是"千变万化，莫非发于吾之一心"②，湛若水之意是"心体物而不遗，何往而非心"③。显言，王阳明的"心外无物"是谓事物皆为心之所发，产生于知觉之中，存在即是感知；甘泉的"心外无物"是指事物皆为心所体认；包容于知觉之中，存在融于感知。这样，在工夫论中，在王

① 章炳麟：《菿汉三言·菿汉昌言》，上海书店出版社 2011 年版。
② （明）王守仁：《阳明全书·书诸阳伯卷》，中华书局 1936 年版。
③ （明）湛若水：《湛甘泉先生文集·答太常博士陈惟浚》，齐鲁书社 1997 年版。

守仁那里，良知即天理，致良知即是达天理，"一语本体，即是工夫"，工夫论与本体论已不能或无须分辨，"本体工夫合一"①；但在湛若水这里，却是"随处体认天理"②，"天理"还是人心或感知之外的存在，还需要有一个"体认"的修养过程，才能达到。在宋代理学的背景下观察，阳明心学彻底跨越了朱子理学的樊篱，而甘泉心学还没有走出朱子学的范围。章炳麟以佛家"真如"与"本觉"的关系来类比宋明理学中的"天理"与"本心"（心、良知），对阳明心学来说，或许有所吻合；而用于甘泉心学就有了差错，映照朱子的业师李侗（延平）的平实修养方法的"默坐澄心，体认天理"，更是不类了。儒、佛间毕竟各自拥有不同的理论逻辑，所以佛学真如、本觉之论，既弥合不了明代心学的"致良知"与"体认天理"的王、湛之争，也消解不掉明代心学与朱子理学间的差异。

章炳麟用佛家唯识学理论审视儒学得出的诸多结论，尽管从儒家的历史和理论立场上来看，多有可质疑、欠准确之处，但是这种审视启示了被定位在诸子学位置上的儒学，还可以从诸子学本身、西方哲学以外的佛学中得到诠释，得到义理的充实，还是具有理论意义的。

五 结语

20 世纪初，顺应中国社会政治制度的变革，儒学被从长期以来作为国家意识形态的地位上剥离出来，在国家教育体制中被肢解，儒学面临着能否继续存在或以何种形态继续存在的严重危机。章炳麟将儒学定位在诸子学的位置上，儒学可以以一种历史的、义理的学术形态出现了。章炳麟还说：

> 九流皆言道，自宋始言道学（原注：理学、心学皆分别之名），今又通言哲学矣。③

原来我国的诸子学，也就是现在的西洋所谓哲学。中国有特别的

---

① （明）王守仁：《阳明全书·传习录下》，中华书局 1936 年版。
② （明）湛若水：《湛甘泉先生文集·阳明先生王公墓志铭》，齐鲁书社 1997 年版。
③ 章炳麟：《国故论衡》下卷，载《章氏丛书》（铅印本），上海右文社 1915 年版。

根本，外国哲学是从物质发生的，注重物质，所以很精的。中国哲学是从人事发生的，有应变的长处，短处却在不甚确实。①

这样，章炳麟进一步将诸子学定位、定性在近现代学科分类的哲学的位置上。被肢解的、作为诸子学的儒学，以其"义理"内容在哲学的学术领域里获得了自己的立身之地。儒学是一种哲学，一种有自己独特内容的思想观念体系；儒学可以从中国固有的诸子思想中，从世界哲学的背景下，从某一独特哲学理论架构的视角里，做出审视、研判：这就是章炳麟对儒学的定位，对儒学的诠释模式。这一定位和诠释模式，此后逐渐建构和显现为 20 世纪中国儒学存在的主要形态。

（《中州学刊》2013 年第 12 期）

---

① 章炳麟：《说新文化与旧文化》，载《太炎学说》上卷，四川观鉴庐 1921 年版。

"五四"的文化选择与
今天的精神建设

　　标志着中国人民现代觉醒的五四运动已经过去 70 年了。亲身参加这一运动的当年的热血青年，如今大都走完了他们的人生旅程，生命消逝了；但是，"五四"青年追求民主和科学的启蒙精神，却仍然活在我们的心中，哺育着我们一代又一代人的成长。"五四"的青年和"五四"的精神，在我们的感情里，在我们心中的祭坛上，永远具有亲切而又崇高的位置。

　　"五四"伟大而深远的文化的、精神的意义，在于它启动了古老的中华民族迈向现代化的进程，并且在这个转变的起点上做出了两个具有决定意义的文化选择：在传统文化和西方文化之间，"五四"时代觉悟的青年一致地选择了西方文化——民主和科学；在众说纷纭的西方改造社会的思想中，"五四"时代的革命青年毅然地选择了马克思主义。正是在这个意义上可以说，我们今天生活的文化性质是"五四"时代最先进的人们为我们选择的，我们今天生活的果实是"五四"时代最先进的人们播种下的。

　　"五四"时代的这两个基本的文化选择是具有历史客观必然性的。从鸦片战争到辛亥革命，充满耻辱、苦难、失败的中国近代历史，满目贫穷、愚昧、落后的社会现象，十分自然地促使觉悟的、热血的"五四"青年援引西方的资本主义的民主精神和科学思想来批判、否定产生这一切的封建主义的社会制度和传统观念。"五四"时代青年的这一文化选择的坚定立场，《新青年》杂志的《本志罪案之答辩书》有最为明确的表述：

"我们现在认定，只有这两位先生（民主与科学）可以救治中国政治上、道德上、学术上、思想上一切的黑暗，若因为拥护这两位先生，一切政府的迫害，社会的攻击笑骂，就是断头流血，都不推辞。"① 应该说，"五四"时代具有不同学术背景的青年对"民主""科学"的理解并不完全相同，然而在宽泛的意义上把民主、科学作为西方文化的根本精神的体现，作为和中国传统文化相对立的一种西方文化来选择，还是一致的。但是，进一步，为何更具体地在西方思想中做出一种选择，以引导中国的社会运动向前发展时，"五四"青年或"五四"新文化阵营则出现了明显的分歧。五四运动期间和稍后，世界著名的哲学家杜威和罗素，分别在中国进行了长达两年和一年的讲学活动，传播他们的哲学思想、政治观点，并对中国的社会改造提出他们的看法。他们建议中国"应该从一事一事上下手"②，"应该从平民教育入手"③。公正地说，杜威、罗素从他们独特的哲学立场和社会经验出发对中国社会问题所做的观察不是毫无道理的，所提的建议也是真诚的。以胡适为代表的"五四"新文化阵营中的一翼也正是这样主张的。但是，在当时那种国家分裂战乱、政治黑暗腐败、民族危机极其深重的历史情境下，这种改良主义的主张实在难以被忧心如焚的热血爱国青年所接受。同时，那时最有觉悟的青年也感到，作为这种改良主义的终点的资本主义也并不是理想的社会，当时比这两个哲学家的言辞更具有感召力的是一个社会事实，那就是在马克思主义指导下发生的俄国十月革命，一个用无产阶级的阶级斗争铲除旧社会的一切的十分成功的事实。从五四青年运动中进一步分化出来的共产主义知识分子毅然地选择了马克思主义，选择了俄国十月革命的"根本解决"的道路。中国人民的大多数理解、拥护了这个选择，为它付出了巨大的牺牲，终于创造出今天这样一个社会主义的社会，一种新的文化形态。

代表"五四"主流的两个基本的文化选择是历史客观必然性的产物。亿万人参加的社会历史运动不同于实验室里的物理和化学实验，不能再重复地发生一次，所以也就根本无法证明若是另外的选择，是否一定更正

---

① 陈独秀：《本志罪案之答辩书》，《新青年》6 卷 1 号，1919。
② 〔美〕杜威：《社会哲学与政治哲学》，《新青年》7 卷 1 号，1919。
③ 〔英〕罗素：《在 1920 年新学会欢迎会上的答词》，《罗素月刊》第一期，1920。

确、更成功。然而今天看来，"五四"的文化选择也确有其不足之处，它对中国传统文化的否定和对马克思主义的理解，都有简单化的倾向，70年来由这两个选择引导的社会历史运动所形成的今天的文化形态中，明显地存在着理论上的缺陷或观念上的空白，都与此有关。

"五四"对中国传统文化，特别是对以儒家思想为主体的传统思想缺乏一种深刻的、冷静的洞察，未能发现它在中国现代化进程中或现代社会生活中可以继续发挥积极作用的那种符合人性的、具有永久生命力的基本精神，而从整体上对它采取彻底否定的态度，认为"祖宗之所遗留，圣贤之所垂教，政府之所提倡，社会之所崇尚，皆一文不值也"①。事实上，被中国悠久历史一代代传递的中国传统思想的基本精神，是一种在理性的道德自觉基础上而产生的对国家、民族、家庭真诚的、热烈的责任感和义务感，在鲁迅所说的"中国的脊梁"的胸膛里，在践行"见危授命""天下兴亡，匹夫有责""先天下之忧而忧，后天下之乐而乐"的高尚心灵中，鼓动着的都正是这种精神，甚至"五四"的反传统本身也蕴含着、表现着这种传统精神。这就表明中国的传统思想就其基本精神而言，不仅是凝聚我们民族，使其生存、延绵发展的精神基础，而且也可能成为我们现代化进程的精神动力。不幸在于，在长期的封建社会制度下，中国传统思想的基本精神，经常地被封建专制的政治制度和宗法观念扭曲变形，理性的道德自觉变成卑俗的宗法的、政治的屈从，本来是对人性的一种提高的伦理道德变成了无人性的"吃人"的礼教。在西方个性自由的观念映照之下，"五四"青年对此有最深切的感受，他们对传统文化和思想的激烈抨击是完全可以理解的。但这种激烈的观点毕竟酿成一种甚为普遍的文化心态和学术倾向，即对自己固有的文化传统、思想传统的轻蔑和自卑，漠视，甚至放弃了用现代哲学思想和科学观念来不断地充实、升华自己的传统思想、传统精神这样一个极为重要的理论事业和精神建设。"五四"以来，在我们这个国家里，以伦理道德的理性自觉为本质内容的传统精神，由于得不到现代理论的升扬和现代生活的充实，正在衰落下去，精神生活上的"空白"正在漫延扩展，免遭并抵御被愚昧、迷信、邪恶的观

①　陈独秀：《敬告青年》，《新青年》1卷1号，1915。

念浸染的能力正在削弱。所以在中国传统的伦理道德精神中，在对自己的国家、民族的真诚、热烈的责任感和义务感中，注入一种现代的民主、科学精神，消除其中残余的封建宗法观念，把它建立在个性充分自觉的主体观念之上，建立在道德的实现是人的自我实现的一个重要内容这样理性自觉的基础之上，应该是今天一项极为重要的精神的、观念的建设。

"五四"对马克思主义的认识也受到历史条件的限制。"五四"时期的共产主义知识分子，为了"根本解决"中国问题而选择了马克思主义和俄国十月革命道路，认为"经济问题的解决，是根本解决"，而对于"阶级竞争说，了不注意……那经济的革命，恐怕永远不能实现"。① 可见，中国共产主义者从一开始在理论上大体把握的就是阶级斗争和生产资料所有制变革这两个马克思主义的基本点，中国的民主革命和社会主义革命正是在这两个基本观点引导下运行的。今天的现实表明，进入社会主义建设时期以后，在本质上仍然是以马克思主义这样两个基本点为根据而制定的政治战略和经济战略指导下，频繁发生的政治运动的干扰，机制不健全、效率不高的社会体制的约束，都使得中国现代化的进程在现时代的世界发展背景下显得十分缓慢了。社会生活从许多方面要求对以 19 世纪欧洲自由资本主义的社会现实和科学水平为经验基础而形成的马克思主义做出重要的补充和发展。像世界范围内的马克思主义学者那样，努力从构成马克思主义宽广基础的马克思早期思想中和马克思晚年对人类社会历史根源做出进一步思考的人类学笔记中进行发掘，以充实、显化马克思主义所固有的人性的、人道的内容，这固然是有理论的和实践的意义的，但同时，更要从经典马克思主义理论视野之外的现代科学思想中吸取营养来丰富马克思主义的哲学理性，以当代资本主义创造的社会发展经验来补充马克思主义对人类命运和历史进程的观察，从而形成对中国现代化进程和发展前景科学的而不是空想的指导思想和奋斗目标，把全体人民团结起来，振奋起来。显然，这也是沿着"五四"的文化选择而发展成中国今天所面临的一项重要的、精神的、观念的建设。

由"五四"的两个文化选择所开始的中国现代化进程已经取得了伟

---

① 李大钊：《再论问题与主义》，《每周评论》第 357 号，1919。

大的成绩，但也是十分艰难的。现代化进程本来就是社会生活整体向前运动的过程，它不仅需要和表现为先进的科学技术、发达的工农业生产，也需要和表现为精神、观念的不断成长、更新。中国的现代化进程始终是在一种充满着危机感的紧迫情势下进行的，更需要一种持久、有力的精神力量支持和推动。从"五四"以来的70年历史看，中国传统思想"天下兴亡，匹夫有责"的责任感，马克思主义"人的解放"的远景，产生了这种精神力量。然而在今天，只有对马克思主义和中国传统思想自觉地、不断地注入具有时代精神的民主思想、科学思想，才能孕育出新的推动、支持现代化进程所必需的精神力量，这是"五四"留给我们的任务，也是"五四"传给我们的精神。

（《中州学刊》1989 年第 4 期）

梁漱溟：一种文化自觉

　　20 世纪，在中国社会变革、社会进步的进程中，有一个伴随这一进程始终、几乎是引起所有学者关注和融入他们智慧的思想运动，这就是对自己历史悠久的、处在衰退中的传统文化的反思。作为思想家梁漱溟先生，应该说是在这场思想运动中立下了第一块历史丰碑的人物。

　　梁漱溟先生生于 1893 年，卒于 1988 年。1952 年，他在《我的努力与反省》一文中曾表白自己生平有两个志向与努力："一是基于人类生命的认识，而对孔孟之学和中国文化有所领会，并自信能为之说明；一是基于中国社会的认识，而对于解决当前大局问题，以至复兴民族的途径，确有所见，信其为事实之所不易。"① 文化反思是他生命和事业中最重要的组成部分。从 1922 年他出版成名之作《东西文化及其哲学》，到 1975 年 82 岁时撰写完毕的总结之作《人心与人生》以及在此期间完成的《中国文化要义》（1949 年）等，梁先生都一直在以一种独特的理论眼光和生活体验诠释着中国文化传统，表现着文化自觉。

　　梁先生文化反思的诸多结论，或者说表现出的文化自觉，可以归结为属于不同理论层面上的三个主题。

　　第一，在世界文化的背景下，确定中国文化的根本特点。梁先生认为："一家民族的文化不是独立绝缘的，是处于一个总关系中的……从以往到未来，人类全体的文化是一个整东西，现在一家民族的文化，便是这全文化中占一个位置的。"② 换言之，中国文化的根本特点，也必须在世界

---

① 梁漱溟：《我的努力与反省》，漓江出版社 1987 年版，第 289 页。
② 梁漱溟：《东西文化及其哲学》，载《梁漱溟全集》第一卷，山东人民出版社 1989 年版，第 353 页。

文化的背景下才能显现出来。基于这样的理解，他以"人生态度"（意欲），将人类文化内容区分为三类问题（人与自然、人与人、人与己）、三种路向（向前、持中、向后）；将中国文化的根本精神界定为与走"向前"路向的西方文化和走"向后"路向的印度文化皆不同的"自为、调和、持中"路向①。也是基于这样的理解，他又以现量（感觉）、理智、直觉三种思维方式作为区分印度、西方和中国三种文化或生活方式的哲学特征②。他还从物质生活、社会生活、精神生活三个方面比较了这种观念上和"路向"上的差异造成的中国文化和西方文化在实际生活上的差别和距离。梁先生援引哲学心理学和唯识佛学的观念建构了用以三分世界文化的判据，其理论基础可能是不坚固的（他自己对此也不断有所修正），但在逻辑上却是周延的；他对中国社会较之西方世界的落后状况是清醒的，但对中国文化路向在未来的复兴上却也保持着信心。就人类文化进步的一般历程而言，完善人与人之间的关系，必将在妥协人与自然的关系之后提上日程。

第二，在中国文化的层面上，研判它的根本特质。梁先生认为，"孔子以前的中国文化差不多都收在孔子手里，孔子以后的中国文化又差不多都由孔子那里出来"③，"中国文化之流传到现在，且一直为中国民族所实际受用者，是周孔以来的文化"④。也就是说，梁先生判定中国文化的根本特质和种种表现，都是由周孔儒学（周公制定礼乐制度，孔子传播礼乐经典）决定的⑤。梁先生进而判定，周孔儒学模塑出的是一种"伦理本位"社会，它的最重要特点有两个。一是缺乏集团生活。梁先生认为，伦理本位的社会生活建

① 梁漱溟：《东西文化及其哲学》，载《梁漱溟全集》第一卷，山东人民出版社 1989 年版，第 383 页。

② 梁漱溟：《东西文化及其哲学》，载《梁漱溟全集》第一卷，山东人民出版社 1989 年版，第 485 页。

③ 梁漱溟：《东西文化及其哲学》，载《梁漱溟全集》第一卷，山东人民出版社 1989 年版，第 472 页。

④ 梁漱溟：《中国文化要义》，学林出版社 1987 年版，第 101 页。

⑤ 梁先生虽然判定中国文化是出于儒学，但他并不否认其他思想流派历史上在中国社会生活中的作用。如他说："汉初法制率因于秦，而思想作风又取黄老，岂得以一儒家概之？二千多年历史不须细数，总之应该说，儒家、道家、法家（甚至还要加上佛家）杂糅并存，方合乎事实……然其间儒家自是居于根本地位，以摄取其余二者。不止实际政治如此，即在政治思想上亦复如此。"（《中国文化要义》，学林出版社 1987 年版，第 217～218 页）。

构，基本上是"取义于家庭之结构，以制作社会之结构"①，因此集团生活（公共生活）不发达，与此相连的民主、自由、法治等观念和制度也不能产生。二是缺乏宗教。梁先生认为，宗教是人类最早的文化现象，它必须有"超绝"的根据和"勖勉"的功能②，作为礼乐制度和伦理道德观念体系的周孔儒学，它的理性品质，使它不能成为宗教；它的教化作用，却又可以代替宗教，这样就产生了中国文化"缺乏宗教，以家庭伦理生活来填补它"③的鲜明特点。梁先生对中国文化由其儒学特质而形成的这两个特点的判定，应该说是很准确、很深刻的。

第三，在儒学的层面上，探究的是儒学本身的特质及其形成之根源。在这里，梁先生选择人之生命和人之心理这两个切入点来诠定儒学的特质。梁先生认为，人类的生命是从物类生命演进而来，既有类近动物的一面，又有高远于动物各种可能性的一面，"儒学之为学也，要在亲切体认人类生命此极高可能性而精思力践之，以求'践形尽性'，无负天之所予我者"④。儒家伦理道德的理论和实践，都可以诠释为是"生命上自己向内用功进修提高的一种学问"⑤。梁先生还认为："凡是一个伦理学派或一个伦理思想家，都有他的一种心理学为其基础，或者说，他的伦理学都是从他对于人类心理的一种看法而树立起来。"⑥梁先生对儒学心理学基础的阐释，早年是从唯识学界分建构知识的三种方式（心理作用），即在现量（感觉）、比量（理智）、非量（直觉）中，判定可用直觉⑦来解释儒

---

① 梁漱溟：《中国文化要义》，学林出版社1987年版，第88、87页。
② 梁漱溟：《东西文化及其哲学》，载《梁漱溟全集》第一卷，山东人民出版社1989年版，第418页。
③ 梁漱溟：《中国文化要义》，学林出版社1987年版，第96页。
④ 梁漱溟：《儒佛异同论之二》，载《东方学术概观》，巴蜀书社1986年版，第8页。
⑤ 梁漱溟：《儒佛异同论之二》，载《东方学术概观》，巴蜀书社1986年版，第5页。
⑥ 梁漱溟：《人心与人生·自序》，载《梁漱溟全集》第一卷，山东人民出版社1989年版，第327页。
⑦ 梁先生对"直觉"的界定是："受想二心所对于意味的认识，就是直觉……直觉所认识的只是一种意味精神、趋势或倾向……直觉是现量与比量之外的一种特殊心理作用。"（《东西文化及其哲学》，载《梁漱溟全集》第一卷，山东人民出版社1989年版，第400~401页）简言之，梁先生的"直觉"是对一种流动的、意象的对象的体验的把握。梁先生坚持将"直觉"界说为一种主观的认识状态，与柏格森将"直觉"解说为主客观融为一体的认识形式不同。

学的基本范畴和思想。例如，他将儒学之"仁""天命"诠释为一种直觉的心态①，"礼乐不是别的，是专门作用于情感的，它从'直觉'作用于我们的真生命"②。后来，他又从一般心理哲学立场，将人的心理中与"理智"相对的"理性"③ 作为儒学的特质之根源，用以解释儒学所表现出的社会功能。例如，他解释中国"伦理本位社会"形成时说："中国伦理本位的社会，形成于礼俗之上，多由儒学倡导而来。现在我们要说明儒家之所以如此，正因为其有见于理性，看到人之情义，实践此情义。"④他又解释中国"民族精神"时说："在儒家领导之下，二千多年间，中国人养成一种社会风尚，或民族精神，分析言之，约有两点：一为向上之心强，一为相与之情厚。"⑤ 所以他认为儒家最重要的特色可称为"理性至上主义"⑥。梁先生除了从人之生命和心理这两个切入点来诠释儒学特质外，还在与佛家、道家的对比中，判定和凸显儒学的独特品质，如他比较儒佛异同时说："两家同为在人类生命上自己向内用功进修提高的一种学问。然在修养实践上，儒家则笃于人伦，以孝弟慈和为教，尽力于世间一切事务而不息，佛徒却必一力静修，弃绝人伦，屏除百事焉。"⑦ 在对宇宙本体的求证上，"佛家旨在从现有生命解放出来，实证乎宇宙本体，儒家反之，勉于就现有生命体现人类生命之最高可能，彻达宇宙生命之一体性"⑧。又比较儒道异同时说："两家同于人类生命有所承认，同在自家生

---

① 梁先生诠释"仁"曰："敏锐的直觉，就是孔子所谓仁……人类所有的恶都由于直觉麻痹，所有一切诸无不出以直觉，即无不出自孔子所谓仁。"又诠释"天命"曰："所谓天命原很难讲，大概说去就是指那造化流行而言……墨子非命，而孔家知命，其对待之根本在用理智与用直觉之不同。"（《东西文化及其哲学》，载《梁漱溟全集》第一卷，山东人民出版社1989年版，第466页）
② 梁漱溟：《东西文化及其哲学》，载《梁漱溟全集》第一卷，山东人民出版社1989年版，第468页。
③ 梁先生对"理性"的基本解说是："理性、理智为心思作用之两面：知的一面曰理智，情的一面曰理性。"（《中国文化要义》）可见，梁先生的"理性"还是个心理学概念（情感），不是如康德哲学或一般知识论中所指的那种在感性、知性之上的人的最高认识能力理性。
④ 梁漱溟：《中国文化要义》，学林出版社1987年版，第138页。
⑤ 梁漱溟：《中国文化要义》，学林出版社1987年版，第134页。
⑥ 梁漱溟：《中国文化要义》，学林出版社1987年版，第134页。
⑦ 梁漱溟：《儒佛异同论之二》，载《东方学术概观》，巴蜀书社1986年版，第14页。
⑧ 梁漱溟：《儒佛异同论之二》，载《东方学术概观》，巴蜀书社1987年版，第17页。

命上用功夫，但趋向则各异。儒家为学本于人心，趋向在此心之开朗以达于人生实践上之自主、自如。道家为学所重在人身，趋向在此身之灵通而造乎其运用自如之镜。"① 这些论断在事实的准确性和理论的深刻性上都超越了宋明儒家的儒佛之辨、儒道之辨。

从以上所述可以看出，梁先生对中国文化的反思，首先是在世界文化的背景下确定了中国文化的位置，然后进一步判定中国文化的儒学特质，最后又审视追寻了儒学特质形成的生命和心理根源。这种由远及近、由粗入细努力发现中国文化固有因素的文化反思，其学术见解和理论构架，是很全面合理的；较之当时以社会发展阶段论和阶级论为基础的中国马克思主义和以西方近现代自由、民主理念为准绳的中国自由主义的文化反思，也是独具特色的。在这个文化反思的理论构架内，梁先生也论述了为当时舆论盛谈的中国文化"十四特征"、中国民族品性"十项优劣"、中国文化"五病"等话题，从容回答了那个时代中国人最感急切的中国为何没有科学、没有民主的问题，并给出了一个最终的、唯一的答案："所有中国文化之许多特征，其实不外一'文化早熟'之总特征。或问：此早熟又由何来？早熟就是早熟，更无谁使之早熟者。"② 梁先生的最终结论肯定不是不同理论立场上的文化反思都能接受的，但这个结论所依据的主要事实——中国文化在处理人与自然、人与人、宗教和道德、理智和理性等关系时，在态度和行为上所表现出的何取何舍、何轻何重等皆有异于西方文化，却是真实的；这个结论内蕴和要推出的文化自觉——对中国文化生命力的自信和对其缺弱的反省，无论对当时和现在，都是需要的、珍贵的。

（《孔子研究》2004 年第 5 期）

---

① 梁漱溟：《道家之学》，载《东方学术概观》，巴蜀书社 1987 年版，第 141～142 页。
② 梁漱溟：《中国文化要义》，学林出版社 1986 年版，第 319 页。

新理学的理论品格

　　冯友兰先生是 20 世纪中国学术舞台上一位创造了丰富的精神产品、产生了巨大影响的哲学家，一位儒学大师。冯先生在我们民族灾难与复兴共存的抗日战争期间，撰写了统称为"新理学"的《贞元六书》，无疑是他的学术生命中最重要、不会被人们遗忘的组成部分。冯先生在晚年曾对他的这六部书的内容有一个总的概括："这六部，实际只是一部书，分为六个章节，这一部书的主要内容是对中华民族的传统精神生活的反思。"①深味《贞元六书》，每每会感到在冯先生的生命精神中，在他的理论思考中流淌、迸发着一种根系于民族灾难而产生的痛苦感情和对民族复兴的热烈期待和信心。新理学有它自己十分独特独立的哲学立场和眼光，在当时的背景下，从不同的、另外的哲学立场或理论角度对它提出批评，与它论争，都是十分自然的。时过境迁，今天我们可以宽容地将这些作为一种历史经验、历史遗产来看待与研究了。对于新理学本身，我们也可以而且应该从冯先生所提示的这个主要内容上来进行观察和评价。从这个观察点上，我们可以看到新理学具有一种甚为可贵、今天仍然是有价值的理论品格。这种品格，可以说有三个重要的表现或内涵。

　　第一，新理学浸润于现代西方哲学思潮中，在准确理解和有拣择地吸纳西方哲学理论观念的同时，顽强地保持着中国哲学的特质。正如学术界所共同判定的那样，与新理学在理论渊源上关系最密切的现代西方哲学思潮，是美国新实在论和维也纳学派的逻辑实证主义。在西方现代思潮中，

---

① 冯友兰：《三松堂全集·三松堂自序》，河南人民出版社 1985 年版，第 229 页。

这两个哲学流派有共同的西方近代经验主义的根源，但各自不同的理论主题，使它们逐渐分流开来。大体上可以说，支撑全部新理学"共相潜在"的观点和作为新理学最鲜明特色的逻辑分析方法，分别来自这两个学派。但冯先生绝不是新实在论者，也不是逻辑实证主义者，他是一位典型的中国现代新儒家。美国的六位新实在论者曾一致界定说："新实在论主要是研究认识过程和被认识事物间的关系的学说。"① 所以新实在论的"共相"是一个认识论中的哲学概念，是一个与二元论、主观论（唯心论）皆不同的关于认识对象之本质的观念，其主要内涵是指认识对象的普遍的、共同的属性或逻辑性质的"类"。其与二元论的不同，在于这种事物本质并不是与心对立的外界客观对象（物），而是呈现于人的认识过程中对象之某种属性。新实在论在事物间的关系问题上，采取"外在关系"说，所以与主观论也不同，共相虽然在认识过程中呈现，但与人的主观认识并无内在关系。这种普遍共同属性并不产生于人的主观认识，而是独立于人的认识并永远地"潜在"着的。冯先生新理学中的共相，当然也还具有新实在论的这种属于认识论性质的基本内涵，它是"类"，是物之"有以同"②，但更经常的是指"理""真际"。新理学认为"理之实现于物者为性"③，"理世界在逻辑上先于实际世界"④。新理学以此种共相说认同和诠释程朱理学的"理先气后""体用一源"的基本观点，表明新理学中的"共相"已越出认识论的范围，成为宇宙论（存在论）的实在，甚至具有本体意蕴的内涵，成为一种可称为"真际"的"纯客观"实在。这样，新理学"共相"观念所要论说的理论主题和所处的理论层面都离开新实在论而归向中国哲学。因为承认"天"或"理"最终客观根源的存在，正是中国哲学尤其是儒学的特质和传统。冯先生于此有十分明确的认定，他说："中国旧日的理学，亦是纯客观，中国人的精神为旧日理学所陶养者，亦是纯客观底。"⑤ 新理学的方法在形式上与维也纳学派有某种相似

---

① 冯友兰：《新实在论》，商务印书馆 1980 年版，第 8 页。
② 冯友兰：《三松堂全集·新理学》，河南人民出版社 1986 年版，第 23 页。
③ 冯友兰：《三松堂全集·新理学》，河南人民出版社 1986 年版，第 32 页。
④ 冯友兰：《三松堂全集·新原道》，河南人民出版社 1986 年版，第 150 页。
⑤ 冯友兰：《三松堂全集·新原道》，河南人民出版社 1986 年版，第 25 页。

或关联，即新理学认同维也纳学派以逻辑分析为哲学基本方法的观点，亦认同其作为逻辑分析起点对命题的划分和对命题意义的界定。但是，再进一步，新理学就显露出它与维也纳学派的差别。这种差别，用冯先生的话来说，是"辨名"与"辨名析理"的不同。他说："照我们的看法，逻辑分析法就是辨名析理的方法。这一句话，就表示我们与维也纳学派不同，我们以为析理必表示于辨名，而辨名必归于析理。维也纳学派则以为只有名可辨，无理可析。照他们的意见，逻辑分析法，只是辨名的方法，所谓析理，实则都是辨名。"① 这种差别使新理学与维也纳学派分道扬镳，驰向完全不同的理论方向。维也纳学派的"逻辑分析"实际上是对命题做出语言学意义上的约定论解释，其目的在于拒斥并最终取消形而上学。新理学恰恰相反，它要通过逻辑分析的方法追寻到某种形而上的"理"之实在，建立某种"真正底形而上学"体系。冯先生毅然摆脱维也纳学派及新实在论的经验主义羁绊，执着地追索形而上学，正是一种中国哲学灵魂、中国哲学特质的表现。冯先生对中国哲学精神有着深刻的洞察与自觉，他说，"中国哲学有一个主要的传统，有一个思想主流，这个传统就是求一种最高的境界"②，而这种最高境界的构成，就是要有对宇宙整体的认识，要有对人生最后的觉解，这就是形而上学。所以冯先生宣称："新理学的工作，是要经过维也纳学派的经验主义，而重新建立形而上学。"③ 完全可以说，新理学在其某种现代西方哲学观念外貌下保存的是中国哲学的特质。

第二，新理学承接和诠释宋明理学（程朱理学）时，自觉地表现出崭新的现代理论观念，响应了时代要求。宋明理学（冯先生称之为"道学"）尤其是其中的程朱学派（冯先生称之为"理学"），是儒学历史上一个最为完整、成熟的理论形态，也是在历史上发生了巨大影响，而在明末清初以来逐渐衰落了的国家意识形态。理学的最高哲学范畴是"理"。在理学中，"理"与其他一系列思想范畴都有丰富的内涵，这些内涵都是理学家根据对儒家经典（主要是"四书"和《易传》）的诠解来确定的。但

---

① 冯友兰：《三松堂全集·新知言》，河南人民出版社 1986 年版，第 233 页。
② 冯友兰：《三松堂全集·新原道》，河南人民出版社 1986 年版，第 6 页。
③ 冯友兰：《三松堂全集·新知言》，河南人民出版社 1986 年版，第 223 页。

在这种诠解中往往含有体悟性的个人经验内容，因而有时也是模糊不一致的。对于这种已经衰落了的儒学理论，冯先生为什么还要在民族危机最深重的抗战时期"接着讲"？他曾十分真诚地回答说："我认为中国过去的正统思想既然能够团结中华民族，使之成为伟大的民族，使中国成为全世界的泱泱大国，居于领先的地位，也必能帮助中华民族，度过大难，恢复旧物，出现中兴。我当时的哲学思想，也接近于程朱道学。在当时希望对于抗战有所贡献的人，只能用他所已经掌握的武器。我所掌握的武器，就是接近于程朱道学那套思想，于是就拿起来作为武器，搞了'接着讲'的那一套。"① 显然，在冯先生看来，理学中蕴藏着我们的民族精神，他的"接着讲"就是要给予这种民族精神以新的现代观念的阐释，以向处于艰难危亡中的国家民族奉献自己作为一个学者所可能有的最好的贡献。新理学对理学的现代阐释，显然有两点是最重要、最基本的。一是新理学援用了一个经过它改造的现代西方（新实在论）哲学概念"共相"来诠释理学"理"的观念，将理学"理"中被朱熹"以本体言之"和"以流行言之"所留下的那些实际的、冯先生称之为"不免著于形象"② 的内容全部剔除，转变成"以逻辑言之"的表示"同""类"的形式的概念。但是从宇宙论、存在论的意义上说，它却是"潜在"的，是"真际""本然"的。新理学运用分析方法（主要是援引逻辑概念的蕴含关系），从"事物存在"这一唯一的经验事实出发，逻辑地分析出"理""气"两个观念，并进而又逻辑地综合出"道体""大全"两个观念。在这四个观念的基础上，新理学或同或异地重新解释了程朱理学诸如天道性命等主要观念，和"无极而太极""理一分殊""心统性情"等主要论题，以及社会政治道德方面的主要观点。从对宋明理学现代阐释的角度来看，新理学在一些具体理学问题上与宋明理学的或同或异并不重要，重要的是新理学将宋明理学中的两个基本观念——理与气，从原是哲学本体论或宇宙论预先设定的实在，转换为可以逻辑分析出的实在。应该说，这是传统理学向现代观念转变的一种尝试，在一定意义上也可以说是一种实现。二是新理学

---

① 冯友兰：《三松堂全集·三松堂自序》，河南人民出版社 1985 年版，第 260 页。
② 冯友兰：《三松堂全集·新原道》，河南人民出版社 1985 年版，第 146 页。

从逻辑分析立场上对宋明理学予以某种总体上的批评。新理学特别强调作为逻辑分析的哲学思辨理智特质和形式化特质。冯先生界定哲学说，"哲学乃自纯思之观点，对于经验作理智地分析、总括及解释，而又以名言说出之者"①，"哲学只对于真际有所肯定，但肯定真际有某理，而不必肯定某理之内容"②。从逻辑的形式化要求立场上，冯先生批评说，程朱理学"是有一定权威主义、保守主义成分，但是在《新理学》中把这些都避开了。按照我的意见，形而上学只能知道有'理'，而不知道每个'理'的内容，发现每个'理'的内容，那是科学的事"③。从逻辑的理智要求立场上，冯先生又批评说："宋明道学家说人之所以异于禽兽者时，他们注重在人的道德方面，而我们说人之所以异于禽兽者时，我们不只注重在人的道德方面，而亦注重在人的理智方面……宋明道学家所谓'人之至者'，是在道德方面完全的人。而我们所谓'人之至者'，是在道德方面及理智方面完全的人。"④ 冯先生从逻辑分析立场上对理学的"有权威主义""不注重理智"两点批评，应该说是对那个时代"民主"与"科学"呼声的响应。

第三，新理学在审视中国历史上各种哲学派别时表现出同情的理解和宽容对待的态度。儒家学者自孟子"距杨墨"开始，对异己的学术思想皆持有批评、排斥的态度，攻击佛老并要求划清儒释、儒道界线更是理学家经常的话题。但是，冯先生从他新理学"真际"的角度观察，不同的哲学思想体系都是"本然"的、"正宗"的。他说，"就真际、形上方面说，哲学及各种哲学系统皆是本然的，皆本来即有，各自具备，毫无欠缺"⑤，"凡是实际的哲学系统，能自圆其说，能持之有故，言之成理者，都是正宗的"⑥。冯先生因此具有十分宽容的学术心态。他虽然承接程朱理学，但并不拘泥于理学的道统观，认为孔子之道"是一道统，但不是

① 冯友兰：《三松堂全集·新理学》，河南人民出版社1986年版，第7页。
② 冯友兰：《三松堂全集·新理学》，河南人民出版社1986年版，第17页。
③ 冯友兰：《中国哲学简史》，北京大学出版社1985年版，第386页。
④ 冯友兰：《三松堂全集·新世训》，河南人民出版社1986年版，第389页。
⑤ 冯友兰：《三松堂全集·新理学》，河南人民出版社1986年版，第159页。
⑥ 冯友兰：《三松堂全集·新理学》，河南人民出版社1986年版，第161页。

唯一的道统"①；他虽然是位现代儒家学者，但却能突破儒学囿限，每每将完整的"中国精神"视为由中国固有的儒、墨、道等各家思想所共同构成。他说："什么是中国人的精神？是墨家儒家的严肃及道家的超脱，儒家墨家的'在乎'及道家的'满不在乎'。"② 冯先生此种宽容的、对儒外学说皆能给出同情的理解和毫无成见吸纳的学术态度，对于新理学所呈现出的理论面貌有重要的影响。一方面，这为新理学理论体系的充实和发展奠立了一个比较宽广、丰厚的观念基础。例如，在新理学体系中较晚出现的《新原人》中，在对人生精神境界做出划分时，于"道德境界"之上又立"天地境界"，在新理学体系中最后出现的《新知言》中，论形而上学的方法，于理智的逻辑分析"正的方法"之外，又增加了"负的方法"（直觉方法），这些都是新理学在认同、吸收道家和佛家思想后发生的理论观念的变化或增新。新理学因此变得更丰满、更周延。另一方面，新理学作为一个现代新儒学的理论体系，其理论的统一性和纯粹性却因此受到破坏。新理学是以理智的逻辑分析为主要方法或特色的，又是以程朱理学中的理论观念为分析对象的，本质上是排斥整体直觉的经验体悟方法。在《新理学》中，新理学的四个基本观念都已经有了逻辑的"正的方法"的说明和定位，在后来，《新知言》却又认为气、道体、大全需要用"负的方法"才能显现，这似乎是不一致的（当然，这对于新理学形而上学追求的实现来说，也还是必要的）。儒家的道德境界是以伦理的实现为主要内容。它包括了由家庭，及社会，及天地，即由"亲亲""民吾同胞""物吾与也"甚为宽广的领域。理学家说"穷理、尽性以至于命，一物也"（《河南程氏遗书》卷十一），在理学家看来，自觉地践履世俗伦理与"浑然与物同体"的宽广仁爱，只是儒家同一道德境界在不同境遇下的不同回应，并不是有高低区别的两种不同的精神境界。新理学将其分为"道德境界"与"天地境界"，就不再是纯正的儒家学术立场（当然，离开儒家的立场来看，这种区分也还是妥当的）。

新理学作为一个现代新儒学的理论体系，在异己文化哲学思想面前，

① 冯友兰：《三松堂全集·新理学》，河南人民出版社1986年版，第164页。
② 冯友兰：《三松堂全集·新事论》，河南人民出版社1986年版，第365页。

在准确地理解它和有选择地吸纳它的同时，能保持中国哲学的特质。对固有文化中的异己哲学思想也抱着宽容的理解与借鉴的态度，从而能在某种意义上将一个已经凝固了的、衰微的儒学理论形态，展现出新的风采。新理学的理论追求是否真正实现了，我们姑且不论，但它的这种独立而宽容、承旧而启新的理论品格，应该说是十分珍贵的，立得住的。它似乎还可以昭示我们，在现在和将来多元化世界文化格局中，具有这种品格的现代儒学，会生生不息，既能与不同文化友好相处，又能挺立其中。

（《中州学刊》1998 年第 5 期）

中国思想史领域的一位开拓者

中国思想史领域是一片富饶丰腴的学术土壤，这里蕴藏着中华民族几千年来一代又一代的思想精灵和悠久历史凝聚的传统精神。从 20 世纪初章太炎的诸子学开始，现代和当代许多卓越的学者，用不同的理论和方法在这块园地上耕耘，收获了自己的果实。侯外庐先生，作为一个马克思主义的历史学家、思想家和教育家，他的学术事业的丰碑也建筑在这个领域内。

侯先生在中国思想史领域内的建树，首先引人注目的是他亲自完成和领导完成的学术工程规模极为壮观宏大。1934 年，他的第一本中国思想史著作《中国古代社会与老子》问世以后的半个世纪里，他发表了中国思想史方面的文章达百十篇，出版专著 6 部 13 卷。其中，120 万字的《中国古代思想学说史》《近代中国思想学说史》是 20 世纪 40 年代抗日战争大后方的艰苦环境里独立完成的。正是在这两部著作中，显示出侯先生具有的学术开拓者那种理论学识的素养和能力。抗战胜利后到新中国成立初期的 10 年时间，在他主持并在他的学术思想主导下集体完成的《中国思想通史》卷帙最为浩大，共有 5 卷 6 册，260 万言。这部空前规模的学术著作，以论列的人物众多和征引的资料翔实见长，它对我们这个连绵不断古老文化的思想历程，从殷周之际到鸦片战争前夕，进行了完整而深入的论述，正在并将继续引导、启迪当代学子和后代子孙去认识自己民族的精神经历，提高自己的精神境界。应该说，这是侯先生和他的合作者对我们国家和人民做出的极有价值的贡献。

侯先生在中国思想史领域内的建树，更加重要的是理论上的开拓。他运用马克思主义的理论和方法，改变了中国思想史或学术史传统的"学案"面貌和近代资产阶级客观主义"述学"的描述方法，把它推到一个新的发展阶段。

黑格尔曾说："哲学史本身应当是哲学的。"[①] 我们看到，从朱熹《伊洛渊源录》以来的"学案"学术史，多注重学派流变的考镜和思想资料的构选，还没有充分的理论觉醒。中国现代资产阶级的学术史，如胡适的《中国哲学史大纲》，开始注入了哲学意识，他除了提出哲学史客观主义考据的"述学"方法外，还提出哲学史的"明变""求因""评判"三项目的。这在当时是有启迪作用的。但就思想的或哲学的深度而言，它有两个明显的弱点或不足：一是虽然胡适提出"明变""评判"，对历史上的思想现象得到了从某种理论立场上给予解释，但这都是一些孤立的、表象的解释，还没有一种理论的、逻辑的构架，以分析和揭示这些思想现象的内在联系和哲学性质；二是虽然胡适提出"求因"，但他所寻觅的却是"才性""时势""学术影响"等次生现象，历史上思想现象发生的最深刻的根源还处在他的思想史研究的视野之外。

在中国思想史领域内，资产阶级最卓越的学者能走到的终点，正是侯先生的起点。侯先生对自己思想史研究的方法和学术追求曾有明确的说明，他在《近代中国思想学说史·自序》中写道："本书所采的研究方法，仅'朴实'二字，这亦是正统学者应守的治学精神……抑有进者，治学应'实事求是'与'独立自得'二者并重。'实事求是'可以存古人之真实面目，'独立自得'可以抒发古人立言之所以然。"[②] 无疑，对侯先生来说，客观、严谨只是基本的学术要求，而揭示历史上思想精神现象的内在本质，则是他更高的理论追求。这种追求，他在《中国古代思想学说史·序言》中，像屈原《天问》那样热切地表述出来："社会历史的演进与社会思想的发展，关系何在？人类的新旧范畴与思想的具体变革，结合何存？人类思想自身的过程与一时代学说的个别形式，环链何系？学派同化与学派批判相反相成，其间吸收排斥，脉络何分？学说理想与思想术

---

① 〔德〕黑格尔：《哲学史讲演录·导言》，贺麟、王太庆译，商务印书馆 1959 年版。
② 侯外庐：《近代中国思想学说史》，生活书店 1947 年版。

语，表面恒常掩蔽着内容，其间主观客观，背向何定？方法论犹剪尺，世界观犹灯塔，现实的裁成与远景的仰慕恒常相为矛盾，其间何者从属而何者主导，何以为断？"

确如爱因斯坦所说："是理论决定我们能够观察到的东西。"① 也是理论决定了我们提出问题的广度和深度。侯先生从一种新的理论立场——历史唯物主义对思想史提出的问题比资产阶级客观主义要丰富得多、深刻得多。他在中国思想史领域内的学术实践，都是围绕对这些问题的解答而展开的，他的著述也因此呈现出具有开拓性的学术特色。

第一，在侯先生的中国思想史著述中，有一个解释、理解思想文化现象的基本立足点——社会经济基础。侯先生从历史唯物主义的观点出发，认为"人类历史的思想发展依存于经济发展"②。这一理论立场在理论上和逻辑上要求对一代思想史的分析应由一代社会史的分析开始，所以他说："研究中国思想史，当要以中国社会史为基础。"③ 这样，正如我们所看到的那样，对一代社会经济状况进行细致、深入的分析，是侯先生中国思想史极为显著的学术特色。应该说，对社会经济现象转化并升华为思想意识现象做出具体的、合乎逻辑的说明，是一个相当困难的、极高水平的理论创造，它需要掌握和运用纯熟的经济学理论、准确的社会史知识和丰富的思想史资料。侯先生具备了这样的学术素养和能力，他的学术道路正是由以《资本论》翻译为轴心的经济学研究跨入社会史研究，而进入思想史研究的。他在《中国古代思想学说史》中以西周土地所有制由国有制向私有制的转变，说明先秦思想发展的官学、显学、诸子学的三个阶段；在《近代中国思想学说史》（或《中国早期启蒙思想史》）中以明末清初中国资本主义萌芽在社会意识上产生了个人自觉的近代人文主义的分析，都是极为成功的，具有创造性的。侯先生在他的中国思想史著作里，赋予思想史以社会史的基础。或者说，追溯思想现象的社会经济根源，是对在此以前传统的和资产阶级的中国学术史的科学的改造。侯先生的中国

① 许良英、范岱年编译《爱因斯坦文集》，商务印书馆1976年版，第211页。
② 侯外庐：《中国封建社会前期的不同哲学流派及其发展》，《历史研究》1964年第1期。
③ 侯外庐：《中国古代思想学说史·自序》，国际出版社1943年版。

思想史在理论基础上完全是属于马克思主义性质的。

第二，在侯先生的中国思想史著述中，有一个虽然没有明确表述，然而却清晰可见的对具体人物或学派的思想进行分析、论述的理论构架。一般说来，这一理论构架有三个层次：社会背景的分析、阶级根源的分析、哲学性质的分析。首先，侯先生认为："每一时代的理论思潮，归根到底乃是历史的产物，在其社会根源上，在其认识论根源上，不能不制约于当代阶级斗争发展的规模，当代生产斗争与自然科学水平。"① 所以，亦如我们所看到的那样，在他的思想史著作里，特别是在《中国思想通史》里，每一种思潮、每一个思想家的后面，都映衬着一个由当时政治、经济状况构成的广阔社会背景。这是他对思想史分析所展示的第一个层次。其次，判定一种思想所表达的阶级意图、体现的阶级利益，是侯先生对历史上思想现象作本质分析时所追寻的一个重要理论目标。他的基本判断是，在先秦，儒学创始人孔子在精神上和已经衰落的西周氏族贵族有深刻的联系，战国诸子学则是"显族"社会"国人"思想的反映②，魏晋玄学"应从浮离游闲的名族豪门的阶级性方面来寻求秘密"③，宋代理学家则"在政治上代表着品级性的豪族地主的利益"④，清初启蒙学者"本质上是近代市民阶级人文主义的自觉"，而乾嘉汉学"和清封建统治势力之进入相对稳定时期有密切关系，特别是和康熙以来的反动文化政策有密切关系"⑤，等等。侯先生没有认为他对中国历史上出现的这些主要思潮、思想所做出的阶级性质的判定都是确凿无误的，但他认为这种阶级分析的原则却是不可动摇的，他说："科学地揭示过去哲学思想的阶级实质以及哲学思想的理论斗争和阶级斗争之间的联系，是历史主义地评价某一哲学思想及其历史作用必不可缺少的准则。"⑥ 最后，确定一种思想的哲学性质，

① 侯外庐：《中国封建社会前期的不同哲学流派及其发展》，《历史研究》1964年第1期。
② 侯外庐：《孔子批判主义社会思想家研究》，《中山文化季刊》第1卷第1期，1943年4月。
③ 侯外庐：《魏晋思想之历史背景与阶级根源》，《新建设》1950年第5期。
④ 侯外庐：《中国思想通史》第四卷，人民出版社1959年版，第501页。
⑤ 侯外庐：《中国早期启蒙思想史——十七世纪至十九世纪四十年代》，人民出版社1956年版，第99、410页。
⑥ 侯外庐：《中国哲学史中的唯物主义传统》，《新建设》1963年第4期。

是侯先生对历史上的思想现象分析的更深入的层次。侯先生作为一个马克思主义史学家，他采用了以唯物论与唯心论、辩证法与形而上学的对立的哲学特征作为确定一种思想、一个命题的哲学性质的最基本的理论尺度。他说："哲学史是唯物主义和唯心主义的斗争史，唯物主义发生和发展的历史；这方面的斗争又和辩证法与形而上学的斗争交错着。"① 1963 年侯先生在日本的一次学术讲演中的这一番简明的概括，在他多年的思想史著作中，实际上是以一种十分错综复杂的具体分析呈现出来的。侯先生所揭示的中国历史上思想现象的哲学性质的差异和对立，以他的《中国早期启蒙思想史》所描述的清代思想为例，不仅在不同思潮之间（如清初启蒙思潮和乾嘉汉学之间），而且在同一思潮中的不同思想家之间（如清初三大启蒙学者王夫之、黄宗羲、顾炎武之间，汉学思潮中的戴震、汪中、章学诚之间），在同一个思想家的不同思想或命题之间（如清代学者的自然观、知识论与社会历史观之间）都是存在着的。所以，在侯先生那里，运用这一理论尺度不是简单化、公式化地剪裁历史上的思想现象，而是对这种思想现象做出更加深刻、理性的认识。应该承认，侯先生在分析、论述中国历史上的思想现象所形成的这一理论构架是马克思主义在这个学术领域内的具体运用，具有某种规范的性质。在一个时期内，它实际上也是我们认识、分析中国历史上其他文化精神现象的理论思维模式。正是在这个意义上可以说，侯先生中国思想史的学术研究及其理论结论，从一个方面成为一代思潮和时代精神的标志和特征。现在和将来，人们可以议论它，甚至批评它，但是不能忽视它，更不能否认它——无论是就它的信念因素或科学成分而言，都是这样。

第三，在侯先生的中国思想史著述中，还有一种表现出他作为一个学术开拓者学识修养广博、理论立场坚定的学术特色，这就是他的比较方法和批判精神。他经常把中国历史上出现的一代思潮、一种思想推到世界思想舞台上予以类比分析。他以希腊思想生长出希腊悲剧的文化环境来比拟反映西周官学衰落的"变风变雅"；引申列宁分析 19 世纪俄国启蒙运动的三个特点来确定中国清初思想家的思想特点；以哲学的唯物主义基础和

---

① 侯外庐：《中国哲学史中的唯物主义传统》，《新建设》1963 年第 4 期。

知识广博的相同，把明清之际的思想家的方以智与 18 世纪的法国"百科全书"思想家相比较，等等，都是颇得其趣的。他还经常把一个特定时代的思潮或思想家置放在中国整个思想发展史的宏观背景下加以考察，进行比较分析或追溯渊源。例如，他详细比较了王夫之和王充在自然观、知识论、人性论的相同，发掘了王夫之唯物主义思想悠远的理论渊源；敏锐地发觉章太炎的诸子学研究应以清初学者傅山为先行，并进一步揭示出这一新思潮出现的全部历史过程："自汉武帝罢黜百家，至清初子学复兴，知见一变，这是中国早期的启蒙运动，民主主义的先驱。这种潮流被清统治者的民族监狱所摧残。但到了太平天国以后，这个启蒙思想复活，而由 19 世纪的中国哲人所继承发展，炳麟即其一例。"① 他的这些细节发微和宏观洞察都是很精彩独到的。即使在同一时代、同一思潮中的思想家，他也常要分辨出他们不同的思想特色，进行对比论述。这一分辨典型，是他准确而扼要地指出同处启蒙思潮中的清初诸儒，却具有不同的窥察世界发展倾向的理论角度。他说："王夫之走的路线是知识形式的解放。黄宗羲走的路线是政治理想的乌托邦。顾炎武更走了一条特异的路线，即依据实际来做'当世之务'的倡导。而颜李学派，则强调劳动和科学，趋向于改革世界的实践。"② 侯先生对中国历代思潮、思想的比较分析，使其思想史著述的理论清晰程度和智慧丰富程度都更增高了。如实而论，一部《中国思想通史》覆盖之广、蕴积之富，恐怕是当代同类著作难以匹敌的。

在侯先生的思想史著述里，在某些问题上，与梁启超、胡适、冯友兰等几位现代和当代最有影响的学者从另外的理论立场上做出的结论或表现的观点，进行了争辩和批判。他和梁启超、胡适分歧的主要之点是在对清代学术的评价上。梁、胡两人都认为清代学术的高峰、全盛是乾嘉汉学。而他们两人所见亦有所不同，梁启超特别注重其考据，胡适则标举其哲学（戴震哲学）。侯先生不同意这样的观点，他说："清初学者的学说，是丰富的、多面的。他们（除颜元外）固然依据考据学，从社会、历史、人

---

① 侯外庐：《中国早期启蒙思想史》，人民出版社 1956 年版，第 286～287 页。

② 侯外庐：《中国早期启蒙思想史》，人民出版社 1956 年版，第 204 页。

性、宇宙各方面批评理学（虽然在形式上犹留门户之见），然他们是更深入地探究知识的，比专为考据而考据的乾嘉学术是更宏远的……乾嘉时代的哲学不是清代学术的全盛期，而仅是清初传统的余绪（极小限度的发展）。"① 他批判地认为梁、胡"唯心主义地误断历史"，"把历史颠倒"。可以看出，侯先生对梁、胡的这种争辩、批判，既有事实的根据，也有理论立场的原因。清初学术在理论深度、知识广度和社会影响上，都是乾嘉汉学所不及，这无疑是事实。此外，对于被胡适从实证方法角度确定为"中国学说中的科学"的乾嘉汉学，侯先生虽然并不否认其方法和成就确有独到之处，然而他从一种以学术思想所体现的阶级利益、适应的阶级需要判定其价值和历史地位的阶级分析理论立场来看，乾嘉汉学的本质是"烦琐思想"，并且这种"烦琐思想"的主流已被中国统治阶级所利用，"其间思想的内容，已经腰斩了清初思想的人民性，因而人们埋在古典的经籍中失去了个性的发展"②。所以他认为乾嘉汉学的历史地位和它的学术内容一样，都是不能超越清初学术的，胡适之论，是"非历史主义的"。在侯先生的思想史著作里还有一个论辩对象，就是冯友兰先生。最有代表性的两个争辩问题是他对冯友兰推崇玄学中的郭象和理学中的朱熹，都做出否定性的理论分析。对于郭象他是用考证的方法，援引张湛"列子注"判定郭象《庄子注》是盗窃向秀的注文；对于朱熹，他则援用马克思批判普鲁东的"纯粹理性"实际上是"无人身的理性"观点，认为朱熹的"理"，也正是纯粹思辨的、由逻辑推导出来的"无人身的理性"。也正是基于这样的理论分析，他认为《庄子注》的思想是服务于"豪族的政治实践"③，而朱熹的思想，"在他整个体系的每一部分都打满了封建统治阶级的烙印"④。可见，侯先生和冯友兰先生相反，对郭象和朱熹都是持完全批判的、否定的态度。应该说，侯先生在思想史问题上对一些学者（不只以上三位）的争辩、批判，基本性质是学术的，而不是政治的。虽然这些学者实际上多是近现代中国历史舞台上相当活跃的政治

---

① 侯外庐：《中国早期启蒙思想史》，人民出版社1956年版，第461页。
② 侯外庐：《中国早期启蒙思想史》，人民出版社1956年版，第425~426页。
③ 侯外庐：《中国思想通史》第三卷，人民出版社1959年版，第25页。
④ 侯外庐：《中国思想通史》第四卷，人民出版社1959年版，第624页。

角色；虽然随着政治环境的变化，侯先生所使用的争辩、批判的言辞有所变化，他始终还是作为一个马克思主义学者和他们进行学术对话。侯先生对同时代几位有很高学术地位的学者的思想史观点的争辩、批判，是他作为一个十分严谨、坚定的马克思主义学者维护自己理论立场的表现，是马克思主义在中国进入这个学术领域后的开拓表现。因此，这种争辩、批判尽管有时用词比较激烈，也是无可厚非的。它的是非曲直自有世人和后人公断，而其本身也获得了一种历史价值，它从一个方面反映了我们时代不同理论思潮之间的冲突、更新。

总之，侯先生运用马克思主义的理论和方法，开创了一个中国思想史的新的学术面貌，推进了我们对中国历史上思想精神现象的认识，他是现代中国学术事业的开拓者之一。

50 多年来，侯先生在中国思想史这块学术园地里辛勤地劳作，卓越地开拓，是一种什么目的在鼓励和召唤着他？他自己有明确的回答："研究思想史，既不是如冬烘先生们之读书，以为古人一切言行都是今人的宝筏，也不是把古人当成今人和他争辩；主要的工作是要实事求是地分析思想家的遗产在其时代的意义，批判地发掘其优良的传统。"① 所以，对于侯先生来说，对中国思想史的研究根本上是为了一个社会实践的目标：把中华民族数千年精神经历中最美好的东西科学地分辨、选择出来，传递下去。由此可见，侯先生作为一个中国共产党党员和学者，他的学术事业的丰碑是建立在由马克思主义世界观和中国优秀传统精神相结合而成的深厚的精神基础之上的：崇高的历史使命感和社会责任感。

这些，就是侯外庐先生——一位中国思想史领域的开拓者的事业和他的精神。

（《高校社会科学》1990 年第 1 期）

---

① 侯外庐：《中国早期启蒙思想史》，人民出版社 1956 年版，第 506 页。

人不是马克思主义的出发点

近年来，在我国理论界关于人道主义、人性论、异化问题的争论中，有些同志提出了这样的观点：人是马克思主义的出发点。提出或赞同这种观点的同志认为，从方法的意义上说，人的问题是马克思主义理论的逻辑起点；从目的的意义上说，马克思主义的根本目的是为了人类的解放，也就是为了解决人的问题。因此，只有"人是马克思主义的出发点"这样的提法，才能准确、完整地概括马克思主义的精神实质。

从国际范围来看，这一观点并不新鲜。自从马克思的《1844 年经济学哲学手稿》发表以来，特别是在第二次世界大战后，在西方兴起对"马克思主义的人道主义"热衷，"人是马克思主义的出发点"成为这一社会思潮中具有代表性的观点。

用实事求是的科学态度来分析，这一观点非但没有概括马克思主义的精神实质，没有反映出马克思主义的理论特色，反而对马克思主义有所曲解。下面就来分析一下这一观点在理论上的疵误。

一

主张"人是马克思主义出发点"的同志，经常援引马克思早期在德国古典哲学影响下带有费尔巴哈人本主义思想色彩的一些不成熟的唯物主义观点和共产主义思想，如用"异化"来批判私有制，把共产主义归结为"人性的复归"或"扬弃私有财产的人道主义"等，作为论据来证明马克思主义是以"人道主义"或"人"为出发点的。这种做法，至少在理论研究的态度上是不够科学、严谨的，它混淆了马克思主义的出发点和马克思思想形成发展的起点这两个内容不同的问题。

我们知道，马克思思想经历了一个由唯心主义到唯物主义、由革命民主主义到共产主义的转变过程。这种转变的完成，就是马克思主义新世界观的最初形成，根据马克思主义创始人自己的申述，应该是在 1845 年；它的标志就是在这一年马克思写的《关于费尔巴哈的提纲》和马克思、恩格斯共同写作的《德意志意识形态》。关于《提纲》，1888 年恩格斯在《费尔巴哈和德国古典哲学的终结》的"序言"中写道："这是一份供进一步研究用的匆匆写成的笔记，根本没有打算付印。但是这些笔记作为包含着新世界观的天才萌芽的第一个文件，是非常宝贵的。"① 关于《德意志意识形态》，马克思在 1859 年的《〈政治经济学批判〉序言》中说，1845 年他与恩格斯住在布鲁塞尔时，"决定共同钻研我们的见解与德国哲学思想体系见解之间的对立，实际上是把我们从前的哲学信仰清算一下"②。马克思这里所谓的"清算"，就是指和旧的哲学世界观划清界限，批判费尔巴哈的人本主义，提出唯物主义历史观。1885 年恩格斯在《关于共产主义者同盟的历史》一文中对此也做出了清楚的说明："当我们 1845 年春天在布鲁塞尔再次会见时，马克思已经从上述基本原理出发大致完成了发挥他的唯物主义历史理论的工作，于是我们就着手在各个极为不同的方面详细制定这些新观点了。"③ 这表明，马克思和恩格斯都认为自己包含着历史唯物主义的新世界观，是在 1845 年开始确立起来的。

因此，我们在探讨马克思主义的出发点时，或者说探讨马克思主义理论的方法、核心、实质等问题时，我们理论研究的思想资料，理所当然的应是 1845 年以后马克思主义的经典文献所提供的思想内容和理论形态。否则，我们把马克思主义形成以前，虽为马克思所经历，但终为马克思所批判、扬弃、超越的观点，作为马克思主义的出发点，岂不是很荒谬的吗？

---

① 《马克思恩格斯选集》第 4 卷，人民出版社 1972 年版，第 208～209 页。
② 《马克思恩格斯选集》第 2 卷，人民出版社 1972 年版，第 84 页。
③ 《马克思恩格斯选集》第 4 卷，人民出版社 1972 年版，第 192 页。

二

主张"人是马克思主义出发点"的同志，有时也引用成熟的马克思著作，诸如"我们的出发点是从事实际活动的人"等片段言辞，做出论断，认为马克思和恩格斯正是从人出发，唯物地而又辩证地研究了人，才创立了历史唯物主义。在这里，这些同志混淆了马克思的历史唯物主义所依据的当然的事实前提和马克思主义理论的逻辑起点这两个概念内容不同的问题。

马克思和恩格斯在《德意志意识形态》中，在比较自己的哲学唯物主义立场和黑格尔、费尔巴哈的唯心主义立场的区别时说："德国哲学从天上降到地上；和它完全相反，这里我们是从地上升到天上，就是说，我们不是从人们所说的、所想象的、所设想的东西出发，也不是从只存在于口头上所说的、思考出来的、想象出来的、设想出来的人出发，去理解真正的人。我们的出发点是从事实际活动的人……"① 在论述人的存在是人类历史的第一个前提时说："我们首先应当确定一切人类生存的第一个前提也就是一切历史的第一个前提，这个前提就是：人们为了能够'创造历史'，必须能够生活。"② 非常明显，马克思在这里所说的作为"出发点""第一个前提"的人类的存在，实际上是指一切社会科学或人文科学的不自觉的、无条件的当然前提，就像以后恩格斯在《自然辩证法》里所说的思维和存在的一致性，"是我们理论思维的不自觉的和无条件的前提"③ 一样，而不是指自己理论的独特的逻辑起点。逻辑起点或理论出发点，应该是构成那个学科或思想体系的具有独特理论面貌的、初始的、基本的理论概念、范畴或观点。否则就难以解释同以人为根本对象的学科，如生理学、心理学、社会学，乃至哲学，为何具有如此不同的内容结构。这也表明，"人"这个前提具有丰富的内容，各种关于"人"的学科，正是因为理论的具体对象是人的不同方面，因而逻辑起点也不同，所以各自的知识体系和理论形态也不相同。就哲学范围来看，不同的思想体系，从

---

① 《马克思恩格斯选集》第1卷，人民出版社1972年版，第30页。
② 《马克思恩格斯选集》第1卷，人民出版社1972年版，第32页。
③ 《马克思恩格斯选集》第3卷，人民出版社1972年版，第564页。

广泛的意义上说，也都可以说是关于"人"的思考和探索，但因各自宗旨、出发点不同，其理论面貌和实质也各有异。例如费尔巴哈把思维力、意志力、心力看成是人的"绝对本质"，以"理性""意志""爱"作为自己理论的出发点或逻辑起点，构筑了他的主旨在反宗教的人本主义思想体系。马克思在早期曾受到过这种思想的影响。那么，建筑在唯物史观和剩余价值学说两个发现基础上的马克思主义的理论出发点是什么呢？

马克思、恩格斯说"我们的出发点是从事实际活动的人"，不是抽象的人，而是具体的人。马克思说："人的本质并不是单个人所固有的抽象物。在其现实性上，它是一切社会关系的总和。"① 从这个当然的事实前提出发，马克思给自己理论体系设定的逻辑起点或"出发点"，就不是一定历史时期产物的"人的本性""人的价值"等，而是作为人类历史的真正起点的劳动或物质生产。这一唯物史观的基本出发点，在马克思和恩格斯的著作中有许多次且意思完全一致的表述："这种历史观就在于：从直接生活的物质生产出发来考察现实的生产过程，并把与该生产方式相联系的、它所产生的交往形式，即各个不同阶段上的市民社会，理解为整个历史的基础；然后必须在国家生活的范围内描述市民社会的活动，同时从市民社会出发来阐明各种不同的理论产物和意识形态，如宗教、哲学、道德等等，并在这个基础上追溯它们产生的过程。"② 非常明显，唯物史观是以劳动为逻辑起点而展开的，马克思主义的出发点是人类的物质生产。

马克思主义唯物史观把劳动、物质生产作为自己理论的逻辑起点，这不是任意的主观构造，而是反映了历史发展规律的科学思想，因为它体现了逻辑的和历史的统一。唯物史观的逻辑起点，也正是人类历史的起点。恩格斯说，劳动"是整个人类生活的第一个基本条件，而且达到这样的程度，以致我们在某种意义上不得不说：劳动创造了人本身"③。马克思、恩格斯还说："人类为了'创造历史'，必须能够生活。但是为了生活，首先就需要衣、食、住以及其他东西。因此第一个历史活动就是生产满足

---

① 《马克思恩格斯选集》第 1 卷，人民出版社 1972 年版，第 18 页。
② 《马克思恩格斯选集》第 1 卷，人民出版社 1972 年版，第 43 页。
③ 《马克思恩格斯选集》第 3 卷，人民出版社 1972 年版，第 508 页。

这些需要的资料，即生产物质生活本身。"① 即是说，人类历史的起点是劳动，人类的第一个历史活动是物质生产。马克思的唯物史观把人类历史的起点当成自己理论的逻辑起点，正是这个思想体系科学性的表现。

因此，马克思对资产阶级经济学家从抽象的、孤立的个人，"人类天性"出发的分析方法进行了批判。他说："在他们看来，这种个人不是历史的结果，而是历史的起点。因为，按照他们关于人类天性的看法，合乎自然的个人并不是从历史中产生的，而是由自然造成的。这样的错觉是到现在为止的每个新时代所具有的。"② 并把自己的方法和他们作了明显的区别。他在《评阿·瓦格纳的〈政治经济学教科书〉》一文中写道："我们的 vir obscurus（蠢汉）甚至没有看出我的这种不是从人出发，而是从一定的社会经济时期出发的分析方法，同德国教授们把概念归并在一起的方法毫无共同之点。"③

如果主张"人是马克思主义出发点"的同志，真的是混淆了马克思历史唯物主义所依据的当然的事实前提与马克思主义理论的逻辑起点，那只是一种理论上的疏忽；如果对马克思主义的逻辑起点是很清楚的，而是想在"人"的前提掩护下，与"人的劳动""人的物质生产"一起，将"人的本性""人的价值"等一并当成马克思主义的出发点，甚至以此代彼，将"人的本质""人的本性"当成马克思主义的"出发点"，那则是一种理论上的错误，因为马克思曾明确指出，"人类天性"之类是历史的结果，而不是历史的起点，它不能是历史唯物主义的出发点。

三

主张"人是马克思主义出发点"的同志，还经常从目的的意义提出论证。他们说，马克思主义的根本目的是为了解决人的问题，马克思生平思想和事业的最终目标，是全人类的解放，所以也就可以说"人是马克思主义的出发点"。在不十分严格的意义上说，这也是对的，因为任何一门学科或思想体系，它的理论出发点和最后目标的方向总是一致的。但

① 《马克思恩格斯选集》第1卷，人民出版社1972年版，第32页。
② 《马克思恩格斯选集》第2卷，人民出版社1972年版，第87页。
③ 《马克思恩格斯全集》第19卷，人民出版社1963年版，第415页。

是，严格说来，这又是不确切的，因为任何一门学科或思想体系，它的理论出发点和要达到的最终目标总是有区别的，即起点和终点所包含的内容总是不同的。

马克思主义的确是把人类解放当成自己崇高的理想和实践的目标，马克思和恩格斯在自己的著作中，不止一次地指出，人类社会的将来，一定要实现共产主义，这是一个生产资料公有、消灭阶级、没有剥削和压迫的社会，这是一个"以每个人的全面而自由的发展为基本原则的社会形式"①。但是，人类解放或实现共产主义，虽然是马克思主义的理想或目的，却并不是马克思主义理论的起点，而是马克思恩格斯通过由劳动、物质生产这样的逻辑起点开始，对人类社会，特别是资本主义社会的生产力和生产关系的矛盾的分析，得出的科学结论。列宁说："马克思、恩格斯的具有世界历史意义的伟大功绩，在于他们用科学的分析，证明了资本主义必然崩溃，必然过渡到不再有人剥削人现象的共产主义。"② 所以，马克思主义的作为科学结论的"人类解放"，和从"理性""正义"等抽象信念出发的空想社会主义的"解放全人类"不同，更和从"人之本性"为出发点的反动的社会主义的"用爱来实现人类解放"不同，它提供的既不是暂慰人心的美好幻想，更不是意志颓废的爱的呓语，它所提供的是经过科学论证的、关于无产阶级解放、实现共产主义的条件的理论。马克思主义的兴起和科学社会主义的盛行，其原因正在于此。列宁说："社会主义学说正是在它抛弃关于合乎人类天性的社会条件的议论，而着手唯物地分析现代社会关系并说明现今剥削制度的必然性的时候盛行起来的。"③可见，把"人类解放"当成马克思主义理论的出发点，而不是把其看成是经过论证的逻辑结论，在理论上不仅是错误的，而且是有害的，因为它会导致把科学社会主义和空想社会主义混同起来，也会导致和资产阶级人道主义混同起来，因为文艺复兴以来，范围广泛的人道主义思潮，其核心内容正是以人为出发点。

① 《马克思恩格斯全集》第23卷，人民出版社1972年版，第649页。
② 《列宁选集》第3卷，人民出版社1960年版，第603页。
③ 《列宁选集》第1卷，人民出版社1960年版，第51页。

四

人虽然不是马克思主义的理论出发点或逻辑起点，但这并不意味着马克思主义不关心人的命运，不重视人的价值，不主张"人"的研究。

马克思和恩格斯无时不对人世的不平等以及使人类非人化的现象表示极大的道德义愤，对无产阶级和劳动群众的痛苦表示深切的同情。但在这里，他们不同于资产阶级的人道主义者，他们认为用"人道"的虚言来消除现世的苦难是一种幻想，正如列宁所说："马克思一生中攻击得最多的是小资产阶级民主派和资产阶级民主主义幻想。马克思讥笑得最厉害的是关于自由平等的空话……"① 他们也不同于小资产阶级的政治革命家，他们认为只有同情、怜悯还不是社会主义革命家。恩格斯在评论布朗基时说："布朗基主要是一个政治革命家；他只是在感情上，即在同情人民的痛苦这一点上，才是一个社会主义者，但是他既没有社会主义的理论，也没有关于改造社会的确定的实际的方案……布朗基是过去一代的革命家。"② 马克思和恩格斯不是这样，他们努力在理论上探索并找到了造成这种苦难的根源和消除这种苦难的途径，还热情参加了消灭这种苦难的实际斗争。为了这场伟大的斗争，马克思忍受了终生的穷困，付出了许多的牺牲，表现出无私的献身精神。正如恩格斯在马克思墓前所说的那样："他可能有过许多敌人，但未必有一个私敌。"③ 马克思和恩格斯不仅以他们的理论，而且以他们的行为，表现了对全世界劳动人民最温暖、最诚挚的友爱之情。

人的价值主要表现为是一种改造自然和社会的力量，所以马克思主义重视人的价值也就特别表现在对革命人民的力量的信赖上。马克思说："最强大的一种生产力，是革命阶级本身。"④ 列宁说："劳动群众拥护我们，我们的力量就在这里，全世界共产主义运动不可战胜的根源就在

---

① 《列宁选集》第3卷，人民出版社1960年版，第793页。
② 《马克思恩格斯选集》第2卷，人民出版社1972年版，第588~589页。
③ 《马克思恩格斯选集》第3卷，人民出版社1972年版，第576页。
④ 《马克思恩格斯选集》第1卷，人民出版社1972年版，第160页。

这里。"①

毋庸讳言，在马克思主义创始人的著作里，"人的本质""人性""人的价值"等这类"人"的问题，不是主要的理论论题；他们着重论证的是资本主义崩溃和共产主义胜利的历史必然性，无产阶级的历史使命及其斗争策略等这些无产阶级革命和人类解放最迫切的理论问题。但是，马克思主义的历史唯物主义却为"人"的问题的解决提供了科学的理论基础。马克思说："个人是什么样的，这取决于他们进行生产的物质条件。"② 恩格斯说："唯物史观是以一定历史时期的物质经济生活条件来说明一切历史事变和观念、一切政治、哲学和宗教的。"③ 即是说，人本身和关于人的理论观念都是历史的产物。人本身在社会历史的变化发展中，不断地变化和更新；关于"人的本性""人的价值"等理论观点，也随着阶级、时代的不同而有所不同。任何一个不怀偏见和成见的科学工作者，都不会怀疑和否认这些观点和原则的正确性。

同时，马克思主义也主张应该对"人"的问题做深入的科学的研究。马克思说："首先要研究人的一般本性，然后要研究在每个历史时代历史地发生了变化的人的本性。"④ "人"是一个宽广的科学领域，它的不同方面，提供了哲学以及生物学、生理学、心理学、社会学等许多学科的具体研究对象。马克思主义认为科学是一种在历史上起推动作用的革命的力量，因此这些不同学科里关于"人"的每一个真正的、科学的新发现，无疑都是马克思主义者所欢迎和感到衷心喜悦的。

（《哲学研究》1984 年第 1 期）

---

① 《列宁选集》第 4 卷，人民出版社 1960 年版，第 78 页。
② 《马克思恩格斯选集》第 1 卷，人民出版社 1972 年版，第 25 页。
③ 《马克思恩格斯选集》第 2 卷，人民出版社 1972 年版，第 537 页。
④ 《马克思恩格斯全集》第 23 卷，人民出版社 1972 年版，第 669 页。

20 世纪中国哲学史诠释模式的变迁

　　具有现代理论形态的中国哲学史出现在中国学术舞台上，虽然只有短短的百年时间，但它用以描述、解释中国传统义理之学的方法或者说诠释模式，已经数次发生了界限甚为分明的变迁。

　　最先具有现代理论形态的中国哲学史，应该说是 1919 年出版的胡适《中国哲学史大纲》和 1930 年出版的冯友兰《中国哲学史》，两书虽然有许多理论观点的差异，但从诠释模式上看仍是相同的。较之诸如明清学者的"学案""宗传"和 20 世纪初章太炎的"诸子学"，这两部中国哲学史著作在新的观念背景下完成了重要的对中国传统的义理之学历史的学术改造。第一，依据西方学者的科学分类思想对哲学思想进行划分，构建了一个可网纳中国历史上义理之学的理论框架。按哲学思考的内容，胡先生《中国哲学史大纲》的内容范围是由他自己设计的、与实用主义关系密切的天地万物怎样来的（宇宙论），知识的范围作用方法（知识论），人生应该如何行为（人生哲学），怎样可使人有知识有德行（教育哲学），社会应如何组织管理（政治哲学），人生有何归宿（宗教哲学）六个人生问题构成。冯先生《中国哲学史》的构架则是用他的老师新实在论者孟太格的，也是西方哲学史家常用的划分哲学思想的宇宙论（本体论和宇宙论）、方法论（知识论）、价值论（人生论）三部分构成。这样，在这两部哲学史著作中，在古代中国哲学家那里还是混沌的、整体的哲学思想就被解析开来，成为有系统、可逻辑地把握的有机组成部分。第二，凸显和明晰中国义理之学或哲学家思想中的重要概念、范畴或命题，并援引或比拟西方哲学的观念或人物予以解释说明。例如，两先生之书都给予孔子儒学之"仁"和老子道家之"道"以明确的、超出传统语义学（训诂学）意义之上的界定①；比拟"老子的'天道'就是西洋哲学的自然法"②，"墨子之政治学可谓与霍布士所说极相似"③；解释庄子"万物皆出于机，皆入于机"是"生物进化论"④；朱子的"理气"，"理即如希腊哲学中所说之形式，气即如希腊哲学所说之材质"⑤；等等。胡、冯两先生的"中国哲学史"将中国传统的义理之学在一种新的理论框架中显现出条理和系统，一些原来是模糊的、没有规定性的观念以哲学概念、范畴、命题的形式凸显和清晰起来。黑格尔曾批评古代中国哲学乃是"没有概念化的"，还"停留在无规定（或无确定性）之中"⑥，两先生的"中国哲学史"似乎是对黑格尔这一批评的自觉或不自觉的回应。胡、冯两先生浸润于19世纪30年代以来的以实证主义开始的强大的科学主义思潮中，两先生对中国传统义理之学的改造，我以为是实用主义和新实在主义思想中具有科学精神的那一面的反映⑦。这种科学

---

① 胡适界说"道"曰："老子的最大功劳，在于超出天地万物之外，别假设一个'道'。这个道的性质是无声无形，有单独不变的存在，又周行天地万物之中，生于天地万物之先，又却是天地万物的本源。"界说"仁"曰："仁是理想的人道，做一个人须要尽人道，能尽人道，即是仁。"（《中国哲学史大纲》卷上，第56、114页）冯先生界定"道"曰："古时所谓道，均谓人道，至《老子》乃予道以形上学的意义，以为天地万物之生，必有其所以生之总原理，此总原理名之曰道。"界定"仁"曰："《论语》中言仁处甚多，总而言之，仁者，即人之性情之真的及合礼的流露，而即本同情心以推己及人者也。"（《中国哲学史》，第218、97页）

② 胡适：《中国哲学史大纲》，商务印书馆1920年版，第64页。

③ 冯友兰：《中国哲学史》，商务印书馆1935年版，第133页。

④ 胡适：《中国哲学史大纲》，商务印书馆1920年版，第260~262页。

⑤ 冯友兰：《中国哲学史》，商务印书馆1935年版，第903页。

⑥ 〔德〕黑格尔：《哲学史讲演录》第1卷，生活·读书·新知三联书店1956年版，第128、120页。

⑦ 实用主义的理论或思维方法，一般都以确定信念、明晰概念为出发点，以效果检验为终结（如皮尔士在《如何使我们的观念清楚》一文中的"三级理解规则"，杜威在《我们怎样思维》一书中的"思想五步"）。胡适提出的中国哲学史研究三个目的，即先做到"明变""求因""然后寻求各家学说的效果影响，再用这种影响效果来批评各家学说的价值，这便叫作'评判'"（《中国哲学史大纲》，第33页），显然根源于此。新实在主义宣称："哲学特别要依赖于逻辑……新实在论的主要目的之一就是要确定并推广逻辑学及一般严正科学所用的方法。"（霍尔特等：《新实在论》，商务印书馆1980年版，第28、33页）冯友兰在其《中国哲学史》中也特别申明，哲学（哲学史）的方法就是科学的方法，即是逻辑的、理智的，哲学之道理"必以严刻的理智态度表出之"（《中国哲学史》，第4页）。

精神还特别表现在这两部"中国哲学史"都将哲学史研究的最终目标确定为通过史料的、有一定原则的选取和具体方法的整理分析，"求出各位哲学家的一生行事、思想渊源沿革和学说的真面目"①，"使写的历史与实际相合，做到一信字而已"②。这也是中国史学固有的历史主义的基本态度③。总之，在一个源自西方哲学的理论构架中，纳入、条理中国传统的义理之学，显化、界定并援引西方哲学观念来解释其中的理论概念，以能重现或符合历史上哲学家学说思想的"真面目"为学术目标，这就是 20 世纪以来中国哲学史的第一个诠释模式。在胡、冯两先生之后，甚至到今天，以此模式撰作的中国哲学史还没有出现，这似乎表明此一诠释模式具有建构一般哲学史所必需的基本因素或品质。

20 世纪 50 年代以后，随着马克思列宁主义在中国的胜利而带来的中国社会意识形态的巨大变化，中国哲学史的研究方法也发生了明显的变迁，形成了一种可称之为历史唯物主义的诠释模式。当然，伴随马克思主义在中国的传播，早在胡适出版《中国哲学史大纲》时，用历史唯物主义研究、诠释中国哲学史的工作也已开始④，在 20 世纪三四十年代一批马克思主义历史学家的中国思想史著作中也有甚为丰富的对中国古代哲学思想的历史唯物主义的分析⑤，但是成熟的、处于理论主导地位的以此种诠释模式创作的中国哲学史，还是在 20 世纪 50 年代以后真正形成。历史唯物主义哲学史诠释模式的基本特征是，第一，历史唯物主义原则。认为一种哲学思想是在一定的社会政治经济背景下发生，具体到一个哲学家那

---

① 胡适：《中国哲学史大纲》卷上，商务印书馆 1920 年版，第 10 页。

② 冯友兰：《中国哲学史》，商务印书馆 1935 年版，第 25 页。

③ 这种历史主义态度应该说是中国传统史学所固有，中国史学有悠久的"信以传信，疑以传疑"（《春秋榖梁传·桓公五年》）的信史原则和文献资料辨伪传统；在义理之学的历史中，也有要求从文献资料中而"得其人一生之精神"的主张（《明儒学案·发凡》）。

④ 如 1919 年 10 月有胡汉民《中国哲学史之唯物的研究》，在《建设》杂志 1 卷第 3、4 号连载。

⑤ 如 1933 年出版的吕振羽《中国政治思想史》，1945 年出版的郭沫若《十批判书》，1947 年出版的侯外庐《中国近世思想学说史》和侯外庐主编的《中国思想通史》第一卷，这些著作更着重于对思想的社会史、经济史背景分析，哲学思想论题的选择比较宽泛，与下面论及的中国哲学史著作理论特色不同。

里，一般要对其做出阶级性的分析和判定。① 第二，党性原则。认为哲学史是人类认识史，其发展过程表现为唯物主义和唯心主义、辩证法和形而上学的斗争，因而要通过分析论证对哲学家的思想或哲学命题做出这种哲学性质的判定。② 第三，认为历史有内在的发展规律，哲学史也存在着超越作为个体的哲学家之上的客观发展规律，即唯物主义和唯心主义、辩证法和形而上学斗争、转化和胜利的规律；哲学史研究的理论目标就是探索、揭示这种规律。③ 1962 年出版的冯友兰《中国哲学史新编》（以下简称《新编》）和 1963 年出版的任继愈主编的《中国哲学史》两部规模宏大的著作，④ 可以视为是这一诠释模式的代表。冯先生在《新编》中论述，"历史科学就是如实地叙述某一民族和某一社会发展的具体过程。它当然不只停留在这些叙述上，而还要对于这些过程加以分析，以发现历史发展的规律……哲学史也是历史科学的一种，这些原则对它也是同样适用

---

① 历史唯物主义原则的经典论述，如恩格斯说："唯物史观是以一定历史时期的物质经济生活条件来说明一切历史事迹和观念，一切政治、哲学和宗教的。"（《论住宅问题》，《马克思恩格斯选集》第 2 卷，人民出版社 1972 年版，第 537 页）马克思说："小资产阶级代表人物的思想不能越出小资产者生活所越不出的界限……一般说来，一个阶级的政治代表人物和著作方面的代表人物，同他们所代表的阶级间的关系，都是这样。"（《路易·波拿巴的雾月十八日》，《马克思恩格斯选集》第 1 卷，人民出版社 1972 年版，第 632 页）

② 党性原则的经典论述，恩格斯说："思维对存在、精神对自然界的关系问题，全部哲学的最高问题……哲学家依照他们如何回答这个问题而分成了两大阵营。"（《费尔巴哈和德国古典哲学的终结》，《马克思恩格斯选集》第 4 卷，人民出版社 1972 年版，第 219～220 页）列宁说："最新的哲学家像在两千年前一样，也是有党性的。唯物主义和唯心主义按实质来说，是两个斗争着的党派。"（《唯物主义和经验批判主义》，《列宁选集》第 2 卷，人民出版社 1972 年版，第 365 页）

③ 历史规律性的经典论述，如恩格斯说："社会发展史却有一点是和自然发展史根本不相同……不管这个差别对历史研究，尤其是对个别时代的和个别事变的历史研究如何重要，它丝毫不能改变这样一个事实：历史进程是受内在的一般规律支配的。"（《费尔巴哈和德国古典哲学终结》，《马克思恩格斯选集》第 4 卷，第 243 页）日丹诺夫说："科学的哲学史是科学的唯物主义世界观及其规律的胚胎发生与发展的历史。唯物主义既然是从唯心主义斗争中发生发展起来的，所以哲学史也就是唯物主义同唯心主义斗争的历史。"（《在〈西欧哲学史〉一书讨论会上的发言》，人民出版社 1954 年版，第 4 页）

④ 冯友兰《中国哲学史新编》7 册，1962 年出版第 1、2 册，1964 年第一次修订。1980 年以后，重新修订第 1、2 册，并与其他各册陆续出版。任继愈主编《中国哲学史》4 册，1979 年前三册重版时，内容和观点有所增修。两书前后虽有修改但历史唯物主义的基本理论立场并没有改变。

的。哲学史的一般规律，是唯物主义和唯心主义、辩证法观和形而上学观这些对立面的斗争和转化，以至于唯物主义和辩证法观的不断胜利"，"就阶级根源说，唯心主义，一般地说，是为阶级社会中居于统治地位的剥削阶级所支持的，它本身也就代表居于统治地位的剥削阶级的意识形态。唯物主义，一般地说，是为革命阶级或社会中的先进集团所支持的，它本身就是革命阶级的世界观"，① 其所显示的正是这一诠释模式的原则或基本特征。在这个诠释模式中的中国哲学史学者，虽然遵循同一的理论原则和目标，但因对历史上具体哲学家的思想资料的理解、诠释不尽相同，研究的结论往往也是大相径庭的。例如，冯先生的《新编》判定孔子"是代表从奴隶主贵族转化过来的地主阶级的利益"②，而任先生《中国哲学史》则认为孔子是"代表没落奴隶主阶级对抗新兴封建势力"③ 的人物。这种不同学者间的结论相矛盾的情况，甚至在同一位学者那里也有发生。例如，对于《老子》"道"的哲学性质，冯先生的《新编》（1964年修订本）判定为"未分化的物质"，因而是"唯物主义的"；在《新编》（1983 年修订本）中判定说"道是一切物的共相"，因而又是"客观唯心主义"的了④。任先生《中国哲学史》（1963 年本）判认为"道"是"客观存在着不停地运行着的物质实体……这里没有给上帝留下地盘"；在 1979 年的修订本中改判认为"老子的'道'是绝对精神之类的东西……不过是雕琢更加精致的宗教而已"⑤。而他们的所论，也都可以说是"言之成理，持之有故"。所以在这一诠释模式下，当时就有学者怀疑这一判分古代哲学家阶级性及其思想的哲学性质的标准，能否完全适应人类哲学思想所表现出的复杂情况。将一种哲学观念、思想追溯到它的社会的、经济的根源应该说是一很艰难的理论创造过程，探索、揭示哲学史发展规律也是一种高远的目标，加之频繁发生的对中国历史上哲学家阶级属性和哲学思想性质定性的分歧，都驱动这一诠释模式下的中国哲学史学者

① 冯友兰：《中国哲学史新编》第 1 册，人民出版社 1965 年版，第 24、4 页。

② 冯友兰：《中国哲学史新编》第 1 册，人民出版社 1965 年版，第 97 页。

③ 任继愈：《中国哲学史》第 1 册，人民出版社 1965 年版，第 86 页。

④ 冯友兰：《中国哲学史新编》第 1 册（1964 年修订本），第 263 页；第 1 册（1983年修订本），第 45 页。

⑤ 任继愈：《中国哲学史》第 1 册（1963 年本），第 45 页；（1979 年修订本），第 257～259 页。

努力从马克思主义经典文献中汲取理论营养，深深涉入中国社会史和经济史，严谨考释史料，使得这一诠释模式下的具有代表性的、有影响的中国哲学史作品，都有很高的理论品质和可信赖的知识内容。

20 世纪 80 年代以后，在中国哲学史研究领域，历史唯物主义的诠释模式处于明显的衰蜕①之中。很显然，这与从 20 世纪 50 年代以来，特别是"文化大革命""左"的、被歪曲的马克思主义意识形态带给中国社会生活和人们精神世界的伤害有关，也与"文化大革命"后的改革开放环境带来更多的特别是第二次世界大战后的西方新哲学思想涌进有关。当然，也与历史唯物主义诠释模式本身存在的某种简单化倾向带来的理论视野萎缩有关。新一代的中国哲学史学者和新时期的中国哲学史作品，不再关注于对历史上哲学家阶级属性的确定和哲学思想是唯物或唯心的判认，以及对其社会的、经济的根源的探寻，而是关注于思想、观念的本身，并乐于援引新的西方哲学理论或观念来解释分析，努力表现自己全新的理解。如用存在主义对"存在"的层层剖析，观照老庄道家的"道"与自由；援引现象学对"意识"的构造活动或"纯粹经验"的分析，明晰理学的心性观念；以精神分析的某些观点来解析游移的《易》象和禅宗思维；等等。他们的理论目标似乎也不再是追寻历史上一个哲学家及其学说的"真面目"或超越个体哲学家之上的"规律"，而是要揭示一种思想体系的"内在结构""特质"等，发掘和构筑别人没有发现或论述的意义、意蕴。凡此皆表明，这是一种新的诠释模式，也内蕴着一种新的历史观念。我以为，这一历史观念具有"历史是思想史""历史是当代史"这两个来自现代西方历史理论的内涵，② 并且被现代哲学诠释的诠释理论护卫

---

① 衰蜕是崔大华先生常用的哲学名词，意为事物由衰落、衰退到蜕变的过程（——原版编者注）。

② 在西方，在这两个历史理论的代表人物是克罗齐和柯林武德。克罗齐论证"历史是当代史"时说："当代史固然是直接从生活中涌现出来的，被称为非当代史的历史也是从生活中涌现出来的，因为只有现在生活中的兴趣方能使人去研究过去的事实。因此……一切真历史都是当代史。"（《历史学的理论和实践》，商务印书馆 1982 年版，第 2 页）柯林武德论证"历史是思想史"时说："历史的过程不是单纯事件的过程，而是行动的过程，它有一个由思想过程所构成的内在方面，而历史学家所要寻求的正是这些思想过程。一切历史都是思想史。"（《历史的观念》，中国社会科学出版社 1986 年版，第 244 页）

着。因为这一诠释模式倾力于思想本身的阐释，倾心于援用现当代思想进行阐释；现代哲学诠释学对诠释过程的分析所作出的结论——诠释不是复制、再现传统，而是一种新的创造；① 理解是历史视域和现在视域的"视域融合"过程，② 显然也是支持这种诠释方式的。这一诠释模式应该说还处在自觉、半自觉的形成过程中，但毕竟已展现出 20 世纪中国哲学史方法论中一个与以前不同的面貌。

短短百年间，20 世纪中国哲学史的诠释模式经历了被称为历史主义、历史唯物主义、新历史主义的三次变迁。很显然，这种快速的变迁嬗替，是外缘性理论选择的结果，而不是内在的理论演进过程。因此，也就每每要遭遇合法性和合理性的质疑和困扰。在这里，所谓"合法性"是指能为公众认可的外在客观存在根据，"合理性"是指合乎义理逻辑的内在理据。也就是说，20 世纪中国哲学史的三种诠释模式，皆是由特定的社会环境变迁而引起的各自独立的、用以诠释中国传统义理之学的理论选择，它们既与传统的义理之学迥然有别，相互之间也没有理论观念的继承或发展的那种内在联系。因此，在每种理论选择或诠释模式面前都存在着这样的问题：按照此种理论选择建构的中国哲学史，其学术形态和理论内容相对于中国传统学术，能获得存在的根据和被公众认可的价值吗？其理论的推演和得出的结论，不会出现矛盾、失真的情况吗？这两个问题在第一个诠释模式中都存在并被提出过。中国传统的义理之学，用西方的哲学理论架构"改装"，用冯先生的话来说，"就中国历史上各种学问中，将其可以西洋所谓哲学名之者，选出而叙述之"③，作为一门学科或一种学术形态，可以成立吗？能被公众接纳吗？这也就是金岳霖先生在对冯先生《中国哲学史》的审查报告中提出的"是中国哲学的史呢，还是在中国的

---

① 〔德〕伽达默尔说："文本的意义超越它的作者，这并不是暂时的，而是永远如此的，因此理解就不是一种复制的行为，而始终是一种创造的行为。"（《真理与方法》上卷，洪汉鼎译，上海译文出版社 1999 年版，第 380 页）

② 〔德〕伽达默尔说："如果没有过去，现在视域就根本不能形成，正如没有一种我们误认为有的历史视域一样，也根本没有一种自为的现在视域。理解其实总是这样一些被误认为是独自视域的融合过程。"（《真理与方法》上卷，洪汉鼎译，上海译文出版社 1999 年版，第 393 页）

③ 冯友兰：《中国哲学史》，商务印书馆 1934 年版，第 1 页。

哲学史呢"的问题。金先生判定冯先生的《中国哲学史》不是"中国哲学的史",而是"在中国的哲学史"。哲学思想显然不具备像数学、物理学那样可超越民族性、地域性界限的普遍性品质,因此"在中国的哲学史"也就缺乏合法性的了。当然,金先生对冯先生有所维护,没有这样说。他对胡先生《中国哲学史大纲》就不客气了,几乎是直接这样说了(称其人其书为"研究中国思想的美国人写的书"①)。换言之,第一种诠释模式存在着合法性危机的问题。现在看来,第一个诠释模式中的"合法性"问题,胡、冯两先生在有意无意中都做出回应。胡先生给"哲学"一个比较宽泛的定义:"研究人生切要问题,从根本上着想,寻一个根本的解决,这种学问叫哲学。"用六项具体人生问题而不是典型的西方哲学理论构架来网纳中国哲学史。冯先生虽然用西方哲学的宇宙论、人生论、方法论的典型框架构筑中国哲学史,但他援引《论语》"夫子之言性与天道"之语,说明宇宙论、人生论是中国义理之学所固有,方法论(知识论)薄弱是中国义理之学的弱点,以宣示中西哲学史的理论构架是可融通的。这样,胡、冯两先生实际上就以不同方式消解了对第一个诠释模式的合法性的质疑。在陈寅恪和金岳霖对冯友兰《中国哲学史》的审查报告里,两先生都提出,用今天的、西方的思想观念诠解中国古代之"陈言旧说",能够避免"穿凿附会",能够是"述而不作"吗?换言之,这种以西释中、以今解古的模式存在着诠释的合理性问题。胡、冯两先生没有直接回应这个问题,但从他们所引述以为证的话——"以弹说弹,不成论证""以水济水,岂是学问"② 来看,他们实际上也回答了这个问题。因为就像一事物的性状必须借它事物的性状才能说明一样,对于中国古人的思想,援用今人的有时是西方的观念以求表述清楚,这是很自然的、合理的。

历史唯物主义的诠释模式认为,哲学史是人类的认识史,贯穿并表现

---

① 金岳霖:《〈中国哲学史〉审查报告》,载冯友兰《中国哲学史》,商务印书馆1934年版。

② "以弹说弹"典出《说苑·善说》,胡先生在《中国哲学史大纲》附录《诸子不出王官论》中引用。"以水济水"语出《明儒学案·发凡》,冯先生在《中国哲学史》绪论中引用。

为唯物主义和唯心主义、辩证法和形而上学的斗争，古今中外概莫能外。像第一种诠释模式所遭遇到的被质疑乔装、模仿西方哲学的合法性危机，在这里没有发生。但是，仍有两个"合理性"问题在这里被提出。第一，古今哲学都是唯物主义和唯心主义斗争，那么，这种唯心唯物主义，这种斗争，古代和现代的表现形式能都是一样的吗？这就是所谓"历史性"的问题。第二，全体人类的哲学都是唯物主义和唯心主义斗争，那么，不同民族的哲学或唯物唯心主义的理论形态也能都是一样的吗？这就是所谓"民族性"的问题了。应该说，这一诠释模式里的中国哲学史学者，对这两个问题都有明确的回应。以冯先生为例，他在《中国哲学史新编》中说："在哲学史研究中发生错误，其中之一就是把古代哲学近代化，把古代哲学解释成近代哲学的样子……科学的哲学史的首要任务就是要把历史还原它本来面目，把古代哲学讲成近代哲学的样子，正是跟这种任务相背驰的。"对于"民族性"，冯先生也有明确的宣示，他说，"唯物主义和唯心主义的斗争和转化，在不同民族的哲学史中，在同一民族的哲学史的不同阶段中，具有不同的内容和形式"，所以，"'中国哲学史'讲的是'中国'的哲学的历史，或'中国的'哲学的历史，不是'哲学在中国'"①。② 总之，中国哲学史的历史唯物主义诠释模式中存在着两个会触发合理性危机的问题，但被觉察、被消解了。

在 20 世纪 80 年代以后出现的新历史主义的诠释模式中，一切历史都是通过当代人心灵观察和描述的历史，任何理解、诠释都是不同的，由"前见"构成的视域的融合过程。③ 这样，可向第一种诠释模式提出的那种"合法性"问题，显然是被排除了。但是，在这个诠释模式的境域内，仍有"合理性"问题存在。因为在哲学诠释学揭示的诠释过程中，构成

---

① 由于问题提出的前提不同，"中国的哲学历史"与"在中国的哲学的历史"，在第一种诠释模式中是"合法性"的问题，而在此第二种诠释模式中则是"合理性"的问题了。

② 冯友兰：《中国哲学史新编》第 1 册，人民出版社 1982 年版，第 32、33、24、25、39 页。

③ 〔德〕伽达默尔说："一种诠释学处境是由我们自己带来的各种前见所规定的，就此而言，这些前见构成了某个现在的视域。"（《真理与方法》上卷，洪汉鼎译，上海译文出版社 1999 年版，第 392 页）

视域的前见仍有真与假或正确与错误之分，只有正确的前见，才能使理解和诠释完成，达到诠释学的真理①，只有通过"时间距离的过滤"，即历史性的审视辨析，才能将前见的真假区分开来。②所以，哲学诠释学要求"诠释学上训练有素的意识将包括历史意识"③。西方的现代哲学，诸如现象学、存在主义、不同哲学立场的精神分析等，都有各自产生和长成的历史，都有各自独特的理论内涵和推演的逻辑。中国哲学史新历史主义诠释模式下的学者，援引此来理解、诠释中国义理之学，虽然因有"诠释不是重塑而是再创造"的诠释理论荫庇而不会被质疑"合法性"，但却难免在通过"间距"的过滤时，显露出缺乏"历史意识"的误解失真，陷入"合理性"的危机。这也是这一诠释模式尚未成熟的表现。

回眸 20 世纪中国哲学史诠释模式的变迁，我观察到的是，中国传统的义理之学在现代境遇下发生了观念的断裂，它的概念、范畴、命题都充盈着全新的意蕴，出现在与此前无承接关系的全新的理论构架内，这是一个新的理论生长的开始。在这个过程中，合理性高于和重于合法性，因为在这里"合法性"问题往往在一开始就被自觉地或自动地消解，而"合理性"问题却始终存在，并需要全部学术内容来证实。

（《文史哲》2004 年第 1 期）

---

① 〔德〕伽达默尔说："解释者不可能事先就把那些使理解得以可能的生产性的前见与那些阻碍理解并导致误解的前见区分开来。"由此可见，前见有正、误之分。（《真理与方法》上册，洪汉鼎译，上海译文出版社 1999 年版，第 379 页）

② 〔德〕伽达默尔说："伴随着时间距离造成的过滤过程，不仅使那些具有特殊性的前见消失，而且也使那些促成真实理解的前见浮现出来。时间距离才能把我们得以进行理解的真前见与我们由之而产生误解的假前见区分开来。"（《真理与方法》上册，洪汉鼎译，上海译文出版社 1999 年版，第383 页）

③ 〔德〕伽达默尔：《真理与方法》上册，洪汉鼎译，上海译文出版社 1999 年版，第383 页。

20 世纪中国儒学的贡献与进展

20 世纪已经过去，21 世纪已经到来。在这辞旧迎新之际，回顾作为中国传统文化主体的儒学在 20 世纪的遭际和展望它在 21 世纪的前景，无疑应是中国文化研究的一个重大、严肃的主题，我这里试图通过 20 世纪的中国儒学对中国社会进步的贡献及其本身理论进展的简略论述，从一个特定的角度来审视 20 世纪中国儒学的基本状况。

一　基本的背景

20 世纪中国儒学的遭际与中华民族的命运一样，在经受了严重的挫折后，开始了伟大的复兴。中国儒学的这种现代境遇，与它作为中国文化的精神主体所独具的那种理论特质和社会功能分不开。就儒学本身而言，由春秋末期孔子开创的儒家学说，是一个以伦理道德观念为核心的思想体系，并且是一个以"仁""礼""天命"三个基本范畴所体现的，由心性的、社会的、超越的三个理论层面所构成的比较周延的思想体系。但是，在中国历史上，儒学并不是以一个单纯伦理道德思想体系的学术面貌出现和显示功能的

第一，儒家提出的君臣、父子、夫妇、长幼、朋友五伦之序的伦理思想以及仁、义、忠、孝等道德规范，能充分满足以家庭为单位的农业社会和君主专制政治制度的社会生活需要，战国时就开始获得社会的认同，汉代"独尊儒术"以后，更被历代国家政权自觉地用来作为整合社会人际关系、稳定社会秩序的基本工具，儒学实际上是中国历史上的国家意识形态。

第二，儒学的此种转变，带来了功能的扩展，儒学不仅为人们提供仁、义、忠、孝等价值取向的道德功能，而且也增加了某种法律的、宗教的社会功能。中国古代法律思想的一个基本观点是所谓"礼之所去，刑之所取，失礼则入刑，相为表里者也"（《后汉书·陈宠列传》），正表现儒家的道德规范成为立法、量刑的主要法理依据，中国历史上的"名教罪人"正是以叛离或违背儒家教条而受到诛伐的。如果我们在比较宽泛的意义上，把对某种神圣对象的信仰并从中获得生活的意义，视为是宗教的特征和功能，那么，作为国家意识形态的儒学也具备这样的特征与功能。在儒学里，超越的但非人格的"天"（天命），人格性的而非超越的祖先（鬼神），还有作为儒学创始人的孔子，都具有被崇拜的"神圣对象"的性质，儒家三大祭——祭天、祭祖、祭孔，在形式上也显现为并可界定为是宗教性的表征，虽然实际上其精神内涵是一种伦理性的道德感情，而不是信仰性的宗教感情。然而，儒家从这种道德感情中能孕育出一种道德觉醒，自觉到"人禽之辨"与"义利之辨"，感悟到生活的意义和终极追求，能"杀身成仁""舍生取义"，即从道德实践中实现安身立命，这又是一种具有宗教性的情怀。

第三，由于儒学是一种国家意识形态，且具有多种社会功能，所以在中国历史上，特别是在南宋以后，程朱理学强化了儒学的意识形态性质，在国家的"教化"政策推动下，通过从科举考试到通俗的启蒙读物的多种方式，儒学浸润了士、农、工、商的各个社会群体，从而也渗透到作为一种文化结构的诸如器物、制度、风俗等各个层面，并且在有决定意义的程度上塑造了它们的形态。在世界文化背景下，儒学凝聚成一种具有独特品格的，即有自己的特征和内涵的文化类型，一种生活方式。完全可以说，儒学是中华民族精神生命之所在，中华民族的兴衰荣辱，都能从不同角度上显示出与儒学的不同程度的关联。这样，在 20 世纪初，当中华民族国势衰危，在西方工业文明的挑战面前遭到严重挫折的时候，儒学被视为是酿成这种厄运的精神的、观念的根源，而受到严厉的责难和否定性批判是很自然的了。然而，在 21 世纪到来的今天，当黑暗的风暴过去以后，中华民族迈上复兴之路时，当儒学有了新的定位，即儒学蜕去了它历史上的那种国家意识形态性质，而以其固有的伦理道德思想特质、以一种传统精神的基本内涵来表现其功能时，我们发现，儒学还是珍贵的，仍在支撑着我们中华民族作为一种有悠久历史的文化类型和独立的生活方式的存在；儒学也在前进，努力更新着自己的理论面貌和内容。

二 贡献

20 世纪的中国儒学，在中国近现代历史上的一次最伟大的民族觉醒——五四运动中，扮演了特殊的角色，发挥了独特的作用。五四运动是处于积弱危机中的中华民族在帝国主义列强的政治压迫和西方现代思想理念（包括马克思主义）启迪的双重因素触引下爆发的。换言之，五四运动兼有爱国救亡和文化启蒙的双重内涵。儒学与这次伟大的民族觉醒有十分特殊的关系。

第一，在作为文化启蒙的五四运动中，在一种资本主义工业文明的现代西方观念审视下，儒学成为被批判的对象，吴虞、胡适喊出的"打倒孔家店"，可以视是为五四运动文化思想启蒙的标志性的口号。五四运动前后新思潮对儒学的批判，归纳有二，一是认为以儒学为核心的传统道德原则是制造社会罪恶的根源，这可以用鲁迅在《狂人日记》中所表述的意思为代表："仁义道德吃人！"二是认为以儒学为核心的传统思想文化违背现代的科学精神和民主潮流，这可以陈独秀为唤醒青年的几句话来代表："要拥护那德先生，便不得不反对孔教、礼法、贞节、旧伦理、旧政治。要拥护那赛先生，便不得不反对旧艺术、旧宗教。要拥护德先生又要拥护赛先生，便不得不反对国粹和旧文学。"① 显然，五四运动的儒学批判主要是将儒学作为一个服务于腐朽的、没落的封建专制主义的国家政治制度和社会伦理秩序的意识形态来观察的，这无疑是真实的。但是，儒学还有不同于、超越于这些的精神内容和历史表现，所以，有学者特别是五四运动以后的学者，认为"五四"对儒学批判缺乏对儒学的同情、理解和尊敬。实际上，"五四"的儒学批判者也是值得同情和尊敬的，因为他们激烈的儒学批判是从一个刻骨铭心的痛苦中发出的，这种痛苦当然也有

---

① 胡明：《陈独秀选集·〈新青年〉罪案之答辩书》，天津人民出版社 1990 年版，第 73 页。

个人遭际的成分，但主要是由于深切地感受到国家民族的深重苦难而产生的一种超越个人利害的神圣的感情。时过境迁，这种感情也许是五四运动时代以后的人不能再有的了。一个民族要前进，必须对自己文化中已经落后的、成为糟粕的东西有深刻的反省和勇敢的决裂。从这个意义上，我们可以将儒学在"五四"文化启蒙中扮演的被批判角色理解为这次民族觉醒必要的组成部分，是儒学在这次民族觉醒中所发挥的一种独特的作用。

第二，在作为爱国救亡的五四运动中，儒学则完全是一个积极的、正面的因素，因为正是儒家的基本伦理道德精神——对家庭、民族、国家的责任感、义务感铺垫了"五四"精神基础，孕育出"五四"的爱国热情。在"五四"文化启蒙中对旧道德施以最尖锐批判的鲁迅，曾对友人表白："我们生于大陆，早营农业，遂历受游牧民族之害，历史上满是血痕，却竟支撑以至今日，其实是伟大的。但我们还要揭发自己的缺点，这是意在复兴，在改善。"（《鲁迅书信集》下卷《附录·致尤炳圻》）另一位言辞激烈者吴虞也曾说："儒教不革命，儒学不转轮，吾国遂无新思想、新学说，何以造新国民？悠悠万事，唯此为大。"（《吴虞文录》卷上《儒家主张阶级制度之害》）所以甚至可以说，即使在"五四"的"反儒"中，也涌动着一种儒家的道德精神。青年时代的陈独秀曾创办《安徽俗话报》，向民众宣传"国家乃是全国人的大家，人人有应当尽力于这大家的大义……自古道国亡家破，四字相连"。青年时代的胡适曾表示"不谈政治"，只是"想在思想文艺上替中国政治建筑一个革新的基础"（《胡适文存》二集《我的歧路》）。不难看出，"五四"新文化运动的这两位领潮流人物，尽管在此后的政治走向上分道扬镳，但他们在青年时代并不相同的志趣抱负中，仍显现出相同的"天下兴亡，匹夫有责"的儒家心态。由这个典型事例我们可以认为，五四运动的参加者由于不同的政治信念、哲学立场，最终使他们选择了不同的事业和政治前途，但渊源自儒家伦理理念的对国家民族的责任感、义务感却是他们共同的精神基础、共同的起点。这是儒学对 20 世纪中国社会进步的贡献。诚然，社会责任感、义务感是一种在不同文化的观念系统中都可以萌生、长成的道德意识，但其精神内涵或性格并不相同。例如在法国大革命中的革命家和俄国革命中的十二月党人和革命民主主义者那里，我们就可以看到一种由自由主义的和民主主义的政治理念、基督教的宗教感情等孕育出来的个人的社会职责观念极其强烈的表现。五四运动的革命者所表现出的社会责任感，则是一种献身于作为历史文化实体的国家民族的伦理感情。在中华文化中，这是儒学的传统。

儒学或儒家思想在五四运动中所具有的积极性的正面的作用，在此后的中国现代化进程中也表现出来。简言之，儒家伦理观念为在这一进程中所必需的动力和秩序这两个最重要条件的形成，贡献了基本的精神因素。中国现代化事业因为国家人口负担沉重、基础薄弱、地区间发展不平衡等不利的社会情况，是非常艰巨的，必须有一种社会整体的觉醒意识来推动这一事业。国家经常用"爱国主义""民族复兴"来激发、凝聚这种精神力量，是非常必要的。而这种精神实际上就是儒家伦理道德意识中的社会责任感的具体转化，凝成了推动我们国家现代化进程的根本精神动力——为了中华民族的生存和发展，为了中华民族能自立于世界民族之林。儒家伦理道德精神对于我国现代化进程中的秩序形成也有重要作用。正如我们所看到的那样，我国现代化进程带来了也表现为社会体制的转变和人们生活方式的变化，为了规范和建构新的社会秩序和社会行为，在加强法制建设的同时，国家还倡导"家庭美德""职业道德""社会公德"，在这一得到全社会响应的道德建设中，就有很多的儒家道德思想内容。也许可以说，这正是传统儒家伦理向现代生活伦理、工作伦理的转化或应用。总之，在20世纪的中华民族觉醒和现代化进程中，儒学做出了自己的贡献。

三　理论进展

20世纪的中国儒学在为中华民族的觉醒和现代化进程提供精神基础和精神动力的同时，也开始了自己的理论观念的现代转化，并因此获得了空前的理论进展，其中有三点最为突出和重要。

第一，认同民主与科学，五四运动伟大的启蒙意义就是明确提出了中华民族现代化过程的两个主要目标——民主与科学，并且得到了极为广泛的共识与拥戴。"五四"同时又判定儒学是处在这两个目标的对立位置上，因此20世纪的中国儒学曾经几度处境艰难。但一段时间过后，人们发觉"五四"此一判定存在着某种对儒学观察以偏概全的缺陷，将传统与现代化对立起来在理论上也是有困难的，所以使儒学处于与时代潮流、社会生活对立面的那种社会文化环境实际上并没有形成。但是，就儒学本身而言，它还是一直努力发掘其可以响应或转换出民主与科学的那些精神资源，表现它完全认同民主与科学的态度。从《新青年》中可以看到，"五四"的"民主""科学"观已达到相当高的水平。"五四"的"民主"已超越政体、国体问题，是在更基本的"人权"基础上的政治、思想、经济的独立平等与自由，完全涵盖了当时杜威在华做《美国民治之发展》讲演中所提出的"政治民主""民权民主""社会民主""经济民主"的民主"四因素"。"五四"的"科学"也不仅是具体的西方近代实证科学，而且主要是指"求真""求实"的理性思维的精神和方法。20世纪的中国儒学对在此文化或精神层面上的民主与科学，有两个认同性的回应：一曰儒学与民主、科学是兼容的。"五四"以来，许多服膺或研究儒学的中国学者指出，《尚书》中"民为邦本"和孟子的"民贵君轻"的思想，都具有重视、尊重民众的内涵；孔孟儒学的"人性善""人皆可为尧舜"的基本观点也蕴含着人在道德人格上平等的理念因素。当然，儒学的"民本"与人格平等皆是一种道德性质的观念，与西方民主思想，即以自然人性论为根据的自然法（自然状态下的天赋平等）观念基础上发展起来的、以人权和法治为主要内涵的政治观念是不同的；伦理关系中不同角色的人格平等与法律关系中自然法人的人权平等是不同的。但是，它们并不一定是对立的。儒学道德性的民本、性善观念，内蕴着一种深刻的对人的存在的根本的和全面的肯定，它虽然不能直接转换为政治性的民主、人权，但可以兼容它。在科学观上亦是如此。20世纪40年代时，著名科学家竺可桢在其《科学之方法与精神》一文中，考察了近代科学先驱哥白尼、布鲁诺、伽利略、开普勒、牛顿、波义耳等六人的科学实践后总结说，科学的基本精神是"求是"，并认为《中庸》的"博学之，审问之，慎思之，明辨之，笃行之"，《论语》的"毋意，毋必，毋固，毋我"正是这种精神。还有一些学者更为具体地指出，孔子经常以仁、智并举，儒家经典中蕴藏了许多古代经验的或科学的知识，儒学历史上的主要学术或理论形态（如经学、宋明理学）都吸纳了各自时代的科学成果，凡此皆可说明儒学对科学是具有兼容性的。更有一个明显的事实是，在儒家文化环境里成长起来的中国学人，理解和接受近现代西方科学理论、科学思想都毫无心理上、精神上的困难与障碍，儒家心态对西方现代科学成就总是非常欣喜和欢迎的。应该说，儒学作为一种伦理道德的思想体系，它有理性的科学精神，但并不具有科学方法论的意义；它不会触发也不会证实人们的科学发现，但较之宗教，儒学世界观对任何真正的科学发现、发展都可以说是极为宽容的。二曰儒学可以"转出"民主与科学。这是著名的现代新儒学哲学家牟宗三提出的。就儒学思想中具有民主性、科学性的意蕴而言，我们可以得出儒学兼容民主与科学的结论，但从实际意义上的民主与科学来看，我们也应该承认，历史上的儒学并没有此种展现。这也正是牟氏的观察角度。他说，儒学或中国文化"在全幅人性的表现上，从知识方面说，它缺少了'知性'这一环，因而也不出现逻辑数学与科学；从客观实践方面说，它缺少了'政道'之建立这一环，因而也不出现民主政治，不出现近代化的国家政治与法律"（《历史哲学》）。出于对儒学历史状况的此种观察和对"五四"开启的时代潮流的响应，牟氏认定，儒学进一步发展的文化使命就是要在儒学的道德理性中"转出"民主与科学，或"内圣开出新外王"。他说，"儒家学术第三期的发展（笔者注：牟氏将儒学历史发展分为三期，先秦至两汉为第一期，宋明为第二期，现今为第三期），所应负的责任即是要开出这个时代所需要的外王，亦即开出新的外王"①。牟氏又说："中国人文主义的发展，须在道德理性之客观实践方面转出并肯定民主政治，且须知道德理性之能通出去，必于精神主体中转出知性主体，以成立并肯定科学。"（《道德的理想主义》）困难而重要的是，需要阐明具备何种条件，注入何种动力才能启动此种"转出"或"开出"。牟氏说，"历史为精神表现之全部历程……从精神之所以为精神之内在的有机发展而言，必在各民族之发展过程中——逐步实现而无遗漏"（《历史哲学》），就中国儒家之"转出"民主、科学而论，"仁且智的精神实体，注定要在历史发展中完成其自己，以前没有开出来，将来都要开出来，这里决定没有不相容的地方"（《道德的理想主义》）。不难看出，牟氏是借助黑格尔的哲学思想来解决这个理论上的难题。应该说，

---

① 《从儒家的当前使命说中国文化的现代意义》，载《道德理想主义的重建——牟宗三新儒学论著辑要》，中国广播电视出版社 1992 年版。

用黑格尔"绝对精神"自我展开的哲学理论来解释儒学的"道德理性"或"仁且智的精神实体"能转出民主与科学，虽然在理论上是很简便的、可取的，但在实践上仍是十分抽象的、无力的，距离真正的解决儒家文化环境下民主与科学的形成和发展问题，仍然是很远的。但是，这一解释毕竟是从更深入的层面上表明 20 世纪中国儒学对"五四"树立的中国现代化进程的民主与科学两个目标的认同和拥护。另外，对于这一解释，我们也可以给出一个经验的理解，即如同一个成熟的、德行高尚和智慧丰富的人，一定可以因应各种处境一样，具有悠久历史的、内涵丰富的并且在历史上也一直不断地充实和变化着的"仁且智"的儒学系统，在现代情势下，也一定可以长出民主，长出科学。从这一经验的理解中，可以看出"转出""开出"说是有其合理的深刻的内容的。这一解释中显示的对近现代西方哲学思想的吸纳，正是 20 世纪中国儒学的一个新的理论生长点。凡此皆可使我们判定，儒学"转出"民主与科学的论题所具有的理论意蕴，仍是从一个具体问题上表现了 20 世纪中国儒学的理论进展。

第二，儒学形上学的重建。儒学以伦理道德思想观念为其核心或特质，因此，追寻、阐释伦理道德最终的、超越性的根源，也十分自然地成为儒学形上学的主要内容。从儒学历史上看，这一"形上"的对象，一直攀缘着先秦儒学中具有超越性的"天命"（天）观念，并因吸纳进不同的儒外哲学思想而呈现不同形态，最后在宋明理学中达到了成熟的发展。宋明理学对作为伦理道德最终根源的"形上"对象有两种对立的表述或界定——"理"与"心"。但它们具有本体性——"形上"的超越性、总体性、根源性却是相同的；这种本体观念的形成与阐释主要是借助对儒家经典（在理学中主要是"四书"与《周易》）的释义和个人生活体悟，也是相同的。理学在明末清初的理学批判思潮沉寂以后，就成了一个既生长不出也补充不进新的文化思想内容的封闭自足的思想体系。换言之，在 17 ~ 19 世纪清王朝的两个半世纪里，中国儒学的理论思维内容和形态实际上是没有发展的。中国儒学对与此同时在西方发生的由笛卡儿启动的西方近现代哲学的蓬勃发展毫无知觉。在没有感受到新的理论观念挑战的情况下，儒学既无理论的能力，也无理论的需要，去对其理论的最高层面、最基础的观念——伦理道德的"形上"根源做出有异于理学之"理"或

"心"的新解释，儒学形上学也就不能推展出新面貌。20 世纪西方思想大量涌入中国，在社会生活的各个领域和不同层面上，均发生了深浅程度不等的影响。就中国儒学而论，最深刻的影响和后果表现为，援引西方哲学的理论观念或方法，对儒学伦理道德的形上根源有了新解，儒学形上学获得了重建。其中，当以作为现代儒学哲学家的冯友兰撰写的《新理学》和上面已经论及的儒学哲学家牟宗三论说的"道德的形上学"为典型代表。冯氏《新理学》（贞元六书）主要是援用 20 世纪二三十年代尚处于兴盛阶段的美国新实在论和维也纳逻辑实证主义哲学观点，对宋明理学中的程朱理学做出现代观念的改造。冯氏这一工作可归纳为两个方面，一是《新理学》引进新实在论的哲学概念"共相"来诠释理学"理"之观念，将理学之"理"中被朱熹分别"以本体言之"和"以流行言之"（《朱文公文集》卷四十五《答杨子直》）所蕴含吸附的那些内容，诸如"天地万物之根""阴阳五行不失其序"等全部剔除，转变成"以逻辑言之"的表示"同""类"形式的概念，但是从宇宙论（存在论）的意义上说，它却是"潜在"的，是"真际""本然"，意蕴为"此一类的事物所共同依照者"[1]。这样，理学之"理"的"形上"本体性在《新理学》中就被削弱甚至消解了，《新理学》只保存了宇宙论层面上的认识过程中与"具体"相对的"抽象"那种意义上的"形上"观念，不再是本体论层面超越性之根源的那种"形上"。冯氏说，"我们所谓形上形下，相当于西洋哲学中所谓抽象具体。上文所说之理是形而上者，是抽象的，其实际底例是形而下者，是具体的"[2]，这是《新理学》对传统儒学形上学的重大改造。二是《新理学》运用分析方法（主要是引用逻辑概念的蕴含关系），从"事物存在"这一唯一的经验事实出发，逻辑地分析出"理"与"气"两个观念——"事物必有之所以为某事物者"与"事物必有其所以能存在者"[3]，在此基础上又逻辑地综合出"道体""大全"两个观念，进而在此四个观念的基础上重新解释了程朱理学的主要观念、主要论题。这样，《新理学》就将宋明理学中的两个基本观念——理与气，从原是通过

---

① 冯友兰：《三松堂全集》第 4 卷，河南人民出版社 1986 年版，第 217 页。

② 冯友兰：《三松堂全集》第 4 卷，河南人民出版社 1986 年版，第 36 页。

③ 冯友兰：《三松堂全集》第 5 卷，河南人民出版社 1986 年版，第 150～151 页。

经典释义和经验体认而预先设定的实在，转换为可从最基始的经验事实中逻辑分析出的实在。这是《新理学》在方法论上对传统儒学实现的具有科学精神的变革。

牟氏的"道德的形上学"对宋明儒学的现代诠释所带来的儒家传统观念更新，要言之，亦可归纳为两个方面，一是在儒学形上学方面。在传统儒学中，特别是宋明儒学的以"心"为本体的思想派别中，一般都是以天命、理、性等观念对心做出本体性的界说，在儒学的传统观念范围内，牟氏承接了这一传统，认为这就是人的道德生命之根源，也是"宇宙化生之创造实体"（《心体与性体》）。从不同的角度，可分别称之为"天命实体"（道体）、"性体"、"心体"。但牟氏在现代西方哲学观念背景下，又引进康德的哲学观念，认为"由道体、性体、心体所展示之形上学是真正儒家的'道德的形上学'，其内容吾人可借康德之意志自律、物自身、道德界与存在界之合一三者来规定"（《心体与性体》）。牟氏以康德"意志自由"来诠释"性体"之内涵和以"物自身"来界定"性体"之本体性质，就使传统宋明理学的本体观念发生了变换。按牟氏的理解，所谓"物自身"即是"物之在其自己"者，这是"一个有价值意味的概念，不是一个事实之概念；它亦就是物之本来面目，物之实相"（《现象与物自身》）。即是说，以"物自身"来论解、界定的"本体"，即是物之真正的、现象背后的"自己"。这样，传统理学本体观念（如理、心）中的那种作为宇宙万物之根源、世界之总体的内涵就消失了，这是一种有异于传统儒学的新的形上学。二是在儒学方法论方面。牟氏的"本体宇宙论陈述"与"智的直觉"也分别转换或更新了宋明理学的两个基本派别的思维模式。在宋明儒学中，程朱理学对于本体论层面上的"理"，与"理"之落于形气中的、即宇宙论层面上的心、性，是分别陈述的，所谓"以本体言之"和"以流行言之"，是有界限的。但在"道德的形上学"中，本体是以"在其自己"（物自身）来理解和界定的，本体与其在实践中的呈现是一而不二的，所谓"天命、天道、太极、太虚、诚体、神体、中体、性体、心体、仁体，乃至敬体、义体，其义一也"（《心体与性体》），即在"物自身"之本体观念下，消融了本体层面与宇宙层面界限。牟氏将这种理论思维和论述方法称为"本体宇宙论的陈述"（《心体与性体》），就像我们在牟氏《心体与性体》一书中所看到的那样，在此种陈述方式或原则审视下，宋明儒学的理论结构与派系结构都出现了新的格局。牟氏根据康德的议论，将"智的直觉"———种可以沟通现象与"物自身"的超理性认识能力，归纳出四点特性，或者说是四项基本内涵，使宋明理学中陆王心学的以个人体悟为主的认识方法，成为一个可被理解的、可被理性说明的思维方式，消除了它的神秘性。完全可以说，"道德的形上学"是在《新理学》出现之后又一个新的中国现代儒学思想体系。当然，现代中国还有更多的学者为儒学的现代发展贡献了智慧，但冯、牟两位前辈的儒学理论最为典型，最为重要。《新理学》和"道德的形上学"在重建儒学形上学过程中共同表现出一种可贵的理论品格，即浸润于现代西方哲学思潮中，在准确理解和有选择地吸纳西方哲学的理论观念的同时，顽强地保持着中国哲学特质。这使我们产生信心，具有这种品格的现代儒学，会生生不息，既能与不同文化友好相处，又能挺立其中。但是，《新理学》和"道德的形上学"也使我们不能满足，它们距离现实生活、距离真正融入并能发力于中国现代化事业都似乎很远。

第三，儒学超越性的阐发。不企望超越人性，不企望超越死，是儒学伟大的明智。儒家的生存方式和目标是在人伦日用中，如同"绘事后素"（《论语·八佾》），不断地完善人性、完美人生。儒家生活方式貌似平凡、"平面"，实际上亦有其多层的结构和深固的根源，否则我们就不能解释何以历经几千年风雨，直至今日，在异质文化背景下观察，中华文化仍保持基本特质而不走样。这一深层的根源，可以说是儒家的人性、人生的深刻信念，根系于一超越的而非人格的实在（实有）——"天"（天命）。从孔子自谓"五十而知天命"（《论语·为政》）和孟子所说"君子行法以俟命"（《孟子·尽心下》）可以看出，在先秦儒学那里，此种超越而非人格的实在，还具有外在客观必然性的性质。宋代理学家说，"在天为命，在义为理，在人为性，主于身为心，其实一也"（《河南程氏遗书》卷十八），所以可以认为，儒学中作为人性、人生根源的超越性实在，在宋明理学中被内在化了，即是说，人性、人生的最终根源还是在人自身之中。超越实在的内在化，是儒家伦理道德自觉达到了最高程度的理论表述。20世纪的中国儒学在强势的西方哲学思想挑战面前，为了固守住儒学阵地，需要开发儒学的最深层的精神资源，故将此凸显出来，并援引西方思想中具有最高精神价值的宗教之特质，来予以现代的诠释。这一诠释工作主要是20世纪50年代以后在港台或海外华人儒家学者所倾心进行的，但其两个基本的、核心的结论，近十几年来也得到了大陆许多学者的认同。

第一，明确将传统儒学具有根源性内涵的"天"（天命、天道）定义、诠释为"内在超越"。如牟宗三说："天道高高在上，有超越的意义。天道贯注于人身之时，又内在于人而为人性，这时天道又是内在的……天道既超越又内在，此时可谓兼具宗教与道德的意味，宗教重超越义，而道德重内在义。"①

第二，在宗教本质上是人的一种"终极关怀"——对某种具有最高价值的对象的追求之观念下，将儒家的"内在超越"确认为是一种"终极关怀"，从而，儒学亦是具有宗教性内涵特质的观念体系。如著名的儒家学者刘述先说："把宗教重新界定为'终极关怀'，在这种情形之下，儒家的宗教性跟西方的宗教性就可以比较接近。"（《从学理层次探讨新儒家思想本质》）从儒学的天道即心性的超越性中发掘出、诠释出它的内在性与宗教性，无疑是20世纪中国儒学在现代西方观念，或者说现代西方宗教哲学观念浸润下，才能取得的理论进展。因为在中国传统的思想观念范围内，儒学的道德实践，在汉唐以来的儒佛、儒道之辩中，其与佛学、道家相比较，一直定位为"外"而不是"内"；只是在西方信仰上帝的基督教观念背景下，并且其"上帝"不是像19世纪以前的理性派神学所理解的内在于世界的一切存在，而是按照出现在20世纪两次世界大战间新正统派神学所理解的是绝对的、外在的超越的存在，儒学具有道德内涵的超越实在"天道"才是"内在超越"。同样，如果按照19世纪末宗教人类学的传统观点将宗教界定为对某种具有人格特征的超越存在的信仰，那么儒学就不具有这样的宗教特质，也只是在20世纪的新正统派神学，将宗教界说成是一种"终极关怀"的心理体验或实践最高价值的生活经验的宗教哲学理论立场上观察，儒学的超越实在才获得宗教性内涵。20世纪儒家学者对儒学宗教性的阐发，当然不是为了造出一个传统宗教意义上

---

① 牟宗三：《中国哲学的特质》，上海古籍出版社1997年版，第21页。

的儒教，在纯正的儒家生活方式中，这既不可能，也无必要；而是为了深刻化、崇高化儒学，培育儒学新的理论生长点，增强儒学给予人们道德生活的精神力量。这一表现儒家本质的理论追求，还是应受尊重的。

四　新的期待

以上，我们论述了 20 世纪中国儒学对中国社会进步做出的贡献和自身获得的理论进展。20 世纪中国儒学的这些表现，可以说是较好地解决了儒学作为一个古老的思想观念体系、一种生活方式的源头，在现在和将来继续存在和发展的两个关键的问题，即有能适应现时代哲学、文化思想发展的理论生长点和能影响、融入社会生活的切入点。20 世纪的中国儒学像历史上的儒学不断地吸纳阴阳五行、道家和佛学观点而更新自己的理论面貌和内容一样，努力从现代西方哲学中引进观念和方法，使得已经停滞在、凝固在理学理论形态上的传统儒学又启动起来，开始了现代的理论观念转化。从前面已经论及的冯友兰、牟宗三两位前辈的现代新儒学体系中可以看出，这种吸纳和转化还存在困难，存在不能融合的痕迹，因为西方哲学有它自己的发展逻辑。近现代西方哲学从"认识论转向""语言转向"中悬置、拒斥形而上学，到 21 世纪 50 年代以后兴起的后现代主义哲学的解构、消解主体性、总体性等，都是与传统儒学中探究"形上"对象、固守主体性的理论特质相冲突的。将儒学移植到这样的理论土壤上去生长是不可能的，但从中吸取理论观念和方法，使儒学的理论结构和思想内涵有适应现代的新的转化和成长，则是必须的和可行的。应该说，20 世纪的中国儒学在这个生长点上，已经有了最初的收获。在农业社会血缘家庭基础上发展起来的，并长期为封建君主专制政治服务的古老的儒家伦理道德思想，能为工业社会、后工业社会和人权、法治思想主导社会生活的现时代所接纳吗？20 世纪的中国儒学在中国社会进步中所起的作用表明，这是完全可能的、现实的。这个切入点就是对儒家的一种宝贵的精神资源——儒家伦理精神的开发和转化，即将儒家由对家庭的责任感、义务感扩展起来的"民胞物与"对社会、对自然的责任感、义务感，转化为普遍的工作行为、生活行为，从而形成儒家文化生活方式中的基本动力和秩序，并从中获得一种生活的意义，实现一种人生的价值。

20 世纪的中国儒学跨入了新的理论生长空间，证实了融入现代社会的可能，儒学又获得了新的生命力，我们期待儒学能对我们民族和人类有更大的贡献。儒学构成我们中华民族的最基本的文化认同、价值认同，可以期待生生不息的儒学带来中华民族更广泛、更坚固的团结，带来与不同文化间的和睦共处。从联合国 1989 年发表的《学会关心：21 世纪的教育——圆桌会议报告》和 1992 年发表的《关于环境与发展的里约宣言》中对全球人类状况的分析中可以看出，道德的衰退和自然生态的破坏是人类生存发展所面临的两个严重威胁。儒学致力于唤醒人的道德自觉，唤起人们对自然有伦理感情内涵的责任感，所以虽然不能说依靠儒学即可使人类摆脱这种威胁但可以期望，儒学的理念和实践能有助人类遏制这种威胁的增长。

21 世纪的中国儒学会有更大的发展与贡献，会赢得更多的尊敬。

（《中州学刊》2000 年第 1 期）

当代社会思想的儒、道精神

中国传统思想伦理道德特质形成的比较分析

　　像多数学者所判定的那样，中国传统思想是以儒学的伦理道德思想为核心或主要理论形态的一种文化类型或思想体系。中国传统思想的这个特色，如果放在具有悠久历史而迄今尚存的世界文化——印度文化和希腊以及西方文化所呈现的思想特色的背景下来比较观察，则是非常清楚的。但是，这些文化及作为其基本的、核心的要素的思想理论形态，都各自经历了很复杂的、并不相同的演变过程，所以这种比较又是十分困难的。幸而，每种文化及其传统思想，虽然历经沧海桑田，但都仍顽强地葆有它最初形成时期的那种特色。这样，我们以这些文化初期的思想理论形态的特征来进行比较，从而显示中国传统思想的特质、特色，还是可行的和可靠的。

　　恩格斯说："历史从哪里开始，思想进程也应当从哪里开始。"[1] 因此，人类的思想意识产生可以追溯到很远。但是，从较严格的意义上说，人类最早具有的思想色彩和固定形态的意识，应当是宗教观念，这种观念是"最原始时代的人们对于自己本身周围外部自然的极愚昧、极模糊、极原始的现象中产生的"[2]。所以，原始宗教可以视为是人类文化的共同起点。人类文化在这里虽然有形式上的不同，但还没有思想特质上的差异，即都是对一种非人的、超自然的力量的迷信、崇拜。它的特点，用列

---

① 《马克思恩格斯选集》第 2 卷，人民出版社 1972 年版，第 122 页。
② 《马克思恩格斯选集》第 4 卷，人民出版社 1966 年版，第 250 页。

维·布留尔对原始思维的研究术语来说，是一种神秘的、原逻辑的思维。① 但是，在原始宗教向更高一级思想意识的发展中，人类不同地区和种族的文化差异就形成了，并且逐渐明显起来，最终歧化为我们今天在一般意义上说的印度文化的宗教方向，希腊文化的科学方向和中国文化的伦理道德方向。

造成这几种人类文化向各自独特方向发展的原因是多种的而不是单一的。它可能是一定的种族的、地理的因素，也可能是某种政治的、历史的契机。这是一个深奥的世界文化之谜，似乎难以用某一个理论原则或逻辑公式来揭示其底蕴，但对它的过程做出具体的描述还是可能的。

从一种宏观的角度来看，雅利安人带进印度河流域的《吠陀》和种姓制度，对于生长在这块土地上的古代文化的思想理论一直沿着宗教方向深入发展，恐怕是最有决定意义的。《吠陀》在印度具有无上的宗教权威。由《吠陀》本集，经梵书、森林书到奥义书的吠陀文学发展过程，实际上可以看成是对《吠陀》的理解、诠释、发挥的过程。《吠陀》吸收了古代印度哲人的全部思维能力和理论智慧。古代印度哲人的一个最重要的理论成就，就是他们由《吠陀》本集中的自然诸神，在奥义书中创造出作为众神之主的、宇宙最后实在的"大梵"。例如，《白净识者奥义书》中写道："吠陀中密义，奥义书秘旨，即是梵道源。"并且，奥义书还把人类自我也在本质归同于、溶化于这个宇宙实在，《金刚针奥义书》写道："当观照'大梵'为真智乐'自我'不二者，当观照'自我'为真智乐'大梵'也。奥义书如是。"② 所以，印度学者一般都把奥义书的内容概括为"贯穿它们的基本思想是：在有形的变幻的世界下有一个不变的实在（大梵），这一实在和人类（自我）本质下的实在是相同的"③。这样，印度古代文化的思想理论形态从原始宗教走出来后，在理论思维的发展上，所发生的和完成的是一种宗教哲学化的飞跃、升华。人一下子就永远地消失在神秘的、渺茫的永恒宇宙实在（大梵）中了。寻找人生的归宿，追求和"大梵"合一的永生，在印度人的精神生活中，是那样的

---

① 〔法〕列维·布留尔：《原始思维》，丁由译，商务印书馆1981年版，第2页。

② 《五十奥义书》，徐梵澄译，中国社会科学出版社1984年版，第419、365页。

③ 〔印度〕辛哈·班纳吉：《印度通史》，张若达等译，商务印书馆1973年版，第44页。

迫切，又是那样的艰难；虽是那样的幽远，却又那样的激动人心。① 在印度历史上的相当长的一段时期内，这个宗教的方向，吸引了印度人的主要理论创造力。特别是在种姓制度下，那些文化水平最高的阶级的人们所拥有的优越智力，都被全部地推上了这个方向。印度文化的宗教特质或色彩，就这样越来越强烈起来，巩固起来。但是，这绝不能说印度文化的本质是消极的、厌世的；更不能说印度文化中没有积极的、乐观的内容。在一种异质文化环境中生活的人的眼光中可能是这样的，因为他们对这种宗教文化和生活缺乏认识、理解和体验。然而，从对人类的思想进行客观的、严肃的研究者的立场来看，事实并不是这样。作为学者的尼赫鲁在其《印度的发现》一书中对此曾有所辩白，他说："在印度，每一个时期内，当它的文明兴盛时，我们都可以发现享受大自然和人生的欢乐，享受日常生活的乐趣，艺术、音乐、文学、诗歌、舞蹈、绘画和戏剧的发展，甚至还有对性的关系非常琐碎细致的探讨。假使文化或人生观建筑在出世或厌世的思想之上，居然还能产生这些活泼而多方面的人生的表现，那就是不可想象的了。任何其他根本上是出世思想的文化，总不会延长到几千年的，这实在是很明显的事。……印度思想始终在注重于人生的终极目的而产生的，所以它所教的是超出人生和行动，而不是去回避它们。"② 印度文化中的这种复杂情况表明，一个悠久古老的文化，它的蕴藉往往都是十分深厚的，甚至是充满矛盾的。所以不能轻率地对它做出简单的肯定或否定；这种简单的肯定或否定愈是彻底，距离历史实际就愈会遥远。总的来说，印度文化或思想的宗教特质，从一个特殊的方面体现着对人生的积极追求。然而，它的主题和目标的深刻性，使它的探索方法和实现方法超越了经验甚至理性之外，这似乎又构成了它的现实性的缺弱，妨碍了它的人生追求的积极性的展开。印度文化或思想的内在矛盾也许在于此。

古希腊文化及其思想理论形态则是在一种活跃的、充满世俗气氛的环

---

① 应该承认，耆那教、佛教在其形成的过程中，提出和发展了某些和吠陀哲学及吠陀宗教相矛盾的观念和仪式。但是，追求解脱、永生的人生观则是一致的，源自吠陀的。印度学者布洛姆菲尔德说："所有重要的印度思想形式，连非正统的佛教也在内，没有一种不是发源于奥义书的。"（尼赫鲁：《印度的发现》，齐文译，世界知识出版社1956年版，第104页）

② 〔印度〕尼赫鲁：《印度的发现》，齐文译，世界知识出版社1956年版，第92~93页。

境中成长起来的。发达的城邦奴隶主民主制和繁荣的航海商业活动，是造成这种社会环境的最主要因素。原始的宗教观念进入这样的氛围，它固有的神性、超验性就被抑制了、冲淡了，而内蕴的人性、理性却发展了、增强了。罗素在《西方哲学史》一书中曾经描述了这个过程："希腊文明第一个有名的产儿就是荷马……必须承认，荷马诗歌中的宗教并不很具有宗教气味。神祇们完全是人性的，与人不同的只在于他们不死，并且有超人的威力。在道德上，他们没有什么值得称述的，而且也很难看出他们怎么能够激起人们很多的敬畏。在被人认为是晚出的几节诗里，是用一种伏尔泰式的不敬在处理神祇们的。在荷马诗歌中所能发现与真正宗教感情有关的，并不是奥林匹克的神祇们，而是连宙斯也要服从的'运命'、'必然'与'定数'这些冥冥的存在。运命对于整个希腊的思想起了极大的影响，而且这也许就是科学之所以能得出对于自然律的信仰的渊源之一。"① 在荷马史诗时代以后的古典希腊时期的宗教观念中，这种理性倾向更加发展和明显了。一方面神的道德品性，甚至它们的存在，在悲剧作家那里和唯物主义的哲学作品中受到更加深刻的怀疑或否定，正如爱利亚学派的一神论者克塞诺芬尼所不满、抱怨的那样，世人皆和荷马一样，"把人间认为是无耻丑行的一切都加在神灵身上，偷盗、奸淫、彼此欺诈……幻想着神是诞生出来的，穿着衣服，并且有着与他们同样的声音和形貌"②。或者，如马克思所说的那样，"在埃斯库罗斯的《被锁链锁住的普罗米修斯》里已经悲剧式地受到一次致命伤的希腊之神，还要在琉善的《对话》中喜剧式地重死一次"③。另一方面一些唯心主义哲学家，则以具有理性因素和本质的观念，如毕达哥拉斯的"数"、柏拉图的"理念"，代替了早期宗教思想中的"运命"。这样，对外界事物的实质或内在秩序、规律的热烈的理性探求，逐渐成了这种文化中思想理论形态最重要的主题和特色。亚里士多德的《形而上学》开篇第一句就是"求知是人类的本性"④。所

---

① 〔英〕罗素：《西方哲学史》上卷，何兆武、李约瑟译，商务印书馆1963年版，第32～34页。

② 北京大学哲学系外国哲学史教研室：《古希腊罗马哲学》，商务印书馆1982年版，第46页。

③ 《马克思恩格斯全集》第1卷，人民出版社1956年版，第457页。

④ 〔古希腊〕亚里士多德：《形而上学》，吴寿彭译，商务印书馆1981年版，第1页。

以，原始宗教观念以后的理论思维的发展，在古代希腊表现出和古代印度具有显著不同的方向和特色，它不是原有的宗教观念的超验的哲学升华，而是世俗的理性在宗教观念中滋生。西方学者一般认为，和理性、必然性结合在一起的古希腊宗教观念，是此后欧洲和亚洲的宗教具有不同特色的根源，例如罗素说："一种宗教与推理的密切交织，一种道德的追求与对于不具时间性的事物之逻辑的崇拜的密切交织，这是从毕达哥拉斯而来的；并使得欧洲的理智化了的神学与亚洲更为直截了当的神秘主义区别开来。"① 不仅如此，许多西方学者还认为，这种神的宗教观念和规律性、必然性的理性观念交织在一起的西方传统思想观念，是近代西方科学发生、发展的重要的信念源泉。例如怀特海说："我认为中世纪思想对科学运动的形成所提供的巨大贡献，是一种坚定不移的信念，它认为每一细微的事物都可以用完全肯定的方式和它的前提联系起来，并且联系的方式也体现了一般原则。没有这个信念，科学家惊人的工作就完全没有希望了……欧洲思想的这种倾向，和任其自生自灭的其他文化状况比较一下，就可以看出它只有一个来源，即中世纪对神的理性的坚定信念。这种理性被看成是兼具耶和华本身的神力和希腊哲学家的理性。"② 这些论述，作为表明古希腊思想在形成西方传统文化中所起的巨大作用，无疑是符合实际情况的；但作为概括整个西方文化的历史发展状况，则只是揭示了西方科学曾从宗教中获得必然性信念这一方面的情况。此外，正如我们在当今西方世界所看到的那样，科学，特别是现代自然科学的发展，又严重地动摇了、瓦解了神或上帝的宗教信念。③ 这是西方文化或思想传统中的最深刻的内在矛盾。

中国古代文化中的思想理论形态，在原始宗教观念的进一步发展中，

---

① 〔英〕罗素：《西方哲学史》上卷，何兆武、李约瑟译，商务印书馆 1963 年版，第 65 页。

② 〔英〕怀特海：《科学与近代世界》，何钦译，商务印书馆 1962 年版，第 13 页。

③ 罗素在《宗教与科学》一书中写道："神秘感，即对一种和善或敌对的、非人类的力量的感觉，在野蛮人的生活中所起的作用要比文明人的生活中所起的作用大得多。的确，如果宗教可以被认为就是情感的话，已知人类发展中的每一步都势必使宗教减弱。"罗素是一个具有非宗教情绪的哲学家，他对宗教情绪减弱的这个解释比较客观。一些具有宗教情绪的科学家，如普朗克、爱因斯坦、海森伯，他们对宗教情感有另外的解释。对多数人来说，罗素的解释比较符合实际。

既不同于印度宗教观念的超验的哲学升华，也不同于古希腊的世俗理性在宗教观念中滋生，而是伦理的道德观念的萌发，并进而替代了、"换位"了宗教意识所具有的社会作用和地位。促使这一情况发生的，不是种族的或地理的自然因素，而是在一定的社会经济关系基础上产生的一个政治历史的因素，这就是在我国历史上的商周之际，原来是处于商的属国地位、落后弱小的部落周氏族，竟然战胜、取代了比它强大得多的宗主国殷商氏族浩大的统治权！商周之际的这种政治变迁，造成了一种深刻的"反思"契机，即对这一异乎寻常的政权鼎革的原因和教训的探寻。正是这一理论思维和观念的运动使中国古代文化的思想理论形态在从殷人宗教观念的进一步发展中，对人的，特别是统治者的道德行为和与人的道德实践密切相连的伦理关系的认识和观念被突出起来，并且最终形成了一种思想理论的特色和方向。

从殷墟卜辞中可以看出，殷人的思想主要是相当发达的宗教观念，其中有图腾崇拜、自然崇拜、上帝崇拜、祖先崇拜。卜辞中也多次出现"礼""德"等字，但在这里，"礼"是指一种用盘盛玉的祭祀风俗，"德"即得失之"得"，还没有明显的伦理道德观念的含义。另外，《尚书·多士》称"惟殷先人，有册有典"，卜辞中也不止一次出现"乍册"。可见，殷人还有刻于竹木上的册典，有比记录在卜辞上反映的更多文化思想；只是这些典册至今没有发现，所以也无从考究了。从现有史料看，殷人的思想发展水平尚处在从原始的宗教观念蜕变出来，但还没有形成清晰的、确定的发展方向的阶段。

周人以一个属国小邦，战胜了一个"有册有典"，有"殷礼""殷德"的"多士"大国，对于这一巨大胜利所带来的政治统治权和种种利益，西周初期的统治者既感到欣喜，又感到紧张，"惟王受命，无疆惟休，亦无疆惟恤"（《尚书·召诰》）。即是说，取得了统治权，是可喜可贺的事，也是可忧可虑的事。这已是相当成熟的政治经验。西周统治者一开始就担心衰亡，担心殷人的命运又降临到自己的身上，"我亦不敢知曰，其终出于不祥"（《尚书·君奭》）；这种担心使西周统治者非常注意总结殷商灭亡的经验教训。对于商周之际这种小者胜、大者败的政治权力变迁的原因，西周统治者除了用"天命不僭"（《尚书·大诰》）作一般的解释外，还发觉在"天命"这个人力无法左右的神秘力量之外，有某种人自身的因素在起着作用："非天庸释有夏，非天庸释有殷，乃惟尔辟（君），以尔多方大淫，图（鄙弃）天之命。"（《尚书·多方》）这样，西周统治者就在反思、吸取夏、商覆灭的历史教训的基础上，在传统的原始宗教观念中产生了第一个道德观念——"敬德"："我不可不监于有夏，亦不可不监于有殷……服天命，惟有历年；不其延，惟不敬厥德，乃早坠厥命。"（《尚书·召诰》）周人还形成了其他一些重要的道德概念，如"圣"（《尚书·多方》）、"孝"（《尚书·文侯之命》）、"友"（《尚书·康诰》）；还提出了一些具体的道德修养方法或要求，如"无逸"（《尚书·无逸》），"天不畀（助）允（佞）、罔（诬）、固（蔽）、乱（惑）"（《尚书·多士》）。这也许是中国古代思想中最早的对"人"的发现，它主要认为统治者的政治命运是由他自己的道德表现决定的。作为统治者，道德修养不仅是德化个性品质，更重要的是德化自己的政治作为。殷商灭亡前夕，小民"如蜩如螗，如沸如羹"（《诗经·大雅·荡》）的情景；牧野之战，"纣卒易乡"（《荀子·儒效》）的事件，西周统治者是很清楚的，深感"民情大可见"（《尚书·康诰》）。在这个历史经验的基础上，和"敬德"思想产生的同时，西周统治者还产生了"保民"的思想，提出"先知稼穑之艰难……则知小民之依……保惠庶民"（《尚书·无逸》）。可见，周人的道德观念是把道德行为和政治行为看成是同一的，而且非常明显，这种道德主要是作为贵族统治者的道德。

殷周之际，周人还从殷人的宗教观念中发展出"礼"的伦理思想。"礼"在卜辞中是指祭祀，《尚书》中的"殷礼"也主要是指祭典仪式。例如《洛诰》"王肇称殷礼，祀于新邑"，意即成周落成典礼，是在洛邑这个地方，按照殷礼的仪式进行的。但周礼的内容却广泛得多。根据后来的记述，它有礼节仪式的程序（见《仪礼》），有国家体制的规定（见《周礼》），更重要的是有反映宗法制度的伦理道德规范（见《礼记》），以此来维持宗法的伦理秩序："君臣上下，父子兄弟，非礼不定"（《礼记·曲礼上》）；维持社会生活中的阶级秩序："在礼，家施不及国，民不迁，农不移，工贾不变。"（《左传·昭公二十六年》）所以，周的统治者认为"礼"的作用是非常广泛而又重要的："礼，经国家，定社稷，序民人，利后嗣者也"（《左传·隐公十一年》），"无礼必亡"（《左传·昭公二十五年》）。这样，周的统治者和商不同，在意识形态方面发挥最重要作用的不是宗教而是伦理道德，诚如《礼记·表记》所说："殷人尊神，率民以事神，先鬼而后礼……周人尊礼而尚施，事鬼敬神而远之。"

当然，周人的道德观念也有很浓厚的宗教色彩。宗教虔诚是周人道德修养中的重要内容之一，例如《康诰》中列举了文王的很多美德，其中"祗祗""威威"就是指对上天的崇拜、畏惧。但周人的宗教观念和殷商人相比，有重要的变化和区别。这种变化和区别，从形式上看，是最高主宰由殷商人的"帝"，变为周人的"天"；从实质内容上看，则是祭祀对象的品质由殷商人眼中的"力"，变为周人心中的"善"。《礼记·表记》称述殷商人尊神事鬼的特点是"尊而不亲"。可见，殷人的宗教观念和祭祀行为，对人世之外的某种力量的恐惧是个重要因素，这正是原始宗教观念的基本特征。但在周人的宗教观念中，却逐渐补充、增生了道德的内容，即认为祭祀对象都有某种"善"的品质。后来，鲁国大夫展禽对这一新的宗教观念有一段完整的表述："夫圣王之制祀也，法施于民则祀之，以死勤事则祀之，以劳定国则祀之，能御大灾则祀之，能扞大患则祀之，非是族也，不在祀典……加之以社稷山川之神，皆有功烈于民者也；及前哲令德之人，所以为明质也；及天之三辰，民所以瞻仰也；及地之五行，所以生殖也；及九州名山川泽，所以出财用也。非是，不在祀典。"（《国语·鲁语上》）这表明，殷人对超自然的非人力量的恐惧崇拜的宗教观念，逐渐被周人的道德观念，即认为以宗教形式被崇拜的对象皆对人具有某种善的道德价值的理性观念所改造，所代替。这样，在商周之际，中国古代文化的思想理论形态中的宗教思想和伦理道德思想就慢慢地发生了"换位"。此后，伦理道德思想就逐渐成为中国文化和思想中的主导成分，而宗教思想只是作为伦理道德思想的补充和附庸。

对于巩固商周之际中国文化的思想理论形态从原始宗教走出来后所形成的伦理道德的发展方向，儒家学派的创始人孔丘起到巨大的作用。孔子生活在春秋末期，距离周初已有500多年的时间，周初形成和确立的那种道德观念和政治制度，已出现颓败之势，如司马迁所说，这是一个"周室既衰，诸侯恣行，礼乐崩坏"（《史记·孔子世家》）的时代。孔子出身于贵族家庭，受到传统的贵族教育，所以他对周朝传统的思想和制度是非常向往和拥护的，"周监于二代，郁郁乎文哉！吾从周"（《论语·八佾》）。努力挽回周的传统思想和制度崩溃的趋势，是孔子一生政治活动和学术活动的根本倾向。造成这种崩溃局势的主要原因，在孔子看来，是对于"周礼"的违背。所以他激烈抨击当时的"非礼"行为，而他提出的挽狂澜于既倒的方法就是"复礼"。孔子的"复礼"可以概括为两个方面的内容。一是"正名"。这是就当时各国的政治措施方面来说，即用"礼"的规定来纠正诸侯的僭越行为。例如，他的弟子问他"卫君待子而为政，子将奚先?"他答道："必也正名乎！"（《论语·子路》）齐景公问政，他也答曰："君君、臣臣、父父、子子。"（《论语·颜渊》）二是克己。这是就个人的道德修养方面来说，即用"礼"的要求来约束自己的行为。例如他提出："克己复礼为仁……非礼勿视，非礼勿听，非礼勿言，非礼勿动。"（同上）这些都表明孔子对于周朝传统的伦理道德观念是完全继承的。但是，不仅如此，孔子对周朝传统的伦理道德思想有极其重要的发展，这就是他提出一个新的、内容非常广泛的道德范畴"仁"。《论语》中有孔子对"仁"的多种解释，若归纳言之，则只有两个方面：其一，"孝弟也者，其为仁之本与"（《学而》），这是说"仁"就是去践履社会关系中的伦理；其二，"能行五者于天下者为仁：恭、宽、信、敏、惠"（《阳货》），这是说"仁"也是个性品质修养，并且孔子还认为，"仁"的实践完全是个人自觉的行为，"为仁由己，而由人乎哉?"（《颜渊》）这样，孔子就用"仁"这个新的概念和思想，把社会伦理和个人道德品质修养这两个方面紧密地结合起来，把社会伦理的实现和个人道德修养的完成完全统一起来，深化了西周传统的伦理道德观念和道德实践；同时，剔除了西周传统道德观念中的那种贵族色彩，使它士民化，开拓了伦理道德规范的作用范围。

孔子对周人思想中的宗教内容是很淡薄的。孔子仍然有传统的"天命"观念，如他说："五十而知天命"（《论语·为政》），"死生有命，富贵在天"（《论语·颜渊》）。但这只是一种模糊的、非人力所能改变的客观必然性的观念，而非人格神的宗教观念。并且，孔子也很少谈论这些，"子不语怪、力、乱、神"（《论语·述而》），他觉得现实人世的问题更为迫切。《论语·先进》有一则亲切隽永的记载："季路问事鬼神。子曰：'未能事人，焉能事鬼。'，'敢问死?'曰：'未知生，焉知死。'"可见，孔子继承和发展了周的伦理道德思想，而弃置了商周以来的宗教思想。这样，孔子所创立的儒家学说，就进一步巩固和发展了商周之际已开始形成的那个异于印度和古希腊的中国文化思想理论的发展方向：追求现世的社会伦理的实现，而否弃宗教的彼岸永生；努力完成个性的道德修养，而淡于求索外界事物的必然。孔子也是一个伟大的教育家，拥有众多的弟子，他的学说和风范也就传播开来，绵延下来，构成了中国传统思想的核心和根本精神——在现实生活中自觉和同步地完成个人的道德修养和践履社会的伦理。充分的道德觉醒而产生的对他人、民族、国家，推而及于万物，"上下与天地同流"（《孟子·尽心上》）的真诚的、强烈的义务感、责任感，就是中国传统思想陶冶出的圣洁的心灵；然而不能否认，至少在中国封建社会的历史上，这种传统思想也要求和表现为卑俗的政治隶属和宗法屈从。换言之，齐家、治国、平天下的儒家社会伦理目标的实现，一方面激励着、鞭策着个人道德的自觉完善、完成；另一方面又历史地限定了个人道德的存在范围和表现方式，压抑着个性的充分的和新的发展，这是以儒家思想为核心的中国传统思想存在的深刻的内在矛盾。

《诗》云："何其久也，必有以也。"（《邶风·旄丘》）以宗教超验为特质的印度思想，以科学理性为特质的古希腊——西方思想，以及以伦理道德为特质的中国传统思想，能够绵延流长，共同成为现代世界文明的精神基础和源泉，毫无疑义，是因为它们各自都有自己符合人本性的永恒的方面。当然，它们也各有自己的内在矛盾，并且似乎都面临某种困境，所以不能认为它们揭示和满足了人性的所有方面。但是，一个更加宽广的精神世界只能在已有的精神基础上才能建立起来，因此它们又是我们不能超脱和无法超脱的。

（《孔子研究》1988 年第 3 期）

儒学的一种缺弱：私德与公德

20世纪初，中国现代社会改良运动的积极推动者与参与者梁启超，在他那篇著名的《新民说》中曾论定：

> 人人独善其身者谓之私德，人人相善其群者谓之公德……吾中国道德之发达，不可谓不早，虽然，偏于私德，而公德殆阙如。试观《论语》《孟子》诸书，吾国民之木铎而道德所出者，其中所教，私德居十之九，而公德不及其一焉……我国民中，无一视国事如己事者，皆公德之大义未有发明故也。（梁启超：《饮冰室文集》卷十二）

梁氏之论主要应视为是对国势衰微的清代末年社会生活中道德颓靡状况的观察，是符合实际情况的；对儒家社会生活被伦理关系笼罩、缺乏公共生活空间而造成的道德意识发育成长缺陷的研判是有所据的。梁氏一般以"己"与"群"来界分私德和公德，呼唤有公德的"新民"长成。在这里，笔者切合儒家社会生活的特质，以"伦理性"与"公共性"来界分私德和公德，并审视儒学的一种缺弱。

一

如果说，"公德"可以被界定为是"契约性"① 公共生活领域中的具

---

① 17世纪英国哲学家霍布斯曾界定"契约"说："权利的互相转让，就是人们所谓的契约。"（《利维坦》，黎思复、黎廷弼译，商务印书馆1985年版，第100页）十分显然，只有平等地拥有权利的、独立的个人主体存在，才能有"权利转让"。（转下页注）

有公共性之德性内涵的行为，那么，儒家伦理性的道德理念和实践，都可以被视为是"私德"。但在比较宽泛的意义上，儒家社会生活中的公与私的区分，也蕴含着独特的"公德"理念和表现。在儒家思想中，"公私之辨"是一个很清晰的道德自觉意识。《尚书·周官》说："以公灭私，民其允怀"，执政者处事以公正之心，灭私人之情，才能获得民众的信赖；宋儒说："人只有一个公私，天下只有一个邪正"①，公与私也是分辨每个人行为善恶的标准。由于儒家的社会生活是伦理笼罩的生活，所以儒家的"私"与"公"总是要在伦理生活中显现，并且经常是在两种情境下可被界定的。一是如果一个人为了一己的利益、欲望或信念，不去履行对伦理共同体（家庭、国家、民族）的义务责任，就会被判认为是"自私"。宋儒每每就是从这个角度评议出离伦理生活、鄙夷伦理规范的佛老。如二程说："佛本是个自私独善，枯槁山林，自适而已。"②朱子也说："佛氏之失，出于自私之厌；老氏之失，出于自私之巧。"③二是如果一个伦理共同体或其成员，为了自己立场上的利益，拒绝履行对高于自己层级的伦理共同体的义务责任，也要被判认为是"私"的表现；反之，为实现高于自己的伦理共同体的需要而舍弃自己的利益的行为，就是"公"。这种伦理层级关系，在先秦封建时代，是指家（士大夫）与国（诸侯）之间和国与"天下"（王）之间；在汉以后的君主专制的统一国家时代，是指家庭（个人）与国家、民族之间。试以《左传》的二则记事，来观察显现在古代生活情境中的儒家公私观念。

　　十一月丙寅，晋杀续简伯。贾季奔狄。宣子（赵盾）使史骈送其帑。夷之蒐，贾季戮史骈。史骈之人欲杀贾氏以报焉。史骈曰：

（接上页注①）所以，19 世纪英国法律史家梅因曾将近代西方公民社会的最终形成，表述为"从身份到契约的运动"（《古代法》，沈景一译，商务印书馆 1959 年版，第97 页）。"契约"与"身份"相对，这里"契约性"意指的也就是与依属性的伦理生活领域相区别的由拥有权利的、独立的主体个人所组成的公共生活领域。

①　（宋）黎靖德：《朱子语类》卷十三，中华书局 1986 年版。
②　（宋）程颢、程颐：《程氏遗书·二程集》，中华书局 1981 年版。
③　（宋）黎靖德：《朱子语类》卷一百二十六，中华书局 1986 年版。朱子说："佛老之学，不待深辨而明。只是废三纲五常，这一事已是极大罪名，其他更不消说。"宋儒对佛老"自私"的判定，显然是在这个基本伦理观念的前提下做出的。

"不可。吾闻《前志》有之曰：'敌惠敌怨，不在后嗣，忠之道也。'夫子（赵盾）礼于贾季，吾以其宠报私怨，无乃不可乎？介人之宠，非勇也；损怨益仇，非知也；以私害公，非忠也，释此三者，何以事夫子？"尽具其帑，与其器用财贿，亲帅捍之，送致诸竟。①

五月，叔弓如滕，葬滕成公。子服椒为介。及郊，遇懿伯（子服椒之父）之忌，敬子（即叔弓）不入。惠伯（即子服椒）曰："公事有公利，无私忌。椒请先入。"乃先受馆，敬子从之。（《左传·昭公三年》）

第一则记事叙述臾骈的故事。臾骈是晋襄公时柄政重臣赵盾的亲信属员，一次在夷地阅兵时曾受贾季侮辱。贾季也是晋国重臣，权位原在赵盾之上，曾派族人续简伯刺杀荐举赵盾柄政的阳处父。事发后，逃离到狄国。赵盾很尊重贾季，派臾骈将贾季的妻子儿女也送去狄国。臾骈随从就鼓动他乘机将贾季家人全部杀尽，以洗昔日之辱。臾骈以三项道德的理由（非勇、非智、非忠）拒绝这样做，亲自护送贾氏亲人、财物到达狄国边境。这里臾骈对"忠"的理解和践行，就显现了儒家的公私观念，因为赵盾命他护送贾季妻儿去狄国，代表的是一种国家（晋国）的意愿和利益，是"公"；他若以个人的宿怨杀害了他们，就是"以私害公，非忠也"，就是没有践履对国家的伦理义务与责任。

第二则记事叙述惠伯椒的故事。惠伯椒是鲁国大夫，一次作为副使陪同鲁卿叔弓去参加滕成公的葬礼。到达滕国边境的那天，正好是惠伯椒父亲去世的忌日。儒家有"忌日不用"的礼制②，即在父亲逝世周年的那一天，不得举行娱乐、礼仪之事。叔弓考虑到自己副使的这种情况，就决定缓一天进入滕境，因为入境必然要接受滕国的郊劳、授馆等礼仪。惠伯椒说："代表鲁国出使滕国是公事，'忌日不用'是私事，办公事收获公利，就无私忌。"请叔弓不必停留，进入滕国，完成出使

---

① 阮元：《十三经注疏·春秋左传正义》，中华书局1980年版。

② 《礼记》有谓："君子有终身之丧，忌日之谓也。忌日不用，非不祥也，言夫日，志有所至，而不敢尽其私也。"（《祭义》）"丧三年以为极亡，则弗之忘矣，故君子有终身之忧，而无一朝之患，故忌日不乐。"（《檀弓上》）

任务。惠伯椒的公私之辨也清晰显示，"公"是国家伦理共同体的利益，个人或家庭的利益是"私"，他的行公事而不计私忌的行为，如同臾骈无以私害公之"忠"，也应诠释为是对高于家庭的国家伦理共同体的义务和责任的自觉践履。

应该说，"不以家事辞王事，以王事辞家事"①，这种将国家、民族之公，置于个人或家庭的私之上的伦理的道德理念，在儒家的社会生活中还是获得了广泛的社会共识和行为表现。所以如果把这种理念和表现称为"公德"，那么在儒学和儒家生活中，这种道德资源还是丰富的，而不是贫乏的。当然，这种伦理性公德在其表现形态上有其独特性的方面。在儒家封闭性的伦理社会生活中，人们主要是在家庭这个伦理共同体中生活和成长，通过众多而有序的亲戚关系和亲属称谓，在家庭这个伦理共同体中获得充分的自我认同。儒家甚至以本质上是维护家庭完善、完整存在的"孝"之道德实践，来界定或衡量人的全部行为②，成为最重要的核心的道德实践。家庭利益——家庭伦理共同体成员的幸福，占据着人们生活实践的中心和重心。国家、民族有高于家庭利益和价值的儒家理念，经常作为一种道德理性、文化自觉存在于集体意识之中，不是也不能像家庭生活形态那样被时时真切感知，特别是当社会处在一种伦理秩序混乱、国家动员力量薄弱的衰败境况下，更是如此。南宋林升有一首诗《题临安邸》，描写了偏安一隅局面下的杭州萎靡风情：山外青山楼外楼，西湖歌舞几时休？暖风熏得游人醉，直把杭州作汴州。

清初传奇《桃花扇》第一出《听稗·恋芳春》演唱南明福王政权在清兵泰山压卵之势下的南京昏昧世态：

> 孙楚楼边，莫愁湖上，又添几树垂杨。偏是江山胜处，酒卖斜阳，勾引游人醉赏，学金粉南朝模样。暗思想，那些莺颠燕狂，关甚兴亡！

这些都是对世人沉湎私己，漠视、忘却国家、民族的生存与利益——

---

① 阮元：《十三经注疏·春秋公羊传注疏》，中华书局1980年版。
② 《礼记·祭义》有谓："居处不庄非孝也，事君不忠非孝也，莅官不敬非孝也，朋友不信非孝也，战陈无勇非孝也。五者不遂，灾及于亲，敢不敬乎！"

缺乏"公德"之心的鞭挞。然而，儒家公德之强烈表现的契机，却也正是埋藏在此种境况下。以中国悠久历史和文化为载体而潜存于人们内心深处的国家、民族高于个人和家庭的儒家伦理观念和道德意识，总是要被一种巨大的伦理危机或灾难所唤醒、激活。正如我们所看到的那样，南宋危亡之时，"忠节相望，班班可书"①，无数仁人志士，毁家舍身以赴国难。文天祥《正气歌》曰"时穷节乃见，一一垂丹青"，最能显示这种伦理性公德的发生机制。② 明代之亡，不仅唤起"蹈死如归者尤众"③，而且激发了三代知识分子对国家命运、民族精神之痛苦的、严肃的思考。④ 他们锻造出了某种具有新的意蕴的儒家公德理念，如黄宗羲的"公利""公法""公是非"的政治理想⑤，顾炎武的"天下兴亡，匹夫有责"的社会责任观念。⑥ 黄宗羲的"公"主要是指向君主之"私"，不同于《左传》之"公"；顾炎武将"天下"与"国家"对立而言，内蕴着的是一种民众与君主间的政治关系，不再是王与诸侯间的伦理层次关系。这些都是在一定意义上跨出了伦理性"公德"的意境，跨出了传统儒学的樊篱，表现了儒学新的生长。三百年后的今天，还可滋养社会公德心的成长。

在伦理观念笼罩下的儒家社会生活中，在儒家"公私之辨"中显现的"公"或"公德"，是指个人能自觉放下、放弃私己的利欲，践履伦理规范；是指一个伦理共同体中的成员能对层级序列高于自己的伦理共同体

① 《宋史·忠义传序》称："靖康之变，志士投袂，起而勤王，临难不屈，所在有之。及宋之亡，忠节相望，班班可书，匡直辅翼之功，盖非一日之积也。"
② 《宋史》记述："文天祥字宋瑞，又字履善，吉之吉水人也……德祐初，江上报急，诏天下勤王。天祥捧诏涕泣……天祥性豪华，平生自奉甚厚，声伎满前。至是，痛自贬损，尽以家赀为军费……"可见，文天祥彪炳千秋的民族精神，也经历了被灾难性伦理危机激活的过程。
③ 《明史·忠义传序》称："……迨庄烈之朝，运丁阳九，时则内外诸臣，或陨首封疆，或命阙下，蹈死如归者尤众……"
④ 明末清初反思明亡和批判理学的思潮，可以理解为是对国家命运和民族精神的检讨。至乾嘉学派兴起，经历了从黄宗羲、顾炎武、王夫之，经颜元、李塨，到戴震的具有不同理论倾向和学术内容的三代学者和百年的时间。
⑤ 黄宗羲：《明夷待访录》之《原君》《原法》《学校》等篇。
⑥ 顾炎武说："有亡国，有亡天下……保国者，其君其臣，肉食者谋之；保天下者，匹夫之贱，与有责焉耳。"（《日知录》卷十三《正始》）

的存在和利益，履行维护的道德义务。但是，在儒家的社会生活中，在家庭伦理实践实际上是一个人生活的主要的甚至是全部内容的情况下，这种公或公德意识，往往是在国家、民族之伦理共同体处于存亡续绝的危机中，家庭的伦理共同体存在也被撼动时才被激活；这种在全幅的伦理生活中才能显现的德性表现，总是要蕴含一种可从不同伦理层面上析出的个人依属性的"特殊之私"的性质。所以，从比较严格的意义上说，这种伦理性的"公德"，还是一种"私德"。

二

严格的或特定意义上的"公德"，应该是在跨越了伦理生活范围的公共生活领域里的德性观念和行为准则，凸显的是摆脱了伦理性的公共性。相对儒家伦理生活而界定的公共生活领域，是由在法律面前平等和拥有法律保护下的自由独立个体组成的有序社会生活。在公共生活领域中，个人拥有权利和自由，但也要尊重并不得损害他人的权利和自由；合理存在着广泛的个人利益和私人空间，也有为法律所体现的一致的公共利益和公共生活秩序。公共生活领域的行为规则或"公德"，蕴含和表现的正是这样的基本理念——保护公共利益，不损害私人利益。儒家社会生活为伦理关系所笼罩，个人总是以某一伦理角色嵌定在某种伦理性的人际关系中，个人的行为选择总是伴随伦理认同才能做出。在进入社会成员都是独立的主体个人，并能以多种角色出现在各种非伦理或超越伦理的公共社会生活中时，就会发生非伦理性关系认同的障碍，非伦理性行为规则的缺失，显现为公德的缺弱。

儒家以血缘的家庭为基础，通过宗法原则——宗统与君统一体（家与国同构），又通过文化原则——进礼乐则进华夏，将家庭、国家、民族（华夏或中华民族）这三个现代社会理论中具有不同意蕴的社会群体形态赋予相同的伦理性质，并将其视为是完整社会结构中层级次序有别的伦理共同体。当然，中国古代的历史也显示，在先秦时代，这三个伦理共同体的内涵和外延都是可区分的；在汉代以后的时代，国家与民族（华夏或中华民族）内涵有别，外延却逐渐重合。儒家依附完整社会结构中的三个或两个共同体，以国家或民族、"五伦"或"十义"、

"九族"与"五服"① 等主要伦理观念为纲目，编织了儒家社会生活中的周延的伦理关系网络，社会成员在这个伦理的关系网络里找到自己的位置、角色，获得自我认同、社会认同。然而对于儒家来说，这个伦理关系网既是实现认同的途径，也是形成认同的界限。儒家不能认同社会生活中离开伦理关系的个人独立存在和人际关系存在。因此，激烈抨击杨朱"为我"的观点是抛弃了伦理责任的"无君"之论，墨子"兼爱"的主张是破坏"亲亲"伦理原则的"无父"之论。② 但就"契约性"的公共生活领域观察，杨朱"为我"，认为生命高于一切，主张珍爱自己的个体生命③，作为独立个体的自由的价值选择，是合理的，也是有理性内容的；墨家"兼爱"的理念，呼吁人与人之间应是没有差别的相互关爱，作为自由个体的行为和信念选择，不仅是合法的，更是道德的。儒家的道德实践必须首先对他人之个体或人际之关系有伦理性的认同和定位，然后才能有自己的道德感情和行为的释放。公共生活领域中超越伦理或非伦理性独立个体和人际关系，使儒家在这里发生认同的障碍，表现为诚信不足，关爱缺弱。毫无疑义，诚信和关爱是公共生活领域德行的理念基础。

---

① 儒家的"五伦"是指父子、君臣、夫妇、长幼、朋友（《孟子·滕文公上》）。"十义"是指父子、兄弟、夫妇、长幼、君臣（《礼记·礼运》）。"九族"有两种训解，一是"九族"包含宗亲、姻亲两个系统，另一是以"九族"只在宗亲一个系统内。前者如汉代今文学家夏侯胜、夏侯建和欧阳生训释"九族"为父族四、母族三、妻族二（《左传正义·桓公六年》孔颖达疏引）；后者如汉代古文学家马融、郑玄认为"九族"是指九世宗亲，即自男性本人上溯至父、祖、曾祖、高祖四世，下数至子、孙、曾孙、玄孙四代（《尚书正义·尧典》孔颖达疏引）。"五服"，此处是指儒家按血缘、姻缘关系的亲疏远近，将丧服划分为斩衰、齐衰、大功、小功、缌麻五等级，规定不同的居丧服饰、时间和行为限制等（《仪礼·丧服》《礼记·丧服小记》等）。

② 孟子攻击杨墨说："杨氏为我，是无君也；墨氏兼爱，是无父也。无父无君，是禽兽也。"（《孟子·滕文公下》）又针对墨者夷之"爱无差等，施由亲始"之论辨析说："天之生物也，使之一本，而夷子二本故也。"（《孟子·滕文公上》）朱子注解说："人物之生，必各本于父母而无二，乃自然之理，故其爱由此立，而推以及人，自有差等。今如夷子之言，则是视其父母本无异于路人，但其施之之序，姑自此始耳，非二本而何哉？"（《孟子集注》卷五）

③ 先秦至魏晋有关杨朱的全部资料显示，杨朱"为我"可解析出两种意涵：一是珍爱生命、全性葆真的"贵生"之论，另一是"人人不损一毫，人人不利天下，天下治矣"（《列子·杨朱》）的政治之见。孟子说"杨子取为我，拔一毛而利天下不为也"（《孟子·尽心上》），是在第一种意蕴上批评杨朱的。

当然，儒家也有孔子、孟子所表述的那样期许："老者安之，朋友信之，少者怀之"（《论语·公冶长》），"老吾老以及人之老，幼吾幼以及人之幼"（《孟子·梁惠王下》）；也有如子夏、张载所抒发的那种胸怀："四海之内皆兄弟也"（《论语·颜渊》），"民吾同胞，物吾与也"（《正蒙·乾称》），儒家还是向往和努力将爱与信的道德感情和行为推展到家庭、国家、民族的伦理范围以外的全体人类，甚至自然界。

儒家用以克服在非伦理性关系领域认同障碍的方法，就是将这些领域也赋予伦理性品格，以形成"拟伦理"的认同。这是儒家的伟大道德理想。但在实践过程中，儒家道德感情和行为的释放，如孟子所说，"仁者无不爱也，急亲贤之为务"（《孟子·尽心上》），是以家庭为起点，沿着由家庭（血缘认同）向国家（宗法认同）、民族（文化认同），由伦理领域向拟伦理领域而渐次展开的。儒家真诚地相信或者希望，这个充实生命、完美人生的开放而无垠的展开过程，在每个人的生活中都能实现。应该说，儒家这种对人之生命和生活展开的设计，是符合人性的，是完全理性的。然而，人类毕竟是处于存在着许多匮乏和自身局限的生存环境中，儒家的伦理理念和道德理想在一个人的生命中所能产生的道德力量，对于多数人众来说，在儒家社会生活中的家庭这个伦理位置上，就消耗殆尽。在家庭这个伦理共同体内，由己身按丧服向外推展，五服九族之外，丧服尽则亲属绝，亲属绝即为路人①，难以在国家、民族之外的公共生活领域中克服非伦理认同的障碍，做出强烈的道德表现。一位法理学学者论及人际伦理时曾有这样的描写：

> 一个人在大街上看见一个卧地不起、急需援助的他人时，很可能无动于衷，可一瞬间他发现这个人是其熟人时，他会驻足看个究竟，如果碰巧此人是他的朋友，他会放弃他务，立即予以援助，而如果再换成他的亲人（父、母、妻、夫、男女朋友、儿、女）时，他很可

---

① 《礼记》有谓，"亲亲以三为五，以五为九，上杀、下杀、旁杀，而亲毕矣"（《丧服小记》），"四世而缌，服之穷也。五世祖免，杀同姓也。六世亲属竭矣"（《大传》）。

能六神无主，失去自制。①

儒家社会生活中公德心——对非伦理性关系的对象之关爱与诚信——缺弱的情况，与此或相仿佛。

儒家的德行系统是一个很丰富的观念和行为规范系统，大体上可分为伦理性德行和品德性德行。伦理性德行即"五伦"或"十义"，是儒家社会生活中五种或十种基本的伦理性人际关系的行为规范，主要是孝与忠。品德性德行，如"恭宽信敏惠""温良恭俭让"，是在某一特定生活情境下表现出具有某项具体德性（仁义礼智信）内容的行为。并且，在儒家被伦理笼罩的社会生活中，个人品德性德行其所内蕴的德性，最终也都可以追溯到或归属于伦理性的根源。此外，从《礼记》中可以看到，儒家对衣、食、住、行的日常生活行为也有许多具体的规定、规则，虽然还不能诠释为就是一种道德理念或范畴，但也潜含或体现出儒家德行的伦理性或品德性意蕴。如果我们把一般的公共生活领域内的行为规范——公德，理解为是一种超越伦理性或非伦理性的公共性价值理念，更多的是对独立个体应自觉遵守公共的行为规则、道德准则的要求，而不是对个人德性修养和德行的期待，那么，儒家在这个伦理生活之外的生活空间里的德行观念显然是缺弱的。试举两例说明。

例一 弃婴。有位法律史学者在论及亲属间犯罪时，曾就虐待遗弃之罪比较中西刑律的不同规定：

> 欧美刑律经常称常人间遗弃为"无义务的遗弃"，称亲属间、师生间、监护人和被监护人间、医生和病人间等遗弃为"有义务遗弃"。中国传统法中是基本上没有这种分别的。《大清新刑律》和《中华民国暂行新刑律》均只有"有义务的遗弃罪"。直到1928年《中华民国刑法》才开始两种遗弃罪并列。该法第309条规定：遗弃无自救力之人者处一年以下有期徒刑拘役或罚金；遗弃依法令或契约有扶助保护养育义务的无自救力之人者处六月以上五年以下有期徒刑……中国古代法律于非亲属之间不责以虐待

---

① 江山：《法的自然精神导论》，中国政法大学出版社 2002 年版，第 217 页。

遗弃之罪，显示中国传统法律和伦理只重视家庭内私德而不重视公德。①

去救助一个虽然与自己无义务性（伦理的或契约的）关系的，但已没有生存能力的人，应该是公共生活领域的道德要求，并且是违背了就要受到法律惩治的底线道德要求。深受儒家"礼"观念影响的中国古代法律，没有"无义务遗弃罪"，从一个细微但却具体之处反映了儒家伦理性强而公共性——公德心弱的特点。《唐律疏议》遵循儒家"同姓从宗，合族属"（《礼记·大传》）的宗法观念，以"异性之男，本非族类"为由，规定不准收养异姓男性孩童，但在"三岁以下小儿，不听收养，性命将绝"的情况下，还是可以收养的。②儒家对于收养遗弃婴儿虽然表现出人道精神，但未能消除与宗法原则存在着的某种内在冲突。所以在中国传统的儒家伦理性法制中，收养弃婴与否还不是道德的底线，还没有"出礼入法"③，不会出现"无义务遗弃罪"。

例二 弃灰。不要将生活垃圾随便抛撒、堆放，以免影响环境卫生，危害他人健康，这也应是公共生活中的基本道德要求和行为规则。一般说来，儒家将"洒扫应对"或倾倒垃圾之类的个人行为视为生活中的细枝末节④，但仍在其中注入了明确的伦理性意蕴；然而对其明显存在的公共性，却并未提出自觉的要求。在与法家对比中，最能显示出儒家在此种态度上的差别（见表1）。

法家意识到，随意将垃圾倾倒在公共场所，会带来扰乱、破坏社会生活秩序的严重后果，主张用重罚严惩来阻止，是合理的、需要的。这是韩非借孔子之口表达出的"轻罪重罚"的法家观点。可以看出，

---

① 范忠信：《"亲亲尊尊与亲属相犯"：中西刑法的暗合》，《法学研究》1997年第3期。

② 《唐律疏议》曰："异姓之男，本非族类，违法收养，故徒一年；违法与者，得笞五十。其小儿年三岁以下，本生父母遗弃，若不听收养，即性命将绝，故虽异姓，仍听收养，即从其姓。"

③ 后汉章帝时廷尉陈宠曾表述儒家法律观点曰："礼之所去，刑之所取，失礼则入刑，相为表里也。"（《后汉书·陈宠列传》）

④ 《论语》记载子游说："子夏之门人小子，当洒扫应对进退，则可矣，抑末也。本之则无，如之何？"（《子张》）

表1　法家与儒家对生活垃圾的看法

法家："弃灰"之刑	儒家："为长者攢"① 之礼
殷之法，刑弃灰于街者。子贡以为重②，问之仲尼。仲尼曰："知治之道也。夫弃灰于街，必掩人，掩人人必怒，怒则斗，斗必三族相残也。此残三族之道也，虽刑之可也。且夫重罚者，人之所恶也，而无弃灰，人之所易也。使人行之所易而无罪所恶，此治之道。"（《韩非子·内储说上·七术》）	凡为长者粪之礼，必加帚于箕上，以袂拘而退，其尘不及长者，以箕自乡而扱之。（《礼记·曲礼上》）

法家是将"弃灰"行为放在公共生活领域来加以考量的③。而儒家则是在伦理生活领域内来对其进行设计的。儒家很细致周到地规定在长者面前应如何清扫垃圾，以表达关爱（以长袖遮尘），奉献尊敬（用簸箕朝向自己收扫垃圾④）；却完全未曾思虑在完成"粪之礼"的伦理性行为后，就要面临的是具有公共性的"弃灰"问题：向哪里倾倒垃圾？若随意倾倒垃圾，对路人、对公共生活有无妨害？未曾思虑跨出伦理空间到公共生活领域，是否也应有所规矩？也许正是儒家此处或此种缺失，在儒家传统的社会生活中，今天还受到"弃灰"的困扰，正如一位著名的社会学家在20世纪40年代所观察到的那样：

> 在乡村工作者看来，中国乡下佬最大的毛病是"私"，说起私，我们就会想到"各人自扫门前雪，莫管他人瓦上霜"的俗语。谁也不敢否认这俗语多少是中国人的信条。其实抱有这种态度的并不只是乡下人，就是所谓城里人何尝不是如此。扫清自己门前雪的还算是了

---

① 郑玄注："攢，本又作粪，徐音奋，扫席前曰攢。"（《礼记正义》卷二）

② 《韩非子》有谓："殷之法，弃灰于公道者，断其手。子贡曰：'弃灰之罪轻，断手之罚重，古人何太毅也。'……"（《韩非子·内储说上·七术》）

③ 韩非说，"法不阿贵，绳不挠曲。法之所加，智者弗能辞，勇者弗敢争。刑过不避大臣，赏善不遗匹夫"（《韩非子·有度》），"立法令者以废私也，法令行而私道废矣"（《韩非子·诡使》）。可见，法家理论构建的社会生活具有超越伦理的、所有人在法律前是平等的"公共生活"之性质。当然，这是在君主一人统治之下的"公共生活"，故黄宗羲批评君主制为"以我之大私为天下之大公"（《明夷待访录·原君》）。

④ 郑玄注："箕去弃物，以向尊者则不恭。"（《礼记正义》卷二）

不起的有公德的人，普通人家把垃圾在门口的街道上一倒，就完事了。①

这一事例具有代表性地显示出，儒家往往在自觉不自觉间，将践履伦理性规范（私德）置于遵守公共性规则（公德）之先，显示出儒家在公共生活领域内的行为规则与自律的缺弱。

三

总之，儒家社会生活中的公德缺弱是在两种情况下发生的，一是就伦理生活领域而言，儒家社会生活在伦理观念笼罩之下，社会成员通过血缘关系、君统宗统同构的宗法原则、同质的礼乐文化原则，来获得对家庭、国家、民族的伦理认同，并且形成将国家、民族伦理共同体置于个人和家庭之上，要履行维护它的存在和利益的"公"的道德理念（公德）。但是在儒家的生活方式中，在经常的情况下，在被经验感知的层面上，社会成员的生活更多甚至全部是对家庭责任、义务的践行。在家庭伦理共同体意识逐渐被生活和经验的强化中，高于家庭的国家、民族伦理共同体观念被淡化，退隐至深层的道德理性之中、集体意识之中，对国家、民族自觉履行责任、义务的道德意识和行为就被削弱，表现为"公"或公德的缺弱。然而，在某种巨大的伦理危机降临的境况下，这种"公"的道德意识也就会苏醒或被激活。二是就公共生活领域而言，这是指一个没有（不考虑、不涉及）任何伦理性关系联结的、由独立个体组成的社会生活。② 关

---

① 费孝通：《乡土中国》，上海观察社 1947 年版，第 21 页。

② 如果说，这种与伦理性相对立、相区别的公共性生活，可以理解为是与"身份"相对立、相区别的"契约"社会，即公民社会的生活特征，那么，这种"契约"社会、公民社会是否也可以作为一种能从中获得自我认同的"共同体"来研判？现代西方政治哲学有两种回答：美国自由主义政治哲学代表罗尔斯认为，"秩序良好的社会既不是一种共同体，也非一种联合体"，因为"作为公民，他们合作实现的是他们共同分享的正义目的，而作为一个联合体的成员，他们合作实现的目的却分属于他们各自持有的不同的完备性善观念"；"把民主社会看作一种共同体的想法，忽视了建立在一种政治的正义观念之上的公共理性的限制范围"（罗尔斯：《政治自由主义》，万俊人译，译林出版社 2000 年版，第 41 页）。美国社群主义政治哲学代表桑德尔则认为，可以将公民社会解释为一种"构成性"的共同体，"这种共同体描述的，不只是社会成员作为公民拥有什么，而且还有他们是什么；不是他们 （转下页注）

爱、诚信于人，尊重、不损害他人，应该是这个生活领域公德的基本理念。在这个领域，儒家固有的通过伦理关系的网络实现自我认同、社会认同的途径发生障碍，阻滞了道德感情和行为的释放；儒家以"拟伦理"一定程度上缓解了这种认同的障碍，但不能从根源处消解掉这种障碍，形成有深厚基础的、逻辑必然的行为规范。在这个领域，传统儒家显现出明显的公德缺弱。这里是儒学笼罩不住的空间，也是儒学会有新的生长的空间。

所以，这一儒家留在我们今天社会生活中的精神遗产，既是珍贵的，也是缺弱的。

（《文史哲》2006 年第 1 期）

（接上页注②）所选择的一种关系，而是他们发现的依附；不只是一种属性，而且还是他们身份的构成成分"。桑德尔还认为，一种社会共同体要能蕴含和描述出该社会的"基本结构"和社会成员的"自我理解"方式。桑德尔对公民社会"共同体"性质的界说，在一般的、抽象的意义上，也适用于儒家伦理共同体。但桑德尔的自我理解或认同的实现是通过认知意义上的反思，而不是道德感情意义上的选择；个人在共同体中的位置是通过品格和友谊来创造，而不是由伦理关系的网络来确定（桑德尔：《自由主义与正义的局限》，万俊人等译，译林出版社 2001 年版，第 181 ~220 页）。这又是两者根本不同之处。

"儒教"辨

一

从广泛的意义上说，"儒教"之说由来已久，但"儒教"之"教"字的含义历来并不相同。大体上有三种不同的理解。

第一，早期儒家学者，把"教"字理解为儒家的教育内容和教育方法，即《中庸》所谓"修道之谓教"和孟子所说"教亦多术矣"（《孟子·告子下》）。关于儒家的教育内容在儒家经典上有不同的表述，一般有"四教"说法，如"子以四教：文、行、忠、信"（《论语·述而》），"乐正崇四术、立四教，顺先王诗书礼乐以造士，春秋教以礼乐，冬夏教以诗书"（《礼记·王制》）。此外还有"五教""七教"的说法，系指五种或七种人伦关系。① 这就是司马迁所说"鲁人皆以儒教"（《史记·游侠列传》）之"教"的意思。

第二，魏晋以后，随着佛教、道教逐渐取得和儒家思想鼎足而立之势，文人学者常把儒、道、释并称为"三教"。此"教"字，是指学说思想体系。其最早可能在三国之时，如"《吴书》云：吴主问三教。尚书阚泽对曰：孔老设教，法天制用，不敢违天；佛之设教，诸天奉行"（《翻译名义集·半满书籍篇》）。此后，梁武帝倡"三教同源"之论，白居易著《三教论衡》之文，这里的"教"字皆是指三家的整个学说内容或思

---

① 《左传·桓公六年》，有"修其五教"；《孟子·滕文公上》谓"使契为司徒，教以人伦，父子有亲，君臣有义，夫妇有别，长幼有序，朋友有信"；《礼记·王制》曰"明七教以兴民德"，指父子、兄弟、夫妇、君臣、长幼、朋友、宾客。

想体系。宋元之际刘谧撰《儒释道平心论》，概括"三教"内容曰："儒教在中国，使纲常以正，人伦以明，礼乐刑政，四达不悖，天地万物以育，其功于天下大矣，故秦皇欲去儒而儒终不可去。道教在中国，使人清虚以自守，卑躬以自持，一洗纷纭缪辐之习，而归于静默无为之境，其有裨于世教也至矣，故梁武帝欲除道而道终不可除。佛教之在中国，使人弃华就实，背伪而归真，由力行而造于安行，由自利而至于利彼，其为生民之所依归者，无以加矣，故三武之君欲灭佛而佛终不可灭。"刘谧的概括虽然并不准确，但它表明在魏晋以后相当长的时期内，一般学者确实是把"三教"作为三种思想学说来加以比较认识的，并认为对于封建的社会制度来说，佛、道、儒是同样必需的。故宋孝宗《原道辨》力论"以佛治心、以道治身、以儒治世"（《儒释道平心论》）。

第三，近年来，任继愈同志认为儒家学说发展到宋明理学阶段，已经演变成了儒教。① 这个"教"字，不是指儒家的教育内容和方法，也不是指儒家学说的思想体系，而是指某个阶段儒家思想的宗教本质。

以上三种"儒教"说，前两种作为历史的思想资料是毋庸置辩的，本文仅就第三种说法提出自己的看法，希望得到同志们的指教。

二

任继愈同志认为，儒家学说是从殷周宗教思想发展而来的，从汉代到宋代儒学的发展是一个造神运动过程。对此，笔者有不同的看法。

第一，儒家学说不是从殷周宗教思想发展而来，而是从西周的伦理道德思想发展而来。殷周之际，随着社会政治制度的变迁，思想意识也发生了巨大的变化。殷人的思想意识，主要是图腾崇拜、自然崇拜、上帝崇拜、祖先崇拜等宗教的观念。但从《尚书·周书》中，却可以看到周人思想有了重大的变化，一是周人产生了"敬德""保民"的道德思想。西周统治者在战胜了政治、经济和文化上都比自己强大的殷商后，总结了小国胜大国的政权变迁原因，除了用"天命棐忱"（《尚书·大诰》）做出一

---

① 任继愈：《论儒教的形成》，《中国社会科学》1980 年第 1 期；《儒教的再评价》，《社会科学战线》1982 年第 2 期。

般的解释外，还发觉在"天命"这个人力无法左右的客观力量外，有某种人自身的因素，即所谓"非天庸释有夏，非天庸释有殷，乃惟尔辟（君），以尔多方，大淫图（鄙弃）天之命"（《尚书·多方》），于是产生了"敬德"的道德思想；西周统治者鉴于商亡前夕"小民""如蜩如螗，如沸如羹"（《诗经·大雅·荡》）的情景，又产生了"保民"的思想，提出"先知稼墙之艰难……则知小民之依……保惠庶民"（《尚书·无逸》）。二是周人形成了"礼"的伦理思想。"礼"在卜辞里是指祭祀，《尚书》中的"殷礼"也主要是指祭典仪式。但周礼的内容却广泛得多，它有礼节仪式的程序（见《仪礼》），有政府体制的规定（见《周礼》），更重要的是有反映宗法制度的伦理道德规范（见《礼记》），用此来维持宗法的伦理秩序，"君臣上下，父子兄弟，非礼不定"（《礼记·曲礼上》）；维持奴隶制度的阶级秩序，"在礼，家施不及国，民不迁、农不移、工贾不变"（《左传·昭公二十六年》）。所以西周的统治者认为，"礼"的作用是非常广泛而又重要的，"礼，经国家、定社稷、序民人、利后嗣也"（《左传·隐公十一年》）。这样，周的统治者和殷不同，在意识形态方面发挥重要作用的不是宗教，而是伦理道德。

当然，周人的伦理道德思想中也有宗教思想的因素，它和殷人的宗教思想既有联系也有区别。一是周人的"天命"即是殷人的"上帝"。卜辞中的"天"是"大"的意思（如"天邑商"），没有宗教的意识内容。周人的"天"即是"帝"，如称"皇天上帝"（《尚书·召诰》），有最高的权威，如说"惟天降命"（《尚书·酒诰》）。这表明周在取得政权后，革新了殷人的宗教思想，用来论证自己政权的合理性、神圣性。二是《礼记·表记》谓殷人尊神事鬼的特点是"尊而不亲"。这表明殷人的宗教观念和祭祀行为，主要是出于对自然力的恐惧。但周人的宗教思想中逐渐补充了道德的内容，认为祭祀对象都有某种"善"的品质，如《国语·鲁语上》记展禽曰："夫圣王之制祀也，法施于民则祀之，以死勤事则祀之，以劳定国则祀之，能御大灾则祀之，能扞大患则祀之……加之以社稷山川之神，皆有功烈于民者也；及前哲令德之人，所以为明质也；及天之三辰，民所以瞻仰也；及地之五行，所以生殖也；及九州名山川泽，所以出财用也；非是不在祀典。"这样，在殷周之际，中国古代的宗教思想和伦理思想就发生了"换位"。此后,伦理思想逐渐成为中国思想的主导成分,而宗教思想只是作为伦理思想的补充和附属,"天地"(鬼神)只是人需要处理各种伦理关系的一种,而不是中心,更不是全部。每种文化都带有它在最初形成时期的特色,同印度文化的宗教色彩及希腊文化的思辨色彩相比,中国文化的伦理色彩,就是从商周之际的思想变迁时开始形成的。

孔子继承了周人的伦理道德思想,而且有重要的发展。他提出一个内容极为丰富、新的道德范畴"仁"。"孝弟也者,其为仁之本与。"(《论语·学而》)这是说,"仁"就是"孝""弟"等这些伦理。"仁者爱人"(《论语·颜渊》),"能行五者于天下为仁:恭、宽、信、敏、惠"(《论语·阳货》),这是说,"仁"也是个性品质的道德修养。孔子提出"克己复礼为仁","人而不仁如礼何?人而不仁如乐何"(《论语·八佾》),把社会伦理和个人道德修养紧密结合起来。对于周人思想中的宗教方面,孔子是很淡薄的。他仍保持有传统的"天命"信仰,如说"五十而知天命"(《论语·为政》),"死生有命,富贵在天"(《论语·颜渊》)。但通观《论语》,可以断定这是一种模糊的客观必然性观念,而不是人格神的宗教观念。同时,孔子也很少谈论这些,"子不语怪力乱神"(《论语·述而》)。他觉得现实人世的问题更为迫切,故"季路问事鬼神,子曰'未能事人,焉能事鬼?'曰'敢问死?'曰'未知生,焉知死'"(《论语·先进》)。这些都表明孔子继承和发展了西周的伦理道德思想,而弃置了殷周以来的宗教思想。这样,孔子所创立的儒家学说,就进一步固定了殷周之际已开始形成的那个中国古代文化的发展方向,即伦理的而非宗教的方向。

第二,从先秦儒家到宋明理学的儒学发展过程,不是儒教"造神运动"的完成过程,而主要是对儒家所主张的伦理道德根源及修养方法不断提出新的论证过程。从原始社会的自发宗教到阶级社会的人为宗教,从多神教到一神教,这个宗教思想发展的一般过程,在不十分严格的意义上可以说是一个"造神运动"。但是,这种情况在儒学中没有发生过,因为儒家学说作为一种伦理思想体系,它的主要理论对象不是超脱于人之外的某种客观力量或彼岸世界,而是人置身于其中的现实社会的各种关系,它的思想发展主要表现为不断探索这些关系的最后根源,以论证封建伦理道德规范的绝对合理性、永恒性，以及完成这种道德修养的方法。

这一论证是从孟子开始的。孟子认为人的伦理行为和道德情操来源于"心"，是人性所固有。他说，"仁，人心也"，"仁义礼智，非由外铄我也，我固有之也"（《孟子·告子上》）；孟子提出"养浩然之气"的方法是"配义与道，无是馁也"（《孟子·公孙丑上》）。孟子的论证很简略，只能视为儒家对这一核心理论观点论证的开始。汉代董仲舒始用"三纲五常"来概括儒家的伦理道德思想，并吸收了当时最能广泛解释自然和社会现象的阴阳五行学说思想，来论证其是"天经地义"的。董仲舒认为"天者，万物之祖，万物非天不生"（《春秋繁露·顺命》），"天"具体表现为阴阳、五行，而"君臣父子夫妇之义，皆取诸阴阳之道"（《春秋繁露·基义》），"五行者，乃孝子忠臣之行也"（《春秋繁露·五行之义》），所以"王道之三纲，可求于天"（《春秋繁露·基义》）。董仲舒以此论证了儒家所主张的伦理道德根源于"天"，"天不变，道亦不变"，所以它是永恒的。董仲舒的论证是在"街巷有巫，闾里有祝"（《盐铁论·散不足》）鬼神迷信盛行的西汉社会环境下进行的，所以他的理论沾染了明显的宗教神学色彩，如天有意志的目的论观点和"天人感应"的神秘观点。但在其宗教神学外衣里面，仍是儒家的伦理本质。例如，他曾规劝"尤敬鬼神之祀"（《史记·封禅书》）的汉武帝说："夫仁义礼智信，五常之道，王者所当修饰也，五者修饰，故受天之祐，而享鬼神之灵，德施于方外，延及群生也。"（《汉书·董仲舒传》）这正是儒家"圣人以神道设教而天下服"《易经·观》）的方法，是中国思想史中宗教从属于伦理的表现。但董仲舒对伦理道德根源的论证，是立足于感性经验的简单类比。在品性修养理论方面，董仲舒形式上虽创"性三品"之新论，但其内容并没有超出"惟上智与下愚不移""性相近习相远"（《论语·阳货》）之孔子旧说，所以董仲舒并未能完成对儒家学说核心的理论论证。宋明理学吸收了佛家、道家及道教思维方法和诸如"事理圆融""明心见性""天理""无极"等思想内容，对儒家关于人的伦理道德的根源进行了新的论证。这个伦理根源，程朱派认为是"理"（道），陆王派认为是"心"（即"理"）。对于道德修养方法，程朱派提出"居敬穷理"，强调"道问学"，即主张由知识的积累而达到立场的确立；陆王派提出"发明本心"或"致良知",强调"尊德性",即主张首先端正立场,则修养自然完成。这些都是异于先前儒家而具有哲学理论色彩的新论证、新观点。

宋明理学以"理"或"心"为宇宙万事万物的根源,因而也是社会伦理道德的根源,这就洗刷了董仲舒对伦理道德根源论证中"天"的宗教神学色彩。不仅如此,理学家还对先秦儒家思想中残存的宗教神学观点进行了改造。在孔子思想里"天命"已不再具有人格神的内容,但他所说"事鬼神""祭神如神在""非其鬼而祭之,谄也"(《论语》)之"鬼神",仍然是一种人间力量采取了超人间力量的形式的宗教观念。这种形式的宗教观念,在理学中受到了哲学的改造。理学家不再把"鬼神"理解为一种超人间力量,而是和宇宙万物一样,是"理"("天道")的具体产物或其作用的表现。例如,程颐在解释《易经·观》"观天之神道而四时不忒,圣人以神道设教而天下服"一语时说:"天道至神,故曰神道。观天之运行,四时无有差忒,则见其神妙。圣人见天道之神,体神道以设教,故天下莫不服也。夫天道至神,故运行四时,化育万物,无有差忒,至神之道,莫可名言,惟圣人默契,体其妙用,设为政教,故天下之人,涵泳其德而不知其功,鼓舞其化而莫测其用,自然仰观而戴服,故曰以神道设教而天下服。"(《伊川易传·观》)朱熹在解释《中庸》"子曰:鬼神之为德,其盛矣乎"一言时也说:"程子曰:'鬼神,天地之功用,而造化之迹也。'张子曰:'鬼神者,二气之良能也。'愚谓,以二气言,则鬼者阴之灵也,神者阳之灵也。以一气言,则至而伸者为神,反而归者为鬼,其实一物而已。"(《中庸章句》)可见,理学家不再把"鬼神"理解为一种超人间、宰万物的神秘人格力量,而是和宇宙万物一样,是"气"的产物,是"天道"或"理"生成万物过程中的神妙机制作用。

总之,儒学在异己思潮的影响下,理论形式不断发生变化,但伦理的理论核心和本质始终没有变化;理学完成的不是"造神运动",而是对儒家伦理道德根源的哲学论证和对儒学中宗教神学的哲学改造。

三

在中国古代思想史上,先秦子学、汉代经学、魏晋玄学、隋唐佛学和宋明理学,是在中国历史发展的不同阶段出现的思潮或思想体系,它们具有各自的特色和内容。就宋明理学而言，它是以儒学吸收佛、道思想的形态表现出来的。理学家吸收和改造比儒家理论思维水平高的佛、道思想方法和某些思想观念，用来探索和论证儒家提倡的伦理道德的最后根源，阐明完成儒家道德修养的方法途径，从而把儒家学说深化了、哲学化了，所以宋明理学构成了中国思想史和儒学发展史上一个独立的阶段。宋明理学本质上是为封建专制主义进行理论论证的儒家伦理哲学。

当然，对宋明理学的理论本质还有另外的看法。明末清初一些反理学的思想家就理学谈"理"论"心"，无欲主静，与释老极为相似，断定其为"阳儒阴释"，即认为理学表面上是儒，实质上是佛。例如，颜元说："论宋儒，谓是集汉晋释道之大成者则可，谓是尧舜周孔之正脉则不可。"（《习斋记余·上太仓陆桴亭先生书》）反理学思想家的历史功绩不可否认，但他们对理学性质的论断并不公允，因为理学家的"理""心""主静（敬）"，在本质内容上与释老所谈是不同的。这与本文关系不大，不作深辩。

任继愈同志认为，"儒教（宋明理学）具有宗教的一切本质属性"，诸如禁欲主义、蒙昧主义、"原罪"观念、敌视科学、轻视生产、注重内心反省等，甚至在形式上与宗教也有类似，如有教主、崇奉对象、经典等等。笔者认为任继愈同志所论，有两点值得商榷。

第一，任继愈同志这里所举的"宗教本质属性"实际上并不是一般宗教的思想本质，而是任何一种唯心主义思想体系都可能具有的思想特征。例如，基督教的"原罪"观念、神（逻各斯）、禁欲主义等，实际上原来是斐洛的哲学思想和斯多葛派的伦理思想，此后只有当这种思想砌上"最后一块石头：人格化的逻各斯体现为一定的人物"① 后，即神学化后，它才成为基督教的本质观念，这是一个哲学思想变异为宗教思想的过程，而不是哲学思想继续深化的过程。恩格斯说："至于这最后一块石头在历史上是怎样砌到斯多葛—斐洛学说里去的，我们找不到真正可靠的根据。但有一点可以肯定，这最后一块石头不是由哲学家，即斐洛的学生或斯多葛派砌上的。创立宗教的人，必须本身感到宗教的需要，并且懂得群众对

---

① 《马克思恩格斯全集》第19卷，人民出版社1963年版，第329页。

宗教的需要，而烦琐哲学家通常不是这样。"① 所以，作为一种意识形态的宗教之本质特征或属性首先就是"神"的观念，其实质是"支配着人们日常生活的外部力量在人们头脑中的幻想的反映，在这种反映中，人间的力量采取了超人间的力量的形式"②。而不在于是否一定有禁欲主义、"原罪"观念、蒙昧主义等具体思想观点。宋明理学形成以前，先秦道家即主张"无欲无知""绝学弃智""比于赤子"（《老子》第3、19、55章），主张"形固可使如槁木，而心固可使如死灰。"（《庄子·齐物论》），这可以说是禁欲主义、蒙昧主义，但却看不出一点宗教的色彩。一般说来，宗教思想体系必然有蒙昧主义、禁欲主义的内容，因为"神"是宗教幻想所创造出来的，所以它是不能用理性来证明而只能靠信仰来维持，马克思说："既然只有物质的东西才是可以觉察到的，才是可以认识的，那么对神的存在就丝毫不能有所知了。"③ 这样，就必然要产生信仰的蒙昧主义。同时，因为"神首先是（在历史上和生活里）由人的受压抑状态、外部自然界和阶级压迫所产生的那些观念的复合，是巩固这种受压抑状态和麻痹阶级斗争的那些观念的复合"④，所以一切使人性觉醒的因素都要被压抑下去，这样就必然要产生禁欲主义。宋明理学是一个没有人格神观念的伦理哲学体系，它主张"格物穷理""明理"，这除了是道德修养方法外，也有认识论的内容，认为"上而无极、太极，下而至于一草、一木、一昆虫之微，亦各有理。一书不读，则阙了一书道理；一事不穷，则阙了一事道理；一物不格，则阙了一物道理，须着逐一件与他理会过"（《朱子语类》卷十五），"塞宇宙一理耳，学者所以学，欲明此理耳"（《象山全集》卷十二），这都是反对蒙昧主义的。宋明理学的"灭人欲"是为了"存天理"，维护封建的伦理纲常，这和宗教禁欲主义的理论前提和目标都是不相同的。

作为一种意识形态——宗教的本质特征或属性，还有一点是"彼岸"观念。恩格斯说："宗教按其本质来说，就是剥夺人和大自然的全部内

① 《马克思恩格斯全集》第 19 卷，人民出版社 1963 年版，第 329 页。
② 《马克思恩格斯选集》第 3 卷，人民出版社 1972 年版，第 354 页。
③ 《马克思恩格斯全集》第 2 卷，人民出版社 1957 年版，第 164 页。
④ 《列宁全集》第 35 卷，人民出版社 1959 年版，第 110 页。

容，把它转给彼岸之神的幻影，然后彼岸之神大发慈悲，把一部分恩典还给人和大自然。"① 然而，"彼岸"观念却正是宋明理学所缺乏和反对的。理学家认为："儒者以人生天地之间，灵于万物，贵于万物，与天地并而为三极。天有天道，地有地道，人有人道。人而不尽人道，不足与天地并。"（《象山全集·与王顺伯》）理学家推崇《大学》为"初学入德之门户"（《朱文公文集·与陈丞相别纸》），就是因为《大学》三纲领八条目概括了儒家从完成个人品德修养到践履社会伦理准则人生观的全部内容。理学家就是从这个立场对抛弃现世伦理而寻求彼岸的"解脱"或"羽化"的佛教和道教进行激烈的攻击，如说"佛老之学，不待深辨而明，只是废三纲五常这一事，已是极大罪名，其他更不消说"（《朱子语类》卷一百二十六）。

第二，宋明理学是否有类似宗教的"外在特征"。神、圣经等宗教权威，教仪、戒律等宗教生活，教会、教徒等宗教组织，都是人的本质和人世生活幻想的、歪曲的反映。正如马克思所说，"要知道，宗教本身是没有内容的，它的根源不是在天上，而是在人间……"，恩格斯也说过，"没有统一的君主就决不会出现统一的神"②，所以是宗教折射世俗，而不是世俗模仿宗教。就儒学来说，孔子的"圣人"地位和五经（或六经）的经典地位，在宋明理学（儒教）形成以前就已经确立了。孟子说"孔子，圣之时者也"（《孟子·万章下》），《庄子·天运》有"丘治《诗》《书》《礼》《乐》《易》《春秋》六经"之语，《荀子·劝学》《礼记·经解》已把五经或六经推崇为教学的经典内容。这是儒学作为一种政治伦理学说和国家政权相结合而取得垄断或独尊的学术地位的标志，而不是宗教的"外在特征"。魏文侯始立"孔学"，汉武帝"独尊儒术"，儒学的这种地位，战国至汉，当它被封建统治阶级认识后，就逐渐被确立了，而不是到"儒教"（宋明理学）形成时才有的。只是在宋明以后，随着封建专制的中央集权的加强，理学的思想统治更为严厉，孔子和儒家经典的地位更显得崇高和巩固罢了。

---

① 《马克思恩格斯全集》第 1 卷，人民出版社 1956 年版，第 647 页。
② 《马克思恩格斯全集》第 27 卷，人民出版社 1972 年版，第 436、65 页。

总之，宋明理学虽然受到佛学、道教或道家思想的深刻影响，但理论核心仍是儒家传统的伦理观念，而不是作为宗教思想本质特征的"神"和"彼岸"的观念；理学的基本论题是论证儒家提倡的伦理道德的最后根源，阐明完成儒家道德修养的方法和途径，而不是论证"上帝""佛性"，不是阐扬"解脱"或到达"天国"的修持方法，所以理学不是宗教，也不具有宗教属性。当然，在理学伦理思想核心的周围也有一些宗教附着物，如祭祀天地鬼神、尊奉孔子等，这是理学所处时代的社会背景、理论背景的反映，而不是理学的本质内容。

四

在中国封建社会后期，宋明理学作为居于统治地位的唯心主义思想体系，给中国社会的发展带来了严重的危害。但是，因为理学不是宗教，而是伦理哲学，所以这种危害的性质，就不同于欧洲中世纪宗教神学统治的灾难，而是具有中国历史特点的宗法道德教条统治的灾难。宗教狂热是由信仰而产生的，而道德规范的制约力量是通过社会习惯和舆论才表现出来的。所以，如果说宗教的社会作用主要是对人们精神的麻醉，那么宋明理学的社会作用则主要是对社会生活的凝固。理学对中国社会发展的凝滞作用，就是对趋于没落的中国封建制度的维护作用，主要通过三个方面表现出来。

第一，论证封建伦理道德的永恒合理。如前所述，宋明理学的中心论题，就是论证封建的伦理道德"原于天理""根乎人心"，是人所固有、人所当有，是绝对合理的。同时，理学家还认为，这种封建的伦理道德是永恒的。朱熹说："圣人之道，所以为大中至正之极，亘万世而无弊者也……圣人之言道，曰君臣也、父子也、夫妇也、昆弟也、朋友之交也。"（《朱文公全集·苏黄门老子解说》）理学家所谓"亘古无弊"的"理"或"道"在人伦关系方面，实际是指君臣、父子、夫妇之间"君为臣纲、父为子纲、夫为妻纲"（《论语集注》卷一）的隶属关系。所以理学的伦理道德思想，实质上是要把个人溶化在对君父的绝对服从之中，理学的道德完成过程，实际上是个性泯灭的过程。从社会发展的某一角度看，社会的进步正是个性的发现、成长过程。马克思说："任何一种解放都是把人的世界和人的关系还给人自己。"① 由于理学的论证和传播所形成的封建伦理、政治制度是绝对、永恒合理的社会意识，必然就阻止了这种解放的发生。

第二，否定危害伦理的"人欲"。理学家认为"人欲"（物欲私欲），即人的自然欲望是危害、背离伦理的主要因素，对它采取了断然的否定、毁弃的态度。朱熹说："天理人欲，不容并立。"（《孟子集注》卷三）"圣贤千言万语，只是教人明天理、灭人欲。"（《朱子语类》卷十二）在中国封建社会后期，随着理学的广泛深入传播，这种疾恶、鄙弃人之自然欲望的理学思想，就变成一种整个的社会思想，一种道德标准。这种思想窒息了人的思想活动中最活跃的、具有创造性的因素，对中国社会的发展起了极大的凝滞作用。

第三，提倡静思的修养方法。先秦儒家主张人的道德完善过程，是道德标准的实行过程。如孔子说："能行五者于天下为仁：恭、宽、信、敏、惠。"（《论语·阳货》）宋明理学则提出"学者先须识仁"（《河南程氏遗书》二上）。程朱、陆王两派虽然对修养方法的提法不同，但主寂静、冥思却是其共同内容。这样，宋明理学就把先秦儒家的道德修养，由行为的净化改变为心境的收敛，由对"仁"等道德规范的实行改变为对"理""心"的体验或悟觉，其流弊之极诚如明末清初反理学思想家所恳切、尖锐指出的那样，既败坏了中国文化，又祸害了中国生民。这样，宋明理学就成了既生长不出又补充不进新鲜文化内容僵死的伦理道德教条。特别是到了近代，理学更是束缚人们思想解放的精神枷锁。

总之，宋明理学是作为一种具有统治地位、唯心主义的伦理哲学，而不是作为一般宗教来发挥其社会作用的。理学道德教条统治带来的危害和欧洲中世纪宗教神学统治带来的灾难，无法比较其轻重大小，只能分析其特色各有不同。就中国而言，由于宗教（佛教、道教和其他外来宗教）所主张的修持是游离、脱节于世俗生活的，而理学所主张的修养正是世俗生活本身，所以理学的影响超过一切宗教；由于宗教是作为封建伦理的附属而出现的，所以宗教观念虽亡，而封建伦理

---

① 《马克思恩格斯全集》第1卷，人民出版社1956年版，第443页。

观念仍可不死。这样，在中国近现代的思想文化运动中就产生了一个明显的事实：反宗教和批判宗教神学的斗争根本代替不了，甚至也不一定就是反封建的和批判理学的斗争。这也是理学不是宗教的一个有力证明。

（《哲学研究》1982 年第 6 期）

儒学面临的挑战

20 世纪以来，中国社会最大的进步是从几千年的君主专制制度下摆脱出来，建成了并在日臻完善着一个以人权、法治为基础的民主制度，启动了向当代人类社会最高发展水平看齐的现代化进程。中国社会的进步也改变了儒学的社会角色与位置：儒学在中国历史上特别是在理学形成以后，作为国家主导的意识形态和具有法律性社会功能的情形不再存在；儒学以其所固有的伦理道德思想特质，作为一种文化类型和生活方式的传统精神或基本内涵来表现功能、求得发展了。儒学在新的境遇中有了新的定位，显现了它的新的理论生长点和融入现代社会生活的切入点。从"五四"以来儒学获得的理论进展和对中国社会进步的贡献中可以看出，这个生长点就是借助欧美近现代哲学思想，在儒学历史上最后一个理论形态——宋明理学的基础上，重建儒学形而上学，从最高的、终极价值的意义上阐释儒学。这个切入点就是将儒家由对家庭的责任感、义务感扩展开来的"民胞物与"的对社会、对自然的责任感、义务感，转化为普遍的工作行为、生活方式，从而形成儒家生活方式中的基本动力和秩序，并从中获得生活意义和实现人生价值。

现代处境下的儒学，跨入了新的理论生长空间，表现了可融入现代社会生活的理论品质，这是一方面的情况；另一方面，儒学也面临来自现代社会与现代观念的严重挑战。一般来说，我们可以根据孔子思想中的"仁""礼""天命"三个基本范畴，将儒学视为是由个性的、社会的、超越的三个理论层面构成的观念体系。从这样的理论角度观察，这一挑战中最为突出而根本的就是，儒家性善论会在现代实验心理学的结论中被否定，作为儒家伦理道德实践起点的传统家庭在现代化进程中渐趋解体，儒学固有的形而上追求与现代哲学观念存在着明显的冲突。

一 性善论的科学质疑

人性本善之论支撑着儒家的道德信念，是儒学最重要的理论基石。在儒学历史上，儒家性善论主要有两个论述角度，或者说两个形态：宇宙论的和本体论的。前者即是孟子"仁义礼智，人之固有"的性善论，后者则是宋明理学以《易传》"继之者善，成之者性"诠解的性善论。孟子以人之有恻隐、羞恶、辞让、是非四种心理情、智，论说心（性）为善，显然是不周延的，因为人之心（性）中还有如荀子观察到的那些"恶"的情、智。孟子的性善论不能在同一的"人性"层次上完全解释人的行为表现，使得汉唐儒学不得不修正"性善"论为"性三品"论。宋明理学主要是朱熹，将儒家性论划分出"继之"与"成之"，即"本体"与"流行"两个层面。① 性之本体是理，是纯然之善；性之具体呈现，即"理具于气质之中"的、宇宙论层面上的人物之性，则有善与不善。朱熹对"善"也做出了本体意义上的界定，他说："孟子道性善，善是性合有底道理。"（《朱子语类》卷五）宋明理学摆脱了单一地以具体的道德规范来界说"善"，而用超越但又蕴着这些具体规范的、人之行为中内在的"固然""当然"来规定"善"。② 在理学性善论看来，"仁义礼智"是善，并不是指那些行为举止本身——它的具体的有价值的动机、后果，而是因为它合乎"理"（是"固然""当然"），故善。这样，性善论就可以解释为人的行为最终皆是皈依固然、当然的自我选择，向着固然、当然的自律

---

① "本体"与"流行"两理论层面之别，是朱熹在论及太极（理）之动静时明确界分的。他说："盖谓太极含动静则可（朱熹自注：以本体而言也），谓太极有动静则可（朱熹自注：以流行而言也）。若谓太极便是动静，则是形而上下者不分。"（《朱文公文集·答杨子直一》）

② 朱熹每以事物之"固然""当然"来界说"理"，如谓："……造化发育，品物散殊，莫不各有固然之理，而最其大者则仁义礼智之性。"（《朱文公文集·江州重建濂溪先生书堂记》）"至于天下之物，则必各有所以然之故，与其当然之则，所谓理也。"（《大学或问》卷一）

本能。总之，儒家性善论在宋明理学中获得了一种周延的、本体论的形而上解释，你可以在哲学上否认它——不承认它的"理"与"气"的前提，但是你不能在逻辑上击破它；你若承认它的前提，也就推不倒它的结论。但是，在新境遇下，儒家性善论遇到了来自科学——现代实验心理学的质疑。现代心理学的两个主要派别，即对人之深层心理做实验分析的精神分析学派和对人之行为做实验分析的行为学派，从不同方面一致否认人性本善。

精神分析学派的创始人弗洛伊德由对梦的实验心理的解释，进入对精神病的心理治疗，再而进入对人性的心理分析。①。综括弗洛伊德成熟的、最后的观点，似乎可以说，他是在人之心理深层，从动力——里比多（libido）驱动的生（性）本能与死本能，意念形态——无意识、前意识、意识，和人格结构——本我（id）、自我、超我等三个角度来观察、描述人性的。弗洛伊德对人性本善之论明确表示否认："我们大多数人信念：人具有一种朝向完善的本能，这种本能已经使人类达到了现有的智力水平和道德境界的高水平，它或许还可将人类的发展导向超人阶段。我不相信有这种内在的本能，并且我无法理解，这种善良的错觉何以须得保持下去。"② 弗洛伊德按照他对精神病人的心理观察分析，认为在人格结构中，人性的本然层面本我（伊底）就是一种本能状态，但这完全是一种混沌的、无意识的、无任何价值取向的自发状态，"伊底当然不知道价值、善恶和道德，它所有唯一的内容就是力求发泄的本能力冲动"③。"超我"是人格结构中的道德层面，但在弗洛伊德的心理实验分析看来，这种道德观念是后天形成的，"良心虽存于我们心内无疑，但决非在生命开始时便已存在，它与性相反，不是初生时具备的，而

---

① 弗洛伊德论及其精神分析学说的理论历程时曾说："梦的学说在精神分析史内占有一特殊的地位，标志一个转折点。有了梦的学说，然后精神分析才由心理治疗法进展为人性深度的心理学。"（〔奥〕弗洛伊德：《精神分析引论新编》，高觉敷译，商务印书馆1987年版，第3页）

② 〔奥〕弗洛伊德：《弗洛伊德后期著作选》，林尘、张唤民译，上海译文出版社1986年版，第45页。

③ 〔奥〕弗洛伊德：《精神分析引论新编》，林尘、张唤民译，上海译文出版社1987年版，第58页。

是后来形成的"①。并且也不是从人之本性固有中长出，而由外界的尊严对象转化而来，"超我为最早的父母形象所铸成"②，"外界的限制转投于内，超我代替了父母的职能，给自我以侦察、指导和威胁"③。这样，人之本性（本能）是向善的和人之道德情感是先天的、内在的这两个性善论的基本内涵，均在弗洛伊德的立足于心理分析的人格结构理论中被否定了。

性善论在以美国心理学家斯金纳为代表的当代心理学行为学派中又从另外一个方面——行为分析中被否定了。斯金纳在鼠、鸽动物实验基础上推演开来的行为主义的主要结论是，人的心理或观念现象，乃至人之本身，皆应还原为多重的可追溯到很远的相依联系背景下的强化行为的结果。如斯金纳说，"信念和信心，并不是心理状态，至多不过是与过去的事实有联系的行为的副产物"④，"自我即是与一给定的相依联系集合相对应的一系列行为，或一种行为系统"⑤。这一理论立场使行为主义逻辑地否认有独立于"环境"——由相倚性联系和强化物构成的客观世界——精神主体（自主人）的存在。斯金纳宣称，"科学的行为分析取消了自主人，它把据说是自主人所施行的控制转交了环境"⑥，"正是在科学进步中，人们对环境作用的认识越来越深入，自主人的功能也就一个一个被揭示出来而化为乌有了"⑦；从而也逻辑地否认人内在地具有某种道德品性的观点。斯金纳宣称："人并非是因为他具有某种特殊的品质或德行才成为道德动物；恰好相反，他是道德动物，因为他创造了一种使他道德地行为的社会环境。"⑧不难看出，儒学性善论的基本观点——人心固有仁义，人性固有向着"理"

① 〔奥〕弗洛伊德：《精神分析引论新编》，林尘、张唤民译，上海译文出版社1987年版，第48页。
② 同上书，第50页。
③ 同上书，第48页。
④ 〔美〕斯金纳：《超越自由与尊严》，陈维纲等译，贵州人民出版社1988年版，第93页。
⑤ 同上书，第200页。
⑥ 同上书，第207页。
⑦ 同上书，第58页。
⑧ 同上书，第109页。

成长的自律，正是在现代心理学行为学派的行为分析中要遭到否定的观点。①

性善论在现代心理学中受到来自深层心理分析和行为分析的质疑和否定，与它在历史上多次遭遇的来自某种哲学理论或经验事实的质疑、否定不同，就理论性质而言，它们的方法论基础——实验分析是属于近现代的实证科学，虽然它们的结论未必就是科学的、无可疑义的，②但对于儒学来说，它们确实是新的理论挑战。现在的情势是，性善论似乎还寻找不到实证科学——一种认知理性的支持，但它所内蕴的一种道德理性——对人必然向着固然、当然方向作自我选择和生长的信念，却依然可以维护它的存在。弗洛伊德曾申辩：

> 精神分析学曾多次被指责忽视了人性高级的、道德的、超个人方面。这种指责无论在历史上还是在方法上都是不公正的。首先，因为从一开始我们就把恣悉压抑的功能归于自我中的道德和美的趋势。其次，这种指责是对一种认识的总的否定，这种认识认为精神分析的研究不能像哲学体系一样产生一个完整的、现成的理论结构，而必然通过对正常的和反常的现象进行分析的解剖，来寻找逐步通向理解复杂

---

① 斯金纳曾说："我们可按照物理学和生物学的途径，直接探讨行为与环境的关系，而不必去理睬臆想的心理中介状态。"（《超越自由与尊严》，第13页）似乎可以说，行为学派在理论与方法上都十分自觉与影响巨大的精神分析学派的对立，并不直接指向"性善论"这一具体论题，而只是在否定弗洛伊德论述的个体心灵所具有的自主、内在性时，也同时否定了性善论。

② 20世纪50年代以后，美国心理学家马斯洛自称是在精神分析和行为主义之外做"第三种选择"心理学——或称"第三种力量心理学""人本主义心理学"，就对它们进行了批评。但是，第一，马斯洛心理学在方法上是属于经验（包括某些体验）描述和思辨分析，不具有精神分析和行为主义的那种科学性质，所以这种批评即使是正确的，也不能是很有说服力的。第二，马斯洛心理学对人性的分析，或将它视为是一个具有高低五个层级系列的动机需要整体（马斯洛：《动机与人格》，许金声等译，华夏出版社1987年版，第40~53页），或将它诠释为超动机需要的存在价值体——十四种"高峰体验"（马斯洛：《存在心理学探索》，李文湉译，云南人民出版社1987年版，第75页），不是简单地把人性归结、界定为某种单一本能，而是考察它的复杂表现。马斯洛心理学论说了人性向"优美心灵"（高级需要、超越需要）成长，但并未确认"人性本善"。

心理现象的道路。①

斯金纳也曾表白：

> 科学并未使人不成其为人，相反，它使人非小人化。② 要阻止人
> 类的毁灭，科学必须要这样做。我们乐于摆脱"人之为人的人"，保
> 证只有如此我们方能转而找到人类行为的真正根源。只有摆脱了他，
> 我们才能从臆断转向观察，从超自然转向自然，从不可接近的转向可
> 及的。③

可见，当弗洛伊德与斯金纳从不同方面共同在认知理性的角度上否定
"人性本善"时，他们都是认为自己在探索通向真正人性的"道路"，探
索人性的"真正根源"，然而这又正是在选择着固然、当然，在道德理性
的意义上共同表现着人性之善。所以，在现代科学背景下，发生在性善论
中的认知理性与道德理性的分歧，不同于发生在传统宗教那里的理性与信
仰的冲突，它不是"矛盾"的性质，而是一种"佛手"现象。④

二 家庭的蜕变

原始儒家经典曰，"君子之道，造端乎夫妇，及其至也，察乎天地"
（《礼记·中庸》），"国之本在家"（《孟子·离娄上》），"家齐而后国治"
（《礼记·大学》）。即是说，儒家的道德实践是从家庭中开始的，儒家对
国家民族乃至宇宙的全部伦理感情是在家庭中孕育的，是已被内化为超自
觉的对家庭伦理感情的自觉扩展：以男女婚姻和亲子血缘为基本要素的家

---

① 〔奥〕弗洛伊德：《弗洛伊德后期著作选》，林尘、张唤民译，上海译文出版社1987
　　年版，第184页。
② 在斯金纳《超越自由与尊严》一书中，"小人"（homunculus）与"自主人"
　　（autonomous man）、"内在人"（inner man）皆是指他认为是不存在的、臆想的、被
　　精神分析学派描述为可独立于"环境"的人之精神主体。
③ 〔美〕斯金纳：《超越自由与尊严》，陈维纲等译，贵州人民出版社1988年版，第
　　202～203页。
④ 《西游记》第七回写了一个故事：一个筋斗能翻十万八千里的孙猴王，还是跳不出
　　如来佛的手掌心。这里出现的是一个理论上的"佛手"现象，心理分析与行为分析
　　学派的认知理性仍然处在它的道德理性的笼罩之中。

庭，是儒家理论和实践的最基本的贯穿始终的环境。但是，现代社会生活中的许多因素正在影响着、改变着儒家观念中的家庭。儒家的家庭观念特别凸显和肯定家庭延续种族生命和建构社会伦理关系的功能价值，《礼记》中每有界说，"婚礼者，将合二姓之好，上以事宗庙，而下以继世……成男女之别，而立夫妇之义也。夫妇有义，而后父子有亲；父子有亲，而后君臣有正"（《昏义》），"天地合，而后万物兴焉。夫昏礼，万世之始也，取于异姓，所以附远厚别也"（《郊特牲》）。所以在儒家看来，家庭是崇高的、神圣的，是"人之大伦"（《孟子·万章上》），是"天地之大义"（《易·家人》）。在儒家的此种家庭观念下，用现代社会学对家庭结构的分类①来看，主干家庭是实现家庭功能与价值的最好形式，因为儒家崇尚的"父慈子孝"的伦理关系、教育子女与赡养父母的道德义务，只有在这种家庭结构中才能全部实现。儒家思想当然也能给联合家庭的存在提供充分的伦理道德的观念支持，但是在儒家思想生长于其中的农业社会里，即使是理想的"五亩之宅""百亩之田"的农耕家庭，也难以形成支撑这种大家庭形式存在的经济力量。在家族内部区分大宗、小宗的宗法制度下，从理论上说，核心家庭只是完成向主干家庭过渡前的暂时存在的家庭形式。据史学家考证，从西汉元始二年（2 年）到清宣统三年（1911年）的 1900 多年，有典籍根据可推算出的家庭人口平均数为 4.95 人。②此亦可表明，主干家庭是历史上儒家生活方式中的主要家庭形式。

从儒学的立场上观察，家庭的蜕变发生在两个方面。

第一，表现在家庭观念上，构成家庭的自然基础——婚姻中的爱情和爱情中的性爱，在现代家庭观念中被凸显起来。《礼记·礼运》曰："饮食男女，人之大欲存焉。"《礼记·郊特牲》又曰："男女有别，然后父子亲，父子亲然后义生，义生然后礼作，礼作然后万物安。无别无义，禽兽之道也。"可见传统儒学虽然没有否定男女性爱的存在，但都是简单地被

---

① 现代社会学以不同标准对家庭结构有不同的划分，按家庭成员的身份和代际层次的标准划分：一是核心家庭，即两代人的家庭，一对夫妇与未婚子女共同生活的家庭；二是主干家庭，即两代以上并且每一代人只有一对夫妇的成员组成的家庭；三是联合家庭，即两代以上并且一代中至少有两对夫妇的成员组成的家庭。

② 梁方仲：《中国历代户口、田地、田赋统计》，上海人民出版社 1980 年版，第 4～11 页。

定位在生物学（动物学）层次上，被置于与道德相对立的、被其压抑的位置上。在现代观念中，诚如黑格尔所说，"两性的自然规定性，通过它们的合理性而获得了理智和伦理的意义"①，男女情欲本身以其自然合理性获得了道德的品质和应被满足的权利，虽然不等同于，却主要内蕴着这种情感的两性爱情是婚姻和家庭的基础观念，成为一种普遍的共识。然而在儒家传统中以"媒妁之言"建构的婚姻家庭中，爱情的情感只是附属物。② 20 世纪以来的西方性观念，更具有十分丰富、超越传统的内容。性在生物学的细胞层次上得到深入的科学解释，性行为在生理心理层面上，其生育功能之外的快乐、享乐价值被确认了。在社会层面上，出现了"不生育的性结合与社会无关"等新的性伦理原则。③ 凡此，皆与以"人欲"解说性和以"阴阳"（天地）诠释男女的儒家观念及其内蕴的鄙视性、压抑女性的"礼"之道德规范④相冲突的，以姻缘、血缘为基本内涵

---

① 〔德〕黑格尔：《法哲学原理》，范杨、张企泰译，商务印书馆 1961 年版，第 182 页。

② 《孟子·滕文公下》曰："不待父母之命，媒妁之言，……则父母国人皆贱之。"儒家的婚姻观与古代世界其他文化类型中的一夫一妻制阶段的婚姻观一样，皆是以两性的某种利益为基础，而不是以两性的爱情为基础。诚如恩格斯所说："古代所仅有的那一点夫妇之爱，并不是主观的爱好，而是客观的义务；不是婚姻的基础，而是婚姻的附加物。"（《马克思恩格斯选集》第四卷，人民出版社 1966 年版，第 67～68 页）

③ 英国科学家霭理士在 20 世纪初完成卷帙浩大对性问题全面研究的《性的道德》一书中，提出性道德五个基本原则或支柱，其中之一即是"不生育的性结合与社会无关"。英国哲学家罗素在 20 世纪 30 年代关于性的一系列言论中，也主张"婚姻作为一种制度，只是生儿育女才应受到政府的关注，只要没有孩子就应当被看成是纯粹的私事"（《我的性道德》，载《为什么我不是基督教徒》，徐奕春译，商务印书馆 1952 年版，第 135 页）。在此之前，恩格斯也曾有两性关系是"私事"的论断，如他在《共产主义原理》中回答第二十一个问题"共产主义制度对家庭将产生什么影响"时说："两性间的关系成为仅仅和当事人有关而社会无须干涉的私事。这一点之所以能实现，是由于废除私有制和社会负责教育儿童的结果。"倍倍尔在论及"将来的妇女"时也说："人类对于冲动的满足，只要不损害他人，自己的身体尽可由他们自己处置。满足性的冲动也和满足其他自然冲动同样，是个人的私事。"（《妇女与社会主义》，葛斯等译，生活·读书·新知三联书店 1955 年版，第 469 页）可见，"私事"之论，在马克思主义那里是作为以"废除私有制"为前提的人的全面解放的社会政治理想提出来的；霭理士、罗素则是立足于性科学基础上对性行为做出生理、心理的考察后判定的人可自然拥有的"自由"之结论。

④ 儒家思想中压制女性的观点，最具代表性的是所谓"三从"："妇人，从人者也，幼从父，嫁从夫，夫死从子。"（《礼记·郊特性》）理学"存天理灭人欲"之修养教条自然也包括对性欲的鄙视与压抑；但对儒学的"绘事后素"——提高完善人性的努力不能作如是观。完善人性与压制"人欲"在儒学中是有区别的并同时存在着的。

的传统家庭观念也被突破。

第二，表现在家庭结构上，从西方经济发达国家已经和正在发生的事实来看，在科学技术生产力发展而引起的生活方式变化和现代家庭观念出现的双重作用下，伴随着工业化社会形成的是主干家庭向核心家庭的蜕变，而在后工业化社会则是核心家庭趋于解体，出现了多样化的、非传统的家庭形式。家庭结构在工业化背景下的蜕变，美国社会学家古德（W. J. Goode）曾有较深入的论述，他观察到"随着工业化的发展，会出现三个削弱传统家庭（指主干家庭、联合家庭）控制制度的主要进程"，认为"夫妇或家庭（即核心家庭）制度的结构特点多数是由于亲属关系不那么密切所产生的，这些特点很符合工业化的需要"，因而他在广泛的范围内判定："第二次世界大战以后，在世界各地，所有的社会制度都在或快或慢地走向某种形式的夫妇家庭制度和工业化。"① 在后工业社会里的家庭形态和演变趋势，一直是美国未来学家托夫勒广阔视野里的一个突出明亮的景点，他的观察是"在第三次浪潮比较发达的美国，很多人已经摆脱小家庭的生活方式。如果我们给小家庭下定义是：丈夫工作，妻子管家，以及两个孩子。那么，有多少美国人仍生活在这种家庭模式中呢？答案是惊人的，只有美国总人口的7%，而93%的人口已经不再符合第二次浪潮的理想模式了"②。他的前瞻"一个非常可能的结果是，在第三次浪潮文明时期，家庭将长期没有一个单一的模式。相反，我们将看到高度多样化的家庭结构。人们将不再生活在统一的家庭模式中，而是沿着个人爱好，或者方便的轨道在新模式中度过他们的一生"③，"暂时性的婚姻将是未来家庭生活的标准特征，也许是占支配地位的特征"④。如果托夫勒的展望是正确的、真实的，那么，未来的家庭将是成人根据自己的"爱好"而结合成的具有多种形式的、变动着的生活体。作为儒家传统家庭的基本特质——姻缘、血缘，就不再是这种多样化家庭结构中的必要因素了。根据我国社会学家1982年进行的中国五

① 〔美〕古德：《家庭》，魏章玲译，社会科学文献出版社1986年版，第245～249页。
② 〔美〕阿尔温·托夫勒：《第三次浪潮》，朱志焱等译，生活·读书·新知三联书店1984年版，第259页。
③ 同上书，第300页。
④ 〔美〕阿尔温·托夫勒：《未来的冲击》，蔡仲章译，新华出版社1996年版，第215页。

城市家庭调查和 1986 年进行的 14 省市农村家庭调查的统计数字：核心家庭在城市家庭中的比重是 66.41%，在农村家庭中的比重为 63.6%；非传统家庭（联合、主干、核心家庭以外的其他家庭）在城市家庭中占 7%，在农村家庭中占 5.4%。① 可以说，当代中国家庭蜕变正是表现出处在工业化进程中的特征。儒家传统家庭理念在已经发生的从主干家庭到核心家庭的蜕变中已经被削弱，例如从理论上说，作为儒家"孝"之实践的重要内容——乐养父母，在核心家庭的功能中就不再有结构性的显现了。

如果说，从工业社会到后工业社会也将是中国社会的必经途径，那么，儒家传统家庭理念是否也一定要在剧烈的家庭结构蜕变——以核心家庭为主体的社会家庭结构模式的解体中覆灭呢？1989 年第 44 届联合国大会宣布 1994 年为"国际家庭年"，其宗旨是提高各国政府、决策者、公众对家庭问题的认识，促进各国政府制定、执行和监督家庭政策，主题是"家庭：变动世界中的动力与责任"。1993 年在第 48 届联合国大会决定1994 年开展"国际家庭年"活动的全体会议上，联合国秘书长致辞说："家庭是人类社会最古老也是最基本的组成单位，家庭塑造和养育着我们，我们要依靠家庭的集体精神、团结精神和它们的支持。"本届大会主席也做主题发言说："家庭是整个社会的支柱，如果我们想建设一个更美好的世界，我们应该从人们的成长地——家庭做起。"可见，虽然立足于科学的认知理性可以逻辑地、坦然地接受家庭的裂变与破碎，人类的道德理性仍然十分珍视和努力维护家庭。儒家的家庭理念如果被剔除并转化成已被现代人类理性作为深刻反省的压抑女性与鄙视性的观念成分②（这种观念实际是由于古代人类生产力发展水平和精神发展水平而历史地形成的，并且在古代希腊、印度和其后的基督教、伊斯兰教文化中

---

① 分别见五城市家庭项目研究组：《中国城市家庭——五城市家庭调查报告和资料汇编》，山东人民出版社 1985 年版，第 450 页；中国农村家庭调查组：《当代中国农村家庭——14 省市农村家庭协作调查资料汇编》，社会科学文献出版社 1983 年版，第 82 页。

② 这里姑且分别以英国一位性科学家和一位美国社会学家的论断来代表这种反省：霭理士说"性冲动是一个伟大的自然的冲动，用之有节，它对于人生可以发生许多的好处"（霭理士：《性心理学》，潘光旦译，生活·读书·新知三联书店 1987 年版，第 338 页）。马尔腾说"人类所犯一个最大的社会罪恶是男子奴役女子"（《妇女与家庭》，商务印书馆 1930 年版，第 4 页）。

都存在着①），就能积极地响应并有贡献于"国际家庭年"体现现代人类道德理性的"家庭是动力与责任"的主题，因为儒家家庭理念孕育出的人伦之情、天伦之乐（亲情、爱情），无疑会是一种珍贵的使人生活变得美好的动力或资源；儒家家庭理念中的特质——姻缘、血缘也"天理固然"地蕴含着对他人、对社会的责任。可以认为，现代儒学完全能够接受现代人类反省历史上压抑性与女性的理性觉醒，因而儒家的家庭理念也能获得具有生命力和现代诠释，溶入现代社会的发展历程。

三　形而上追求的困境

儒学的形而上追求——追寻伦理道德最终的根源或超越的根据，并不断引进阴阳五行、道家与佛学等儒学外的理论观点来予以阐释，一直是儒学理论发展的动力，由此而形成的儒学形而上观念也一直是儒学理论形态演变的标志。但是，在现代处境下，儒学的形而上追求却陷入困境，这主要是儒学传统的形而上观念与现代儒学浸润于其中，并自觉不自觉地接受其影响的现代西方哲学观点相冲突的。

儒学的形而上观念在宋明理学中达到了成熟的发展。宋明理学对作为伦理道德最终根源的形而上对象虽然有两种对立的表述或界定——"理"与"心"，但它们具有的本体性——形而上的超越性、总体性、根源性却是相同的，这种本体观念的形成与阐释主要是借助对儒家经典的释义和个人的生活体悟也是相同的。经历了认识论转向和语言学转向②，建立在这

----

① 古希腊的亚里士多德说："男子本性上就比女子较适于发号施令，正如长者和完全成熟的人比之幼者和未长成人的较为高明一样。"（《政治学》，吴寿彭译，商务印书馆 1934 年版，第 36 页）在古代印度，《摩奴法典》规定："妇女少年应该从父，青年时从夫，夫死从子，无子从丈夫的近亲族，没有这些近亲族，从国王。妇女始终不应该随意自主。"在基督教，《圣经·创世纪》确立女人是上帝从男人身上取下一条肋骨造成的教义。在伊斯兰教，《古兰经》则训导："你们的妻子好比是你们的田地，你们可以随意耕种。"可见历史上在不同文化类型中，都存在对女性的压抑，不独儒学为然。对于性的压抑，在不同文化类型中方式或者不同，但以风俗礼仪、道德观念来规范它也是共同的。

② 一种现代西方哲学史观认为，近现代西方哲学有两次根本性变革，第一次是笛卡儿、康德完成的由传统本体论向认识论的转向，第二次是弗雷格、维特根斯坦实现的由近代认识论向现代语言学的转向。虽然这是从语言哲学特定立场上做出的观察，但基本上是符合事实的。

两个基本点上的现代西方哲学观点不同于儒学的形而上观念了。现代西方哲学思潮虽然有科学主义和人本主义两种不同的理论走向（这里姑且以这两个思潮的中坚部分逻辑实证主义和现象学为代表），但否定欧洲哲学思想史上传统的柏拉图式的探究事物或现象之后、之上的某种本质、根源的形而上对象，却是共同的。逻辑实证主义在"拒斥形而上学"的宗旨下，判定"形而上"的陈述或命题，既无经验内容，又不是重言或命题，因而是无意义的①。现象学运动以"回到事物本身"为理论标志，排除传统形而上学中在任何意义上存在着的本质与现象、主体与客体的分裂，作为现象学哲学的最终证成对象，无论是胡塞尔的纯粹意识的"本质"，或海德格尔的本体的"此在"，都是一种——至少在现象学的理论要求上是这样一种——前主客分化的、没有主客对立的原初的精神现象或存在状态，都不再是传统形而上学那种意义上的本质、主体。现代西方哲学在"语言转向"的背景下，多是通过语言分析的途径来接近、证明自己的哲学目标。将哲学的任务确定为是对概念、命题做出语言的、逻辑形式的分析，以澄清其意义的逻辑实证主义固不待言，语言分析也是现象学的理论基石。例如，胡塞尔正是通过对语言符号含义的分析，解析出"意义"的独立性，显示纯粹意识的存在。② 海德格尔也以语言为"此在"的显现方式或展开状态。③ 显然，儒学传统的形而上理念及其证成方法都难以与此契合。

但是，儒学的历史经验表明，停滞、凝固在理学理论形态上的儒学，在现代处境下要有新的生命与成长，从现代西方哲学思想、智慧

---

① 艾耶尔说："因为重言式命题和经验假设构成有意义命题的整个的类，所以我们有理由下结论说，一切形而上学断定都是没有意义的。"（〔英〕艾耶尔：《语言、真理与逻辑》，尹大贻译，上海译文出版社 1981 年版，第 41 页）

② 胡塞尔在《逻辑研究》中认为，语词符号本身可有两方面含义，一方面它是"所指"（事实、对象），一方面是"表达"（思想、意义），两者是有区别的。"圆的四方形"虽然无"所指"，但仍有"意义"，此可见"意义"的独立性（叶秀山：《思·史·诗》，人民出版社 1988 年版，第 71～84 页）。

③ 海德格尔曾多次明确表述此观点，他说，"语言这一现象，在此在的展开状态这一存在论状态中有其根源"，"言谈本质上属于此在的存在机制，一道造就了此在的展开状态"（〔德〕海德格尔：《存在与时间》，陈嘉映译，生活·读书·新知三联书店 1987 年版，第 196、205 页）。

中吸收营养，则又是必需的。现代处境下的儒学因此陷入两难的困境。儒学能否化解和如何走出这一困境？从现代儒家学者中的两位代表人物冯友兰、牟宗三对理学所做的现代诠释工作中，我们似乎可以看到这样的可能和途径。冯、牟分别援引逻辑实证主义和康德思想重建儒学形而上的工作，一开始就处于上述的中西哲学理论观念的冲突之中，他们的理论创造性正是在深切地感受到并最终地化解了这种冲突的过程中表现出来。康德哲学具有明显的将形而上本体"悬置"的"认识论转向"的特征，在康德哲学中"物自体"只是表示认识的界限，"意志自由"亦是一种预设。当牟氏援用康德的"物自体""意志自由"来给儒学的形而上对象（"心体""性体"）以现代观念的诠释时，他好像并不困难地、轻松地就置换了、转化了传统儒学（理学）形而上观念的内涵。实际上，牟氏要实现这种"置换"，必须避免、消除在康德哲学中的形而上对象只是一种假设理念的那种限制，他为这一理论难题的解决付出了极其艰苦的思索与努力。牟氏还从中国哲学本身中寻找到解决这一难题的途径。他从中国哲学中一直很发达的整体直觉的思维方法中和传统儒学的道德实践中，升华出两个观念："智的直觉"和"实践呈现"，认为"物自体"可以在人的直觉中被证成，"意志自由"或"道德的超越根据"并不是理念的预设，而是在道德实践中的呈现。"道德的形而上"因此建成。冯氏引进逻辑实证主义来诠释程朱理学遇到了同样的困难。属于"语言转向"的逻辑实证主义，其理论活动的一个主要方面和目标，就是用逻辑分析的标准和经验证实的原则来拒斥并最终取消形而上学，而"新理学的工作，是要经过维也纳学派的经验主义而重新建立形上学"①。冯氏在这里选择的摆脱困境的途径是，接受逻辑实证主义的意义标准和证实原则，但改换其"形上"的哲学意蕴。在《新理学》中，"形而上"是与"具体"相对的、认识论意义上的"抽象"，不再是逻辑实证主义所拒斥的以世界之"本体""本质"为内涵的，既非分析的又不可被经验证实的"形而上"。冯氏此种非本体性的而是逻辑性的"形而

---

① 冯友兰：《新知言》，生活·读书·新知三联书店 2007 年版。

上"观念，不是程朱理学的观念，但与传统儒学的"形而上者谓之道，形而下者谓之器"（《易·系辞上》）的原始含义还是很接近的①。此种重建的形而上观念，如《新理学》之"理"，既是可被经验证实的（有"事物存在"），亦是可作为逻辑分析的（"有事必有则"）。《新理学》走出了要用拒斥形而上学的逻辑实证主义来重建形而上学的困境，这也是从一个特定的方面尝试着实现传统儒学的现代转化。"新理学"和"道德的形而上"在重建儒学形而上过程中提供的经验是，西方哲学有它自己的发展逻辑，将儒学移植到这样的理论土壤上去生长是不可能的，但从中吸取理论观念和方法，使儒学的理论结构和思想内涵有适应现代观念的转化和成长，则是必需的和可行的。儒学的形而上追求在根本上是对人之价值、人之生活意义的追求，在儒学这里主要是对伦理的、道德的生活维护。现代处境下儒学对形而上追求的困境是理论观念和方法上的，而不是这一根本目标上的。应该说，这一目标并不是西方现代哲学所否定，亦是它所追寻的。② 可以预期，现代处境下的儒学，会继续像"新理学""道德的形而上"那样，在消化现代观念的基础上，不断形成新的哲学方法与理念，从而对证成人之价值和生活意义这一理论目标不断有新的接近。

---

① 就儒学而论，"形上形下"命题有经学和理学两种诠释。前者可以孔颖达《周易注疏》的表述为代表："道是无体之名，形是有质之称……自形外以上者谓之道，自形内而下者谓之器。"（《周易正义》卷七）形而上、形而下即是"无体"与"有质"之分。后者可以朱熹的表述为代表："形而上者指理而言，形而下者指事物而言……即形器之本体而离乎形器，则谓之道；就形器而言，则谓之器。"（《朱子语类》卷七十五）即将形而上、形而下作为本体与万物的区分。显然，《新理学》的"形而上"观念与经学的理解较接近。

② 对于此，仍可以上述两大思潮的代表人物的言论为例。如卡尔纳普说："形而上学命题的非理论性质，本身不是一种缺陷，并不丧失它们对个人以及社会生活的高贵价值。"（〔德〕卡尔纳普：《哲学和逻辑句法》，傅季重译，上海人民出版社 1962 年版，第 14 页）胡塞尔说，"哲学和科学未来应该是揭示普遍的、人'生而固有'的理性的历史运动"，"对形而上学可能性的怀疑，对作为一代新人的指导者的普遍哲学信仰的崩溃，实际上意味着对理性信仰的崩溃"（〔德〕胡塞尔：《欧洲科学危机和超验现象学》，张庆熊译，上海译文出版社 1988 年版，第 17、13 页）。这里，我们将 20 世纪 60 年代后兴起的后现代主义思潮排除在与儒学关系的考察之外，因为这一思潮有更加复杂的性格，且其本身尚处在不断增益、修正的流变之中。后现代主义有众多的解析中心性、整体性、本体性等具有形而上学性质对象的理论观念、话语，其与传统儒学的对立、冲突是显然的，但现代儒学会在多大程度上感受到它的影响，还有待于这一思潮的成熟与发展。

以上，我们从儒学固有理论结构的特定角度，粗浅地观察了现代社会和现代观念指向儒学三个理论层面的挑战，并且也简单地论及了儒学所具有的可以回应这种挑战、走出困境的理论因素或途径。我们希望并相信，在即将到来的 21 世纪，儒学在回应这些理论的和实践的挑战中，能实现新的发展。儒学对于我们永远都是十分珍贵的。儒学于精神根柢处仍在支撑着作为一种历史悠久的文化类型的儒家文化而存在，和作为一种独立生活方式的中华民族而存在。儒学致力于唤醒人的道德自觉，唤起对自然有伦理感情内涵的责任感，这对于正受到道德衰蜕和生态破坏两大危机困扰的现代人类，也会是有价值的，所以对现代人类的过去和未来皆有深邃洞察的著名英国历史学家汤因比曾经建议："对现代人类社会的危机来说，把对'天下万物'的义务和对亲爱家庭关系的义务同等看待的儒家立场是合乎需要的，现代人应当采取此种意义上的儒教立场。"①

（《孔子研究》2000 年第 1 期）

---

① 〔日〕池田大作、〔英〕汤因比：《展望二十一世纪》，荀春生等译，国际文化出版公司 1985 年版，第 427 页。

全球伦理的儒学资源

在 1993 年美国芝加哥世界宗教议会通过的《走向全球伦理宣言》中,提出并界定全球伦理:"是对一些有约束性的价值观、一些不可取消的标准和人格态度的一种基本共识。"应该说,这一界定中所确定的"全球伦理"内涵——有约束性的和最基本的道德规范,还是周延的;而它所蕴含的宽容、开放的精神,是建成全球伦理所绝对必需的、唯一可取的文化姿态。

在当今世界,一方面全球化、一体化的进程,是有深厚动因的发展趋势而不可逆转;另一方面作为人类历史积淀的文化价值观念多元化的存在和觉醒,也是不可消除的。人类处在这两个既相反又相成的生活情境之中,既需要跨越国家界限的全球秩序,也需要保持源自不同文化传统的不同生活方式。在此背景下,全球伦理——作为全体人类生活的基本道德原则,显然是被界定为在不同文化传统和生活方式之间存在的最低限度的、最基本的道德共识和规范。发掘现存几个主要文明传统中最低界限的道德意识、理念和规范,并通过交流、对话,加以整合,形成在更大范围内和更高层次上的、超越特定文化传统的伦理思想和道德认同,已成为当代人文学者和宗教人士一项共同的使命和努力。基于这样的理解,从儒学的立场做出观察,笔者认为在作为中国文化、中国哲学主流的儒家学说中,有三个基本的思想观念或原则,可以视为是中国文化传统最低的或基本的,并且能构成周延的道德界限,也可称为是底线的道德原则,它们是,第一，"己所不欲，勿施于人"；第二，"人禽之辨"和"义利之辨"；第三，"民胞物与"。

二

"己所不欲，勿施于人"，可能是在孔子以前就已经出现的古语，但尚无明确的内涵。

《论语》记载仲弓问"仁"，子贡问"恕"，孔子都以"己所不欲，勿施于人"来解释，可见，在儒学中"己所不欲，勿施于人"一语被赋予了"仁"与"恕"的道德内涵，"仁者爱人""推己及人为恕"，是指对人友善、宽容的行为表现。在儒学中，"己所不欲，勿施于人"作为一种行为原则，还被表述为"絜矩之道"，即"所恶于上，毋以使下；所恶于下，毋以事上；所恶于前，毋以先后；所恶于后，毋以从前；所恶于右，毋以交左；所恶于左，毋以交右"（《大学》），就是要以度量自己喜好厌恶的同一把人性之尺来度量别人。儒家的这一行为原则，具有鲜明的自律性质，所以是一种道德原则，正如康德所说，"自律性是道德的唯一原则"，没有自律，也就没有道德行为。"己所不欲，勿施于人"中的"勿施"，"絜矩之道"中的"毋以"，都是一个明确的自我约束的道德指令，它要求人不要也不能把不愿别人对自己做出的行为施加于他人。这是一个内容最少、范围最广的道德原则，可以衡量一切行为的道德尺度。同时，儒家这一道德原则是以人性相同、人格平等为其内在理念的。十分显然，必须首先有对他人具有与自己同样的欲望需求的尊重，和同等的存在发展权利的确认，然后才有作为道德指令、道德原则的"己所不欲，勿施于人"或"絜矩之道"的成立，所以这又是一个精神基础深厚的道德原则。

在儒学中，对人之行为做出进一步的、有具体道德要求的基本规范是"人禽之辨"和"义利之辨"。"人禽之辨"是指人的最低行为标准要与动物有区别。孟子说，"人之所以异于禽兽者几希"（《孟子·离娄下》），"人之有道也，饱食、暖衣、逸居而无教，则近于禽兽"（《孟子·滕文公上》），最先提出并界定了这一标准。后来的儒家也说，"无别无义，禽兽之道也"（《礼记·郊特牲》），"触情从欲，谓之禽兽"（《说苑·修文》）。可见在儒家这里，作为道德原则的"人禽之辨"可以理解为要有克制自然情欲，践履人伦规范的道德自觉；并且作为最低的道德行为要求，还在传统的儒家生活方式中，逐渐形成了这样的社会舆论和道德评价定式：纵欲乱伦行为最为社会所不齿。儒学的"义利之辨"是指对道义行为和价值行为（功利行为），即合于伦理道德规范的行为和获得财富、权利等能带来各种"好处"的行为两者之间关系的分辨和选择。在完整的传统儒学中，义、利行为之关系，从作为个人德性修养和作为国家职能这样两个有所差别的论述角度上，有不同的立论。在儒家看来，推行教化（义）和追求强国富民（利），都是治理国家所应有的行为，在这里义与利虽有区别，但并不对立，而是互为一体的行为，这就是儒家经典中的"利者义之和"（《周易·乾》）、"义以生利"（《左传·成公二年》）、"义者利之本"（《左传·昭公十年》）之论。但是作为个人德性修养行为，儒学则是将义与利视为是有道德的和非道德的两种性质对立的行为，以"义"的内涵为践行人伦规范的道德行为，所谓"父慈、子孝、兄良、弟悌、夫义、妇听、长惠、幼顺、君仁、臣忠，十者谓之人义"（《礼记·礼运》），而"利"则是属于追逐实现自然欲望的非道德行为；并且认为"义"应高于、重于"利"，所以孔子每每说"君子义以为上"（《论语·阳货》），"见利思义"（《论语·宪问》），"不义而富且贵，于我如浮云"（《论语·述而》）。这是儒家从其彻底的道义论伦理学立场必然要得出的结论。总之，儒家人禽、义利之分辨，宣示了作为人所应有的最低的伦理自觉和作为有道德的人所应有的基本德行修养。

如果说，儒家的"人禽、义利之辨"确立的道德原则，规范着人类自身范围内的人伦关系的道德实践，那么为宋代儒家学者张载提出的"民吾同胞，物吾与也"的伦理道德理念，则是突破了"十义"的人伦樊篱和人与物的界分，确立同处天地之间的一切人皆是兄弟同胞，万物与人也是同一性体的泛人伦的伦理原则，显示了儒家伦理的宽广及其道德原则由己及人、由人及物的推展过程。"民胞物与"原则虽然是由张载提出和完整表述的，但其内含的思想在先秦儒家那里也就已形成。孔子表示自己的愿望是"老者安之，朋友信之，少者怀之"（《论语·公冶长》），孟子认为"仁政"的道德行为原则是"老吾老以及人之老，幼吾幼以及人之幼"（《孟子·梁惠王上》），都表现出对家庭、国家的人伦关系之外一切人的关怀，《中庸》提出"能尽人之性则能尽物之性，能尽物之性则可以赞天地之化育，可以赞天地之化育则可以与天地参矣"，孟子所说"尽其心者知其性也，知其性则知天矣"（《孟子·尽心上》），都潜涵着人与自然万物在性体上相通的意蕴。张载之后，朱熹在《西铭注》中诠释"民吾同胞"之"同胞"为"天下一家，中国一人"，"物吾与也"之"吾与"是人对万物要"若其性，遂其宜"，更加清晰地显示了儒家主张全体人类应该友好相处，人类应该尊重自然、善待自然的伦理立场。

总结以上对儒家道德底线三原则的说明，可以概括地说，"己所不欲，勿施于人"内含着人性相同、人格平等理念和自律态度，在行为层面上给出最低的道德尺度；"人禽、义利之辨"是从道义论的立场，在道德行为的层面上揭示基本的人伦原则和美德内容；"民胞物与"要求将道德行为由人伦间向公共人际间、向人与自然间由近及远地拓展，此三原则构成了儒家生活方式中基本的、周延的道德界限和范围。

三

儒学中的"己所不欲，勿施于人"、"人禽义利之辨"和"民胞物与"三个伦理道德的思想观念或原则，可以作为儒家贡献给全球伦理的主要资源，一方面此三项原则是儒家生活方式中最低的和基本的道德界限，具有永远的和生活本身共存的生命力；另一方面此儒家道德底线三原则与西方的、阿拉伯的、印度的等现存主要文化传统中的基本道德观念也是相容的，这也是建构全体人类道德共识所必需的理论品质。

我们不难观察到，西方传统的伦理观念，即表现在希腊哲学和希伯来宗教中的伦理思想，都存在着与儒学道德底线三原则相同的或相契合的行为规范、道德原则。例如，在基督宗教《圣经》中多次出现的、西方伦理学称为"金规律"的基督教戒条——"无论何事，你们愿意人怎样待你们，你们也要怎样待人"（《马太福音》第7章第12节，《路迦福音》第6章第31节），和"多有财利，行事不义，不如少有财利，行事公义"的训言（《圣经·箴言》第16章第8节），以及《当代世界教会牧职宪章》宣谕的"人可能并应当爱护天主所造的万物；万物受自天主，应视为天主手工而予以尊重"的律法，与儒家道德底线三原则都是完全契合的。正如亚里士多德所说，公正善良的人，就是"能以德性对待他人，而不只是对待自身"，"人类如果不讲礼法，违背正义，他就堕落为最恶劣的动物"，在灵魂（德性）、身体（健康）、外物（财富）三项"善因"中，"灵魂的善是主要的、最高的善"也可以判定，古代希腊哲学的伦理思想之于儒学的"絜矩之道"和"人禽、义利之辨"也是犀通的、认同的。当然，《圣经》和希腊哲学中的伦理道德原则，其观念性质、逻辑起点、最终根源或根据等方面与儒学会有所差异。例如，《圣经》的一切道德原则的最终根据总要归宿于"上帝"，而儒学的道德根源只能追溯到人性自身；希腊哲学（亚里士多德）的道德原是在目的论（价值论）立场上推出的，儒家坚持的则是义务论（道义论）的立场。但作为道德指令，其基本内涵，即对人的生活实践的行为要求是相同的、一致的，因而作为两种伦理也是相容的。

在世界现存的主要文化传统中，除了目前处于强势的西方文化外，还有影响地域广泛的、以伊斯兰教为核心的阿拉伯文化和历史悠久的印度文化。在这两种文化的观念源头处，剔除它们根源于各自独特的精神超越层面的信仰而形成的宗教生活的方面，在世俗生活方面也存在着与儒学道德底线三原则相容的道德观念或原则。例如，《古兰经》记载穆圣的教导说："当他们妄自尊大，不肯遵守戒律的时候，我对他们说，'你们变成卑贱的猿猴吧'"（第7章第166节），"在他们被复活之日，即财产和子孙都无裨益之日，惟带着一颗纯洁的心来见真主者，得其裨益"（第26章第87~89节），"舍真主所启示的正道，而顺从自己的私欲者，有谁比他更迷误呢"（第28章第50节）。凡此皆显示，在《古兰经》指导的世俗生活中，也是以人禽、义利、理欲之别来判分是与非、道德与不道德的界限。印度文化的思想源头，一般都要追寻到古印度的"吠陀时代"和"史诗时代"。在这两个时代的文献中，在世俗生活层面上契合儒学道德底线三原则的观念，也是容易发现的。例如，《奥义书》阐释出的"善良与愉乐，两俱来就人，明智妙观察，宛转能辨甄，智者择善良，宁使欢乐屯，愚人不好善，乐事乃所遴"，史诗《摩诃婆罗多》所吟唱的"你自己不想经受的事，不要对别人做；你自己向往渴求的事，也应该希望别人得到——这就是整个的律法"，正是儒学的"义利之辨"和"絜矩之道"的道德原则。《奥义书》作为主题阐释的"万物在大梵中"的古代印度哲学基本观点，史诗《薄伽梵歌》中推崇和追求的"一切同仁无尊卑"的修养境界，也会在理论上和逻辑上支持或演绎出儒学的"民胞物与"的伦理道德原则。

同样处在现代转化中的儒家文化、阿拉伯文化和印度文化，未来的理论态势和生活形态仍然会是不同的，西方文化在近现代经历了"理性化"的洗礼，当前正处在充满困惑、歧异和"颠覆"的"后现代"之中，但在它们观念源头与儒学道德底线三原则所形成的相容性，还是会保持下去的，因为儒学道德底线三原则是从三个不同层面规约着、标志着人类行为的最低界限，越过这个界限，实际上并不是对一种特定的道德理念的否定，而是对人类社会存在本身的毁损。应该说，不同的文化类型和生活方式中，都能发育出这样的道德自觉；寻求全球伦理，正是这种道德自觉的表现。

四

1993年，《走向全球伦理宣言》被通过的同时，美国哈佛大学教授亨廷顿的著名文章《文明的冲突》发表，认为在不同意识形态国家或集团间的冷战结束后，不同文明或文化传统国家或集团间的冲突将登上舞台。显然，这是对世界未来走向的另一种观察。这些年，在宗教信仰、文化传统不同的民族、国家间，因具体的政治、经济利益分歧、根本价值观的不同乃至卑微的习俗差异等而引起的不和、对立和未曾间断的冲突面前，人们似乎有理由认为，在现时代，"文明的冲突"的研判是正确的，而"全球伦理"是一种"落后"的方案。但是，在儒学看来，这些冲突从根本上讲不是由于文化观念的差异，而是由于具体的政治、经济利益的分歧和对立所造成的；不同文化或文明，在其底线的观念上是相容的。因而，在儒学的道德和文化的立场上，还是选择和谐而拒绝冲突。儒学有这样的经验和信念，如果不同文明或文化都能有成熟丰满的发展，不同生活方式的生存条件都能臻于充裕完善，那么相互间在观念上和生活实践上的兼容能力也就会增强，基本价值观和道德界限的相容性也就会更鲜明。"和实生物，同则不继"（《国语·郑语》），"和而不同"既然是万类生命生成、繁荣的条件和原则，多元而和谐的人类社会也才是至善和美丽的。人类已有这样的文化自觉，自觉的人类必然选择这个方向。所以在儒学看来，"文明的冲突"——不同民族、国家、宗教等文化共同体间利益和观念的分歧、对立，虽然赫然显现在眼前，但总是会被协调、消解的；全球普世性伦理的建成似乎还很遥远，但实际上作为维护能体现一种道德的、善的理念的人类社会存在的底线行为规范，早已融入了人类的生活中；将其从不同文化传统的不同表现形态中归纳出来、凸显起来，形成更广泛的共识、更高程度的自觉，在人类社会生活中发挥更有力的规范功能，包括化解"文明的冲突"，这一全球伦理理论的和实践的目标，是值得赞许的，也是可以实现的。

（《学习论坛》2008 年第 2 期）

儒家道德精神与我国现代化进程

一

面对我国近代社会的落后和现代化事业的艰难，五四运动以来的几代知识分子中都有这样的判断：中国现代化的实现，必须摆脱、超越以儒家思想为核心的传统思想观念。但是，我们却看到，现代中国不止一次发生的旨在与传统思想"决裂"的政治文化运动，往往都要带来破坏性的社会后果。我们还看到，儒家思想一方面存在着和现代生活相冲突的观念因素，另一方面又为我国现代化进程的动力和秩序的形成发挥着重要作用。

二

儒家的伦理道德精神是儒家思想的核心，它的功能在于召唤着一种理性的道德觉醒和道德实践，陶冶出一种儒家的道德人格。完整的儒家道德人格，可以根据儒家思想所具有的三个理论层面，解剖为三个精神层面。孔子思想中有三个最重要的范畴："天命"（天或命）、"礼"、"仁"。一般来说，我们可以用这三个范畴来划分和界定儒家思想的三个理论层面："仁"是个性道德修养，"礼"是社会伦理纲常，"命"是超越于个人和社会之上的某种外在客观必然性。与儒家思想的三个理论层面相对应，儒家道德人格的内涵或者说儒学道德意识的结构应包含以下三个方面的内容。

（一）"人皆可为圣人"的道德自我觉醒

首先，儒学认为人皆具有"善"的道德本性，虽然人的气质禀赋有所不同，但"为仁由己"（《论语·颜渊》），"圣人与我同类……人皆可以为尧舜"（《孟子·告子下》），表现了对道德完成的充分的信心。将人的道德根源和道德完成的动力都置放在人自身之中，是儒家道德意识的特质和道德觉醒的首要表现。其次，儒学认为人在道德意义上有觉悟人、物之别和君子、小人之别，即"人禽之辨"和"义利之辨"。孟子说"人之所以异于禽兽者几希"（《孟子·离娄下》），显然儒家认为有无、能否践履伦理纲常是人与禽兽的区别，正如后来宋明理学家在解释孟子此语时所说"人只有个天理，却不能存得，更做甚人也"（《河南程氏遗书》卷十八），孔子说"君子喻于义，小人喻于利"（《论语·里仁》），孟子说"孳孳为善者，舜之徒也；孳孳为利者，跖之徒也"（《孟子·尽心上》），很显然儒家明确地以求义或贪利作为区分君子或小人的界线。但是，从孔子主张"富与贵，是人之所欲也，不以其道得之，不处也；贫与贱，是人之所恶也，不以其道得之，不去也"（《论语·里仁》），曾表示"富而可求，虽执鞭之士吾亦为之……不义而富且贵，于我如浮云"（《论语·述而》），并认为能"见利思义"就是德性成熟的表现（《论语·宪问》）等来看，可以肯定地认为，儒家在"义利之辨"问题上的道德觉醒，并不是对利作简单的否定，而是要求人能自觉地以义取利、以义制利。

（二）道德义务感和社会责任感的伦理道德实践

儒家的道德人格在充分的道德觉醒基础上，必然会自觉地去践履社会伦理纲常，产生和表现出具有真诚而强烈的道德义务感和社会责任感的伦理精神和行为。从孟子所说"老吾老以及人之老，幼吾幼以及人之幼"（《孟子·梁惠王上》）和张载所说"民吾胞也，物吾与也"（《正蒙·乾称》）可以看出，儒家的道德义务感由己及人、由人及物投射、浸润了极为广泛的范围。儒家的道德人格具有"思天下之民，匹夫匹妇有不与被尧舜之泽者，若己推而内之沟中"的"自任以天下之重"的社会责任感（《孟子·万章上》），《大学》将其界定为"修身""齐家""治国""平天下"。张载还表述了一种更加庄严、崇高的儒家理想人格的使命："为天地立心，为生民立道，为往圣继绝学，为万世开太平。"（朱熹、吕祖谦辑《近思录》卷二）这意味着儒家的道德理想要求人不仅对现在，而且对历史和未来都承担着责任。真诚而强烈的道德义务感和社会责任感使儒家道德人格内蕴着巨大的精神力量，能为道德原则、目标的实现而奋斗不息，即使在生与死的抉择面前也不会犹豫退缩，这就是孔子、孟子所说的志士仁义能"杀身以成仁"（《论语·卫灵公》）、"舍生而取义"（《孟子·告子上》）。对于儒家来说，人无来生，死是人生的终点，但立德、立功、立言，则人有不朽，道德理想和伦理原则的实现高于死、重于死。

（三）超越的道德境界

儒家道德人格的独特性和理性色彩在超越的层面上表现最为突出。儒学中的最高范畴"天"或"命"，实际上是指在人和自然之外、之上的某种非人力所能左右的客观必然性。在先秦儒学中如孔子曾说"道之将行也与，命也；道之将废也与，命也，公伯寮其如命何"（《论语·宪问》），孟子对此做出一般的、比较抽象意义上的界定："莫之为而为者，天也；莫之致而至者，命也。"（《孟子·万章上》）后来，在宋明理学中程颐曾解释说："君子当穷困之时，既尽其防虑之道而不得免，则命也。"（《伊川易传·困》）这是儒学所确认的唯一具有外在超越性质的客观存在。儒学认为"鬼神，阴阳也"（《礼记·郊特牲》），"鬼神者，二气之良能也"（《近思录》卷一），"鬼神，造化之功也"（《河南程氏经说·易说》）。可见，一般被作为是某种超越的存在来理解的"神""鬼"，在儒学中被解释为人的一种异化形态或自然的某种性质，并不具有真正的超越性质。我们在世界文化史中看到，人们在生活中感悟到的这种客观必然的外在超越的存在，常常被进一步实在化、实体化、人格化为某种宗教信仰的对象，但在儒学这里，外在的超越始终只是一种可被理智体认的对象，并可被道德实践而内化为人的道德本性本身的那种对象。孔子曾说"五十而知天命"（《论语·为政》），这表明从孔子开始，儒学中超越的"天命"已不是信仰的对象，而是可通过生活经验、思想积累来认识、体验的对象。孟子说"尽心知性则知天矣，存心养性所以事天也"（《孟子·尽心上》），进一步确认儒家最高的认识或精神境界——"知天命"，是在道德实践中才能达到的。宋代理学家在诠释、界定"天命"的内涵时说，"心也、性也、天也，一理也。自理而言谓之天，自禀受而言谓之性，自存诸人而言谓之心"（朱熹《孟子集注》卷七），这样，儒学的"天命"就在宋明理学中更进一步被内化为人的道德本性本身。消解掉外在的、具有超越性质的客观必然性，是儒学心性理论的最大成功和最大特色。但这一切似乎只是在道德实践的逻辑思路上才能完成的。从本体的意义来看，儒学中"命"的外在超越性质是消融不掉的。在这里，儒学中具有外在客观必然性的"命""天"，实际上可以理解为是影响着、制约着人的生存的，但又尚未被人认识或高于人的认识的一切未知因素的总体。这会是永远存在的，因为伴随着人的知识增长，固然是人的已知领域的拓广；但也有新的、更深奥的未知问题在涌现，人的未知领域也在扩展。未知是人类精神发展的一种有益的、必不可缺少的因素；没有未知，人类的精神渊源就会枯竭。就儒学来说也是如此，"天命"的诠释蕴含了儒学理论发展的各种可能性。但儒家人格并不因外在超越力量的存在——某种命运的必然，而改变自己所应有的道德实践原则、方向和努力。孔子就是这样的人，虽然他于"道之不行，已知之矣"（《论语·微子》），但仍遵循"道"的原则而奋斗不已，虽遭时人"知其不可而为之者"的讥评（《论语·宪问》），亦无所悔。孟子所谓"行法以俟命"（《孟子·尽心下》），程颐所说"知命之当然也，则穷塞祸患不以动其心，行吾义而已"（《伊川易传·困》），朱熹所称"听天命者，循理而行，顺时而动，不敢用其私心"（《朱文公文集》卷六十四《答或人》），表述的都是依据道德原则而挺立在外在的超越力量面前的儒家人格。完全可以说，在处理作为是人类精神所遭遇的一个最巨大、崇高的对象——超越的存在关系时，儒学思想和儒家人格所采取的方法和提供的经验——将其在理性中悬置，在道德实践中消融，是宗教之外的一种卓越的哲学选择。

总之，"圣人与我同类"和"为仁由己"的道德自我觉醒，"民胞物与"和"自任以天下之重"的道德义务感和责任感，"修身俟命"和"尽性即命"的道德涵养，共同构成了儒家的道德意识和伦理精神。这种意识、精神渗透进、融化于社会生活的各个方面，在中国文化环境中，与道教、佛教等相比，它没有任何游离于日常生活之外的特殊形态，它似乎并不存在，实际上它就是生活本身。同样，蕴藏在儒家人格中的道德的精神力量，一般也是在一种危机的情况下，在儒家伦理受到严重挑战的情况下，才更容易被激发和充分表现，这是儒家道德精神存在和表现的特点。

三

在长期封建专制的社会制度下，儒家伦理的基本精神经常被封建专制的政治制度和宗法观念扭曲变形，出于一种道德自觉的、相互对等的和人格平等的道德义务和责任蜕变成单方面的隶属和屈从。流弊之极，本来是对人性的一种提高、完善的伦理实践，变成了无人性的"吃人"礼教。在西方民主、自由观念映照之下，"五四"时代的青年对此有更深切的感受。"五四"新思潮抨击、否定以儒学、孔子为代表的传统思想是完全可以理解的。但是，走出那个历史情境后的冷静反思使我们感到，儒家伦理的基本精神与其具体的历史形态之间的界限还是应该而且是可以区分的。儒家伦理道德中的某些具体内容或历史形态会随着时代的发展，社会政治、经济制度的变迁而枯萎、消逝，但是塑造并标志着儒家文化生活方式的基本精神，即与人性、与人的根本生存状态相一致的理性内容，则是具有长久生命力的，它构成了我们民族生存和发展的精神基础，甚至五四批判传统文化的新思潮本身也蕴含和表现着这种精神。这里可以简单地论述一下这种精神对涵盖和带动我们今天生活一切方面发展的社会进步运动——向现代化迈进所给予的支持或影响。

儒家伦理与中国现代化有什么关系？对中国现代化进程有什么作用？对于这一最能激动当代儒家学者心弦的时代课题，可以有两种回答或论述的方法、方式。一种是首先确定现代化的基本内容，然后从儒家思想中发掘、论述对这些现代化内容的实现具有积极或消极作用的理论因素。五四运动以来，我们民族意识的一个主要觉醒，就是在封建的、农业的旧中国与资本主义的、工业化的西方国家的对比中，一致地将"民主"与"科学"作为贫穷落后的中国走向文明富强的现代中国的主要目标。现代和当代中国的一些儒家思想研究者在这一共识的基础上，用不同的理论和方法努力从传统的儒家思想中，特别是从宋明理学中寻觅能够发展、衍生出科学和民主思想的那些观念因素、那种逻辑必然，就是属于这样的理路。另一种则是先确定现代化进程的基本条件，然后再考察儒家思想对这些条件的形成会有怎样的作用。本文就是选择了这样的论述角度。

现代化进程是一个社会整体向当代人类社会最高发展水平前进运动的过程。现代化进程的启动和展开除了具体的政治、经济和社会条件，如国家的独立、经济的发展、文化的开放等外，就其本身来说，动力和秩序是两个最重要的条件。当然，在不同的文化传统和社会环境中，形成这两个条件的因素和过程是不同的。就我们国家的情况来说，数千年的历史传统，十几亿的人口，不同地区、民族和社会阶层发展不平衡所造成的极为复杂的社会情况，使得我国的现代化事业分外艰难，没有强大持久的动力，没有稳定和谐的秩序，这一事业的成功即使不是毫无希望的，也是非常遥远的。在我国现代化进程中所必需的动力和秩序形成过程中，儒家伦理提供了基本的精神因素。

我国现代化事业是在充满危机和挑战的形势下进行的。在不太严格的、广泛的意义上说，这一进程的开始可以追溯到 19 世纪中期鸦片战争后的洋务运动，是在西方资本主义侵逼的情势下启动的。即使在现在，我国现代化进程还时时感受到与西方发达国家因在社会制度、文化传统和经济发展水平上的差异而产生的对峙或对抗。此间，接踵发生的戊戌变法、辛亥革命、五四运动等政治的、文化的社会运动，其所指向的具体社会政治目标虽各不相同，但救亡图存、强国富民的根本目标却是共同的。换言之，它们都是我国现代化进程中的一个步骤，一个组成部分。这些伟大社会运动的自觉而真诚的领导者、参加者们的政治思想理论和改造社会的策略虽有歧异，并且实际上还存在着尖锐的对立，但由在这个世界环境中我们国家民族险恶处境而产生的忧患感、危机感却是相同的，由此产生的为了我们国家民族的前途而忘我的奋斗精神、牺牲精神也是相同的。这种精神实际上就是儒家伦理道德意识中的社会责任感、历史使命感的现代转化，它凝成了推动我国现代化进程的根本的精神动力——为了中华民族的生存和发展，为了中华民族能自立于世界民族之林并有新的辉煌。在我国现代化进程中，由儒家伦理道德意识中的这种对国家民族的责任感、使命感转化来的精神力量，会是一种社会整体的觉醒意识，会是具有决定性的社会动力，因为悠久的儒家文化传统，使得在我们国家中，总是具有这种道德意识的人构成了各个社会层面的中坚。

在普遍的、个人的层面上，儒家"齐家"和"孝"的伦理精神所具有的道德力量也能转化为一种推动现代化运动的动力因素。毫无疑问，现代化事业需要全体人民积极主动地、孜孜为之付出自己的智力和体力，而只有对财富的欲望、对富裕的向往，即物质利益，才能经常和有效地将人的这种积极性调动起来。先秦儒学有"欲而不贪"和"寡欲"的主张，宋明理学有"灭人欲"的号召，显然，儒家道德精神对人的这一追求中的自然性、自发性的方面有某种抑制作用。似乎可以说，不同文化传统、不同精神渊源的道德学说都有这样的理论内容和实际功能。但是，这种有人生价值的精神动机在儒家的"齐家"或"孝"的伦理实践范围内还是得到了一种牢固的安顿。在儒家伦理中，"孝"是一种将自己与父祖结为一个连续的生命整体的那种道德理性与道德感情，基本内涵是以敬的心情赡养父母，以爱的态度教育子女，这种道德义务的完成就是"齐家"。具有儒家心态的人，在他追寻某项功利目标时，追逐个人最大生活享受的动机是微弱的，儒家道德对人的欲望中自然、自发方面的抑制作用，可能是儒家人格的勤俭生活品质形成的一个因素；他要用他收获的利益及其带来的诸如财富、权位、声望等一切，最好地完成、实现他"孝"的道德义务，因为养亲教子、"光宗耀祖"的道德感情在他那里是强烈的。儒家"孝"的道德规范是"孝子之事亲也，居则致其敬，养则致其乐，病则致其忧，丧则致其哀，祭则致其严"（《孝经》），"子不教，父之过"。儒家心态能由父母得到的乐养和儿女显示出的希望中产生出一种非常充实的欣慰感、幸福感。道德和功利在这里融为一体，并孕育出力量。在儒家文化的生活方式中，这是最为普遍、基本的人生自觉。一个人的事业、生活会有许多具体目标，但最后都可以还原到、包容到这个基本的伦理道德动机——"孝"或"齐家"的践履中。反言之，由这种道德理性和道德感情产生的力量能支撑起一切功利目标。儒家道德精神在社会整体的层面上和个人生活的层面上都能产生可以说是我国现代化进程的推动力、活力的那种精神力量，这是儒家伦理给予我国现代化事业的最重要的精神支持。

儒家伦理道德精神对于我国现代化进程中的秩序形成也有重要的作用。我国现代化进程是在西方欧美国家已经实现了以资本主义制度、工业化、后工业化为基本内容的现代化之后展开的，引进西方国家的成功经验、先进科学技术和资金，是我们为实现现代化而自觉主动采取的并已被事实证明是完全必要的措施。但是，这也会引起现代化进程中某种秩序紊乱的两个因素结伴而来。第一，体制转换过程中的社会秩序失控。在现代化进程中，我国借鉴西方发达国家经验，在经济体制、管理制度方面有较大的革新，其中最重要的当然是从计划经济向市场经济的转变。市场经济体制和西方资本主义的其他社会管理制度，都有一个长期积累的自然形成的发展过程，我们今天拿来采用，虽然有其适应我们国家实际情况的损益，但仍然显示出，并且实际上也就是一种有跨越的、有新旧转换态势的社会变革。体制的巨大转变使得规范亦即制约旧体制中的政治、经济行为的制度、法律失去作用，而在新体制中的重建中一时也难以完成。这样，在两种体制转轨过程中的制度、法律的空白或薄弱环节，经济、政治和社会生活中的失控、无序现象自然就要发生。其中，权力和金钱超越于法律制约的腐败现象滋生蔓延无疑是一个最重要的表现。第二，价值观念混乱带来的行为失范。在现代化进程开放的形势下，我们在引进、吸收先进的、优秀的现代西方科学技术和思想的同时，现代西方的价值观念生活方式也在影响着、改变着我们，在甚为广泛的社会群体内产生了精神的困惑、观念的冲突，在部分人中更因价值观念的混乱引起行为的失范。社会群体的观念冲突和行为失范无疑会成为导致社会不稳定、失序的因素。虽然可以认为这两个会干扰我国现代化进程中的有序状态的消极因素的产生，皆是我们现代化进程中不可避免要付出的代价，但是遏制其发展和消除其带来的破坏性的社会后果，也是我们不能放弃的努力。而我们的这种努力也正是从儒家的伦理道德精神中得到了最大的支持。

社会腐败现象是体制转换过程中秩序失控的、综合的、最严重的反映和结果，其主要表现是滥用公共权力、谋取私人利益和利用金钱谋取非正当的经济利益及超越经济的个人利益。腐败现象本身就是破坏社会秩序，同时还孕育着会更大地破坏社会秩序、造成社会不稳定的那种社会心理因素和利益冲突因素。腐败的治理和消除当然是一个很复杂、很艰巨的社会系统工程，周密的法制和严格的执法无疑是重要的和有效的，但在儒家看来，"齐之以刑，民免而无耻；齐之以礼，有耻且格"（《论语·为政》），一个人和全社会的道德自觉才是更重要的和最好的。儒家的这种道德理想似乎很迂阔，但却是不可被轻视的，更是不可被放弃的努力目标。应该说，儒家道德要求得利者"见利思义"，告诫有权者"尔俸尔禄，民膏民脂，下民易虐，上天难欺"，在当前体制转换过程中法律制度缺陷而特别需要道德自律和道德舆论的情况下，这个具有久远历史传统，并且在现实生活中亦有广泛传播的儒家道德律令，对于腐败现象的蔓延，在不同的人那里和在不同的程度上都会有遏制的作用，我们的社会舆论经常也正是这样来对腐败现象和腐败分子进行道德声讨的。

我国当前现实生活中的失范行为有很多具体表现，但就价值取向的根源来说，主要是完全否认他人和社会利益的极端个人主义和放纵物欲的极端享乐主义。这两种价值观念及其行为表现主要来源于现代西方非理性主义的人本主义哲学、伦理学思潮。在西方的那种历史文化传统中和生产力发展水平上，这种思潮反映和满足了现代资本主义社会生活发展的需要，而它可能引起社会破坏的消极方面，也能在资本主义制度的自我修正、调节机制中和理论思潮本身的自我更新中被消解掉；而在我们国家，这种思潮传播、变异所结成的在实际上是非道德主义的苦果子，只能用我们自己的理论牙齿来磨碎它。儒家道德精神在回答个人与社会、社会规范与自然本性这两种人生价值导向中的根本问题时所显示的道德意识、道德理论是可以消化掉这个苦果子的。儒家一方面认为，"匹夫不可夺志"，人皆有独立的人格、个性；另一方面也认为一个人应自觉完成对家庭、国家、天下的道德义务和社会责任，这是个性的一种真正觉悟和人格的实现。儒家道德实践在这方面提供了极有价值的人生体验：人伦或人际关系中的道德义务和责任的践履，与对某种社会权势、力量的隶属屈从，在形式上可能有某种相似，但在实际本质和个人的精神感受上都是完全不同的。道德践履本质上是一种人性提高、完善，充盈着充实感、幸福感、崇高感的精神激越过程；而对权势、外力的屈从则相反，它伴随着自我压抑、自我否定而进行，是一个精神萎靡、挣扎，直至麻木不仁的过程。儒家有"人禽之辨"，一方面认为食、色、富、贵皆是"人之所欲"，是完全正当的，故孔子亦曾表示"富而可求，虽执鞭之士，吾亦为之"（《论语·述而》），如果戕害、压抑这种本性实现，那是残忍的、不道德的；另一方面，也认为"饱食暖衣逸居而无教，则近于禽兽"（《孟子·滕文公上》），即是说，如果以这种自然本性的实现为生活最终的、最高的目标，或鄙弃自然本性实现中所应有的社会规范，也是一种人性的堕落。笔者认为，构成极端个人主义和极端享乐主义价值观念中的主要思想成分——非理性和非道德，在儒家道德这种平凡而又深厚的理性精神中是被融解了的。

现代化的进程也是新的社会结构、新的生活方式形成的过程。未来的人类社会生活可能是很个性化的，但毕竟人类还是一个整体，人类的社会和人类的生存环境还是一个整体，一个人应有的道德自律，应有的在更广泛的范围内承担某种道德义务和社会责任的自觉，更会是未来建立在科学技术高度发展基础上的人类社会秩序中不可缺少的基本因素。因此，儒家的伦理精神具有永久的价值。当然，在儒学以外的其他文化传统或思想体系中也有这样的伦理精神，儒家伦理精神的独特性在于，它始终是在人自身之中而不是在其外追寻人所具有的和表现出的伦理道德精神和行为的根源。儒家伦理的哲学理性精神是极为鲜明的。

四

以上，我们简略地论述了儒家伦理对我国现代化进程中动力和秩序两个基本条件形成所具有的精神支持的作用。当然，也应该看到，在目前的现实生活中，儒家伦理虽然有这种功能，但实际发挥出的力度还不够大；儒家思想虽然渗透进社会生活的各个方面，但真正理解、自觉服膺儒家精神的社会面也还不够广，特别是，似乎它还没有拥有多数的年青一代。这一情况表明，在中国现代化进程中，儒学本身也要实现理论的现代转化，要吸取现代的科学思想和哲学理论，对儒学基本精神做出现代的诠释，丰富儒学的理论内涵，只有这样才能为沐浴在现代生活、现代观念中的人所理解、接受，成为我们民族未来生活深厚的精神基础，也对人类社会的未来文明发展有所贡献。正是从这个意义上，也可以说儒家伦理道德精神的充实、发展和实践，构成了或者说吻合着我国现代化进程的精神建设目标。

（《齐鲁学刊》1995 年第 2 期）

儒学的根本价值

——从文化源头处回应"中国路径"问题

儒学是以伦理道德思想为其特质的观念体系。儒学以此特质模塑、建构了一种生活方式，为这种生活方式提供了不竭的人生意义源泉，在世界文化舞台上展现出独具特色的儒家文化。这可以被视为是儒学的根本价值。

一　儒学思想特质的形成

在儒家学说中，伦理道德观念处于可衍生、可诠释其他思想观念的核心地位。儒学这一特质或特色的形成，主要因为孔子儒学是在继承和进一步完成殷周之际和西周时期所发生的两个重要观念变迁而确立的。

（一）宗教观念的突破

宗教的历史发展过程可以粗线条地划为从原始宗教到成熟宗教。原始宗教表达的主要是对超越性存在（神灵）之异己的、对立的恐惧情感和心理状态，成熟宗教则是对超越性存在增加了融入性的、皈依的神圣情感；原始宗教以祭祀为特征，成熟宗教则以有独特内涵的信仰为标志——所谓祭祀，是可以最终做出将人与超越性存在连接起来所解释的那种动作行为。在我国古代殷周时期，殷墟甲骨文卜辞记事显示，殷商统治者无事不卜，无日不祭，虔信人之命运和世间一切皆由在人之上的、异己的"帝"、鬼神决定，原始宗教观念是非常浓厚强烈的。周国原是臣服于殷商的边陲小邦，但最后居然战胜了国力强于自己、文化高于自己的宗主国。殷周之际这一巨大的政治变迁，引起了西周贵族的深刻反思，激发了道德意识的觉醒，认为夏、商两朝的灭亡，并不是上帝、鬼神的意志，而是他们自己胡作非为、丧失道德品行的结果。这个最重要的历史经验被西周贵族表述为"皇天无亲，唯德是辅"（《尚书·蔡仲之命》），"鬼神非人实亲，唯德是依"（《左传·僖公五年》）。从夏、商的灭亡中，西周统治者产生了治理国家、维持统治要"敬德""保民"的一系列道德观念。中国古代思想发展的主流路线由此转向了道德的方向，而从原始宗教向成熟宗教演进的方向则被阻塞、中断了。孔子说："周监于二代，郁郁乎文哉，吾从周。"（《论语·八佾》）孔子儒学继承了周人突破宗教观念的道德觉醒，并进一步巩固了西周以来疏离宗教而倚重道德治理国家民众的思想传统。孔子儒学将由殷人"帝"转变而来的"天"（天道、天命）理解并诠释为某种非人格的、无异己性的超越性存在，将"鬼神"理解为、诠释为"气"的某种存在状态或性能，有人格性却无超越性。换言之，孔子儒学中的祭祀对象（天、鬼神等），并不具有一般宗教信仰对象所同时具有的那种超越性、人格性、异己性的品质，并不是宗教信仰的"外在超越"对象，而是可作为道德理性分析、被认知或体知的"内在超越"对象，或非超越自然性的对象。孔子儒学还认为，"祭者，非物自外至者也，自中出，生于心也，唯贤者能尽祭之义"（《礼记·祭统》），"祭祀不祈"（《礼记·礼器》），即是说，祭祀行为并不是如宗教仪轨、祈祷那样，为了沟通人与信仰的"外在超越"对象间的联系而有所企求，而只是人对于天地、祖先恩德之衷心思念、感激的道德感情的表达。显然，孔子儒学对祭祀行为也做了非宗教性的道德理解和诠释。总之，孔子儒学对祭祀对象和祭祀行为所做的非宗教性解释，巩固了西周以来精神观念层面上的道德走向，形成了与宗教有区别的儒家思想的道德特质。

（二）宗法观念的蜕变

宗法制度是指西周形成的以嫡（正室所生之子）、庶（众妾所生之子）的血缘关系和亲疏差序为原则来传继国家政治权力和家族财富的制度。宗法制度建构的主要社会结构关系是君统和宗统，即天子（周王）、诸侯（国君）权位的嫡长子继承系统（君统）和诸侯庶子或一般家族世代传继的嫡系（大宗）和庶族（小宗）的宗族谱系（宗统）。可见，西周的宗法制度在天子与诸侯间、诸侯与其下的大夫、士间政治身份的尊卑高低，在大宗与小宗间人与人血缘关系的亲疏远近，都特别鲜明。对这种社会生活中人与人之间尊卑、亲疏的差序，做出典章制度的、行为举止的内蕴着合理性和文明性的规范，就是"礼"。

西周的宗法制度并不是在所有社会成员中实施的，而只是在有封国（诸侯）、有采邑（大夫）、有禄田（士）的贵族阶级中实行的，没有封禄田产的庶民百姓是不能分享有"礼"的文明生活的。随着春秋时期不断发生的诸如"三后之姓，于今为庶"（《左传·昭公三十二年》），世家贵族"降在皂隶"（《左传·昭公三年》）那样的社会阶级变迁，西周的这种宗法制度和观念在孔子儒学中有了重要的蜕变。首先，"礼"的实施范围被扩展到士以下的庶民阶层。孔子说，"民之于仁也，甚于水火"（《论语·卫灵公》），"道之以政，齐之以刑，民免无耻；道之以德，齐之以礼，有耻且格"（《论语·为政》），即认为就治理民众百姓的方法手段，道德礼义是最好的；就文明的生活而言，"礼"也是庶民大众所需要的、应该分享的。孔子说"有教无类"（《论语·卫灵公》），孟子也说"教（民）以人伦"（《孟子·滕文公上》），都是主张要将以仁义道德为内涵的"礼"的教育、"礼"的伦理生活扩展到所有社会成员中去。其次，在孔子儒学中，西周宗法观念中的权位尊卑意识被淡化，伦理秩序中的义务责任意识被凸显。孔子说"三军可夺帅也，匹夫不可夺志也"（《论语·子罕》），孟子说"圣人与我同类"（《孟子·告子上》），都强调人在人格上的平等。《礼记·礼运》所说"君仁臣忠，父慈子孝，兄良弟悌，夫义妇听，长惠幼顺"的十种"人义"中，不同伦理角色都有自己的道德责任定位；孟子甚至说"君视臣如手足，则臣视君如腹心；君视臣如犬马，则臣视君如国人；君视臣如土芥，则臣视君如寇仇"（《孟子·离娄下》），在孔子儒学看来，宗法制度中的所有社会成员，尽管有君臣、父子、夫妇等处在不同伦理位置上的尊卑不同，但应承担双向的、等值的伦理义务责任却是相同的。总之，孔子儒学是在继承、巩固和发展了商周之际的原始宗教观念被突破、西周时代的宗法观念随伦理性因素增强中蜕变，形成了儒家思想的伦理道德特质；正是以这种特质，儒学获得了社会认同，建构了一种以伦理道德自觉，而不是以宗教信仰或法律强制为社会控制之主导的儒家文化。在世界文化舞台上，特别是在诸多宗教文化的背景映衬下，儒家文化以此显现出自己的特色。

二　儒家生活中的人生意义

人生意义是指人生值得一活的那种识解、自觉，是生活有动力、满足（幸福）的心理感受、精神状态。人生意义只是人类才有的一种将主观客观融为一体的生存体验和高贵的存在标志。宗教能给予人以人生意义，虔诚的宗教徒在对"外在超越"的存在（如上帝）和高远的宗教目标（如成佛）之信仰中，获得动力、安宁、幸福的感受。儒学不是宗教，儒学之所以能绵延流传，缘于创造了一种生活方式，就是因为儒学能在世俗生活中以其伦理道德思想给人的生命、生活注入动力、目标，感受到生活的价值、人生的意义。儒家生活中的人生意义空间由三个维度支撑。

（一）平凡生活：希望与责任

以家庭为中心的日用伦常生活是儒家生活方式的主要形态，是每个人都会经历、拥有的。儒家的道德思想在这种平凡生活中，在亲子两代间注入了浓烈的伦理性希望与责任意识，期望亲人的人生美好；在期望中产生力量，要为亲人的幸福去劳作，并升华为一种伦理道德的责任，自觉去履行。这样，当一个人的生活中有了多于或高于个人的生活目的、目标出现时，也就是有了生存自觉，有了人生意义。在儒家思想中，是以"慈"和"孝"两个道德观念和行为来表现这种自觉的。"父欲令子善，唯不能杀身，其余无惜也"（汉·王修：《诫子书》），"树欲静而风不止，子欲养而亲不待"（汉·韩婴：《韩诗外传》卷九），就是古人对慈与孝伦理感情最深切的表达。在儒家的家庭生活中，亲子都在希望的招引和激励中，在责任的践履和完成中感受到生活的动力、充实、幸福，这就是在平凡生活中实现的人生意义，是每个人都能拥有、分享的。

（二）追求崇高——成人、成仁、不朽

儒家生活虽然是世俗的，但也有高于平凡生活的人生意义空间。儒家认为人应该也能够在成为有全面德性的人的追求和实践中，为高于家庭的国家伦理共同体的献身中，将个体生命融入集体生命的奋斗中，即在成人、成仁、不朽的更高远的精神追求、更有深度的生命存在中实现人生意义。孔子对于"成人"的德性内涵有很明确的解说："若臧武仲之知，公绰之不欲，卞庄子之勇，冉求之艺，文之以礼乐，亦可以为成人。今之成人者何必然？见利思义，见危授命，久要不忘平生之言，亦可以为成人矣。"（《论语·宪问》）在孔子看来，一个人若兼备智、廉、勇、艺四种品质、能力，又能以"礼乐"来规范、润色、充实，自然是一个全德、成熟的人了。一个人即使没有这样的全德，但如果能够在获得利益时想着该不该得到，他人遇到危险时肯付出生命给予帮助，穷困中也不忘记曾经对他人许下的诺言，也算是一个有道德的、成熟的人了。对于"成仁"的道德意蕴，孔子儒学也有明确的解说。孔子曰："志士仁人，无求生以害仁，有杀身以成仁。"（《论语·卫灵公》）孟子说："生亦我所欲，义亦我所欲；二者不可得兼，舍生而取义者也。"（《孟子·告子上》）在孔子儒学看来，仁义的道德理想有高于个人生命的意义和价值。"成仁"就是为了实践这个道德目标而自觉地献出个人生命的行为。在儒家生活中，通常是指为了比个人家庭更高的国家伦理共同体而牺牲自己的道德表现。文天祥临刑时说"孔曰成仁，孟曰取义，唯其义尽，所以仁至。读圣贤书，所学何事，而今而后，庶几无愧"（《宋史》卷四百一十八《文天祥传》），就是光辉的典范。在儒家生活中，这样假定性的生活情境，这样困难的人生选择，并不时时存在；但作为更高的生命价值、人生意义的实现，像文天祥这样灯塔般的道德精神高峰却是一座又一座矗立在儒家文化的历史上。儒家的"不朽"是由略早于孔子的儒家先驱人物鲁大夫叔孙豹明确表述出的："太上有立德，其次有立功，其次有立言，虽久不废，此之谓不朽。"（《左传·襄公二十四年》）显然，儒家的"不朽"不是指一个人的肉体生命不死或"灵魂不灭"，而是指一个人的某种德行，或事功，或言论，具

有独特而伟大的价值，能荫庇后世，惠泽子孙，久远而不衰。换言之，是指一个非凡的个体生命已融入中国文化和历史的集体生命中去，是指总能在集体生命中显现的个体生命。这是儒家思想、儒家生活中最高的、积极的价值目标、人生意义；它虽然不是每个人都能达到的、实现的，但却是属于每个人都潜在拥有的，所谓"人皆可以为尧舜"（《孟子·告子下》），皆可以不懈追求的。

（三）经历苦难

苦难——每个人在生活中都会不同程度地遭遇到、感受到劳苦、烦恼、不幸等，通常被视为是生活的消极方面，被用来质疑、否定、证伪现世的人生意义。其有代表性的是原始佛教的"苦谛"说，将人生解析为是种种"苦"的聚合，并据此提出"出世"的宗教主张。儒家不是这样，孔子曾说："爱之，能勿劳乎？忠焉，能勿诲乎？"（《论语·宪问》）孟子论述得更明确充分："天将降大任于斯人也，必先苦其心志，劳其筋骨，饿其体肤，空乏其身，行拂乱其所为，所以动心忍性，增益其所不能……入则无法家拂士，出则无敌国外患者，国恒亡。然后知生于忧患而死于安乐也。"（《孟子·告子下》）孔子儒学认为生活中的辛劳困苦，不再是不可摆脱的负累，而且也是人之生命成长、人生完善的必要条件。儒家思想一开始就能这样彻底地消化掉了生活中具有负面性质的苦难逆境，在其中发掘出引导人生走向成功辉煌的因素，将其转化为具有积极价值的生存状态，诠释为是一个充实生命、实现人生意义的过程，充分显示了儒家思想卓越的智慧。儒家生活中的人生意义空间因此变得更宽广丰富：人生意义不仅存在于平凡的家庭伦常生活的希望和责任中，存在于成人、成仁、不朽的崇高追求和实践中，甚至也存在于人们经历的生活苦难中。人的现世生活在儒家思想里得到最充分的生命基础和精神基础十分牢固的肯定，儒家思想的生活方式建构也因此获得卓越的成功——我们今天仍然是生于斯、长于斯的那种儒家生活方式。

在商周之际原始宗教观念被道德突破、西周宗法观念随伦理道德因素增强的蜕变中，孔子儒学形成了自己的伦理道德特质。在此后的历史发展中，得到社会广泛认同的儒学以此特质逐渐地模塑、建构了一种理性的世俗生活方式，并使这种生活方式中的每个人都能感受到、分享到生活中有动力、有充实和幸福的人生意义。儒家文化以此在世界文化舞台上保持自己的特色，保有绵延不衰的生命力，这就是儒学的根本价值。

（《光明日报》2011 年 8 月 29 日）

20 世纪的老子研究

自从 20 世纪初"诸子学"兴起以来，老子研究无疑是这一学术思潮中十分突出的、重要的组成部分。回顾起来，老子研究在 20 世纪内可以说是经历了三个阶段，或者说是有三个高潮。第一个高潮是在二三十年代，围绕《老子》其书的写作或形成的年代而展开的争论和研究。1919年胡适在他的《中国哲学史大纲》里把老子放在孔子之前，作为中国历史上第一个哲学家来论述，实际上也就是认为《老子》一书是中国历史上第一个由个人独立创造的思想体系。传说孔子曾问礼于老子，并把《老子》判定为是春秋时代的作品，本是一种传统的看法，《史记·老子韩非列传》中记载得很明确，在先秦诸子著作如《庄子》《吕氏春秋》中，乃至在汉代以后作为儒家经典之一的《礼记》中，也都有或详或略的记述。对于这一点，历史上自北魏以来曾有少数学者表示怀疑或否认，但多数学者在这里还是未生疑窦的。胡适本是一个勇于疑古的学者，但在这个问题上他却坚定地固守着旧垒。当然，胡适这一做法也有破老尊孔的政治学术传统的用意。在中国现代学术界，第一个对老先孔后这一传统观点提出怀疑的是梁启超。1922 年他在评论胡适《中国哲学史大纲》的一篇文章里，对此提出了六点质疑，并最后认定《老子》一书作于战国之末，老子其人是《史记》中所说的生于孔子之后一百年的太史儋。1930年冯友兰的《中国哲学史》出版，书中从《老子》一书体裁特色的这个独特的角度又提出三项判据，判定《老子》其书是在《论语》《孟子》之后的战国时期的作品，老子其人则可能是在孔子之前。对梁启超提出的六点质疑，当时有位学者张煦逐点进行了反驳，胡适自己则在 1930 年给冯友兰的一封信中，反驳了冯友兰《中国哲学史》中提出的三项论据，又兼驳了梁启超的六点质疑。当时，围绕《老子》一书年代问题的争论，断断续续大约持续了十年之久。《古史辨》第四辑收入的15篇文章，代表了这次争论中的双方的观点。现在看来，引起这场争论的、在学术观点上的分歧，实际上可以归纳为两个问题。第一，是属于对历史文献材料理解的问题。维护《史记》旧说、主张《老子》出于春秋时代的学者，主要援引《庄子》一书中有多次孔子问学于老子的记述，并且认为《论语》中出现的"以德报怨""无为而治"之语，正是来源于《老子》。主张《老子》出于战国时的学者正好相反，认为《庄子》一书"寓言十九"，其中关于老子和孔子的记载都具有寓言性质，是不真实的，不足为据的；《老子》一书多引前人粹语格言，"以德报怨""无为而治"就是援引《论语》。第二，是有关对先秦学术思想发展若干原则的确认问题。《老子》出于战国说的一个最重要的判据原则，是认为孔子以前（或战国以前）无私家著述。与此相连，他们认为先秦理论文章的文体，有一个由问答体向非问答体的演变过程。此外，他们还提出一个关于语言风格、思想观念时代特征的判据原则，即一种学说的理论语言、概念命题等，应当与其时代背景相适应。据此，他们认为《老子》不能早于《论语》，《老子》中的"仁义"（第18章）、"万乘之主"（第26章）、"偏将军"（第31章）等都是战国时才出现的词语。维护《史记》旧说的学者，不承认这些判据原则，认为这些原则本身缺乏根据；《老子》中显然是战国时的词语，他们认为是后人窜入的伪文。20世纪二三十年代的老子其人其书的争论，它的意义似乎在于问题的提出而不是问题的解决。当时对《史记》旧说表示怀疑的那些学者，对春秋战国时代学术思想运动历史感和由此产生的洞察都是十分深刻的，但是现有的文献材料还是不足以支持他们把这个问题论证清楚，令人信服。因为这些材料本身的历史的和思想的内涵具有某种不确定的模糊性，可以形成不同的理解和结论。张岱年先生就是一个代表。在20世纪30年代时，他撰文论证了孔子在老子之前，《老子》一书应出在战国。但到了70年代，他又著文对《论语》中的两段话做出新的解释，重新判定《老子》一书为在孔子之前的老聃所著。应该说，老子其人其书的年代问题的争论还没有、也很难以有真正的解决，就文献材料而做出的考证和诠释来说，似乎仍然停留在 20 世纪 30 年代的水平上，若干考古新发现所提供的证据，也还不足以使这一问题获得突破性的进展。

老子思想研究的第二次争论或高潮，是在 20 世纪五六十年代围绕老子思想的哲学性展开的。这次争论的阵线也很分明，冯友兰、任继愈、汤一介等几位北京大学教授认为老子思想是唯物主义的，而关锋、林聿时等认为是唯心主义的。这次争论也持续了几年的时间，发表了数十篇文章，有 16 篇代表性文章被结集在《老子哲学讨论集》一书中。今天看来，如果说第一次争论的分歧根源在于对有关老子的先秦文献材料的不同理解，那么这第二次争论的分歧点，就在于对《老子》一书中"道"的范畴的不同理解。《老子》一书"道"字出现了 70 多次，这些"道"字有不同理论层次上的不同含义。引起这次争论的原因，就是对老子思想中在最高理论层次上作为万物最高、最后根源"道"的哲学性质训释、界定不同：一派学者将"道"训释为"元气"，另一派学者将"道"界定为"超验的虚无"，从历史上看，前一派的训释倾向于汉代黄老道家的观点，后一派的界定近同于魏晋玄学的理解。在当时的争论中，认为老子哲学思想的性质是唯物主义的学者提出的主要论据，一是从哲学基本问题的角度上看，老子的"道"是混沌未分的"元气"，就其无形无状来说是"无"，就其能生化出万物来说，仍是"有"，因而具有实在性、物质性，所以是唯物主义的。二是就天道观上说，《老子》把"道"视为万物最后根源，这就否定了西周以来的以"天""帝"为最高根源人格神的宗教观念，所以是唯物主义的。认为老子哲学思想是唯心主义的学者则反驳说，老子的"道"是无形体的"虚无"，是超验的、超时空的绝对，是一种"绝对精神"，因而是唯心主义的；老子的天道观虽然否定了人格神，但不能把唯心主义和有神论画等号，判定思想体系的哲学性质不能离开哲学基本问题，只要老子哲学认为意识是第一性，就仍是唯心主义的。这次争论中，如诠释《老子》第 1 章、第 21 章、第 25 章、第 42 章中对"道"的描述，成为双方争辩的焦点。显著的特点是，争论的双方都是在马克思主义哲学理论的框架内，对《老子》做出与自己学术见解和结论一致的训释。例如，《老子》第 42 章"道生一，一生二，二生三，三生万物"，主张老子思想是唯物主义的一派学者解释说，这是由混沌的元气，生出阴阳二气、生出万物的过程，是朴素唯物主义的宇宙生成论；主张老子思想是唯心主义的学者则认为，这是"无中生有"的唯心主义观点。再如，《老子》第21章说"道之为物，惟恍惟惚。惚兮恍兮，其中有象；恍兮惚兮，其中有物"，第25章说"有物混成，先天地生"，主张老子哲学是唯物主义的学者认为，这些话是《老子》对"道"的物质性的明确说明；主张老子哲学是唯心主义的学者则认为这不是《老子》对"道"的物质性、实体性的界说，而是对物从"道"中生出过程的形容、描述。这场关于老子思想的哲学性质的争论具有很浓厚的思辨色彩，还涉及了老子思想其他方面的问题，诸如老子思想的阶级性质和历史地位等。总的来说，老子思想在马克思主义哲学观念背景下经历的这次现代意义的诠释，既有其深刻性，也有其局限性。

最近十几年，老子思想研究在"文化热""道家热"的推动下达到了一个新的高潮，出现了前所未有的景象。主要是研究老子思想的论著空前增多，研究老子或道家思想的学术机构、学术刊物纷纷出现，探讨老子思想的学术会议也不断地举行。粗略统计，自1982年以来，至少有十部以上研究老子的专著问世，在各类报刊上阐述老子思想的论文更是难以计数；1985年以来，湖南、安徽、陕西和河南都一次或数次举行过老子思想学术研讨会。如果从学术理论的角度来观察，近十几年来老子思想研究有三个显著特色。一是与20世纪五六十年代第二次高潮相比，理论立场或观念背景发生了变化，即在考察、论述老子思想时，从比较严格的马克思主义哲学党性原则立场转换到比较宽泛的哲学理性主义的立场上来。近年来，研究老子思想的论著，多着重于对老子思想根本宗旨的阐发，判定老子思想展现的是一种自然主义的精神境界，既充满现实智慧，又追求返璞归真的那种生活态度。对老子思想中最重要的思想范畴"道"，不再去作"唯物"或"唯心"的哲学定性，而是对其做出结构性的分析，提出它在不同理论层面上具有不同的含义。二是学术视野变得开阔。学者们不再仅用概念分析就《老子》本身来辨析阐发老子思想了，而是在和儒家思想对比中，在整个中国传统哲学背景下考察、分析老子思想。例如，学者们比较了《老子》中"贵柔"的辩证法与《易传》"自强不息"辩证法的差异，比较了老子（或道家）向往自然与儒家追求伦理道德实现的人生哲学上的不同，判定老子（或道家）思想与儒家思想有某种互补的关系，儒家和道家共同构筑了中国传统哲学中周延的哲学境界和人生境界。有的学者还认为，在中国传统哲学中，老子或道家的哲学理论内涵最丰富、思维水平最高，其在传统哲学的演变发展中，是最活跃的观念因素，因此判定道家思想是中国传统哲学的主干。同时，学者们也不再把老子思想作为一种孤立的哲学思想体系来进行研究，而是把它作为一个在中国历史上的文学艺术、宗教和科学发育生长中发挥了巨大作用的理论源泉加以考察。学者们的研究指出，《老子》的"道法自然"（第25章）构成了中国古代文学艺术中的美学追求和主题内容。《老子》的"守静笃"（第16章）、"专气致柔"（第10章）、"少私寡欲"（第19章）、"深根固柢"的"长生久视之道"（第59章），正是传统的养生、气功乃至医学理论和实践的起源。东汉时老子被道教尊奉为教主，《老子》是道教圣典，老子思想对道教的影响是很明显的，但学者们的研究并不局限于此，而是进一步指出作为道家的老子思想与道教的宗教观念是有区别的，有一个演变过程。这些都表明，近几十年对老子思想的研究是在比较广阔的学术背景下展开的。三是近些年来老子研究还有一个前所未有的特色，就是学者们不再仅仅把老子思想作为一个古老的历史文化遗产进行学理上的考辨、分析，而是努力探索它仍是活着的、可为今天所用的理论因素，将其融入现代的现实生活中。一个最主要的、被普遍接受的看法是，老子的自然主义可以被视为对于管理现代社会，和缓当前人类生态危机，建设未来人类的社会生活具有广泛指导意义的观念。在现代某些世界著名科学家的理论视野里，甚至从《老子》中得到启发，认为老子"道"含有、无的观念，"道"生万物的图式，也吻合现代天文学描述宇宙生成（无中生有）和量子力学描述微观世界（真空不空）的模式。总之，从老子思想中发掘出现代意义是当前老子思想研究中的一个亮点。

从以上的回顾可以看出，20世纪初以来老子研究所经历的三个阶段或三个高潮，分别是以历史考辨、哲学辨析和文化学阐释为学术特征的。这一经历反映出一方面对老子研究还是取决于社会生活的变化和需要，另一方面也表现出对老子研究像对任何一种学术研究一样，总是要在自己的领域内，独立地向深入广泛的方向发展。老子思想中处处显现出对自然和社会的深刻洞察，具有丰富的哲学智慧；老子或道家思想还具有极高的精神境界，在中国传统文化内，创造出一种伦理道德之外的、宗教（对某种超越的信仰）之外的和物质欲望之外的人生追求和精神世界，这样或那样地有助于人的精神成长和成熟。正因为如此，老子研究今后将会在更高的学术水平上继续发展。

（《河南社会科学》1994 年第 4 期）

道家思想及其现代意义

正像多数学者所认为的那样，中国传统哲学就其基本理论内容来说，主要是由儒家、道家和佛家三个哲学思想体系组成的。在当代，儒家思想作为构成中华文化这一社会生活方式的观念主体，其理论内涵正在经历着变迁和更新；佛家思想也在不断地被赋予一种现代诠释，继续填补人们精神生活中重要的信仰空间。现代新儒学和现代佛学认真严肃地探索这些问题。在现代观念背景下，道家思想在获得新的理解和确认的同时，显示出它可能会是属于未来高文化、高理性人类的一种哲学选择。本文试图从道家思想的主要理论内容、历史状况和由此而发育出来的现代意义简要地阐明这一判定。

一

在道家最早的也是经典的著作《老子》《庄子》中，都可以看到一种十分清晰的儒家思想观念背景，这的确可以表明道家是在儒家之后兴起的一种思潮或哲学思想体系。但是，在中国传统哲学中与儒家思想相比，道家思想仍然有其独立的源头，具有轴心的性质。

第一，道家思想具有独立的、新的理论主题。先秦原始儒学（孔孟儒学）的思想体系中有三个最基本的范畴："仁""礼""天命"，可以一般地界定说，"仁"是自我道德品性修养，"礼"是伦理的、政治的行为规范，"天命"是指即使是最好的自我修养、最努力的规范践履，也改变不了某种外在的客观必然性。这三个范畴的内涵表明个人的、社会的和在个人与社会之上的超越的三个理论层面构成了儒家思想的整体。孔子说，

"为仁由己，而由乎人哉"（《论语·颜渊》），"君子无终食之间违仁"（《论语·里仁》），"不知命，无以为君子也，不知礼，无以立也"（《论语·尧曰》）。孟子也说，"仁义礼智，我固有之"（《孟子·告子上》），"动容周旋中礼者，盛德之至也"，"君子行法，以俟命而已矣"（《孟子·尽心下》）。原始儒学两个最主要人物的这些为我们所十分熟悉的语言，表明了一种彻底的理性自觉。一是对道德修养和践履伦理规范的自觉，认为伦理道德的实践，正是人性的表现；这个实践过程，正是人性完善的过程。二是对某种人所无法逾越、克服的必然性的自觉，承认它的存在，但不屈服于它的存在；人不能改变命运，但是对儒家来说，任何遭际也不能改变他以伦理道德规范为准则和以践履伦理道德为中心的人生实践。所以，原始儒家思想的理论主题可以概括地说，是唤醒人的道德自觉，召唤人的道德完成。儒家关注并努力以伦理道德为契机来解决人在社会生活中发生的各方面、各层次上的问题。道家思想的理论主题与此不同。道家思想中的两个基本范畴是"气"与"道"，这两个范畴构成了道家思想的形而下（有形）和形而上（无形）两个理论层面。处于这样理论结构中的道家，则是从人的自然方面和人在自然中的处境来观察、解决人的问题。道家认为，"通天下一气耳"，人如同万物，也是"气之聚"（《庄子·知北游》），人的根本，人的所有只是内涵为"气之聚"的生命，社会生活中的诸如伦理道德、工艺技巧等一切文化内容，对人来说都是多余的"骈枝""赘疣"。我们从《老子》和《庄子》中可以看出，道家有极为丰富而广泛的生活智慧，但是道家不是用这些智慧将社会的文明吸收、融进自己的生命，使生命的内涵更加丰富、更加光彩，而是运用这些高超的智慧，极其理性地、超理性地（不是非理性）使生命从文明的纠缠中超脱出来，避免受其浸染，受其干扰，实现生命的宁静而长久。道家思想中"道"的内涵比较复杂，有时甚至显得混乱，它包含了多方面、多层次的哲学意念（哲学意念之外语言学意义上的含义，我们在这里不考虑），但是我们用现代哲学观念来加以诠释，还是可以把它解析清楚的。从自然哲学的角度看，道家的"道"是指万物的最后根源，所谓"道生一，一生二，二生三，三生万物"（《老子》第42章，以下凡引《老子》只注明章），"道"是"天地根"（第6章）；同时，"道"也存在于万物之中，是世界的总体、整体，所谓"道无所不在"（《庄子·知北游》），"道通为一"，"未始有封"（《庄子·齐物论》）。前者是就宇宙生成论意义上说的，后者是就宇宙本体论意义上说的。从人生哲学的角度看，道家的"道"是指生活智慧（即德），"处众人之所恶"，"功遂身退"皆是"道"的表现（第8章、第9章）；"道"也是指最高的精神境界，《庄子》在描述了具有最高精神境界的理想人格（真人、至人、神人等）的许多具体表现后说，"是知之能登假于道者也若此"（《庄子·大宗师》），"苟得于道，无自而不可"（《庄子·天运》），换言之，这是一种绝对自由的精神境界。《老子》《庄子》对"道"的这些论述，表明道家思想中的"道"虽然是一种无形的"实在"（形而上），但并不具有超越的性质，它就存在于一切有形之物之中（形而下）；它虽然具有非人的视、听、言语所能把握的超验性质，但却是人通过超理性（体道）可能达到的一种精神境界。这样，与儒家思想相比，道家思想的理论主题可以说是唤醒人对自己在自然中的位置通过人的自然处境的自觉，呼唤人归向自己的真正根源，归向自然，"复归于朴"（第28章），"与道徘徊"（《庄子·盗跖》）。显然，这与儒家思想的理论主题是不同的。

第二，道家思想具有新的、独立的观念起源。儒家思想一般皆可以在孔子和孟子以前的《诗》《书》《春秋》和"礼""乐"等文化典籍和典章制度中寻觅到它的观念渊源。然而道家对自然的发现，及其"气""道"等思想观念的形成，从《老子》《庄子》中可以看出，是起源于对自然现象的观察，起源于对当时手工劳动者的生活和生产经验的某种理论升华。例如，《老子》观察到，"天之道，其犹张弓与？"（第77章）"天地之间，其犹橐籥乎？"（第5章）都是以一种自然景象来表述一种哲学意念。《老子》还以"柔水""玄牝""辐毂""埏埴""飘风骤雨""大音""大象"等自然事物来描述、体现"道"的性质。《庄子》一书更是博物志，庄子思想正是从那些形形色色、千姿百态的自然事物和生产、生活经验中导引出来、生长出来。其中，最为独特而重要的是，《庄子》中最高的"得道"精神境界，总是由最高的手工劳动的工艺境界，诸如"庖丁解牛"（《庄子·养生主》），"轮扁斫轮"（《庄子·天道》），"佝偻承蜩""梓庆削鐻"（《庄子·达生》）等显示和升华出来。当然，不能否认这是老子、庄子思想所具有的独特的文学表现方法，但是更重要的是这表明道家思想具有和儒家及其他先秦诸子完全不同的、独特的观念起源。总之，从中国传统哲学的源头和它的理论构成上看，道家思想开启了中国传统思想中的一个新的理论方向，与儒家思想共同建构了一个比较周延的哲学境界和人生境界。

二

在中国传统哲学的发展过程中，道家思想的理论意义和实际作用首先通过《易传》表现出来，道家思想中基本的自然哲学观念被秦汉之际的儒家学者吸收，儒家思想体系中增添了一个包含有世界本源、宇宙结构、万物生成等内容比较完备的自然哲学宇宙图景，弥补了先秦原始儒学理论内容中的一个主要缺陷。作为儒家思想发展过程中出现的主要理论形态的魏晋玄学和宋明理学，其理论论题和运思方法都有明显的道家思想痕迹。其次，自印度佛学传入中国后，从最初对其特有的名词、概念的转译和对其基本观念如"般若""涅槃"的诠释，到最后最具有中国佛学特色的天台宗、华严宗、禅宗等宗派的形成，在中国佛学逐渐摆脱印度佛学固有的理论轨道而转移到具有中国思想特色的理论轨道上来独立发展的整个过程都感受着道家思想的影响，中国佛学的基本观念中，如天台宗的"实相"，华严宗的"法界"，南禅的"本心""自性"，都吸收、融进了道家特别是庄子的思想观念。完全可以说，道家思想是中国传统哲学发展演变过程中的一个最活跃的理论观念因素。

如果从更广阔的中国传统文化的视角来观察，道家思想则表现出更多的、更具体的社会文化功能。

第一，道家思想发育出一种宗教——道教。道教在东汉时代产生，虽然有它更加直接的、根本的社会政治契因，但其攀附道家思想无疑是一个显著的、基本的事实。原始道教把道家创始人老子作为自己的教主，道教关于"长生不死"的宗教目标和"积精累气"的修持方法等基本教义的论证，都是借《老子》和《庄子》中的思想观念。在这个意义上可以说，道教是在道家思想的土壤里发育生长的。当然，在这里我们暂时忘记道家思想转变为道教过程中有非理性的、信仰的观念注入这一决定性的因素。

第二，道家思想哺育出一种文学艺术风格和一种科学形态。道家思想，特别是《庄子》中对人自然觉醒的召唤和对其觉醒过程中种种精神现象的奇特描写，构成了中国文学艺术的一个不竭的灵感源泉和美感源泉，形成了中国文学艺术的美学内涵最丰富的自然主义风格。以文学为例，就某个文学家来说，如苏轼，他的诗"出于《庄》者十之八九"（《艺概·诗概》），就整个中国文学来说，从贾谊《鵩鸟赋》以来，也可以说是在道家，特别是庄子的哺育和影响下发展的。至于中国古代科学几乎完全是从道家思想中生长出来。道家著作中有大量关于天文、物理、生理、心理等前科学的经验事实记述，道家认为"道通为一"，认为"通天下一气"而"万化未始有极"（《庄子·大宗师》），"万物以不同形相禅，始卒若环"（《庄子·寓言》），"万物皆出于机，入于机"（《庄子·至乐》）。正是这些模塑了中国古代科学的基本形态，即在认为宇宙是一个整体而又充满无限生灭的有机过程的观念背景或理论框架内，来观察、描述和分析各种经验事实。

第三，在更加一般的意义上可以说，道家思想还较充分地发挥了作为一种哲学才具有的特殊的文化功能，培养出一种逆境中的稳定心态。道家，特别是庄子思想揭示了人在自然中的处境，"天地与我共生，万物与我为一"（《庄子·齐物论》），这一理性自觉在中国历史上人们的精神生活中，特别是知识分子的精神生活中，发挥了重要的平衡作用。人世是一个有苦难的生存环境，每个人生平都会遭遇暂时的逆境或终生的逆境命运，逆境自然会带来巨大的心理扰动和精神痛苦。在中国历史上，儒家和道家于逆境中有不同的平衡心境的方式。孟子说，"古之人得志，泽加于民；不得志，修身见于世。穷则独善其身，达则兼善天下"（《孟子·尽心上》），处于逆境中的儒家，并没有放弃自己的伦理道德践履，而只是收缩了他的道德实践范围。充分的道德自觉使儒家能在任何逆境中获得一种宁静，一种安身立命。庄子说："天下也者，万物之所一也……四支百体将为尘垢，而死生终始将为昼夜而莫之能滑，而况得丧祸福之所介乎！"（《庄子·田子方》）这表明，道家对人作为万物之一的自然处境的彻底自觉，能造成一种精神境界上的升华，能将构成人生困境、逆境的种种因素从认识上、感情上消融掉，人生困境、逆境引起心理上的失调、精神上的痛苦也就会平息下来。庄子说："浮游乎万物之祖，物物而不物于物，则胡可得而累耶?"（《庄子·山木》）当一个人高度理性地认识到自己的生命存在最终将融进、投入一种永恒而真实的整体——自然之中时，他的主体就会获得一种无限的实在感受，一种持久的宁静感受。在中国历史上，在儒家思想处于主导地位的文化环境中，发生了精神危机、处于逆境中的知识分子，从道家思想中、从伦理道德之外的自然的价值体系中寻找摆脱危机和困境的出路，是经常的、完全可以理解的事。

三

以上，我们回顾了道家思想的主要理论内容和历史状况，道家思想的现代意义，道家思想在近现代中国传统文化受西方文化严重挑战的背景下所可能发挥的理论功能，实际上也在其中显示出来。这种意义，这种功能，许多学者都已做出十分深入、具体的探讨，我以为可以简约为两个方面。

第一，道家思想是人在自然处境中彻底的、理性的自觉，它召唤返归自然，向往并努力去实现心境没有任何负累的逍遥自由，从根本上创造了一种完全不同于儒家的、在伦理道德目标实现之外的精神境界，一种物质的、功利的追求之外的人生追求。道家思想中的"道"，无形无迹而却在万物之中，具有认识上的超验性，却不具有实在的超越性。道家思想中这一极其理性的、思辨的根本观念，彻底否定了任何超越的存在。如果在一定意义上可以把宗教界定为对某种超越的信仰，那么道家思想就彻底否定了这一宗教目标。道家自然主义的精神生活方式，既非伦理道德的和功利的，也不是宗教性质的，道家思想为人类心灵开拓了一片新的天地。价值取向多元化是现代思想，也是人类精神成长的一个标志，道家思想是有益于、有助于人类进步产生的精神要求的。就处在现代背景下的、正经历着西方发达工业化文明强有力影响的中国传统思想、传统哲学而言，现在还很难估计出在一段时期以后，西方思想会在多深多广的层面上融进中国传统思想、传统哲学而使其发生多大程度上的变化，但是有一点可以判定，作为西方思想中的一个传统的、基础的宗教观念——对一种超越的实在或实体的信仰，是难以进入中国思想、中国哲学之门的，因为中国哲学中道家思想筑起坚实的自然主义理性之墙，是西方宗教观念无法跨越的。具有形而上性质的道家自然观念（道）和儒家的道德观念（如理学之"理"），将共同是中国哲学显示其独特内容、保持其独特面貌的最重要的观念因素。

第二，道家思想是一个概念、观念极为众多的思想体系，对自然、社会和人本身都有许多深入、准确的洞察，道家思想因此获得了、具备了某种特殊的理论品质，内蕴着许多理论生长点和与众不同的思想体系，甚至是异质文化之间的观念融合点。如果说，道家思想的这一理论品质在历史上曾有过卓越的表现，道家思想孕育生长了中国传统科学，影响并帮助儒学理论形态的演变和中国佛学脱离印度佛学理论轨道的独立发展，那么在今天这一理论品质更有了新的意义和作用，道家思想为中国传统哲学走向现代、走向世界提供了真正的理论观念的桥梁。中国思想界从 20 世纪初对进化论观点的引进，到晚近对诸如存在主义等现代西方思潮的理解、诠释，都可以看到对道家思想的引用。事实已经表明，道家思想的深邃和广泛蕴含着中国哲学在现在和将来能不断吸收和消化新的、异己的理论或思想而保持不断发展的观念因素和学术功能。现代西方学者在他们的理论视野里，甚至对道家思想的理论价值有更多的发现。例如，著名的科学家、科学史家李约瑟在他那享誉世界的《中国科学技术史》中认为，道家思想保存着"内在而未诞生的、最充分意义上的科学"（《中国科学技术史》第五卷第二分册《序》）。当代某些最出色的物理学家如汤川秀树、卡普拉都认为，道家思想关于万物从世界统一整体中有机地、不断地生成的宇宙图式，对于解释量子力学理论所观察到的物理世界是富有启发性的、十分吻合的；道家关于人与自然为一的观点，是一种最深刻而完善的生态智慧。当代西方学者为解决他们在科学、哲学和宗教等文化领域内遇到的某些困难的理论问题以及后工业化社会人与自然尖锐对立的社会问题而向东方思想探寻时，能在道家思想中获得某种答案，这一令人欣慰的事实表明，道家思想作为一种精神遗产，在现在和将来，不仅对中国文化、思想的独立和发展，而且对整个人类的精神成长和社会进步都是十分宝贵的。

　　总之，道家思想的最初理论觉醒，其在中国历史上哲学思潮的发展演变和人们的精神生活中的作用，及在现代所获得的确认，都使我们可以这样判定：道家思想会是高文化、高理性人类的一种哲学选择。

（《文史哲》1995 年第 1 期）

人与自然关系的儒学选择

一

1972 年，受联合国环境会议秘书长委托，由 58 个国家 152 位人文和社会、自然科学家共同完成的关于人类环境状况的报告——《只有一个地球》，向世界发出呼吁："由于自然界存在着很多不稳定的、难以预料的和变动激烈的因素，所以人类就必须动用全部聪明才智，去改进和稳定大自然中变化无常的各种现象……如果人类继续让自己的行动被分裂、敌对和贪婪所支配，他们将毁掉地球环境中的脆弱平衡。而一旦这些平衡被毁坏，人类也就不能再生存下去了。"[①] 正是在这种对人类生存环境危机的自觉的背景下，如何调整、谐和人与自然的关系，被凸显为当代人类社会发展的一个中心论题，被凸显为当代伦理思潮中的一个重要主题。中国儒家的伦理思想中，具有丰富的可供这一思潮借鉴、采掘的思想资源。这里，让我们较为具体地从理学这个特定的领域来审视儒学的此种伦理观念，审视在人与自然关系面前的儒学选择。

二

如果说，在中国传统文化思想中，儒学是以具有丰富的伦理观念和道

---

① 〔英〕巴巴拉·沃德等：《只有一个地球》，石油化学工业出版社 1976 年版，第57 页。

德实践为其特色的，那么，在儒学中伦理观念和道德追求最为浓厚鲜明的，无疑当属作为其最成熟发展的理学了。理学伦理观念浓重丰满的一个重要方面，就是理学将人与人、人与社会间的道德原则明确、自觉地向人际以外的人与万物间拓展。理学家都十分推崇《大学》《中庸》。在这两部儒家经典中，人的全部伦理道德实践除了实现从格物、致知、诚意、正心、修身，到齐家、治国、平天下的人自身与人际的伦理道德目标外①，还要完成在"尽人性"之后的"尽物性""赞天地化育""与天地参"。②换言之，理学还需要给人在人际之外的天地万物间以一个伦理的安排。

在理学中，处置人与万物的关系，二程之论为其确立了两种有所区别的基本立场：

> 程颢：仁者，浑然与物同体。（《河南程氏遗书》卷二）
> 程颐：万物无一失所，便是天理时中。③（《河南程氏遗书》卷五）

二程立论的差异在于，程颢所论的是将人与万物浑然融为一体，程颐所论的却是在"天理"之下，人与万物各有其所。大程对其"同体"曾有所解释：

> 观天理，亦须放开意思，开阔得心胸，便可见……诚便合内外之道。今看得不一，只是心生。天人无间，夫不充塞则不能化育，言"赞化育"，已是离人而言之。④（《河南程氏遗书》卷二上）

① 《大学》谓："物格而后知至，知至而后意诚，意诚而后心正，心正而后身修，身修而后家齐，家齐而后国治，国治而后天下平。自天下以至于庶人，一是皆以修身为本。"

② 《中庸》谓："唯天下至诚，为能尽其性；能尽其性，则能尽人之性；能尽人之性，则能尽物之性；能尽物之性，则可以赞天地之化育；可以赞天地之化育，则可以与天地参矣。"

③ 《河南程氏遗书》未注明此为程颐语，但《宋元学案》录入《伊川学案》。据《遗书》记载，程颢质疑《中庸》"赞化育"之说，而程颐却授依此说，可见《学案》之分判是正确的。

④ 《河南程氏遗书》亦未注明此为程颢语，但据其疑"赞化育"，当断为程颢之言。朱熹曾谓："程先生言'参赞'之义，非谓赞助。此说非是。"又谓："程子说赞化处，谓'天人所为，各自有分'，说得好。"（《朱子语类》卷六十四）此分别为二程之论，亦可为证。

可见程颢的此种人与万物"无间""同体"，本质上是一种哲学的观照、体验，一种将自己融入自然的精神境界；其中内蕴着甚为明显的道家"天地一指，万物一马"（《庄子·齐物论》）的超理性自然主义的观念因素。在这种境界上看来，《中庸》"赞化育"之说已是"离人而言之"，即已是将天人作了区分，已是天人分裂。小程对自己的立论亦有所解说：

> 所谓"人者天地之心"，及"天聪明自我聪明"，止谓只是一理，而天人所为，各自有分。（《河南程氏遗书》卷十五）

> 安有知人道而不知天道者乎？道一也，岂人道自人道，天道自是天道？《中庸》言："尽己之性，则能尽人之性；能尽人之性，则能尽物之性；能尽物之性，则可以赞天地之化育。"此言可见矣。（《河南程氏遗书》卷十八）

《尚书》曰"天聪明自我民聪明，天明畏自我民明威"（《皋陶谟》），《诗经·大雅·荡》云"天生烝民"，《孝经·圣治》谓"天地之性人为贵"，儒家传统的天人合一观点，是一种具有经验色彩，认为天与人根源相通、性能相应的观念。显然，在理学中，这种合一除得到程颢哲学观照作为一种精神境界的"同体"（一体）的理解外，这里程颐所论也是一种理解。他认为此种合一只是"万物一理"本体论意义上的共有"一理"，宇宙论层面上的天与人是各自有"分"的；反言之，既然人道与天道在本体论层面上是"一道"或为"一理"，所以尽人道终是尽天道，亦即是尽物性、赞化育。程颐之论是对人与万物关系做出的哲学理性分析。程颐的观点拓展了人的伦理道德实践范围，在践履人际的修身、齐家、治国、平天下的伦理纲常外，襄住"万物无一失所"亦被纳入人的全部伦理实践之中。

朱熹作为理学的集大成者，具有坚定的儒学理性主义立场，他否定程颢"'赞化育'已是离人而言"之说，即程颢不同意将"赞"解读为"赞助"的观点，谓"此说非是"（《朱子语类》卷六十四），而认为程颐在"天人所为，各自有分"的意义上解读"赞化育"，是"说得好"。可见，他在二程所确立的理学对待天人关系两种有区别的基本立场间，选择的是程颐的立场。他诠释"赞化育""尽物性"曰：

> 圣人"赞天地之化育"，盖天下事有不恰好处，被圣人做得都好。（《朱子语类》卷六十四）

> 赞天地之化育，人在天中间，虽只是一理，然天人所为，各自有分。人做得底，却有天做不得底，如天能生物，而耕种必用人；天能润物，而灌溉必用人；火能热物，而薪炊必用人。裁成辅相，须是人做，非赞助而何？……至于尽物，则鸟兽虫鱼，草木动植，皆有以处之，使之各得其宜。（同上）

> 尽己之性，如在君臣则义，在父子则亲，在兄弟则爱之类，己无一不尽之。尽人之性，如黎民时雍，各得其所。尽物之性，如鸟兽草木咸若如此，则可以赞天地之化育。（同上）

朱熹所论可以分解为两层意思，一是万物各有其性能，各需适合其性能的存在或生存状态、条件，人若能使万物皆葆有其生存条件，实现其性能，即"各得其所""各成其宜"，就是"赞天地之化育"。二是人要使万物各得其所，各尽其性的"赞天地之化育"的实践，与人之君臣父子的人伦纲常实践一样，同是实现"天理"的应有内容，同是人的全部人生实践中的必要组成部分。朱熹阐释程颐"万物无一失所，便是天理时中"之论，更清晰地表现了理学伦理观念由人际向人与自然间的拓展。

在理学中，张载的《西铭》①于人的伦理实践范围拓展，有最重要而清晰的显示。张载说：

> 乾称父，坤称母；予兹藐焉，乃混然中处。故天地之塞，吾其体；天地之帅，吾其性。民吾同胞，物吾与也。大君者，吾父母宗子；其大臣，宗子之家相也。尊高年，所以长其长；慈孤弱，所以幼

---

① 张载曾书写其《正蒙·乾称》篇之"乾称父，坤称母……存，吾顺事；没，吾宁也"一节于学堂之右牖，称之为《订顽》，又书其"戏言出于思也，戏动作于谋也……不知孰甚焉"一节于学堂之左牖，称之为《砭愚》。程颐认为其名称涵盖不周其文义，易发生诠释上的歧解，"是起争端"，故将其改为《西铭》《东铭》（《河南程氏外书》第十一）。

吾幼。圣其合德，贤其秀也。凡天下疲癃残疾，茕独鳏寡，皆吾兄弟之颠连而无告者也。（《正蒙·乾称》）

不难看出，较之程颐，张载将理学伦理观念向人与物间拓展。一是张载以"乾父坤母"将人与万物所共处的宇宙环境，定性为一个具有伦理特质的整体结构，"混然中处"的人，因此与万物间有了广泛意义上的伦理关系、伦理责任。张载曾对此进一步解释说，"天地更分甚父母？只欲学者心于天道"（《张子语录》上），意谓天地当然不是"父母"，但学者当以处于一个大家庭中的伦理感情、态度去处置天地间的事事物物。二是张载又在气本论的基础上做出观察，他认为"太虚不能无气，气不能不聚而为万物，万物不能不散而为太虚"（《正蒙·太和》），人与万物皆是一气之聚散，人与万物在本质上是相同的，性质上也是相通的。所以，人与人之关系同人与物之关系，在本体论的意义是相同的、相通的。在此基础上，张载提出他拓展理学理论观念的一个最重要的命题——"民吾同胞，物吾与也"。人不仅对他人，同时对万物也承担着某种伦理责任，亦如张载所说："性者万物一源，非有我之得私也，惟大人为能尽其道，是故立必俱立，知必周知，爱必兼爱，成不独成。"（《正蒙·诚明》）即人的"俱立""周知""兼爱""不独成"而"尽其道"的全部伦理道德实践，不仅在人与人之间，也要在人与宇宙万物间实现。总之，《西铭》的"民胞物与"将伦理道德感情贯注入人与万物的关系间，最清晰地表述出理学扩展了的伦理观念。

张载的观点得到朱熹的赞同，并予以准确的、进一步的阐释。朱熹在《西铭注》中概括其主题曰"此篇论乾坤一大父母，人物皆己之兄弟一辈，而人当尽事亲之道以事天地"（《张子全书》卷一），并详细诠释"民吾同胞，物吾与也"曰：

人物并生于天地之间，其所资以为体者，皆天地之塞，其所得以为性者，皆天地之帅也。然体有偏正之殊，故其于性也不无明暗之异。惟人也得其形气之正，是以其心最灵而有以通乎性命之全体，于并生之中又为同类而最贵焉，故曰"同胞"，则其视之皆如己之兄弟矣。物则得夫形气之偏而不能通乎性命之全，故与我不类，而不若人之贵。然原其体性之所自，是亦本之天地而未尝不同也，故曰"吾与"，则其视之也如己之侪辈。惟"同胞"也，故以天下为一家，中国为一人。惟"吾与"也，故凡有形于天地之间者，若动若植，有情无情，莫不有以若其性，遂其宜焉。此儒者之道，所以必至于参天地，赞化育，然后为功用之全，而非有所强于外也。（《张子全书》卷一）

朱熹判定《西铭》之主旨为"以事亲之道以事天地"，诠解"物与吾也"为"视万物如己之侪辈"，都是对张载将伦理道德感情拓展到人与万物之间的理学伦理观念十分准确的揭示。显然，朱熹也是完全赞同这种观点的，故他称此为"儒者之道"，认为儒者不仅完成了人与人之间的，同时也完成了人与物之间的伦理道德实践，方是"功用之全"。朱熹的这一诠释还凸显出儒家（理学）所确定的人与自然伦理关系的基本内涵。一是人与自然万物共处于一个宇宙共同体中。即人与万物"并生于天地之间"，其体"皆天地之塞"，其性"皆天地之帅"，是一气之流行，一理之显现①；是林林总总、形形色色的人与自然万物之形体、性能构成了宇宙整体。二是由此可推定，自然万物也应拥有自己的道德地位、道德权利。因为较之于人，自然万物"原其体性之所自，是亦本之天地而未尝不同也"。三是进而可推定，人应对自然万物负有道德义务与道德责任。因为人既是天地间之"最灵""最贵"，故当视天地间之自然万物如"己之兄弟""己之侪辈"，使其"莫不有以若其性、遂其宜"。可以认为，这也正是理学将伦理关系从人与人之间向人与自然之间拓展的基本理据，是儒学伦理思想周延的、圆成的发展。

以上，我们简略地考察了儒学在其成熟的历史阶段——理学时期，将伦理观念向人与自然间拓展的过程。可以看出，在人与自然关系面前，理学家提出的"与物同体""万物无一失所""物吾与也"（万物"如己之侪辈"）三种回应方式，虽然分别显示的是一种精神境界，一种理性的认

---

① 朱熹有谓："人物之生，同得天地之理以为性，同得天地之气以为形。"（《孟子集注·离娄下》）

知态度和一种应践履的行为原则，故有所区别；但也共同表现出尊重自然、善待自然和与自然谐调一致的立场，共同构成处理、对待人与自然关系的儒学选择。①

三

20 世纪下半叶以来，即使在工业化、后工业化发展水平并不相同的国家或社会制度中，也都普遍感受到破坏自然所带来的人类生存环境恶化的危机。在科学理性的意义上，而不是在某种传统宗教信仰意义上的善待自然，成为人类的一个新的道德觉醒；一种以道德原则来调节人与自然关系的新的伦理理念正在兴起，并逐渐形成一个有重要影响的理论思潮，即一般称之为生态伦理或环境伦理。这一现代伦理思潮的重要代表人物美国伦理学家罗尔斯顿于 1986 年在一篇环境伦理学可作为一种科学和道德相交融的学科而存在的重要论文《生态伦理学存在吗?》中论述，生态环境或大自然是一个整体，自然界中每一种事物都是大自然整体的有机组成部分，都有自己的地位独立作用和内在价值，因此自然界中每一事物都应拥有道德地位，享有道德权利。② 虽然现代生态伦理思潮中存在着不同的理论立场和派别，但罗尔斯顿此处所论，仍可以判认为是这一思潮的基本理念。不难看出，理学的人与自然关系的伦理观念是与这一现代思潮相适应的。当然，在现代科学和哲学观念背景下，这一新的伦理理念、思潮，一定会有更丰富、更深刻的现代观念内容，而且还可以推断，理学提出和确定的人与自然伦理性关系之基本内涵或原则仍是这一新的伦理理念、思潮所不会、不能被逾越的。人们每将现代尊重生命、谐和自然的伦理思想追溯到 20 世纪 30 年代英国学者莱奥波尔德的《大地伦理学》，追溯到 20 年

---

① 先秦儒学大家荀子曾提出"大天而思之，孰与物畜而制之；从天而颂之，孰与制天命而用之"，主张"天地官，万物役"（《荀子·天论》），有异于理学家的立论。但鉴于在儒学历史上，荀子之学在儒学的三个主要理论层面上，即心性的、社会的（礼）、超越的（天命），都于孔孟正统儒学有所变异，理学家甚至视其为异端，如程颐说"荀子悖圣人者也"（《河南程氏遗书》卷二十五），朱熹亦说"荀卿著书立言，无所顾忌，敢为异论……荀卿全是申韩"（《朱子语类》卷一百三十七），故这里于荀子之学姑不论。

② 中国社会科学院哲学研究所：《国外自然科学哲学问题（1990 年）》，中国社会科学出版社 1991 年版，第 146 ~ 157 页。

代法国学者施韦兹的"敬畏生命"。① 实际上这也是中国儒学的固有立场，一位儒者的应有情怀。从朱熹的论述中可以看出，这种立场和情怀是来自一种理性的、有逻辑过程的思考，一种源于自然和人本身原因的思考，而不是某种宗教教义或信仰。② 正是在此意义上，我们可以将理学中人与自然关系的伦理性定位的理念，视为是现代新伦理思潮可资开采的思想资源；也是在此意义上，我们方可以理解并接受世界著名的英国历史学家汤因比的这个建议："对现代人类社会的危机来说，把对'天下万物'的义务和对亲爱家庭关系的义务同等看待的儒家立场是合乎需要的，现代人应当采取此种意义上的儒教立场。"③

（《中州学刊》2002 年第 2 期）

---

① 莱奥波尔德的《大地伦理学》发表于 1933 年，他提出一个道德判断原则："人类行为有助于生物群落的完整、稳定和美好时，它是正确的，否则就是错误的。"（载于罗尔斯顿《生态伦理学存在吗？》）施韦泽在 1919 年的一次布道演讲中，提出"敬畏生命"的观念及其内涵："善是保存和促进生命，恶是阻碍和毁灭生命。""敬畏生命"也是他在 1923 年出版的《文化和伦理》一书的主题之一。（〔法〕施韦泽：《敬畏生命》，陈泽环译，上海社会科学院出版社 1992 年版，第 19、9 页）。

② 在世界最重要的宗教中，佛教有尊重生命的教义（"不杀生"的戒律），基督教的"生态神学"也正在重新解释《圣经·创世记》里上帝令人"治理"大地、海洋、天空的训谕。1986 年，佛教、基督教、印度教、伊斯兰教、犹太教五大宗教组织在意大利阿西西举行保护自然的宗教会议，通过为大自然祈福的《阿西西宣言》，号召自己的教民参加到保护自然的行列中。显然，五大宗教是从各自教义立场做出此种宣示的。现代生态环境伦理的理念具有理性的、科学的性质，故与此不同。

③ 〔英〕汤因比、〔日〕池田大作：《展望二十一世纪》，荀春生、朱继征译，国际文化出版公司 1985 年版，第 427 页。

最后的坚守

——后人类主义文化思潮中的儒学立场

在现代性的思想观念和社会生活背景下，在发达的工具理性——现代科学技术助推下，一种研判将出现与现代人类生活根本不同的"后人类"（Posthuman）生活之理论思潮，已在人们视野中悄然生成。虽然因受到当代科技发展水平的限制，和存在于人类不同文化类型中某种共同的传统价值观念的制约，这种后人类主义无论作为哲学思潮或科学实践，尚处于现实生活的相对边缘地带，但它的那种植根于人性中——超越人类生存的现状和界限之欲望中的生活方式之追求和设计，其所具有巨大潜力的生长趋势，却是不可漠视的。儒学于此态势下秉持的是何种立场，可做出的是何种回应？

一 简单的界定

一位关注人类未来生活状况的美国学者说："词语'后人类'和'后人类文明'被用来指示某个我们在将来某一天可能达到的、技术上被高度武装的人类社会，这种人具有更高的智力和体力以及更长的生命周期。"[1] 尽管这种"后人类文明"现在还多是一种在科幻小说、电影中表现出的科学乌托邦，但是作为一种哲学思潮和科学实践，从西方构造超人类主义或后人类主义理论的学者论述中，也可以研判出"后人类"之超

---

① 〔美〕尼克·博斯托罗姆：《生存的风险——人类灭绝的场景及灾难之分析》，载曹荣湘选编《后人类文化》，上海三联书店2004年版，第236页。

越于现今人类的、根本不同于现今人类的两项主要内涵。第一，自然进化的人类被人工进化的人类取代。后人类主义的构造者宣称，在后人类时代，"自然进化的推动力将被人工进化所取代"①，"后人类可能完全是人造的，人工智能系统被某些人看作是第一种后人类存在"②。并且认为，这种人造的人工智能工程、基因工程、神经科学、纳米技术等多重科学技术，其本体特质已经发生了根本的改变，"已从物理和机械的本体，到生物的和有机的本体——从被制造的实体，到生长的实体"③。可以说，人类不再唯一地以自然生育方式繁衍后代，而开始用技术手段制造新人，是后人类的首要特征。第二，后人类由其智力、体力、寿命等主要生命性能构成的生存状态，全面地、有质之差异地超越现今人类。后人类主义构建者相信，"后人类已经在技术上增强到了这样一个程度，以致它不再是目前的人。……后人类可以通过两种途径获得：在物理上，通过我们已经拥有的科学来获得；在精神上，通过操纵文化的记忆来导致我们动机结构的根本改变来获得。这种渴望最突出的是使用遗传学、生理学、神经生理学、神经化学和其他的科学，来提高智力，优化动机结构，减少疾病和老化的影响，以及极大地延长寿命……也许甚至能达到永生"④。认为"进入后人类，我们体力和智力将超越人类的体力和智力，就像人的能力超越猿的能力一样"⑤。显言，后人类与现今人类有一种异质之界限的根本差别：后人类是能借助科学技术而"永生""全能"的人类⑥，现今的人类不能永生、全能；并且，从理性的哲学角度而不是非理性、超理性的宗教或科学乌托邦角度思考，人类也不追求、期望有永生、全能，因为在一种没有死亡的、一切欲求皆唾手可得的生存环境或状态下，生活的目标、人生的意义也就消失了。可以认为，现今人类的智慧已经完成了这样的思

---

① 〔美〕克里斯·哈布尔斯·格雷：《电子人国家》，载曹荣湘选编《后人类文化》，上海三联书店 2004 年版，第 80 页。

② 〔澳〕迈文·伯德：《远距传物、电子人和后人类的意识形态》，载曹荣湘选编《后人类文化》，上海三联书店 2004 年版，第 124 页。

③ 同上书，第 137 页。

④ 同上书，第 124 页。

⑤ 〔苏格兰〕安迪·迈阿：《机器人健将：在现代社会里迎接超人类主义》，载曹荣湘选编《后人类文化》，上海三联书店 2004 年版，第 156 页。

⑥ 《科学家称纳米时代幻景"令人恐怖"》，《参考消息》2009 年 9 月 7 日。

考。例如，在歌德的长篇诗剧《浮士德》和巴尔扎克的短篇小说《改邪归正的梅莫特》中，皆描写了从魔鬼那里换得"全能"魔力的人物的生活情态……一切欲求自动涌现；焦竑《焦氏类林》中叙说了一只鸟食了葛仙翁捣药遗下的一粒药后遂得不死的生存状态……永"作叮当杵臼之声"，都真切地映现出从"全能""不死"那里所最终收获的、感受的是空虚和寂寞。① 在现代德国伦理学家包尔生的《伦理学体系》和美国哲学家拉蒙特的《作为哲学的人道主义》中，也都深刻地论述了由"不死""全能"而造成的没有历史和没有挫折的人之生活，会同时陷入何种悖谬、无味的痛苦之中。② 当然，这并不是反对、否定人类追求长寿、不断改善生存处境的努力。

---

① 歌德诗剧《浮士德》中叙写，魔鬼与浮士德订约，自愿充当浮士德的奴仆，用魔力满足浮士德的一切欲求；但在浮士德感到满足现状的一瞬间，奴役便解除，浮士德的灵魂便永归魔鬼所有。在诗剧中，作者借浮士德之口宣称："只要我一旦躺在逍遥榻上偷安，那我的一切便已算完。……假如我对某一瞬间说：请停留一下，你真美呀！那时我的丧钟响了，时钟停止，指针落掉，我在世的时间便算完了。"（《浮士德》，董问樵译，复旦大学出版社1982年版，第87~88页）此番表述寓意在一切欲求皆能、皆已满足的生活情境中的人，其不懈追求的精神就要枯萎，灵魂就要死亡。在巴尔扎克小说《改邪归正的梅莫特》中，描写了银行出纳员卡斯塔尼埃，将自己拥有爱和信仰的人之灵魂出卖给魔鬼，获得全能的魔力后，一切欲求唾手可得、自动涌现，这时他却"突然发现人性的空虚，因为随着无限魔力而来的便是虚无"（《改邪归正的梅莫特》，金志平译，人民文学出版社1980年版，第40页）。焦竑《焦氏类林》中录有一则传说故事："葛仙翁于西峰石壁的石臼中捣药，遗一粟许，有飞禽过而食之，遂得不。至今夜静月白，其禽犹作叮当杵臼之声，因名曰捣药鸟。"（《焦氏类林·仙宗》）朱子有诗云："炼形羽化真寓言，世间那得有神仙。"（《朱文公文集·夜叹》）儒家对人之肉体生命可以不死永生的理论和实践是持有质疑不能认同的态度。

② 德国伦理学家包尔生说："没有世代的更替就没有历史。不死的人们要导致一种非历史的生活，一种其内容任何心灵也不可能描绘的生活。因此，无论谁只要欲望生活，欲望历史的人生，也就要欲望它的条件——死亡。"包尔生还说："只要我们还是我们现在所是的人，一种绝对没有痛苦和畏惧的生活，很快就会使我们觉得枯燥无味和不可忍受。生活就会成为一种没有障碍的纯粹满足，没有抵抗的纯粹成功，我们就会像对待一种自知必赢的游戏一样感到厌倦乏味。"（《伦理学体系》，何怀宏、廖申白译，中国社会科学出版社1988年版，第222、286页）美国哲学家拉蒙特也说："生通过死而表现，死从生中获得存在，并且由生而取得完全的意义。在能动的和创造性的自然之流中，同一生物不能无休止地继续下去，最自私自利的人也要宽宏大量，对别人让出自己的生命，最懦怯胆小的人也得要有足够的勇气走向死亡……自然和进化过程的这个后果，人类的确应该大大地表示感谢而不是提出抗议。"（《作为哲学的人道主义》，吉洪等译，商务印书馆1963年版，第112~114页）

二　儒学的立场

应该说，儒学没有科学理论和能力来判定人类超越生存现状和界限的欲望，在不断迅猛发展的科学技术助推下，会将未来人类引向何种必然的方向和境地。但是，儒学有这样的思想资源，对在后人类主义中显露出哲学的、科学实践的生活理念，形成和表述自己有三项基本内容的立场。

第一，伦理底线。儒学认为，"归妹，天地之大义也。天地不交，而万物不兴。归妹，人之终始也"（《周易·归妹·彖》），"天地絪缊，万物化醇，男女构精，万物化生"（《周易·系辞下》），"天地合，而后万物兴焉。夫婚礼，万世之始也"（《礼记·郊特牲》）。在文明人类的社会生活中，男女由婚礼（归妹）而结为夫妇，生育后代，是最基本的人伦。用现代生物进化论的语言来表述，人类此种由男女两性结合、生育繁衍的行为，是作为物种的人类经过长期自然进化而形成的最优的自然选择。儒学以"天地之大义""人之终始"来定性、表述它的崇高，宣示这是人伦的底线。与此相犀通，儒学还认为，"禽兽无礼，故父子聚麀。是故圣人作，为礼以教人，使人以有礼，知自别于禽兽"（《礼记·曲礼上》），"男女有别，然后父子亲。父子亲，然后义生……无别无义，禽兽之道也"（《礼记·郊特牲》）。践踏、跨越这个底线的行为，就是失去了夫妇、父子间应有的伦理界限，如同倒退到野蛮社会的禽兽般行为。从历史上看，儒学此番论述主要是谴责、抨击社会生活中悖逆、乱伦的纵欲行为。但是在这里，对于后人类的用人工进化取代自然进化、以技术手段制造新人类的行为——基因工程的生殖性克隆人必然会带来人伦关系的混乱、颠倒，也是儒家伦理不能接受的。现代伦理学研判的生殖性克隆人之难以逾越的伦理障碍、困难，可以归纳为两个方面：其一，就伦理关系而言，克隆人作为生殖性基因工程的创造物，作为任一人的体细胞核与去核卵细胞的结合，只是供体与克隆体、原本与复本间通过技术手段的联结，不再是作为长期自然进化结果的、有不可重复性之独一无二特点和多样性之丰富社会内容的父母与子女间的伦理关系；其二，就伦理原则言，克隆出人的技术行为，实际上是将被克隆的人作为某种用途制造出来，违背了人不能被伤害、不能被视为工具、不能被剥夺自主权等的基本伦理原则，违背了对人的尊严之尊重的人权原则。① 正是在此种伦理理念的基础上，联合国于1998 年通过的《世界人类基因组与人权宣言》指出："违背人的尊严的一些做法，如用克隆技术繁殖人的做法，是不能允许的。"② 我国卫生部也在 2001 年明确表示"不赞成、不支持、不允许、不接受任何克隆人的实验"③。世界许多国家，包括欧美等发达国家也都表态禁止克隆人类，甚至为此立法。当然，西方是有基督宗教传统的国家，在此种态度中还浸润着生命是"上帝赐予"的宗教神圣信仰的因素，儒学从坚守人伦底线和谴责"象人而用之"的道德理性立场上与现代人类的道德良知保持一致。

第二，道德优先。孔子曰："弟子入则孝，出则弟，谨而信，泛爱众，而亲仁。行有余力，则以学文。"（《论语·学而》）朱子诠释曰："此论本末，先本后末。"（《朱子语类》卷二十一）可见，儒家在人之立身成材的修养成长过程中，总是将德性、德行的培养放置于获得知识、能力之前的优先、根本的位置上。宋儒陆九渊于此喻曰："学者须是打叠田地净洁，然后令他奋发植立。若田地不净洁，则奋发植立不得。古人为学即'读书然后为学'可见。然田地不净洁，亦读书不得，若读书则是假寇兵，资盗粮。"（《陆九渊集》卷三十五《语录下》）强大的知识力量，必须有深厚的德性、德行方能驾驭。后人类的人们拥有"全能"的智力、体力，但如果没有高尚的德性、德行，是驾驭不住的。美国著名的科普作家阿西莫夫在他的那本脍炙人口的科幻小说《我，机器人》中描写了一个故事：机器人拜厄利是位优秀的律师、检察官，甚至在市长竞选中击败对手真人奎因当选了市长。他的竞争对手想方设法要证明他是个机器人，向选民说

---

① 康德对这一伦理原则有最清晰明确的表述，他说，"有理性者与世界的其余物类的分别，就在于有理性者能够替自己立个目的"，"一切行为的根本原则一定是：一切具有目的者（即有理性者自身）始终不应该只当做工具，应该作为限制一切工具的使用的最高条件（那就是说，永远同时认为是目的）"（《道德形上学探本》，唐钺译，商务印书馆 1957 年版，第 51、52 页）。又说，"在全部宇宙中，人所希冀和所能控制的一切东西都能够单纯用作手段，只有人类才是一个自在目的"，"人就是目的本身，那就是说，没有人（甚至神）可以把他单单用作手段，他自己总永远是一个目的"（《实践理性批判》，关文运译，商务印书馆 1961 年版，第 89、134 页）。孟子也曾说："仲尼曰：'始作俑者，其无后乎！'为其象人而用之。"（《孟子·梁惠王上》）此亦可解读出儒学对将人作为工具而制造和使用是予以严厉谴责和反对的。

② 《世界人类基因组与人权宣言》第 11 条。

③ 朱玉：《卫生部明确表示反对克隆人类》，《人民日报》2001 年 11 月 30 日。

明尽管他有非凡能力，但终究缺乏人的品行，使他落选。一位机器人心理学博士向这位竞争对手解释说，你的证明是不能实现的，机器人在被装配时，都输入了三条定律——机器人不得伤害人，也不得见人受到伤害而袖手旁观；机器人应服从人的一切命令，但不得违反第一定律；机器人应保护自身的安全，但不得违反第一和第二定律。如果拜厄利履行这几条定律，他既可能是个机器人，又可能是个高尚的人。① 这位科普作家在这里就表现了这样的卓越见识：在超越的、无所不能的"后人类"智能、体能中，要首先灌注入道德的意识。这也正是儒家的见解。

第三，社会公平。从孔子首倡"有国有家者，不患贫而患不均"之主张②（《论语·季氏》），到秦汉儒家"老有所终，壮有所用，幼有所长，鳏寡孤独废疾者皆有所养"（《礼记·礼运》）之向往，到宋儒"尊高年，所以长其长，慈孤弱，所以幼吾幼……凡天下疲癃残疾、茕独鳏寡，皆吾兄弟之颠连而无告者也"（《正蒙·乾称》）之情怀，都是儒学社会公平思想的表现。这种思想就是主张社会民众能合"礼"，即合理合法地③、各得其所地④分配到社会资源；社会弱势群体能更多地得到社会关照⑤。正如联合国《世界人类基因组与人权宣言》所宣示的，人类基因组是

---

① 〔美〕艾·阿西莫夫：《我，机器人》，国强等译，科学普及出版社1981年版，第1、225页。

② 孔子此语在通行的《论语》版本中为"不患寡而患不均，不患贫而患不安"。但据下文有"均无贫，和无寡"之语，可推断此处"寡""贫"二字为坊间传写互易致误。《春秋繁露·度制》引《论语》此处文为"孔子曰，不患贫而患不均"，可据以订正。

③ 儒家对"礼"有不同理论层面和维度上的多重界说。如《礼记》中谓"礼也者，理之不可易者也"（《乐记》），"礼所以制中也"（《仲尼燕居》），"体天地，发四时，则阴阳，顺人情，故谓之礼"（《丧服四制》）；又谓"分争辩讼，非礼不决"（《曲礼上》），"礼行于五祀而正法则焉"（《礼运》），"礼之于正国也犹衡之于轻重也，绳墨之于曲直也，规矩之于方圆也"（《经解》）。在现代观念背景下审视，此亦可以宽泛地诠释为"礼"之合理性与合法性。

④ 朱熹注解孔子"不患贫而患不均"曰："贫谓财乏，均谓各得其分。"（《论语集注》卷八）

⑤ 当代美国政治哲学家罗尔斯在其著名的《正义论》中提出社会正义（公平）的两个原则，最终界定正义的基本含义是："所有的社会基本善——自由和机会、收入和财富及自尊的基础——都应被平等地分配；除非对一些或所有社会基本善的一种不平等分配有利于最不利者。"（《正义论》，何怀宏、何包钢、廖申白译，中国社会科学出版社1988年版，第292页）不难看出，儒家社会公平思想的两项基本内涵，与现代观念的正义理念，内容是相符的。

"人类共同的遗产"①，人类的现代科学技术所开发出的巨大力量和物质财富，也应视为是人类共同的遗产，应该为全体人类拥有、分享。显然，在现今的人类社会中，这种公平还没有实现；那么，在后人类社会里能否实现呢？超人类主义、后人类主义的一位来自美国的主要设计者宣称，"我们挑战在我们潜能上的自然的和传统的局限，我们赞同利用科学技术去根除对于寿命、智力、个人的生命力和自由的限制"，"技术是人类智力和意志、创造性、好奇心和想象力的自然延伸和表现。我们和我们心灵的产品共同发展，我们与它们融为一体，形成一个后人类综合体，从而增强了我们的能力，扩大了我们的自由"。② 可以看出，后人类主义最关注的是个人生命力的无限增强，个人自由的无限实现。在其以现代科技的未来发展为基础而做出的为未来社会的设计中，人与人之间的公平也是缺席的。一位对后人类主义存有质疑的澳大利亚学者批评说："后人类主义话语的一个特征，是它通常使用不确定的'我们'来表示一种普遍的人性，从文字上看，似乎是为全体人类说话，但实际上是为极少数富裕阶层、科技授权的美国人或其他可能的'第一世界'的国家说话。"③ 难道不是吗？正是最发达国家、少数有钱财权势的人最先和最多地分享到高新科技的成果，而贫穷落后国家、弱势群体总是最后和最少的，甚至根本就没有品味到最新的科技果实。令人深为忧虑的是，如果说迄今人类社会的许多罪恶和不幸是因缺乏社会公平而产生，那么在未来后人类社会对科学技术神速发展涌出的无与伦比的力量之不公平的分配和占有，将会形成更大的人类社会分裂，甚至还会有人类物种的分裂，将会带来更大的不幸和灾难。当然不能说后人类主义的设计者不珍视社会公平，只能说崭露头角的后人类主义的理论还很粗糙，尚未遑涉入这个领域。就儒学的立场而言，其总是期盼未来人类社会是一个美好和谐的社会，所有的人都能公平地分享到科技发展和社会进步的果实。

---

① 《世界人类基因组与人权宣言》第 1 条。
② 〔美〕马克斯·莫尔：《超越主义者原理——超人类主义宣言》，载曹荣湘选编《后人类文化》，上海三联书店 2004 年版，第 270 页。
③ 〔澳〕迈文·伯德：《远距传物、电子人和后人类的意识形态》，载曹荣湘选编《后人类文化》，上海三联书店 2004 年版，第 129 页。

三　建议

现代科学技术所蕴藏的巨大能量，既给现代社会生活带来了神奇的改变，推进了人类文明的进展，也使现代人类面临前所未有的生存风险。前面已提及的那位关注未来人类生活状态的美国学者将这种生存风险表述为："它是这样一些威胁，它一经出现就将导致人类走向灭绝或根本破坏地球上智力生命生存的潜能。"并研判说："近两个世纪人类面临的最大风险似乎来自人类自身所造就的先进的技术文明……如果非人类的因素在数百万年来并没有消灭人类，在近一两个世纪发生在我们身上的可能性也不大，但我们无论如何没有理由不去思考先进文明毁灭人类的可能。"①在儒学看来，科学技术的发展生长在人类不断超越生存的现状和界限的欲望中，有其人性的根源，是不会停止的。儒学对人类为追逐欲望的实现而带来的风险也早已提出过警示："天作孽，犹可违；自作孽，不可活。"（《孟子·公孙丑上》）自然的灾害是能够战胜的，悖逆人伦物理的人之欲望膨胀泛滥所产生的灾难则是难以挽救的。在前所未有的、无与伦比的未来科学技术基础上建构的后人类文化中，"自作孽，不可活"这种风险无疑也会存在。儒学对消除这种风险的立场或建议是，在现代或未来科学技术可能改变人类进化方式、方向的关键之点上，人类应该谨慎、珍惜、尊重人类物种在长期自然进化中形成善的人性选择②，坚守伦理的底线；向现代和未来科学技术形成的巨大力量中优先注入道德因素；对现代和未来科学技术收获的果实作公平的分配。这也是儒学源自其理论品格、生活理

---

① 〔美〕尼克·博斯托罗姆：《生存的风险——人类灭绝的场景及灾难之分析》，载曹荣湘选编《后人类文化》，上海三联书店2004年版，第230、255~256页。

② 儒家"性善"的理念，在儒学历史上主要有两种阐释，一是孟子在心性层面上，以恻隐、羞恶、恭敬、是非四种心理情感，解释仁、义、礼、智四德性，四端是人心固有，所以善是人性固有（见《孟子·告子上》）。二是朱子从本体论角度解释，性即是"理"，理是固然、当然。固然、当然的行为即为善的表现，"善是合有底道理"（《朱子语类》卷五）。此外，还可以在某种功能的意义上从儒家经典中解读出人性之善，一方面"礼以饰情"（《礼记·曾子问》），"绘事后素"（《论语·八佾》），人性能自律地以伦理道德规范、礼乐文采来约束、润泽自己的欲望，使人类生存状态变得美好；另一方面"自作孽，不可活"，人性能自动地显示人类存在的自然界限，保护着人类。

念的最后的坚守。在现代政治、社会思潮中的激进主义视角里，儒学的立场或建议可能被视为是陈旧的、保守的。诚然，儒学立场或建议所据以立论的历史情境已距我们很远，但是，在儒学的立论中，亦自有其超越具体历史情境的、具有久远价值的成熟和理性的内容，这是值得珍视和继承的；儒学依然葆有不竭的能够转化为、榫接上现代人类思想理念的文化生命力。

（《孔子研究》2011 年第 3 期）

《崔大华全集》 出版后记

2019 年 3 月，河南省社会科学院哲学与宗教研究所计划以《崔大华全集》（以下简称《全集》）的形式，出版崔大华先生已发表的论著和未发表但具有较高学术价值的作品。这项计划得到河南省社会科学院院长谷建全研究员和院领导班子的高度重视与大力支持。其后，哲学与宗教研究所原所长王景全研究员组织科研人员投入资料搜集整理工作中。我们除了向出版社提供崔先生已出版的专著（《南宋陆学》《庄子歧解》《庄学研究——中国哲学一个观念渊源的历史考察》《儒学引论》《儒学的现代命运——儒家传统的现代阐释》）、合著（《道家与中国文化精神》）和论文集（《中国传统社会思想的理路及当代价值》）外，还通过各种方式，将崔先生发表在正式期刊、辑刊、内部刊物、海外刊物上但未收入论文集的 18 篇论文以及《宋明理学史》与《中国历史大辞典·思想史卷》中由他撰写的部分整理出来。在崔先生夫人李正平老师的协助下，我们还整理了崔先生写于 20 世纪 70 年代的随笔《佳羽集》和短文《雕朽集》，并从他的书信底稿中整理出 165 封书信，选 105 封收入《全集》。李正平老师还提供了崔先生不同时期的照片 100 多幅，我们选 40 多幅作为《全集》正文前的插图。

《全集》由社会科学文献出版社出版。经过紧张的编辑、排版和校对工作，《全集》的样书于 2019 年 11 月印出，并作为河南省社会科学院建院 40 周年庆典书目展览。进入 2020 年，由于新型冠状病毒肺炎疫情等不可抗因素，出版进度受到影响，但是《全集》的校对、修改工作仍继续进行。2021 年 5 月中旬，我们收到出版社发来的校样稿，哲学与宗教研究所负责人潘世杰副研究员组织七名科研人员分工校对,其中:赵胤校对第一卷,高丽杨校对第二卷,徐幼萍校对第三卷,赵志浩校对第四卷,宋艳琴校对第五卷,王思远校对第六卷,代云校对第七卷。最后再由代云对所有校对结果进行汇总、整理与完善。校对结果于2021年7月中旬向出版社反馈。

《全集》的编纂与出版得到各界人士的大力支持和无私帮助。湖南大学姜广辉先生提供了崔大华先生早年多幅照片的有关信息;西南大学高秀昌教授将崔先生发表在海外的论文拍照传给我们,并就《全集》整理、编纂中存在的问题提出了具体的指导意见;河南大学张枫林博士提供了崔先生在河南大学主持研究生答辩时的照片;河南省社会科学院杨海中研究员、丁巍研究馆员就崔先生早年的两张照片提供了详细的信息;河南省儒学文化促进会副会长周桂祥先生和常务理事李若夫教授提供了崔先生参加河南省儒学文化促进会相关活动的照片与文章;人民出版社方国根编审、大象出版社卢海山副编审、西南民族大学杨翰卿教授、上海师范大学张永超教授、遵义医科大学袁永飞博士、河南省哲学学会会长梁周敏教授、郑州航空工业管理学院鲁庆中教授、河南省社会科学院刘勇研究员与周全德研究员对于《全集》的编纂工作也提出了有益的意见。此外,在两年多的时间里,河南省社会科学院领导一直关心并多次过问《全集》的进展情况,院办公室、科研处、文献信息中心积极给予支持;社会科学文献出版社诸位领导和编辑也付出了辛勤的劳动。在此,我们对大家的积极帮助和支持,表示诚挚的谢意!

编者

2021 年 7 月